中国文物志

不可移动文物编 III

古建筑 石窟寺与石刻

中国文物志编纂委员会 编

董保华 总编纂

刘小和 乔梁 副总编纂

文物出版社

总 目 录

本册目录

第三章　古建筑

第六节　坛庙

第七节　城郭营垒

第八节　衙署

第九节　宅第

第十节　建筑群落

第十一节　会馆祠堂

第十二节　楼阁牌坊

第十三节　交通水利

第十四节　文教公益

第十五节　商肆作坊及其他

第四章　石窟寺与石刻

第一节　石窟寺

第二节　摩崖石刻

第三节　经幢

第四节　碑刻

第五节　雕刻

第六节　岩画

第六节 坛庙

正定文庙大成殿 为五代建筑遗存，是研究古代建筑以及文庙规制发展的重要实物例证。文庙大成殿位于河北省正定县城育才街西侧。

正定文庙大成殿始建史料阙如，古建筑史专家梁思成考证认为："文庙则洪武间建，而殿则绝非明构，殆就原有寺观改建者，而大殿乃原有之大殿也，以殿结构之简洁、斗拱权衡之硕大，可能为五代或宋初所建。"

正定县文庙始建于明洪武七年（1374年），由正定知县洪子祥创建，前庙后学。天顺六年（1462年），巡按御史卢秩迁庙居左、学居右。成化十一年（1475年）知府田济，修明伦堂；成化十六年（1480年）知府余瓒、嘉靖二十四年（1545年）知县邢尚简先后增修，万历十八年（1590年）都御史宋仕重修、四十五年（1617年）、四十六年（1618年）知县苏继欧、王琨各增修。清顺治九年（1652年）知县张师成、雍正二年（1724年）知县李伯正，乾隆六十年（1795年）知府杨潘文、知县刘浩，道光二十八年（1848年）知县梁宝书均有重修。原有建筑为照壁、棂星门、泮池、戟门、大成殿、崇圣祠、文昌阁、乡贤祠、名

正定文庙大成殿

宦祠、兴文阁、义路、礼门等。其中名宦祠在戟门外左，乡贤祠在戟门外右，二祠俱为明万历四年（1576年）知县周应中建。崇圣祠在文庙后，文昌祠在崇圣祠后，为万历丙午（1606年）知县李著星建。

文庙占地面积5000平方米，坐北向南。现仅存戟门、东西庑和大成殿。正定文庙大成殿现坐落于文庙中轴线末端，坐北向南，自地平至正脊坡高11.5米。平面呈长方形，面阔五间，进深三间，单檐歇山式青瓦盖顶，建筑面积591.6平方米。梁架为六架椽屋、四椽栿对劄牵前后用四柱的结构方法，柱头间只施阑额，不施普拍枋，檐下铺作可分柱头、补间、转角三个类型。柱头铺作外跳为五铺作双杪偷心造，第二跳华拱上施令拱与耍头相交，再上为撩檐枋和撩檐槫，内跳前后檐为四铺作单杪偷心造，两山柱头为五铺作双杪偷心造，补间铺作没有内外跳的拱子，只在柱头枋上占慢拱的位置做隐刻拱，枋与枋间用小斗相隔，转角铺作外跳出两跳华拱，其上施昂，与昂相交的令拱作鸳鸯交手拱，内跳均为五跳偷心，三四跳拱头不设小斗，第四跳华拱与抹角拱相交，第五跳拱头承托纵向与横向槫与襻间枋。

正定文庙的建造，是儒家思想在封建社会中受到广泛重视并发挥重要作用的实物例证。主体建筑大成殿为五代建筑遗存，其年代类型及建造手法珍稀独特，在全国文庙中有重要的地位，是研究五代时期建筑类型以及文庙建筑发展史的重要实物例证，具有极高的资料与历史价值。古建筑专家罗哲文考察认为此殿应是中国遗存最早的文庙大成殿，其建筑年代之久，价值之高，堪称国内文庙之最。

1956年，正定文庙由河北省人民委员会公布为河北省文物保护单位。1992年3月，河北省人民政府划定正定文庙大成殿的保护范围和建设控制地带。1996年11月20日，正定文庙大成殿被国务院公布为第四批全国重点文物保护单位，编号4-0091-3-013。正定县文物保护管理所负责文庙大成殿的保护管理，并派专人负责看护和日常保养。1998年6月1日，文庙正式对外开放。2004年，正定县文物保护管理所建立正定县文庙大成殿的全国重点文物保护单位记录档案。2013年8月16日，河北省人民政府颁布《河北省人民政府办公厅关于公布正定文庙大成殿文物保护规划的通知》，公布调整后的文庙大成殿的保护范围和建设控制带。2015年，经国家文物局批准立项，对大成殿实施保护性修缮，2015年4月开工，2016年4月竣工。

关王庙　位于山西省阳泉市白泉乡林里村玉泉山腰，为一组宋、明、清三代木构建筑群，其中的正殿是中国已知最早的祭祀武圣关羽的木构建筑实物。

关王庙依山而建，坐西南朝东北，呈两进院落。关王庙创建年代不详，正殿为宋熙宁

林里关王庙山门

关王庙正殿

关王庙正殿前檐

五年（1072年）重建，宣和四年（1122年）重修。明嘉靖四年（1525年）、清嘉庆十三年（1808年）、光绪三十一年（1905年）均有修葺。中轴线上依次为马殿（山门）、南王殿、正殿。南王殿左右两侧为配殿，正殿前右侧为官窑，左侧置围廊。其中正殿为宋代遗构，官窑为清代建筑。

关王庙正殿面宽三间，进深六椽，梁架

林里关王庙正殿梁架

采用六架椽屋乳栿对四椽栿用三柱，单檐歇山顶。各柱均有侧脚，角柱有生起，柱头卷杀明显，斗拱为五铺作双杪计心造，屋檐翼角伸出，起翘甚微，出檐平缓，整体轮廓庄重而古朴。正殿建在高84厘米、边长1602厘米的台基之上。平面呈方形，前一间为廊，门窗设在前槽柱之间，两山及后檐柱由墙体围砌，殿身用柱14根，平柱高400厘米，角柱高405厘米，生起与《宋营造法式》规定"三间生高二寸"相近。前槽柱与平柱同高，柱高与柱径之比约为7：1。大殿铺作分柱头、补间、转角和前槽柱头铺作四种，补间铺作每间一朵。檐下斗拱为五铺作重拱双杪计心造，里转五铺作出双杪，第一跳偷心。各铺作大斗纵向出泥道拱，上施正心枋三层，最上为压槽枋一层。第一、二层正心枋上分别隐刻成鸳鸯慢拱和鸳鸯合拱，拱头处施散斗。前后檐明间柱头铺作的耍头为梁栿伸出撩檐榑成麻叶式，其余铺作的耍头为蚂蚱式。麻叶式耍头的形制与佛光寺东大殿、应县木塔耍头相似。屋脊随木构架生起显著，屋顶坡度曲线柔和，各脊均施瓦条脊，两端尾为琉璃大吻，垂戗兽为琉璃贴面兽。余者建筑如南北殿、马殿、配殿、围廊，均为依据宋式建筑规划重新修建。

关王庙正殿是中国遗存最早的祭祀武圣关羽的木构建筑实物。建筑以正殿为主，由南王殿、马殿、南北配殿、围廊以及外院的戏台、大门、忠恕牌坊、落架亭、饮马亭组成了一座错落有致、左右对峙、布局合理、气势雄伟的具有一定历史、艺术、科学价值的宋代木构建筑群体。

中华人民共和国成立后，关王庙最初隶属于阳泉市郊区政府，后者委托郊区文体局代为管理。1986年，山西省古建筑保护所对关王庙进行勘察测绘，并且编制维修设计方案。1990年，山西省古建筑保护研究所受山西省文物局委托承担关王庙规划及大殿的勘察设计任务。规划的重点以关王庙大殿的结构形式以及中国宋代建筑的格局和时代特征，对关王庙进行修复。1992年，阳泉郊区关王庙文物管理所成立，专门负责管理关王庙。1996年11月20日，关王庙被国务院公布为第四批全国重点文物保护单位，编号4-0099-3-021。2002年8月27日，山西省人民政府印发《关于公布太原晋阳古城遗址等102处全国重点文物保护单位保护范围的通知》，公布关王庙的保护范围和建设控制地带。关王庙全国重点文物保护单位记录档案保存在山西省古建筑保护研究所。

广饶关帝庙大殿　是山东省最早且唯一的宋代木构建筑，位于山东省广饶县城西北隅的孙武祠内。

大殿始建于南宋建炎二年（1128年），

广饶关帝庙大殿

文献记载最早见于明万历《乐安县志》。金承安、泰和年间（1196～1208年），该殿首次维修，明成化二十二年（1486年）重修。弘治十一年（1498年），新铸关羽铜像。嘉靖二十年（1541年），建三义堂于大殿后。隆庆、万历年间（1567～1619年），大殿均重修后建钟楼于二门左。清康熙、雍正年间共拓地约1.87万平方米，于三义堂后建春秋楼。道光二十三年（1843年），建后殿与观剧台，同治六年（1867年），重修春秋楼，每岁秋仲月次丁暨五月十三日致祭。由于自然和人为因素的破坏，仅剩余关帝庙大殿。大殿前后的配套建筑自明代开始增建，至清道光年间（1821～1850年）发展成鲁北最大的关帝庙，并且香火极盛。庙正殿虽经历代维修，但平面布局、大木构架、斗拱等基本保持了初建的风貌，其结构方式，构件尺度，用材比例等具有明显的宋代建筑特征。

广饶关帝庙大殿绿瓦朱甍，飞檐翘角，歇山顶式，全木结构。大殿坐北朝南，月台为砖石砌筑，面阔三间12.64米，进深10.7米，建筑高10.25米，建筑面积135.25平方米，占地面积12461平方米。大殿平面布局、大木构架、铺作等基本保持初建时的风格，具有明显的宋代建筑特征，其结构形式为六架椽屋乳栿对四椽栿用三柱，用材按宋制为六等材。室内四椽栿为彻上露明造，原室外乳栿当心间为藻井，次间为平棊，斗拱重昂五铺作。大殿与宋《营造法式厅堂建筑》所载相同，接近《营造法式》"大木作制度"的建筑规范。广饶关帝庙大殿承载着不同时期的历史信息，具有较高的历史、文物和科学研究价值。

据民国24年《续修广饶县志》载，民国16年（1927年）在此改建中学，并在大殿后东侧修建校门。民国27～37年（1938～1948年）先后被日伪机关、渤海三中、广饶县学所用。中华人民共和国成立后，1949～1953年为中共广饶县委所在地，1954～1987年改为中共广饶县委党校。1977年12月，山东省人民政府将大殿公布为第一批省级文物保护单位。1987年10月19日，广饶县博物馆（东营市历史博物馆前身）接管大殿的管理工作。1965年，中央古代建筑修整所和山东省博物馆对该庙内建筑进行全面勘察和测绘，形成《广饶关帝庙残毁情况勘查记录》。1996年11月20日，广饶关帝庙大殿被国务院公布为第四批全国重点文物保护单位，编号4-0106-3-028。2006年，广饶县人民政府公布关帝庙大殿的保护范围和建设控制地带。同年，东营市历史博物馆建立关帝庙大殿的全国重点文物保护单位记录档案，存于东营市历史博物馆档案室，设专人负责管理。2007年，山东省文物科技保护中心对大殿进行勘察，制订《山东广饶县关帝庙大殿抢救性维修保护方案》。2012年4月，依据国家文物局审批的《山东广饶县关帝庙大殿抢救性维修保护方案》，东营市历史博物馆组织对关帝庙大殿进行局部落架修缮。2012年7月竣工。

曲阜孔庙及孔府 是规模最大、最为古老的祭祀孔子的庙宇。孔庙位于山东省曲阜市明故城南门北侧。孔府，本名衍圣公府，是孔子嫡裔子孙世代居住的官邸，位于孔庙东侧。

孔子（前557～前479年）是春秋时期著名的思想家、教育家、儒家学派创始人，去世后的第二年（前478年），鲁哀公将孔子生前所居之堂改作"寿堂",房屋3间,陈列孔子使用过的"衣、冠、琴、车、书","因以为庙,岁时奉祀",此即孔庙的前身。自东汉至民国年间,孔庙先后重修、扩建达70余次。东汉元嘉三年(153年),汉桓帝下令修建孔庙,并派孔和为守庙官,在庙内立碑。魏文帝黄初二年(221年),曹丕下令修葺孔庙,并置鲁郡,封孔羡为"宗圣侯",置百石吏卒守卫孔庙。晋孝武帝太元十四年(389年),敕修阙里孔子庙,颁六经于孔庙。宋文帝元嘉十九年(442年),诏修孔子庙,复学舍,招生徒。宋孝武帝孝建元年(454年),诏建孔子庙,制同诸侯之礼。北魏孝文帝延兴二年(472年),定祭孔子庙之制。东魏孝静帝兴和元年(539年),兖州刺史李珽塑孔子及十弟子容像,这是孔庙立有塑像的开始。唐代多次下令修建孔庙。唐贞观十一年(637年),尊孔子为宣父,诏兖州作阙里庙,给户二十,奉守林庙;命褒圣侯朝会位同三品,

祭祀、冕服亦如之,食邑一百户。贞观二十一年(647年),以先儒配享孔子庙。开元六年(718年),兖州刺史韦元圭及褒圣侯孔璲之、县令田恩昭重修阙里孔子庙。开元八年(720年),定十哲配祀孔子庙。宋、金、元时期,孔庙有进一步发展。宋建隆元年(960年),宋太祖赵匡胤谒孔庙,诏增修祠宇,绘先圣先贤先儒像,释奠用《永安之乐》。建隆三年(962年),诏祭孔子庙,用一品礼,立十六戟于庙门。大中祥符元年(1008年),赐孔子庙经史,又赐太宗御制书150卷,藏于庙中书楼。大中祥符三年(1010年),颁释奠仪注及祭器图,建庙学。天禧二年(1018年),增建殿堂廊庑316间,是为宋代孔庙最大的一次维修。金皇统二年(1142年),修阙里孔子庙,敕行台拨钱一万四千贯,委曲阜主簿孔璪(瑰)修葺圣殿。金正隆二年(1157年),以羡钱修孔子庙两庑及齐国公殿。大定十九年(1179年),郓国夫人寝殿成。明昌六年

孔府大门

（1195年），修阙里孔子庙，增塑儒像，赐阁名为"奎文"。元代多次诏修孔子庙。元至大三年（1310年），诏用《登歌乐》于阙里孔子庙。明清时期是孔庙发展的鼎盛时期，规模宏大的建筑群基本上在这一时期完成。明代共重修、扩建孔庙21次，是历史上重建次数最多的朝代。洪武元年（1368年），置林庙洒扫户115户，"在庙者百，在林者七，在书院者八"，在州县选择民间俊秀无过的子弟充当。弘治十二年（1499年），孔庙遭雷击，大成殿等主要建筑120余间化为灰烬，明孝宗下令重修，维修历时5年，耗银15.2万两，奠定孔庙后世规模。清初多次修葺孔庙。清雍正二年（1724年），孔庙遭遇雷火，雍正亲自到太庙祭祀孔子，下令重修孔庙，修建历时6年，耗银15.7万两，孔庙面貌焕然一新，基本形成遗存规模，为清代规模最大一次修缮。民国时期，于民国4年（1915年）和19年（1930年）进行两次修缮，分别修葺寝殿、疏浚庙前金水河

和修缮大成殿，定名为孔子纪念堂。

孔庙南北长1130米，东西最宽处约168米，占地面积约15万平方米。建筑群包括5殿、1祠、1阁、1坛、2庑、2堂、17座碑亭、53座门坊，有建筑100余座460余间，建筑面积约1.6万平方米。其中，前三进是引导性庭院，只有一些门坊。第四进以后的庭院建筑雄伟，气势壮观，主要建筑包括圣时门、弘道门、大中门、同文门、奎文阁、十三碑亭、大成门、杏坛、大成殿、寝殿、圣迹殿、崇圣祠等，是孔庙祭祀活动的主要场所。孔庙内碑刻林立，古木参天，存有唐、宋、金、元、明、清历代碑刻1500余通，古树1100余株。碑刻有记事碑、圣旨碑、题名碑等，部分是中华人民共和国成立后为保护文物移入孔庙的，如汉画像石、《玉虹楼法帖》等。

孔府是在宋元时期"袭封宅"的基础上扩建而来的，孔府主体院落创建于明洪武十年（1377年），其后不断添置完善，建筑规模逐

孔庙大成殿

渐扩大，清光绪十二年（1886年）达到现有规模。自孔子卒后不久，故居便改做庙宇，后裔子孙因庙建宅，住宅守庙，位置在今孔庙诗礼堂及崇圣祠区域内，规模不大。至宋代时，以袭封视事厅和恩庆堂为主线，西为客位和客馆，东为双桂堂的中、东、西三路布局，庙宅有300余间，形成一定的规模与格局。金代时，在官衙东增加袭封宅一组建筑，有正房2座、厢房4座，为两进三合院。明清时期，孔府的规模也相应扩大。明洪武十年（1377年），奉敕在孔庙东、与庙墙相邻创建衍圣公府，仅官衙区有正厅5间、后厅5间、东西司房各10数间。清康熙二十三年（1684年），孔子六十七代孙衍圣公孔毓圻在孔府东学增建宸翰阁等建筑（存放帝王御笔墨迹，现仅存遗址）。道光三年（1823年），七十二代孙衍圣公孔宪培夫人于氏死后，在东路中部创建慕恩堂以祀。道光十八至二十三年（1838～1843年），七十三代孙衍圣公孔庆镕对孔府进行较大规模修葺。光

孔庙杏坛

绪十一年（1885年），孔府内宅火灾，前、后堂楼，前后东、西配楼和佛堂楼等共七座楼被火烧毁。次年，山东巡抚张曜发起募捐，共耗银8万余两，按旧式规模重建。

孔府东西宽300多米，南北长417米，占地面积12万平方米。有楼轩厅堂463间，八进院落，三路布局，东路为家祠所在地，有报本堂、桃庙、九如堂、一贯堂、慕恩堂等；西路为衍圣公读书、学诗学礼、燕居吟咏和会客之所，有忠恕堂、安怀堂、南北花厅，为招待来宾的客室；中路是孔府的主体部分，前为官衙，设三堂六厅，后为内宅，有前上房、前后堂楼、配楼、后六间等，最后为花园。孔府是集官衙、宅院、家庙三位一体的典型的封建贵族式建筑群，透过孔府的建筑、装饰、布局，可以了解中国的家族观念，也可以品味中国的传统文化。

1948年，曲阜县成立孔府古物保管科，负责孔府文物保护管理。1949年3月成立曲阜县古代文物保管委员会，多次更名，至1959年1月，改称曲阜县文物管理委员会。1961年3月4日，曲阜孔庙及孔府被国务院公布为第一批全国重点文物保护单位，编号1-0099-3-052。1994年12月，曲阜孔庙、孔林和孔府被联合国教科文组织世界遗产委员会列入为世界文化遗产。2004年3月，曲阜市文化遗产管理委员会成立，负责日常开放管理工作。2005年10月，曲阜市文物局文物保护科编制《全国重点文物保护单位记录档案孔庙及孔府卷》，并负责存管。2012年11月，曲阜市文化遗产管理委员会撤销，曲阜市文物管理委员会下设孔庙管理处、孔府管理处，负责日常开放管理工作。2006年

12月至2008年8月，曲阜市文物管理局委托山东省文物科技保护中心对孔府西路建筑进行现场勘察测绘，编制《曲阜孔府西路建筑修缮保护方案》，2009年2月获国家文物局批准，2009年3月正式启动施工，2011年全部建筑主体维修完工，2012年5月1日正式对外开放。孔府西路建筑群修缮工程荣获"2012年度全国文物保护最佳工程奖"。2012年11月，委托北京建工建筑设计研究院编制《曲阜孔庙孔林孔府保护规划》；2014年11月，国家文物局批复同意。2013年12月，山东省文物局印发《关于公布第四批省级文物保护单位保护范围和建设控制地带并调整公布其他省级以上文物保护单位保护范围和建设控制地带的通知》，确定曲阜孔庙及孔府的保护范围和建设控制地带。

平遥文庙 为中国最早的文庙之一，位于山西省平遥县城内东南隅、云路街北侧。

平遥文庙始建年代不详，据清光绪八年（1882年）《平遥县志》记载，文庙规模宏阔，总体由三组建筑群组合而成，中央为庙，左为东学，右为西学，庙前东、西、南三面各建牌坊1座，庙的前后共分四进院落，中轴线自南而北有影壁、棂星门、泮池、大成门、大成殿、明伦堂、敬一亭、尊经阁、东西庑、掖门、厢房、耳房等配属两房。庙区平面布置与志书记载大体相符。庙中存有碑碣20余通，有关明、清两代修缮的经过，都历历可考，但所有碑碣均未言及文庙的始建年代，有的学者认为平遥文庙应始建于汉代。从大成殿脊檩下的墨笔题记"维金大定三年岁次祭未口月一日辛酉重建"可知，大成殿重建于金大定三年（1163年）。

庙坐北向南，庙区占地8649.6平方米，建筑面积3472.3平方米。四进院落，中轴线上排列有棂星门、泮池、大成门、大成殿、明伦堂、敬一亭、藏经阁等 建筑。

大成殿为文庙主殿，面阔五间，进深五间，平面近方形，单檐歇山顶，建在高1米的

平遥文庙大成门

砖砌台基上，前有宽广的月台，周围施以石栏板。前檐明次间用槅扇门，梢间置窗。檐下斗拱七铺作，双杪双下昂重拱偷心造。昂为批竹式，耍头蚂蚱形。梁架结构形式近似于北宋《营造法式》草栿隐在天花之上，明栿敞露在天花板以下。梁架结构为十架椽，前后槽用劄牵乳栿连接，内柱之间以复梁拼成的草栿承重，草栿以上，用四椽栿、平梁、叉手、侏儒柱、驼峰等层层支叠，梁枋断面高宽之比大多为3：2，基本采用北宋时期做法。中央置藻井，用小型斗拱叠架而成，形制规整，工艺精巧。大成殿是中国文庙中最古老的建筑，其造型和结构属宋式建筑体系。平面布局、用柱方法、斗拱梁架结构以及歇山顶出际的形式等都有宋代木构建筑的特征。檐下的大斜梁取代补间铺作的做法，是一罕见的特例。

平遥古城内南大街为轴线，遵循"左文右武"的布局程式，文庙与武庙对称排列。平遥

平遥文庙大成殿前檐斗拱部位

文庙中轴线独特的建筑艺术风格，浓厚的文化底蕴，庙区左右"东学""西学"之设，明伦堂后"超山书院"，见证了平遥教育史上的一段辉煌。每年"春秋上下"的祭孔仪式、重修于金代的大成殿和别具一格的敬一亭、尊经阁以及重修于明清时期的其他建筑遗存，共同构成文庙的完整格局，堪称汉族人民崇文尚礼的历史见证。

中华人民共和国成立后，平遥中学占用

平遥文庙大成殿

文庙期间，拆除部分建筑，增修部分古建筑前檐墙，外貌有所改观，但各建筑的结构未变。在建筑物防塌防漏方面的保养性维修未曾间断。1956年，国家下拨专款对大成殿进行局部落架维修。1965年5月24日，山西省人民委员会公布大成殿为第一批省级文物保护单位。1990年，大成殿始归文物部门直接管理。1992年后，大成殿由平遥县文物局直接保护管理，再次维修殿顶。2001年6月25日，平遥文庙被国务院公布为第五批全国重点文物保护单位，编号5-0240-3-046。2002年8月27日，山西省人民政府印发《关于公布太原晋阳古城遗址等102处全国重点文物保护单位保护范围的通知》，划定平遥文庙的保护范围和建设控制地带。全国重点文物保护单位记录档案保存于山西省古建筑保护研究所。2003年，开始整个文庙建筑群维修复原工程，平遥中学整体迁离文庙学宫。同年，成立平遥县文庙管理处，负责

文庙的文物安全和对文物资源合理利用的监督指导。2005年，国家文物局批准平遥文庙保护维修方案。2011年10月，云路（平遥文庙学宫的前置组成部分）复原工程启动，复立"云路天衢"坊。

正定府文庙 为古代正定府的文教建筑，位于河北省正定县城常山东路路南。其中戟门是元代木构建筑，是研究元代儒学建筑为数不多的实例。

据清光绪元年《正定县志》载，正定府文庙在府治东金粟冈，宋以前不可考。宋熙宁三年（1070年）龙图阁学士、知府事吴中复创修。元祐三年（1088年）蔡京守成德军始迁而扩修。金、元代有增修。元至顺二年（1331年）府尹张忙兀台增修殿庑门舍新屋32楹，形成文庙的规制。元末文庙毁于兵乱。明洪武四年（1371年）知府郭勉在殿北重修构堂，堂南置杏坛。其后屡有修葺。天顺三年（1459

正定府文庙戟门及配房

正定府文庙平身科斗栱

年），推官吴簏增修明伦堂，添建斋庐号舍；天顺五年（1461年）巡按御史鲁秩增建尊经阁，阁左右建梯云、步月楼。成化四年（1468年）知府邢简重修大成殿及两庑、神厨、戟门；成化十一年（1475年）知府田济大建堂斋、学门、仓库于尊经阁后，将民地广延100米，建号舍与梯云、步月楼环接，旁列明德、崇信、养性、存义四斋，拓修前门钟灵坊东路。弘治八年（1495年）知府张淑按图籍恢复学之侵地十之有三，改建明伦堂6间，东西建观乐亭，又建名宦祠、乡贤祠。正德二年（1507年）知府彭泽重修。嘉靖六年（1527年）、嘉靖十四年（1535年）、万历二十七年（1599年），先后建敬一亭于庙前，增广泮桥，建大坊与棂星门，增建魁楼。清乾隆二十五年（1760年）知府郑大进重修，共修建殿庑屋宇楼墙等87处所。有圣德同天牌楼、德配天地牌楼、道冠古今牌楼各3间，照壁、奎阁、东西下马牌各1座，围墙，东、西泮池，泮桥，义路礼门各1间，戟门、名宦祠、乡贤祠、大成门各5间，东、西耳房各3间，东、西庑各7间，大成殿7间，东、西角门各1间，敬一亭、崇圣祠、文昌祠、三忠祠各3间，围墙门楼1间。清

咸丰四年（1854年）至同治八年（1869年）相继重修。

据民国年间《正定县志》载，庙内建筑布局为：大成殿7间、两侧为东西庑，庙东北为崇圣祠，东为六忠祠，庙右侧为明伦堂，堂后建尊经阁，阁左右建梯云、步月楼，阁后建敬一亭。戟门5间，东为名宦祠，西为乡贤祠，庙东南为魁星阁，阁北建文昌祠。院内辟泮池，上架三孔石桥，另有构堂、奎阁、观乐亭、棂星门、关帝庙、斋室、教授宅、训导斋、试院等建筑。

正定府文庙占地约1710平方米，坐北向南。遗存建筑为戟门5间和东、西配房各3间。戟门经专家鉴定为元代遗存。戟门坐落在府文庙中轴线前部，坐北面南，自台明上皮至脊榑上皮举高913厘米。面阔五间，进深二间，单檐悬山布瓦顶式建筑，建筑面积（柱中至柱中）171平方米，梁架结构为六架椽屋分心用三柱的构造形式。平梁上蜀柱叉手并用，但金檐部不施托脚。平梁下立中柱，柱两侧施三椽栿，栿下以通替木承托。梁头做雕饰，十分别致，博风头隐刻阴阳鱼之类的雕饰。普拍枋与搭头木断面呈"T"字形，至两山出头，雕刻类似霸王拳之类的纹饰。前后檐下均置斗栱，斗栱分布疏朗，明间补间铺作三朵，次梢间各两朵，材宽9厘米，其式样为四铺作单下昂。补间外曳昂下出华头子，昂上置令栱，中出耍头，上托通长的替木。里曳栌斗中出华栱，栱上为昂的后尾，其昂尾斜上高高翘起，与下金檩之下的襻间相互搭接。戟门两侧为东西配房，各3间，硬山灰瓦顶式建筑，为晚期建筑。

正定府文庙的建造，是北宋兴学运动的产

物，反映了儒家思想倍受重视并发挥作用的史实。民国22年（1933年），古建筑学家梁思成写下《正定调查纪略》，其中关于正定府文庙的调查记录，为研究正定府文庙的始建年代、建筑构造提供珍贵资料。

民国36～38年（1947～1949年），文庙由华北大学、河北建设学院使用。中华人民共和国成立后至2005年，文庙先后由拖拉机站、正定梆子剧团、地区戏校、正定县人民医院、正定县妇幼保健院占用。1982年，文庙被正定县人民政府列为重点文物保护单位。2006年5月25日，文庙被国务院公布为第六批全国重点文物保护单位，编号6-0329-3-032。同年，正定县文物保护管理所收回文庙，由专人负责看护和日常保养。2013年4月23日，国家文物局批复《正定府文庙文物保护规划》。同年8月16日，

河北省人民政府公布《正定府文庙文物保护规划》，划定正定府文庙的保护范围和建设控制地带。2014年，正定县文物保护管理所建立正定府文庙全国重点文物保护单位记录档案。

定襄关王庙 为中国已知较早的关王庙之一，位于山西省定襄县城北关的定襄二中内。

定襄关王庙始建于宋徽宗宣和五年（1123年），原为昭惠灵显王庙建筑群（寿圣寺）的西配殿。原正殿唐代祭祀定襄王李大恩，宋宣和祭祀灵显王李靖；东配殿供玉皇大帝；西配殿供关王。后寺庙废弃，现仅存西配殿。金泰和八年（1208年），塑关羽像改制为武庙，元至正六年（1346年），对庙宇进行维修。明嘉靖三十四年（1555年），神宗封关羽为帝后，改称关帝庙。清康熙二十八年（1689年），对庙宇进行维修。仅存大殿一座，因该殿无大

定襄关王庙

定襄关王殿内梁架

定襄关王殿前檐斗拱

梁，俗称无梁殿。

大殿面阔三间，进深两间四椽，位于一个整体的宽阔台明上。前檐当心间超大，次间为当心间面阔的1/3，后檐三间面阔相等。山面两间，面阔比后檐稍阔。殿内只有金柱2根，位置与后檐明间柱相对而前移，距前檐柱的距离与次间面阔相同，这个相同的尺度也是前檐斗拱之间的间距，在山面则决定了山面补间铺作的位置。殿内金柱未移，与通常金柱相同。柱似为梭柱，柱头卷杀为覆盆，前檐明柱柱头铺作与后檐次间补间铺作相对。殿内2根金柱，结构为劄牵置大阑额，上对三椽栿通檐用两柱。由于前檐明间特宽，前檐明间柱间施一巨大阑额，阑额穿过柱头成直截式，次间施细巧阑额两层，上层接大阑额之上部，下层穿明间柱出为大木沓头以承阑额，在角柱均不出头。关王庙大殿超大的明间上的巨大阑额，是一个承重构件。前后檐生起甚微，仅1厘米，两山生起较大，为20厘米。柱侧脚向两山侧5厘米，向正面侧10厘米。明间补间铺作三朵，中间为一组斜拱，柱头铺作亦为斜拱。单椽，无飞椽。柱础石不加雕饰，用自然平面石衬垫。殿前设小月台，台阶向内砌筑，两山及背面台明，用自然卵石垒砌。殿内梁架三椽栿对乳栿，实为劄牵，伸出檐外置于撩檐槫之背，后尾插入金柱与三椽栿相交，宽厚呈单材。歇山出际只用承椽枋一根相承，不使用踏脚木。平梁前端由金柱头大斗相承，后尾驼峰承托。之上置侏儒柱、合沓、叉手托脊槫。四角用特小的单材抹角梁，斜交于前檐柱头铺作和山面次间补间铺作。前檐砍成45°斜拱，山面伸出不加雕饰，不挑承任何重量的一个斜向木头。

关王庙大殿为宋代遗构，体现宋代的营造技术手法和艺术风格。大殿宋代建筑特征明显，大殿超大的明间上设巨大阑额作为承重构件，与殿内梁架结构、斗拱布局密切相关。与在晋南地区元代建筑中广泛使用的大额承重式结构外观、结构逻辑极为相似，但又有所不同：元代木结构的横额置于柱上，而关王庙大殿的大横额置于柱间，仍属于阑额范畴。类似的情况在同期建筑中罕见。普拍枋之下使用巨大额枋一根，次间额枋很小，而且不贴普拍枋，其内端伸进明间额枋之下，头部斜砍成类似雀替形。关王庙斗拱竟有八种之多，而且造型奇特，《营造法式》未载。八种形式的斗拱大体可分两大类：一类是前檐明间补间及转角铺作，均为四铺作单下昂，下昂特长；另一类为其余各铺作，皆为五铺作重杪，其两跳出跳的总长总高等于前一类下昂的长高。具体制作上，一类下昂之下有桦头子，上部施令拱。另一类不施令拱，由第二跳拱头的散斗直承撩檐枋。因此形成二者之间结构制作不同，但总高总长相等。前檐明间特宽，补间铺作使用三朵，次间不用补间铺作。山面及后檐每间各一朵补间铺作。斗拱材宽14厘米，材高20厘米，拱高7.5厘米，约合《营造法式》五等材。从建筑结构来看，当时工匠已经初步掌握建筑的模数制度和基本力学原理，比较好地解决了建筑形式和功能的关系问题，具有很高的科学价值和研究价值。

1981年，山西省文物局拨款维修使关王庙恢复了旧貌。1986年，定襄关王庙被山西省人民政府公布为山西省文物保护单位。2005年4月，成立关王庙文物管理所，与定襄县文物管理所合署办公。2006年5月25日，关王庙被国务院公布为第六批全国重点文物保护单位，编号6-0368-3-071。2007年，山西省人民政府，公布关王庙的保护范围和建设控制地带。定襄关王庙全国重点文物保护单位记录档案保存于山西省古建筑保护研究所。

孔氏南宗家庙 是孔氏南迁后裔长孙世代奉祀孔子的场所，有"东南阙里"之誉。孔氏南宗家庙位于浙江省衢州市新桥街142号，其建筑坐北朝南，前临新桥街，隔河与府山相对。

南宋建炎二年（1128年），金兵南下，孔子第四十八代孙、袭封衍圣公孔端友奉子贡手摹孔子及亓官夫人楷木像扈从高宗南渡，寓居衢州。从此，圣裔南迁嫡系子孙世居于此，衢州成为孔氏的第二圣地。在南宋和金两个南北对峙政权分别授爵奉祀的情况下，孔氏后裔分为南北宗，宋人则祀孔子于衢州，金人则祀孔子于曲阜，俱世袭封爵。称衢州孔庙为孔氏南

孔氏南宗家庙鸟瞰

孔氏南宗家庙大成殿

宗家庙，以别于曲阜祖庙。元初，因北宗衍圣公缺位，孔氏子孙在衢者乃其宗子，属于正宗衍圣公承袭世系。元至元十九年（1282年），元世祖降旨征孔子五十三代孙、南宗衍圣公孔洙赴京，意图册封。孔洙以先世庙墓在衢，固辞并力让爵于曲阜族弟孔治，而改封国子祭酒兼提举浙东道学校，归守江南庙祀。世祖忽必烈嘉之曰"宁违荣而不违亲，真圣人后也"，并赐俸禄及护持林庙玺书。从此，南宗失爵，中衰六代，期间不为朝廷所重视。明代统治者大力推崇孔孟之道，以衍圣公之爵命袭于鲁，复以博士之职命袭于衢，授南宗为翰林院五经博士，子孙世袭，享衍圣公次子待遇。从此南宗重新封爵，但地位有所降低。至民国时期世爵终止，改称"大成至圣先师南宗奉祀官"。

南宋绍兴六年（1136年）高宗皇帝下诏权以州学奉祀，直到理宗时期因祖庙隔绝，北归无望，南宗始正式建庙。据宋赵汝腾《南渡家庙记》载：宝祐元年（1253年），衢州郡守孙子秀请于朝，择城东北菱塘胜地鼎建家庙，理宗皇帝慨然从请。朝廷命有司拨款三十六万缗，赐田五顷，新建家庙仿曲阜之制，追鲁庙之遗，栋宇巍然，丹碧一新。宋末元初，家庙毁于寇。此后，南宗家庙数度异址重建。自元初让爵后，南宗一直缺官奉祀，祀事不严，几同流俗，家庙的修建不能正常进行。明正德十五年（1520年）孔子六十代孙孔承美袭封第二代五经博士，以子姓日蕃，庙貌不配，且年久颓敝不能成礼为由请于朝廷，迁家庙于西安县学旧址（衢州市新桥街），次年四月落成。家庙界为二区，缭以高垣，立庙于东，作廨于西，外建二门，以别庙、廨。清代历朝累有修葺，清道光元年（1821年）的工程规模最大，历时一年半，费银一万一千余两，家庙遂成后世之布局与规模。抗日战争时期，日军两次攻陷衢州，家庙部分建筑被毁。"文化大革命"期间孔府、家祠建筑均被拆毁，遗址另作他用。

孔氏南宗家庙占地面积约7660平方米，整个建筑群由孔庙、家祠和孔府三路建筑组成，并由东至西并列组合布置。孔庙占地面积约4200平方米，主体建筑有庙门（1984年重建）、大成门、东西庑、佾台、大成殿，均清代建筑，砖木结构。大成门为仪门，面阔三间加左右挟屋，通面宽22.47米，通进深8.29米，屋顶硬山造。佾台高0.78米、宽8.30米、深5.15米，为祭孔时歌舞之用。大成殿为孔庙的主体建筑，立于高台之上，重檐歇山顶，通高12.07米，平面正方形，面阔三间16.6米，进深三间16.5米。殿内空间高敞，木构简洁无华，不饰斗拱。大成殿西侧为思鲁阁，二层楼房，三开间硬山顶，阁上供奉孔子及亓官夫人楷木像，楼下立"先圣遗像碑"，相传是按唐代画家吴道子稿本摹刻，碑阴线刻明《诏建衢州孔氏家庙》图。孔庙东侧有家塾、恩官祠、崇圣祠等建筑。家塾是教读孔氏子弟的场所，前后两进，均三开间单檐硬山顶；恩官祠祀历

思鲁阁

代有功于孔氏南宗的官绅，为三开间硬山顶建筑；崇圣祠前后两进，均三开间硬山顶，专祀孔子五世先祖。

孔庙西侧为家祠，2000年在原址上复建。有孔圣先宗门、五支祠、袭封祠、六代公爵四进建筑，为南宗家祭之场所。孔府（明清时期称博士署，民国称奉祀官府）位于家祠西侧，2000年在原址上复建，依次有大门、大堂（明代称翰林公署）、花厅、内宅四进建筑，是办公与生活之所。

孔氏南宗家庙在古代与曲阜孔庙相同，是孔子长孙主祭的庙宇，全国仅此两处。由于孔氏南宗寓居他乡，仅南宋一朝袭封衍圣公，其后经历了让爵、复爵、废爵的兴衰历史。因此，南宗家庙是在特殊的历史背景下形成并延续，由于与曲阜孔庙有直接的渊源关系，其主要祭祀空间的建筑构成与布局规制源于后者，族人居宅依庙而建，并有家学（家塾）、家祠等建筑；同时，又因孔氏南宗的特殊历史经历，形成了自身特有的建筑配置，诸如思鲁阁供子贡手摹孔子及亓官夫人楷木像、六代公爵祠奉南宗六代衍圣公、袭封祠奉历代五经博士、恩官祠奉有恩于南宗的地方官绅等，而这些建筑的构成以及家庙的变迁，也恰反映出孔氏南宗的兴衰历史。

1957年10月，孔氏南宗家庙被衢县人民委员会公布为县级文物保护单位。1961年12月，大成殿梁架糟朽，思鲁阁山墙开裂，衢县人民委员会拨款整修。1962年，成立衢县文物管理委员会，办公地点设在家庙内并负责日常管理。1982年4月，孔氏南宗家庙被衢州市人民政府公布为市级文物保护单位。1984年9月

至1988年9月，浙江省政府、衢州市政府拨款对孔庙建筑进行全面整修。1986年，衢州市文物管理委员会成立，办公地点设在家庙内，同年家庙作为衢州博物馆正式对外开放。1989年12月，孔氏南宗家庙被浙江省人民政府公布为省级文物保护单位。1994年，浙江省人民政府发文件公布孔氏南宗家庙的保护范围与建设控制地带。1996年11月20日，孔氏南宗家庙被国务院公布为第四批全国重点文物保护单位，编号4-0102-3-024。1998年7月至12月，经国家文物局批准，对孔庙西侧建筑遗址进行清理发掘，完整揭露明清时期孔府及家祠建筑遗址，为复建工程提供科学依据。1999年5月，孔氏南宗家庙局部复原重建工程正式动工，2000年3月竣工，在原址上复建孔府、家祠建筑，总建筑面积3290平方米。2005年，衢州孔氏南宗家庙管理处建立孔氏南宗家庙全国重点文物保护单位记录档案。

德庆学宫　为广东地区文教公益古建筑，是元代木构建筑的瑰宝，位于广东省德庆县德城街道城西居委会朝阳路26号。

北宋大中祥符四年（1011年），在康州（宋时，德庆称康州）诏置孔子庙，建于子城东2.5千米的紫极宫故址。宋庆历三年（1043年）知州事李仲求重修，元丰四年（1081年）迁址于此。南宋绍兴元年（1131年），康州诏升为德庆府。元至元元年（1264年），孔子庙被大水冲圮，大德元年（1297年）重建大成殿、两庑，殿后建尊经阁，下为议道堂。明洪武九年（1376年）改为州学。清康熙五十八年（1719年），以明伦堂改启圣祠，移建明伦堂于文庙东，并建义学。雍正元年（1723年），改启圣祠为崇圣祠并重修。光绪二十九年（1903年），建尊圣义祠。清末民初（1909～1912年），在学宫开设高等小学堂。民国15年（1926年），改称德庆县立第一小学

德庆学宫全景

校。中华人民共和国成立后，为德城镇第一小学。

德庆学宫是一组古建筑群，由大成殿、崇圣殿、尊经阁、乡贤祠等建筑组成。主体建筑大成殿，坐北向南，平面呈正方形，面积304.3平方米，重檐歇山顶。面阔五间17.36米，进深五间17.53米，殿高19.4米。建筑风格保留宋代木构建筑的特点。屋顶坡度平缓，出檐深远，斗拱疏朗，殿脊灰塑，造型简朴。侧立面两际有山花板，两边各施悬鱼1条。殿内梁柱，明间4根木质金柱不到殿顶，以12组斗拱承托平棊，起抬梁作用。左右两侧重檐下，均采用大丁栿结构，各省去中间两柱，使殿内减柱四根。下檐斗拱七铺作单杪三下昂，其出跳总长达120厘米。梁架结构部分采用砖石柱，使结构更坚固耐久。前下檐副阶用了一列八角形花岗石柱，左、右、后三面用砖围护，并砌出砖柱承重，增强建筑抗风雨侵蚀、

德庆学宫大成殿平棊

抗洪水冲击及防火能力。呈"冂"形的砖墙增强建筑抵抗水平力、稳定结构的作用。大成殿气势宏伟，殿面宽阔。用高台基、高柱础，前檐用花岗石柱，左、右、后三面围以高墙，使全殿采光良好，光线均匀。大成殿外，正面通花门；重檐歇山墙；屋顶坡度缓，上有雕饰物，正中红日起，两边鲤翘首。两对雕龙各据一方，昂首天外。这些艺术造型，反映兴建孔庙的宗旨："圣人之道，如日中天；鲤跃龙

德庆学宫大成殿

门，聿开文运。"附属建筑由石栏、棂星门、泮池、杏坛、大成门、东西庑、名宦乡贤祠、崇圣殿、尊经阁和尊圣义祠组成。

德庆学宫大成殿是中国元代木构建筑中不可多得的实例。学宫建筑背靠香山，左右青山环抱，面前锦水潆绕，远山朝卫，显现出古代建筑在选址、布局上的风水观念。总体布局运用高低、层次、开合、广狭、疏密等不同空间的手法，追求对称、规则、方正、直线，从而形成一种极为庄严肃穆的布局形制。各单体建筑之间，细部和整体之间，高低、大小之间，既有变化，又相互协调、和谐，既相互衬托又相互联系。其建筑手法，贯穿着孔子的儒家思想，体现出稳定的秩序感和温和敦淳的艺术追求。无论外部造型还是内部结构，德庆学宫都有很高的建筑艺术水平，是古代典型的岭南建筑。主体建筑大成殿以"四柱不顶"闻名于世，被誉为南国古建筑明珠，对研究南方元代建筑有重要价值。

1957年和1962年，德庆学宫先后被公布为德庆县和广东省文物保护单位。1987年，广东省人民政府划定德庆学宫的保护范围和建设控制地带。1996年11月20日，德庆学宫被国务院公布为第四批全国重点文物保护单位，编号4-0124-3-046。1997～1998年修复德庆学宫东西两庑，对大成殿进行调查、登记，制定学宫修缮设计方案。2000年6月，德庆学宫文物管理所成立，负责德庆学宫的保护和管理。2000年10月，维修和恢复学宫的修缮工作全面展开，按原貌修复尊圣义祠、名宦祠和义学等原有建筑物。2005年9月，德庆县博物馆编制德庆学宫全国重点文物保护单位记录档案并负责保管。

北京孔庙　是元、明、清三代国家祭祀孔子的机构，为全国规模第二大的孔庙。孔庙坐落在北京市东城区国子监街13号，与紧邻的国子监形成左庙右学的格局，与雍和宫一街之隔，属于北京市划定的历史文化保护区之一。

元世祖忽必烈定都大都后，诏令筹备兴建孔庙，祭祀孔子。元成宗大德六年（1302年），诏令按照"左庙右学"的设计规则兴建殿宇，历时四年建成。明永乐九年（1411年），重建孔庙。嘉靖九年（1530年），为祭祀孔子五代先祖增建崇圣祠。清乾隆二年（1737年），将主要殿堂改为黄琉璃筒瓦顶（崇圣祠仍用绿琉璃瓦顶）。光绪三十二年（1906年），祭孔之礼升为大祀，并大规模修缮孔庙，将大成殿由原来七间三进改建为九间五进。

北京孔庙坐北朝南，规制宏伟，占地23800平方米。分三进院落。主要建筑依次为先师门、大成门、大成殿及崇圣祠，先师门对面建有琉璃影壁一座，两侧接出斜向影壁各一，形成八字影壁。

先师门面阔三间，黄琉璃瓦歇山顶调大脊，旋子彩画。檐下施单翘单昂五踩斗拱，明次间平身科仅为两攒，斗拱硕大稀疏，保留元代风格，较为罕见。大成门是第一进院落的主要建筑，面阔五间，黄琉璃筒瓦庑殿顶。大成殿是孔庙的中心建筑，形体最大，级别最高，是祭孔的正殿。建筑面阔九间，重檐庑殿顶，黄琉璃筒瓦屋面。殿前建有宽大的月台，月台周围绕以汉白玉石护栏，月台正面和两侧建有踏跺。御路丹陛浮雕海水龙纹、五龙戏珠图案。大成殿内正中供奉着孔子"大成至圣文宣王"木牌位。两旁设配享的"四配"牌位；

大成门

东西两侧分列"十二哲"牌位。殿内外悬挂着清康熙至宣统皇帝及民国总统黎元洪题写的匾额。二进院内共有重檐歇山、黄筒瓦顶碑亭14座。碑亭内的螭首龟趺碑上记载封建帝王平定边疆,临雍祭孔等"丰功伟绩"。崇圣祠位于

孔庙第三进院,其正殿崇圣殿,面阔五间,进深七檩,单檐歇山顶。殿前建有宽大的月台,月台三面建有垂带踏步各10级。殿内供奉着孔子五代先祖的牌位。

北京孔庙为研究者和参观者提供了一个研究古代历史、感受古代文化、享受古典艺术的文化场所,具有不可替代的历史、科学、艺术价值。北京孔庙是历经元、明、清三朝统治者尊孔崇儒统治思想的写照,有很高的历史价值。庙内保存众多的石刻文物和祭孔礼器,是研究古代科举、儒学、政治的重要资料。其中,孔庙内石刻文物丰富,有元、明、清三朝的进士题名碑198块,上刻51624名进士的姓名、籍贯、名次,是研究古代科举制度的珍贵

大成殿

清代碑林

实物。孔庙古建筑保存完好，规模宏大，规制完备，体现了中国传统礼制建筑艺术风格。

1957年，北京孔庙被列为北京市文物保护单位。1981年，作为首都博物馆对外开放。1984年，北京市人民政府公布第一批划定文物保护单位的保护范围及建设控制地带的说明，确定北京孔庙保护范围及建设控制地带。1988年1月13日，北京孔庙被国务院公布为第三批全国重点文物保护单位，编号3-0082-3-030。2005年首都博物馆迁出，孔庙国子监博物馆正式开放。2005～2007年，北京市政府出资，依照"最小干预"原则，对北京孔庙进行大规模修缮，恢复建筑群的原有历史风貌。2006年，由北京市古代建筑研究所编制完成全国重点文物保护单位记录档案。

安宁文庙 旧称安宁州文庙，是云南最早的文庙之一，也是云南省最古老的木结构建筑之一。安宁文庙位于云南省安宁市连然街中段。

安宁文庙始建于元成宗大德六年（1302年），明宗天历二年（1329年）"天历镇兵之变"被毁，至元三年（1337年）宣威将军、中庆路达鲁花赤当道间主持重建。明永乐年间（1403～1424年）建明伦堂，成化二年（1466年）建尊经阁，嘉靖十年（1531年）建启圣宫（崇圣祠），崇祯七年（1634年）建名宦祠。康熙时规模最宏阔，占地达4500平方米，有文

安宁文庙大门

安宁文庙大成殿

明坊、照壁、泮池、金声玉振坊、棂星门、大成门、大成殿、崇圣祠以及东西两院、黉门、乡贤祠等7进6院共22座建筑物。清雍正六年（1728年）建魁星阁。后多损毁，仅存安宁县农机厂使用的大成殿及崇圣祠两座殿宇，占地1500平方米。

大成殿，坐北向南，居于砖石基座之上，单层木构建筑，面阔五间16.6米，进深三间12米，高19米，前后出廊，占地面积232平方米。抬梁式结构，单檐歇山顶，脊高10米，屋面为青色琉璃瓦，屋脊两侧各有一个青色卷尾龙。殿堂所用斗拱，粗大疏朗，为计心造，殿堂中部采用减柱、移柱做法，扩大了孔子像案前的空间。大成殿建筑之精华在于粗大疏朗的斗拱，外檐当心间有二朵里转六铺作重拱出三杪计心造，内檐出双下昂五铺作计心造，里转六铺作重拱出三杪计心造，内檐斗拱均为三跳六铺作计心造。古建筑学家刘敦桢《西南古建

筑调查概况》认为，"安宁文庙大成殿的昂、拱卷杀式及正心缝与跳头上仅施单拱，遵循宋、元法制"，是研究宋代建筑学经典《营造法式》的样板之一。

大成殿前有一对石狮，原置于遥岑楼东门两侧。1985年楼遭火焚，石狮移置今址。石狮为红砂石雕成，一雄一雌，各高2米，长2米。雄狮口含一珠；雌狮闭口，前脚护一小狮，刻工精湛，雄伟壮观，为明代石刻艺术佳作。

崇圣祠，原为祭孔子的父亲叔梁纥而建，至清雍正元年（1723年）改名崇圣祠。居于砖石基座之上，单层木构建筑，占地面积152平方米，通面阔五间16.12米，通进深五间，带前廊，抬梁式结构，单檐硬山顶，明间及两次间均设有槅扇门。

文庙内保存着元、明、清时期的碑刻多方，元碑有"圣旨碑""重修安宁州文庙记碑"；明碑有"御制儒学箴碑""重修明伦堂

安宁文庙碑廊

记""重修尊经阁记""去思碑记""科举题名碑""题名碑""题名碑记""购置学田碑记",清碑"张公德教碑记"等。庙内保存有明代石狮子,清代建筑石构件八仙石刻、柱础、石狮子等。所有这些石刻文物,是研究安宁以及云南省地方史及教育史的重要实物资料,具有较高的历史价值、科学价值和独特的文化艺术价值。

中华人民共和国成立后,文庙一部分改办为连然小学,一部分为县农机厂使用。1987年12月,云南省人民政府公布安宁文庙为第三批云南省级文物保护单位。1989年6月12日,安宁县人民政府将这两座殿堂划归文物部门管理。1990年,安宁县成立文物保护管理所,负责对全县文物进行保护管理,办公地点设在文庙。1999年4月,安宁市完成包括文庙在内的全市文物保护单位"四有"工作。2000年4月,增设安宁博物馆,安宁文庙由安宁市文物管理所、安宁市博物馆管理。2000年10月,安宁博物馆建成并对社会开放。2006年5月25日,安宁文庙被国务院公布为第六批全国重点文物保护单位,编号6-0746-3-449。2014年9

月,安宁市文物保护管理所建立安宁文庙全国重点文物保护单位记录档案;10月,安宁市人民政府划定公布安宁文庙的保护范围和建设控制地带。2015年,国家文物局安排安宁文庙维修专项资金对文庙进行保护性维修。

平乡文庙大成殿 是平乡县文庙的主体建筑,位于河北省平乡县平乡镇学前铺。

平乡文庙大成殿始建于宋大中祥符年间(1008～1016年),曾先后七次进行过重修改建。宋徽宗大观元年(1107年)重修文庙儒学,诏立大观圣作之碑于文庙戟门内左。明洪武七年(1374年)改建文庙儒学。明永乐三年(1405年)、明英宗正统六年(1441年)、明武宗正德十五年(1520年)、明穆宗隆庆九年(1570年)、清乾隆十六年(1751年)均重修文庙儒学。庙中原有尊经阁、经一亭、明伦堂、大成殿、戟门、棂星门等,从北向南一字排列。东西两厢分别建有廊庑、明宦祠、乡贤祠、忠一堂、碑亭等。再外首,东侧有宗圣祠、魁星楼、节孝祠、文昌阁;西侧有训导宅、射圃、观德亭、学铺等。文庙内的其他建筑已毁,仅存大成殿。

平乡文庙大成殿为文庙之主体建筑,系单檐歇山绿琉璃屋面,筑于1米高台之上,面宽五间,进深三间。斗拱全部坐于柱头上,无补间铺作,外檐斗拱五铺作出双昂计心造。平面采用减柱和移柱法,设金柱四根,直昂和假昂真华头和假华头参杂并用,柱基作覆盆式。属元代建筑之遗物,整体保存较完整。大观圣作之碑,刻立于宋大观二年(1108年)。碑阳所刻内容为宋徽宗颁发的孝、悌、睦、姻、任、恤、忠、和"八行"取士的诏旨,由通直朗书

平乡文庙大成殿

学博士李时雍奉敕仿宋徽宗瘦金体摹写而成，笔法俊逸。碑额正面阴刻行楷书"大观圣作之碑"六个字，由权相蔡京题写，严谨规整，大气磅礴，不失为书法妙品。碑刻工艺和刀法娴熟，有银钩铁画之感。碑刻内容，对补充、校正历史文献同样具有重要的历史价值。

大成殿是文庙的主体建筑，其建筑风格保留元明特点，个别梁架构件仍传承宋代建筑风格，承载了宋、元、明、清四朝众多的建筑学信息和人文信息，对研究古代建筑学具有较高的历史价值。大成殿整体建筑造型及各个构件具有较高的审美价值。建筑设计构思及构造工艺

平乡文庙大成殿梁架结构局部

具有较高的技术水平，历史上经受了邢台大地震等重大自然灾害的冲击，积累了重要的震害信息，对研究中国早期建筑震害分析具有重要的科学研究价值。

20世纪60年代，作为平乡粮库曾把木质屏风添建成砖式墙体，前檐装修在大殿用作粮库时遭人为破坏。20世纪90年代，由平乡县政府出面协调将占用文庙的粮库迁出。平乡县文物管理所和平乡镇政府负责管理。1993年7月15日，河北省人民政府公布平乡文庙大成殿为第三批省级文物保护单位，同时公布保护范围和建设控制地带。1995年11月21日，建立平乡文庙大成殿全国重点文物保护单位记录档案，保存于河北省文物局。2007年，因大殿四周积水，对该殿进行抢险维修。2013年3月5日，平乡文庙大成殿被国务院公布为第七批全国重点文物保护单位，编号7-0734-3-032。

建水文庙 是云南省继昆明、大理之后设立的第三座文庙，也是西南地区规模最大的文庙，位于云南省建水县古城西北隅临安路268号。

建水文庙大门

建水文庙始建于元至元二十二年（1285年）。明洪武十六年（1383年）改为临安府儒学署。天顺六年（1462年）筑杏坛，成化四年（1468年）凿泮池，嘉靖二十年（1541年）建明宦祠、乡贤祠，万历年建四坊。

整个建筑坐北朝南，占地7.6万平方米，纵深625米，分六进院落。遗存建筑为明、清建筑。遗存有一池（泮池）、一殿（大成殿）、一阁（文星阁）、二庑（东庑、西庑）、二堂（东西明伦堂）、三亭（思乐亭、东西碑亭）、四门（大成门、棂星门、金声门、玉振门）、六祠（乡贤祠、名宦祠、崇圣祠、寄贤祠、仓圣祠、庙主祠）、八坊（太和元气坊、洙泗渊源坊、礼门坊、义路坊、道冠古今坊、德配天地坊、圣域由兹坊、贤关近仰坊）等。

建水文庙南端的太和元气坊三楹。中间一楹高约9米，石木结构，坊座上有石雕狮、象、麒麟和龙。坊后为泮池，俗称学海，明成化年间按古学宫之制开挖，弘治年间拓宽为椭圆形，水面即达四十余亩。池中有一小岛，有堤和桥相通。岛上建鳌亭，也称思乐亭。池后左右有"礼门""义路"石牌坊，坊前各立"官员兵民人等于此下马"碑1块。从泮池后登上数级石阶，有"洙泗渊源"坊三楹，高9米，木石结构，龙、麟、狮、象巨型石雕高踞于坊座上，拱卫着木构架的牌楼。坊后东西向置4座木牌坊，各高9米，分别题写"德配天地""道冠古今""圣域由兹""贤关近仰"匾额。坊间空地上陈列着20余块石碑，记载明清时期增修文庙的经过，是研究古代边疆文化教育的珍贵史料。其后棂星门，面阔三间，雕梁画栋。门后园林东侧原有魁星阁1座，已毁，遗存名宦祠。园林西侧有桂香阁和乡贤祠。桂香阁曾是解放战争时期中国共产党滇南地下组织的活动旧址。其后为大成门，面阔三间，门上饰以鼓钉。门内大成殿建在丹墀之上。两厢为东庑、西庑，各有房舍15间。门、殿和两庑组成一套方形建筑群体，气势宏阔。

大成殿面阔五间22.55米，进深13.9米，抬梁式木结构单檐歇山顶。落在须弥式石基上，全殿由28根大柱支撑，其中22棵为青石质。殿前月台石雕精美。大成殿檐下悬挂着"先师庙"三个鎏金大字匾，笔力雄浑遒劲，匾沿镶嵌着玲珑剔透的木雕龙凤。殿内悬挂着摹刻的清代历朝皇帝赞孔尊孔"御题"贴金匾额8块。大成殿东西有碑亭，西碑亭立满汉文"加封孔子碑""修临安府庙学记"；东碑亭内立用汉文刻写的乾隆"平定回部告成碑"。庭院两侧有东西明伦堂，原为临安府学和建水县学所在。大成殿后陈列着元明清碑刻10余块，其中元至大元年武宗皇帝追封孔子为"大成至圣文宣王"的圣旨牌，为滇南遗存最古老的碑刻。其后为崇圣殿，通面阔14米，进深8.85米，单檐歇山顶，是祈奉孔子父母的殿堂，与大成殿相呼应，殿东还有仓圣祠、景贤祠。

文庙洙泗渊源坊

建水文庙是西南地区大型文庙，以儒家文化的内涵和文化的传统结构为源，规制布局，规范地遵循营造法式，处处建筑渗透庙学和祭祀圣人的文化特点，成功地将中原、边地、东南亚的文化融汇，展示古代的建水"文献名邦""滇南邹鲁"的历史地位，开创了滇南庙学的先河，同时又是集布局、建筑、石雕、砖雕、木雕佳作的精品。

1983年1月13日，云南省人民政府公布建

文庙先师殿

水文庙为第二批省级文物保护单位。1988年、1990年，先后维修崇圣祠、太和元气坊，和棂星门、仓圣祠、乐思亭。1997年，云南省人民政府划定建水文庙的保护范围和建设控制地带。1999年10月，成立建水文庙景区管理有限公司。2001年6月25日，建水文庙被国务院公布为第五批全国重点文物保护单位，编号5-0405-3-211。2004年，建水县文物管理所对文庙大成殿进行揭顶维修，对建水文庙环境进行恢复整治。

天后宫 是天津市区最古老的建筑群，也是中国年代最早的妈祖庙之一。天后宫位于天津市南开区古文化街80号，东邻海河，西侧为文庙，北侧为玉皇阁，处于天津旧城南、北运河与海河交汇的旧三岔河口地带，系天津市古文化街的核心区域。

天后宫始建于元泰定三年（1326年），初建时称为天妃宫，宫名来自元至元十八年（1281年）"护国明著天妃"的封号。因与河东大直沽天妃灵慈宫（东庙）东西对应，亦称西庙。明永乐元年（1403年）、正统十年（1445年）重修，万历三十年（1602年）扩建。清顺治十七年（1660年）到光绪三十年（1904年）先后十次重修。清康熙二十三年（1684年）朝廷敕封海神娘娘"护国庇民昭灵显应仁慈天后"的封号，天妃宫改称天后宫。民国年间又经数次修建。

天后宫坐西朝东，面向海河，由戏楼、幡杆、山门、牌楼、前殿、正殿、藏经阁、启圣祠以及分列南北的钟鼓楼、张仙阁和配殿等建筑组成。其中藏经阁、钟鼓楼和张仙阁系民国初重建，其余为明清建筑。戏楼坐东朝西，直对山门，前沿两侧有抱柱，天幕正中有"乐奏钧天"横额，两侧悬挂"扬风"和"圪雅"横匾。山门为清乾隆十四年（1749年）重建，砖木混合结构，九脊歇山青瓦顶，墙体中为圆形拱门，门额以整砖镌刻"敕建天后宫"五个字。山门两侧分别开设矩形便门各1座。牌楼清康熙十三年（1674年）重建，为木结构二柱一楼式，斗拱下面是"海门慈筏"大字横额，背额是"百谷朝宗"。牌楼是元、明时代天妃宫前的标志，前殿是天后宫最早的山门，面阔三间，进深两间。牌楼和前殿均毁于"文革"时期，1985年在原址重建。正殿系天后宫的主体建筑，平面呈"凸"字形，由三座建筑勾连搭组成。正殿前为卷棚悬山顶抱厦，面阔三间，进深一间；中部为单檐庑殿顶，面阔三间，进深三间；后接凤尾殿，系卷棚悬山

天后宫全景

天后宫前殿

天后宫藏经阁

顶，面阔、进深均一间。殿内正中塑海神天后及侍女泥塑像。启圣祠，即后殿，是祭祀天后父母的祠堂，青瓦硬山顶，面阔三间。藏经阁民国12年（1923年）重建，为砖木结构，二层楼阁。青瓦硬山顶，面阔五间。张仙阁，为山门外北侧、宫北大街南端的过街楼阁。七檩硬山顶，前接卷棚式抱厦，南北两侧均置槅扇门窗，可眺望宫南、宫北大街（古文化街）街景。钟鼓楼，分列于山门内南北两侧，为砖木结构，二层楼，青瓦歇山顶。清末民初重修。南北两侧配殿，前殿两侧配殿各面阔三间；正殿两侧配殿，各面阔五间。

天后宫正殿

1954年，天后宫被天津市人民委员会公布为市级文物保护单位。1982年，天后宫再次被天津市人民政府重新核定为市级文物保护单位。1986年1月1日，天后宫对社会开放；同年成立天津民俗博物馆和南开区文物保护管理所，负责天后宫保护管理。2013年3月5日，天后宫被国务院公布为第七批全国重点文物保护单位，编号7-0716-3-014。2015年，天津市人民政府印发《天津市人民政府关于天津市境内国家级、市级文物保护单位保护区划的批复》，公布天后宫的保护范围和建设控制地带。

天坛 是明清两代皇帝冬至祭天和正月上辛日行祈谷礼的皇家坛庙，是中国古代等级最高、最完整、最有特色的坛庙建筑群。天坛位于北京市东城区永定门内大街东侧，西与先农坛相对，北邻金鱼池，南抵二环路。占地273万平方米。

天坛始建于明永乐十八年（1420年），清代续修，大部为明代建筑。坛墙周长5千米，分作内、外坛。外坛主要有古松柏林及神乐署、牺牲所等建筑；内坛以祈年殿、皇穹宇、圜丘坛等建筑构成一条南北1千米的中轴线。祈年殿始建于明永乐十八年（1420年），初名大祀殿；嘉靖二十四年（1545年）改建，称为大享殿。当时的三层屋面有三种颜色，从上至下依次为蓝、黄、绿，分别代表天、地、人。清乾隆十七年（1752年）再次整修，将三层檐瓦都改为蓝色。光绪十五年（1889年）毁于天火，七年后完成重修。为正月上辛日祈谷之所。圜丘坛建于明嘉靖九年（1530年），清乾

天坛祈年殿

隆十四年（1749年）扩建，为冬至祭天之所。皇穹宇建于明嘉靖九年（1530年），初名泰神殿，原是一座重檐圆顶的殿堂。清乾隆八年（1743年）改建成单檐圆亭式殿堂。为收藏配祀神牌的地方。附属建筑有斋宫、宰牲亭、神厨、神库等。民国7年（1918年）辟为公园。

圜丘坛在内坛主轴线南部，皇帝每年冬至在这里举行祭天大典。坛为圆形以象天，南向三层，每层四面出阶各九级。上层坛面中央是一块圆形石板，取名天心石。外铺扇面状弧形石块9圈，内圈9块，每向外一圈数量递增9块，第九圈为81块。二、三层坛面也按此排列，每层四周的栏板数目和台阶也是九的倍数。古代以奇数为阳数，以阳数之极象征九重天的至高无上。圜丘之北有皇穹宇，是放置圜丘神牌的地方，殿高19.2米，直径15.6米。单檐蓝琉璃筒瓦，攒尖顶，鎏金宝顶，汉白玉石台基，周围有石护栏，东、西、南三面有台阶各14级。殿内天花为贴金龙凤，八根金柱上饰贴金缠枝莲花。殿正中设置汉白玉雕花石座，座上设龛，供奉"皇天上帝"神牌，其前方两侧各有4个方石台，是放置清代8个祖先神牌的地方。皇穹宇两侧各有配殿5间，为收藏配祀神牌的地方。皇穹宇和东西配殿用一座圆形墙壁环绕起来，其墙面弧度建造得规则平滑，能反射声波，故称为回音壁。祈谷坛在内坛主轴线北部，平面圆形。祈谷坛上层正中为祈年殿。祈年殿为蓝琉璃筒瓦，圆形攒尖顶的三重檐大殿，高38米，直径32.72米。上层檐下悬挂"祈年殿"飞龙华带匾，三层蓝色屋檐逐层

天坛皇穹宇和回音壁

天坛神乐署

向上收缩，殿顶莲花座上，安放着巨大的鎏金宝顶。殿内由28根楠木大柱环转排列，当中的4根龙井柱高达19.2米。大殿全部用龙凤和玺彩画。殿内北侧雕龙宝座上安放上帝神位，其后设有木雕屏风。祈谷坛南侧有东西配殿和祈年门，北侧有皇乾殿。南北两坛之间有一座长360米、宽约30米的神道（又称丹陛桥）相连。两坛各有神库、神厨、宰牲亭等附属建筑。内坛西部建有斋宫，是皇帝祭祀前斋戒沐浴之所，有两道宫墙和正殿、寝殿等建筑。斋宫西侧外坛内有神乐署建筑群，主要包括显佑殿、凝禧宫等建筑，是专司皇家祭祀大典乐舞的机构。

1950年，天坛公园管理处成立。1957年，天坛被北京市公布为北京市文物保护单位。1961年3月4日，天坛被国务院公布为第一批全国重点文物保护单位，编号1-0105-3-058。1977年、1989年，先后两次对天坛长廊进行挑顶大修，并油饰彩画，下架油饰。1978年、2006～2008年，两次对斋宫大修，恢复无梁殿与寝宫的历史原貌。1984年11月21日，北京市人民政府划定天坛的保护范围及建设控制地带。1990年，北京市政府组织搬走位于祈谷坛内坛西南、丹陛桥西侧的天坛土山，恢复斋宫与丹陛桥之间的景观联系。1998年，天坛被联合国教科文组织列入世界文化遗产名录。2002年，北京市政府开始重修神乐署的工程；至2005年，天坛神乐署作为古代音乐博物馆向公众开放。2005～2006年，天坛祈年殿古建筑群进行大修，祈年殿恢复光绪朝重建后的面貌。2006年，北京市古代建筑研究所编制完成天坛的全国重点文物保护单位记录档案。

太庙 是明清两朝帝王祭祀祖先的皇家宗庙，位于北京市东城区东长安街北侧，天安门城楼东面，紫禁城的左前方，午门至天安门间御道的东侧，隔御道和社稷坛（中山公园）遥相呼应。

太庙始建于明永乐十八年（1420年），根据《周礼·考工记》中"左祖右社"的原则而设于皇城东南，其俯视平面为南北向的长方形。太庙于明嘉靖、万历和清顺治年间多次重修，清乾隆时扩建，但主体建筑大多保持明初原貌。太庙内以古柏著名，在外层围墙之间排列成行，树龄高达数百年。辛亥革命（1911年）推翻清王朝的统治，太庙仍由清室保管。民国3年（1914年），社稷坛改为中央公园，在南外城墙上开辟南门供游人出入，太庙为与其保持对称，也在第一层围墙上筑一类似假门（太庙改为公园后，此假门方改建为供出入之南门，即劳动人民文化宫正门）。民国13年（1924年），北洋政府接管太庙，改为"和平公园"。民国17年（1928年），归内务部所有；民国20年（1931年），由故宫博物院接管，成为故宫分院。

太庙建筑雄伟壮丽，平面呈南北方向的长

方形，坐北朝南，总面积139650平方米。共有3道围墙，均为红墙身、黄琉璃筒瓦顶。南垣原制无门，民国时开辟一座南门。外围墙与中围墙之间古柏参天。院东南有一座独立小院，院门西向，院内为宰牲亭3间、治牲房5间，院墙外西边有一座黄琉璃筒瓦盝顶井亭。南墙正门3座，两旁各有1座旁门。门内为7座单孔石桥，最外侧的两座桥北面各有1座黄琉璃筒瓦盝顶六角井亭。东西墙南端东为神库，西为神厨；过石桥往北是太庙的戟门及三层大殿。

太庙最外一道围墙长475米、宽294米。外围墙内是太庙的第一层院落，满植成排的古柏。此院东南角有一所西向的房院，为太庙牺牲所，其西侧有六角井亭。第二道围墙俯视平面亦呈长方形，东西宽208米，南北长272米。太庙的主要建筑均在这道围墙内。南墙居中有一组琉璃砖门，均为黄琉璃瓦庑殿顶，中间正门3座，两侧旁门各1座。越过琉璃砖门，有7座

琉璃门

单孔汉白玉石桥，桥下原为干沟，乾隆二十五年（1760年）引金水河流经桥下，增建梢端两桥桥栏。两桥北，各有黄琉璃瓦盝顶六角井亭1座。这层院落的东南角有西向的神库（储存祭器的地方）5间。桥北面为太庙戟门，戟门面阔五间，黄琉璃筒瓦庑殿顶，三层汉白玉石台基四周都有石护栏；正中有汉白玉石雕御路。东西旁门各1座，黄琉璃筒瓦歇山顶，无台基；面阔各1间。前殿在戟门正北，黄琉璃筒瓦重檐

太庙享殿

寝殿

中山堂（拜殿）

庑殿顶，面阔十一间，明间之上的两层檐间有木匾书"太庙"，满汉文竖写。前殿梁柱均包镶沉香木，其余木构件为金丝楠木制成，地面墁铺金砖。殿基为汉白玉石须弥座三层，正中为御路。前殿是太庙"祫祭"的祭场，其内分昭穆设历代帝后的神座，每代帝、后神位前摆一张笾豆案，案上摆放祭器和礼器，祀时，案前伴以俏舞。前殿的东西配庑各15间，形制相同，均为黄琉璃筒瓦歇山顶大殿。配庑前各有大燎炉1座，为焚化前殿及两庑的祝、帛之用。中殿在前殿的后面，又称寝殿。黄琉璃筒瓦庑殿顶，面阔九间。台基为汉白玉石须弥座，殿前有月台，上绕以石护栏。中殿内原供奉历代帝、后神龛。中殿东西庑各为5间，均为黄琉璃筒瓦歇山顶，是贮存祭器的地方。后殿在第二层院内的最北侧，形制与中殿完全相同，又称祧庙，供奉追封的清代立国前的四代帝后神主牌位。后殿东西庑亦各五间，均为黄琉璃筒瓦歇山顶，也是祭器收藏库。后殿东南隅有一座铁燎炉，为焚化后殿祝、帛之用。后殿与前殿、中殿用一道红墙隔开。墙上有歇山顶琉璃砖门五座。后殿之北为一狭长院落，北墙上有3座庑殿顶黄瓦琉璃砖门。

北京的太庙是中国明清两代的皇室宗庙。供奉明、清的皇帝和功臣的牌位，历史长达600多年，布局协调，建筑精美，规制极高，保存了大量明代建筑和明代的木构架，是北京少数几个保存了明代木架的大型殿式建筑群之一，是明清宫殿式建筑的重要实物资料，祭祀文化具有很高的建筑研究价值。

1950年，政务院批准将太庙拨给北京市总工会，辟为劳动人民文化宫。1957年，太庙被公布为第一批北京市文物保护单位。1984年11月21日，北京市人民政府划定太庙的保护范围及建设控制地带。1988年1月13日，太庙被国务院公布为第三批全国重点文物保护单位，编号3-0080-3-028。2003年，北京市文物建筑保护设计所对太庙进行勘察和测量，编制太庙总体修缮方案上报国家文物局。2006年初，国家文物局验收完成太庙中心区域修缮工程。2007年，对太庙主体建筑进行全面修缮。同年，由北京市古代建筑研究所编制完成太庙全国重点文物保护单位记录档案。

社稷坛 是明清两代帝王祭祀土地和五谷神的皇家坛庙，位于北京市东城区西长安街北侧，天安门之西。社稷坛建筑坐北朝南，北临故宫筒子河，南依长安街，西临南长街、织女桥东河沿，东临端门、午门广场。

辽金时期，社稷坛前身为大型僧刹兴国寺。元朝时，兴国寺改建为万寿兴国寺，专供皇家作佛事。明成祖永乐十八年（1420年）营建北京时，根据"左祖右社"制度，于承天门之右，把万寿兴国寺扩建为社稷坛。洪熙元年（1425年）建造拜殿，民国12年（1923年）重修。明正统六年（1441年），修建社稷坛宇、神厨、神库，此后一直沿用至清末。清光绪二十六年（1900年），八国联军进北京，美国侵略军司令部曾设于社稷坛。民国3年（1914年）10月10日辟社稷坛为中央公园，对外开放。在保留社稷坛原有格局的基础上，清理园区，平整道路，陆续在其南外坛墙（皇城墙）上辟南门（正门）、北门、西门。堆山叠石，修建松柏交翠亭、投壶亭、唐花坞、碧纱舫等小品建筑，从原礼部庭院中移建习礼亭，新建来今雨轩、绘影楼、春明馆、上林春等餐馆，建水榭，从圆明园中移来"搴芝石""绘月石""青云片石""青莲朵石"作为独立石景等。民国7年（1918年）将东单大街上的克林德碑移至公园南门内，改名"公理战胜坊"，1952年改称"保卫和平坊"。民国14年（1925年）3月12日，孙中山逝世于北京，停灵柩于拜殿中。民国17年（1928年），将园名更为"中山公园"，改拜殿为"中山堂"。民国30年（1941年），将兰亭八柱移至园内。次年建音乐堂，其位置在内坛东南角，是园中面积和体量最大的建筑，后于1950年、1957年、1983年、1987年四次改造成为现代化的剧场。

社稷坛平面呈南北稍长的不规则长方形，南部东西宽345.50米，北部东西宽375.10米，南北长470.30米，占地面积约16.9万平方米。有坛墙三道，坛内主要建筑有坛台、拜殿、戟门、神库、神厨、宰牲亭等。外坛墙东垣辟门3座：南面一座名社稷街门，通向天安门内，黄琉璃筒瓦歇山顶，面阔五间；中间一座名社稷左门，黄琉璃筒瓦歇山顶，面阔三间，通向端门内；北面一座名社稷东北门，在午门阙右

社稷坛

寝殿

戟门

门之西，亦为黄琉璃筒瓦歇山顶，两侧各有一座旁门。

公园南门为民国3年（1914年）添建，面阔一间，歇山顶黄琉璃筒瓦。南门以北迎面矗立一座蓝琉璃筒瓦顶的"保卫和平"石牌坊，三间四柱三楼，题额由郭沫若于1952年题写的。牌坊以北栽植众多古柏，其中包括7株千年古辽柏。过柏林西行到社稷坛南门，黄琉璃筒瓦歇山顶，拱券门，砖仿木结构。门口一对石狮系北宋遗物。公园的主体建筑社稷坛位于轴线中心，坛呈正方形，为汉白玉砌成的三层平台。坛上铺着全国各地进贡的"中央黄土，东青、南红、西白、北黑"五色土，以表示"普天之下，莫非王土"的意思，并象征土、木、火、金、水五行，坛台中央原有一方形石柱，名"社主石"，又称江山石，以示江山永固。石柱半埋土中，后来全埋，1950年移去。坛四周建有四色琉璃墙墙，东青、南红、西白、北黑，四面各立汉白玉棂星门一座。坛北为拜殿，是皇帝祭祀时休息或雨天行祭的地方。拜殿面阔五间，黄琉璃瓦单檐歇山顶，朱红色槅扇门窗，白石台基，殿内梁架为彻上露明造，是北京少有的明初木结构建筑之

一。拜殿之北为戟门，亦为明代所建，面阔五间，黄琉璃瓦单檐歇山顶，为坛正门。门内原列72支镀金银的铁戟，故称戟门；铁戟于清光绪二十六年（1900年）八国联军侵略北京时，被侵略者劫掠。社稷坛外西南面，有神厨、神库、宰牲亭等附属建筑。神厨、神库形制同，均坐西朝东，面阔五间，上覆黄琉璃瓦悬山顶，是明清时制作祭品和储存祭器之处。

社稷坛是明清皇城不可分割的组成部分，亦是封建社会国家公祭最为重要的礼制建筑之一，具有很高的历史价值。中华人民共和国成立后，成立中山公园管理处负责管理保护中山公园的专职机构。1957年，社稷坛被公布为北

宰牲亭

京市文物保护单位。1972年4月，北京市文物工作队曾对社稷坛进行过"四有"文物建筑调查并制作文物建筑记录档案。1984年11月21日，北京市人民政府划定公布社稷坛的保护范围及建设控制地带。1988年1月13日，社稷坛被国务院公布为第三批全国重点文物保护单位，编号3-0081-3-029。2006年11月，北京市古代建筑研究所再次对原有社稷坛"四有"档案进行补充修订。

先农坛 又名山川坛，是明清两代帝王祭祀先农、山川、神祇、太岁诸神的场所，先农坛位于北京市西城区永定门内大街西侧，南临永定门西街，东对天坛，西邻陶然亭公园，北近友谊医院。

先农远古称帝社、王社。汉代始称先农。神农氏，即先农炎帝，别名五谷帝神，古代相传是中国农耕、中医药发明者。神农氏因以火德王，故称炎帝，遂成为封建时代农耕文明的代表性神祇。西汉时期正式将远古神农氏奉为祀典，皇帝亲耕籍田，建立坛庙祭祀神农，官方祭祀正式确立。籍田祭先农，在唐代以前称帝社，祭坛曰籍田坛，唐代垂拱年间改称先农

先农坛内坛北门背立面

坛。明清两代北京先农坛祭祀农神祀典，即是这种悠久传统的典型代表。

先农坛始建于明永乐十八年（1420年），为明成祖朱棣迁都北京时创建。最初称山川坛，墙垣周回5千米，南部围墙东西两角为方形，北墙东西的两个转角为圆弧形，以附天圆地方之说。整体先农坛内建造多组建筑已合祀先农、太岁、风云、雷雨、五岳、五镇、四海、四渎和钟山之神，并在钟山神之下加祀天寿山（祖陵）神。明代嘉靖年间重订祭祀先农坛礼制，对山川坛内的祭祀多神成例予以变通，在太岁殿专祀太岁（木星），并分置天神坛、地祇坛、先农坛，并将山川坛更名

先农坛太岁殿

先农坛庆成宫正殿

先农坛具服殿

为神祇坛。明万历年间在坛内陆续增建神仓、斋宫等，使神祇坛格局趋于完备，并定名先农坛。以后的清代祭祀格局相沿，奉祀不断。清乾隆十九年（1754年），进一步完善先农坛内殿宇，将木构观耕台改建为砖石琉璃建筑，改斋宫为庆成宫，体制趋于完备。御旨遍植松柏树。先农坛整体建筑格局即此时最终奠定。

清代鼎盛时期，先农坛占地达860万平方米，平面呈北圆南方形状，并修筑内、外两道坛墙，据实测，最外部坛墙周长达4378米，皆用青砖砌筑，墙顶覆压木横梁，承托灰砖墙脊及筒板瓦垄。先农坛的内坛墙为核心部分，隔为内坛、外坛两部分。外坛即西部和北部内外坛墙之间宽阔的树林空地。内坛主要功能为祭祀先农、行耕籍礼的场所，主要建筑建在内坛附近，有先农神坛（太岁殿）、庆成宫、天神地祇坛三处，为各自独立的祭祀性坛庙建筑。

庆成宫位于先农坛内坛东北部，与内坛的几组建筑基本处于东西同一方位上，庆成宫明时为山川坛斋宫，清乾隆年大修后更名为庆成宫，作为皇帝行耕礼后休息和犒劳百官随从之地。庆成宫坐北朝南，东西长122.84米，南北宽110.14米，占地面积13529.6平方米。中轴

线从南向北依次为宫门、内宫门、大殿、妃宫殿，大殿、妃宫殿间东西两侧有东西配殿，内宫门与大殿间院墙东西各有拱券掖门一间。

太岁殿建筑群位于先农坛内坛北门西南侧，是为祭祀太岁及春夏秋冬等自然神灵之地。其东邻神仓，西近神厨，南为俱服殿，位置基本在先农坛内坛建筑的中心地带，建筑体量为先农坛之最。太岁殿组群建筑占地约9076平方米，内有4座单体建筑，中轴线从南向北依次为拜殿、太岁殿，东西两侧各有厢房11间，建筑间用围墙相连，拜殿两侧墙及东西墙北侧共设随墙门4个。拜殿建筑面积约860平方米。通面阔七间50.96米，进深三间（八椽九檩）16.88米。前置332.5平方米的月台，正面置六阶台阶三个。太岁殿建筑雄伟高大，建筑面积1118.2平方米。通面阔七间51.35米，明间、梢间前置六阶台阶，进深三间（十二椽十三檩）25.7米。东西配殿建筑面积均为755.3平方米，均面阔十一间55.56米，进深三间（六椽七檩）13.58米，前出廊，仅明间置五阶台阶，南北两侧于廊步尽头置如意踏跺三级。悬山黑琉璃瓦屋面。太岁殿院外东南侧有砖仿木结构无梁建筑焚帛炉一座，为焚烧纸帛

祭文之用。

神厨原是皇家为祭祀先农、太岁等诸神加工制作祭品和存放先农诸神牌位的场所。其中宰牲亭为重檐悬山式屋顶，被古建专家认证为国内明清官式建筑中的孤例。

北洋政府时期（1912～1928年），北京先农坛隶属于内务部。20世纪30年代中期，先农坛东南部辟为体育场。坛内众多建筑均被占用。中华人民共和国成立后，育才学校进驻先农坛。1979年，先农坛被公布为北京市文物保护单位。1984年11月21日，北京市人民政府划定先农坛的保护范围和建设控制地带。1988年至1990年11月底，政府投资对太岁殿正殿、拜殿和东西配殿进行全面修缮，建筑面积近4000平方米。1991年，先农坛主坛区正式辟为北京古代建筑博物馆对外开放，成为全国第一个以收藏、研究和展示中国古代建筑历史、建筑艺术和技术的专题性博物馆。20世纪90年代开始，神仓、具服殿、观耕台、神厨、庆成宫等被占用的建筑陆续腾退，移交北京古代建筑博物馆，进行修缮复原工程。2001年6月25日，先农坛被国务院公布为第五批全国重点文物保护单位，编号5-0202-3-008。2005年，由北京市古代建筑研究所建立先农坛全国重点文物保护单位记录档案。2009年以来，先后实施10余个修缮项目，对先农坛的主体建筑和围墙、焚帛炉、室内彩画等进行修缮、保护。

武威文庙 是中国西北地区规模最大、保存最完整的文庙建筑群，素有"陇右学宫之冠"的美誉，位于甘肃省武威市凉州区崇文街。

武威文庙始建于明正统二年（1437年），正统四年（1439年）建成。据正统四年（1439年）《凉州卫修文庙暨儒学碑记》描述，可见当时修建武威文庙初建时的动因及规模。其后，经明成化和清顺治、康熙、乾隆、道光及民国时期多次重修或增建。明成化四至六年（1468～1470年）修筑垣墙，并对棂星门、戟门、东西庑等多处建筑进行油饰彩绘。清康熙十一至十四年（1654～1657年）扩建部分殿宇。康熙四十一至四十三年（1702～1704年）修缮尊经阁等建筑。乾隆三十六至三十七年（1771～1772年）修缮尊经阁、大成殿、东西庑、名宦乡贤二祠、棂星门、戟门、泮池和照壁等建筑。道光年间（1821～1850年），张美如在文庙文昌宫倡导成立"兴文社"，收藏古籍文物。民国16年（1927年）古浪大地震，文庙建筑损失惨重，儒学院除祠堂外，全部建筑被震坍塌。地震之后，武威人段永新、唐发科等成立武威文庙管理委员会，于民国17年（1928年）启动对文庙建筑的修缮，陆续进行到民国38年（1949年）。

武威文庙坐北朝南，南北长198米，东西宽152米，占地3万平方米。文庙建筑群由三组较大的庭院建筑组成，平面呈长方形，其中中路为文庙，东路为文昌宫，西路为凉州府儒学院。儒学院主体建筑毁于民国时期的大地震，仅余忠孝、节义两祠和遗址。文庙、文昌宫两组建筑群保存完整。

整个文庙建筑群为中轴对称的庭院式布局。中院总称孔庙。中院设有正门，面南而开，最南端是一堵庄重典雅的砖砌须弥座影壁，称万仞宫墙，长约21米，高约4米。影壁两侧各开小门，东侧为义门，西侧为礼门。门内为半月形泮池，泮池之上为拱桥，正对拱桥为四柱三间三楼柱出头式木牌楼，即棂星门，通面阔16.8米，高10米。双层斗拱：底层斗拱为七踩三重翘，明间六攒，次间五攒；上层为三踩单翘斗拱，明间十五攒，次间十一攒。青瓦庑殿顶，砖雕花脊，有脊兽。明间走马板正面书"棂星门"，背面书"太和元气"。过棂星门，中为甬道和花园，花园两侧，靠南为东、西两庑，靠北左为乡贤祠、右为名宦祠，以上建筑组成了四合院。院落正北，为六扇大成门，也称戟门，面阔三间11.8米，进深两间6.2米，高7.8米，为五檩硬山建筑，前后檐施五踩重翘斗拱。大成门之内左右分置碑亭，碑亭以北为卷棚结构东西长廊，红柱青瓦。两廊之间庭院为花园，生长有高大的侧柏等古树。庭院正中为甬道，从大成门直通大成殿。大成殿建在高1.55米条石砌筑的台基之上，殿前为月台。为重檐歇山顶结构，面阔三间21.3米，进深三间16.8米，高14.3米，六柱十一檩，周围廊。明间前金柱减柱，后金柱移柱，金柱支顶中金檩、枋，前檐明次间金柱及后檐金柱间置装修，其他部位以护墙围合。檐柱及重檐金柱上置五踩重翘斗拱，明次间平身科各三攒，廊间平身科一攒，山面各间平身科各二攒。上覆青瓦，砖雕花脊。彩画为极具地方特色的青绿旋子彩画，典雅庄重。大成殿之后，在高达2.8米的砖包土台基上为两层三重檐的尊经阁，阁为青瓦歇山，通高14.3米，砖雕花脊，筒瓦博脊，砖砌山花及博风，一层面阔五间21.2米，进深二间10.4米，周围廊；二层面阔五间19.7米，进深二间8.9米，周围廊，前檐金柱明次间各施四扇六抹正方格毯纹槅扇；三层檐下均施五踩重翘斗拱，各斗拱只有大斗，无小斗，用花板代拱的做法代替。尊经阁为武威最高大的木结构重楼建筑。

武威文庙牌楼

武威文庙建筑

东院总称文昌宫。东院从山门进入亦为一庭院，庭院主要由花园组成，建有东西厢房，尽头为过殿，穿过过殿，为二进院，院左右为廊房，庭院之中为一两层戏楼，青瓦重檐歇山，周围廊。转过戏楼，在庭院甬道上又建有一座牌坊，牌坊左右两侧分别为刘公祠、牛公祠。牌坊之后为文昌宫的主殿桂籍殿。桂籍殿由献殿、正殿、抱厦三部分组成，屋顶形制分别为庑殿、悬山、卷棚。献殿面阔五间20米，进深二间5.5米，高7.2米，五架梁，五踩重翘斗拱，曳瓜拱、厢拱亦为花板代拱做法。屋面为筒板瓦，素砖脊饰。正殿面阔五间20米，进深二间8.3米，高9.1米，三柱七檩，前檐明次间施四扇六抹正交菱花槅扇，后檐明间、梢间为墙体，次间进出抱厦。抱厦面阔三间12.8米，进深一间3.5米，高5.5米，四架梁，后檐施外五踩内三踩单翘斗拱，明间为四抹槅扇。桂籍殿内梁架之上悬挂41方清代至民国时期名人、官员题写镌刻的匾额，其数量、工艺均居甘肃之首。桂籍殿之后为三进院，院正北为四周环廊的崇圣祠，院东西建有东厢、西厢，中为十字青砖甬道。

1963年，武威文庙被公布为省级文物保护单位。1972年，尊经阁全面维修。1976年，武威暴发山洪，经全力抢险，保住大成殿、桂籍殿、尊经阁等主要建筑，其他建筑受损严重，倒塌建筑73间，四周围墙大部分被冲毁，之后进行全面整修。1981～1986年，先后维修大成殿、棂星门、戟门、金声门、玉振门、乡贤祠、名宦祠、碑亭、桂籍殿，整治院落铺装。1982年9月，在文庙设立武威县博物馆。1989年，文庙被甘肃省政府重新公布为省级文物保护单位，1996年11月20日，武威文庙被国务院公布为第四批全国重点文物保护单位，编号4-0163-3-085。同年，建立全国重点文物保护单位记录档案，由武威市博物馆保管。1999年，甘肃省人民政府划定武威文庙的保护范围和建设控制地带。2006年，经国家文物局批准立项，对大门、过殿、厢房、尊经阁、儒学院祠堂进行修缮。2011年，国家文物局拨款完成古建筑群安防设施建设。

历代帝王庙　是全国唯一的祭祀中华三皇五帝、历代帝王及文臣武将的皇家庙宇，位于北京市西城区新街口街道阜成门内大街131号。与西侧的白塔寺、东侧的广济寺同在阜景文化街上。

历代帝王庙始建于明嘉靖九年（1530年）。祭祀历代皇帝和名臣是中国历史文化传统的一个重要方面。从隋代起，全国祭祀制度成为定制；至明代，更加重视祭祀制度。明洪武六年（1373年），太祖朱元璋诏建历代帝王庙于南京。迁都北京后，明嘉靖九年（1530年），决定停止郊祀祔祭历代帝王之制，厘正祀典，于都城西阜成门内原保安寺故址建北京

历代帝王庙景德门

历代帝王庙，次年九月告竣。清代南京旧庙毁弃不存，北京历代帝王庙成为全国唯一的祭祀三皇五帝及历代帝王的皇家庙宇。朱元璋建庙之初，共祭祀三皇五帝、历代帝王和功臣名将54人。经过清顺治、康熙、雍正、乾隆帝不断调整，祭祀人物不断增加。清康熙六十一年（1722年），有谕："凡曾在位，除无道被弑、亡国之主外，应尽入庙崇祀。"正殿增祀夏、商、周、汉、唐、宋、金、元、明历代帝王共143位，从祀名臣增加40位。雍正七年（1729年），重修历代帝王庙，至雍正十一年（1733年）竣工，立有雍正御制历代帝王庙碑。乾隆二十九年（1764年），再次大规模重修，将正殿原绿琉璃瓦改易黄琉璃瓦，提升历代帝王庙的地位和规格，立有乾隆御制重修历

代帝王庙碑。到清乾隆时，入祀历代帝王多达188位，功臣名将80位，共268人。祭祀规模和入祀数量，在中国历史甚至世界历史上绝无仅有，这一崇祀名臣的人数达到极盛未再变更。道光二十年（1840年）曾修葺正殿。

历代帝王庙坐北朝南，占地2.2万平方米，建筑面积4000平方米，以中轴线形成纵深排列，由南至北依次为影壁、庙门、景德门、景德崇圣殿、祭器库等。中轴线两侧分列东西配殿、燎炉、钟楼、神库、神厨及宰牲亭等。

影壁坐落于最南侧，始建于明嘉靖年间，硬山绿琉璃筒瓦调大脊。原在影壁与山门之间，东西各设有牌坊一座，1953年拓宽道路时牌坊被拆除。庙门面阔三间，黑琉璃筒瓦绿剪边歇山顶调大脊，庙门两侧有"八"字

影壁。旁门在大门两侧各1间，黑琉璃筒瓦绿剪边歇山顶调大脊。门前原有小石桥3座，象征帝王之居，于1953年拆除。庙门东北侧建有方形钟楼1座，黑琉璃筒瓦绿剪边歇山顶，重檐调大脊，每边面阔三间。景德崇圣门位于庙门正北，黑琉璃筒瓦绿剪边歇山顶调大脊，面阔五间，进深三间。平身科为单昂三踩斗拱，旋子彩画，四周绕有汉白玉石护栏，前后均三出陛，中为御路。在景德门两侧各有侧门1间，黑琉璃筒瓦绿剪边歇山顶调大脊。景德崇圣殿是整个历代帝王庙的核心建筑，位于景德崇圣门正北，坐北朝南，黄琉璃筒瓦重檐庑殿顶，面阔九间，殿高21米。大殿建在高大的

台基之上，殿前有汉白玉月台，东南西三面有石护栏，中为御路。殿内有七龛，供奉三皇五帝和历代帝王的神位。环绕景德崇圣殿设有四座方形碑亭。月台两侧各有碑亭1座，大殿山墙两侧亦各有碑亭1座。这四座碑亭中，正西一座建于清雍正十一年（1733年），内为无字碑；东南一座建于同年，碑体阳面为雍正御制碑文，阴面为乾隆御制碑文；西南一座建于乾隆二十九年（1764年），阳面和阴面均为乾隆御制碑文；正东一座，建于乾隆五十年（1785年），阳面为乾隆御制满汉合文碑文，阴面无字。东西配殿位于景德崇圣门之北、景德崇圣殿东西两侧，各7间。黑琉璃筒瓦绿剪边歇山

景德崇圣殿

西配殿

后殿

顶调大脊，平身科为单昂三踩斗拱，旋子彩画。东西配殿为祭祀历代功臣名将的场所。

景德崇圣门外东院的神库、神厨与宰牲亭、井亭等，西院的祭器库和乐舞执事房、关帝庙、遣官房、斋宿房、典守执事房及东西看守房均于近现代拆除。

历代帝王庙主祀的三皇五帝，是中华民族共同的祖先。其祭祀体系汇集中国历代领袖人物，展现出了华夏民族五千年文明一脉相传，中国社会形成以血缘为基础的宗法制度和"孝为德本"的道德规范，体现宗法制度的祖先崇拜。敬天法祖的祭祀文化有着广泛深厚的社会基础，成为维护多民族统一国家的政治手段与精神力量，充分体现了历代帝王庙的历史文化价值。

中华人民共和国成立后，历代帝王庙一直为中学使用。1979年8月21日，历代帝王庙被北京市人民政府公布为北京市第二批重点文物保护单位。1987年，北京市人民政府批转北京市规划局、北京市文物局《关于第二批划定120项文物保护单位的保护范围及建设控制地带的报告的通知》，划定历代帝王庙保护范围及建控地带。1988年，北京市文物局实施帝王

庙排险修缮。1995年，修缮历代帝王庙神库，改建东院临时建筑，历代帝王庙大门修复。1996年11月20日，历代帝王庙被国务院公布为第四批全国重点文物保护单位，编号4-0129-3-051。1999年，西城区教育局基建处、北京市文物局均投入经费修缮历代帝王庙。2003年学校迁出后，北京市人民政府出资进行修缮，复建相关附属建筑，历代帝王庙改为博物馆并对社会开放。2003年5月，北京历代帝王庙管理处正式成立，负责历代帝王庙的保护维修、对外开放和安全管理；2006年8月，历代帝王庙管理处建立历代帝王庙全国重点文物保护单位记录档案。

地坛 原称方泽坛，是明、清两代帝王每年夏至日祭祀地祇的皇家坛庙，规制仅次于天坛。地坛位于北京市东城区安定门外大街东侧，与南郊的圜丘坛遥相对应。

明永乐十八年（1420年），明成祖迁都北京，仿照故都南京的规制，在北京南门正阳门外东侧依照南京大祀殿规制修建天地坛，合祀天地。地坛始建于明嘉靖九年（1530年），时世宗改行四郊分祀之制，在京城北郊建坛。嘉靖十年（1531年）三月，方泽坛工成。嘉靖十三年

（1534年），方泽坛更名为地坛。清代多次对地坛进行扩充改建。清顺治元年（1644年）十月初一，清世祖亲诣天坛祭祀天地神，告知天地定都燕京，定每年夏至祭地于方泽，以五岳、五镇、四海、四渎为四从坛配享。乾隆十四年（1749年），依据古代经典改造主体建筑方泽坛和皇祇室。皇祇室以及方泽坛围墙绿琉璃瓦顶改为黄琉璃瓦，重饰器物、祝版以及笾豆房，至乾隆十七年（1752年）竣工，增建宰牲亭西井亭。咸丰十年（1860年），在第二次鸦片战争中，英法联军拆地坛砖石砌炮台。

地坛占地面积37万平方米，主要建筑包括祭坛、皇祇室、神库、神厨、宰牲亭、斋宫、神马圈、钟楼、銮驾库、遣官房、陪祀房、膳房、守卫房、关帝殿、真武庙等20多处遗存。地坛制方形象地，有坛墙两重，内坛墙四面辟门，外坛西墙原辟一门，门前有长甬道通向广厚街牌楼，1953年牌楼被拆除，1999年在原址重建。

地坛祭台为上、下两层汉白玉石质方形台。下层台东西两侧有4个石座，分别刻着山水形花纹，原放置从祀的五镇、五岳、四海、四渎神位。上层面积为66.7平方米。坛面方石铺砌，按照古代"天为阳、地为阴"的说法，坛面石数均为阴数（偶数）。上层坛面中心铺砌36块较大的方形石块，按纵横各6块排列；四周用较小的方形石块铺砌，围绕着36块中心石四面向外砌出8圈，最外一圈92块，最内一圈36块，这样上层坛面共有512块，加上36块中心石共有548块。下层也是从上层坛四周各砌出8圈，最外一圈156块，最内一圈100块，共1024块，上下坛面石总数为1572块。绕坛有

地坛皇祇室

地坛宰牲亭

地坛神马圈

一条方泽水池，为祭祀时贮水用的。皇祇室位于方泽坛南棂星门外，是供奉皇地祇、五岳、五镇、四海、四渎、五陵山诸神位的殿室（清代又增供本朝前六位列圣）。每逢"夏至"大祀方泽时，由礼部侍郎将诸神位请至祭坛上安置于各自的神位上，祭祀完毕后又请回此殿安奉；每逢初一、十五由太常寺官员到此上香行礼。皇祇室始建于明嘉靖九年（1530年），原为绿色琉璃顶，清乾隆十四年（1749年）改换为黄琉璃顶，嘉庆五年（1800年）四月重修，同治十二年（1873年）进行过小修。神库是由神库、神厨、祭器库和乐器库4个大殿及2个井亭组成的一组建筑群，神库、神厨、祭器库和乐器库均为单檐硬山绿琉璃屋面，均无斗拱。正殿之后（南）还有一配殿称为乐器库，为存放祭祀乐器和乐舞生服的库房。始建于明嘉靖九年（1530年）。正殿之北东西各一座井亭，均为单檐盝顶琉璃顶，斗拱为一斗三升交麻叶头。东井亭专为方泽坛内渠注水，西井亭专为神厨供水。宰牲亭是宰杀祭牲的场所，为三开间重檐歇山式绿琉璃剪边屋顶，北向，前檐明间开六扇槅扇门，次间设四扇槛窗，殿东、西墙亦设有四扇槛窗，斗拱为一斗三升交麻叶

头。殿南侧有灶房三间与正殿搭接，面阔同正殿。因年久失修已毁。1985年11月至次年7月大修。按明制恢复灶房。周垣东西长34.25米，南北38.25米。斋宫位于方泽坛西北、神路中轴线之西约180米处，是皇帝于夏至前一天亲诣地坛致斋时斋宿、接见大臣、处理紧急事务的地方。为表明天子在皇地祇面前为臣，斋宫建在神路中轴线偏西的地方，坐西朝东，比坛内任何一组建筑都高大、宽敞、豪华。正殿坐西朝东，是一座单檐歇山式建筑，绿琉璃剪边屋面。斋宫南北配殿各一座，均为单檐悬山式建筑，绿琉璃剪边屋顶。神马殿位于斋宫之北，是祭祀时喂养御马的地方故亦称神马圈，为悬山式绿琉璃顶，北向，通面阔五开间。钟楼位于斋宫之东北，神马殿之东，东向，为三开间重檐歇山式绿琉璃顶的正方形建筑，通面阔12米多。无斗拱。楼内古钟一口，青铜素钟，钟面上铸"大明嘉靖年月日制"字样。高2.58米，直径1.56米，重2320千克。因年久失修，钟楼于1965年拆散；楼内青铜素钟也移至大钟寺。钟楼建筑为2000年重建。地坛西坛门外的牌楼，建于明代嘉靖九年（1530年），当时为三间四柱石坊，称为泰折街牌

坊，后改称广厚街牌坊，牌楼坊心横书"广厚街"三字，左右两侧为满文和蒙古文，明、次楼及四柱前后有朱棍栅栏27槽，共长二十五丈八尺六寸，台基高2米，台明至安定门外大街以礓磋连接。1953年前后，北京市改造交通时拆除，1990年初，在原地址东侧重建。

民国初年地坛曾为驻军之地。民国14年（1925年）辟为京兆公园，民国17年（1928年）改称市民公园。民国24年（1935年），旧都文物整理委员会拨款整修地坛，停办市民公园，辖规北平市坛庙管理所，仍以地坛名义售票开放。1938年后停止开放。至中华人民共和国成立前夕，地坛荒芜，古柏多有毁坏。1984年，地坛被北京市人民政府公布为北京市文物保护单位，并作为公园正式对外开放，陆续增建牡丹园、集芳圃等景区。1987年，北京市政府划定地坛的保护范围和建设控制地带。2006年5月25日，地坛被国务院公布为第六批全国重点文物保护单位，编号6-0299-3-002。2007年，地坛公园史志办建立地坛全国重点文物保护单位记录档案。

贵德文庙及玉皇阁 是青海地区保存较好、内涵丰富的明清古建筑群，位于青海省贵德县河阴镇北大街。

据庙中明万历二十年（1592年）《题归德创建玉皇阁万寿观碑记》，清道光十七年（1837年）《道光十一年岁次辛卯重修起工至十七年丁酉岁工程告竣勒碑谨志》以及光绪三年（1877年）《学宫碑记》等碑记记载，贵德县文庙及玉皇阁古建筑群始建于明万历二十年（1592年），清道光十七年（1837年）增建，同治六年（1867年）毁于兵火。光绪年间（1875～1908年）陆续重建。

贵德古城为明洪武七年（1374年）河州（临夏西南）左卫指挥修筑，壕深墙高，马面突出，有森严完备的防御功能，为明初大型军事工程。古城东、西、北三面保存完好，是国内不多的古城之一。贵德文庙及玉皇阁古建

贵德文庙及玉皇阁远景

筑群坐落于古城北部，坐北朝南，东西宽192米，南北长212米，占地面积4.07万平方米，总建筑面积4915平方米，古建筑群集儒、道、释为一体，包括万寿观玉皇阁、文庙、武庙、大佛寺、城隍庙、民众教育馆等6个院落及古校场。古建筑群以文庙、万寿观建筑为建筑群中心，玉皇阁为建筑群的最高点，万寿殿之前（南）是文庙，其东为武庙，其西依次为大佛寺、城隍庙、民众教育馆。建筑群存有大殿11座，东西两庑46间，钟鼓楼4座，清代壁画62平方米。古校场亦称隍庙场，在城隍庙前。

文庙建筑包括棂星门（牌坊）、泮池、戟门、乡贤祠、名宦祠、七十二贤祠和大成殿。大成殿供奉先哲孔子之神位，为文人祭孔和集会的场所，是该建筑群中体量最大的单体建筑。九檩单檐歇山大木，面阔五间，分心四柱，甘青地方做法，柱径硕大，翼角翘高，不

施斗拱，前檐用地方做法"平枋假猫儿头"，在前檐形成一个多层次的木雕装饰，高大巍峨中显出华丽。

万寿观玉皇阁属道教建筑，由山门、过厅、东西配殿和玉皇阁组成。山门为中柱式硬山建筑，明间中缝安通间门，两边砌看面墙，前后形成明廊。过厅亦为硬山建筑，面阔三间，分心四柱，前后出廊，山墙前后均有干摆墀头，墀头官式做法，分下肩、上身、盘头，盘头部分砖雕精美。玉皇阁是整个建筑群之首，誉为"仙阁插云"。通高26米，底面为正方形，基础台基高1.4米，基础台基上再砌高9.9米的砖包土筑正台基，上起三层楼阁，一层金柱通接二层檐柱，三层檐柱坐在二层匝梁上，中间4根内金柱为三层通柱。三层平板枋上安24攒五踩斗拱。每层正面枋下均安通口龙凤花板装饰，第一层门两边有6幅砖雕草

贵德文庙大成殿

花，雕刻细腻。青瓦歇山顶吻兽齐全，正脊中间有3尊青狮白象驮宝瓶，表现出北方古建筑的特点，加上富有地方特色的建筑彩画，使整个建筑造型华美，富丽堂皇。玉皇阁最上层奉"天"、中间奉"地"、下层奉"人"，体现道家"阴阳运化，天人合一"的哲学思想。

关岳庙俗称武庙、马祖庙，建筑包括山门戏台、过厅、钟鼓楼、东西厢房和正殿，供奉关羽、岳飞、马祖神像，是戍边将士拜谒的场所。关岳庙过厅体积较小，单檐歇山建筑，面阔五间，分心四柱，檐下斗拱密致，木雕精美、彩画绚丽，是清代建筑中的上乘之作。关岳庙山门殿内侧为戏台，山墙内侧有清代壁画两幅共18平方米。

大佛寺为佛教寺院，仅存大雄宝殿，殿内供三世佛。城隍庙建筑包括过厅、十八层地狱廊、正殿、地藏王菩萨殿、后寝宫。其过厅及

玉皇阁

万寿观

钟鼓楼与关岳庙相似，后寝宫为硬山建筑，殿内山墙上仍留有清光绪年间壁画20余平方米。殿内原置巨床被褥，意为城隍下榻之所。民众教育馆建于民国16年（1927年），后改称梨馨园，院内藏书楼因上层倾斜，20世纪50年代被拆除，仅存下层。民国34年（1945年）抗日战争胜利后，建"抗日阵亡将士纪念亭"一座，单檐八方亭，还有长廊等园林建筑。校场亦称隍庙场，在城隍庙山门前，面积8300平方米。

贵德文庙及玉皇阁古建筑群中轴对称，以院落组合，主体建筑雍容大度，气势恢宏。庙宇道观相互毗邻，集儒、道、释为一体，相依并存，捐弃门户，为国内所罕见。校场为明、清时期演武、团练士兵之场所。贵德文庙及玉皇阁古建筑群和碑刻、壁画等珍贵史料，是明、清时期贵德的历史见证。其布局和建筑形制为西北地方做法，大木结构，榫卯法式，有着独特做工和手法，吻兽瓦作，铺地甬路，墀头墙体均有着与中原不同的手法。

中华人民共和国成立后，玉皇阁、文庙被改作粮站，殿宇厢房尽成粮仓，城隍庙大佛寺成为农机厂，大殿内神佛搬出。1967年，城隍庙、大佛寺被改为民族完全小学，建筑基本得

以保存。1983年3月，贵德县人民政府组织成立玉皇阁赞助理事会作为临时维修管理机构，接受社会赞助和各级政府拨款，对被改成粮仓的古建筑，恢复装修，修缮屋顶瓦面等。1985年8月，贵德县文物管理所正式挂牌成立，开始对玉皇阁古建筑群进行维护和管理。1986年5月27日，青海省人民政府将贵德文庙及玉皇阁古建筑群公布为第四批省级文物保护单位。2001年6月25日，贵德文庙及玉皇阁古建筑群被国务院公布为第五批全国重点文物保护单位，编号为5-0437-3-243。2002年7月，天津大学建筑学院对古建筑群进行全面测绘和维修设计工作。2005年，贵德县博物馆成立，与文物管理所合署办公。2008年3月至2009年7月，实施万寿观等六处院落，玉皇阁、相关殿堂、山门、廊庑32个文物建筑单体的维修工程。2009年，《贵德文庙及玉皇阁古建筑群文物保护单位保护规划》完成编制，划定贵德文庙及玉皇阁古建筑群的保护范围和建设控制地带。

孟庙、孟府及孟林 是明清时期纪念中国古代思想家、教育家孟子为主的建筑群及墓园。孟庙、孟府位于山东省邹城市城区南部；孟林位于邹城市大束镇西山头村。

孟庙，始建于北宋景祐四年（1037年），据明洪武六年（1373年）《孟氏宗传祖图碑》载："景祐四年，孔道辅守兖州访亚圣坟于四基山之阳。"孔子四十五代孙孔道辅守兖州，始于邹城东北四基山之阳访得孟子墓，并在墓旁创建孟子庙。北宋元丰六年（1083年），孟子被追封为邹国公，因距城较远祭祀不便，元丰八年（1085年）左右迁建于"邑之东郭"。北宋宣和三年（1121年），徙庙于南门之外道

左。金贞祐元年（1213年），北方红袄军农民起义军南下攻占邹城，孟庙遭受兵火大难，殿堂廊庑损毁殆尽。元代，建孟子前殿即亚圣殿，增建部分建筑。元代末年，红巾军农民起义军攻占邹城，孟庙沦为废墟。明代对孟庙重修、重建达20次之多。明弘治九年（1496年），经孟子五十七代孙孟元奏请，孝宗敕命有司重修孟庙，历时13月，这是孟庙有史以来规模最重要的一次重修，基本确定了孟庙建筑形制。清代修建14次，新建部分建筑，基本保持明代的建制，较前代更加完备，其中规模最大的为清乾隆元年（1736年）历时28个月的一次大修。

孟庙平面呈长方形，占地面积约2.4万平方米，有各类建筑64楹，前后五进院落，自三进院落起分左、中、右三路，以主体建筑亚圣殿为中心，南北呈中轴对称式配列。整个建筑群包括四殿、两庑、一堂、一祠、一库一所、两座碑亭、十四座门坊，前三进主要建筑有棂星门、亚圣庙坊、泰山气象门、康熙碑亭。自第三进院落起分为左、中、右三路布局：中为承圣门，有亚圣殿、亚圣寝殿、两庑、天震井、乾隆碑亭；东为启贤门，有启圣殿、启圣寝殿；西为致敬门，有致严堂、桃祖祠、焚帛池。亚圣殿为孟庙主体建筑，始建于北宋宣和三年（1121年），历经金、元、明、清各代修葺。清康熙七年（1668年），鲁南一带地震，殿全部坍塌，建筑为康熙十二年（1673年）重建，为二层重檐庑殿式建筑。通面阔七间27.72米，进深五间20.54米，通高18.23米。绿色琉璃瓦覆顶，殿内顶部中间设藻井，藻井之下殿正中横悬"守先待后"金匾一块，清雍

孟庙亚圣殿

正皇帝手书。檐下竖8根大红明柱，迎门两柱镌巨型抱柱对联，正中门楣之上悬挂"道阐尼山"横匾一块，联、匾均为清乾隆皇帝手书。

孟府，始建于北宋景祐年间（1034～1038年）。《孟氏宗传祖图碑》又载："景祐四年，孔道辅守兖州访亚圣坟于四基山之阳。得其四十五代孙孟宁，用荐于朝，授迪功郎，主邹县簿，奉祀祖庙。迪功新故宅，坏屋壁乃得所藏家谱。"迪功新故宅，当为最早的孟府。北宋宣和三年（1121年）迁建孟庙时，孟府建于孟庙附近。明天启年间（1621～1627年）、清康熙七年（1668年），孟府先后受到鲁西南地区闻香教起义军和地震两次破坏。康熙十二年（1673年）重建。道光年间（1821～1850年），孟子七十代孙孟广均奉旨重修孟府，达后世规模。

孟府平面呈长方形，占地面积约2.1万平方米。前后七进院落，依次建有大门、礼门、仪门、大堂、世恩堂、赐书楼、上房院、缘绿楼、后花园等，厅、堂、楼、房共计210余间，主体建筑分布在中路，前为官衙，后为内宅，是国内保存较为完整的融官衙与内宅于一体的明清古建筑群。大堂为孟府主体建筑，是当年世袭翰林院五经博士宣读圣旨、接待官员、申饬家规、处理公务的地方。通面阔五间18.02米，进深三间11.65米，通高9.57米。硬山单檐，青砖到顶，小瓦覆顶。堂前檐下悬挂"七篇贻矩"横匾1块，为清雍正三年（1725年）雍正皇帝御书。

孟林，始建于北宋景祐四年（1037年），孔子四十五代孙孔道辅寻访孟子墓后，得以确认和保护。北宋政和四年（1114年），朝廷赐钱

孟府大堂

修葺，列一品戟于门，又赐田百亩以助祭祀和维护。元元贞元年（1295年），邹县尹司居敬修葺孟子墓，为孟子塑像。至正二年（1342年），孟子五十二代孙族长孟惟让重修亚圣墓前享殿。明嘉靖四十一年（1562年），邹县县令章时鸾创建享殿五楹、左右厢房各三楹、二门三楹，使孟子墓前享堂奠置有案，出入有阶，孟林扩大到历史最大规模。清雍正十年（1733年）孟子六十五代孙孟衍泰、嘉庆二年（1797年）六十八代孙孟传槌、道光十四年（1834年）七十代孙孟广均均有重修。宣统二年（1910年），山东巡抚孙宝琦拨款维修享殿。

孟林是国内罕见的一处大面积侧柏林园墓地。孟子墓居林左高地，外有石墙围护，以主体建筑享殿为中心，前有神道、御桥、大门，后为孟子墓冢。享殿，为孟林主体建筑始建于明嘉靖四十一年（1562年），单檐硬山式，灰瓦覆顶。通面阔五间18.81米，进深三间7.44

孟庙碑刻

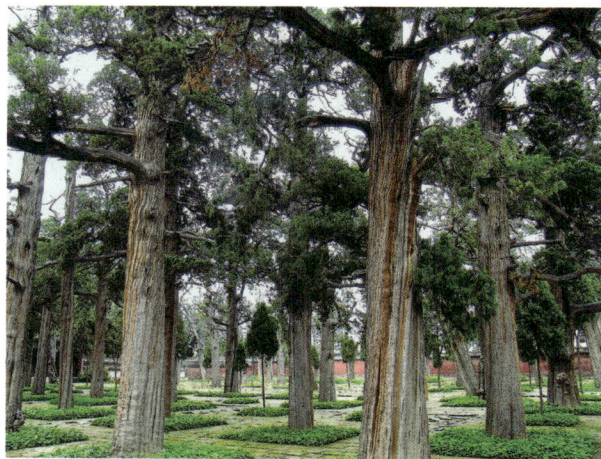

孟庙古树

米，通高8.18米。殿内设有供案和孟子神位，存有宋、元、明、清碑刻多幢。北宋景祐五年（1038年）《新建孟子庙记》碑是孟庙、孟府及孟林遗存最早的碑刻，具有重要史料价值。享殿后为孟子墓，墓冢封土高6米，周围石砌方形台基，长、宽各20米。墓前有清道光十四年（1834年）孟子七十代孙孟广均立"亚圣孟子墓"碑。

孟庙、孟府及孟林规模较大，内涵丰富，是儒家传统思想文化和中国古代建筑艺术相结合的代表作之一，是历史上延续时间较长、保存较完整的一处古建筑群。孟庙、孟府和孟林保存有历代碑碣石刻300余块，是研究古代历史和孟庙、孟府及孟林沿革的珍贵史料。孟府保存明清时期文物近5000件，是孟子文化的重要组成部分。孟林内有古树名木8000余株，堪称一座巨大的天然园林。

中华人民共和国成立后，设立山东省古代文物管理委员会邹县分会，负责孟庙、孟府及孟林的日常管理。1952年，改设邹县文物管理委员会。1953年，山东省人民政府拨款维修孟庙承圣门、康熙碑亭、乾隆碑亭。1977年底，孟庙被山东省革命委员会公布为省级文物保护单位。1985年3月，国家计委、财政部拨款维修孟庙、孟府、孟林。1988年1月13日，孟庙及孟府被国务院公布为第三批全国重点文物保护单位，编号3-0083-3-031。1992年6月，孟林被山东省人民政府公布为省级文物保护单位。2006年5月，孟林作为合并项目，被国务院公布为全国重点文物保护单位并入孟庙及孟府，合并名称为孟庙、孟府和孟林。1992年10月邹城市文物管理处下设孟林管理所、2004年

8月邹城市文物局成立孟庙孟府管理所、2011年3月成立邹城市三孟管理所，为管理孟庙、孟府及孟林的专职管理机构。2013年，国家文物局批复《孟庙、孟府和孟林保护规划》和《孟庙、孟府、孟林部分建筑修缮设计方案》。2013年，山东省文物局划定孟庙、孟府和孟林保护范围和建设控制地带。2013年7月至2016年，先后对孟府前学、五代祠、西跨院，孟庙亚圣殿、承圣门、泰山气象门、孟庙孟府围墙、孟庙启圣殿、孟林享殿以及石碑石刻等实施修缮和保护修复。

关林 是三国名将关羽的首级安葬处，亦是历代官民祭祀、朝拜关羽的祠庙，是中国唯一一处"林、庙"合祀的古建筑遗存，位于河南省洛阳市洛龙区关林镇。

史载，建安二十五年（220年）春正月，孙权斩杀关羽后，害怕刘备起兵报复，将关羽首级传于洛阳曹操处，意图嫁祸。曹操敬慕关羽为人，乃刻沉香木为躯，以王侯之礼葬其首于洛阳城南十五里，并建庙祭祀，此即关林由来。关林初建，称关侯冢庙。明万历二十年（1592年），在关庙原址上扩建关林庙，占地1.3万平方米，院落四进，规制宏大，称关大王冢庙，万历三十三年（1605年）称关帝陵庙，清康熙五年（1666年）改称关林庙，道光元年（1821年）改称关林。

关林占地面积近13.3万平方米，殿、廊、楼、厅150余间。整体布局规整有序，中轴线上有院落四进，舞楼独立于南，与大门遥相呼应，其后依序为仪门、甬道、拜殿、大殿、二殿、三殿、墓坊、奉敕碑亭及关冢。两侧建有石坊、钟鼓二楼、焚香炉、五虎殿、圣母殿、东西廊房

关林大门

等。建筑布局严谨有致，中轴线两侧严格对称，园内古柏森森，碑刻林立，庙林一体，庄重肃穆，已成为弘扬以"忠义""仁勇"为核心的中华民族优秀传统文化的重要场所。

舞楼为清乾隆五十六年（1791年）由山陕商人施银添建，居关林大门南，坐南朝北，与大门相距58米，砖木结构，面阔前后不一，平面呈"凸"字形。其突出部分为前台，面阔三间；后台左右外延各扩展出一梢间，面阔成为五间。前台为重檐歇山绿琉璃瓦顶，后台为硬山式绿琉璃瓦顶，二者巧妙结合，使舞楼飘逸灵动，别具特色。山门为清乾隆年间新建，面阔五间，三门道硬山式建筑，绿琉璃瓦

关林仪门

覆顶。大门东西两边为"八"字墙，分书"忠义""仁勇"，榜示关公精神。大门外东西两侧60米处，各有四柱三间柱出头式石牌坊1座，作为关林大型古建群入口的标志，也有围合庙前广场的作用。四坊柱顶蹲望兽，柱下有鱼抱鼓石，造型质朴、庄重，两坊额上题"刚健中正""博厚高明""允文允武""乃神乃圣"。

仪门建于明万历年间。明万历四十八年（1620年），朝阳县七间房生员李用和，约众人会钱一千，交其关王冢庙上修建大门。清代新修大门后，改为仪门，取"有仪可象"之义。清道光二十五年（1845年），修葺仪门。仪门面阔五间，三门道硬山式建筑。灰筒瓦绿琉璃瓦剪边顶，正门门额上方悬慈禧题"威扬六合"匾。仪门前立铁狮子1对，系明万历二十五年（1597年）铸造，重三千斤（1500千克），高1.46米。

明代所建钟、鼓楼位于大殿前方，东西峙立，结构相同，为十字脊重檐歇山高台楼阁式建筑。钟楼内悬万历壬寅年（1602年）所铸大铜钟一口。

拜殿与大殿是每年春秋祭祀关羽时百官僚属谒拜场所。平面呈"凸"字形。为前卷棚后单檐庑殿式绿色琉璃瓦覆顶勾连搭建筑，抬梁式木构架。拜殿又称启圣殿，面阔五间，进深一间，前筑有月台，置万历二十二年（1594年）铸铁花瓶一对。大殿是关林主体建筑，通高16.34米，建在一长40米、宽19米、高1.5米的砖砌台基上，总面积760平方米。始建于万历二十四年（1596年），万历二十七年（1599年）竣工。面阔七间，进深三间，周匝回廊，整个殿宇共用柱48根。殿内正面塑关羽帝王装束坐像，长髯飘洒，面贴赤金，端严正坐。关平、周仓、王甫、廖化侍立两侧。二殿又称财神殿，是关林建筑中始建年代最早的一座殿宇，建于万历二十年（1592年）前，与大殿台基相连，呈"工"字形。二殿面阔五间，进深三间，单檐庑殿式。明间门额正中悬清光绪题"光昭日月"横匾。圣母殿和五虎殿分居二殿东西两侧，均为硬山式建筑，面阔三间，进深两间。三殿也称寝殿、春秋殿，面阔五间，硬山式琉璃瓦顶，平面呈"凹"字形。三殿之后，有石坊两座，前座为明代万历甲辰年（1604年）所立。四柱三间柱出头式，宽10米、高6米，正坊上刻"汉寿亭侯墓"5个大字，为明代太监胡滨所书。东西偏坊额分别篆书"义参天地""道衍春秋"，为清道光二十三年（1843年）洛阳尹南康庄弟子赵新题。石坊上有明清题联6幅。坊后有明天启六年（1626年）福王府内司房官肖升所立石供案。清康熙五十五年（1716年），在其上加石坊，坊柱顶为宝瓶形装饰。

殿后冢前有一八角亭，内树关林庙碑，

关林甬道及大殿

关林石牌坊

建于清康熙五年（1666年），嘉庆二十五年（1820年）、光绪二十三年（1897年）重修。亭平面呈八角形，木结构，攒尖歇山顶上共有13条脊。亭内立石碑1通。碑额九叠篆书"敕封碑记"四字，碑面正书"忠义神武灵佑仁勇威显关圣大帝林"，是道光元年（1821年）磨石重刻的关羽最高封号。碑阴是康熙五年（1666年）董笃行撰的《关圣帝君行实封号碑记》，叙述了关羽的生平事迹以及封号建庙等情况。

碑亭后为关冢，为关羽葬首之所。冢高10余米、直径52米。冢正面南墙上有清康熙四十六年（1707年）修筑石墓门，额题"钟灵处"，门两侧有行书对联："神游上宛乘仙鹤，骨在天中隐睡龙。"

关林保存匾联35处，有帝、后御笔，也有名家墨宝。建筑物上木雕、砖雕、绘画136幅，主要为三国故事，并与"岁寒三友""福从天降""麒麟望月"等民俗吉祥纹样巧妙地糅合在一起。院内遍植古柏，有763株，最大树龄达700年。关林存有明、清修庙碑刻100余通，还藏有洛阳地区出土汉至民国的历代艺术石刻和碑刻墓志1300余件，珍贵文物528件，弥足珍贵。

民国时期关林曾为学校、医院、公廨使用。1958年5月1日，关林辟为洛阳博物馆，对外开放。1963年，河南省人民委员会公布"关林"为河南省第一批文物保护单位。1979年11月开始在关林筹建洛阳古代艺术馆，1981年开放。1990年7月，建立关林文物"四有"档案。2006年5月25日，关林被国务院公布为第六批全国重点文物保护单位，编号6-0639-3-342。2008年，成立洛阳关林管理处，负责关林的保护和管理工作。2013年，根据国家文物局《关于关林保护总体规划的批复》，河南省人民政府划定关林的保护范围和建控地带。2013年10月，国家文物局拨付文保专项资金用于关林建筑油饰彩绘整体保护工程，对山门、仪门、大殿、二殿、三殿、钟楼、鼓楼、舞楼、敕封碑亭进行油饰彩绘保护性施工。2014年10月，国家文物局下拨文物保护专项资金用于关林文物建筑一期维修加固工程，对舞楼、钟鼓楼、东西焚香炉、拜殿大殿、三殿（寝殿）、碑亭等8个单体建筑进行维修加固施工，11月开工，次年6月竣工。

青、白礁慈济宫 青礁慈济宫俗称慈济东宫，白礁慈济宫俗称慈济西宫，均为纪念北宋时期闽南名医吴本的庙宇。青礁慈济宫位于福建省厦门市海沧区青礁岐山东南麓，白礁慈济宫位于福建省漳州市角美镇白礁村。

吴本（979～1036年），北宋福建同安白礁乡（今漳州台商投资区角美镇白礁村）人，悬壶济世，医德高尚，深受敬仰。去世后被闽台及东南亚民间尊为医神和保护神，俗称"吴真人""保生大帝"。

青礁慈济宫，始建于南宋绍兴二十一年（1151年）。明末清初，因清政府实行迁界政策，"庙成荒墟"。1980年5月，厦门市文物管理委员会发现清康熙三十六年（1697年）《吧国缘主碑记》，记载同年在原址重建青礁慈济宫，其后嘉庆十九年（1814年）《重修慈济祖宫碑记》、咸丰甲寅年（1854年）《重修青礁慈济祖宫碑》、光绪二十二年（1896年）《重修慈济祖宫碑记》等碑记显示历有修葺。青礁慈济宫坐西朝东，分前、中、后三殿，中轴线上依次为前殿、天井、拜亭、正殿、后殿。建筑依山递高，雄伟壮观。天井两侧为双

青礁慈济宫

青礁慈济宫梁架木雕

层钟鼓楼,三殿均为抬梁式,左右两侧设廊庑相连。前殿又称门殿,单檐歇山顶,两层楼阁式。正殿台基高于前殿台基1.97米,单层建筑,面阔五间、进深三间,重檐歇山顶,殿顶中部设如意藻井,殿内供吴真人神像。后殿重建于1989年,台基高于正殿台基1.69米,单檐歇山顶,面阔五间,进深三间。殿前有长方形天井。钟、鼓楼位于前殿后、天井两侧行廊上,重檐歇山顶楼阁式,楼顶以斗拱木叠架成八角形藻井。鼓楼的藻井斗拱均以飞天人物承托。宫内保存大量工艺精湛的石雕、木雕、彩绘艺术珍品,如石雕有12根云龙石柱,蝙蝠的花瓶形石柱,青龙、白虎和"双龙戏珠""将相和故事""水漫金山"等;木雕大多为精雕细刻的花鸟禽兽,主要有牡丹、石榴、莲花和象、鹿、虎、狮、麒麟、狻猊等。

白礁慈济宫,始建于南宋高宗绍兴二十年(1150年),清代重建,一直沿用。中轴线上自西南而东北依次建有前殿、天井、月台(祭台)、正殿、后殿;天井两侧为二层钟、鼓楼,依山递高,层楼叠展,雄伟壮观。前殿为二层楼阁式,面阔五间,进深三间,抬梁式

白礁慈济宫

单檐歇山顶，屋面覆红色板瓦和琉璃瓦。一、二层分别用花岗岩石柱和木柱支承，门廊有竖6根青褐色花岗岩雕蟠龙石柱。正中门两侧有紫铜色石狮1对。左右两侧方形石柱4根，分别刻题"慈心施妙法，济众益良方""保我德无量，生民泽利畏"的竹叶形对联石刻。正殿台基于前殿台基2米，单层宫殿式，重檐歇山顶，面阔五间、进深三间。正中间殿顶木架结构为如意藻井，斗拱出五跳。次间用梁架抬梁式，斗拱均不出跳，有昂傲象鼻状。走廊有竖4根青褐色花岗石雕蟠龙石柱。后殿更高于正殿，结构较简单，单檐悬山顶，面阔五间，进深三间，前有长方形天井。天井中有上下双重须弥座构成的石砌月台，上刻"飞天乐伎""双狮戏球"等浮雕纹饰。钟、鼓楼均为重檐歇山顶楼阁式，楼顶木架藻井结构，用木

白礁慈济宫龙柱

斗打拱出跳承托。

保生大帝信仰是一种起源于闽南并流传于闽台及东南亚等地的民间信仰文化。青、白礁慈济宫是海峡两岸艺术文化交流的一个重要窗口，是台海一家、血浓于水的见证。青、白礁慈济宫建筑规模宏大，结构完整，是清代闽南古建筑的代表作，具有较高历史价值和科学研究价值。其中大量珍贵的石雕、木雕，及形象生动、色彩艳丽的彩绘、彩画作品，充分体现了清代闽南古建筑的雕刻技艺和彩绘水平，具有较高的艺术价值。

青礁慈济宫日常事务由民间社团组织青礁慈济宫理事会管理。白礁慈济宫由龙海市角美镇白礁慈济宫管理委员会具体负责日常管理工作。1982年7月，白礁慈济宫被公布为龙海县第一批县级文物保护单位。1988年9月10日，青礁慈济宫被公布为厦门市第三批市级文物保护单位。1991年3月20日，福建省人民政府将青礁慈济宫公布为第三批省级文物保护单位。1991年3月22日，白礁慈济宫由福建省人民政府公布为第三批省级文物保护单位。根据发现的历代重修碑记所载内容，1995年复建武英殿后殿，1998年复建文华殿后殿，2000年复建文华殿前殿、武英殿前殿。1996年11月20日，青、白礁慈济宫被国务院公布为第四批全国重点文物保护单位，编号4-0104-3-026。2002年、2003年，国家文物局前后拨款维修慈济宫后殿和中殿。2005年，厦门市文物管理委员会办公室和龙海县博物馆分别建立全国重点文物保护单位青、白礁慈济宫的记录档案。2016年4月20日，福建省人民政府印发《关于公布全国重点文物保护单位（第四至七批）保护范围

的通知》，划定青、白礁慈济宫的保护范围。同年11月8日，福建省文化厅、福建省住房和城乡建设厅印发《关于公布省级以上文物保护单位建设控制地带的通知》，划定了青、白礁慈济宫的建设控制地带。

榉溪孔氏家庙　是孔子后裔南迁寓居婺州永康榉川（金华市磐安县榉溪村）后奉祀孔子的家庙，位于浙江省磐安县盘峰乡榉溪村中部、榉川南岸。榉溪孔氏家庙坐南朝北，遥对钟山，榉溪（古称桂川、榉川）环其前。

榉溪孔氏家庙始建于南宋宝祐二年（1254年），元、明时期由官府负责维修，清代重建。榉溪孔氏始祖孔端躬原籍山东曲阜阙里，系孔子四十八代孙，北宋宣和三年（1121年）授承事郎，任大理寺评事。南宋建炎年间（1127～1130年）与世袭衍圣公的孔端友避乱南渡，后端友寓居衢州，端躬安家于婺州之榉川。南宋宝祐二年（1254年），理宗追端躬功德，按衢州孔氏家庙恩例，在榉川南岸杏坛园前建孔氏家庙，赐"万世师表"金匾（已佚）。孔氏家庙建造后，在元明时期由官府负责进行过较大维修，清初家庙毁于兵燹，后重修，保留了宋元明不同时期的建筑风格。

榉溪孔氏家庙坐南朝北，占地面积836.22平方米。整座建筑以中轴线贯穿，由门楼、戏台、天井、前厅、穿堂及二小天井、后堂等组成，平面呈长方形。

门楼五开间，通面阔21米，进深4.87米。梁架穿斗式结构，五檩前后用三柱。正门入口呈"八"字形，正门上方书"孔氏家庙"；正门两边檐柱牛腿雕有人物故事、花篮、狮子等图案，额枋下方雕花草；屋檐下方墙体有人物、动物、花草等壁画。戏台正方形，面阔、进深各4.6米，歇山顶，内设天花，牛腿雕封

榉溪孔氏南宗家庙鸟瞰

榉溪孔氏南宗家庙后堂内景

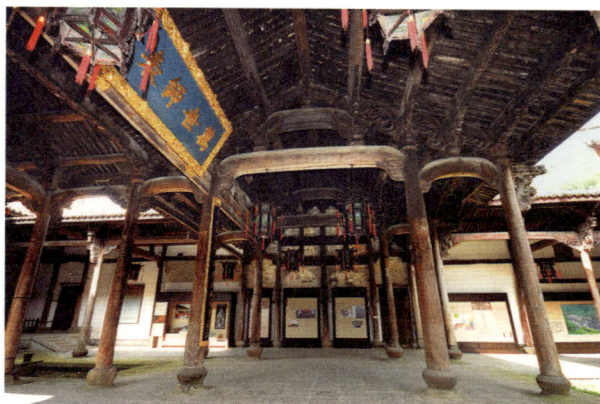

榉溪孔氏南宗家庙前厅梁架

神榜人物故事，顶部天花板画人物故事图案依稀可辨；台上洞门上方曾书"金声""玉振"字样，洞门隔板画"天官"，戏台檐柱刻有对联"三字经人物备考，一夕话今古奇观"；正脊用花砖叠砌，中间插定风叉。天井平面呈"凹"字形，毛石铺砌，两边置旗杆石座，边上有排水沟。前厅高出门楼0.15米，面阔五间21米，进深8.4米；抬梁式和穿斗式相结合，七檩前后用四柱，明间柱头置栌斗，边缝柱头无斗，檐柱牛腿雕有狮子、大象图案，横梁雕有龙、狮、花草等；穿堂抬梁结构，牛腿雕花草、动物、云纹等图案。两边小天井平面呈长方形，用毛石铺砌。

后堂高出前厅0.63米，面阔五间21米，进深8.85米。抬梁式和穿斗式相结合，七檩前后用四柱，造型朴实，柱头无斗。明间后部用2米多高木板封顶，作为悬挂孔子及历代祖宗画像的场所，上方挂有"如在"匾额1块，两边金柱上刻有对联1副："脉有真传尼山发祥燕山育秀，支无异派泗水源深桂水长流。"门楼、前厅、穿堂、后堂地面全用石板铺砌，柱础为鼓形、方形等，个别柱础是宋元明时期的遗物。屋面盖阴阳合瓦，硬山顶。

榉溪孔氏是孔子南迁后裔的重要一支。榉溪孔氏家庙格局完整，在形制上采用了当地传统祠堂建筑布局和做法，在功能上集奉祀孔子的家庙与祭祖的祠堂于一体，是寓居榉溪孔氏后裔祭祖及家族活动的重要场所，保存有宗谱、"至圣先师"牌位、中华民国颁布的孔子家谱世系排行字辈等文物。家庙与榉溪村落及周围的山川环境融为一体。榉溪孔氏家庙的四周，保留着由清、民国山区民居错落形成的小街、小弄，家庙附近尚有保存完好的孔若均、孔端躬墓。榉溪孔氏家庙及其附属文物，对于研究婺州南孔及孔子后裔在南宋以来的迁徙及儒家文化传播具有很高的历史、艺术、科学价值。

1997年，孔氏家庙由磐安县人民政府公布为县级文物保护单位。2000年，对榉溪孔氏家庙梁架打牮扶正，对地面进行整修。2006年5月25日，榉溪孔氏家庙被国务院公布为第六批全国重点文物保护单位，编号6-0561-3-264；10月，孔氏家庙文物保护所成立。2007年，磐安县文物管理委员会办公室建立榉溪孔氏家庙全国重点文物保护单位记录档案。2007年，浙江省古建筑设计研究院编制《榉溪孔氏家庙维修方案及保护整治方案》，工程始于2009年9

月，2010年1月竣工。2009年，浙江省人民政府划定樊溪孔氏家庙的保护范围和建设控制地带。

花戏楼 又名大关帝庙、山陕会馆，是一座集信仰性、娱乐性、商务性于一体的综合性清代古建筑群，位于安徽省亳州市北关西北隅花戏楼路的最北边。

据清乾隆三十八年（1773年）《重修大关帝庙》石碑记载，山陕会馆是清顺治十三年（1656年）由山西、陕西的药材商人王璧、朱孔领倡导，并与到亳经商的晋陕籍众商出资兴建。因以会馆形式所建，又具有商会功能，故称山（西）陕（西）会馆。馆内奉祀有武财神关羽像，又称大关帝庙。当时建有大殿、山门和东西耳房等。康熙十五年（1676年），山西、陕西商人在大关帝庙内创建戏楼。乾隆三十一年（1766年）由善士郭秉纶劝募，得全兴号董继光独立捐资重建大殿，并塑金容，增设僧寮客座，殿左侧建财神殿，整座建筑壮丽恢宏，奠定后世规模。清康熙、乾隆、道光、光绪年间均有修缮。

花戏楼主要包括大关帝庙（山陕会馆）、张飞庙、岳飞庙、火神庙、朱公书院等，因庙中有一座装饰华丽的歌台（戏楼），故群众俗称"花戏楼"。大关帝庙，建筑面积3163平方米，坐北朝南，依次为山门、戏台、两侧六间看戏楼，大殿、东西两院，东院原有财神殿，西院为禅房。山门前有石狮一对，蹲卧在两旁石雕须弥座上，通高2.4米。外侧有一对道光元年（1821年）铸造的铁旗杆，高16米有余，杆顶丹凤引颈展翅，杆上盘龙绕柱凌空张舞，杆饰有方斗，上悬铁旗，下吊风铃，风起铃声悦耳。杆有铁联一副："铁杆颂德高千尺；铜柱铭恩参九霄。"山门飞檐翘角，有三拱形券门通道，均为水磨青砖牌坊架式的仿木结构建筑。中门为三间四柱五楼式门楼，上匾额"大关帝庙"四个大字，其上"参天地"三字。两侧门为二柱单楼式门楼，分别额曰"钟楼""鼓楼"。整个牌坊镶满立体透刻砖雕，雕刻繁缛，剔透俊美。内容有《大梁城》《郭

花戏楼砖雕牌坊

亳州花戏楼

子仪上寿》《白蛇传》《吴越之战》《三顾茅庐》等戏剧故事以及花草、几何装饰图案等52幅作品，共雕人物115个，禽鸟33只，走兽67只，车马、城池、楼台、亭榭等多处，每块砖雕、布局错落有致，雕工娴熟细腻，玲珑剔透，巧夺天工。

戏楼在山门内侧，坐南面北，两层，面阔三间，后台与山门连为一体。舞台呈"凸"字形，歇山顶，翼角翠翘，琉璃瓦面，脊饰华丽。用六根抱柱顶立，檐角下立方柱六颗，青石柱础，均饰雕镂。舞台正中装有二龙戏珠木雕屏风，把戏楼隔成前台和后台。屏风上悬有"演古风今"的匾额，屏风两侧上下场门各两个，门曰"想当然""莫须有"和"阳春""白雪"，后台两侧柱上，有对联一副："一曲阳春唤醒今古梦，两般面貌做尽忠奸情。"四周有悬枋和垂莲，柱间的大枋和悬枋之间，镶有玲珑剔透，雕工精巧的木雕。有

《长坂坡》《空城计》《舌战群儒》《三气周瑜》《上方谷》《七擒孟获》等十八出三国戏剧故事。其余藻井梁枋之间，皆饰有彩绘，有戏文、掌故，亦有花鸟虫鱼、山水楼阁及各种花纹图案。戏楼两翼为看楼。

大殿，与花戏楼相对，是关帝庙的主体建筑。大殿高10米，雄伟壮观。大殿分前后两部，前后之间为暗卷棚。前殿明轩三间，五架梁结构，雕梁画栋，富丽堂皇。登四步台阶，便入后殿，高大宽敞，为供奉关公之所在。后殿东、西两侧各有一便门，东门上书"通神道"，西门上书"便禅门"。戏楼和大殿之间，东西两侧，相对建有两层楼厢房各六间，与戏楼、大殿形成方正的四合院，戏台音响不易扩散，厢楼供看戏之用。大殿左右各有一庭院，东为财神殿，西为禅房，翠竹曲径，清雅宜人。在大关帝庙东侧，有火神庙、朱公书院、岳武穆王庙等。火神庙，坐北朝南，

亳州花戏楼大殿

现有两进院落，为山门、大殿，占地面积约1000平方米。朱公书院，始建于清康熙三十七年（1698年），是亳州人为纪念康熙年间知州朱之琏的德政而修建的生祠。乾隆二十五年（1760年）重修。坐北朝南，三进院落，有山门、过厅、后楼等建筑，占地面积约800平方米。岳武穆王庙，始建年代不详，为康熙年间建筑，有山门一间，大殿三间，占地面积约500平方米。山门为单间二层楼，大殿分前殿、后殿两部分，勾连搭式顶，前后起伏，前殿为歇山卷棚式建筑，后殿为尖山式硬山建筑，均为五架梁结构。张飞庙位于花戏楼西侧，始建于清代，仅存大殿和山门。

花戏楼是一座集雕刻、彩绘和建筑的艺术宝库，是皖北地区清代康乾盛世建筑与艺术之精华，对研究中国清代的建筑风格、雕刻技艺、戏剧发展、绘画艺术风格等具有重要的科学、历史和艺术价值。

1962年，花戏楼被安徽省人民委员会公布为第一批省级文物保护单位。1978年，同济大学古建专家陈从周、安怀起等人对大关帝庙进行测绘。1981年，花戏楼被安徽省人民政府重新公布为第一批省级文物保护单位。1988年1月13日，花戏楼被国务院公布为第三批全国重点文物保护单位，编号3-0131-3-079。同年，安徽省人民政府划定并公布花戏楼保护范围和建设控制地带。1991年5月，国家文物局拨款，支持花戏楼屋面修缮工程。1996年，国家文物局和安徽省财政厅补助专款，进行花戏楼的东、西配楼维修。2005年，编制花戏楼全国重点文物保护单位记录档案。2009年，花戏楼移交亳州市文化旅游公司管理，作为重要文物景点对外开放。2014年，亳州市文物管理处委托陕西省文化遗产研究院编制《花戏楼保护规划（2014～2030）》，2016年2月23日得到国家文物局批复同意实施。

祆神楼 是一座三重檐歇山顶结构的古代建筑，为中国仅存的祆教建筑，位于山西省介休市城东关三结义庙前。

据庙碑记载，祆神楼始建于宋代，是宋文彦博为祆神所建。明嘉靖十一年（1532年）原庙废弃，万历年间（1573～1620年）知县王宗正改建为三结义庙。清顺治十六年（1659年）夏，正殿、献亭、祆神楼及东廊等被大火焚毁，顺治十七年（1660年）开始重建，至康熙七年（1668年）竣工，历时八年，规模形制宛然如旧。乾隆五十一年（1786年），进行局部补葺。

祆神楼构造独特，既是三结义庙的山门，又是过街楼，还是乐楼，为三位一体的楼阁式组合建筑，特性鲜明。楼身二层三檐四滴水，总高18.95米，平面呈"凸"字形，底层东西宽19.02米，南北深23.19米，总面积441.07平方米。

过街楼是祆神楼的主体，东、西、南三

面街道皆由楼下通过，顺城街横贯其中，从街面观察，楼身面阔、进深均为五间，三面围廊，廊深一间。实测楼身宽、深均为三间。楼身第二层下部设平座一周，上置十字歇山式屋顶，黄绿色琉璃剪边。下层廊柱上，用斗拱层层叠起，以承托楼檐翼出，底层围廊和楼顶下檐斗拱三踩单下昂，平座斗拱五踩双翘头，楼上檐斗五踩双下昂，转角处正侧二面各加昂或翘头一缝。明间平身科及角科均出45°昂及斜向耍头，耍头形式多种多样，雕工精湛，玲珑剔透。楼身腰间周置平座斗拱承负上层楼身，斗拱上沿加腰檐一厦。二层上东、西、南三面明间，各挑出抱厦一间，下施矮柱支撑，抱厦突出楼外，上构歇山式屋顶。楼内骨架以四根长达10米的永定柱自楼顶直通至上层檐下，承负着上檐梁架上的负载。楼上结构（即过街楼部分）于斗拱上置抹角梁，上承四向太平梁构

成"井"字形框架，各梁当心施脊瓜柱、大叉手，当心悬雷公柱一枚。后部（即山门及乐楼部分）设五架梁和三架梁叠构，内端搭在金柱斗拱之上，负荷缴背、瓜柱、大叉手和脊桁。楼身腰间设腰梁、楞木和楼板，外周设栏板和望柱，供远眺凭依。

祆神楼北向为三结义庙山门，面阔五间，进深三间，重檐九脊顶。前檐二山墙设有回廊，檐柱抱砌在墙内，明间施大板门一道，供人们自祆神楼下折而北行进入庙内。后檐明间二柱采用移柱造结构，柱上施五踩双下昂斗拱承托梁架和屋檐，檐下挑出仰莲垂柱，栏上又加施斗拱和假檐，斗拱华丽，檐斗舒展。庙门腰间平座与过街楼平座衔接，一气呵成。平座上铺楼板，成为乐楼的台面部分。乐楼居庙门门庭之上，北向为戏台（乐楼）。楼身面阔三间，进深一间，卷棚式歇山顶，与庙门叠架相构。楼

三结义庙祆神楼正面

三结义庙祆神楼斗拱

三结义庙祆神楼梁架

身两侧设八字影壁，壁间镶嵌黄绿色琉璃装饰，上有武士、骑射、奔马、升龙、牡丹、流云等图案，色泽艳丽，具有很高的艺术价值。

1982年，介休县成立祆神楼维修工程领导组，同年10月支顶乐楼顶部。1984年，晋中地区文物管理处对祆神楼进行测绘，同年10月对祆神楼进行落架大修。1985年，在介休县博物馆基础上成立介休市文物管理所，负责全市各文物保护单位的行政管理工作。1986年，祆神楼被公布为山西省重点文物保护单位。1986～1989年，完成三结义庙大殿及献亭的落架大修。1990年，山西省古建筑保护研究所对祆神楼进行修复化的测绘工作。1990～1991年，完成三结义庙大殿、献亭以及祆神楼的

断白工程。1996年11月20日，祆神楼被国务院公布为第四批全国重点文物保护单位，编号4-0168-3-090。2002年8月27日，山西省人民政府印发《关于公布太原晋阳古城遗址等102处全国重点文物保护单位保护范围的通知》，划定并公布祆神楼的保护范围和建设控制地带。2003年6月，祆神楼完成消防安防工程。2004年8月，在介休市文化艺术中心的基础上增挂介休市文物局牌子，下设祆神楼文物管理所。2012年和2013年，国家文物局先后批准对祆神楼保护维修项目及祆神楼保护规划项目立项。

泉州天后宫 是中国遗存年代最久、规模最大、规格最高的祭祀海神妈祖的宫庙。泉州天后宫位于福建省泉州市鲤城区南门天后路，内通城区，外连海港，北枕"三台"（清源山），南临浯江，西扼笋、巽二流，东控法石的经济交通汇集枢纽，为全城繁华要地，蕃舶客航聚集之处。

宫内祀主神天后，又称天妃、天上圣母，俗称妈祖。泉州天后宫始建于南宋庆元二年（1196年），当时由僧人觉全与里人徐世昌倡建。因宋徽宗宣和四年（1122年）钦赐莆田湄州妈祖庙额"顺济"，故此庙称顺济庙。元至元十五年（1278年），元世祖下诏"制封泉州神女，护国明著灵惠协正善庆显济天妃"，从此妈祖神提格为天妃，随之易名为天妃宫。清康熙二十三年（1684年），"以将军侯福建水师提督施琅奏，特封天后"，泉州天妃宫自此改称天后宫。

泉州天后宫坐北朝南，占地面积7200多平方米。主体建筑分布于南北中轴线及其两侧，依次有山门、戏台、东西阙、正殿、东西廊、

寝殿、凉亭、梳妆楼等，布局严整，规模宏大，风格独特。泉州天后宫单体建筑中正殿和寝殿最具特色。

正殿又称大殿、天后殿，是供奉天后圣像的地方，占地面积635.5平方米，殿高12米。重檐歇山顶，平面为矩形，面阔五间24.6米，进深五间25.6米，殿前增建檐廊（俗称拜廊）1间。殿内柱网排列规整，唯祭坛前减去2根金柱，以形成较宽阔的祭祀空间；又将中柱后移，使空间变化更为丰富。整个建筑的木构件统以朱色（土朱）为基调，以青绿二色作各部色彩图案的主色，以白色作间色，各部图案分界清晰，色调明快，对比强烈。台基座高出地面1米，四周砌筑花岗岩须弥座，并浮雕鲤鱼化龙、八骏云火、鹤舞云中、法器花卉等图案，技法古朴，美轮美奂。正脊两端采用五彩瓷片粘贴成对称式双龙图案，中部以同样手法作透雕式二龙戏珠图案。四岔脊头也以瓷片粘贴成凤凰图案。整个屋脊组合成上下排的一龙

一凤的龙凤呈祥主题，色调鲜艳，造型精美，为闽南建筑装饰一绝。拜廊明间有一对辉绿岩雕刻的龙柱，气韵生动，工艺精湛，堪称闽南石雕龙柱的代表作。殿内后照壁保存一幅清代《敕封天上圣母图》大型壁画，气派宏壮，熟练雅朴，其山石的绘制手法，则是集宋元名家传统而又有发挥创造，为天后庙宇中所仅见，具有极高的历史价值和艺术价值。

寝殿位于正殿之后，又称后殿，地势比正殿高出1米，原为供奉天后父母的地方，已辟为"闽台缘"专题展。该殿历代均有修缮，但结构和法式保留着明嘉靖时期（1522～1566年）重修后的特征及当地的建筑风格。前檐设廊，硬山顶，面阔七间35.1米，进深四间19.8米，占地面积近700平方米。殿内金柱间横架三、五、七架梁，前后用双步梁和三步梁支承屋顶。各缝主梁的两端竖立瓜柱，柱头施丁头拱承托檩枋，制作精致，并保留着极少部分彩绘痕迹。各缝檩、枋之间用单拱造隔架科，外

泉州天后宫大殿

檐斗拱用重翘承托檐檩，不施横拱，木作雕刻及装饰构件集中在明间，使建筑整体繁简有别，主次分明。殿前檐柱为方形石柱，上部为木柱。其明间保存一对辉绿岩雕刻的印度教形式的石柱，柱身外形呈十六角，突出上中下三部正方形画面，以圆光凸线作画面的轮廓线，圆光内浮雕四合如意、六出梅花锦带及四季花等吉祥图案，风格独特，为明代维修时移用至此。石柱上接木柱，正面刻有楹联一副"神功护海国，水德配乾坤"，颂扬天后在保护航海方面的特殊贡献。

山门与前两侧原有的东、西阙为1990年重建，梳妆楼为2002年重建。天后宫除了保留明清建筑艺术风格外，殿内的许多木、石刻作

天后宫大殿龙柱

品，都是历代闽南工匠的精心制品。重要的有宋庆元年间始建"顺济庙"之石柱础；殿内石柱础呈圆、八角、瓜瓣等形状，且浮雕有八骏、仙家法器及各种花草，美轮美奂，系清代石雕艺术的杰作；大殿基座石刻，计有"鲤鱼化龙"6方、"八骏云火"4方、"鹤舞云中"6方，均系二度空间动态艺术造型，雕造得十分传神，呼之欲出。木刻如门窗弯枋雀替花雕，精密细致，纹样疏密富于变幻，既有几何图形，又有花鸟人物，叠彩纷呈，全然是明清风范，保存完好。这些精美的木石雕作，象征着天后宫乃天上殿宇，具有崇高的规格和地位。

泉州天后宫建筑群规模宏大，布局规整，主体建筑仍保留着明清时期的建筑风格。正殿须弥座花岗岩石台基精美的浮雕，木构梁架华丽典雅的彩绘，九脊重檐四坡歇山式的屋顶以及采用灰雕及瓷片剪贴动物和花卉的纹饰对屋脊进行装饰，均显得轻盈生动。整个建筑群大多采用闽南传统的红砖，青白花岗岩构筑，是研究闽南明清宗教建筑艺术的重要实物资料。东南亚各国华侨中的闽南人及从泉州天后宫分灵的宫庙，历来均将泉州天后宫视为"祖庙"。泉州天后宫为研究"海上丝绸之路：泉州史迹"在泉州东西方文化的交流与传播中起着重大的作用。

1985年10月，泉州天后宫被福建省人民政府公布为第二批省级文物保护单位。1988年1月13日，泉州天后宫被国务院公布为第三批全国重点文物保护单位，编号3-0133-3-081。1989年1月，泉州天后宫内设立泉州闽台关系史博物馆，负责对泉州天后宫的日常管理及安

全保护工作。1996年1月，由国家文物局与福建省、泉州市政府拨款，修复泉州天后宫寝殿及西廊后段。同年，根据《福建省人民政府关于公布国家重点和省级文物保护单位（第二批）保护范围的通知》，划定泉州天后宫的保护范围。2003年，经国家文物局审批，由泉州市政府拨款与民间筹资共同复建泉州天后宫梳妆楼及东廊后半部分，恢复泉州天后宫建筑群的完整性。2005年，泉州闽台关系史博物馆制定13卷册《泉州天后宫记录档案》。2016年11月，福建省文化厅、省住房和城乡建设厅印发《关于公布省级以上文物保护单位建设控制地带的通知》，划定天后宫的建设控制地带。

解州关帝庙 被尊为天下武庙之祖，位于山西省运城市盐湖区解州镇西关。

解州东南10千米常平村是东汉蜀将关羽故里。关羽（？～220年），字云长，东汉时河东郡解县人，为蜀汉武将，以忠、义、仁、勇闻名于世，被尊为"武圣"。宋代追封为王，明清又晋封为帝。

据史料记载，解州关帝庙始建于隋文帝开皇九年（589年）。北宋真宗大中祥符七年（1014年）扩建。明嘉靖三十四年（1555年）毁于地震，重建后又于清康熙四十一年（1702年）毁于火灾，经十余年终修复。自明以来多次毁而复建，历代重修或重建达30余次。主体遗存大部分是明清建筑，面积达18576平方米，房间近200间。

解州关帝庙平面布局分南、北两大部分。南以结义园为中心，由牌坊、君子亭、三义阁、假山等组成。三义阁内有清乾隆年间镌刻的三义图，刀法细腻，线条明晰，桃林繁茂，饶有意趣。北部为正庙，仿宫殿式布局，分前殿和后宫两部分。前殿中轴线上依次为端门、雉门、午门、御书楼、崇宁殿，东西两侧配以钟鼓二楼、崇圣祠、追风伯祠、胡公祠、木

解州关帝庙端门

解州关帝庙崇宁殿正面

坊、碑亭、钟亭、官库等。后宫以"气肃千秋"牌坊为屏，春秋楼为中心，左右刀楼和印楼对称而立。崇宁殿是祀奉关羽的主殿，为清康熙五十七年（1718年）遗物。殿面阔五间，进深四间，重檐歇山顶。殿前月台宽敞，勾栏曲折。檐下额枋雕刻富丽，斗拱五踩。殿周回廊，有26根蟠龙石柱。柱上浮雕有祥云、游龙，其数量之多，国内庙宇宫殿堪称独一无二。殿内正中雕刻精致的神龛内，塑帝王装的关羽坐像。神龛前有插廊，勾栏、槅扇雕工细腻，是精巧的清式小木作。春秋楼，又名麟经阁，创建于明万历年间，清同治九年（1870年）重建。楼高23米余，面阔七间，进深六间，两层三檐歇山顶。檐柱上下两层施以回廊。檐下木雕精湛，别透有致。楼上阁形龛内塑关羽观《春秋》像。春秋楼在建筑结构上尤为突出的是"悬柱挑梁"。二层四周的檐柱，上承檐头负荷，下端雕莲瓣悬空，内有腰梁挑承，腰梁伸出檐外制成平座。负荷全部由下层大梁（楼板下的腰梁）伸出檐外挑承，精巧别

致，在建筑技术上极有创意，是中国古代建筑中的孤例。结义园位于正庙之南，由木牌坊、君子阁、三义阁、假山、莲池等建筑组成。周置水渠、小桥、遍植桃柳花卉。结义园内有一块碑，于清乾隆二十八年（1763年）由解州知州言如泗主持刻建，宽2米、高1米，碑面用白描，刻画刘关张桃园结义故事。

解州关帝庙是中国布局完整的宫殿式建筑群之一，布局严谨，规模完整，既是庙堂，又是庭院，具有相互顾盼、宾主朝揖之势，其规模之巨、建筑之精，为中国武庙之巅峰。

20世纪50年代初期，当地政府曾陆续拨款维修崇圣祠大殿、"威震华夏"石坊及24间廊房，重新绘制午门内壁画和崇宁殿彩绘。1975年起，陆续维修廊房、雉门卷棚顶、午门翼角、御书楼后檐抱厦卷棚顶、三义阁、君子亭、结义坊、后宫院围墙、"山海钟灵"等5个石坊。1978年，山西解州关帝庙文物保护管理所成立。1986年，收回"结义园"后，重修三义阁、君子亭、结义坊三大建筑。1988年1

解州关帝庙春秋楼

月13日，解州关帝庙被国务院公布为第三批全国重点文物保护单位，编号3-0130-3-078；同年对外开放。1993年3月1日，山西省人民政府划定解州关帝庙的保护范围和建设控制地带。解州关帝庙全国重点文物保护单位记录档案保存于山西省古建筑保护研究所。20世纪90年代，山西省古建筑保护研究所分两次对关帝庙中轴线建筑端门、午门、御书楼、春秋楼、崇宁殿，以及附属建筑刀楼、印楼、"山海钟灵"等牌坊进行勘测，编制维修设计方案。2006年，国家文物局批准解州关帝庙牌坊修缮方案。2011年，国家文物局批准解州关帝庙保护规划。2012年，国家文物局批准解州关帝庙全面维修。

吉林文庙 是东北地区建筑等级较高、保存较为完整的一组清代坛庙建筑群，位于吉林省吉林市昌邑区松花江北岸文庙胡同南昌路2号。

吉林建城之初尚无孔庙。据《吉林外纪》载，清乾隆元年（1736年），随着满汉文化不断交融，乾隆钦命修建永吉州文庙（吉林文庙的前身），乾隆七年（1742年）建成，是清朝在东北修建的第一座文庙。乾隆五十五年（1790年），文庙曾被火灾焚毁并重修。至光绪十九年（1893年）期间，文庙经历多次局部的维修和补葺。光绪三十二年（1906年），因原庙"殿堂卑狭，简陋不称，无以崇礼展敬"，择地于现址重建，于宣统元年（1909年）竣工。民国9～11年（1920～1922年），吉林省督军兼省长鲍贵卿主持重修文庙，重修照壁、"文武官员到此下马"石坊、棂星门、东西辕门等，清代进士、吉林提学使曹广祯书"德配天地""道冠古今"匾额悬于辕门之上。至此，具有二进院落的吉林文庙建筑群礼制布局完善、仪祀功能完备。民国14～32年（1925～1943年），吉林文庙先后经历4次不同程度的维修。

吉林文庙建筑包括第一进院落的南门、泮池、状元桥、棂星门、大成门、东辕门、西辕门、东官厅（兼做祭器库、省牲亭）、西官厅（兼做乐器库、神厨）、名宦祠、乡贤祠等共12座建筑；第二进院落的金声门、玉振门、东庑房、西庑房、大成殿、崇圣殿共6座建筑；

吉林文庙大成门

另有四周围墙和两进院之间的隔墙。建筑遗址包括位于崇圣殿西侧的看守房遗址、大成门北面东侧的燎炉遗址、西官厅南面的水井遗址，共3处。碑刻石雕5通，包括清同治十年重修文庙碑、民国11年（1922年）重修文庙碑、下马碑、大成殿月台团龙陛石、石刻栏杆构件。

南门位于文庙中轴线最南端，是在照壁上开通的券门，与照壁和南墙成为一体。南门下部为高1.3米的须弥座，当中嵌半圆形拱券门洞，宽4.2米。泮池位于南门北侧的中轴线上，平面为半圆形，栏杆为花岗岩石材。状元桥（也称泮桥）位于泮池之上，为单孔花岗岩石拱桥。棂星门位于泮池北侧的中轴线上，是三间四柱的花岗石牌坊，面阔12.6米，进深3.4米。大成门位于一进院北侧，建筑总高13.38米，面阔五间24.27米，进深二间12.19

米。屋顶为单檐歇山式，覆五样黄琉璃筒板瓦，重昂五踩斗拱。东辕门、西辕门分别位于东、西墙南段并与其连为一体，三间四柱三楼冲天柱牌楼形式，悬山屋顶覆五样黄琉璃筒板瓦。东官厅（兼做祭器库、省牲亭）、西官厅（兼做乐器库、神厨）分别位于一进院东、西面南侧，一栋建筑内包含三项功能。建筑面阔七间27.97米，前出廊，进深两间8.62米。硬山顶屋面为干槎布瓦，屋面因直椽而平直。名宦祠、乡贤祠分别位于东官厅、西官厅的北侧，面阔三间10.41米，前出廊，进深两间7.35米。

金声门、玉振门是分别位于大成门东、西侧的随墙掖门，面阔一间4.47米，进深两间3.04米。东庑房、西庑房分别位于二进院东、西两侧的大成殿南面，面阔九间29.84米、前

吉林文庙大成殿

吉林文庙崇圣殿

出廊，进深两间8.29米。

大成殿位于中轴线北侧，面阔九间、进深四间，带周围廊；台明面阔36.16米、进深16.72米、高1.20米，月台面阔32.11米、进深8.95米、高0.92米。屋顶为重檐歇山式，五样黄琉璃筒板瓦；正脊正背面圆塑九龙九凤蝠云图案。四重昂九踩斗拱的昂身和第六铺作的龙形耍头，油饰和墨线大点金旋子彩画。崇圣殿位于大成殿北面，是文庙中轴线上最后一座建筑。台明面阔七间24.55米，带前廊，进深五间14.46米；月台面阔14.80米，进深3.79米。单檐歇山顶覆五样黄琉璃瓦，正脊为镂空塑龙图案。檐下施重昂五踩斗拱，墨线大点金旋子彩画。文庙四面除南门、东辕门、西辕门共3个门外，均是围墙，东北角的消防通道门为后开。围墙南北长210.39米，东西宽67.85米，高3.55米，厚0.72米。

吉林文庙是东北地区保存最为完整的一座清代文庙，同时也是吉林省规模最大、等级最高的古建筑群，具有较高的历史、文化及艺术价值。作为清朝在东北建立的第一座文庙，吉林文庙为兴办教育、满族子弟读书求仕创造条件，推动关东地区政治、经济和文化的发展，是汉文化与东北少数民族文化融合的历史见证。

1961年，吉林市人民委员会公布吉林文庙为市级文物保护单位。1965年，对吉林文庙大成殿进行维修。1985~1990年，国家、省、市先后拨款对吉林文庙进行大规模修葺。1987年，吉林文庙被吉林省人民政府公布为省级文物保护单位。1990年，以文庙旧址为依托成立吉林市文庙博物馆，并正式对外开放。1992年，吉林省文物局印发《关于公布我省境内全国及省级文物保护单位保护范围的通知》，划定吉林文庙的保护范围和建设控制地带。

1998年，动迁吉林文庙西墙外的居民及单位，消除重大火灾隐患。2004年，对崇圣殿进行维修。2006年5月25日，吉林文庙被国务院公布为第六批全国重点文物保护单位，编号6-0502-3-205。同年，吉林市文物管理处建立吉林文庙的全国重点文物保护单位记录档案。2007年，对大成门檐柱进行抢救性维修，拆除崇圣殿附近的现代建筑。2009年，对建筑周边的现代建筑、树木、道路、憩园等设施进行系统整治。

德阳文庙 是四川省内保存完好、规模宏大、具有浓郁地方特色的文庙，素有"德阳文庙甲西川"之称。德阳文庙位于四川省德阳市文庙街。

德阳文庙始建于南宋宁宗开禧二年（1206年），年久失修塌毁。明洪武元年（1368年）迁建，经明成化、弘治、万历年间的多次修葺，建有宫墙、棂星门、戟门、大成殿、崇圣祠、东西庑、节孝祠、孝子祠、乡贤祠、名宦祠、明伦堂等建筑。明末遭兵燹。清顺治十八

德阳文庙全景图

年（1661年）重建，康熙、乾隆、嘉庆年间进行多次修建和修葺。道光二十八年（1848年）大修，至咸丰五年（1855年）竣工，奠定后世的规模和布局。

德阳文庙大成殿

德阳文庙规模宏大，保存完整，占地2万多平方米。坐北朝南，为三进四合院，以中轴线对称布局，由南向北依次为万仞宫墙（照壁）、棂星门、泮池、戟门（大成门）、大成殿、启圣殿；两侧有道冠古今坊、德配天地坊、神库、神厨、乡贤祠、名宦祠、东西庑、礼乐亭、东西御碑亭、东西配殿等。大成殿是文庙的主体建筑，坐落在文庙中院，整个建筑雄伟、庄严、华丽，是文庙庭院中建筑最高、体量最大、保存较为完好的一座古建筑。大成殿建于清道光三十年（1850年），为重檐歇山式屋顶，屋面系黄色琉璃瓦覆盖，正脊饰以飞龙，中间置宝顶。面阔七间33.97米，进深四间14.78米，通高21米。殿内塑孔子坐像1尊，两侧为四配、十二哲塑像。

文庙主体建筑基本反映四川清代的建筑和雕刻装饰风格，具有浓厚的地方特色。4个礼乐亭为双檐六角亭和双檐四方六角亭，造型各异，别具一格，在全国文庙中独一无二。棂星门造型别致，雕刻精美，是南方文庙石刻棂星门中的精品。

1983年，德阳建市初期成立文庙管理处对德阳文庙进行管理。1989年，德阳市博物馆接替文庙管理处行使管理职能。1991年4月，

被四川省人民政府公布为第三批省级文物保护单位。2001年6月25日，德阳文庙被国务院公布为第五批全国重点文物保护单位，编号5-0393-3-199。2003年，《德阳文庙修缮工程勘察报告及设计方案》获国家文物局批复。2004年，德阳市博物馆建立德阳文庙的全国重点文物保护单位记录档案。

2008年5·12汶川特大地震对德阳文庙古建筑群造成重大损失。灾害发生后，德阳文庙第一时间组织人员抢险自救，对部分受损文物建筑进行了临时加固维修。同时编制《四川省文物建筑抗震救灾抢救工程——德阳文庙》维修加固实施方案，该方案经四川省文物局批准通过，并在文庙修复加固工程中严格执行。2011年10月，《四川省德阳文庙文物保护规划》获国家文物局批准通过。2014年，四川省人民政府划定德阳文庙的保护范围和建设控制地带。

宁远文庙 是中国规模较为完整的文庙类建筑之一，曾被誉为"湘湘之最大"文庙，位于湖南省宁远县城文庙路78号。

据《宁远县志》记载，宁远文庙始建于北宋乾德三年（965年），由原泠道故城迁来宁远新县城，称学宫。明洪武二年（1369年）、

德阳文庙万仞宫墙

宁远文庙全貌

永乐十七年（1419年）、成化十一年（1475年）、嘉靖十五年（1536年）、嘉靖二十六年（1547年）数次重修。清康熙七至二十年（1668～1681年）、乾隆三十三年（1768年）两次重修。同治十二年（1873年），县人黄习溶因军功迁授四品顶戴，捐银倡修文庙，于光绪八年（1882年）竣工。

宁远文庙坐北朝南，平面呈长方形，南北长170.8米，东西宽60.2米，占地面积10282.16平方米。整个建筑分为前园、内院、后院三重院落。大成门将前园与内院分隔开，崇圣祠、明伦堂、尊经阁将内院与后院分隔开。整体采用中轴线对称式建筑布局，自南向北有照壁、泮池、棂星门、大成门、大成殿、崇圣祠等建筑，两侧有登圣坊、步贤坊、腾蛟门、起凤门、东庑、西庑、明伦堂、尊经阁等建筑。内院采用连廊将所有房屋连接在一起，后院原建有学仓、庖厨，已不存。

泮池位于前园最南边，为条石砌筑，直径33米，深2米。泮池南为照壁，东为步贤坊，西为登圣坊，北为棂星门。棂星门位于泮池北面正中，为方形四柱三门冲天式石牌坊。面阔8米，进深1.5米，高8米，榫卯结构，高镂空

圆雕木狮　　　大理石蟠龙舞凤石柱

浮雕门匾，镂空花窗。前置石狮两尊。正面石雕凤在上龙在下的图案，显示出时代特色。大成门位于棂星门北33米处，两侧分别与乡贤、名宦二祠共山墙相连。面阔17米、进深13米、高9米，台基高0.45米，三级马头硬山单檐屋面，三洞双开大门，纵向两列、横向四列柱网，前后檐廊下为高浮雕镂空蟠龙石柱各2根，高5米。前中门石柱以"双狮戏子"圆木雕为雀替。大门饰乳状门钉，山墙下有彩绘壁画及鱼龙灰塑。

大成殿位于大成门北26米，坐北朝南，建在高1.8米的平台上，重檐歇山式木结构建筑。殿面阔五间28米，进深三间20米，高18.5米，占地560平方米，四面环以3米宽走廊。柱网为横五纵六，廊柱为石制，前后廊檐石柱为高浮雕镂空龙凤石柱，东西两侧为八棱形石柱。金柱为杉木，直径0.4米；采用穿斗、抬梁混合构架，檩上铺望板，前廊卷棚天花，月梁上有木雕花卉图案装饰，檐下饰卷棚，上层檐下饰几何图纹式花窗。

崇圣祠位于大成殿后18米，坐北朝南。东西宽17米，南北长13.5米，占地229.5平方米。为前重檐后单檐式硬山建筑，台基高1.8米，殿

宁远文庙大成殿

宁远文庙石雕

宁远文庙棂星门

高13米。南北向柱网两列，东西向柱网四列，穿斗、抬梁混合构架。前檐下饰高浮雕塑云凤石柱两根，金柱为杉木圆柱，径36厘米。走廊饰卷棚式天花。两檐间饰有2米高长窗。两山下及前山墙马头下饰有灰塑、壁画。殿前有踏步8级，踏步前置圆雕石狮一对。

宁远文庙布局合理，规模宏大，建筑精美，构思巧妙，以精美的石雕著称，特别是20根整体高5米的灰色大理石龙凤石柱，采用高浮雕镂空工艺，十分精美，具有极高的艺术价值。

历史上，宁远文庙屡遭破坏、占用。民国时，先是被改为县民众教育图书馆；民国31年（1942年），湖南私立育群中学为避日寇从长沙迁宁远，占用文庙作校舍；至1951年该校迁回长沙时，文庙只剩空屋架。1954年，文庙被改作县粮食局直属仓库，后园被县简易师范占用。1954～1958年，宁远文庙由县粮食局直属仓库管理；1959～1985年，由县文化馆、图书馆、文化局等单位使用。"文化大革命"期间，文庙遭到破坏。1981年，湖南省文化厅拨款维修大成殿及崇圣祠。1983年，宁远县财政拨款为大成殿、大成门、乡贤祠、名宦祠重施

油漆。1985年3月，由新成立的宁远县文物管理所负责管理。同年，恢复登圣坊、照壁，并对社会正式开放。1989年后，占用文庙的县文化局、图书馆等陆续迁出。1993年，湖南省人民政府公布宁远文庙为省级文物保护单位。同年，湖南省文物局下拨经费，对宁远文庙进行木构件维修。1996年11月20日，宁远文庙被国务院公布为第四批全国重点文物保护单位，编号4-0179-3-101。2002年9月，湖南省人民政府启动宁远文庙环境保护工程，拆除文庙围墙西侧保护范围内的现代建筑1.2万余平方米，建为宁远文庙广场。2004年，国家文物局拨款对宁远文庙进行全面修缮。2012年4月27日，国家文物局批准《宁远文庙保护规划》，同年12月1日湖南省人民政府公布实施。2013年11月，设立宁远县文庙管理所，负责宁远文庙的保护、管理。2014年、2015年，《湖南宁远文庙石质构件保养维护方案》《全国重点文物保护单位宁远文庙防雷工程立项报告》先后获得国家文物局批复，并实施，两项工程均于2016年9月完工。2016年，宁远县文物管理局建立宁远文庙的全国重点文物保护单位记录档案。

第七节　城郭营垒

临贺故城　为西汉、东汉、宋代临贺旧城址。从西汉至民国,临贺故城曾是临贺县、临贺郡、临庆国、贺州或贺县治所所在地,是一座拥有2000多年历史的古城。临贺故城位于广西壮族自治区贺州市八步区以南18千米的贺街镇。南至浮山,东至大鸭村,北至香花村,西至沸水寺。

西汉元鼎六年(前111年)设临贺县,属苍梧郡。此后于大鸭村修筑城址,为长方形版筑土墙垣。西汉后期,临贺县县治迁往洲尾。因该地处临江和贺江汇合处,屡被水淹,至东汉早期,又将县治迁至今贺街河西街一带,仍为版筑夯土墙垣。五代南汉时,称贺州,辖临贺、封阳、桂岭、富川、冯乘各县。城址东、西、南、北面仍沿用东汉时期的夯土城垣。南

汉乾和八年(950年),南汉指挥使吴昫为守城之便,将西面城墙内缩90余米,重新夯筑土城墙630米,与南北两城墙垣相接。并于城垣外重开护城河。南宋德祐二年(1276年),郡守陈士宰重修临贺城,以东汉、五代夯土城垣为城之四垣,以青砖包砌内外,辟四门,城上砌城垛、建敌楼,城周开凿护城河。元临贺、明贺州、清贺县皆沿用宋代临贺故城旧址为县治,基本保持原有规制。明嘉靖十一年(1532年)、隆庆五年(1571年)和清乾隆四年(1739年),均做修缮,"悉仿旧址",维持原貌。清同治三年(1864年)、光绪十四年(1888年)、民国6年(1917年),多做修补。清中期后,城址向河东发展,形成故河东城区。民国21年(1932年),县长黄绍耿将东门上城垛拆毁数十丈,

河西城址护城河

临贺故城魁星楼

给临贺故城造成严重破坏。

临贺故城占地面积约10平方千米。重要遗存有大鸭村城址、洲尾城址、河西城址、河东城址、蛇头岭古墓群、蝴蝶岭墓群、寿峰墓群、香花墓群、大平岭墓群、沸水寺、浮山等。

大鸭村城址，为西汉临贺故城城址。临贺县是在临贺故城范围设立的第一个县级行政治所，城址位于今贺街镇大鸭村内，俗称旧县肚。城址地势平坦，呈长方形，四周有版筑土城垣，夯层每层厚10～70厘米，夯痕不明显。南垣中部缺口为城门。在东垣和西垣外各有一条宽10米、深2米的护城壕。

洲尾城址，为西汉晚期的临贺故城城址。"旧县肚"城址被废以后，县城转移到洲尾城址，位于贺街镇政府东南2千米临江和贺江汇合处。四周残存版筑土城垣，夯层厚15～20厘

米。东到河西城，西到贺江边呈方形，纵横约1000米。

河西城址，为东汉至清代的临贺故城城址，位于临江西岸。东汉时期，临贺再次由洲尾迁建于临江西岸的贺街镇河西街一带，其范围包括遗存临贺故城城址周围地域。东汉河西城址略呈长方形，四面为版筑夯土城墙，残高

临贺故城桂花井

3～6米，宽23～25米，夯层厚20～40厘米。东垣长840米，西垣长569米，南垣长879米，北垣西段已毁，东段残存280米。据碑记南宋德祐二年（1276年），以东汉城墙东垣及南、北两垣之东段为基础，于夯土城墙外包砌青砖。暴露于外的东汉夯土城墙又称附城，尚存西垣567米，及南垣西段，长95米。城外有东汉时期护城河。五代临贺故城城址。五代时期，临贺县始属楚，后属南汉。始临贺故城东、南、西、北面仍沿用东汉时期的夯土城墙，至南汉乾和八年（950年），南汉指挥使吴昀因守城之便，将西、北面城墙内缩90余米，重新夯筑土城墙630米，与东南两城相接，并于城垣外重开护城河。城西北外东汉时所属城区遂废。宋代临贺故城址又称主城，始于南宋德祐二年（1276年），时郡守陈士宰重修临贺城，以东汉、五代夯土城垣为城之四垣，以青砖包砌内外，城上砌城垛1074个，并于四面辟四门，建敌楼（城垛、敌楼皆毁），四周开护城河。城址呈不规则四方形，占地34万平方米，东垣长840米，南垣长784米，西垣长630米，北垣长280米，城墙残高2～4米，均宽21米，城外有五代（南汉）、宋代开凿的两重护城河，在北、西、南三面护住城池，城东临江故无护城河。元代临贺城，明清贺州、贺县城均沿用宋代临贺故城旧址，保持原有规制，无多大变化。城址内四处可见宋代城砖。城址内外存有大量的各代石刻文物及清明时期的石板街、民居、古井、宗祠、庙宇、县衙、书院等文物和古建筑。

河东城址。清中期以后，随着经济发展，城址向河东发展，形成故城的一个附属城区——河东故城。河东城址没有护城河和城墙，城区有石板街主街3条，各种富有地方特色的民居和巷子，有八圣庙、粤东会馆、魁星楼、观音楼、杉行等一批古建筑。

1986年，临贺故城内魁星楼、桂花井、浮山三处被公布为县文物保护单位。1988年，临贺故城的河西城址（主城）被公布为县文物保护单位。1991年9月，河东城区的八圣庙被公布为县文物保护单位。2001年6月25日，临贺故城被国务院公布为第五批全国重点文物保护单位，编号5-0379-3-185。2001～2004年，临贺故城河西城址东城墙及南城墙维修、文笔塔修缮等工程陆续完成。2003年，广西壮族自治区人民政府《关于印发广西农民运动讲习所旧址等20处文物保护单位保护范围和建设控制地带的通知》文件中，划定并公布临贺故城的保护范围和建设控制地带。

府州城 为五代至清时期军事要塞，是陕北保存较好的古代军事城堡之一。府州城位于陕西省府谷县城以东0.5千米的旧城石山梁上，地处陕、晋、蒙三省（区）交界处，东隔黄河与山西保德、河曲两县相望，北部和内蒙古自治区准格尔旗、伊金霍洛旗接壤，西、南与陕西省神木市毗连，黄河环绕而过，长城横贯县境北部。负山阻河，形势险峻。

史载唐设府谷镇，属麟州。五代后梁乾化元年（911年）升府谷县，为府州治；后汉初升为永安郡，乾祐元年（948年）仍设府州；后周显德元年（954年）复设永安郡。北宋初仍为府州，领府谷县；宋崇宁元年（1102年）改为靖康军，政和五年（1115年）赐郡名荣河，旋改保成军，置麟府路军马司，以太原府

府州城

府州城城门

府州城城墙遗迹

代州路铃辖领，属河东路，以其地处河西，便于控扼西夏；靖康元年（1126年）割让麟、府、丰三州予西夏。宋以降，屡易其名，但城堡一直沿用，后代多有修葺。

城平面呈曲尺形，周长2320米。城墙内夯黄土，外以石砌，高7.2米。辟东、南、西、北四大门和南、西两小门；六座大门之上设城楼（已毁圮），大南门、小西门外筑瓮城。城内原有主街两条，横贯东西，其间缀立木牌楼

6座。钟楼位于城中部，东有文庙、城隍庙、魁星楼、鼓楼，西有关帝庙、祖师坛、观音殿、二郎庙，北有元帝庙，南有南寺及城外的荣河书院、千佛洞等。遗存建筑除城墙为五代至北宋所筑外，其余均为明清遗构。

文庙位于城内东部，始建于明洪武十四年（1381年），清光绪二年（1876年）修葺。占地面积约940平方米，坐北朝南。中轴线上原有棂星门、泮池、戟门、大成殿、明伦堂及

府州城城墙遗迹

东西两庑；仅存有戟门、两庑和大成殿一进院落。戟门面阔三间，进深四椽，单檐歇山灰瓦顶；明、次间均辟门。大成殿面阔五间，进深三间，单檐歇山琉璃瓦顶，饰正吻和仙人走兽；五架梁，外檐施五踩双下昂斗拱，两山博风板上饰垂鱼、惹草；前檐明、次间辟槅扇门，梢间置槛窗；殿前带月台，设浮雕石栏杆与栏板。东西两庑，均为面阔七间，进深两椽，单檐硬山灰瓦顶。庙内存清康熙帝御书"万世师表"木匾及庙碑1通。荣河书院，位于大南门下。始建于清乾隆三十四年（1769年），因府谷历史上曾被赐郡名为荣河，故名。光绪三十二年（1906年）改称高等学堂，民国4年（1915年）易名高等小学。书院占地面积约2200平方米，坐北朝南，分上、中、下三进院落。除第一进院（下）的校舍大部被毁外，其余基本完整。建筑均为砖瓦结构，硬山灰瓦顶，辟拱形门、窗。千佛洞，位于大南门下的半山腰上。始凿年代不详，明万历年间（1573～1620年）重修，清至民国时期修葺。占地面积约500万平方米，遗存洞窟6个、祖师殿1座。洞窟外以回廊环绕，由西向东依次为：送子殿，内供观音塑像3尊；千佛殿，内

供大小塑像数百尊；古佛殿，内供一佛二菩萨；其余为僧人室、三官殿、方丈室。各窟均面阔4米，进深3～6米不等，高2～3米。其中千佛殿、古佛殿窟顶刻有花鸟、八卦藻井，三官殿窟装有镶木顶棚。祖师殿设于洞门右方民国年间建的逍遥楼上，楼身为方形，砖结构，八角攒尖顶，内供吕祖神像。

府州城地势险要，易守难攻。历史上为中原政权镇守这一方要塞达200年之久的折氏家族，世代出名将，在抗击辽（契丹）、西夏的战争中屡立战功。以折氏抗战为题材的古典戏剧如《佘（折）太君百岁挂帅》等，历演不衰，脍炙人口。

1992年4月，陕西省人民政府公布"府州古城"为第三批陕西省文物保护单位（公布时代为宋代至明代），同时公布保护范围和建设控制地带。1996年11月20日，府州城被国务院公布为第四批全国重点文物保护单位，编号4-0093-3-015。

赣州城墙 为北宋的砖构城墙遗存，是中国保存下来较长的宋代砖砌城墙，位于江西省赣州市章贡区，章江与贡江交汇地带的江畔。

赣州城始设于西汉高祖六年（前201元）。唐末五代扩建，扩建后的赣州城仍然是土城。北宋嘉祐年间（1056～1063年），用砖石把夯土城墙包砌成砖石城墙，以防水患。历经北宋、南宋、元、明、清、民国六代共900余年，历朝都投入大量人力和财力，维护或修缮城墙。明清两代，维修城墙最多，形成后世赣州城墙的主体。明正德六年（1511年）的修葺规模较大，在长6.5千米的城墙上修建63座警铺、4950余个雉堞，在百胜、

赣州城墙与城门

镇南、西津、建春、涌金5座城门上修筑城楼，整个城墙被"缮治一新"。明崇祯年间（1628～1644年），将城墙增高1米，改城墙雉堞为平垛。清代赣州城有两次大规模的修治行为。清顺治三年（1646年），清军围攻赣州城达半年，最终城破民殃，城墙破坏严重，建春、涌金、西津3座城楼均焚毁。战争结束后，对赣州城墙进行全面修缮。咸丰年间（1851～1861年），太平军在江西活动频繁，赣州形势紧张。为加强赣州城的防卫，咸丰四至十年（1854～1860年），东、南、西、北城墙陆续增修东门、南门、小南门、西门、八境台5座炮城。其他各朝为阻挡洪水和兵防，对城墙也有不断维修。民国21年（1932年），红军攻打赣州城，使用棺材炮炸塌赣州城墙的东、南段城墙，最大缺口长达60余米，但最终攻城失败，这60多米的城墙缺口作为遗址保存下来。以上两个攻防战例，足以说明赣州城墙之坚固和地势之险峻，故曾流传有"铜上杭""铁赣州"的说法。

赣州城墙原周长7300余米，1958年扩城修路时，拆去东门经南门至西门段约3650米，遗存城墙长3660米，主要为西北部和东北部西津门至东河大桥段，因防洪所需未被拆除（全部濒临章江、贡江）。南部城墙仅存拜将台（弩台）相连的一段52米。城墙高度一般为5～7米，最低在涌金门一带，高4米；最高在西北一带，高11米多。因赣州城西北高东南低，故西北段城墙至新北门，城墙高程相差4～5米。从八镜台至东河大桥段，约2000米城墙保持6～7米高，为洪水经常浸淹区。城墙原贯串有城门13座，即东门（百胜门）、南门（镇南门）、西门（西津门）、北门（朝天门）、涌金门、建春门、小南门（兴贤门），仅存有西门、北门、建春门和涌金门四门。西门保留民国原貌，建春、涌金和北门三门均为20世纪90年代以后修复。

赣州城三面临水，城墙最重要的功用是对

水灾的防御，而不仅仅是军事上的防卫。据地方志不完全统计，仅明代以来500多年，赣州城墙曾被洪水冲塌15次，洪水漫过城墙6次，可见城墙所起的防洪作用。

1983年12月，赣州城墙被公布为赣州市第一批文物保护单位，公布名称为赣州古城墙（水窗）。1987年12月，被公布为江西省文物保护单位，公布名称为赣州古城墙。20世纪80年代末，启动赣州古城墙的保护修缮工作，以章、贡两江合流处的八境台为界，修缮分东、西两段进行。1993年，江西省文物保护中心对古城墙进行勘察测绘。1994～2003年，国家文物局和赣州市人民政府连续安排资金，对其进行全面保护维修。红军攻城炸塌的69米段保留，拟做遗址保护未作处理。1996年11月20日，赣州城墙被国务院公布为第四批全国重点文物保护单位，编号为4-0105-3-027。1998年6月8日，江西省人民政府印发《关于公布我省重点文物保护单位、省级文物保护单位建设控制地带的通知》，划定公布赣州城墙保护范围和建设控制地带。2013年，国家文物局下拨国保单位保护规划专项资金，赣州城墙的保护规划尚在编制过程中。

台州府城墙　是浙江保存最完好的古代府城城墙。台州府城墙位于浙江省临海市老城区，自灵江大桥（一桥）东侧起，由巾山南麓沿江而西，过镇宁门后渐弧折而北至朝天门，然后沿大固山北上，建于危崖之上，再折而东，沿山脊至大固山东端至白云楼，又折而南，下至揽胜门，沿东湖西岸南伸至灵江江滨。

台州府城始筑于六朝。据记载，系东晋隆安四年（400年）至元兴元年（402年），郡守辛景为抵御孙恩起义军所筑。唐武德五年（622年），台州府改置于临海，贞观年间扩建大城。唐所筑之城大约在北固山的西北端一带，确切方位和规模未能详考。北宋太平兴国三年（978年），吴越钱氏归宋时，拆毁全部城墙，唐所筑之城不复存。北宋大中祥符年间

台州府兴善门与巾山

朝天门瓮城

（1008～1016年）重筑。据史料记载，重筑之城的范围、规模与唐代一致。至宋熙宁四年（1071年），知州钱暄出于排涝及防御角度考虑，移建东城，由东湖以外徙筑于东湖以内。移建后的城址，北段即东湖路，南段则为大桥路，其间亦1600余米。自此，城墙的方位和长度一直未变。元代统治者下令拆毁各地城墙，台州府城墙以其防御水患的重要功能得以幸免。此后历代均有修缮，清康熙五十一年（1712年）建瓮城。

台州府城平面基本呈方形，城墙周长实测6286.63米。保存最原始的西、南二面沿江城墙长2370米，遗存高度一般为7米、下宽9米、上宽4米。由于城区地面不断淤积，宋代城墙已有2.5米沉于地表以下。东墙1615米于1956年被拆除；北墙长2300米，系20世纪90年代在原墙基上重修而成。墙体的中心部分为夯土，属北宋初期重筑时的遗存，夯土以外层层加扩，历次修缮加固的痕迹明显，外表的一层基本皆明代之物，或以砖砌，或用石片。

台州府城墙原设城门7座：东崇和门，东南靖越门，南兴善门、镇宁门，西南丰泰门，西括苍门、朝天门。崇和门于20世纪50年代被拆，丰泰门、括苍门在历史上出于防御或防洪上的考虑被堵塞，余四门皆完好，清康熙年间建筑的四个瓮城也基本完好。城门的门洞均呈拱券状，起闭的门设在门洞中心偏内，在门的外侧做有防洪用的闸槽，门洞当中顶上开有一个长方形的天洞，城门处的墙体要比一般城墙厚，加厚的门墙成为一个长方形台体。两个瓮城呈半圆形（靖越门、兴善门），两个似半圆但略带方折（镇宁门、朝天门），其中镇宁门的折角较为明显，几乎接近方形。"马面"是古城墙用于军事防御的构造部分。台州府城墙遗存马面8个。由于台州府城墙在建造时需要考虑到防洪，在滨江的马面中，有6个建造在镇宁门以西至朝天门以南一带，与一般古城的马面形制完全不同，靠江的上游方向即迎水面或呈斜面，或呈弧面，其中2个则临江一面与江上游一面相合而成一个弧面。

台州府城墙是临海国家级历史文化名城的重要组成部分，古建筑学家罗哲文曾赞曰"江南八达岭，巍巍临海城"，在中国明清古城墙遗存中占有重要地位。台州府城墙较完整地保留了古代城墙的历史信息，其建筑形制独特，是中国古代城墙遗存中最早以砖筑城的实例之一，同时兼具军事防御和城市防洪双重功能。

台州府城墙的修建沿革在历代文献中多有记载，以宋代最为丰富，如陈耆卿《嘉定赤城志》《上丞相论台州城筑事》，苏梦龄《台州新城记》，元绛《台州杂记》，吕祖谦《台州重修城记》，王象祖《重修子城记》，陈观《筑城议》等。元代周润祖《重修捍城江岸记》，明代邢宥《重修东山阁记》，清代胡文烨《修城记》亦有记载。

1983年4月15日，台州府城墙被临海县人民政府公布为县级文物保护单位。1997年8月29日，台州府城墙被浙江省人民政府公布为第四批省级文物保护单位。1998年9月5日，浙江省人民政府印发《关于划定杭州六和塔等123处文物保护单位保护范围及建设控制地带的批复》中，划定并公布台州府城墙的保护范围和建设控制地带。2000年6月20日，临海市人民政府成立台州府城文物保护小组。2001年6月25日，台州府城墙被国务院公布为第五批全国重点文物保护单位，编号5-0304-3-110。同年8月，临海市文物保护管理所成立，负责包括台州府城墙在内的临海市域范围内各级文物保护单位的保护管理工作。2014年11月，建成台州府城墙博物馆。

肇庆古城墙 为宋代端州城城墙，位于广东省肇庆市中心区。

肇庆古城墙朝天门

肇庆古城墙东北段

肇庆古城墙上的历代城砖

肇庆有城，始于汉，城址在今城东郊。宋定康元年（1040年），包拯任端州知州三年，将州治西迁，建州衙于披云楼南侧城内。皇祐五年（1053年），知州江緫之以土构筑子城以卫州衙，仅容廨宇。元符三年（1100年）、政和三年（1113年），端州先后升格为兴庆军和兴庆府。政和三年（1113年）知州郑敦义扩筑子城，筑为砖城，周长2900多米，开四门。宋重和元年（1118年），宋徽宗赐"肇庆府"御书，兴庆府改名肇庆府。明洪武元年（1368年）首次修城，成化年间增置串楼810间，在城墙西北处重建披云楼。明清两代多有

修葺。明崇祯十四年（1641年），把城墙增高近1.17米，改建四门月城，增建城门马路。清顺治八年（1651年），在城墙上增建炮台6座、窝铺148间、水城炮台2所，拆除离城墙四尺以内的房屋，增置修葺楼堞。民国13～15年（1924～1926年）拆除城墙上的城门楼、雉角楼、文昌阁、月城炮台，除披云楼段外，局部地段的城墙也拆低约7市尺，并填塞东、西、北城门，以利防洪。

肇庆古城墙分布于东、南、西、北四面，北墙中段有朝天门，城南部有披云楼。古城墙呈长方形，周长约2800米、宽8～18米、高6.5～10米，有28个敌楼，设东、西、南、北四城门。西北段城墙上有清代铁炮2门，城墙之巅矗立披云楼。北城门（朝天门）前有民国4年（1915年）修建的防洪水闸，水闸两旁有明代月城的夯土残垣。城墙砖铭上，可见"崇宁元年""正德八年""正德九年"等历代纪年，"高要县""高明县""德庆县""广宁县""四会县""曲江县""仁化县""康州泷水县""新州""英州真阳"等

地名，"太宋国""奉圣旨善""军造""巡司造""天胡村户""龙兴吕""徐三""冼三""何""岑""伍厂"等军队或工匠的铭记。此外，还有几何图案、吉祥图案的城砖。披云楼为三层，楼高19.3米，建筑面积约300平方米。

肇庆古城墙保存有较罕见的、基本完整的宋代至清代砖砌城墙，在古代战争中曾起着重要的作用，四次成为岭南乃至大西南各地的军事指挥中心。南明永历帝在此建都抗清，由此一度成为皇城。古城墙具防洪抗灾的作用，据记载曾抵御167次超警戒水位9米以上洪水袭击。肇庆古城墙具有重大的历史、科学和文物价值。

1984年11月，肇庆古城墙被肇庆市人民政府公布为第一批市级文物保护单位。1989年6月，被广东省人民政府公布为第三批省级文物保护单位。2001年6月25日，肇庆古城墙被国务院公布为第五批全国重点文物保护单位，编号5-0375-3-181。1986年7月至1988年10月，修葺西北段城墙路面，在城墙上西北隅原披云楼处重建披云楼，同时成立披云楼管理办公室，负责对古城墙和披云楼的保护和对外开放工作。1989年，肇庆古城墙西北段经修缮后开放。1994年，广东省人民政府划定公布肇庆古城墙的保护范围和建设控制地带。同年8月，肇庆市博物馆建立古城墙全国重点文物保护单位记录档案并负责保管。1999年编制《肇庆历史文化名城保护规划》，2001年广东省政府批复实施。2006年设立肇庆古城墙管理处，负责古城墙的管理和保护。2006～2016年，先后对古城墙及披云楼进行抢修。2015年，重新修编

《肇庆历史文化名城保护规划》，修订《肇庆府城保护与复兴修建性详细规划》。

亳州古地道　是宋元时期的地下防御性军用设施。古地道位于安徽省亳州市谯城区老城区内。地道布局和亳州老城布局相似，以老城最高点大隅首为中心向四门延伸，分布在主要街道两侧地下及州署街两侧地下，东西长约1420米，南北长约1400米。

亳州古地道最早发现于民国19年（1930年）。民国27年（1938年），日军轰炸亳州，城里群众挖防空洞藏身，多次挖到古地道遗迹，古地道的大体面貌始为人知。古地道南北东西相通，但具体情况不明。1956年夏，在扒北城墙开一条东西向街（和平路）时，在北门瓮城土城墙内挖出一个砖砌洞门，一人多高，内有砖台阶，前行约10米，向南仍有台阶而下，但被土淤塞，应是古地道北出口，后被扒掉填平。1969～1973年，先后于老城内南北、东西主干道和一些支干道两侧挖出2000多米长

古地道入口

古地道单道

运兵道上下道

的古地道。古地道有深道、浅道、上下道、并行双道等。按分布有主干道和分道。主干道分4段，分别是人民北路路西南北道，中间挖通约250米，即曹巷口向南向北段；南门大街段，路西南北道，挖通约500米；东门大街路南（大隅首向东），约600米，西段发现双道和大隅首相通；西门大街段路南（大隅首向西），为并行双道，约400多米。分道有大隅首东西短道、老衙门院内东西道、老衙门街口南北道、东门大街路北东西道等。

亳州古地道因史书没有记载，始建年代不详，根据遗存建筑材料和大部分出土遗物判断，应为宋元时期。但不排除始建年代在宋之前，早期地道受条件限制应为土道或土木道，后代在利用的基础上改造为砖道，形式多而结构复杂。

亳州古地道全长约4000多米，贯通四门，在老城区最高点大隅首地下交汇，地道指挥中心也建于此。地道结构有土木、砖土、砖3种单层结构和上下双层道4种类型。土木结构。

即先挖好土道然后每隔1米左右用直径10厘米左右的木头做成门形木支护框架，再于横梁上铺衬木板。也有一些地方不支立柱，直接在地道的顶部镶架一些木棍枋顶。因年代久远，木质梁柱均已腐朽。砖土结构。利用原来土道壁用砖作部分简单的修整，或顶用砖发券，下部仍为土墙；或立砖柱加固木桩支撑。砖结构，即地道的壁及顶全部用砖砌筑。砖质地道均为砖拱券顶，有齐口和咬口两种砌法。券顶每隔一段距离留有通气孔，直通地面。墙壁1米高处，隔一段距离设有方形龛洞，供放油灯用。地道双道相隔2.5米，有砖砌长方形小洞，可以通话。以上三种均为单层结构。上下双层道在大隅首交叉口处，道总高3米有余。上层券顶较矮，高1.14～1.65米，下层高2米左右。地道内铺有地砖，多数尚存，便于在潮湿地道内行走。古地道具有较强的军事功能，它跌宕起伏，内设阶梯，给不熟悉地道结构的人设置障碍，造成心理恐惧。有的转弯处，筑有障碍墙，墙高1.65米，下宽上窄，使地道宽度降低到人仅能侧身通过。地道内设有猫耳洞、绊腿板、陷阱等机关，增强地道本身的防御功能。地道距地面深度不一，浅道道顶有的距地面不到2米，深的达到5米多。地道布局和亳州老城布局相似，均为"T"形，未见"十"字通道。地道内发现遗物多为唐宋时期，有瓷碗、盘、弹丸、衔枚、铁刀、围棋子、钱币等，其中在大隅首南深道发现汉代五铢钱。

亳州古地道是已发现的中国最完整、历史最早的地下军用设施，结构复杂多样、设施齐全，总体布局体现出古代作战的布阵理念，是出其不意、以少胜多、有效打击敌人的最佳方式。古地道为研究中国古代的军用设施和作战方式提供翔实的资料。

1971年，中国军事科学研究院专家殷之书带队到亳州考察，在给中央军委的报告中确认古地道是军用设施。1973年，安徽省委第一书记兼省革委会主任李德生指示成立省三级政府地三级政府县组成的古地道考察领导小组。同年3月21日，由殷涤非等6人对古地道进行科学发掘，开探深坑两处，历时两月有余，拍摄17分钟的纪录片，详细记录发掘内容和过程。纪录片保存于安徽省电影制片厂。20世纪80年代后期以来，安徽省文物局和地方政府多次拨款，由亳州博物馆、文物管理所（处）等先后对大隅首地下、向东和向西大街的古地道进行疏通、维修加固。1986年7月，亳州古地道被安徽省人民政府公布为第二批省级文物保护单位。1992年6月，经安徽省人民政府批准，安徽省文物事业管理局、安徽省城乡建设环境保护厅印发《关于公布安徽省第一、二、三批省级文物保护单位的保护范围及建设控制地带的通知》，划定公布亳州古地道保护范围，因古地道处于老城街道地下，未划定建设控制地带。2001年6月25日，亳州古地道被国务院公布为第五批为全国重点文物保护单位，编号5-0315-3-121。2004年，完善古地道的全国重点文物保护单位记录档案。2009年后，古地道交亳州市文化旅游公司经营管理，亳州市文物管理处负责古地道的保护、监管职责。

白崖寨 是元至清代大别山南麓地区的军事古寨堡。白崖寨位于安徽省宿松县趾凤乡境内的白崖山上。距宿松县城29千米，东北与太湖县诸山相接，西南有严巷山叫雨尖为前屏。周围山峦起伏，地势险要。

白崖寨因坐落在白崖山，故名。始建于元末，明、清相继维修。据清道光《宿松县志》载："元天历三年（1330年），蒙人南下中原，战祸频仍，民不聊生，元末义士吴仕杰率众垒寨御寇，依东峰、西峰、北岭各以为营，间列市肆。"明末，"庠生徐行献山扩城，作民保障，活人无算，都宪史公嘉之"。清光绪七年（1882年）《徐氏续修宗谱》卷二，曾制图标其概貌。清光绪庚子年间（1900年），八

山门

白崖寨城墙

攀龙门

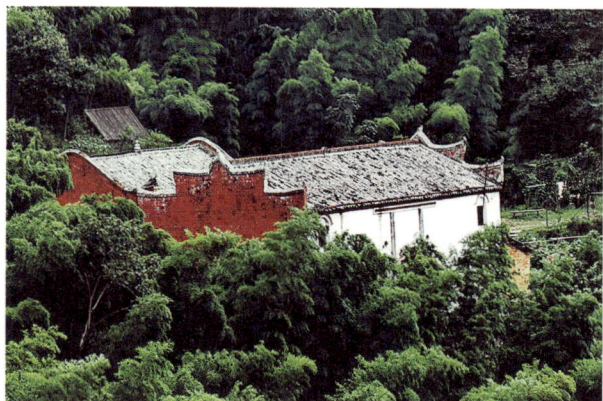

关帝庙（红二十七军指挥部驻地旧址）

国联军入侵，刑部主事贺颀、工部主事贺欣兄弟归乡，仿效吴仕杰、徐行重修寨城，为扩充寨城，使之能容万人之众，在寨城东、北、南三面修造石城。城门有五座，南曰听雨、北曰乘风、东曰朝九、西南曰攀龙、西北曰百花。清光绪二十八年（1902年）六月告成。寨城历经风雨剥蚀，保存基本完好。

白崖寨寨墙全部用大片石垒砌，环绕东峰、西峰、西阳尖、雁恋坡、大印坡五座山峰，顺山脉定向或沿山腰而筑，或扎屏峭壁，逶迤起伏，曲折蛇行。寨墙每隔一段便有一座简易的城堞，险要地段的墙堞为双层。有辅道，全寨墙用块石、片石精心砌成，十分坚固。寨内分设点将台、跑马埂、练兵场。寨墙总长4296米，高2.8～6米，厚0.8～1.1米，寨内山林、土地面积5093余万平方米。白崖寨存有攀龙、听雨、朝九三门，百花和乘风门为遗址。门楼皆用大石条垒砌，半月形拱券顶，高10余米、宽8米、厚5米。顶部安有炮口，发射枪炮，兼供瞭望之用。门头上嵌有镌刻着门名、题款年月的碑石。攀龙门外的山泽冲是进入白崖寨的主要通道之一，西侧峭壁悬崖，林木葱茏，登四百级石阶蜿蜒而上，有"一夫当关，万夫莫开"之势。寨城内有元寨

养英山庄

墙、明寨墙基址及寨墙。保存较完整的是清寨
墙。险要地段设寨墙堞呈双层，有辅道，全寨
墙用块石、片石精心砌成，十分坚固。白崖寨
居高临下，寨内既可屯兵操练，又有大片田地
可供耕作。寨内先后建有关帝庙、魁星阁、史
公祠等寺庙古刹，惜已圮毁。九曲居大部分毁
于"文化大革命"期间，只存有三重，破旧不
堪。听雨门门外右侧，有白崖寨创始人吴仕杰
（1300～1364年）及其父亲的墓葬。西峰峭壁
上有"最上一乘"石刻，传为明兵部尚书史可
法（1601～1645年）所题，后人称之为纪功
石。东营峰上有"凤卧龙栖"石刻1方，为贺
欣之孙贺仲祁题写。在百花门内的西峰一带，
有史公祠、惜字亭、化字池、旗杆坡、点将
台、跑马埂等古遗址。存有化字池、夹杆石。
山寨下有养英山庄和贺家老屋，坐落在白崖山
南麓。贺家老屋建于清代中期，共三重30间，
为贺顾、贺欣的出生地。养英山庄系贺欣之子
贺廷桂于民国4年（1915年）所建，正屋共四
重36间，厢房26间，大门上有"养英山庄"石
刻横额。整个建筑保存完好。

　　白崖寨地处控扼太湖至宿松，宿松至黄梅

观凤楼

之通衢，地势险要，易守难攻，故为历代兵家
必争之要塞。元至正二十三年（1363年），朱
元璋同陈友谅在安庆至九江一带进行拉锯战，
曾在此练兵打仗。明崇祯十年（1637年），史
可法曾踞寨与张献忠起义军作战。清咸丰三年
（1853年），清军曾据寨抵抗太平军。民国21
年（1932年）9月，红二十七军军长刘士奇、
政委郭述申、师长徐海东率部据寨与国民党军
陈调元部四十六师在此激战，歼敌一个团，战
后红二十七军在白崖寨召开庆功大会，并成立
蕲、宿、太工作委员会，百花石旁犹存4座无
名红军烈士墓。

　　白崖寨作为中国历史留下的寨堡文化和

军事文化遗存，见证了朝代的更替和各个历史时期国家的兴衰与荣辱。白崖寨历史悠久，雄伟幽奇，规模宏大，保存完好，具有突出的地方建筑特色和历史价值，被誉为"南国小长城""中国的古堡"。

1983年11月，白崖寨被宿松县人民政府公布为第一批县级文物保护单位。1984年，宿松县成立了白崖寨保护小组。1986年7月3日，白崖寨被安徽省政府公布为第二批省级文物保护单位。1992年6月，安徽省文物事业管理局、安徽省城乡建设环境保护厅印发《关于公布安徽省第一、二、三批省级文物保护单位的保护范围及建设控制地带的通知》，划定并公布白崖寨的保护范围和建设控制地带。2001年6月25日，白崖寨被国务院公布为第五批全国重点文物保护单位，编号5-0316-3-122。2006年，白崖寨建立全国重点文物保护单位记录档案，

存于宿松县文物管理局。2007年7月，白崖寨文物管理所成立，负责白崖寨的日常保护管理工作。

荆州城墙　是中国南方明清时期府城级古城墙，是冷兵器时代一处大型的军事防御工事和古代城垣城楼建筑，兼具防洪功能。荆州城墙位于湖北省荆州市荆州区，地处长江中游北岸、江汉平原西南部。

荆州城墙始建于三国时期，当时蜀将关羽所筑为土城。五代后梁乾化二年（912年）南平王高季兴动用十数万人，将城外25千米内的墓冢平毁取砖以筑城。城墙两次考古发掘均发现五代时期的砖城垣，证实此时期的砖垣为东汉至隋唐时期的墓砖，且多为半头砖，砖垣之上为碎砖与黏土混合夯筑的砖土混合墙。北宋靖康年间，城墙遭战火焚毁。南宋淳熙年间，安抚使赵雄奏请重修，于南宋淳熙十二年

荆州城墙寅宾门宾阳楼及瓮城

（1185年）9月动工，次年7月竣工，共建砖城周长10.5千米，城墙上营建敌楼，战屋一千余间。元代中叶城墙被毁。明洪武六年（1373年）复修，明末又毁，清顺治三年（1646年）依旧基复建，保存明代风格。乾隆五十三年（1788年），万城堤溃口，城墙部分被毁，次年补筑加固。据史书记载，清代对荆州城垣修缮共17次，基本保存明代荆州城的形制。民国24年（1935年）7月5日，荆江大堤溃口，洪水围城，大北门东侧城墙坍塌近24米，西门北侧城墙坍塌33余米。洪水过后进行过维修，城墙上民国25年（1936年）铭文砖即为佐证。

根据文献记载与考古资料，荆州城墙的兴建与变迁分为6个时期。第一期为东汉至西晋，迄今发掘出的最早的三国至西晋的土城墙，已埋入现城墙下3米多深，此时期的土城垣顶部宽度达10余米。第二期为东晋至隋唐。清光绪《荆州府志城池》记载，荆州城"隋唐修建无考"。南城垣东端考古发掘出在六朝墙体之上有一层隋唐时期的夯土堆积，说明在隋唐时期，荆州城墙进行过加固维修。第三期为五代至北宋。荆州城垣两处发掘出的五代砖墙均高1.1米，宽0.9米，在砖墙之上均有砖土混合夯筑墙，所用砌砖均为东汉至隋唐墓砖，与文献记载挖墓取砖相符。下部砖墙与上部砖土混合夯筑墙合为一体。第四期为南宋至元末。文献明确记载南宋时期修砖城1万多米，南城垣东端发掘出的宋代砖墙仍为小砖垒砌（疑为墓砖），未见宋代城墙砖。第五期为元末至明末。南城垣东端考古发掘出土的明代砖墙基是建在宋代旧基之上的，明代砖墙内紧贴宋代砖墙，其土垣部分也只是局部加高。第六期为清代。考古发掘和《江陵县志》记载，清代对荆州城墙有过多次大的维修。多次考古发掘证实，荆州城墙各个时期位置小有变动，移位距离仅在50米范围内；早期为土城垣，五代始为砖土混垣，明代始砖墙为主、内衬土垣为辅；早期城墙深埋在晚期城墙之下；土城垣地上部

荆州城墙拱极门朝宗楼

荆州城墙土城垣

荆州城墙公安门（水门）

分时代多为五代和宋、明时期，地下部分为六朝至隋、唐时期；三国至五代筑城用土多为居民生活用土，包含物丰富；宋、明时期土垣用土为掘濠取土，土质黏，包含物少；各时期土垣都经夯筑，三国至五代为圆木夯，宋、明、清为方石夯；五代和南宋时期筑城均先加宽墙基，后筑墙体，明、清时期只依旧基修建。三国至清历代城墙遗迹的出土，证实"荆州城墙是中国延续时间最长、跨越朝代最多、由土城发展演变为以砖城为主、土城为辅的唯一古城墙"。荆州城墙是中国保存最为完整的一座明代府城墙之一。

荆州城墙平面呈不规则长方形，东西3.75千米、南北1.2千米。城垣周长11.28千米、高8～9米。条石垒基、青砖筑城垣，内侧有底宽10～20米的夯土城垣，城垣外围环绕宽10～120米的护城河，分别俗称砖城、土城、水城。城墙底宽11.5～21.5米，顶部设青砖墁铺人行道，宽3～5米，外壁砖墙高出顶面1.3～1.5米，城垣剖面呈梯形，外建蝶垛4567个，高出人行道1.63米，炮台25座，其中藏兵洞5座。城东垣、北垣各设2门，南垣、西垣各设1门，均设瓮城。6座城门均建城台城楼，设有城垛、马道，城台上建城楼，东为宾阳楼、

楚望楼，南为望江楼，西为九阳楼，北为朝宗楼、景龙楼。6座瓮城平面形状各异，为不规则正方形或长方形或椭圆形。

1956年11月15日，荆州城墙被湖北省人民政府公布为湖北省文物保护单位。1984年，江陵县文物局正式设立荆州城文物保护管理所。1996年11月20日，荆州城墙被国务院公布为第四批全国重点文物保护单位，编号4-0150-3-072。2009年，湖北省人民政府印发《关于公布荆州城墙等9处全国重点文物保护单位保护规划的批复》，公布荆州城墙的保护范围和建设控制地带。1978～2009年，对荆州城墙共修缮38次，其中较大的修缮19次，累计修缮城墙6323.85米，人行道墁铺15546.69平方米，土城垣回填17706.02立方米，修补城墙2322.78平方米，砖城墙面砍树17985.39平方米。2014年，荆州城墙由荆州博物馆管理。荆州城墙建立有全国重点文物保护单位记录档案，由荆州博物馆档案室保管。

襄阳城墙 为明清时期襄阳府城的城墙，位于湖北省襄阳市襄城区汉水南岸。

襄阳城为鄂西北著名的军事重镇，南跨汉沔，北接京洛，地处南北要冲。始建于汉，为汉末荆州牧刘表的治所。原为土城，宋代改为

襄阳大北门券门

砖城，并筑瓮城。元末城垣大部被毁，明洪武
初年，湖广行省平章邓愈依旧址复建，四角设
角楼。明正德、嘉靖、隆庆和清顺治各代均重
修、扩修。

襄阳城墙为明代初年砖筑，城楼为清代
重建。平面略呈方形，城上设有城堞，城墙最
低处7米，最高处11米；城周长7331米，其中
有护壁砖墙6408米，夯土筑墙680米，残毁243
米。原有阳春、文昌、西成、拱宸、震华、临
汉六座城门及门楼，仅存临汉门城楼、拱宸
门瓮城及震华门瓮城。东、西、南三面有宽
180～250米、深4～8米的护城河与北边汉水相

接，形成中国南方古城池中最大的护城河。

城西北角筑有子城夫人城，为东晋太元
三年（378年）中郎将、梁州刺史朱序母韩夫
人率众所筑，明代初年及以后多次扩建。夫人
城平面呈长方形，稍向外突出，东与襄阳城墙
相连。南、西、北墙分别长21.7米、29.2米、
19.2米，高约11米，厚约18米，内以土夯筑，
外砌大城砖。北墙上嵌石匾，镌"夫人城"三
字，下嵌碑数方，刻有"襄郡益民胜迹夫人城
为最"等字样。大北门瓮城，残高6米、内宽
22.8米、深10.75米，东、西、南三面有券洞
门，东西两面门洞设有两道防水闸门，瓮城北

襄阳小北门城楼南面

襄阳古城东南角台

临汉水，无洞门，它实际上是一道坚固的防水堤，当出现水患时，瓮城可关闸封闭。长门瓮城在城的东北角，总面积4000平方米。其北墙临汉水无门洞，南墙在修焦枝铁路时被推平，遗存台高7米，瓮城深25.5米，残宽34.5米，长门洞长34.4米，长门箭楼洞长12米。长门瓮城也可以封闭。东墙敌台有2座，均突出墙体7米。东南角台向南伸出，东西长8.4米，南北宽11.7米，上有重建的仲宣楼。

襄阳城墙是以大江为屏障且具有御敌和防洪双重功能的古城墙。襄阳城是护城河最宽的古城，以宽阔的滔滔江水作为天然护城河，并在城门里巧妙地安装一道两合式铁叶门和一道水闸门用以防洪，不仅增强御敌功能，也使襄阳城免遭数百次洪水灾害，这在南京、武汉、荆州、宜宾等众多的临江古城中独树一帜。襄阳城是唯一在护城河中建子城的古城。由于护城河太宽，古襄阳人在东、西、南三个城门正前方的水域中央修建3座四面环水的子城，面积约300平方米，呈"中"字形，架设2～3座吊桥，与两岸相通，开启自如，用以屯兵御敌，增强古城防御能力，在世界古城中独一无二。襄阳城是唯一建城外城的古城。襄阳城西

古襄阳夫人城

北角汉江与护城河交界处的一片陆地，是古城防御最薄弱的地方，而"夫人城"这座城外城增大了防御面。

1956年11月15日，襄阳城、夫人城，被湖北省人民委员会公布为第一批湖北省文物保护单位。自1977年始，文物部门对襄阳城墙进行多次维修。2001年6月25日，襄阳城、夫人城被国务院公布为第五批全国重点文物保护单位，名称"襄阳城墙"，编号为5-0361-3-167。2003年11月，襄阳城墙由襄阳市文物局管理。2015年，湖北省人民政府办公厅印发通知，公布襄阳城墙的保护范围和建设控制地带。2016年以来，襄阳城墙由古城管委会负责管理和维护。建立了襄阳城墙全国重点文物保护单位记录档案，存于襄阳市文物管理处。

西安城墙 在唐长安城皇城和元奉元城基础上修筑而成的明代城防设施是中国封建社会后期典型的、也是中国遗存最完整的古城垣之一。西安城墙位于陕西省西安市中心区域，地处秦岭北麓，渭水南岸。

唐末长安城屡遭破坏。唐天祐元年（904年）改筑皇城，封闭皇城南、西、东面的朱雀、安福、延喜三门以便防守。历经五代到宋、金两代，城的名称和建制虽屡有变换，城垣规模尚无改变。元代沿用，改称"奉元城"，为元帝国的西北重镇。明洪武二年（1369年）徐达占领奉元城后不久，明朝改陕西行省为陕西布政使司，辖境为元陕西、甘肃（甘肃嘉峪关以东部分）两行省之地；改奉元路为西安府，"西安"称谓一直沿用至今。

明西安城墙重修工程于明洪武三年（1370年）开工，至洪武十一年（1378年）竣工。除

西安古城东城墙

西、南两面依"奉元城"旧墙外，东、北两面向外各扩展三分之一左右。初为夯土城墙。城墙四面各辟一门：东名"长乐"，西名"安定"，南名"永宁"，北名"安远"。隆庆年间首次甓砖，崇祯九年（1636年）增设四关郭城。清代修葺12次，尤以乾隆四十六年（1781年）陕西巡抚毕沅主持的工程规模最大。整修时，将城墙外壁及顶面增砌、加厚包砖，并增修排水道和女墙、垛口等，形成后世一村外观。

西安城墙平面呈长方形，东西4256米，南北2708米，外缘周长13.93千米，城垣面积11.52平方千米。城墙高12米，基宽16～18米，顶宽12～14米；里层明代包砖，一般长38厘米、宽18厘米、厚5厘米；外层清代包砖，长45厘米，宽23厘米，厚10厘米。墙顶面以二至三层青砖铺设海墁，每隔40～60米设一砖砌溜水槽和吐水嘴；墙顶内沿筑0.85米高的女墙，外沿辟垛口5984个。城内除四门楼左侧

各有一登城马道外，沿城另有6处马道。城墙外壁四周设马面98座，间距120米，马面宽20米，伸出11米。城四隅各筑有一个突出城墙的角台（楼），除西南角台保持元代建制为圆形外，余均为方形。城外环护城河，河长14.6千米、宽18米、深6米，与城墙、城门组成三位一体的城防建筑体系。清代起，城墙四周陆续辟券门、豁口共16处。4座城门对内贯通，东、西、南、北四街，对外为主体护卫设施。

西安古城东门箭楼和城楼

西安古城北门箭楼

西安古城南门城楼

因设瓮城、月城，纵列正楼、箭楼、闸楼，成为三楼二重城形制。闸楼及月城于民国初年拆除，北门正楼和南门箭楼各于宣统三年（1911年）和民国15年（1926年）焚毁。尚存正楼、箭楼6座，分别为南门（永宁门）正楼，西门（安定门）正楼、箭楼，北门（安远门）箭楼，东门（长乐门）正楼、箭楼。瓮城为方形，东门和西门瓮城各有四门；南门瓮城有三门（无南门）；北门瓮城有南、北二门。城门正楼左侧各有一处登城马道，长约100米、宽

西安古城北门

约6米。1991年于南门瓮城外重修有月城、闸楼及吊桥。2013年重建有南门箭楼。

正楼，俗谓城楼，尚存东、西、南3座，形制基本相同，均为二层重楼。以西门正楼为例，通面阔七间43.2米，进深二间19.2米，高36米；周围廊，重檐三滴水歇山顶；通檐用七架梁，前后带单步梁；檐下及平座均施斗拱，底层与平座斗拱均为三踩单下昂，顶层斗拱为五踩双下昂。楼壁厚约2米，内设木楼板、楼梯供上下使用。楼下部辟砖券门洞，高9米，宽6米，进深35米。箭楼，为瓮城主体防御设施。尚存东、西、北3座，形制基本相同，矗立瓮城外端墙上正中，以青砖为主结构。以西门箭楼为例，通面阔十一间53米，进深二间16.3米，高33.4米。外侧单檐歇山顶，内侧三滴水带檐廊，屋面覆青灰色筒板瓦。构架为檐柱直接承托梁架，中柱则直接通至三架梁下，而不直抵脊檩；中柱前后使用短梁与檐柱相交，仅明间两缝施通檐七架梁。楼内设四层，上下置木楼梯，供守城士兵登临箭窗。楼正面分设四层箭窗，每层12孔（明间2孔），共48孔；两侧面各三层，每层3孔，共18孔。内侧三层檐与平座下均施斗拱，底中层檐下斗拱为

斗口跳，平座斗拱为三踩单翘，顶层斗拱为单翘单昂。内壁枋柱残留有彩画。楼下辟砖券门洞，高、宽各6米，进深19.5米。

西安城墙除东、西、南、北四座主城门外，沿城还辟有朱雀门、含光门、玉祥门、勿幕门、中山门、解放门、尚武门、尚德门、尚俭门、尚勤门、朝阳门、建国门、和平门、文昌门等。朱雀门，原为唐长安皇城正南门，唐末改筑时被封闭。1985年修复城墙时，发掘出包裹在明城墙内的朱雀门遗址，暴露有大理石质的城门柱础和刻有蔓草花纹的青石门槛。1986年于遗址西侧新辟朱雀门。含光门，原是唐长安皇城南面的偏西门，辟有三个门洞。唐末改筑时封闭中门洞和西门洞，保留东门洞；北宋以后全部封闭。1984年整修城墙时，发掘出含光门遗址，发现花岗石制作的柱础、刻花的门槛门道。后于遗址东西两侧新辟城门券洞，并对遗址作框架结构保护，外甃青砖，使外观与城墙一致。玉祥门，民国17年（1928年）于西城墙豁口处修建。民国15年（1926年），军阀刘镇华围城达8月之久，城内守军和民众冻饿战死4万余人，冯玉祥率国民联军击溃刘镇华，西安得以解围。民国17年（1928年）在战火摧毁的城墙豁口处修建此门，以纪念冯玉祥率部由该豁口处入城、解围西安的历史功绩。勿幕门，俗称小南门，开通于民国28年（1939年）。民国36年（1947年）改名勿幕门，以纪念辛亥革命先驱、在民国6年（1917年）护法运动中牺牲的同盟会会员井勿幕。解放门，原为民国时期辟建的中正门，1949年7月12日更名解放门。1952年因扩建火车站广场而拆除，成为西安城墙一处豁口。

1961年3月4日，西安城墙被国务院公布为第一批全国重点文物保护单位，编号1-0104-3-057。1983~1991年，国家财政部、陕西省和西安市人民政府投资对城墙进行全面整修，除补葺墙砖、维修城门楼和四角墩台外，复原魁星楼1座、敌楼10座，沿护城河建起环城公园。1992年4月，陕西省人民政府公布西安城墙的保护范围和建设控制地带。2005年，重新连接解放门豁口，使西安城墙全线贯通。2009年11月，《西安城墙保护条例》颁布实施。

平遥城墙 是明清时期平遥县城的城墙，位于山西省平遥县境内。

平遥古城较为完好地保留着明清时期县城的风貌。据史料记载，城始建于西周。明洪武三年（1370年），为防御外族武装南扰，在旧有的夯土城垣的基础上扩建重筑城墙，逐步完善为砖石城墙，后经明正德、嘉靖、万历及清康熙、道光、光绪诸代多次修建、补筑，自明初至清末的500余年间，或因自然灾害，或为

抵御外患，或为对付农民武装起义，城墙曾经过26次的补筑修缮，形成遗存规制。

平遥古城墙呈方形，南向，偏东15°，城池总面积2.25平方千米，按照"因地制宜、用险制塞"的原则和"龟前戏水，山水朝阳，城之修建，依此为胜"的传说，南城墙随中都河蜿蜒而筑，缩如龟状，故又有"乌龟城"之称，其余三面直列砌筑。城墙周长6162.7米：其中北墙1476.05米，西墙1494.35米，南墙1713.80米，东墙1474.48米。墙高10米，底宽8~12米，顶宽3~6米。城壕"深广各一丈"，"复掘堑深阔三丈"。城墙之内以素土夯筑，外墙青砖砌筑。外檐墙根砖砌散水。墙头砌垛口墙，高2米，垛口宽0.35米，每垛有瞭望孔。内檐墙头砌女儿墙。墙顶青砖海墁，散水于女儿墙根水口，通过砖砌水槽，排往城内"马道"。城门六道，东、西各二，南、北各一，门洞拱券式，上建重檐歇山顶城楼，门外建重门瓮城。东西瓮城之重门皆向南（唯

平遥城墙迎薰门外景

平遥城墙拱极门城楼

平遥城墙北城墙

下东门之重门向东）。城墙四隅筑平台，其上建有角楼。城墙外檐，每隔40～100米，附马面一座，上建敌楼。墙头敌楼共计71座，连同城东南隅之魁星楼共72座。三千垛口，七十二敌楼，寓意孔子三千弟子七十二贤人。东墙中段，置尹吉甫点将台，清代中叶，"高真庙"建其上。城墙外四周，筑护城壕，六门外原设有吊桥。沿河植槐柳。

平遥古城墙不仅是研究中国汉民族地区城市建筑艺术的宝贵资料，也是研究中国古代军事防御体系的活标本。城墙及城门的若干建筑设置，皆出于军事防御的需要。重门瓮城避免来犯者窥视城内动向的可能性，创造了守城士兵与来犯之敌迂回的条件。城楼，首先造成一座城池的威严仪表，同时又是城池的制高点，宜瞭望，更具箭楼及后期炮台的功能，敌楼下设的马面，墙头大小楼台的设置，可以储存军械，驻守兵丁。垛口墙的高度，超过了人与马的高度，故名挡马墙。平遥城墙在冷兵器时代，原本为夯土城垣，随着社会发展，逐步改建为砖石城垣，以适应火药在战争中应用的新形势。

抗日战争期间，平遥城墙始遭人为破坏，

6座城楼拆毁，在旧址上建起碉堡，四角楼拆除，夷为平地，72座敌楼残存3座。全城半数以上的马面里外挖通，筑成射击孔洞。下西门瓮城拆改成直线状，昔日关郭俱废。古城原貌深遭破坏。

1965年5月24日，平遥城墙被山西省人民委员会公布为省级文物保护单位。1964～1973年，先后改直上西门瓮城，拆除下西门门洞，新辟东、南、北门4处。1969年，在城墙下滥筑防空洞，导致1977年特大洪水冲击后的大量塌方，墙身坍塌计34处之多，合计坍塌长度950米。1978年，拆断北墙15米墙体，下筑排水道。截至1979年初，城墙丢失土方59905.68立方米，青砖16510.56立方米（其中大砖2845811块，中砖451120块，敌楼砖尚不包括在内）。1979年开始，国家文物事业管理局对平遥城墙实施全面保护工程，并陆续拨款逐段维修。直到1993年，城墙墙体全部复原如故，复原71座敌楼及魁星楼，上东门、下东门、下西门等3座瓮城均恢复原状。在各瓮城两旁新辟便门，有效保护瓮城建筑，以利交通。全城新开便门计8道，平遥城墙第一期工程基本告竣。1987年，平遥城墙对外开放，由平遥县文物管理所管理。1988年1月13日，平遥城墙被国务院公布为第三批全国重点文物保护单位，编号3-0060-3-008。1997年，平遥城墙作为平遥古城的重要部分，被联合国教科文组织列为世界文化遗产。2002年，成立平遥城墙管理处，隶属于平遥县文物局。同年8月27日，山西省人民政府印发《关于公布太原晋阳古城遗址等102处全国重点文物保护单位保护范围的通知》，公布平遥城墙的保护范围和建设控制地带。平遥城墙建立有全国重点文物保护单位记录档案，保存于山西省古建筑保护研究所。

蓬莱水城及蓬莱阁　是中国遗存最完整的水城遗存。蓬莱水城地处山东半岛的最北端，与辽东半岛隔海相望，西北面有丹崖山与田横山，西南部为紫荆山，南为庙山，东面为画河，北临大海，是重要的交通要道和军事重地，地理位置十分险要。蓬莱阁古建筑群坐落于水城内西北角的丹崖山上。

据《登州府志》记载，宋庆历二年（1042年），为备御契丹入侵，建起刀鱼寨，长驻水兵三百，戍守海防。明洪武九年（1376年），为防倭患，环刀鱼寨驻土城墙，修建水城，名备倭城，驻重兵防守。万历二十四年（1596年），总兵李承勋在水城土城墙外包砌砖石加固城墙，增筑敌台。崇祯九年（1636年），登州太守陈钟盛，主修水城城垣。清顺治十六年（1659年），在水门口增置铁栅门。后经乾隆、道光、同治、光绪等历代修缮。

蓬莱水城是南宽北窄的长方形古代城池，为保护海港安全而修筑。城墙南宽北窄，呈不规则长方形，东城墙长720米、西城墙长850米、南城墙长370米、北城墙长300米，周长约2200米，墙底宽12米、顶宽8米，高度因地势相差悬殊。北城墙临崖修建，只建矮小城垛墙，保存状况良好。东、南两面墙体较高，高7米左右，用土分层夯打，夯层厚0.3～0.4米，内外墙皮均用砖石包砌。由于后世修补等

蓬莱水城及蓬莱阁

蓬莱古城振扬门

蓬莱古城关门口

蓬莱古城平浪台

原因，砖石砌得很不规则，一般下部砌石，上部砌砖，砌石高约1.7米。城墙垛有外垛墙，垛墙厚0.56米，下端每隔1.35米有一长方孔，孔宽0.2米，高0.15米；隔1.55米有凹形垛口，口宽0.55米，高0.6米；垛口下方每隔1.47米也有长方孔，孔宽0.15米、高0.2米，城顶近垛墙处有宽2米的砖铺海墁。东城墙北段保存基本完好，南段部分墙基压在民居下；

南城墙东段修复83米。西城虽较东、南两城矮，但建在山脊上，显得险峻，其北段保存良好。水城有两座城门，北门为水门，通海上；南门为土门，通陆地。土门为振扬门，系用砖石筑成，距东南角仅50米，拱券顶，立砖券顶，两券两楸。门洞宽3米、高5.3米、进深3.75米。水门，俗称关门口，建于明洪武年间，位于水城东北隅，距东城垣13米，是小海通往大海的唯一通道。东西两侧筑有高大的门垛与城垣相接。水门处有水闸，建于清顺治年间，今已不存，遗有当时开凿的宽0.33米、深0.25米的凹槽。小海是水城的主要部分，居水城正中，用于停泊船舰，操演水师。小海呈窄长形，南北长655米，将水城分为东西两营。南岸距南墙25米左右，往北转折向东，经水门通向大海，南端最宽175米，北部弯曲部分较窄，仅35米，周长1000米，约占水城面积的三分之一。防波堤，俗称码头尖，建于明洪武年间，在水门口北，沿东炮台向北伸出，南北长80米，东西宽15米，高约2米，由巨石堆积而成。水城东北缺乏天然屏障，建筑防波堤减弱来自东北方向海浪袭击的强度，达到消波的目的，并阻止泥沙进入港内。平浪台，在小海北端迎水门而立，北距水门51米，东与城垣衔接。平浪台系用挖掘小海所得泥沙堆成，顶平，外皮安砌石块，西北角呈弧形，南北长100米、东西宽50米。东侧有一敌台，上原有建筑物，是水师的驻地，以便加强水门一带设防。平浪台阻挡北风对小海的袭击，解决水城犯北风的缺陷，高与城齐。台顶仅有墙而无敌楼。敌台为明万历二十四年（1596年）修筑，除城南一面不设敌台外，东、西、北三面各有1座，仅存西城墙敌台，位于西城墙北半部，伸出城外5.5米、宽6.2米。炮台共2座，分别在水门东北和西北面。东西炮台相距85米，呈掎角之势，封锁海面，是护卫水门的重要设施，它和水门门垛一起构成一个严密的防御体系。灯楼，又名普照楼，位于丹崖山巅最东

蓬莱阁

蓬莱古城东炮台

蓬莱古城西炮台

部，临崖修建，三层六角形塔式楼，高11米，中建扶梯，可曲折盘旋而上。楼上有灯亭，作用与灯塔同。灯楼设置始于清同治七年（1868年），1958年重修。码头是沿小海岸用块石砌起的平台，宽5～10米，上设缆绳石柱和通往小海的石砌台阶通道，供船只停靠和货物、人员上下。迎仙桥，始建于明洪武九年（1376年），清光绪七年（1881年）重修，是古代进出水城与登州府城的唯一通道。为三孔拱形桥，砖石结构，呈东西走向，东西长24.5米，南北宽7.9米。主体结构保存完好。

蓬莱阁古建筑群的始建年代较早，据《蓬莱县志》记载，唐代，在丹崖山修建广德王庙（龙王宫）和弥陀寺。唐开元年间创建三清

蓬莱古城西敌台

殿，明隆庆六年（1572年）重修。宋嘉祐六年（1061年）迁龙王宫于今址，于龙王宫原址建蓬莱阁。宋宣和四年（1122年）建天后宫。明正德八年（1513年）建避风亭。万历六年（1578年）建苏公祠。万历十七年（1589年）重建蓬莱阁。清嘉庆二十四年（1819年）重修蓬莱阁，建东、西配殿及厢房。道光十六年（1836年）天后宫毁于火灾，第二年重建。同治六年（1867年）、七年（1868年）先后建澄碧轩、普照楼。光绪二年（1876年）建观澜亭，光绪三年（1877年）重建吕祖殿。

蓬莱阁古建筑群占地面积32800平方米，由蓬莱阁、龙王宫、天后宫、三清殿、吕祖殿、弥陀寺六大建筑组成，皆砖木结构。蓬莱阁主阁建于北宋嘉祐六年（1061年），清嘉庆二十四年（1819年）修葺，为上下两层、重檐歇山顶式建筑。面阔三间15.93米，进深10.8米，高11.55米。大阁南两侧建有四座清卷棚式建筑，为刘公祠和长生殿。龙王宫位于蓬莱阁古建筑群最西部，东邻天后宫，遗存龙王宫为明清时建筑风格，占地2000平方米，为三进院，由山门、前殿、正殿和寝殿组成。前殿、寝殿久圮，1993年在原基础上重建。天后宫又

称海神娘娘庙，始称灵祥庙，为祭祀海神娘娘所建。清道光十六年（1836年）被焚，遗存建筑为道光十七年（1837年）重修。天后宫占地面积3000平方米，东与蓬莱阁相通，西与龙王宫相连，沿中轴线自南向北依次为显灵门、钟楼、鼓楼、戏楼、前殿、正殿、东西厢、寝殿等形成四进院落。三清殿为明隆庆六年（1572年）重修，由前殿和正殿组成，前殿为门神殿，内塑两个门神。正殿塑有道教祖三清神像。吕祖殿为一独立的小四合院，有正殿、垂花门、东西厢。正殿为清光绪三年（1877年）所建，东厢南接观澜亭。弥陀寺建筑群为清式寺庙建筑，该寺为一独立的小院，占地面积为560平方米，坐北朝南，前殿正面设有台阶与寺外相通，台阶前有两狮守门。殿内塑有西方

蓬莱普照楼

三圣、罗汉等泥塑。其他建筑单体还有澄碧轩、避风亭、卧碑亭、苏公祠、子孙殿、胡仙堂等。

蓬莱水城在1984年和2005年两次清淤过程中发掘出土大量文物，包括元末明初至明末的古船四艘，紫檀木舵杆，铁、木、石质锚，铜炮，炮弹及大量唐宋元明清时期的陶瓷器残片。尤以四艘古船最为珍贵，两艘为元、明战船，两艘为明代高丽（朝鲜）古船。蓬莱阁古建筑群内现存宋代至民国时期碑刻138方，最为著名的有金皇统年间刻苏轼《海市诗》卧碑，明袁可立撰、董其昌书、温如玉刻《甲子仲夏登署中楼观海市》碑九方及明嘉靖年间陈其学《重修三清殿记》碑等。

中华人民共和国成立后，蓬莱县文教局派专人管理水城及蓬莱阁古建筑群。1980年9月，成立蓬莱阁管理所。1982年2月23日，蓬莱水城及蓬莱阁被国务院公布为第二批全国重点文物保护单位，编号2-0037-3-022。蓬莱阁管理由蓬莱旅游度假区管理委员会（1999年成立）负责。1999年8月8日，烟台市人民政府划定蓬莱水城及蓬莱阁的保护范围和建设控制地带。2005年9月，蓬莱水城及蓬莱阁分别建立了全国重点文物保护单位记录档案。2006年12月，编制完成《蓬莱水城及蓬莱阁保护规划》。

蒲壮所城 为明代东南沿海抗倭城堡建筑，由蒲壮所城、壮士所城、白湾堡、巡检司遗址组成。蒲壮所城位于苍南县马站镇龙门村、金城村，壮士所城位于苍南县渔寮乡雾城村，白湾堡位于苍南县赤溪镇白湾村，巡检司遗址位于苍南县马站镇三墩洲村。

蒲壮所城原为蒲门所城，明代后期因壮

蒲壮所城南门

士所城易攻难守，多次沦陷而裁撤，归并于蒲门所，合称蒲壮所城，简称蒲城。蒲城地处浙闽交界处，历来是海防要塞，明初成为原蒲门地区的抗倭中心，抗倭寨、堡、墩、台等设施分布于招顺乡所属五十二都至五十四都区域，相当蒲城、马站、赤溪、霞关等12个乡镇之地域。蒲壮所城南方北圆，城墙北面沿龙山腰而建，三面筑于平地，高约5米，东、南、西三面设瓮城，设两道城门。城门上建城楼，两层歇山顶，面阔三间。瓮城左右两侧置敌台1座，互为犄角。城墙周长2400余米，城墙残高最高处7.25米，最低点0.63米；墙用三合土夹碎石夯筑，内外包砌块石，断面梯形，收分明显。城外东、南、西侧护城河环绕，城门设吊桥。城内十字街，通向三面城门与北侧晏公庙。基本保留原建筑格局及一批历史、人文建筑，周围的山上还有一些烽火台、墩等。蒲城所城保存完整，选址、布局科学合理，对研究

东南沿海抗倭和明代军事城镇建设具有重要意义。东、南、西三面城墙已维修，北城墙尚处遗址状态。

壮士所城，根据地形规划布局，背山面海，呈"凸"字形，周长约1500米，东、南、西面置城门，城楼无存，东、西门仍存瓮城。城墙断面梯形，收分明显，内用碎石、混合土夯筑，外用不规则块石砌筑。筑城时，倭情紧迫，文献记载，甚至"遇河拆桥，遇庙拆庙"

苍南蒲壮所城城墙

苍南大渔烟墩山烟墩

苍南蒲壮所城东门

以备倭，墙内填有大小不等柱础、碾盘等石件，可与史料记载相印证。城内原十字街格局，因废已久，建筑全圮。

白湾堡，北临赤溪湾，三面环山，东北望龙沙烟墩。城堡方形，城墙周长约500米，边长120米，城墙保持完整，高4～5米，底宽7～8米，顶宽5～6米。北侧有三堵防御墙，前两堵已毁，第三堵残损。南北置城门，主街贯城南北，左右与小巷相通。城外护城河环绕，城墙形制工艺略同壮士所城，规模小，构筑工艺简单。

巡检司始建于明洪武十六年（1383年）。司城城墙、教场仅存遗址，轮廓仍清晰可辨，面积约1.9万平方米，呈布袋状，残高50～70厘米。城墙尚存夯土芯，周边有散落的块石。建筑物早毁，格局不明。

1983年，蒲壮所城被苍南县人民政府公布为县级重点文物保护单位。1988年，温州市文物处与苍南县文物馆组成调查组，共调查古城堡8处，烽火墩24处以及10余处遗址，完成《苍南县明代抗倭遗址调查报告》。1989年，蒲壮所城公布为浙江省文物保护单位。1996年11月20日，蒲壮所城被国务院公布为第四批全

国重点文物保护单位，编号4-0139-3-061。1997年，壮士所城被苍南县人民政府列为第三批县级文物保护单位。1997年1月，成立苍南县蒲城文物保护管理所，负责保护管理工作。2006年5月25日，壮士所城、白湾堡、巡检司遗址在国务院公布第六批全国重点文物保护单位时，被作为扩展项目归入蒲壮所城。2009年，浙江大学城市规划与设计研究所修编保护规划。2015年，浙江省人民政府在《关于划定泗洲造纸作坊遗址等345处文物保护单位保护范围和建设控制地带的批复》中，划定蒲壮所城保护范围。蒲壮所城建立有全国重点文物保护单位记录档案。

崇武城墙 是中国保存下来唯一一座完整的用花岗岩石砌成的城墙，位于福建省惠安县崇武半岛。

崇武古城位于惠安县崇武镇，系明洪武二十年（1387年），江夏侯周德兴为防御倭寇入侵而建。古城选址于滨海险要之处，且依地形而布局，三面环山，一面临水，负山控海，军事战略意义极为重大。整体设计符合"进可攻，退可守"的战略原则，建有一套完善的布局合理的防御军事建筑和生活设施。明清两代

崇武城墙

多次增修，是一座布局保存较完整的石构古城。明隆庆元年（1567年），抗倭名将戚继光曾在此督师操练；清顺治八年（1651年）郑成功曾在此抗清。

崇武城墙用长方形花岗岩条石作横直"丁"字形砌筑，全城周长2567米，城基宽4米，连女儿墙高7米，垛子1304个，箭窗1300个，城墙内砌二层或三层跑马路，宽4米，四方设门，并建门楼。东、西、北三门各有城门两道，并加筑瓮城；南城门外只筑照墙为屏蔽。城墙四方扩筑方形瞭望敌台5座。城内有崇武南门关帝庙、云峰庵、崇武灵安尊王宫、崇武天后宫、崇武武功大夫第和何琼玖故居等附属文物。

崇武古城历来是海防要塞，在防御倭寇侵扰及其后的海防中都起到积极作用，作为"抗倭名城"和"英雄名城"被载入史册，并名扬海内外。崇武古城是一座著名的海防城堡和商业港口，也曾是对台经济贸易的重要港口。崇武城墙的古城遗存与军事防御工程遗存都具有重要的科学、历史、军事价值，其建筑工艺之独特合理，被称为"古代系统工程的案例"，是中国城堡建筑史研究的不可多得的珍贵资料。

1979年8月，崇武古城被公布为县级文物保护单位。同年12月，福建省文化厅拨款修复因台风倒塌的北城楼及附近一段城墙。1983～1987年，国家分三期拨款进行全面修复，1987年9月底全城修复竣工，重现古城的雄伟风貌。1985年，崇武古城被福建省人民政府公布为第二批省级文物保护单位。1986年7月，成立惠安县崇武镇古城风景区管理处。1987年，由崇武镇人民政府兼管并负责日常事务。同年，惠安县人民政府成立惠安崇武古城风景区管理处，专门负责崇武古城的管理保护工作。1988年1月13日，崇武城墙被国务院公布为第三批全国重点文物保护单位，编号3-0061-3-009。1990年10月，国家文物局拨款，修复被台风暴雨摧倒的崇武城墙。1996年9月2日，福建省人民政府印发《福建省人民政府关于公布国家重点和省级文物保护单位（第二批）保护范围的通知》，划定公布崇武城墙的保护范围。1997年，国家文物局拨款维修移位的南城角墙体，使古城的雄姿得以全面展现。2005年，惠安县博物馆制定全国重点文物保护单位记录档案《崇武城墙记录档案》。2013年，国家文物局批复关于崇武城墙（南段）修缮工程设计方案；2015年，修缮工程通过福建省文物局的竣工验收。2016年11月，福

建省文化厅、省住房和城乡建设厅印发《关于公布省级以上文物保护单位建设控制地带的通知》，重新划定崇武城墙的建设控制地带。

福泉城墙 是贵州省保存较为完整的明代城墙之一，位于贵州省福泉市城厢镇中部偏南，坐落在藜峨山下西南面的平台上。城西南有沙河绕流，东面为环城路（金山路）及洒金大道。

福泉城原为平越卫城。元至元二十一年（1284年）置平越长官司，隶属番民总管府。明洪武八年（1375年）改平越长官司为平越安抚司，隶播州宣慰司，"平越"之名始于此。明代成化年间，建水城于西隅，即福泉城墙，另开一门曰小西门。万历二十九年（1601年），置平越军民府，府卫同城。万历三十一

福泉城墙水城全貌

年（1603年），于水城外增建外城。崇祯十五年（1642年）城北隅建台，上有楼，名雄镇，周城造望楼。民国2年（1913年）废州，置平越县，为县治。民国21年（1932年）设平越镇，后改城厢镇。

福泉城墙整体布局呈椭圆形，城墙原绕城一周，有东、南、西、北四座城门和小西门水城一座。福泉城墙占地1.9万平方米，城垣周长4900米、高6米、宽4米有余，周设东、西、南、北四门，筑瓮城3座，设警铺45处，串楼1540间，垛口840个。南北门洞长17.3米、宽4.8米、高6.3米；东门洞长20米、高6米；西门洞长8米、高3.8米、宽4.4米。福泉山段城墙，墙身与墙基均保存较好；小西门段保存完好；其余城墙因城市建设，部分拆除，仅存少

小西门券洞

量墙身和残基。5座城门除西门已倾圮外，其余四座城门的券洞尚存，城楼已毁。小西门外内城、水城、外城犹存。

小西门水城是由内城、水城、外城三道城墙构成的一座瓮城。内城蜿蜒于山腰，水城筑于山麓之河畔；外城横卧沙河之上，用两层石拱桥相连接，围河水于城内，又称桥上城。桥

福泉城墙水城

下皆设铁栏闸门，切断水上通道，以防外部由水道袭城，这是该城独特之处。水城和外城两侧皆依坡而筑，有上百级石阶可登上城头，使内外三城，城城相连，上下贯通，气势雄伟。

1949年中华人民共和国成立至1985年，福泉古城墙由福泉县教育局负责管理和保护；1985后由福泉市文物管理所管理和保护（2011年后更名为福泉市文物管理局，由市文物管理所更名，负责全市文物保护管理工作）。1956年，福泉县人民委员会将福泉古城墙公布为福泉县文物保护单位。同年，贵州省人民委员会公布为贵州省文物保护单位。1982年2月，经贵州省人民政府批准再次列为贵州省文物保护单位。1984年，文化部文物事业管理局拨款维修小西门水城。1997年7月，福泉市人民政府印发《福泉市人民政府关于加强省级文物保护单位"福泉古城垣"保护和管理的通告》，杜绝人为破坏现象。1998年，贵州省文物处拨款维修西门城门。2001年6月25日，福泉古城墙被国务院公布为第五批全国重点文物保护单位，编号5-0339-3-205。2002年，贵州省人民政府印发《关于我省国家级和省级文物保护单位保护范围及建设控制地带划定方案的批复》，划定并公布福泉城墙保护范围和建筑控制地带。2004年，福泉市文物管理局建立并保存全国重点文物保护单位记录档案。2011年，编制城墙保护规划。

南京城墙 是世界上遗存最长、规模最大、保存原真性最好的古代城垣。南京城墙位于江苏省南京市，东尽钟山之南岗，西拒石头，南贯秦淮于内外，北依狮子山、九华山等而控后湖，把六朝的建康城、南唐的江宁府城全部包围在内，环绕南京城区四周。

南京城墙始建于元至正二十六年（1366年），竣工于明洪武十九年（1386年）。明太祖朱元璋耗时20余年，调动20余万工匠修筑城墙。建成面积43平方千米，京城城墙全长35.267千米，高14～26米，上宽2.6米，

南京狮子山段古城墙

最宽处19.75米，大多宽14.5米左右，垛口13616个，窝铺200座。明洪武二十三年（1390年），朱元璋下令建造外郭城墙，以弥补京城城墙之缺憾，外郭号称180里（90千米），各段用砖砌的部分加起来约40里（20千米），外部土城高8～10米，上宽6～8米。洪武二十六年（1393年），南京城墙四重城垣全部完工。明建文四年（1402年），燕王朱棣南下进攻南京城，谷王朱穗与李景隆开门降迎，使明城墙免遭毁损。明代，南京城墙保护受到各级政府高度重视，《明实录》中关于城垣大规模维修的记载达40余次。清代南京明城墙亦有一定的维护。清光绪十八年（1892年），仿淮安府城楼样式重建，修复南京神策门城门城楼，尺寸比明朝时期的小，分上下两层，重檐歇山顶，均用城砖修葺。光绪三十四年（1908年），在城西清凉门和定淮门之间，开辟草场门，为单孔拱券结构，城门深约20米，宽约6米。同年，时任两江总督兼南洋通商大臣端方在靠近南洋劝业会会场的城墙上开辟"丰润门"，方便中外来宾游览玄武湖。宣统三年（1911年），新军统制徐绍桢响应武昌起义率

南京月牙湖段古城墙外侧

江浙联军由朝阳门攻打南京，朝阳门瓮城遭到破坏。民国2年（1913年），袁世凯派北洋军复夺南京城，以重炮攻击朝阳门等要地，南京城破。民国10年（1921年），在仪凤门西南的城墙上新开单孔城门1座命名为海陵门。民国16年（1927年），国民政府定都南京后，打算全部拆毁南京城墙，遭到文化界的强烈反对与谴责，城墙终得保全。民国17年（1928年）7月，国民政府下令将南京城门易名：朝阳门为中山门、仪凤门为兴中门、海陵门为挹江门、神策门为和平门、丰润门为玄武门、聚宝门为中华门、正阳门为光华门。同年，国民政府改建单孔朝阳门为三孔中山门，内瓮城已拆，但

南京古城中山门

外瓮城尚在。民国20年（1931年），国民政府在中央路笔直向北与明城墙的交点，神策门西侧500米处，破墙开路修建中央门；同年在中华门东西两侧开辟中华东门和中华西门，同时满足向南向北车辆通行。民国22年（1933年），在清凉门与汉西门之间新辟汉中门，为西式牌坊三券城门；将原明城墙上的一处豁口改造兴建为武定门。民国23年（1934年），在南京城北金川门西开辟新民门。采用填土的方法铺设护城河中的一段路，保持河水流通，又修建一座桥面长度约6米、跨度约4米的单孔水泥桥。同年，南京警备司令谷正伦提出《关于南京城防建议案》，将明城墙列入城防计划。民国25年（1936年），在南京明城墙基础上开辟雨花门。2006年，江苏省市文物局和江苏省测绘局测绘数据显示，南京城墙总长35.267千米；地面遗存部分25.091千米，遗址部分为10.176千米。城门13座，水关2座，垛口13616个，窝铺200座。城墙高14～26米，底宽14米，顶宽约10米。

南京城墙墙体分为全部用条石砌筑的条石墙，全部用城砖砌筑的城砖墙，用条石和城砖混砌墙，墙内为自然山体、外壁用城砖包砌；条石、城砖混筑包砌的包山墙等类型。城砖规格统一，侧面刻印烧造的时间、府县、监造官名、烧窑匠名、制砖人名等，初步估算共用数亿块城砖。城砖一般长40～45厘米，宽20厘米，厚10～12厘米。城砖来自全国各地，材质的土性呈多样性（有黏土、沙土、高岭土等）。大多数城砖留有铭文，少则1个字（或一个符号、记号），多则70余字，这不仅是南京明城墙的一大特点，也是南京明城墙历史文化遗产价值的重要组成部分。

中华门是规模最大、保存最好的城门，始建于五代杨吴，曾为南唐都城的正南门。南宋扩建。明初在南唐南门基础上重建，称聚宝门。平面呈长方形，南北长129米，东西宽128米，高21.45米，面积约1.52万平方米。设三道瓮城，东西马道，城上建筑已毁圮，仅存台基柱础。最南一道城墙内侧及两马道下券砌27个藏兵洞，可藏兵3000人。

石头城在清凉山西南麓，最初是孙权在楚金陵邑旧址筑城，因当时清凉山名石头山，故名。东晋义熙六年（410年），在临江处加

南京中华门城堡

南京东水关

南京石头城段古城墙

砖垒石，构筑城墙，有"石城虎踞"之称。明初将其与新筑城墙联为一体，变成城墙的一部分。城墙遗址南北长约300米，最高处离地面63.8米。其中有一段突出的赭红色砂砾石，因风化剥落，形同丑脸，俗称鬼脸城。

东水关在通济门西侧，亦称东关头，明初为控制秦淮河入城水量而建。东水关由分水闸、桥道、藏兵洞三部分组成，今辟为东水关遗址公园。

南京城墙是中国唯一一座保存较为完整的古代统一王朝时期的都城城墙实物，是研究和展示中国古代都城城垣建筑思想、技术、能力、城砖铭文艺术等相关方面的极其珍贵的科学资料，是人类共享的文化遗产价值。南京城墙在继承中国古代筑城传统思想的同时，创造性地将自然界的山水与城池结合起来，完美解决城市发展中的保护旧城与发展新城的矛盾，在中国城市规划和城墙建造史上占有重要地位。南京城墙集中体现中国数千年筑城经验，除设计布局之外，墙体本身在地基的技术处理、建材的选用、砌筑的技术、墙体与河道的关系诸多营造项目上，充分利用、借鉴和发展

传统的筑城技术和方法，体现出当年建造者的精湛技艺和独具匠心，是中国筑城史上具有代表性的杰出范例。

中华人民共和国成立初期，先后拆除南京城墙部分城门与城墙。1960年，对中华门内瓮城进行地基加固和瓮城整体维修。1982年3月，南京城墙被江苏省人民政府公布为江苏省第三批文物保护单位。1988年1月13日，南京城墙被国务院公布为第三批全国重点文物保护单位，编号3-0059-3-007。同年，南京市政府设立南京市城墙管理处，作为保护、维修、管理南京城墙的专业机构，由此明城墙全段保护开始得到重视。1989～1998年，分别对城墙进行排险加固及全面修复。1992年，《南京明城墙保护规划》公布实施，是首部较为全面的城墙保护规划。1996年4月，江苏省人大常委会批准地方性法规《南京城墙保护管理办法》颁布实施。1998年5月24日，南京市明城垣史博物馆正式挂牌成立，与南京市城墙管理处共同承担南京城墙维修保护的任务。1999年3月，南京市人民政府批准《南京明城墙风光带规划》。1998～2003年，分别对太平门段、

九华山西段、集庆门段、石头城段、东西干长巷段、红山土段、神策门瓮城等城墙进行修缮。2015年1月16日，江苏省十二届人大常委会第14次会议批准《南京城墙保护条例》，取代《南京城墙保护管理办法》。除遗存的20多千米明代京城城墙及皇城、宫城城墙外，总长达60多千米的明城墙外廓也被纳入保护范围。南京城墙建立有全国重点文物保护单位记录档案，保存于南京市文物局。

云山屯古建筑群 是一处保存完整的古代军屯村寨建筑，集军事防御、农耕生活、商贸往来诸功能于一体，是贵州明代军事屯堡建筑的典型代表，位于贵州省安顺市西秀区七眼桥镇东南云山屯村和云峰本寨村。云山屯村地处云鹫山与北部飞凤山和老太关山形成的东西向弧形山谷间；本寨村地处云鹫山主峰南向700

云山屯

余米，北面依山，邢江河支流三岔河自西南向东北流经村前。

云山屯古建筑群始建于明代初年。明洪武十四年（1381年），明太祖朱元璋遣征南将

云山屯古建筑群

云山屯碉楼与民居

军傅友德率军征讨云南,在安顺设普定府。占领云南后,朝廷为巩固边陲和安置数十万大军,于洪武十五年(1382年)在普定境内设立普定卫。洪武二十二年(1389年)在普定卫与安南卫之间增设安庄卫,卫所官兵以少部分驻扎城市,大部分驻扎农村,驻城者专事防卫,驻农村都从事屯田,农闲时操练,战时从征。屯军驻扎之地称屯堡,百户所在地称官堡,总旗、小旗所在地称旗堡,兵丁守道口称哨。明万历三十九年(1611年)九月,安顺州升为安顺军民府。府卫同治一城。据云山屯金氏村民保存的《金氏家谱》记载,其家族系"明洪武初自金陵入黔,一支入平坝卫,一支入普定卫曹家街,一支入云山屯"。清王朝建立后,明代的卫所屯田制度为清代的八旗、绿营兵制所取代,清康熙十一年(1672年),普定卫改为普定县。康熙二十六年(1687年)改安顺军民府为安顺府,明代卫所屯田制之实与名不复存在,卫所军户自然转为民户,但原来的屯、堡、铺、哨却按旧时称谓沿袭下来。

云山屯占地15.36万平方米,利用山谷东、南两处谷口修筑屯墙,开设屯门以为前后关口。屯墙依山就势于悬崖峭壁间砌筑,连接两山之间。屯内建筑于谷地古道两侧沿等高线顺山体布局。本寨占地4.2万平方米,依山傍水,前临田畴,自成体系的封闭式"合院"建筑以曲折小巷连成一体。均为明清至民国建筑遗存。云山屯古建筑群文物本体,由104个文物单体构成,其中云山屯村57个,本寨村47个。

云山屯村包括东、南2处屯墙和门楼,2座寺庙和1座戏楼外,有52户民宅,其中3户民宅建有碉楼。临街民宅多为单体式,沿街巷走向分布,历史上部分民宅设商铺、药店、酒馆、烟馆等。街巷后靠山者,多三合院式和四合院式建筑,主体为木结构建筑,石墙围护。云山屯前门位于村东端,建于明代,坐西朝东。南、北接屯墙,外壁凸出屯墙外壁2米。通高8.4米、面阔5米、进深3.6米。底层为单孔石拱门,门宽1.8米、高2.8米。二层为木构门楼,面阔三间、进深二间,歇山青瓦顶。云山屯后门位于村西侧南端,建于明代,坐北朝南。东、西接屯墙,外壁与屯墙外壁齐。残高6.16米,面阔4.25米、进深3.01米。底层为单孔石拱门,门宽1.7米、高2.8米。二层原为木构门楼,面阔三间,进深二间,歇山青瓦顶,已垮塌,仅存南侧防御墙及柱础。云山屯屯墙建于明洪武年间,后时有修葺。分布在村东端和西侧南端,根据自然地形,在悬崖峭壁间砌筑。遗存石墙770余米,墙一般高6米、基宽2.4米、顶宽1.6米。云鹫山寺位于云鹫山顶。草创于元末,明弘治二年(1489年)始建大佛殿,清康熙元年(1662年)增建玉皇阁和关帝庙,民国元年(1912年)建待漏桥及化纸塔等。大佛殿坐西朝东。面阔五间17米,进深三间9米，穿斗抬梁混合式木结构，悬山青石板顶。财神庙位于云山屯村主街中段北侧。始建于明末，其后多次维修。庙为单体建筑，坐东北朝西南，面阔五间18.7米，进深三间11米，石木混合结构，悬山青石板顶。戏台位于云山屯村主街中段南侧，与财神庙临街相对。始建于明末，其后多次维修。露天戏台坐西南朝东北，平面呈正六边形，高1.4米、边长8.5米。戏台由方整石围砌，青石板铺墁。西南侧原有房屋作后台化妆间，已毁。熊继芳宅位于云山屯村寨主街中段南侧。始建于明末，其后多次维修。由朝门、正房及两厢组成三合院，坐北朝南。正房面阔五间16.6米，进深三间7米。石木混合结构悬山石板顶。

　　本寨村除青龙寺1处外，其余均为民宅，主体全为木结构建筑，石墙围护的封闭式合院，临街巷处围以高墙，设置大门。有7户民宅建有碉楼。户与户有暗门相通，家与家有高墙相隔，布局严谨、主次有序、结构坚固、易于自守。青龙寺位于本寨村东，建于清代。北靠青山坡，南临三岔河。坐北朝南，由正殿、两厢及戏楼组成四合院。通面阔19米、通进深

云山屯吊脚楼

26米。正殿两层，面阔五间，进深三间，石木混合结构歇山石板顶。戏楼面阔三间，进深二间，穿斗式木结构歇山青瓦顶，四角起翘。天井地面为青石板铺墁。杨有新宅位于本寨村西北，始建于清代。由朝门、正房及两厢组成三合院，坐北朝南，通面阔10.66米，通进深14.82米。外筑围护石墙砌至檐下，厚0.6米，墙上设有枪眼、瞭望孔。朝门为重檐悬山石板顶垂花门。正房面阔三间，进深三间，穿斗式木结构，悬山石板顶。杨有进宅位于本寨村西北，始建于清代。由门楼、正房及两厢组成四合院，坐北朝南，通面阔11米，通进深15.6米。外筑围护石墙砌至檐下，厚0.6米，墙上设有枪眼、瞭望孔。门楼为悬山石板顶垂花门，进深3米，实木门扇。正房面阔三间，进深四间，穿斗式木结构，悬山石板顶，前带廊。槅扇门，支摘窗，装修精美。天井为方整石铺墁。王家大院位于本寨村东，始建于清代。由倒座、正房及两厢组成四合院，坐北朝南，西南角开朝门，西北角建碉楼1座，通面阔22米、通进深31.5米。外筑围护石墙砌至檐下，厚0.7米，墙上设有枪眼、瞭望孔。朝门为实木门扇。正房面阔七间、进深四间，穿斗式木结构，悬山石板顶。倒座面阔七间、进深三间，穿斗式木结构，悬山石板顶。槅扇门，支摘窗，装修精美。天井四周带廊，地面为方整石板铺墁。碉楼为料石砌筑，四层，庑殿石板顶，一、二层墙上设枪眼，三、四层设瞭望窗。

　　云山屯和本寨是一个活态的屯堡文化社区，不论从其居住环境、建筑布局、建筑风格、建筑功能到屯堡人的语言、服饰、生产生活习俗、宗教信仰、民间工艺、民间戏剧（地戏）、故事传说、节日节庆等以及村寨的称谓

都区别于其他地区，战时为兵，农时务垦，闲时经商，较为浓重地保留了600多年来军屯部队的生活遗风。这些屯军及其后裔在黔中大地上繁衍生息，固守着祖先遗留下来的江淮汉族传统文化，形成了贵州独特而罕见的屯田文化，而云山屯、本寨是保存最为完整的一例。

2001年6月25日，云山屯古建筑群（含本寨）被国务院公布为第五批全国重点文物保护单位，编号5-0398-3-204。2002年，贵州省人民政府批复《关于我省国家级和省级文物保护单位保护范围及建设控制地带划定方案》，确定公布云山屯古建筑群（含本寨）保护范围和建设控制地带。2002年4月，贵州省文物保护研究中心编制的《贵州省安顺云山屯古建筑群保护修缮工程设计方案》，经国家文物局批准，纳入第一批国保和省保集中成片传统村落整体保护工程试点项目，2016年底通过国家文物局组织的专项检查和贵州省文物局组织的竣工验收。

大鹏所城 是中国东南沿海地区保存最为完整的明代所城之一，位于广东省深圳市大鹏新区大鹏古城村。大鹏古城背靠排牙山，东有龙头山，隔海与七娘山（古称大鹏山）相望，南临大亚湾龙岐海澳，属大鹏半岛中部。

大鹏所城始建于明洪武二十七年（1394年），全称大鹏守御千户所城，清顺治十三年（1656年）设大鹏所防守营，康熙四十三年（1704年）改为大鹏水师营。康熙十年（1671年）八月，四座城楼被飓风毁坏，城楼及城墙、城内建筑日渐倾圮。道光时期，修葺大鹏所城。光绪二十五年（1899年），守城驻军被裁。香港被殖民后，大鹏所城失去军事防御作用，日渐废弃，成为居民聚居地。抗日战争时期及"文化大革命"期间再遭破坏，整体格局尚保存完好。赖世超将军第、赖信扬将军第、赖英扬振威将军笫与赖绍贤将军第均建于清代中期；刘起龙将军第建于清道光年间；赖恩爵振威将军第建于清道光二十四年（1844年）。

大鹏所城整体保持明代格局，平面略近梯形，坐北朝南。北门已坍塌，东、南、西3个城门及东北约300米城墙基址尚存。所城东西长345米，南北长285米，墙垣为砖石结构，城楼为木、瓦结构。城内主要街道有南门街、东门街、十字街和正街，均用石板铺砌。城内尚存赖恩爵将军第、刘起龙将军第和赖氏、李氏、何氏、林氏、郑氏等将军第，以及大夫第、司马第和怡文楼、赵公祠、关帝庙、文庙、天后庙、华光庙、侯王庙等古建筑，此

大鹏所城明清民居建筑群

大鹏所城门楼

大鹏所城东城门

外还有南门外炮台遗址。清代府第为砖木结构，条石基，青砖墙，硬山顶灰瓦。赖世超将军第坐东朝西，三间三进，面阔11米，进深12.5米，占地面积140平方米。赖信扬将军第坐东朝西，三间三进，面阔11米，进深19米，占地面积210平方米。赖恩爵振威将军第坐北朝南，侧门内进，中间三进二天井，占地面积2500平方米。刘起龙将军第坐北朝南，侧门内进，三进三路，每路两进一天井，前有长廊和哨楼，是典型的四合院建筑群体。东西长35米，南北深19米，占地面积665平方米。赖英扬振威将军第坐北朝南，两间二进一天井，面阔7.8米，进深12.4米，占地面积约100平方米。赖绍贤将军第坐东朝西，三路二进，面阔30米，进深20米，占地面积600平方米。

大鹏所城是明清时期管辖珠江口外洋东部海路的军事机构，在抗倭御英、保疆卫国的战争中发挥了重要的作用。清代的将军府第有重要的建筑艺术价值。城内的民居，对探寻当时当地的历史和民俗也具有重要意义。

1988年7月，大鹏古城被深圳市人民政府公布为第三批市级文物保护单位。1989年6月，大鹏古城被广东省人民政府公布为第三批

省级文物保护单位。2001年6月25日，大鹏所城被国务院公布为第五批全国重点文物保护单位，编号5-0373-3-179。1996年，成立大鹏古城博物馆。2003年，大鹏所城所在的鹏城村被公布为中国历史文化名村。2007年，国家文物局批复《大鹏所城保护规划》。2008年，重修赖世超将军第、赖信扬将军第、赖英扬振威将军第、赖绍贤将军第与赖恩爵振威将军第。1994年，广东省人民政府公布大鹏所城的保护范围和建设控制地带。2004年，大鹏古城博物馆完成全国重点文物保护单位记录档案编制并负责保管。

赖绍贤将军第

正阳门　是明、清两代北京内城的正南门，又因其位于紫禁城的正前方，俗称前门。正阳门位于天安门广场南端，北京城的南北中轴线上。

正阳门城楼始建于明成祖永乐十七年（1419年），初沿元大都旧称丽正门。正阳门箭楼始建于明正统四年（1439年），同年改称正阳门。明清时期正阳门城楼与箭楼之间原有一个巨大的瓮城，南端呈弧形抹角，箭楼坐落在顶端，瓮城南北长108米，东西宽85米，内有空场，四向均有门。正阳门集正阳门城楼、正阳门箭楼和正阳门瓮城为一体，组成一座完整的防御建筑体系。正阳门箭楼先后在明万历三十八年（1610年）、崇祯十七年（1644年），清乾隆四十五年（1780年）、道光二十九年（1849年）遭火毁，后重修。光绪二十六年（1900年）八国联军入侵北京，正阳门城楼、箭楼被毁。光绪三十二年（1906）参照崇文、宣武二门建制重修。

正阳门箭楼坐北朝南，建筑面积4664平方米。砖砌城台上建楼，为砖砌堡垒式建筑。城台高12米，门洞为五椒五券拱券式，开在城台正中，是内城九门中唯一箭楼开门洞的城门，专走龙车凤辇。重檐歇山顶，顶覆绿琉璃剪边灰筒瓦。箭楼共四层，面阔七间，北出五间抱厦。石匾"正阳门"悬挂城门正上方。正阳门箭楼是北京体量最大的箭楼。此建筑为防御外敌进攻之用，东、南、西三面四层共开箭窗94个，南北两面各四层每层设13个箭孔，东、西两面各四层每层设4个箭孔，以供对外射箭起防御作用。前檐装修为砖砌墙留三层小窗，上二层小窗。民国4年（1915年），修箭楼时加装窗楣，上层为砖墙留一层小窗，为保护加装玻璃窗。台基为砖石城墙台基。外楼梯为"之"字形马道。墙上有白色水泥栏杆。明、清时期箭楼之门只在皇帝出巡或郊祀时开启。

正阳门城楼全景

正阳门箭楼

正阳门城楼坐北朝南，建筑面积5091平方米。砖砌城台上建楼，为阁楼式。城楼为重檐歇山三滴水，绿琉璃剪边灰筒瓦。楼体面阔七间，进深三间。上下均有回廊。城楼的通高43.65米，是北京所有城门中最高的一座。斗匾"正阳门"悬挂正中三层檐下。

民国4年（1915年），为改善正阳门地区交通拥挤状况，将瓮城月墙及东西闸门拆除，并对箭楼进行改造。1949年2月3日，中国人民解放军在此举行盛大的入城式。北京内城的瓮城内都设有一座庙，唯独正阳门原有两座庙，东为关帝庙，西为观音庙。"文化大革命"期间，正阳门关帝庙与观音庙被拆除。

正阳门历经明、清两代王朝和近现代中国的兴衰，见证了许多影响中国历史发展的重大事件，是北京历史文化的重要载体。正阳门是明清时期北京内城九门中最为高大的一座城门，是中国封建社会后期城市布局、军事防御、礼仪制度和建筑艺术的综合体现，是老北京城的象征，体现了极高的艺术价值。正阳门还是明、清北京各城门中唯一城楼、箭楼并存的孤例。

中华人民共和国成立后，正阳门得到了北京市政府的妥善保护，正阳门箭楼曾多次修葺。1952年，对城楼进行大规模的修缮。1976年唐山大地震，箭楼严重受损，北京市文物部门组织对箭楼进行全面大修。1979年，正阳门被北京市人民政府公布为北京市第二批文物保护单位。1987年，北京市人民政府批转北京市规划局、北京市文物局《关于第二批划定120项文物保护单位的保护范围及建设控制地带的报告的通知》，划定并公布正阳门城楼与箭楼保护范围及建控地带。1988年1月13日，正阳门被国务院公布为第三批全国重点文物保护单位，编号为3-0063-3-011。同年，成立正阳门管理处。1990年，城楼进行修缮时，将东西斜坡马道改为水泥台阶。2005年市政府拨款对城楼、箭楼进行大规模的修缮。正阳门建立有全国重点文物保护单位记录档案，保存于北京市文物局。

兴城城墙 是明代辽东宁远卫城的城墙，是明代辽东长城防御体系的重要组成部分，也是长城陆地防御和海上防御的交汇地点，是国内保存完好的明代卫城城墙之一。兴城城墙位于辽东湾西岸，居"辽西走廊"中段。

明宣德三年（1428年），明廷批准总兵巫凯、都御史包怀德之奏请，设宁远卫，修筑宁

兴城城墙城楼

远城。至宣德五年（1430年），宁远城竣工，内城"周围五里九十六步，高三丈。门四：东曰春和门，西曰永宁门，南曰延辉门，北曰威远门"，外城"周围九里一百二十四步，高于内城，门四：东曰安远，西曰迎恩，南曰永清，北曰大定"，内外城之间有护城河，河深一丈五尺（约合5米），阔两丈（约近7米）。隆庆二年（1568年），辽西发生大地震，宁远城被毁，城内房屋受损严重。天启二年（1622年）八月，兵部尚书孙承宗筑宁远城。天启三年（1623年），复修宁远内城，次年竣工，成为关外重镇。崇祯十二年（1639年），清兵攻宁远，城墙垛口几乎被轰平。清乾隆四十四年（1779年），修葺宁远城垣。嘉庆二十二年（1817年），复修宁远城墙。道光二十八年（1848年），宁远知州强上林动员本城官商旗民共同投资，修宁远城。《兴城县志》曾载："复修内城三十一丈，外墙二十八丈，墙顶海墁一千三百六十余丈，翻建四门城楼。"清光绪十四年（1888年），宁远知州朱克扬动员全城商民捐资，修宁远城墙。民国13年（1924年），直隶省长王承斌修城墙东南角魁星楼。

古城布局、城防体系保存完好，由墙体、四座城门（包括城楼和瓮城）、四个角台和一座魁星楼、两个水门组成。兴城城墙平面近似方形，南北长821米，东西宽816米，周长为3274米，城墙高8.5～9.6米，底宽5.7～7米，顶宽4.3～4.6米，城墙顶部外侧筑有垛口，内侧筑有女儿墙。城墙外侧砌青砖，内侧为毛石虎皮墙，中心夹夯土建造。墙顶还墁铺青砖一层，中间高两边低，以利排水。

城门位于每面城墙正中，外壁均有汉、满

兴城城墙魁星楼

文石刻门楣1块，镶在门洞外壁券楣上。砖砌拱券门洞，洞券采用横联券式筑法，分为内、外二重券，内券大于外券。以南门为例，外券通高3.98米，券脚高1.98米，弧矢高2米，券脚的下部用整齐的大块石作为柱顶石，高1.2米，宽与厚均为0.6米，面阔3.5米，进深4.2米；内券通高5.5米，券脚高3.2米，弧矢高2.3米，其中石砌部分1米，上部砖砌部分2.1米，面阔4.1米，进深8米。城楼为重檐歇山顶，覆灰色筒瓦。四座城门外均有半圆形瓮城，做法大致相似，唯其城门方向不同：南、北两瓮城门开在东侧，东、西两瓮城门开在南侧，原来的瓮城为一完整的半圆状，为方便交通，均在其正对城门直线处开一缺口。瓮城门为联式洞券组成，南门瓮城内券通高5.4米，弧矢高2.4米，券脚高3米，面阔4.16米，进深4.13米。外券通高3.8米，券脚高2米，面阔3.5米，进深2.5米，弧矢高1.8米。马道均设在每座城门右侧，以青砖铺设而成，马道长约20米，宽约3米，道坡15°，马道入口处均设单层硬山卷棚顶小门楼，有12级踏步而上。角台设在城墙四角，突出于城墙，由两层青砖砌筑，成"回"字形，用以架置铁炮。

魁星楼位于东南角台上，坐落在高1米台基上，重檐二层八角攒尖顶，通高8.5米，直径5.2米。梁枋上绘有四季花鸟图案，墙壁青砖砌筑。一层有"魁星点状元"的形象；二层有花郎神像。两层之间有明梯相通。东、西水门分别位于城墙南部和南城墙西部。

民国37年（1948年）9月，兴城解放，兴城城墙作为文物古迹，由文化部门管理。1963年，兴城城墙由辽宁省人民委员会布为辽宁省省级文物保护单位。1988年1月13日，兴城城墙被国务院公布为第三批全国重点文物保护单位，编号3-0062-3-010。1993年，辽宁省人民政府划定兴城城墙的保护范围和建设控制地带。2011年，兴城市文物局成立，主要负责兴城城墙的保护管理、维修等。

北京城东南角楼　是明、清两代北京城内城东南转角处的箭楼，是守卫京城的军事防御建筑，也是中国仅存规模最大的城垣转角楼，位于北京市东城区东便门桥西。

据《明实录英宗实录》，明正统"四年四月丙午，修造京师门楼、城壕、桥闸完……城四隅立角楼，又深其壕，两崖悉以砖石……自正统二年正月兴工，至是始毕。焕然金汤巩固，足以耸万国之瞻矣"，可知北京城东南角楼于明正统元年（1436年）筹建，正统二年兴工，正统四年建成。

北京城东南角楼建于突出城墙外缘的方形城台上，台高12米，台底边长39.45米，台面边长35米；台上楼高17米，通高29米。楼沿城台外缘转角建起，绿琉璃瓦剪边灰筒瓦屋面，十字脊重檐歇山顶，单翘单昂五踩斗拱，前楼后厦，抱厦随主楼形成转角房，额枋内外绘旋子彩画。楼身用砖砌成，厚实坚固。楼体外侧向东、向南两阔面和向西、向北两侧面均辟箭窗（或称射孔）。其中，上檐下一排，下檐下三排，阔面每排14孔，侧面每排4孔，共144孔，内侧约90厘米×110厘米，外侧约为117厘米×140厘米，窗间距80厘米；窗形呈内外八字形，内八字便于士兵活动，外八字使得视野开阔，便于观察敌情。东南角楼的平面呈曲尺形，两外立面均阔35米，两侧立面均阔13.5米；两内立面东侧15.1米、南侧15米，两窄面各2.75米，两侧面北向3.64米，西向3.7米。整个角楼底层建筑面积为701.3平方米。复杂而独特的曲尺形设计完全由角楼所处的位置和功能决定，可以最大限度地防御东南两侧外敌入侵，增大空间，便于增强兵力，存储弹药。角楼前金柱包砌在城墙内侧，只得见20根明柱，一排中柱，一排后金柱。明柱底径平均为69厘米，内中柱顶径为50厘米，后金柱顶径为45厘米，古镜式柱础。复杂的平面造就纵横交错的梁架结构，区别于普通建筑的梁架两头各设一根柱子，在角楼中间多了一根中柱，以增

北京城东南角楼外景

角楼内侧

西立面

强防御结构的坚固性。角楼内还设有三层木楼板，角楼的楼板只靠外侧的半间铺设，没有中柱里面的半间和抱厦。第二层楼板下支撑楼板的承重枋一直延到后金柱，形成不承重的悬空间枋（跨空枋）。紧贴其上，沿中柱横轴也穿插一行连接枋，使得屋脊正梁下多了一层方格网。中柱的设置使得这种设计得以实现，否则跨空枋就要插接到前后两排金柱与山柱上。角楼的西面连接着近百米的城墙，底宽25.5米，

顶宽16.7米，高12米。城墙顶内外两侧筑有矮垣，外侧平顶称垛口，高1.5米，宽1.23米，厚0.74米，间距0.5米。下面有射洞；内侧矮垣称女儿墙，高1.2米，厚0.76米。城墙中间是夯土心，内外两侧下石上砖，墙顶墁有城砖。

角楼是中国古代城市典型的城防建筑，是中国城市文明史的体现。北京东南角楼是最大的城垣转角箭楼遗存。

民国4年（1915年），建京师环城铁路，东南角楼西侧的城墙被打通，按中国传统的拱券式结构修建火车券洞，拆除附近的一座墩台。民国24年（1935年），故都文物整理委员会委派建筑师杨廷宝领导基泰工程公司对东南角楼进行一次维修。1957~1958年，北京市人民政府曾拨款对东南角楼进行修缮。1979年8月21日，北京市城东南角楼被北京市人民政府公布为第二批市级文物保护单位。1980年5

月，成立了北京城东南角楼文物保护管理所。1981年9月至1983年1月，北京市文物事业管理局对角楼进行落架大修。1982年2月23日，北京城东南角楼被国务院公布为第二批全国重点文物保护单位，编号为2-0035-3-020。1984年，北京市人民政府批转北京市文物局、北京市规划局《关于第一批划定六十项文物保护单位的保护范围及建设控制地带的报告》的通知，公布北京城东南角楼的保护范围及建设控制地带。北京城东南角楼建立有全国重点文物保护单位记录档案，保存于北京市文物局。

石宝寨　是明清时期长江沿岸重要的寨堡建筑群，位于重庆市忠县县城以东37千米的长江北岸边，石宝镇老场镇的中心。建筑群依附于孤峰拔地、巨石临江的玉印山，东北面与石宝新场镇相望，西北面有发源于石宝镇咸隆乡四方山的后溪河绕过汇流入长江，长江在此由东北向折为东南向，西有至忠县县城到万州的公路，南临长江黄金水道。

石宝寨建筑群初建于明代万历年间（1573～1620年），清代历经多次重修扩建。石宝寨遗存总占地面积5万平方米，总建筑面积1086平方米，遗存建筑群包括"必自卑"石坊、"梯云直上"牌楼、九层寨楼、魁星阁和天子殿（又名绀宇宫）等组成。"必自卑"石坊为入寨标志，面东北，门额正面阴刻"必自卑"三字，背面阴刻"瞻之在前"四字。此石坊门全部用紫红色砂岩条石砌筑，其形式为四柱三间三楼，明楼、次楼均为整石凿制的庑殿顶盖。

"梯云直上"牌楼门位于山脚下寨楼的正前方，面向东南，四柱三间三楼，明楼、次楼

石宝寨全景

石宝寨寨楼

石宝寨内天子殿

两山为硬山搁檩。正殿面阔三间，进深三间。屋架作法与前殿同。后殿前檐接有歇山抱厦一间，前殿与正殿之间是前院，是一个5米见方天井，两侧厢房各一间。正殿与后殿之间为后院，是一个长条天井，两侧厢房各七间。

石宝寨是长江沿岸高层穿斗木构架的杰作，是中国遗存最高的层数最多的穿斗式木结构古建筑，代表了长江上游地区民间建筑的成就。石宝寨依山而建，面江而立，将人文与自然完美结合。

1956年，忠县人民委员会文教科组织维修魁星阁。1979年，石宝寨获批对外开放，忠县文化馆设立石宝寨管理组，驻石宝寨保护管理。1980年，石宝寨被四川省人民政府公布为四川省文物保护单位。1980年12月，重修魁星阁时以钢筋混凝土柱、枋替换了原建筑的木柱、木枋构架，并用绿琉璃瓦替换原来的灰筒瓦。1981年，成立忠县文物管理所，负责石宝寨的日常管理维修保护。1982年4月，忠县人民政府印发《关于保护石宝寨风景区的决定》，划定公布石宝寨保护范围及建设控制地带。1983年，四川省文化厅拨款维修层

均为庑殿顶，檐下有斗形构件。牌楼门内侧建一四柱三坡攒尖顶的木构门廊，门廊内顶上作天花，檐下做虾须卷棚，脊为泥塑蛟龙。牌楼门与寨楼间为进深4.8米的狭长天井，左右配殿各一间。配殿单层、硬山顶，穿斗排架。

寨楼面朝南偏东，倚建在玉印山东南崖壁的西南端，正面如一楼阁式木塔，共九层，寨楼为穿斗结构，各层翼角做法按南方老戗及嫩戗构造，起翘较大，屋面均为小青瓦。

峰顶的天子殿，又名绀宇宫，为一座三进院落的建筑群，有前殿、正殿及后殿。前殿前有一平面略呈三角形的平台，连接魁星阁。前殿入口为牌楼门式，与寨楼楼门形制相似，四柱三间三楼，明间屋架为穿斗与抬梁结合式，

楼。1988～1993年，国家文物局先后拨款对石宝寨实施三期危岩治理工程。石宝寨是三峡工程淹没区文物保护规划的重点项目之一，1998年，重庆市文物局委托北京建筑工程学院，对石宝寨保存状况进行调查和勘测。2001年6月25日，石宝寨被国务院公布为第五批全国重点文物保护单位，编号5-0381-3-187。2003年，国家文物局批准长江勘测规划设计研究院编制的原址保护方案，并对寨体的危岩进行加固治理，对寨内古建筑群进行维修保护。2004年底，忠县文物保护管理所完成石宝寨全国重点文物保护单位记录档案工作。

镇海口海防遗址　是中国人民反抗外来侵略的历史见证，各个历史时期遗址共30多处，类型齐全、体系完整、分布集中，在全国范围罕见。镇海口是宁波甬江入海口，历史上称为镇海关，是中国东南沿海军民反侵略斗争的战略要地。镇海口海防处在全国海岸线中枢，浙江省陆地东端，北濒杭州湾开阔口，东屏舟山群岛。

镇海口地势险要，历来是兵家必争之地。明朝中叶，倭寇不断在中国东南沿海地区大肆烧杀掳掠，激起浙江军民的强烈愤慨与奋起反抗。明朝政府先后派出名将卢镗、俞大猷、戚继光等驻守镇海，在招宝山上筑威远城。在抗倭、抗英、抗法、抗日等长期抵御外侮过程中，镇海人民不仅为后人留下不畏强暴、自强不息的民族精神，还留下一批重要的海防遗迹。

镇海口各个历史时期海防遗址共有30多处，主要分布在以招宝山为轴心的甬江口2平方千米两岸范围内。保存完整且列入全国重点文物保护单位的有招宝山的威远城、明清碑刻、月城、安远炮台，梓荫山的吴公纪功碑亭、俞大猷生祠碑记、泮池（裕谦殉难处）、吴杰故居（分布在甬江北岸镇海区招宝山街道），以及戚家山营垒、金鸡山敌台、靖远炮台、平远炮台、宏远炮台、镇远炮台（分布在甬江南岸北仑区）等14处，组成一个完整的镇海口海防体系。与其他地区海防遗迹相比，镇海口海防遗址具有范围大、遗迹多、类型广、保存好等特点，是中国人民反抗外来侵略的历史见证。

威远城为明嘉靖三十九年（1560年）都督卢镗与海道副使谭纶为抗倭而筑，清道光十三年（1833年），知县郭淳章重修，清朝官兵曾在此抗击过英法侵略军的进犯。月城位于招宝山顶北侧的两峰交界处，为威远城前哨阵地。清光绪九年（1883年），欧阳利见任浙江提督时建。威远城明清碑刻置于威远城内，多数为明、清军政要员手迹、题字。其中"保护宝陀寺勒石碑记"，欧阳利见撰并书于清光绪十五年（1889年），记述中法战争镇海口战役的情形，具有重要研究价值。

安远炮台设置在镇海口，位于招宝山东南

宁波镇海口明清碑刻

麓甬江边,清光绪十三年(1887年)由同知杜冠英和参将吴杰督造,次年冬告竣,原置后膛钢炮一座。遗存炮台为圆筒形,三合土夯筑。梓荫山的吴公纪功碑亭在梓荫山西麓,建于民国25年(1936年),系镇海士民纪念吴杰诞辰百年集资建造。亭四柱歇山顶,其形长方,枋上刻"吴公纪功碑亭"六个大字,南面左右两柱镌刻"威望震欧洲,丰功留梓荫"楹联。亭内置"吴公纪功碑"一方,上端削角,湘潭袁思亮撰,县人俞佐廷书,碑文记述吴杰的生平和功绩。俞大猷生祠碑记记载抗倭名将俞大猷事迹。

俞大猷(1504~1580年),福建晋江人,历任总兵、都督等职。明嘉靖三十二年(1553

宁波威远城

宁波安远古炮台

宁波金鸡山敌台

吴杰故居

年）率水师追捣沥港倭巢，明嘉靖三十五年（1556年）与卢镗、戚继光等合剿龙山、邱王一带倭寇，战绩卓著。邑人立生祠于镇远门内，因祠毁迁碑记于此，并建亭以纪念。亭在梓荫山东麓，镇海中学校舍围墙内。

泮池（裕谦殉难处）在镇海中学内，清道光二十一年（1841年）10月10日，中英鸦片战争镇海口之役镇海失陷，两江总督、钦差大臣裕谦（1793～1841年，蒙古镶黄旗人）投泮池尽节，为中英鸦片战争期间清朝封疆大吏中唯一亲临战场且以身殉国者。

吴杰故居系清光绪年间镇海炮台守备吴杰晚年所居。吴杰在中法战争镇海口之役中立有战功，在城区建有坐北朝南宅院，分东、西两院，呈"凹"字形布局，木结构建筑。

戚家山营垒位于戚家山在甬江南岸沙蟹岭西南角，与金鸡山毗连，清光绪七年（1881年），总镇杨春和所建。金鸡山敌台与招宝山隔江对峙，为欧阳利见督师御敌处。靖远炮台位于小港金鸡山东麓的沙湾头，清光绪六年（1880年），建曾置炮5座、营房5间。平远炮台位于小港金鸡山东北方向的山腰部，清光绪十二年（1886年）建。宏远炮台位于笠山顶上，规模宏大，为镇海口第一道防线。镇远炮台始建于清光绪六年（1880年），同知杜冠英督造。

1981年7月，威远城、月城、明清碑刻、安远炮台、吴公纪功碑亭、戚家山营垒被公布为县级文物保护单位。1989年12月，威远城等14处遗址被公布为浙江省级文物保护单位。其中威远城、月城、明清碑刻、安远炮台、吴公纪功碑亭、俞大猷生祠碑记、泮池（裕谦殉难处）、吴杰故居由镇海区文物管理委员会办公室管理；戚家山营垒、金鸡山敌台、靖远炮台、镇远炮台、平远炮台、宏远炮台由北仑区文物保护委员会办公室管理。1994年12月22

日，浙江省人民政府印发《关于划定慈溪上林湖越窑遗址等五十四处全国、省级文物保护单位保护范围及建设控制地带的批复》，划定镇海口海防遗址十四处遗址的保护范围与建设控制地带。1996年11月20日，镇海口海防遗址（14处）被国务院公布为第四批全国重点文物保护单位，编号4-0140-3-062。2005年8月18日，宁波市镇海区文物管理委员会、宁波市北仑区文物保护委员会建立镇海口海防遗址全国重点文物保护单位记录档案。

直波碉楼 为清代嘉绒藏族十八土司之一——松岗土司于清乾隆年间修建的具有防御性功能的建筑，系藏区八角石碉中的精品之作。碉楼位于四川省马尔康市松岗镇直波村，地处梭磨河南岸、莫斯都沟东岸的三角形一级台地上，与松岗土司官寨及碉楼隔河相望。松岗，又名从噶克、茸杠、绒嘎，意为半坡上的官寨，原属松磨土司辖地，由土司勒尔乌的胞弟泽旺恒周（根绰斯）任土舍。清乾隆十八年（1753年），泽旺恒周带士兵随清军平定大小金川土司叛乱有功，被清廷从松岗土司系统中剥离出来，单独授封"松岗长官司"，并颁发"松岗长官司印"，泽旺恒周成为首任松岗土司，直波碉楼即是他在位时修建的。

碉是青藏高原一种古老而奇特的建筑形式，四千年前西藏昌都卡诺文化遗址渐露雏形，两千多年前秦汉之际盛行于川西北高原，被史家视为独特的建筑艺术而载入史籍，即《后汉书南蛮西南夷列传》："（冉駹夷）皆依山居止，累石为室，高者至十余丈"之"邛笼"。碉以本地丰富的石块、片石为材料，以黄色黏土掺和稻草或麦秸秆为黏合剂，内夹方木或木条为墙筋，砌筑而成下大上小高十余米数十米不等，平面呈四角、五角、六角、八

直波碉楼远景

东碉

西碉

角、十三角形等的截顶锥体。墙体亦下宽上窄、内直外斜略带收分。碉内分为若干层，置独木梯以供上下。在底层或二层设门一道，每面墙体设内大外小的竖条形小窗若干，作为通风、瞭望、射击之用。碉多修建于村寨内及其附近入村寨的要道旁、交通要隘、渡口、关卡等地，按其功能可分为土司官寨碉、界碉、风水碉、寨碉和战碉等类，尤以战碉居多。平时在内贮藏食物淡水，战时则退避其内，居高临下打击敌人。只要贮备丰富，数十人即可坚守数月，形成数人守碉、万夫莫克的局面。清乾隆初期，川西北地区局势紧迫，各土司为防清军袭击而大兴土木，千碉林立，故川西北地区又得"千碉之国"的美称。清乾隆年间清军两

定金川，饱受其苦，损兵折将，屡战屡败。战后战碉被大肆拆除焚烧，碉楼建筑技术也由此走向衰落，几乎失传。

直波，亦为嘉绒藏语汉语音译，意为汹涌的流水。直波碉楼共两座，依山势呈东西向分布。西碉在村内，东碉在村北山脊上。两碉间距50米，皆为八角碉，石木砌筑，整体由下往上渐内收成截顶锥体，顶层均做外露式折角以增美感。内置独木梯上下。西碉占地面积约70平方米，平面外呈八角形，内呈不规划形。内径8米，外部每角两侧的边长2.05米、墙厚0.95米、通高29米，共7层。底层北墙中部开一门，门高1.8米、宽0.9米。第四层北墙中部及第五层西墙上各开一道小门，门高1.4

米、宽0.8米。碉北、西两墙每层均开1～2个内大外小的竖长条形小窗。东碉占地面积约70平方米，平面外呈八角形，内部亦呈八角形。内径8.5米，外部每角两侧边长2.15米、墙厚0.9米、通高24.7米，共6层。第2～4层北、西面墙上各开一门，大小分别与西碉的门基本相同。东南、东北墙的1～2层亦各开有一个边长0.2米的方形瞭望孔。

中华人民共和国成立初期，直波碉楼由本地居民自行管理。20世纪80年代，由马尔康县文化馆代为管理。1989年1月，直波碉楼被阿坝州人民政府公布为第一批州级文物保护单位。1991年6月，被四川省人民政府公布为第三批省级文物保护单位。1995年，马尔康县文物保护管理所成立，负责碉楼的日常管理及保护。2001年6月25日，直波碉楼被国务院公布为第五批全国重点文物保护单位，编号5-384-3-190。2004年2月，马尔康县文物管理所与松岗镇人民政府签订《全国重点文物保护单位——直波碉楼保护协议书》，规定松岗镇人民政府作为直波碉楼保护的责任主体，负责保护、管理、利用及展示工作。2005年，建立直波碉楼全国重点文物保护单位记录档案，分别存放在阿坝州、马尔康县两级文物部门。2014年10月，四川省人民政府划定并公布直波碉楼的保护范围和建设控制地带。

定远营 是内蒙古自治区阿拉善地区清代官式建筑的代表，也是蒙古西部著名的胜迹之一，位于内蒙古自治区阿拉善盟阿拉善左旗巴彦浩特镇王府街北侧的旧城区。

清康熙二十五年（1686年），蒙古部顾实汗之孙和罗理归顺清政府，后又出征青、藏有功，被封为世袭亲王。雍正八年（1730年），清廷在贺兰山以西把定远营作为重要的军镇来建设经营。雍正九年（1731年），定远营建成后不久，因阿拉善旗郡王阿宝在参与对准噶尔部噶尔丹策零的战争中屡立战功，清廷遂将定远营赐予阿宝。阿宝将定远营作为阿拉善和硕特旗札萨克多罗郡王王府所在地，仍以定远营称之，又称王爷府，一直沿用至民国38年（1949年），历九代十王。阿宝之子罗布桑多尔济袭位后，在王府西侧建家庙，清乾隆八年（1743年）建成，乾隆二十五年（1760年）重修，赐名延福寺，俗称衙门庙。庙坐北朝南，占地约25万平方米，四合院式布局，设计独特，建筑精巧、宏伟，兼具蒙古、汉民族建筑艺术风格。原有衙门、宅院、庙宇、花园等。西院遗存有府门、大殿及东、西配殿等，东院存王爷眷属住所。东北部尚有民国时期建造的一栋中西结合式房屋。

定远营，别称卧虎城，以城呈卧虎形而得名。定远营军事战略地理位置甚为重要。城墙依山取势，东高西低，整体呈不规则方城形。城垣大部分为夯土筑成，表以青砖砌成并砌垛口，城池周长1.6千米，南门有瓮城，东门在

定远营南门及城楼

定远营阿拉善王府

城的东南角，无西门和北门，四角有城楼。北城墙居中建有1座关帝庙，南城门外为商业街。北城外隔一条大沟对面是营盘山，山上有3座堡子，拱卫着定远营王爷府。定远营由城墙、阿拉善王府、延福寺和部分古民居组成。

定远营古民居位于原定远营城内西部，系古城的重要组成部分。自王府兴建始逐步扩展，形成一片规模较大的民居建筑群落。主体部分布局以牌楼、城隍庙所在的城隍巷为轴

定远营古民居头道巷

线，分东、西两部分，每部分又以东西为走向自南至北分为几道巷，巷内并排建有数户或数十户居民，为王族近支、王府官吏、上层喇嘛的居所（民国后开始有商贾入住）。院内以门楼、正房为中轴对称分布，分东、西厢房。正房及厢房基本上为面阔三间，一明两暗。

阿拉善王府位于巴彦浩特镇王府街北侧，原定远营古城内东部，占地面积8000平方米，是定远营古城内建筑群的主体。王府与西面延福寺（家庙）、古民居及周围古城墙建筑共同构成定远营古城主体。王府始建于清雍正九年（1731年），为阿拉善和硕特蒙古部历代王爷处理行政事务与生活居住的地方。王府严格按《大清会典》郡王府第建筑等级规定营建，坐北朝南，纵深三进，分三路横向布列，采用中轴对称，中路为扎萨克办公之所，其等级在王府组群建筑中最高，东路为起居生活之所，西路为仓廪后勤执事所用。王府东侧为花园。

定远营延福寺

延福寺是阿拉善地区藏传佛教的发祥地和最早建成的寺庙建筑，藏名"格吉楞"，俗称衙门庙，位于巴彦浩特镇王府街北侧，原定远营古城内中部，阿拉善王府的西侧。延福寺前身为三世小庙，始建于清雍正九年（1731年），开始修建大雄宝殿，以后陆续完成周围的建筑，整体为汉、藏式结构。雍正十一年（1733年），阿拉善和硕特蒙古部第二代郡王阿宝先期创建大经堂，乾隆四年（1739年）第三代郡王罗布桑道尔济予以扩建，乾隆二十五年（1760年）重修，赐名"延福寺"，并赐用满、藏、蒙、汉文金字匾额。遗存建筑为民国修葺后的风格。延福寺坐北朝南，占地面积7623平方米。建筑采用中轴对称布局，主要建筑有大雄宝殿、山门、东西配殿、转经楼、钟鼓楼、如来佛殿、密宗殿、阿拉善神殿等大小殿堂十几座，加上其余房舍共计232间。如来佛殿有如来佛像3尊，罗汉像18尊。

定远营古城建筑群是阿拉善地区蒙古和硕特旗政治、经济、文化中心，是见证阿拉善和硕特蒙古部发展历史的最具代表性的遗存。王府建筑群完全依据《大清会典》典章制度建设，不仅集中体现严格等级制度，还反映和硕特民族的民情、民俗、礼仪、伦理等不同文化，成为阿拉善唯一的清代官式建筑代表。定远营古城的传统民居的布局具有井坊制的特点，纵为街、横为巷，院落依次排列，其特征表现出宁夏式传统民居与北京四合院民居相结合的特点。定远营古城的营建体现了民族特征和少数民族地区建筑技术的进步。在定远营东，至今还保留一段10米的古城。土墙的上方垒砌着古砖。定远营的营建是和硕特部从游牧走上定居的一个标志和起始点，是阿拉善左旗历史的缩影与见证。定远营一直是阿拉善历史上的重要城市和经济、宗教、文化中心，是内蒙古西部最具传统特色、保存历史文化遗产最为集中、文物资源最为丰富的古城。

1952年11月1日，原宁夏省阿拉善自治区定远营改名巴音浩特。1956年，定远营划归内蒙古自治区，改名为巴彦浩特。2006年5月25日，定远营被国务院公布为第六批全国重点文物保护单位，编号6-0491-3-194。2008年10月，国家文物局批准《阿拉善左旗定远营保护总体规划》。2009年，编制完成《定远营古城第一期保护工程——定远营王府修缮保护方案》。

岳阳楼 是中国著名的楼阁遗存，与湖北武汉黄鹤楼、江西南昌滕王阁并称为"江南三大名楼"。岳阳楼位于湖南省岳阳市城西北高丘的城台之上。

岳阳楼初始相传为东汉末年孙吴集团将领鲁肃训练水师的阅兵台。唐开元四年（716年）中书令张说谪守岳州，兴建南楼。岳阳楼的名称最先见于李白《与夏十二登岳阳楼》、杜甫《岳阳楼》等诗中。岳阳楼屡毁屡修，有史可考的修葺有50余次，其中重修逾24次。在历次重修重建活动中，有两次意义重大：一次是北宋庆历四年（1044年）滕子京谪守巴陵郡，次年修岳阳楼，并请范仲淹撰《岳阳楼记》，自此楼以文重，岳阳楼享誉天下；第二次是清光绪六年（1880年），岳州知府张德容对岳阳楼进行大规模重建，将楼址内迁20余米，修筑驳岸，修葺仙梅亭、三醉亭。遗存岳阳楼即为此次重建遗构。

岳阳楼以城墙为基础，坐落在岳阳门之上。岳阳门为原岳州府西门，是古代从水路进入岳州的重要通道。门阔2.1米，至城墙平台地面高6.75米，门洞隧道长38米、高3.85米。城门西面为登城石板踏道，直通至洞庭湖边。

岳阳楼

岳阳楼背面

岳阳楼遗存主体为明代建筑，清光绪年间重修。平面呈矩形，面阔17.24米，进深14.54米，占地251平方米，为三层三檐，盔顶式纯木结构建筑，顶覆黄琉璃瓦，楼高19.42米。如此大型的盔顶建筑，在中国古建筑遗存中独一无二，为岳阳楼的独特标志。"岳阳楼"匾悬挂于檐下，系郭沫若1961年所书。楼内部以4根直径60厘米的楠木大柱直贯楼顶，承载楼体的大部分重量。再用12根圆木柱子支撑二楼，外以12根梓木檐柱顶起飞檐。楼内地面为方砖铺砌，正中摆放大型书案，楼屏嵌清道光四年（1824年）临摹复制的清乾隆八年（1743年）张照书《岳阳楼记》。从楼屏右侧后楼梯登二楼。二楼在通天柱与两山老檐柱之间增立金柱4根，柱径0.42米、柱高6.58米，由一楼地板枋托住，直顶三楼平板枋，使二楼面阔成为五间，次间、梢间均面阔1.67米；楼屏嵌张照书《岳阳楼记》紫檀木雕屏原件。该雕屏由12块组成，高3.2米、宽4.145米。从二楼经回廊登三楼。三楼面阔三间8.1米，进深一间，高5.4米。三楼内东面板壁上，悬挂杜甫《登岳阳楼》诗匾，为毛泽东手迹，匾高1.38米、宽2.97米。岳阳楼前左右分列仙梅、三醉两亭，构成一主两从布局。仙梅亭为两层重檐六角攒尖顶，明崇祯十二年（1639年）重修岳阳楼时始建，后毁于火灾。清乾隆四十年（1775年）重建。仙梅亭总高11.99米，平面呈六边形，双围柱结构，亭内立《仙梅亭记》石碑。三醉亭为两层重檐歇山顶，清乾隆四十年（1775年）根据民间流传"吕洞宾三醉岳阳楼"故事修建，名望仙亭，后塌毁；道光十九年（1839年）重建，改称斗姆阁，后毁；同治六年（1867年）重建，改称三醉亭。三醉亭总高11.59米，一楼面阔、进深均三间，一楼楼屏嵌《洞宾醉酒》国画。两亭造型各异，烘托出岳阳楼的雄伟，增添了灵动秀美之气息。

岳阳楼古属城楼，属城邑战备守卫设施，由地方政府及驻守军队管理，到南北朝时期，变为军事、游览兼用的建筑。至迟明代，形成由道士住持岳阳楼"供奉吕祖"的局面。清代，岳阳楼转为以观赏、游览为主的楼阁，由僧、道主持日常管理事宜。民国时岳阳楼收为国有。中华人民共和国成立后，岳阳楼由岳阳县人民政府接收、管理。1956年7月24日，岳阳楼由湖南省人民委员会公布为第一批省级文物保护单位。1958年7月，成立岳阳楼管理所；2000年，更名为岳阳楼景区管理委员会。1983年，政府投资对岳阳楼进行落架大修。1988年1月13日，岳阳楼被国务院公布为第三批全国重点文物保护单位，编号3-0066-3-014。2014年，编制完成《岳阳楼保护规划》，2016年5月18日，由湖南省人民政府公布实施。

健锐营演武厅 是北京仅存的集城池、殿宇、亭台、碉楼、教场为一体的武备建筑群，位于北京市海淀区四季青镇香山南路红旗村1号。

清乾隆十一年（1746年），四川金川地区土司莎罗奔企图吞并附近诸蕃。次年，清廷出兵平乱，大金川土司遂起兵叛乱，抵抗清军。大小金川地区山高险峻，沟壑相连易守难攻，加上当地土司在险要路口及山涧沟谷等要塞砌筑许多高大、坚固的石碉楼，派兵把守，使得清军久攻不克、伤亡惨重。乾隆震怒，从八旗将士中选出精兵，在香山地区仿建几十座碉楼演练攻碉战术。乾隆十四年（1749年），清军取得了大、小金川战争的胜利，乾隆帝感于这支部队的骁勇，遂将其命名为"健锐云梯营"，作为常设的特种部队驻扎在西山脚下，同时修建团城、演武厅，不仅是健锐营的练兵场，还作为八旗兵丁定期合练的场所。辛亥革命后，清帝逊位，演武厅被荒废。民国时期，日军占领北平，演武校场作为农田被圈入华北农事试验场。

健锐营演武厅原为清代帝王操练和检阅健锐营云梯部队之所在。整体为环形城堡式建筑，城外围绕护城河。建筑整体坐北朝南，由北向南依次为石桥、团城、北城楼、东值房、西值房、南城楼、演武厅、东朝房、西朝房、校场、西城楼门、实胜寺碑亭、放马黄城。

石桥，位于北城门外，桥长9.9米、宽4.15米，是清代帝王检阅健锐营，由香山静宜园驾临演武厅的必经之路。团城，东西直径50.2米，南北直径40米，城高11米，厚5米，周长仅190米，平面呈椭圆形，面积约2000平方米，堪称世界上最小的城池。城上南北各设有一座城楼，青砖城砖，南北各有拱券门洞供人出入，南北玉石门额分别刻有乾隆御书的"威宣壁垒""志喻金汤"。南、北城楼均面阔三间，四周抱以围廊，重檐绿琉璃瓦剪边歇山顶。北城楼内立一卧碑，乾隆御书《御制实

团城演武厅全貌

团城北城楼及登城马道

团城北城楼南立面

城内西值房、登城西马道

《胜寺后记》汉、满、蒙、藏四种文字，碑文表彰健锐营在平定准噶尔回部叛乱中及其他战役中立下的赫赫战功。南城楼是演武检阅时皇帝与官员们休息的场所。城内东西各设厢房三间，供日常值守的士兵值班之用。演武厅位于整体建筑群的南北中轴线上，坐北朝南，面阔五间，进深两间10米，前出抱厦三间，四周环以回廊，厅前有月台，长21米。清代乾隆、嘉

庆、道光等多位皇帝曾在这20多次亲临阅兵。演武厅东、西两侧各设有面阔五间的东、西朝房，是大臣陪同皇帝检阅健锐营操练的地方。东朝房在20世纪初被八国联军焚毁；西朝房20世纪50年代时被拆毁，只剩基础，均为原址复建。演武厅的南面空旷场地为健锐营士兵检阅操演的校场，占地1.2万平方米。仅有北部小部分区域为团城演武厅管理处控制，已恢复为

硬化黄土地。东、南面大部分范围尚属巨山农场所有。西城楼位于团城西南，《日下旧闻考》载，因其立面呈梯形，故又被称为梯子楼。梯子楼由虎皮石砌筑，高11.2米、面阔24米，正中为拱券门洞，南北两端各有踏步通达顶部。健锐云梯营在此演练架云梯攻城的操练，顶部为将领指挥台。实胜寺碑亭位于西城楼门南面的果园里，为黄琉璃重檐歇山顶。碑亭内立有巨大青石方碑1通，四面方广如一。碑体通高5.7米，四阿顶式碑首，有篆额"御制"二字，四面雕"二龙戏珠"；碑身高3.1米、宽1.55米，碑侧高浮雕云龙戏珠；下部须弥座，高浮雕云纹、龙纹。碑身四面分别用满、蒙、汉、藏四种文字镌刻，其中汉文为乾隆御笔。《敕建实胜寺碑记》记述第一次金川战争是"实实在在"的胜利及在西山建实胜寺并组建健锐营的前后经过。该碑形制独特，地位尊崇，素有"西山碑王"之美誉。放马黄城位于演武厅东南侧，呈弧方形，城墙原高6米、厚1米；城墙开有5座城门。墙东砌有7座碉楼，大部分毁于20世纪50年代末期。

健锐营演武厅内保存的《敕建实胜寺碑记》和《御制实胜寺后记》两块石碑，是研究清史和健锐营历史的重要资料。健锐营演武厅为砖木结构，宏伟壮观、气势雄浑，建筑艺术风格独特，此外碑刻、匾额之细致，浮雕云纹之精美，体现极高的艺术价值，为研究清代中国古建筑提供很好的实例，具有很高的科学研究价值。

1979年8月21日，团城演武厅被北京市人民政府公布为第二批北京市级文物保护单位。1993年始，团城演武厅实施南、北城楼、部分城墙、石桥等修缮及东西朝房复建工程。2006年5月25日，团城演武厅以"健锐营演武厅"为名被国务院公布为第六批全国重点文物保护单位，编号为6-0306-3-009。1987年，北京市人民政府印发《关于第二批划定120项文物保护单位的保护范围及建设控制地带的报告的通知》，划定公布团城演武厅的保护范围及建控地带。1988年，团城演武厅由北京市农场局移交市文物局进行管理保护。同年6月，正式成立北京市团城演武厅管理处。2007年，健锐营演武厅建立全国重点文物保护单位记录档案，保存于团城演武厅管理处。

第八节 衙署

古莲花池 是中国北方著名的古代园林之一，位于河北省保定市中心的裕华西路246号。

古莲花池始建于金正大四年（1227年），原名雪香园，一度荒废。明嘉靖四十四年（1565年）重建，万历十五年（1587年）扩建时地方官员提出要以莲池池水为"水鉴"，故莲池又有"水鉴公署"之雅号。池中荷花经久不衰，故明代以后称为莲花池。清雍正十一年（1733年）在莲花池西北部建莲池书院。乾隆十四年（1749年）增建亭台楼阁，形成十二景，被誉为"城市蓬莱"。光绪二十六年（1900年）秋，英、法、德、意四国联军入侵保定，莲池所藏的珍贵文物被洗劫一空，亭、台、楼、阁化为灰烬。光绪二十九年（1903年）修复此园。

莲池正门坐南朝北，门楼是一座歇山翘角、三门三楹的古典式建筑，1965年重修，门前一对石狮雄踞左右。大门南侧为东、西碑廊和宸翰院，陈列着昔人碑碣，铭刻着保定古城历史的变迁。绕过春午坡，一座三控五斗彩绘

古莲花池大门

古莲花池

牌楼，建于1975年，枋心正面"古莲花池"四字篆书园名。步过牌楼，临水而建的是一座飞檐微翘、红柱擎托的古亭，叫濯锦亭，建于清光绪二十九年（1903年）。亭东是直隶图书馆，建于光绪三十四年（1908年）。馆南毗连的是金公殉难碑亭，重建于2003年。亭南为水东楼，楼分两层，建于清代，光绪末年改建，1989年7月重修。假山顶有一四角攒尖小亭，名观澜亭，建于清代。莲池中有一座三拱石桥即元代桥，是园中遗存最古老的建筑，叫绿野梯桥。寒绿轩建于清代，2002年落架重修。六幢亭高耸山巅，亭为三面虚敞、一面成壁的四角形建筑。亭西沿台阶下山，便是六角攒尖小亭，建于光绪七年（1881年），名不如亭。藻泳楼，2003年落架重修，门前一对铁狮雄踞其

间。由藻泳楼北眺，水中亭为重檐八角攒尖宝顶的建筑，建于清末民初，1976年整修。亭北有曲桥，亭南有宛虹桥。前面红墙内的一组建筑，名蕊幢精舍，原为佛寺，莲池行宫十二景之一，坐落着东西两重庭院，西院为篆窠、藏经楼，东院为煨芋室、十诵禅房。篆窠是三间穿堂形式的殿堂，是一组烧香拜佛之所，因盘香燃烧时烟雾状如篆字而得名。藏经楼因其收藏《大清三藏圣教真经》而得名，内奉大雄教典七千余卷，已辟为文物库房。东院为煨芋室、十诵禅房。煨芋室为僧人生活区，十诵禅房为接待云游僧人的地方。蕊幢精舍东南侧的建筑名绎堂，为莲池行宫十二景之一，包括绎堂、驻景楼、不如亭三组建筑。绎堂为坐西朝东的平房3间，前有抱厦，后有浅廊，这里

是习射的场地。蕊幢精舍西侧为昆阆，建于1964年，院内一座东、西、北三面环绕的廊院建筑，南有5间正房，2间耳房，北有张裕钊、宫岛大八师生纪念碑，建于1986年。院内有距今4亿多年的珊瑚蜂窝化石。西小院之北是君子长生馆，原名课荣书舫。面宽五间，进深二间，四周有曲廊，1975年落架重修。小蓬莱的北邻是一组奇特的古建筑群，分别由响琴涧、响琴榭、响琴桥和听琴楼组成。听琴楼毁于清光绪二十六年（1900年），2001年恢复。响琴涧是池塘的一段濠涧，涧内散置礁石。响琴榭为3间，东、南、北三面为敞门平顶。响琴桥东有一座四方攒尖顶小亭，名洒然亭，1971年重修。再往东有一块硕大奇特太湖石，矗立在曲径桥的北头，石腰镌刻篆书"太保峰"三字。向东即为奎画楼，奎画楼东为高芬阁，2003年落架重修。北侧为书院碑廊，存有莲池书院法帖。向前为绪式濂溪，过道有两排正房，名为花南汧北草堂，前排为宾宴场所，后排为皇帝召见直隶大臣之地。

1956年，河北省人民委员会公布古莲池为河北省重点文物保护单位。1963年9月，保定市政府成立保定市莲池管理处，负责莲池的管理和保护工作。1982年7月23日，河北省人民政府重新公布古莲池为河北省重点文物保护单位。1992年3月，河北省人民政府公布古莲花池保护范围和建设控制地带。1996年4月25日，保定市莲池管理处更名为保定市莲池管理所。1996年11月20日，国务院公布古莲花池为第四批全国重点文物保护单位，编号4-0222-3-028。2005年12月，保定市莲池管理所与保定市莲池书院合并为保定市莲池管理所。2007

年8月，保定市莲池管理所更名为保定市莲池博物馆。保定市政府公布古莲花池的文物保护范围和建设控制地带。保定市莲池博物馆完成古莲花池的全国重点文物保护单位记录档案编制，档案保存在保定市文物局。

临晋县衙 是中国元代县衙建筑史上遗存的一处典型范例，位于山西省临猗县城西北20千米的临晋镇。

临晋县衙建于元大德年间（1297～1307年），明清两代及民国年间均有修葺。县衙坐北朝南，占地面积1.6万平方米，建造宏伟，建筑南北轴线长达260米。县衙由南向北依中轴线上原建有大门、仪门、宜门、大堂、二堂、三堂。遗存有大堂、二堂和三堂及银亿库和书房。大堂亦名正堂，是历代县官办理大事、审判公案的重要场所。面阔五间，进深六椽，大堂用柱14根，柱网分布采用内槽当心间与次间减柱造，使堂内空间宽阔明亮。梁架为彻上明造。柱头斗拱双昂五铺作，琴面假昂，柱头卷杀明显，柱础覆盆式。堂前正面檐柱大于各柱，当心间两根采用抱柱造。前檐额枋用材硕大，以三根大圆木制作，增加大堂的庄严气氛。二堂面阔五间，进深三间，单檐硬山顶。三堂面阔三间，进深三间，堂前带廊。两堂结构简洁，无斗拱装饰，为清代建筑。银亿库位于大堂与二堂中院之东侧，书房位于三堂西侧。

临晋县衙是元代县衙建筑史上的一处典型遗存，其庞大而威严的建筑布局，对研究中国早期县衙建筑，特别是元代县衙建筑的形制与演变，具有重要的价值。临晋县衙以大堂为主体的古建筑，较完整地保留古代县衙营造格局，特别是大

临晋县衙大堂

临晋县衙大堂石柱础

临晋县衙大堂梁架

堂建筑用料独特营造法式奇巧，虽迭经修复，仍完好地保留了元代的建筑艺术风格。临晋县衙历史悠久，内涵深邃，为研究衙署文化和官吏制度，提供可靠有力的实物证据。

1960年，临晋县衙被临猗县人民委员会公布为县级重点文物保护单位。1983年，临猗县人民政府成立临猗县文物管理所，负责临晋

县衙的管理与保护。1996年，临晋县衙被山西省人民政府公布为第三批省级文物保护单位。1998年，经临猗县人民政府批准，县衙由原县委党校管理移交临晋镇政府管理。1999年8月，经山西省文物局批准，对大堂进行落架大修。在维修大堂时，发现《直指按晋训廉谨刑约言》碑刻，由明万历四十二年（1614年）时

任巡按山西监察李若星撰发，临晋知县杨名显勒石。2001年6月25日，临晋县衙被国务院公布为第五批全国重点文物保护单位，编号5-0256-3-062。2002年8月，山西省人民政府印发《关于公布太原晋阳古城遗址等102处全国重点文物保护单位保护范围的通知》，公布临晋县衙的保护范围和建设控制地带。临晋县衙已建立全国重点文物保护单位记录档案，保存于山西省古建筑保护研究所。2011年4月，临猗县人民政府批准成立临晋县衙文物管理所，负责其管理保护工作。

鲁土司衙门旧址　是中国保存完整的土司衙门建筑群之一，位于甘肃省兰州市永登县连城镇大通河东岸。

鲁土司衙门为历代鲁土司统治中心，始建于明洪武十一年（1378年），明宣德、嘉靖增修、扩建。清嘉庆二十三年（1818年），十五世土司鲁纪勋进行大规模修缮和扩建，形成后世的规模。关于鲁土司先祖，存有多种说法。根据五世土司鲁麟立于明弘治十五年（1502年）的《明靖虏将军鲁克明公鉴墓志铭》、十四世土司鲁王番修订的《鲁氏家谱》和十五世土司鲁纪勋《鲁氏世谱》记载，鲁氏始祖脱欢为成吉思汗第六子之玄孙，属元宗室。明洪武三年（1370年）率部归顺明朝，诏封为土司，开始世袭。三世土司失加因随驾征战有功，被明成祖赐姓为鲁，更名鲁贤，史称鲁土司，授封世袭庄浪卫指挥使，从此鲁土司步入

鲁土司衙门旧址全景

鲁土司衙门大门

鼎盛时期。三世之后的鲁鉴、鲁麟、鲁经，战功显赫，为明朝著名大将，明史有传。入清以后，一些土司忠勇果敢，被调往外地做官，官至一品或二品大员，卒后朝廷遣使谕祭，追赠大夫、将军等更高荣誉。民国21年（1932年），土司制度被废止，鲁土司共传十九世，历时562年。

鲁土司衙门旧址由鲁土司衙门、妙因寺、显教寺、雷坛组成。其中鲁土司衙门建筑群由中路署衙、西路妙因寺和东路宅院三部分组成。署衙建筑群始建于明洪武十一年（1378年），坐北朝南，中路建筑一进五院，由南往北布置衙署、内宅、家庙，依次为大照壁、牌坊、大门、提督军门、大堂、如意门、燕喜堂、朝阳门、祖先堂、大库房等。照壁为青砖所砌；牌坊为三间四柱木构，歇山顶，上覆青筒瓦，牌坊中心间嵌木质匾"世笃忠诚"，牌坊东西两侧各置一间牌楼门。牌坊北为一小广场，广场北侧由南向北依次分布四座院落。第一院大门硬山三开间，两侧砌八字墙，俗称六扇门。院内北侧，建提督军门，面阔三间、进深两间，青瓦硬山顶，上悬"提督衙门"匾。军门两侧各有小门，东名生门、西名绝门。从军门进入便为二进院，院北为前有三间卷棚抱厦的大堂，堂为歇山顶，面阔五间、进深三间，大堂内悬挂"报国家声"匾，大堂前两侧建有东、西厢房。大堂之后为第三进院，院南设小门，名如意，门内为内宅，院北建有面阔五间、进深三间歇山顶的燕喜堂，堂前东西建有厢房。燕喜堂之后为第四进院，院南壁置歇山顶朝阳门，门北院内升九阶为祖先堂，堂二层，青瓦歇山，面阔五间，进深三间，上层后檐柱向内出单翘单假昂，上承七架梁，为类似插拱的做法。堂前东西两侧各建两层配楼。第四进院后为库房院，一层，构架简单。

东路建筑存有二堂院、书房院、土司及家眷佣人居住的三大宅院等6个院，均为四合院。二堂五开间、起脊；书房院正房起脊，五开间，厢房为卷棚，三开间；家眷及佣人居住院落正房亦为五开间起脊，厢房为卷棚，以上几院建筑皆为硬山。宅院之后东北角建后花园，占地约1.5万平方米，景观建筑原有园门房、戏楼、土地庙、绿照亭、八卦亭等，仅存绿照亭、园门房和八卦台基址。园内存有明代万历时古树名木核桃3株，最大树径1.6米、冠径25米，酸青果一株，暴马丁香一株和清嘉庆

鲁土司衙门屋顶吻兽

时柏树数株。

署衙建筑地基由南到北逐级抬升，表现出威严之势。1958～1978年，衙门粮仓院、马厩院、灶房院、吹鼓楼、午门等建筑被拆毁。署衙原占地约5万平方米，建筑面积约1.4万平方米，遗存占地42900平方米，建筑面积8640平方米，古建筑296间。明代建筑面积占总量的近一半，其他为清代重修时所建。所有建筑中有12座建筑为歇山顶建筑，其他大多为硬山顶建筑，个别为卷棚顶建筑。

妙因寺紧邻署衙西侧，为鲁土司衙门属寺，藏传佛教寺院，明永乐年间由三世土司鲁贤始建，原名西大通城金刚持寺，明宣德二年（1427年）赐名妙因寺。正统、成化年间，清雍正、咸丰年间，均有扩建。寺院坐北向南，布局没有中轴对称，采用突出主体建筑外部造型和体量来突显寺院主次。主要建筑有山门、鹰王殿、金刚殿、古隆官殿、塔尔殿、万岁殿、多吉羌殿、神僧殿、大经堂。万岁殿坐北朝南，大梁存题记一处，云"大明国宣德贰年岁次……吉祥如意者"，殿正方形，面阔、进深均五间，重檐歇山，外设封闭式回廊一周，殿内顶部为平棊顶，由168块天花组成，每块天花绘佛教尊神。大殿东、西、北三面有通体壁画，塑有藏式佛像多尊。外回廊壁画为全寺最重要壁画，绘有完整的汉传佛教故事。该殿建于明宣德二年（1427年）。多吉羌殿位于万岁殿北，坐北朝南，是妙因寺主殿都刚殿。平面为长方形，面阔三间、进深三间，单檐歇山，上覆绿琉璃瓦。殿内顶为正中藻井的平棊顶，天花320块，绘有藏传佛教尊神、花草和曼陀罗。两山及后墙有精美砖雕，墙顶

显教寺大殿

雕垂莲柱、花板，墙身为大面积花卉、鸟兽、八宝、梵文经咒、菩萨、罗汉等，建于明成化七年（1471年）。塔尔殿位于万岁殿前西侧，坐西朝东，平面略呈正方形，面阔三间、进深一间，前有抱厦，单檐歇山，建于清中期。五世、六世达赖喇嘛和五世、十世班禅大师曾到此寺驻锡，妙因寺一度成为青海地区的佛教圣地。1958～1978年，寺院牌坊、3处活佛府邸等共82间房屋被拆。

显教寺位于鲁土司衙门东南，相距衙门50米，属藏传佛教寺院。该寺始建于元代，后经第三世鲁土司呈报，永乐九年（1411年）明成祖为该寺下敕谕一道，遣使送来礼币。成化十八年（1482年）明宪宗赐名"显教"。清咸丰己未至庚申进行大修。寺院占地1325平方米，原建有照壁、山门、金刚殿、大雄宝殿和多间僧房。1958年，寺院遭到破坏，照壁、山门、金刚殿被拆。遗存大雄宝殿建于明成化十四年（1478年），坐北朝南，方形，面阔五间，进深五间，单檐歇山，周围廊。殿内顶为天花，保存较好，平棋顶和拱眼壁画为明清时遗物。1984年，在天花板内发现99幅精美唐卡，绝大部分完好。

雷坛位于鲁土司衙门西北侧，相距衙门旧

址约100米，属道教龙门派的雷部尊神之庙，由六世土司鲁经于明嘉靖三十四年（1555年）所建。雷坛原占地1617平方米，建有山门、过殿、大殿、厢房，建筑平面布局为"雷"字形。遗存建筑为过殿和大殿。过殿面阔三间，进深一间，硬山卷棚，前后出廊。大殿单檐歇山，面阔三间，进深一间。斗拱为五铺作重拱双出杪，补间及转角施五朵，山面六朵。门楣上保存明代木胎泥塑道教神像7尊。殿内东西两壁有壁画，为雷神尊像。内外拱眼壁画170余幅，有佛、菩萨、护法等内容。天花壁画为曼陀罗。

1981年，鲁土司衙门旧址（包括妙因寺）被公布为甘肃省文物保护单位。1984年，设立鲁土司衙门文物管理所。1985年，雷坛、显教寺被公布为县级文物保护单位。同年，鲁土司衙门作为旅游景点全年开放。1996年11月20日，鲁土司衙门被国务院公布为第四批全国重点文物保护单位，编号4-0164-3-066。1999年，甘肃省人民政府印发《关于公布永登连城鲁土司衙门旧址保护范围的通知》，公布保护范围。2006年5月25日，显教寺和雷坛在国务院公布第六批全国重点文物保护单位时，被作为扩展项目归入鲁土司衙门旧址。同年，建立鲁土司衙门旧址全国重点文物保护单位记录档案。2003～2007年，国家文物局拨款实施鲁土司衙门、妙因寺全面修缮工程。2012年、2013年、2015年，国家文物局先后投资实施完成鲁土司衙门旧址安防、消防和防雷工程。2014年，补充完善鲁土司衙门旧址记录档案，建立显教寺和雷坛的记录档案，由永登县博物馆办公室保管。

故宫 又称紫禁城，是中国明清两代的皇宫，也是世界上遗存规模最大、保存最完整的古代木构建筑群。明清两代共有24位皇帝在此登基执政，是明清时期国家统治的核心机构所在地。故宫位于北京市东城区景山前街。

故宫始建于明朝永乐四至十八年（1406～1420年）。历经明清两代多次重修和扩建，仍保持原有布局和建筑风格。

故宫占地72万多平方米，共有宫殿9000多间。宫殿沿着一条南北向中轴线排列，并向两旁展开，南北取直，左右对称，气魄宏伟，规划严整，极为壮观。中轴线贯穿整个紫禁城，南达永定门，北到鼓楼、钟楼。

紫禁城的四周是高大宏伟的紫红色宫墙，宫墙长达3400米；四面正中各开辟一门，南门称作午门，东门、西门分别称为东华门、西华门，北门是神武门；宫墙的四角各矗立一座风格独特、造型秀丽的角楼；紫禁城外环绕着宽52米的护城河，与高大的宫墙、角楼构成一个恢宏壮阔的整体。

故宫的宫殿分前后两个大的部分，前为外朝，后为内朝，建筑风格迥然不同。外朝是皇帝举行重大典礼、与群臣商议国政的场所。午门是外朝的开端，位于皇宫轴线最南端，即十二辰子午线的午刻位置，故称午门，在皇宫四门中最为雄伟宏大。午门始建于明永乐十八年（1420年）。建筑平面呈"凹"字形。基础部分为大城砖垒砌的12米城台，城墙当中辟有三座正门，两侧折角处各有东西掖门一座，形成"明三暗五"的效果。门前御道左右设有嘉量、日晷，城台北侧有马道可通上下。城台正中，建有面阔九间重檐庑殿顶的高大门楼。

太和殿广场

中和殿、保和殿

城楼东、西转角处各有重檐攒尖顶方亭一座，为钟鼓楼。方亭南侧有13间廊庑向南伸出，连接南端面阔三间、重檐攒尖顶的方形翼楼，形如鸿雁展翅，俗称雁翅楼。因五座城楼崇伟环抱，又称五凤楼，亦有比附南方朱雀的含义。午门是由秦汉时代的宫阙形式演变而来，建筑高大宏敞，特别突出皇家气派。古时全国很多重要的礼制活动，都在午门广场进行，如颁朔、献俘、庭杖、宣诏等。典礼之时钟鼓齐鸣，香烟缭绕，云旗飞扬，极其隆重威严。故宫三大殿是外朝的核心部分，三座大殿建在一个平面呈"土"字形的三层汉白玉须弥座高台之上，取戊己土居中之意。南侧的太和殿是最重要的一座，俗称金銮殿，建筑面积达2377平方米，是帝王举行大典、接受百官朝贺的场所。太和殿采用中国古建筑中最高等级的形制和陈设。重檐庑殿顶，黄筒瓦，金龙和玺彩绘。建筑面阔九间（另带东西夹室各一间），进深五间，以应君王的"九五之尊"。太和殿正脊的十三拼鸱吻体量之大（高3.4米，重4300千克），四角飞檐走兽数量之多（十全脊兽），均为全国之最。中和殿是皇帝举行朝贺庆典前休憩场所。中和殿采用了方亭式做法，进深面阔均为三间，四周带回廊，黄筒瓦四角攒尖，圆形鎏金宝顶。殿身四面不砌围墙，满设门窗，这与《礼记》中所说的明堂之制相类似。保和殿是皇帝由寝宫进入外朝的更衣之所。面阔九间，进深五间，黄琉璃筒瓦重檐歇山顶，空间节奏有所变化，规模形制仅次于太和殿。建筑上沿袭了宋元时期的减柱造方法，略去殿内前檐六根金柱，使得殿内空间更为明朗。

内廷后三宫是帝后妃嫔的生活起居场所，包括乾清宫、交泰殿、坤宁宫及其附属建筑。明初时，因内廷属阴，故只建乾清宫和坤宁宫两座。至明嘉靖年间，取天地交泰之意，增建交泰殿，形成后三宫格局。内廷正门为乾清门，面阔五间，进深三间，黄筒瓦单檐歇山顶，坐落在1.7米高的须弥座台基之上，中间有云龙御道，两侧为一封书式八字影壁。后三宫的建筑与前朝三大殿形制相似，但规模略小，南北长220米、东西宽120米。乾清宫是皇帝的寝宫，等级最高，重檐庑殿顶，檐角置九个走兽，金龙和玺彩画。交泰殿是明代中后期添建，建筑式样仿前朝中和殿，面阔三间，进深三间，四面辟门。交泰殿是皇后接受朝贺的场所。该建筑装饰大量用金，如鎏金宝顶、龙凤和玺金漆彩画、金扉金锁窗等，显得格外富丽堂皇。坤宁宫是明代皇后的寝宫，是内廷的正宫，建筑规格居六宫之首，建筑采用重檐歇山顶，金凤和玺彩画。清代以后按满族习俗，将坤宁宫改建为萨满祭祀的主要场所。乾清宫代表阳，坤宁宫代表阴，两者并立，以表示阴阳调和、天地和谐之意。内廷的东、西六宫是分布在紫禁城中轴线两侧共十二座妃嫔的寝宫：东六宫包括景仁宫、承乾宫、钟粹宫、延禧宫、永和宫、景阳宫；西六宫包括永寿宫、翊

坤宫、储秀宫、太极宫、长春宫、咸福宫。每座宫殿居住一位或多位妃嫔。明代初建之时，这十二座宫殿形制略同，均为一座独立式三合院，约50米见方，前后两进，每进由一正、两厢及耳房组合而成。前院用于礼仪接待，后院用于生活起居。正殿多为面阔五间的单檐硬山建筑，上覆黄琉璃瓦，檐下施以单翘单昂五踩斗拱，龙凤和玺彩画。大门开在南墙正中，门内设影壁，院内凿有水井，前后院间设有卡墙、角门，后院两侧还设有值房，供随侍宫女、太监居住。清代以后，东、西六宫形制有所变化。如景阳宫改建庑殿顶正殿，钟粹宫添建游廊垂花门，延禧宫失火后建造西洋建筑水殿等。规模最大的改造为清嘉庆年间对西六宫的改造。将长春宫与太极宫、储秀宫和翊坤宫合并为一座大型四进三合院落，使得遗存东、

乾清宫

故宫角楼

文渊阁

西六宫形式不对称。内廷另有三座花园，宁寿宫和养心殿西侧的宁寿宫花园、慈宁宫前的慈宁宫花园、中轴线结尾处的御花园。御花园是紫禁城内最具特色的园林形式，位于紫禁城中轴线最北端，坤宁宫之后。御花园气魄宏大，仿天下名胜，采用集锦式造景，建筑虽多但不

呆板。中央以钦安殿为核心，在其左右对称排列着近20座亭台楼阁。万春亭和千秋亭、浮碧亭和澄瑞亭两组亭子东西对称，浮碧和澄瑞两个方亭跨于河上，南面伸出抱厦；万春和千秋上圆下方，四面出厦，形成多角平面，造型纤巧，体现天圆地方、四时变化的传统观念。

故宫建筑精美，气势宏阔，收藏有180多万件珍贵文物，是中国古代建筑、文化、艺术的精华。故宫的宫殿建筑，是中国遗存最大、最完整的古建筑群，无论在平面布局，立体效果以及形式上的雄伟、堂皇、庄严、和谐，都属无与伦比的杰作。民国3年（1914年），北京政府在故宫前朝部分，成立古物陈列所向社会开放。民国13年（1924年），在内廷建立起同一性质的国立故宫博物院。民国14年（1925年）10月10日，两者合并为统一的故宫博物院。故宫博物院以明清两代皇宫（紫禁城）和宫廷旧藏文物为基础建立起来，是以宫廷建筑群、古代艺术品及宫廷文化史迹为主要展示内容的大型综合性博物馆。1957年，故宫被北京市人民委员会列为第一批北京市级文物保护单位。1961年3月4日，故宫被国务院公布为第一批全国重点文物保护单位，编号1-0100-3-053。1984年11月21日，北京市人民政府印发《第一批划定60项文物保护单位的保护范围及建设控制地带的说明》，确定故宫保护范围及建设控制地带。1987年，北京故宫被联合国教科文组织列入世界文化遗产名录。2000年，故宫启动有史以来最大规模的修缮保护计划，预计到2020年，故宫主体建筑将修缮完毕，开放面积达80%以上。故宫已建立全国重点文物保护单位记录档案。

景山 是明清皇城和京城南北中轴线的中心点，又是旧时北京城内登高远眺、鸟瞰古都风貌的制高点，位于北京市西城区景山前街北侧，紫禁城之北，地安门之南。

景山地区在辽代以前为郊野。金代，景山已建成为一座完整的园中之园。金大定三至十九年（1163～1179年），世宗皇帝完颜雍以琼华岛为中心营建大宁宫，把挖掘"西华潭"（北海）的淤泥堆积于此，形成土丘，作为大宁宫的屏障，周围以双重宫墙环绕。山上建有瑶光楼，与琼华岛上的广寒殿相互呼应。13世纪中叶，元世祖忽必烈营建大都，将处于宫城之北的景山之地辟为后苑，苑内有地8万平方米。将苑内土丘称作青山，并在山上修建延春阁等建筑。《马可·波罗游记》载有对景山风光较早的历史描述。明初，成祖朱棣营建宫室。明成祖隆兴于北京，认为是北方玄武神护佑，遂于宫禁之北堆土叠山以崇其位。于明永乐四年（1406年）将拆除元代宫殿的渣土和挖掘紫禁城御河的泥土压在元代延春阁的旧基之上，形成五座山峰，主峰高43米。景山成为皇家宫苑的镇山，与金水河一起，使皇家宫苑成为依山抱水的风水宝地，兼有镇压元代王气的作用。并为求皇图永固，定名为万岁山，俗称煤山（传明初曾在山前堆放大量煤炭，或云山下埋有大量煤炭以备战时所需）。沿山密布松柏，山下遍植果树，通称"百果园"，又称"北果园"。在山东北隅建寿皇殿等殿亭楼馆，供皇帝登高、饮宴、游赏。山下豢养成群的鹤鹿，以寓吉祥，每到重阳节皇帝常到此登高远眺，祈福禳灾。明崇祯十七年（1644年），李自成农民起义军攻入北京，末帝朱由检自缢于万岁山东麓一株老槐树下。清兵入关后，将这棵槐树定名为罪槐，用铁链加锁，并树立下马碑以示敬意。清顺治十二年（1655年），将万岁山改称景山。乾隆十四年（1749年），移建寿皇殿至景山正北。乾隆十六年（1751年），添建景山五亭。

景山平面呈矩形，南北长约220米，东西宽约400米。全部建筑分为山前和山后两部分。从建筑规模上讲，山后建筑群体，无论从建筑形体的尺度还是建筑的数量，都远大于山前部分的建筑。景山原有园门3座，分别建于正南、东、西三个方位，分别称作景山门、山左里门、山右里门。景山门是南端的正门，东西两门规格略低。景山主体建筑为绮望楼，是景山正门后南北轴线上的第一座建筑，建于清乾隆十五年（1750年）。此处原为清代皇室祭孔之所，内部供奉孔子牌位。重檐歇山顶，面阔五间，前出廊，过垄脊黄筒瓦屋面。二层明间悬匾额满汉双书"绮望楼"。楼前置宽大月台，台前三出陛，四周环护汉白玉石栏。绮望楼背倚高山，前临开阔地，映衬得景山更加巍峨壮丽，楼左右各两条山路蜿蜒可至山顶。

景山的山脊上，均匀排列着五座亭式建

景山南门

绮望楼

筑，建于清乾隆十六年（1751年）。万春亭位于山巅，为城内制高点，历来被誉为鸟瞰京城的最佳位置。亭高17.4米，平面呈方形，内外槽共32柱，三重檐四角攒尖顶，黄筒瓦绿剪边屋面。第一、二层檐施以单翘单昂五踩斗拱，第三层檐为单翘重昂七踩斗拱。其东西两亭分别称为观妙亭和辑芳亭。两亭形制相同，均为八角攒尖顶，绿琉璃筒瓦黄剪边屋面。檐下施以墨线斗拱，上檐为单翘重昂七踩斗拱，下檐是单翘单昂五踩斗拱。两槽内外各八根红柱，亭内直径10.4米。两亭之东西分别为周赏亭和富览亭，形制相同，圆形重檐攒尖顶，蓝琉璃筒瓦褐剪边屋面。檐下施以墨线斗拱，上檐为单翘重昂七踩斗拱，下檐是单翘单昂五踩斗拱。两槽内外各八根红漆木柱，亭内直径10

米。景山五亭依山势而建，以万春亭为中心，对称协调，营造出和谐美感。由山脚至山巅，五亭位置逐级升高，亭檐层数增多，体量不断加大，屋顶由圆而方，建筑等级提高，节奏富于变化。五亭之内原各有佛像1尊，合称"五方佛"，即中之毗卢遮那（大日如来），东之阿閦（不动如来），西之阿弥陀，南之宝生，北之不空成就。清光绪二十六年（1900年），八国联军入侵北京后，佛像惨遭破坏，仅余高约1米的须弥座，1998年复建佛像。

景山北侧的中轴线上有一组大型建筑群为寿皇殿。寿皇殿始建于明代，清乾隆十四年（1749年）重建。殿前广场东、西、南三面立高大的四柱三门九楼木牌坊。北面为拱券门，面阔三间。庑殿顶，黄筒瓦屋面，檐下置仿木斗拱、雀替、额枋等琉璃构件。板门上置九路铜门钉，两侧各有一石狮守护，威武雄壮。琉璃门之后为寿皇门（戟门），坐北朝南，面阔五间，单檐庑殿顶，黄琉璃筒瓦屋面。寿皇门两侧建有歇山顶配殿各五间。配殿北侧是井亭、宰牲亭。寿皇门东西两侧狭长的夹道内，分别建有神厨、神库。过寿皇门后院内古柏苍翠，正中为建于清乾隆十四年（1749年）的寿皇殿，是陈列皇帝先祖影像的场所，每年除夕、初一、万寿、忌辰，清帝亲率皇子及王公来此致祭。寿皇殿大殿坐北朝南，面阔九间，重檐庑殿顶，黄琉璃筒瓦屋面，檐下施以金线斗拱，上檐为单翘重昂七踩，下檐为重昂五踩金线斗拱。寿星殿大木构架绘以和玺彩画。建筑前面建有宽大的月台，月台周围环护汉白玉石栏杆，南侧御路踏跺，两侧亦有垂带踏跺。寿皇殿所属东西配殿，分别称作衍庆殿、绣锦殿。面阔各七间，单檐歇山顶，黄琉璃瓦屋面。寿皇殿月台两侧各建有碑亭1座，重檐八角攒尖顶，黄琉璃筒瓦屋面。始建于清乾隆十七年（1752年），记述乾隆对明代原寿皇殿的改造重建历史。寿皇殿建筑群气势宏大，规格很高，是景山后部的核心建筑。

寿皇殿西侧一片近5公顷的空地，曾为忽必烈亲耕之所，清代曾为官学堂馆舍。寿皇殿东侧为永思殿建筑群，南、北二重院落，为停放皇帝灵柩的场所。永思殿东南为观德殿，建于明万历二十八年（1600年），为万历观看皇子演武所建，建筑规模仅次于寿皇殿。全院建筑共有四进，主要有观德门、观德殿等，建筑

万春亭

观德殿

群周围建有高大的红色围墙，墙帽覆盖黄琉璃瓦，自成一封闭的院落，格局完整。观德殿东侧为护国忠义庙，全部建筑共为两进，由前殿、后殿及东西配房组成。前殿三间带抱厦供奉关帝，后殿三间，黑筒瓦黄剪边，供奉真武大帝。

景山是极具特色的城市园林，是元明清三朝皇宫的镇山屏障，兼具皇家御苑与坛庙的功能作用。纵观景山各建筑群体，既相对独立又相互关联，特别是山上的五亭，各据一峰。万春亭位于京城中轴线的中心点，是全城的最佳的风景观赏点，由此俯视紫禁城，眺望全北京，林树森郁，金碧辉煌，令人心旷神怡，堪称中国城市规划与古典园林的完美杰作。

清帝逊位后，景山一度荒芜，并经常驻扎军队，民国17年（1928年）景山对外开放。中华人民共和国成立后辟为景山公园。1957年，景山被公布为第一批北京市级文物保护单位。1984年11月21日，北京市人民政府公布《第一批划定60项文物保护单位的保护范围及建设控制地带的说明》，确定景山的保护范围及建设控制地带。1996年9月，北京市园林局北海景山公园管理处成立。2001年6月25日，景山被国务院公布为第五批全国重点文物保护单位，编号5-0198-3-004。2003年7月1日，景山公园管理处成立。2005年，景山建立全国重点文物保护单位记录档案，存放于北京市文物局。2013年，北京市少年宫搬离寿皇殿建筑群。2015年以来，北京市政府对北京市少年宫占用的景山寿皇殿进行腾退整修并对外开放。

北海及团城　是中国遗存历史悠久、规模宏伟的古典皇家园林，位于北京市西城区文津街1号，东为景山公园，南为中南海，西与北京图书馆分馆毗连，东南与故宫相望，北与什刹海相接。

北海园林由北海湖泊及周边建筑、琼华岛和团城组成。北海园林的开发始于契丹会同元年（938年）在湖中岛创建的皇家行宫。金大定六至十九年（1166～1179年），世宗完颜雍以琼华岛为中心建成规模宏大的皇家离宫——太宁宫，将北宋汴京艮岳御苑的太湖石移植于琼华岛上，北海皇家宫苑基本形成。元至元四年（1267年），世祖忽必烈以太宁宫琼华岛为中心营建大都，琼华岛及其所在的湖泊被划入皇城之内，赐名万岁山、太液池，成为元朝皇帝游幸和处理政务的主要场所。明永乐十八年（1420年），明朝正式迁都北京，在营建紫禁城的同时对北海进行大规模的扩建，增建大量的殿宇，把西苑北海作为大内皇城的重要组成部分，成为紫禁城的御苑。清乾隆六至三十六年（1741～1771年），朝廷对北海进行了大规模的建设，除环列琼岛的楼台亭阁外，在北岸增建蚕坛、静心斋、阐福寺、极乐世界等建筑，在东岸建造濠濮间和画舫斋，奠定今日北海园林的基本布局。光绪十一至二十六年

（1885～1900年）慈禧太后对北海进行大规模的修葺工程，将乾隆年间北海苑林内兴建的建筑大部分修葺一新。

琼华岛为北海主景，始建于金大定六年（1166年）。琼华岛四面临水，南有永安桥连接团城，东有陟山桥接岸；湖中香荷滴翠，碧水映天，岛上古木蔽日，殿宇栉比；巍巍白塔立于琼岛之巅。琼岛春阴为金代燕京八景之一，清乾隆十六年（1751年）在琼岛东北坡立碑刻字，四周砌白石栏杆，碑上"琼岛春阴"四个大字为乾隆帝御笔。琼华岛主要建筑永安寺原称白塔寺，白塔位于琼华岛的顶部，清顺治八年（1651年）清世祖应西藏喇嘛（后赐号恼木汗）之请，在元代广寒殿的旧址上修建，属于永安寺范围。同时建有普安殿、圣果殿、

宗镜殿、正觉殿、转角房、顺山房，正觉殿为山门。清乾隆六年（1741年）改称永安寺。乾隆八年（1743年）扩建法轮殿、钟鼓楼及永安寺山门，乾隆十六年添建"引胜""涤蔼"亭，添建墙垣六十余丈（192米多）。

静憩轩位于琼华岛南麓正觉殿、普安殿西侧。清顺治八年（1651年）建悦心殿、庆霄楼，乾隆八年（1743年）重修。庆霄楼西有揖山亭和妙云峰亭遗址，往下可通至一房山、蟠青室、甘露殿。东侧偏南是静憩轩，再东即是普安殿。蟠青室、一房山及游廊，位于琼岛西麓小玉带桥东北高台基上，建于乾隆十七年（1752年）。琳光殿、甘露殿及游廊位于琼岛西麓小玉带桥北，琳光殿、甘露殿建于乾隆十年（1745年）。水精域位于甘露殿后之台基

北海琼岛全景

北海永安桥

上，乾隆十八年（1753年）建。1993年，将团城承光殿内的轩辕黄帝像、神农氏像、伏羲氏像分别移至琳光殿、甘露殿、水精域陈列。乾隆十八年（1753年）建阅古楼、宙鉴室。阅古楼位于琼华岛西北麓坡下，面略西北，南邻琳光殿，北依宙鉴室，依山而建，呈弧形，前部弧形部分为两层，后面直形部分为一层。宙鉴室位于琼岛西麓，阅古楼东北山坡上。乾隆三十七年（1772年），在琼岛北麓西侧建醋古堂。同年，在醋古堂以东建写妙石室。民国年间，在白塔正北面建揽翠轩。乾隆十七年（1752年），在琼岛北麓建延南薰，因建筑平面形式如扇面，故又称扇面亭。同年，在延南薰东侧建盘岚精舍。漪澜堂、碧照楼、道宁斋、远帆阁及长廊，在琼华岛北麓，背依琼华岛，面临太液池，东自倚晴楼城关起，西到分凉阁城关止，是一组两层廊式建筑。碧照楼在中段游廊东侧。远帆阁在中段游廊西侧。紧

靠抱冲室南山墙有一开间两层楼一座，名得性楼。戏台坐北朝南。晴栏花韵位于戏台对面。乾隆十六年（1751年），在琼岛东麓之半月城上建智珠殿。乾隆十七年（1752年），建环碧楼、看画廊、交翠庭、嵌岩室。同年，在琼岛东南隅建文艺厅、南厅。乾隆三十五年（1770年），建古遗堂、智珠殿、半月城。双虹榭位于永安桥以西湖岸边上，坐北面湖。

先蚕坛位于北海公园东北隅，北邻地安门西大街，东依北海北夹道，西面和南面临太液池，原为明代雷霆洪应殿旧址。画舫斋及春雨林塘位于北海东侧。静心斋是北海最精巧的一处园中之园。静心斋原名镜清斋，原为明代普通官房，清乾隆二十四年（1759年）在扩建西天梵境时修建，也称乾隆小花园。园内主要建筑有镜清斋、抱素书屋、韵琴斋、碧鲜亭、焙茶坞、罨画轩、沁泉廊、枕峦亭、石桥等。光绪十一年（1885年），慈禧挪用海军经费进行大

北海静心斋

北海小西天

修，并增建叠翠楼。园内有亭、榭、廊、轩、石桥、水池、叠石、假山以及楼台。

西天梵境大西天，俗称天王殿，位于北海太液池北岸。大西天建筑群前为华藏界牌楼，四柱七楼琉璃牌楼，正面额曰"华藏界"，背面额曰"须弥春"。清乾隆二十一年（1756年）在位于北海太液池北岸御膳堂后土山北面，建九龙壁。九龙壁应是大圆镜智宝殿的影壁。大圆镜智宝殿位于太液池北岸的土山北面，院内建筑几近全毁，仅存五开间真谛门遗址。

清乾隆十一年（1746年）、四十四年（1779年），在北海太液池北岸阐福寺东侧先后建澄观堂、浴兰轩及快雪堂。阐福寺位于太液池北岸五龙亭以北，原为太素殿旧址。乾隆十一年高宗谕旨就其址改为佛殿，仿照河北省正定县隆兴寺规模，定名阐福寺。

极乐世界殿位于北海公园西北隅五龙亭以西，万佛楼普庆门南，是一组坛城式建筑。清乾隆三十二年（1767年），高宗为其母孝圣皇太后祝福祈寿建万佛楼。万佛楼与极乐世界殿统称小西天，是一组完整的寺庙建筑。1965年2月15日，拆除万佛楼，至1966年4月拆完。

团城始建于金大定六年（1166年），是一座砖筑的圆形小城。团城既是北海的一部分，

团城

又是一座风格独特的小园林。承光殿，团城中的主体建筑，始建于元代，原名仪天殿，明重修，改名承光殿，并在岛屿周围加筑城墙，墙顶砌成城堞垛，墙高5米，面积4500平方米。承光殿坐北朝南，正方形大殿，双重檐，黄琉璃瓦、绿剪边，四面有抱厦，南面有正方形月台，其建筑形式颇似故宫角楼。清乾隆十年（1745年），在承光殿正北建敬跻堂，在敬跻堂前东侧建古籁堂，在敬跻堂前西侧建余清斋。昭景门位于团城东南侧，衍祥门在昭景门对面。团城承光殿收藏有渎山大玉海，俗称玉瓮，体量、雕功举世无双。

清乾隆二十二年（1757年）在北海东岸建濠濮间。景名源自《庄子》"濠濮间想"。濠濮间园子既有北方庭院的建筑特点，又有江南园林的风格，是一座玲珑多姿的园中之园。五龙亭位于太液池畔，建于明代。五亭以中间最大的龙泽亭为主体，左有澄祥亭和滋香亭，右为涌瑞亭和浮翠亭，五亭之间有桥和白石栏杆相连。

北海建筑群体现清乾隆时期的历史原貌及风格，代表着中国古典园林精湛的艺术成就。

民国8年（1919年），驻扎于阐福寺的消防队生火做饭引发大火，大佛殿连同后面的后殿、八方亭被烧毁。民国14年（1925年）6月，内务总长龚心湛主持制订《北海公园开放章程》；同年8月1日，北海正式对外开放。这是北海御苑建园近760年来首次对民众开放。1961年3月4日，北海及团城被国务院公布为第一批全国重点文物保护单位，编号1-0106-3-059。1984年11月21日，北京市人民政府批转市规划局、文物局《关于第一批划定六十项文物保护单位的保护范围及建设控制地带的报告》的通知，划定旧皇城保护区及其以北地区的保护范围及建控地带。2004年，北海公园管理处正式成立，负责日常保护、维修等工作。2005～2006年，完成历史上规模最大、最全面的修缮，包括整个琼华岛景区内的建筑物的修缮。2006年，北京市北海公园管理处建立北海及团城全国重点文物保护单位记录档案。2007年，北海公园大门、五龙亭修缮工程启动。2009年，北海画舫斋修缮工程启动，同年《北海及团城文物保护规划》的编制工作完成。

临清运河钞关　是大运河沿线遗存唯一的钞关旧址，位于山东省临清市青年街道后关街南20米处，四周为传统民居和商业聚集区，东为前关街及明代会通河，西临会通街及漳卫运河（御河），南有夹道街及明代砖闸，北临考棚街。

运河钞关是明清时期（15～19世纪）大运河航线上针对运河上来往商用载货船只征收船税的专门机构，隶属于朝廷户部。临清运河钞关是明清两季朝廷派驻临清督理运河赋税的直属公署。旧志载："漕运商舶皇华冠盖之所必经，户部分司榷关在焉。"临清自明代初年开始就是黄河以北运河沿岸南北货物的重要集散地，明代政府于宣德四年（1429年）在此设立向民用商船征税的机关。宣德十年（1435年）临清运河钞关升为户部榷税分司，下设德州、南水门关、魏家湾、尖冢、樊村厂等5处分关。万历年间，临清钞关曾年征收船料商税银11.7万余两，居全国运河八大钞关（崇文门、河西务、临清、淮安、扬州、浒墅关、杭州北新关、九江）之首。正德十五年（1520年）重修钞关公堂。万历二十七年（1599年），税监马

临清运河钞关

堂横征暴敛,激起民变,临清手工业者以编筐
工人王朝佐为首,焚烧了马堂署(钞关)。清
乾隆十一年(1746年),重修钞关公署。光绪

二十七年(1901年),钞关署治被废弃。

临清运河钞关以城堞为界分为两个区域,
外区是榷收船税和商税的收缴课税区域,内区

钞关南穿厅

钞关船料房

钞关北穿厅

钞关卷房

是户部分司官员办公、储藏税银库房以及居住区域。城堞以外称前关，城堞以内称后关，后世一直沿用前关街、后关街的称谓。临清钞关遗存三进院落，中为衙署办公区，南为钞关办公人员住宅区，北为仓储区，占地面积约7000平方米。遗存有南、北穿厅，卷房、船料房、官属舍房等建筑，其中北穿厅面阔9.26米、进深5.93米，南穿厅面阔9.06米、进深6.01米，船料房面阔21.1米、进深4.1米，均为砖木结构。

临清运河钞关位于会通河和卫河交汇处，水陆交通两便，是中国古代运河税收机构的唯一典型遗存，体现了明清运河沿线商品经济的发展。作为运河文化的重要载体，临清运河钞关是研究中国明清两代经济、文化、运河城市的形成与发展的珍贵实证。

民国20年（1931年）钞关署治改为国民党鲁北民团军总指挥部。民国34年（1945年）临清解放后，钞关署址变为中共临清市委市府机关所在地。20世纪60年代以后为临清二轻局使用管理。1997年，临清市二轻局迁出，由临清市博物馆负责保护管理至今。2000年，重修钞关仪门，维修南、北穿厅。2001年6月25日，临清运河钞关被国务院公布为第五批全国重点文物保护单位，编号5-0337-3-143。2001年，临清市博物馆建立临清运河钞关全国重点文物保护单位记录档案。2013年，山东省文物局印发《关于公布第四批省级文物保护单位保护范围和建设控制地带并调整公布其他省级以上文物保护单位保护范围和建设控制地带的通知》，划定公布临清运河钞关的保护范围及建设控制地带。2014年，临清运河钞关作为京杭大运河重要遗产点被列入世界文化遗产。

皇史宬 是中国遗存最古老的皇家史册档案库，位于北京市东城区南池子大街136号。

秦汉时期，中国就有"石室金匮"的制度，意为用石头建筑房屋，金属铜铁器打造柜子，用以存放各朝皇帝的《实录》《圣训》《玉牒》等皇家档案。之后历代皇家档案库房均袭以此法。明弘治五年（1492年），内阁大学士丘浚奏陈皇帝，提出应收集整理历代的经籍图书，立为案卷保存，以备"今世赖之以知古，后世赖之以知今"；建议效仿中国古代"石室金匮"之意，在紫禁城文渊阁附近建造一所全用砖石垒砌的重楼，上层用铜柜存放各

皇史宬正殿

正殿匾额

朝皇帝的实录和国家大事文书，下层用铁柜保藏皇帝的诏册、制诰、敕书及内务府中所藏可用于编修全史的文书。这一建议，基本勾画出皇史宬的雏形。嘉靖十三年（1534年），嘉靖皇帝下令重修累朝皇帝的实录，并令大臣筹议建阁收藏皇帝的《御像》《宝训》《实录》之事时，当朝吏部尚书、华盖殿大学士张孚敬等，重申前议。同年7月，皇史宬建设正式开工，新的建筑，较丘浚建议有很大改变。建造地点选在南池子一带，既可以和其他宫苑建筑相成一体，又离紫禁城不远，便于专门保管和查阅。建筑规制，不是重楼，而是和南京之斋宫相同，内外用砖石构筑，阁上敬奉历代皇帝像，阁下存放累朝皇帝的实录、圣训。嘉靖十五年（1536年）7月，皇史宬建成投入使用。重修后的皇帝《实录》《圣训》奉安进库。

皇史宬为一座长方形院落，主要建筑包括一座琉璃三券式大门，两座随墙琉璃门，正殿，东、西配殿及清代的御碑亭。总占地8400多平方米，建筑面积3400平方米，已有480多年的历史。正殿坐北朝南，建在两米高的石须弥座石基上，殿前有月台，周围环以汉白玉石栏杆。殿身面阔九间，单檐庑殿顶，覆黄琉璃瓦。檐下枋、柱、椽、檩、斗拱窗棂全为石

制，整个大殿为砖石复合券结构，故称石室。该殿正面开五个等大券门，门分两层，外层为实踏大门，内层为朱红木槅扇门。殿内屋顶为拱券式，殿内无梁无柱，这种结构又称作无梁殿。正殿南北墙厚达6米、东西墙厚3米，东西山墙有对开石砌方窗。殿内东西宽42米多、南北进深10米多。地面铺设高1.2米汉白玉石座，座上雕刻着精美的海水、行龙等图案。殿内陈设151个鎏金铜皮樟木柜，即金匮。柜高1.31米、宽1.34米、厚0.71米，铜皮表面有敲铜工艺錾成的云龙纹。该殿及柜合称金匮石室。这种建筑形式和内部设置，不仅能防火、防潮和防虫，而且能经受数百年的风雨侵蚀，明清两代皇室的大量重要档案，如明代的《实录》《宝训》、清代的《实录》《玉牒》《圣训》等都珍藏在这里；《永乐大典》的副本、《朔汉方略》内阁副本、《大清会典》、将军印信等珍贵史料也存贮于此。东西配殿形制相同，均面阔五间，进深三间。硬山黄琉璃瓦。正面开3个等大券门，上安棋盘大门，右配殿正立面屋檐下，设有石雕金钱气孔21个，南北两侧山墙各设石砌方窗。正殿的东侧，有一重

正殿内景

檐四角攒尖碑亭，面阔三间。亭内为清嘉庆十二年（1807年）御制"重修皇史宬碑"一通，碑文记叙皇史宬的兴建历史，建筑功能以及重修原因等内容。

整个建筑设计完美，做工精良，功能齐全，华贵耐用，能防火、防潮、防虫、防霉，冬暖夏凉，温度相对稳定，极宜保存档案文献。皇史宬对于研究石室金匮具有重要的意义，是研究中国古代砖石建筑装饰、构造、功能的重要实例，其独特的建筑结构对中国古代皇家档案的保存收藏起到重要的保护作用，为中国保存了大量的珍贵文献史料。皇史宬是中国明、清两代皇室保存其皇家史册的档案馆，是中国封建社会档案库房建筑的杰出代表。

清宣统三年（1911年），皇史宬仍归溥仪朝内的内务府管理。民国14年（1925年）由北京故宫博物院接管。1955年，国家档案局成立，皇史宬交由国家档案局管理，后交由中国第一历史档案馆管理。1957年10月28日，皇史

宬被北京市人民政府公布为第一批北京市文物保护单位。1982年2月23日，皇史宬被国务院公布为第二批全国重点文物保护单位，编号为2-0029-3-014。2006年3月，开展皇史宬修缮工程。2006年，中国第一历史档案馆建立并保存皇史宬全国重点文物保护单位记录档案。

莫土司衙署　是中国西南少数民族地区明清时期重要的壮族土司衙署建筑群，又是壮族地区历史文化的重要标志性建筑，位于广西壮族自治区忻城县城关镇翠屏社区西宁街98号。

清道光八年（1828年）《庆远府志》记载："忻城土县署旧在喇院，明万历间土知县莫镇威移建修文里，国朝康熙间土知县莫元相重修"。第八任土司莫镇威因率兵平息农民起义有功，官升加从四品，获奖金帛、黄伞等。明万历十年（1582年）以后，莫镇威易戍治县，将县衙从喇院迁至修文里（忻城县县城西宁街98号）的翠屏山下兴建。其后历代土司不断扩建，形成规模宏大的莫土司

莫土司衙署大门

莫土司衙署三界庙

衙署建筑群。万历三十三年（1605年），衙署因莫氏官族内讧而被焚毁。清康熙四十至五十三年（1701~1714年），土司莫元相重修土司衙门。道光十年（1830年），土司莫昌荣按清工部营造法式重修土司衙门。光绪二十八年（1902年），忻城县马泗会党首领覃火生联合大塘会党攻占忻城县治，烧毁衙署三堂及后院。光绪三十二年（1906年），土司衙署为弹压公署。民国17年（1928年）2月忻城土县改为正县，忻城县民国政府设在土司衙署内，土司祠堂部分为莫氏家族住房用。1949年底，忻城县人民政府设在土司衙署内，1955年搬出。20世纪60年代末，土司衙署部分屋脊被砸烂，部分房子被占作他用。20世纪80年代后，占用衙署组群、祠堂组群、官邸组群、三清阁组群等建筑的单位陆续迁出。

莫土司衙署由土司衙门、祠堂、代理土司官邸、兵营、练兵场、大夫第、参军第、三清阁和三界庙等建筑群组成，总保护面积为38.9万平方米，其中建筑占地面积为4万平方米。莫土司衙署中轴以土司衙门为中心，附属建筑分布东西两侧。土司衙门由照壁、大门、头堂、二堂、长廊、三堂和后苑等部分组成；东、西花厅、厢房、兵舍、监狱分布左右。大门正面为照壁，两侧建有八字跨街辕门，门楣上分别浮堆"庆南要地""粤西边隅"。头堂为土司升堂办案场所，二堂为客厅，三堂为土司家居之地。三堂后是后苑，苑内设有闺房、花廊，为女眷住所。衙署东20米为土司祠堂，分前、中、后三进，门楣上书"本支百世""列国一同"八个黑字。衙署东60米为三界庙，由大门、正殿及厢房组成，大门廊檐立5.6米高的2根方形石檐柱；大门内侧连接戏台。大门后为正殿。衙门西20米为代理土司官邸，由头堂、二堂、三堂、后苑及左右边廊组成。代理土司官邸西与土司练兵场相接，土司练兵场西连大夫第。此外，在衙门四周还有参军第、汉堂邸、城隍庙、花婆庙、关帝庙、镇威亭、伴云亭和土司官塘等建筑。

莫土司衙署是忻城县明清时期莫氏土司的衙署兼私人住宅，是中国遗存规模较大、保存较完整和建筑功能较为齐全的土司建筑群。衙署建筑皆砖木结构，主体建筑大都面阔三间，穿斗或穿斗与抬梁混合构架，硬山顶盖小青瓦，具有中原古典宫廷建筑的特点，气势宏大，格调典雅，有较高的历史、文化、艺术和科学价值，是研究土司制度不可多得的实物材料。

1963年，莫土司衙署被广西壮族自治区人民委员会公布为自治区文物保护单位。1985～1996年，国家文物局拨款对土司衙署进行修缮。1996年11月20日，莫土司衙署被国务院公布为第四批全国重点文物保护单位，编号4-0153-3-075。1999～2004年，国家文物局拨款对保存的土司建筑进行全面维修。2005年，忻城县土司博物馆建立莫土司衙署全国重点文物保护单位记录档案。2009年编制《莫土司衙署保护规划》时，忻城县人民政府在《关于加强土司建筑群保护和管理补充规定》和《关于划定忻城土司衙门所属建筑及保护范围和控建地带的通知》的基础上，公布莫土司衙署的保护范围和建设控制地带。2014年9月，忻城县文物管理所设立，与忻城县土司博物馆合署办公，负责莫土司衙署的日常管理工作。

沈阳故宫 是中国遗存的两座古代宫殿建筑群之一，是唯一兼有满汉建筑风格的宫殿建筑群，位于辽宁省沈阳市城区中心。

16世纪末17世纪初，中国东北地区的少数民族女真族（后改称满族）兴起于辽东地区，建立本民族的地方政权——后金，并迅速发展壮大。后金天命十年（1625年），清太祖努尔哈赤自辽阳迁都至沈阳，在沈阳城的中心区域建立早期宫殿，主要建筑为大政殿和十王亭，为努尔哈赤与其八旗统领合署办公之处，这组建筑构成沈阳故宫的东路建筑。次年，努尔哈赤崩逝，皇太极即位，在大政殿和十王亭

大政殿及十王亭

崇政殿

的西侧建设大内宫阙，主要建筑为大清门、崇政殿、凤凰楼、清宁宫、关雎宫、麟趾宫、衍庆宫、永福宫等。沈阳故宫是后金天命十年（1625年）至清顺治元年（1644年）间，后金（清）太祖、太宗、世祖的三朝宫殿，是皇帝后妃居住和皇帝处理政务、接见外邦使臣、举行国家典礼之处。清朝入关后，沈阳故宫作为开国皇宫旧址得以保护。自康熙十年（1671年）清圣祖玄烨第一次东巡盛京起的150余年间，沈阳故宫成为清帝东巡驻跸沈阳期间的行宫，四位当朝皇帝十次来到这里。清乾隆年间，三次对沈阳故宫进行扩建，形成中、东、西三路建筑并立，早、中、晚三期并存的积累式面貌。

沈阳故宫坐北朝南，南北长280米、东西宽260米，占地面积近6万平方米，古建筑100余座，分为东、中、西三路。三路建筑在建筑风格、建筑布局上具有明显的时代特征。

东路建筑建于后金天命十至十一年（1625～1626年），为努尔哈赤时期创建，古建筑14座，是当时国家举行重要典礼的场所。大政殿位于本区域北侧正中，殿前两侧各有歇山亭5座。院落南侧有举行典礼时演奏乐曲的奏乐亭2座。大政殿北侧有銮驾库11间。大政殿是沈阳故宫东路的主体建筑，也是沈阳故宫早期建筑之一，是宫廷内举行大型庆典集会以

大政殿

及皇帝和诸王大臣议政之处。大政殿重檐八角攒尖顶，黄琉璃绿剪边瓦，殿顶宝顶为五彩琉璃，8条垂脊各有胡人力士琉璃构件1尊，色彩鲜艳。外檐木结构装饰有汉族传统的斗拱、蟠龙，以及藏传佛教中常用的兽面、如意、连珠、蜂窝枋等艺术构件，呈现出多民族建筑艺术融合的特色。

中路建筑是沈阳故宫的主体建筑，为皇太极时期建设，乾隆时期增建东、西所和太庙。主要建筑有崇政殿、凤凰楼和清宁宫。崇政殿是中路南侧外朝区域的主体建筑，是清太宗时期皇帝临朝理政之处。建筑正脊、垂脊、博风、墀头有五彩琉璃构件装饰，以瑞兽奇花为主题，色泽艳丽。外檐廊下可见藏式建筑风格的装饰及构件。殿内梁架绘有金龙为主题的彩绘，具有典型东北地方及民族风格，国内罕见。明间殿内宝座屏风为清乾隆十二年（1747年）特制，明间上悬清高宗弘历御题诗匾楹联。殿南侧有一水平月台，日晷、嘉量立于殿前，表示国家的天地一统、江山永固。崇政殿东西左右翊门是进入内廷区域的通道，两座建筑为崇政殿同期建造，风格与崇政殿统一。凤凰楼是中路北侧高台入口的通道楼，装

文溯阁

饰风格中带有典型的藏式风格。楼内梁架施以彩绘，风格与崇政殿彩画相似，均为清早期建筑彩画。清宁宫是中路北侧内廷区域主体建筑，是清太宗和皇后的寝宫，具有典型的满族居住习俗特色，门开于东次间，形成口袋房，室内三面环炕，即万字炕。炕内连通烧火灶坑，以便烧火取暖，是长期生活在寒冷季节较长地区的满族人住宅中不可缺少的设施。西炕供奉萨满。烟囱与建筑主体分离，高逾房檐，层层收分，名"跨海烟囱"，是满族民居的特征之一。东、西所是清代皇帝东巡期间驻跸的行宫，分列于中路东西两侧，东所为皇太后使用，西所为皇帝使用。两者规格、形制相似。南侧为宫门入口，第一进院落为值房2座；穿过垂花门为第二进院落，主要建筑东所为颐和殿，西所迪光殿，殿后为寝宫，东所为介祉宫，西所为保极宫，西所保极宫后有一三卷棚勾连搭式悬山建筑，为继思斋，为东巡皇帝所携女眷居住之所，斋内布局如九宫格。东、西所最北端均有一两层歇山顶建筑，两者样式、规格基本相同。东所为敬典阁，西所为崇谟阁，分别存放清代皇室《玉牒》和《实录》。盛京太庙位于大清门东侧，是一座独立的院落。由太庙门、太庙正殿、东西配殿及耳房以及焚帛亭组成。太庙建筑群屋面采用满堂黄琉璃瓦，不同于沈阳故宫内绝大多数的黄琉璃绿剪边，于正殿陈设清太祖至世宗历朝帝后谥册谥宝。

西路建筑由南、北两部分组成。南半部是皇帝东巡驻跸盛京行宫时举办小规模宴会和赏戏之处，以嘉荫堂、戏台及扮戏房为主体建筑。北半部为文溯阁和养熙斋。文溯阁为仿造浙江宁波天一阁所建，文溯阁整体色调为以黑

沈阳故宫碑亭

白绿为主的冷色调，与其他建筑的黄瓦绿墙形成鲜明的对比。这种装饰特色源于中国古代经典《河图》所载"天一生水，地六成之"之义。因文溯阁为收藏《四库全书》，在建筑上使用这些元素，目的在于借取其"生水"之义以保四库全书安全。文溯阁东侧有盝顶形式的碑亭，内置乾隆帝撰写的《御制文溯阁记》碑文，记述建阁用意和过程。文溯阁南为其宫门，与碑亭共为文溯阁配套建筑。

沈阳故宫大清门外东西两侧还有文德坊和武功坊，均为清早期建筑，立于清崇德二年（1637年）三月，是沈阳故宫仅有的具有明确纪年的建筑。为三间四柱三楼柱不出头式木牌楼。宫殿两侧的东南、西南宫墙角外，立有下马碑2通，清乾隆四十八年（1783年），立书五体字"诸王以下官员人等至此下马"。

沈阳故宫是清王朝肇兴时期历史的实物见证。沈阳故宫代表清政权入主中原前皇宫建筑的最高艺术成就，是一例帝王宫殿建筑杰作。沈阳故宫的满族风格宫殿及其融合汉族和其他少数民族文化的特点，对后世的建筑艺术和规划设计具有深远的影响。沈阳故宫古建筑群的主体布局和使用制度，保留满族已经消失

的传统文化特征，是中国东北地区传统居住建筑的典型范例。沈阳故宫与中国传统思想和文学艺术有着密切关联，使一些满族特色传统文化得以通过建筑保留于世。沈阳故宫在建筑特点上，吸收中原王朝宫殿制度，把满族在政治体制和生活习俗、宗教信仰方面的特色及地方建筑风格融入宫殿建筑的布局、造型和装饰之中，在建筑艺术和使用制度方面，与中国内地有着明显的传承和融合关系，又以鲜明的民族特色和地域特色区别于中外其他类型的建筑。

后金年间（1625～1644年），沈阳故宫的修缮、警卫等都由清皇室直接部署，工部和宫廷警卫管理机构具体负责实施。清迁都北京后，中路和西路由负责盛京地区皇室事务的盛京总管内务府承担；东路大政殿和十王亭区域由盛京工部负责。民国初年，沈阳故宫中路宫殿的主体部分由逊清皇室所设的盛京内务府办事处管理，大政殿等东路建筑归由奉天省（辽宁省）地方政府管理。民国14年（1925年），中路建筑由地方政府接管。民国15年（1926年）11月，奉天省政府以沈阳故宫馆址建立东三省博物馆，先后称奉天故宫博物馆，民国36年（1947年）改为国立沈阳博物院，由民国政府教育部直接领导的国立沈阳故宫博物院筹备委员会管理和使用。有部分宫殿建筑被军队、社团和机构占用，进行维修、改造，或新建部分建筑。

中华人民共和国成立后，设立沈阳故宫陈列所。1954年，成立沈阳故宫博物馆，1986年改为沈阳故宫博物院。1961年3月4日，沈阳故宫被国务院公布为第一批全国重点文物保护单位，编号1-0112-3-065。1964年，天津大学和

哈尔滨工程学院共同完成沈阳故宫博物院14座主要单体建筑的平立剖面测绘任务。1991年，天津大学建筑系对沈阳故宫22座古建筑进行测绘。1993年，辽宁省人民政府公布沈阳故宫的保护范围和建设控制地带。2003年，辽宁省人大常委会批准实施《沈阳市故宫、福陵和昭陵保护条例》，进一步扩充沈阳故宫的保护范围和建设控制地带。沈阳故宫建立有全国重点文物保护单位记录档案，收存于沈阳故宫博物院。2004年，沈阳故宫作为明清皇宫的扩展项目，被联合国教科文组织列入世界遗产名录。

布达拉宫 是西藏遗存规模最大、最完整的宫堡式建筑群，位于西藏自治区拉萨市城关区策墨林居委会西约800米玛布日山上。

"布达拉宫"是梵文音译，意为脱离苦海之舟。7世纪初，由吐蕃第三十二代赞普松赞干布修建。松赞干布于隋大业十三年（617年）生于强巴米久林，13岁继承王位，15岁开始修建布达拉宫。松赞干布认为祖辈赞普拉托托日年赞曾在红山顶上居住，因此在红山上筑起王宫，划立行政区域，分官建制，立法定制，号令群臣，施政全藏。松赞干布著《玛尼全集》描述当时的布达拉宫："红山以三道城墙围绕，红山中心筑九层宫室共九百九十九间房子，连宫顶的一间，共为一千间。宫顶竖立长矛和旗帜。王宫南面为王妃所建九层宫室，两宫之间，架银铜合制的桥一座，以通往来。"早期兴建的布达拉宫，历经7世纪的雷击、第四十二代赞普郎达玛灭佛、吐蕃内乱以及数百年分治，一直未能重兴。明崇祯十五年（1642年），五世达赖喇嘛阿旺罗桑嘉措建立噶丹颇章西藏地方政权。清顺治二至九年（1645～1653年），在早期布达拉宫的遗址上重建以白宫为主体的建筑。噶丹颇章政权机构从哲蚌寺迁到布达拉宫。直至20世纪50年代，布达拉宫一直是西藏地方政教合

布达拉宫

布达拉宫法轮禅定洞内松赞干布、文成公主像

一的政权中心。清康熙二十一年（1682年），五世达赖喇嘛在布达拉宫圆寂。康熙二十九年（1690年），第五代摄政第司·桑结嘉措主持修建五世达赖喇嘛灵塔殿，并据此扩建红宫。扩建中保留位于山顶的松赞干布时代的法王修行洞和五世达赖喇嘛修行过圣观音殿，成为红宫最早的建筑遗存。红宫的建成使布达拉宫的建筑形成一个宏伟的整体。十三世达赖喇嘛在位期间，在白宫东侧修缮和改建东日光殿，增建布达拉宫山脚下的部分附属建筑。民国22年（1933年），十三世达赖喇嘛圆寂。民国23~25年（1934~1936年）修建十三世达赖喇嘛灵塔殿，与红宫结成统一整体。至此，布达拉宫重建和增扩工程全部完成。

布达拉宫利用山形地势修建。整个建筑占地面积13万平方米，主楼高达115.703米，大小房间千余间。从设计、材料、工艺到布局

均全面保存着7世纪始建以来历次重大增扩和重建时期的原状。砌筑墙体内部垂直、外部收分；墙体檐部砌筑"白玛"即柽柳墙等饰物，加上造型各异的金顶、胜利幢、牦牛、宝瓶等装饰物。外部墙面粉饰红、白、黄、黑等颜色，对比强烈醒目，建筑总体结构一般采用几何图形，形象突出。布达拉宫内部主要由达赖喇嘛寝殿、佛殿及僧院和政权机构三大部分组成。布达拉宫白宫顶层为达赖喇嘛寝殿，分东、西日光殿，包括达赖喇嘛的生活起居处、书房、经堂等，以及议政、会客等场所。布达拉宫内有包括达赖喇嘛灵塔殿在内的各类佛殿38个，还有规定拥有175名僧人的殊胜僧院1座，旧时主要从事达赖喇嘛的佛事活动。宫内的东、西大殿曾是主要宗教和政务活动场所。

布达拉宫是历代达赖喇嘛的驻锡地和西藏政教合一政权的中心，在藏传佛教发展史上

具有重要地位。布达拉宫建筑内部结构上宫殿与佛殿完美结合，内部设施、构造处处体现藏传佛教的思想特色。宫内数量众多的佛殿、经堂、造像、壁画、灵塔、典籍文献等。布达拉宫内的时轮坛城殿，将《时轮经》的核心意思采用实物立体造型、全方位展示，构成一种对思想的经典解释，以及对解释的形象表达，成为藏传佛教发展史上的经典之作。布达拉宫整体建筑雄伟壮观、协调完整，在建筑艺术的美学上达到无比的高度；宫殿布局、土木工程、金属冶炼等，全面体现了藏族建筑科学的成就；在造型、结构、材料使用方面具有浓厚的民族特色，为世界古代建筑史上的经典作品之一。金顶尖端装置铁叉，通过铜制排水管道接地，起到避雷作用，在建筑学上具有很高的科学研究价值。宫内藏有数量众多的工匠学、医学、天文历算学、造像学等典籍，提供了比较完整系统的藏族传统科学的资料。

1961年3月4日，布达拉宫被国务院公布为第一批全国重点文物保护单位，编号为1-0107-3-060。1985年，布达拉宫保护工作启动。1988年，布达拉宫管理处成立。1988年10月25日，国务院向西藏自治区人民政府发出《国务院关于维修布达拉宫的批复》，就维修布达拉宫的意义、领导机构、维修经费、施工力量、文物安全、物资供应等问题，作出明确指示。1994年，西藏布达拉宫维修工程施工办公室和中国文物研究所编写《西藏布达拉宫修缮工程报告》。1994年12月，布达拉宫被联合国教科文组织列入《世界遗产名录》。1997年11月18日，西藏自治区人民政府颁布《布达拉宫保护管理办法》，划定布达拉宫保护范围及建设控制地带。2000～2006年，国家投资进行布达拉宫第二期维修工程。布达拉宫管理处建立布达拉宫的全国重点文物保护单位记录档案。

内乡县衙　是中国保存最完整的县级官署衙门，位于河南省内乡县城县衙路88号。

《内乡县志》记载，内乡县衙于元大德八年（1304年），由县尹潘逵始建，其后续有增置扩建。明成化十五年（1479年），浙江定海人沃頖以监察御史左迁（降职）知内乡县时增修，历时14个月完工，"其制始备"：正堂、退思堂、知县廨、县丞廨、典史廨、主簿廨等。成化十九年（1483年）建宣化坊。崇祯十五年（1642年），李自成农民军攻入内乡，县署被毁。清顺治十八年（1661年），知县张凤翼修县署。康熙五年（1666年），知县马万里修大堂、戒石坊、寅宾馆、仪门、土地祠、巡捕（典史衙）房、皂房等。康熙十九年（1680年），知县高以永重修思补堂并改名琴治堂。其后嘉庆、道光、咸丰帝年间俱有修葺。咸丰年间又遭全毁。光绪年间，重建县衙，光绪二十年（1894年）动工，历时三年告竣。遗存建筑皆此次章炳焘所建留存，占地面积近40000平方米，有厅堂廨舍280余间。

内乡县衙宣化坊

内乡县衙全景

内乡县衙建筑群坐北面南，整体建筑贯穿在一条南北走向的中轴线上，左右两侧建筑呈现与中轴线对称的四合院式布局，有院落18进。中轴线自南向北分别为照壁、宣化坊、大门、仪门、戒石坊、大堂、二堂屏门、二堂、夫子院、三堂、后花园；东辅线建筑自南向北为旌善亭、寅宾馆、双祠院、三班院、吏房礼

仪门

房、典史衙、县丞衙、东库房、东花厅；西辅线建筑自南向北为申明亭、膳馆、监狱、兵刑工房、吏舍、县丞衙、西库房、西花厅。建筑均为单檐硬山式建筑，仰瓦盖屋顶，脊饰以吻、兽。建筑格局体现古代地方衙署丛北面南、左文右武、前衙后邸、监狱居南的传统礼制思想。大堂位于整个建筑群中心，是封建时代知县正式办公之所，故称正堂、正厅、公厅等，面阔五间，室内九檩双步廊式构架。大堂中央置暖阁，设知县公堂。东、西梢间为简房（收贮仪仗）和招房（记录堂谕口供）。二堂面阔五间，为七檩前后廊式构架。明代称退思堂、思补堂，清代改为琴治堂，二堂除无暖阁外，结构大致如同大堂，体量稍小，明间设知县公堂，上悬"琴治堂"匾额。东梢间为茶房，是知县办公期间临时小憩或与师爷商议案

件处理的地方；西梢间为招房，是文书办公的地方。三堂雅称三省堂，是知县的内宅，旧称知县廨。内部格局与大堂、二堂迥然不同，是知县接待上级官员，商议政事和办公起居之所，西梢间为知县书房和更衣室，东梢间为接待室。三省堂撰有楹联："吃百姓之饭，穿百姓之衣，莫道百姓可欺，自己也是百姓；得一官不荣，失一官不辱，勿说一官无用，地方全靠一官。"为康熙时内乡知县高以永撰写。

县衙大门外东侧立有"三院禁约碑"。明万历三十九年（1611年），内乡知县易三才为整饬吏治，遏制官场奢靡之风，和县丞席讲、主簿聂现、典史吴道光联合向驿传道、河南巡抚、监察御史三院反映其过境官员在驿站"吃喝索拿"等腐败现象，并拟定三条禁约和一条关于过境官员乘马坐轿、饭菜供应的具体规定，以及违犯这些禁约的处罚办法。得到上级三院监察官员的赞同，并命刊刻榜文，立于县衙大门之左，被称为"刻在石头上的反腐宣言"。

民国37年（1948年）内乡解放后，内乡县衙为内乡县人民政府驻地。1968年，内乡县武装部和部分局委在此办公，内乡县衙得以较好保护。1984年，内乡县政府利用县衙旧址，建立中国第一个官署衙门博物馆，即内乡县衙博物馆。1984年3月31日，内乡县衙被内乡县人民政府公布为县级文物保护单位。1986年11月21日，内乡县衙被河南省人民政府公布为第二批省级文物保护单位。1996年11月20日，内乡县衙被国务院公布为第四批全国重点文物保护单位，编号4-0177-3-099。2011年，《全国重点文物保护单位内乡县衙保护规划》编制完成，对保护范围及建设控制地带进行调整并获得国家文物局

批复。内乡县衙已建全国重点文物保护单位记录档案，由内乡县衙博物馆保管。

大屯土司庄园　是西南地区重要的土司遗存，是遗存为数不多的土司庄园之一。位于贵州省毕节市七星关区大屯彝族乡和平组一半山缓坡之上。

大屯土司庄园由四川永宁宣抚司宣抚使后裔于清康熙年间（1662～1722年）始建，后经乾隆、道光年间扩建，清末至民国初永宁宣抚司宣抚使第十一世孙余达父（1870～1934年，贵州近代诗人）改扩建，形成后世规模。

庄园规模宏阔，格局完整，建筑精美，是土司庄园建筑的典型代表。庄园坐东南向西北，依山就势，渐次升高。南北宽50余米，东西纵深60余米，占地3000余平方米。庄园建筑三路三进，布局严谨，错落有致。中路由大堂、二堂、正堂三座面阔五间的建筑构成中轴线，为庄园核心。大门设于西北，入内右上为轿厅，是来往达官贵人停轿之处。轿厅往前，拾级而上即为大堂，再上为二堂、正堂，是为处理公事之地。大堂之右侧为居住之所，前为亦园，后为绣楼，中间隔以仓房。大堂与二堂天井左墙设有墙门，可通读书休闲的后花园，有邃雅堂、鱼池、廊桥、书房（也有说家祠）等建筑。右路四周筑有院墙，前院墙为近似半圆的弧形，沿墙要害处立有6座碉楼。

大堂面阔五间30米，进深二间9.6米，穿斗式悬山青瓦顶，砖砌山墙，槅扇门窗。二堂面阔五间23.04米，进深11檩9.29米。梁架用7柱，其中5柱落地，三道穿枋，后出檐廊。后檐廊上做轩。室内地面北梢间为青石地面，其余遗存各间均为三合土夯实。遗存的木雕驼

大屯土司庄园鸟瞰

墩、石柱础，雕刻手法细腻，民族风格浓郁。屋盖部分在板椽上直接干摆布瓦，清水脊，无雕饰。两山墙为砖石结构。该建筑在前檐下和室内做遮椽板，具有独特的地方手法。正堂面阔五间23.12米，进深十七檩11.11米。梁架用14柱，6柱落地，4道穿枋，前后出廊。前檐廊做轩。前后廊为青石铺地，室内地面为三合土夯实。正堂遗存的挂落、驼墩、石柱础雕刻精美，风格独特。屋顶为干摆布瓦，清水脊。室内椽下做遮椽板。两山墙体下部为石质，上部为砖结构。

邃雅堂面阔三间14米，进深2间7.27米；穿斗式悬山青瓦顶，美人靠背栏杆，槅扇门窗。宗祠面阔三间11米，进深一间5.72米，穿斗式歇山青瓦顶，室内地面为青石地面。

亦园面阔五间18.32米，进深一间7.07米，梁架用7柱，其中4柱落地，三道穿枋，前

大屯土司庄园大堂

1687

大屯土司庄园西园

庄园院墙

后出廊，室内外地面均为青石地面，遗存的雀替、驼峰、石柱础等，雕刻手法细腻，具有独特的民族风格。绣楼面阔三间11.8米，进深一间5.4米，梁架用7柱，其中6柱落地。四道穿枋，前后出廊，室内地面为青石地面，四面设有回廊。

庄园四周原有碉楼6座，各有其形，各有其用，遗存4座。其中一座碉楼坐落在庄园西北部庄园入口处，悬山顶，木石结构。平面方形，面阔5.1米，进深5.2米，高7.05米（相对于庄园前庭院）。墙体用片石垒砌而成，门开在院内一面，楼内分三层，之间用木制楼板相隔，以木梯相通。各层墙体四面开漏斗形（外小里大）射击孔。瓦顶为板椽之上干摆布瓦，清水脊。

庄园内大门、柱础、栏板、望柱、山墙等，涉及木雕、石雕、彩绘、泥塑等艺术装饰的构部件，多有象征"顺遂如意"的"如意头"，因彝族崇拜老虎，"如意头"被认为是"虎头纹"。土司庄园的平面格局与衙署建筑的布局十分相似，既有大堂、二堂、正堂等建筑，又有居住、园林、读书之场所。

中华人民共和国成立后，庄园曾作为龙场

中学的学校用地。1982年，大屯土司庄园被公布为县级文物保护单位。1988年1月13日，大屯土司庄园被国务院公布为第三批全国重点文物保护单位，编号3-0073-3-021。1999年，成立大屯土司庄园文物管理所，负责庄园管理。2002年，贵州省人民政府公布大屯土司庄园保护范围和建设控制地带。

避暑山庄　原名热河行宫，为中国遗存最大的古典皇家园林，清代著名的离宫别苑之一，位于河北省承德市区北部、武烈河西岸一狭长谷地之中。

避暑山庄始建于清康熙四十二年（1703年），经康、雍、乾三代帝王历时89年的精心营建，至乾隆五十七年（1792年）建成。山庄占地面积约564万平方米，共48组庭院、73座亭榭、23座桥、19座碑、5处摩崖石刻。自康熙五十二年至乾隆四十五年（1713～1780年）修建的外八庙呈众星捧月之势环绕于山庄周围。避暑山庄的兴建共分为四个阶段。第一阶段为清康熙四十二至四十七年（1703～1708年）。主要开拓湖区，筑洲岛桥堤。建成澄湖、如意湖、上湖、下湖、西湖、半月湖，环碧、如意洲、月色江声三大岛及金山、万壑松风等20余组建筑，初步具备了避暑山庄中早期十六景。宫廷画家冷枚所画《热河行宫图》即表现这一阶段的山庄全景。第二阶段为康熙四十八至五十二年（1709～1713年）。主要修建正宫，将万壑松风南的山冈挖成平坦的台地，修建包括澹泊敬诚、烟波致爽在内的正宫区；开辟东湖（银湖、镜湖）；修建水心榭、清舒山馆、颐志堂、静好堂、畅远台等建筑；用罚贪官噶礼的赃款重建虎皮宫墙。康熙五十年（1711年），康熙为热河行宫题匾"避暑山庄"，并以四字命名避暑山庄三十六景，撰写《避暑山庄记》。第三阶段为乾隆六至十九年（1741～1754年）。主要维修康熙时已有的建筑，在湖中造青雀舫，修建松鹤斋、永佑寺，翻修正宫，新建东宫。乾隆十九年（1754年）将康熙时已有但未收入康熙三十六景的三字命名建筑及乾隆时新建的部分三字命名建筑御定为新三十六景，与康熙三十六景一起合称避暑山庄七十二景。第四阶段为乾隆二十至五十七年（1755～1792年）。主要在平原区修建永佑寺舍利塔、春好轩，湖区修建文园狮子林、文津阁、戒得堂、烟雨楼、汇万总春之庙。乾隆二十五年（1760年）开始，在山区修建园林14座、寺庙9座。

避暑山庄全景

避暑山庄建有宫墙10千米，并设丽正门、城关门、德汇门、流杯亭门、惠迪吉门、西北门、碧峰门、坦坦荡荡门、仓门等9座宫门，及暖溜暄波水门1座。武烈河引水顺石砌沟渠，由山庄西北隅暖溜暄波水门下的进水闸涌入庄内，再沿北山东麓经半月湖迤逦南流，途中汇聚西北山谷中的瀑布溪流，至文津阁北、云容水态东散而成湖，并分流两路，东路注入澄湖，西路汇入如意湖，全长近3千米。

避暑山庄为宫苑合一的皇家园林，按使用功能不同，全园分为两大部分：宫殿区和苑景区。宫殿区位于山庄南部，南临市区，主要有正宫、东宫、松鹤斋和万壑松风四组建筑，坐北朝南，采用北方民居四合院的建筑形式，层层递进，布局严谨，青砖素瓦，不饰重彩，尽显古朴典雅之风，是清代帝后理朝听政、举行庆典和日常起居的地方。苑景区按地形地貌特征分为湖区、平原区和山区三部分，是帝后游豫宴乐的活动场所。湖区位于山庄东南部，采用"一池三山"的造园手法，构筑了环碧、月色江声、如意洲三岛，并挖有澄湖、如意湖、上下湖、下湖、银湖、镜湖、西湖、半月湖等

大小系列湖泊，统称塞湖。堤岸边杨柳依依，洲岛上芳花遍地，湖泊中莲菱争艳，呈现出江南水乡的秀美景象。平原区位于山庄湖区与西北山区之间，为一片广阔宽敞的平地，地上芳草如茵、古树参天，一派蒙古茫茫草原风光。山区位于山庄西北部和西部，面积约占全园部面积的4/5，分布着榛子峪、西峪、松林峪、梨树峪、松云峡5条主要峡谷，有中国西北高原特色。

避暑山庄内建有楼台殿阁、亭斋轩榭、庙塔廊桥等各种形式的建筑120余组。这些园林建筑相地合宜，巧于因借，散布于山间水际、林地草原，运用错落、聚散、萦回、映带、藏露、曲折、连绵等造园手法，加之以大小穿插、虚实相间，在宏大的视觉空间内，形成峰回路转，流动开合，有节奏、有韵律的艺术效果和宜游宜居的风景特性，集"南秀北雄"艺术风格于一身，代表清代园林建筑艺术的最高成就。避暑山庄纳天下名景于一园，大量仿建各地名胜景致，如仿江苏镇江金山寺而建的金山，仿浙江嘉兴南湖烟雨楼而建的烟雨楼，仿苏州沧浪亭而建的沧浪屿，仿宁波范氏天一阁而建的文津阁，仿杭州六和塔

避暑山庄澹泊敬诚殿内景

避暑山庄烟波致爽殿内景

避暑山庄雪景

而建的永佑寺舍利塔等。仿建撷取原建的意境，仿中有创，表达了清帝"普天之下莫非王土"的大一统思想。庄内另有碑刻摩崖20余处，堆叠假山60余组。

避暑山庄是中国清朝的园林式皇宫，具有丰富的社会政治历史意义，是中国古代帝王宫与苑及皇家寺庙完美融合的典型范例，标志着中国古代造园与建筑艺术的巨大成就。

避暑山庄自同治元年（1862年）停止修建，逐渐荒芜。至清末，许多建筑因年久失修，瓦垅松散，屋顶渗漏，兽吻脱落。光绪二十七年（1901年），避暑山庄库房的大部珍品调往北京。民国及北洋军阀（从熊希龄至汤玉麟）历届热河都统都将都统公署署址设在山庄宫殿区（此署1997年底1998年初已拆），山庄珍宝丧失殆尽。民国21年（1932年）3月，日本侵略军进驻避暑山庄，避暑山庄再次遭受毁损。民国34年（1945年）8月，承德第一次解放时，清音阁遭遇失火，整个东宫全被烧

毁。至民国37年（1948年）11月，承德第二次解放时，避暑山庄七十二景仅存七景，其他建筑只存13处。

1949～1962年，党和政府对避暑山庄进行多次抢救性修缮。承德第一次解放后即成立离宫管理处。承德第二次解放时又恢复离宫管理处的设置，对山庄进行专门的管理。1961年3月4日，避暑山庄被国务院公布为第一批全国重点文物保护单位，编号1-0123-3-076。1976～2005年，经国务院批准，先后实施《避暑山庄第一个十年整修规划（1976～1985年）》《避暑山庄第二个十年整修规划（1986～1995年）》《避暑山庄第三个十年整修规划（1996～2005年）》，恢复"康乾七十二景"中的50余景。1987年，成立避暑山庄管理处。1991年12月，河北省人民政府划定避暑山庄的保护范围和建设控制地带。1994年12月15日，避暑山庄及周围寺庙被联合国教科文组织列入世界文化遗产名录。1998年，避

暑山庄管理处完成避暑山庄的全国重点文物保护单位记录档案，由国家文物局、河北省文物局、承德市文物局分别存档备案。2003年7月18日，河北省第十届人民代表大会常务委员会第四次会议审议并通过《承德避暑山庄及周围寺庙保护管理条例》。2010年，避暑山庄及周围寺庙遗产保护工程开工，截至2016年5月共完成105项修缮工程。

卓克基土司官寨　为清代嘉绒十八土司之一的卓克基土司修建的衙署建筑，坐落于四川省马尔康县卓克基镇南侧山腰的三角形台地上。官寨左依连绵起伏的高山，正面面临纳足沟，西索民居隔沟相望，后方紧靠梭磨河。

卓克基土司执政始于元至正二十三年（1286年）。清乾隆十三年（1748年），第九任土司嘉嘎尔目奉旨出兵协助清军征剿大小金川土司，战功显著，被授封为长官司，次年清廷颁给长官司印信号纸。乾隆三十八年（1773年）加赏顶戴花翎。卓克基土司逐步成为川西北地区著名的嘉绒十八土司之一。卓克基土司家族总计17代，前后延续时间达665年。1951年8月马尔康全境解放，土司制度被彻底废除，卓克基土司也随之消亡。

卓克基土司官寨

土司官寨亦称土司衙署。在嘉绒藏族地区，自元朝推行土司制度以来，土司官寨作为一种特殊建筑亦应运而生。遗存卓克基土司官寨为民国29年（1940年）在原有基础上重新扩建。卓克基土司官寨在平面布局上采用汉式中轴线对称的四合院形式，坐西北朝东南，由四组高大的木质楼房组合成一个较为封闭的世界，院内中心为天井。正面即南楼，一楼一底平顶建筑，其底层由正中大门入内系门厅，二楼为会客厅，亦称外宾厅，中部一连三间，两侧为汉式客房，房顶为平顶。门厅正对面为北楼，系宗教建筑，四楼一底，一、二、三层为库房、客房、厨房、茶房等；四、五层为红（宁玛派）、黄（格鲁派）教活动场所。正中为土司专用的大经堂，贯通于四、五两层。黄、红教小经堂各2个，于四、五楼两层对称排列在大经堂两侧，内供奉格鲁、宁玛等藏传佛教的主要本尊神像，四层经堂墙外有悬挑的木质转经回廊，廊内安置一列牛皮包裹的木质转经筒。小经堂两侧为和尚喇嘛的住房。西楼、东楼分别为三楼一底、四楼一底建筑，为土司、土妇及家眷的住房、书房、厨房、库房及当班大管家、小管家、杂役的住房。西楼、东楼左边分别有阶梯式木楼梯直通顶层，各楼房靠天井外有一周木质回廊作为同层间往来的通道。官寨的屋顶采用嘉绒藏族传统的密梁式平顶和汉式悬山式屋顶两种结构形式，其中悬山式屋顶为土司建筑所专有。官寨内院天井四周有木质回廊，为各楼同层互为往来的通道。在官寨西侧耸立着一座与官寨相连通的四角碉楼，系土司在紧急时刻储藏贵重物品及藏身的防御建筑，同时也是权力和等级的象征。

卓克其土司官寨北楼转经廊

官寨融嘉绒藏族传统建筑艺术与汉式建筑艺术精华于一体，构筑精良，规模庞大。1988年1月13日，卓克基土司官寨被国务院公布为第三批全国重点文物保护单位，编号3-0072-3-020。1988年，阿坝州文物管理所组织实地勘察，并编制完成《马尔康县卓克基土司官寨维修修缮保护方案》。1990年，卓克基第17代土司索观瀛之子索国坤及其亲属将官房屋产权无偿赠予阿坝州人民政府。1999～2003年，国家拨付专项资金，由阿坝州文化局组织实施，复修已全部垮塌的北楼，保护修缮南楼。2002年12月，卓克基土司官寨被四川省人民政府公布为第六批省级文物保护单位。2005年1月，

在官寨南、北楼维修工程结束后，阿坝州文化局将官寨的管理工作移交给马尔康县人民政府，组建马尔康县卓克基官寨景区管理所。2006年，在原景区管理所的基础上成立马尔康县卓克基官寨景区管理局。2011年，国家拨付专项资金，马尔康县文化广播新闻体育局组织对官寨西楼及官寨所有屋面、木构件等进行保护性维修修缮。

镇公堂 中心镇公堂藏语称"独克端巴夏康"，是当地藏民集会议事、祭祖、办理族内红白事和躲避匪乱的场所，位于云南省迪庆藏族自治州香格里拉市建塘镇独克宗古城月光广场。

中心镇公堂始建于清雍正二年（1724年），

咸丰三年（1853年）重修，同治八年（1869年）毁于兵燹，光绪八年（1882年）捐资重建。民国25年（1936年）4月，红军二、六军团长征途经中甸，贺龙、萧克等设指挥部于经堂，并在此召开著名的中甸会议，宣传党的民族宗教政策。

中心镇公堂为古城标志性建筑，以大殿为核心，两侧为厢房、仓房、马厩和照壁等建筑，在四角建有4座碉楼，用于兵荒马乱时城区居民躲避。大殿坐北朝南，总建筑面积为502.65平方米，外观为三重檐歇山顶殿堂，大殿一层面阔五间，二层面阔三间，汉藏结合二层土木结构，汉式斗拱飞檐，小青瓦屋面。内部为藏式网柱结构，柱头和横梁刻有精致木雕，外围环以回廊，是一座汉、藏、白、纳西等民族建筑艺术完美结合的典型建筑。一、二

中心镇公堂

层内壁四周墙面绘有精美的藏传佛教壁画，壁画面积170平方米，约有80%的清代壁画保存完好，具有较高的观赏价值和艺术价值。

20世纪60年代初期中心镇公堂建筑群还保存完好。"文化大革命"期间，除大殿作为仓库得以保存外，其余建筑均被拆毁。从20世纪80年代初，先后搬迁公堂内的居民、修复大殿、恢复大殿壁画、修复东西厢房和大门、围墙等。1986年，中甸县委、县政府在此建立为红军长征纪念馆。1987年12月21日，被公布为云南省第四批重点文物保护单位。1996年11月20日，中心镇公堂被国务院公布为第四批全国重点文物保护单位，编号4-0186-3-108。1997年，云南省人民政府公布保护范围和建设控制地带。2000年5月，实施中心镇公堂一期维修工程，对大殿进行修复。2001年底，进行二期维修工程即东西厢房维修和环境整治工程。2010年，完成消防水池、消防管道、水泵房、供配电、水幕隔离墙、消防自动报警、文物库房气体灭火、消防自动报警的消防工程建设，以及中心镇公堂防鸟网工程。2011年，完成电视监控、防盗报警、机房配电安防工程建设。中心镇公堂由迪庆州文物管理所管理。中心镇公堂全国重点文物保护单位记录档案已经建立，由迪庆州文物管理所保管。

颐和园 是中国皇家园林的杰出代表，位于北京市海淀区西北。

颐和园前身即清漪园。清漪园所依托的万寿山（原名瓮山）和昆明湖（称为瓮山泊，因位于京西，也有西湖、西海、金海之名）地区湖山相依，地势开阔，湖边开发稻田，种植菱荷，使这一带的风光有如江南；不少官僚、权

颐和园西堤玉泉山

贵乃至最高统治者纷纷在此修建亭院、亭榭和庙宇、坟茔。这一地区获得神似杭州西湖的口碑，以及"西湖十寺""西湖十景"的名称。清乾隆十四年（1749年）冬，乾隆为其母孝圣皇太后祝六十寿辰，将湖山按照园林创意进行大规模的疏浚与治理，把湖面向东北扩展，重筑东堤，将西湖面积增加三倍、深度增加两倍，并在湖中模仿杭州西湖苏堤新筑一条贯通南北的西堤并使水面一分为三，保留原西湖东岸上的龙神祠，成为一个较大的岛屿。把挖湖的泥土，按照造园布局的需求堆筑在山上，使山体形象如一只展翅欲飞的大蝙蝠，衔哺着酷似寿桃状的湖面，寓形隐意，妙趣天成。乾隆十五年（1750年），改瓮山名万寿山，西湖名

颐和园万寿山全景

昆明湖。经十余年土木之工，建成清漪园这座以湖光山色蜚声于世的大型皇家园林。光绪十二年（1886年），慈禧晚年安乐的要求与光绪独立掌权的愿望，共同促成清漪园的重建。在海军衙门的主持下，重建工程以操练海军、筹建昆明湖水操学堂为由，以海军军费等款项秘密开始修园。光绪十三年（1887年）1月27日，主持水操学堂举行开学典礼的官员随后主持了排云殿的上梁仪式。光绪十四年（1888年）3月，光绪发布谕旨，改清漪园为颐和园。光绪二十一年（1895年）颐和园工程由于甲午中日战争停止。清光绪二十六年（1900年），颐和园遭到英、美、德、法、俄、日、意、奥八国联军的野蛮抢掠和破坏。光绪二十九年（1903年）重新修复。

颐和园按其布局可分为前山前湖建筑与后山后湖建筑两大部分，万寿山和昆明湖构成这座皇家园林的主体框架。整体建筑结构皆以自然山水为基础，其建筑形式多模拟江南名胜古迹，或肖其意，或仿其形，因地制宜地创建众多廊、桥、亭、榭，殿、宇、楼、台。颐和园占地2.9平方千米，水面占四分之三，由宫廷区、万寿山区、后湖区、昆明湖区等组成，遗存各式建筑面积7万余平方米。全园布局北山南水，以万寿山上佛香阁为视觉中心，南北景观统一在一条轴线里，轴线上分布有凤凰墩、南湖岛、万寿山、牌坊、排云殿、佛香阁、须弥灵境、牌坊、石拱桥、北大门等。在万寿山区显现出较为严格的轴线和对称布局，前山安排排云殿组群、后山设置须弥灵境，须弥灵境是一组密教五方信仰的藏式建筑，建筑台基按照南瞻部洲长方形、北俱卢洲方形、东胜神洲

颐和园仁寿殿内景

铜牛与十七孔桥

谐趣园

半月形、西牛贺洲椭圆形的宗教形制设置。清代末期，慈禧常年居住在颐和园，这里成为紫禁城外的又一个朝廷，园林的性质较乾隆年间发生较大的改变，形成以仁寿殿为正殿，包括仁寿门、东宫门以及分列两侧的配殿、朝房、值房构成的东宫门宫殿区。建筑的中轴线从东至西贯穿几进院落并延伸到宫门外的影壁、牌楼，并与园外的畅春园、静明园、静宜园联系起来。昆明湖被一条南北向长堤分为东西两部分，东面水域宽阔，由南湖岛统摄昆明湖前湖，西面水域较小分别由藻鉴堂和冶镜阁统摄。长堤仿照西湖的苏堤和白堤设置，堤上种植桃柳并建有六桥。

万寿山前山以佛香阁为主景。金碧辉煌的排云殿建筑群、高大平稳的佛香阁、雄踞山顶的智慧海沿山坡台地层层迭起以游廊和爬山廊连成一体，位于前山的中央部位，西侧有宝云阁和清华轩，东侧有转轮藏和介寿堂，它们共同组成前山建筑群的核心，是全园体量最大的一组。其建筑群落布局紧凑、层次分明、重点突出，用对比和烘托等手段体现了极高的造园艺术。万寿山前山统辖的前湖水域为昆明湖最宽处。从南湖岛望蟾阁向北望去佛香阁高大平

稳，万寿山上宫观错落，亭台楼阁雄踞于青翠之间，很好地展现出万寿山前山的气势。

前山山麓临湖的平坦地带，有中国古典园林中最长的一条长廊。长廊共273间，全长728米，廊子中间依次点缀着留佳、寄澜、秋水、清遥等四座亭子，象征着一年中的四季，长廊中绘有14000多幅"苏式彩画"，其画面内容包含民间传说、神话故事、历史人物、戏剧场景、山水风光、花鸟鱼虫等，包罗万象、色彩艳丽。颐和园全园借西山景，引玉泉山塔入于园中，此借景将有限之园与连绵的西山融为一体，沿园东路至北转过十七孔桥再向南湖岸向西兜折，佛香阁消失于视野，唯西侧玉泉塔影在望。这片水域由凤凰墩所辖，凤凰墩是位于昆明湖中的一座小岛。流水绕过小岛向西北转入山间，其后层峦叠嶂，玉泉塔影昭立远方，造景达到真实性和艺术性完美的结合。至西北沿西堤北上，稻田水景尚保持原始的村野风光。乾隆将位于地安门附近的织染局全部迁移到玉带桥西北与稻田毗近的地方，设立澄鲜堂、延赏斋、蚕神庙和水村居等建筑，把农桑的思想和园林修造紧密结合，以艺术的视角创造了这一经典的历史景区。此处几经损毁，

四大部洲

2003年，北京市公园管理中心修复再现了这个景区。

颐和园的园林布局不仅表现出宏阔的气势，也有一些尺度如私家园林的小园。其中最为著名是谐趣园。谐趣园位于万寿山东麓，后溪河尽端，原名惠山园，是乾隆模拟无锡寄畅园而建的小园。全园宫门朝西，整个园林的平面布局是颐和园大布局的同构，显示出山北水南的特点。

颐和园工程继承了清漪园的山形水系、规划设计，大部分建筑的选址甚至名称都未予改动。颐和园在总体艺术水准上比清漪园略为逊色，但在政治、外交、宫廷生活等方面的地位和价值远远超过清漪园。颐和园是晚清历史进程的见证和结果，是晚清中国最重要的政治和外交场所，与中国近代历史有着不可分割的关联。颐和园的园藏文物达4万件，是在原展藏地内完好保存下来的最后一个清代皇家文物群落。

民国元年（1912年）2月，清朝灭亡，颐和园成为逊帝溥仪的私产，由清室内务府管理。民国17年（1928年）7月1日，颐和园正式由民国政府接收，成立管理颐和园事务所负责管理，但因政局动荡，颐和园处于一种失修失养的状态。中华人民共和国成立后，中央、地方政府多次拨专款修缮古建筑。1961年3月4日，颐和园被国务院公布为第一批全国重点文物保护单位，编号为1-0122-3-075。1978年10月，成立颐和园管理处。1987年，北京市人民政府批复《第二批划定文物保护单位的保护范围和建设控制地带的报告》，公布颐和园的保护范围和建设控制地带。1998年12月2日，颐和园被联合国教科文组织世界遗产委员会列入世界文化遗产名录。2000年，建成文昌院，颐和园的保护工作进入了更加科学化、系统化的管理阶段。2005～2008年，先后启动排云殿、佛香阁景区修缮、谐趣园船坞修缮工程；清外务部公所、仁寿殿景区修缮工程；清霁轩、涵虚堂、对鸥舫、鱼藻轩、山色湖光共一楼以及谐趣园修缮工程。2006年，颐和园管理处建立全国重点文物保护单位记录档案，分别由国家文物局、北京市文物局、北京颐和园管理处、北京市古代建筑研究所保管。2010年，启动德和园修缮工程。颐和园管理处对园内文物均建立档案，采用信息化管理。

罗布林卡 为历代达赖喇嘛夏天办公、处理政教事务的夏宫，林卡位于西藏自治区拉萨市城关区罗布林卡北路和罗布林卡南路之间。

罗布林卡始建于清乾隆十六年（1751年），由驻藏大臣修建。其后七世达赖喇嘛在乌尧颇章东侧建一座以自己名字命名的三层宫殿——格桑颇章（贤劫宫），内设佛堂、卧室、阅览室及护法神殿、集会殿等，乾隆二十年（1755年）落成。经乾隆帝批准，七世达赖喇嘛每年夏季在格桑颇章处理政务，后被历代达赖喇嘛沿用，作为夏天办公和接见西藏僧俗官员之用。罗布林卡逐渐由疗养地演变为处理政教事务的夏宫。亲政之前的达赖喇嘛常年在此习经学法。罗布林卡自18世纪中叶至20世纪50年代屡有修建、扩建。八世达赖喇嘛在此基础上扩建恰白康（阅览室）、康松司伦（威镇三界阁）、曲然（讲经院），把旧有的水塘开挖成湖，按汉式亭台楼阁的建筑风格，在湖心建龙王庙和"措吉颇章"宫（湖心宫），两侧架设石桥。民国11年（1922年），十三世达赖喇嘛在园林西侧建"金色颇章"宫、"格桑德吉"宫、"其美曲吉"宫，在西南建金色林卡，并种植大量花草树木。1954年，十四世达赖喇嘛在园林中部建"达旦明久颇章"宫（永恒不变宫），罗布林卡发展为后世的规模。

罗布林卡的建筑以藏式为主，在样式、色彩、选材、用材、装饰等多方面继承西藏建筑的传统，具有鲜明的地方特色。从罗布林卡整体布局到单体建筑内部的装饰，以及一些木构件的处理，均体现在继承优秀传统工艺的同时，又充分吸收外来建筑工艺技术，特别是中原内地园林建筑的布局和局部处理方法。"措吉颇章"宫是一座典型的藏汉结合的建筑，有小桥流水式的汉式园林建筑的特色。龙王殿屋顶没有采用藏式传统的平顶夯阿嘎土结构，而是采用汉式歇山顶覆琉璃瓦的结构。"达旦明久颇章"宫由曾在英国留学的车仁·晋美松赞旺布设计并主持施工，以藏式建筑风格为主，加入欧洲的建筑风格，融合多种风格的建筑因素，堪称近代西藏官邸建筑的典型代表。

罗布林卡是海拔最高的大型园林，在低压、缺氧的3650米高度，是风景优美，环境宜人的一处大规模人工绿地和人与自然相结合的佳作。罗布林卡遗有各类树种162种，有国家一、二级保护树种喜马拉雅巨柏、雪松、大果圆柏、文冠果、热带植物箭竹、合

罗布林卡大门

康松司伦

罗布林卡湖心宫

欢及珍稀花种八仙花等。罗布林卡还有200年以上树龄的参天古木。罗布林卡动物园占地4000平方米，拥有14种130头（只、匹）动物，其中大部分为青藏高原所特有的野生动物，如国家二类保护动物白唇鹿、马熊、斑头雁等。

　　罗布林卡保存有馆藏文物约3万件，不少为中央皇帝御赐之物，如历代诏书、封印，是研究元明清时期藏汉关系的珍贵文物。1956年，中央人民政府派代表进藏，并赠送给十四世达赖喇嘛礼物，完整地保存在罗布林卡。

金色颇章

　　1988年1月13日，罗布林卡被国务院公布为第三批全国重点文物保护单位，编号为3-0096-3-044。1995年5月，成立罗布林卡管理处，建立罗布林卡全国重点文物保护单位记录档案。2001年5月21日，西藏自治区人民政府印发《西藏自治区人民政府关于划定罗布林卡保护区范围的批复》，公布罗布林卡保护范围和建设控制地带；同年12月13日，罗布林卡作为布达拉宫扩展项目，被联合国教科文组织世界遗产委员会列为世界文化遗产。2013年，罗布林卡被国务院公布为全国古籍重点保护单位。

　　伊犁将军府　为伊犁将军的衙署，是清代派驻新疆的军政合一的最高权力机构，位于新疆维吾尔自治区霍城县惠远镇东大街，南距伊犁河约7.5千米，东距伊宁市50千米，北距霍尔果斯口岸60千米。

　　清乾隆二十七年（1762年），清政府在伊犁设"总统伊犁等处将军"（简称伊犁将军），总管天山南北、巴尔喀什湖以东以南地

伊犁将军府全景

区的军政事务，驻地惠远城。同治十年（1871年），沙俄占领伊犁，驻城被毁。光绪八年（1882年），清政府收复伊犁，在原城西北7千米处重建新城（惠远新城），在城内修建伊犁将军府。光绪十九年（1893年），伊犁将军府完工。次年2月6日，犁将军长庚率领官兵自水定移驻新区。辛亥革命后，将军府变为新伊大都督府，后改为伊犁镇边使署。民国3年（1914年），改为伊犁镇守使署。民国9年（1920年）修造将军亭。民国19年（1930年），改为伊犁屯垦使署。民国23年（1934年），屯垦使署迁往宁远城（伊宁市），惠远

伊犁将军府正殿

伊犁将军府西营房

城仅为驻兵营地。

伊犁将军府遗存占地面积1.5万平方米，建筑面积3500平方米。总体布局是一南北走向的三进大院，遗存建筑群主要由墙及大门、东营房、西营房、四合院（将军办公室、书房、两栋居室）、金库、休息厅、客厅、文庙和将军亭等建筑组成。

各单体建筑结构主要为硬山顶屋面，木框架结构外廊式平房。整个将军府营院布局紧凑，功能齐全，设备完善，内外联系方便。衙门平面为正方形，面阔三间，进深二间，木框架土坯墙，五架梁硬山顶结构，脊檩上有简单的彩画。东、西营房平面位置垂直于衙门，分别建于衙门两侧，共有17间大小不同的房间，其中东营房8间、西营房9间。营房梁架保存较为完整。四合院包括办公室、书房和居室。办公室平面为长方形，面阔五间，进深三间，为五架梁前廊硬山顶。书房保存较完整，结构与办公室相同。居室破坏严重。伊犁将军府整体

布局主次分明，布局合理，建筑群体布局及梁架结构上为清式建筑风格，门窗装修吸收俄罗斯建筑的特点，具有鲜明的地方特色。

1981年3月，霍城县文物保护管理所成立。1990年12月9日，伊犁将军府被新疆维吾尔自治区人民政府公布为第三批自治区级文物保护单位。1996年11月20日，伊犁将军府被国务院公布为第四批全国重点文物保护单位，编号4-0188-3-110。2001年，国家文物局拨专款对伊犁将军府大门、东西营房、二堂、衙署、文庙等濒于倒塌的文物建筑进行抢救性维护。2004年12月，建立伊犁将军府全国重点文物保护单位记录档案，档案资料存放在伊犁州文物局。2008年，霍城县文物保护管理所更名为霍城县文物局，专职负责伊犁将军府的日常保护和管理。2009年8～11月，实施伊犁将军府第二期修缮工程，对将军亭、金库、弹药库、警卫室等已成危房的建筑进行抢救性维护，对将军亭整体进行落架大修。2009年7月22日，新疆维吾尔自治区人民政府印发《关于公布新疆维吾尔自治区全国重点文物保护单位保护范围、建设控制地带的通知》，公布伊犁将军府保护范围和建设控制地带。2012年、2013年，分别实施伊犁将军府安全技术防范系统工程和消防工程。《伊犁将军府文物保护规划》，2013年1月获得国家文物局审核批准；2014年3月新疆维吾尔自治区人民政府批准公布。

第九节　宅第

朗色林庄园　为西藏最古老、最高大的庄园建筑之一，地处西藏自治区山南市扎囊县扎其乡朗色林村，与著名的桑耶寺隔江相望。

朗色林庄园建造于帕竹地方政权时期，是在扎西若丹庄园基础上发展起来的。扎西若丹庄园位于朗色林拉巴村，主楼为四层，由疆·扎西若丹创建。随着封建庄园势力的壮大，经那曲杰又在扎西若丹庄园以北的开阔地方重建一座主楼为七层的庄园，即朗色林庄园。

朗色林庄园有双重围墙，外墙呈长方形，以石块为基，上部用土夯成墙，墙窄而矮。内墙的下部亦垒石为基，墙基宽约4.5米，上部以夯土为墙，夯墙隔层夹有石板，下宽上窄，收分较大，墙顶宽约2米。墙总高约10米，墙

顶部有木檐，以此来遮雨护墙。内围墙呈方形，在墙四角上各建有极简单的碉楼，大门设于东墙正中，宽约3米，在南墙偏东处还开有一小偏门。在西墙正中顶部，设有望楼，由此可瞭望四方。在内墙与外围墙之间开筑有宽约5米的壕沟（护城河），均用石砌而成，具有较强的防御作用。

主楼在围墙内中部偏北，坐北朝南，整座建筑墙壁皆用土、石筑成，总高22米，下部有7米多高的石墙基，其余上部全为土夯墙，隔层夹有石板，墙厚约1.4米。主楼东半部从底层到顶部全为石砌墙壁，石墙上刻有八宝图案，在最东端增建宽4.3米的附属建筑，石缝衔接痕迹十分清楚，为后期加修。主楼大门前

朗色林庄园

朗色林庄园佛堂柱头雕饰

有一长方形高台，台前和台左各有台级可登台上，前台级宽大级差小，左台级窄小而级差大。台级造型比较特殊，即在木梯框架上装置石板，组合成木石台级。从其结构布局来观察，前台级系后来所增修，过去曾为木楼台级。长方形高台面上即是4根方柱的门廊，方柱底边长比柱头边长大1倍，形制古怪，极为坚固。进主楼大门即是第三层建筑，楼内建筑形式古老，楼梯窄而陡，房间狭小低矮且很不规整，房内也相当阴暗。楼的底层有牧畜圈，一、二层多为库房；三、四楼各有一间12根方柱的经堂和几间仓库；五层有甘珠尔拉康和神殿，拉康保存的壁画有释迦像、无量寿佛、护法神像等；第六层楼东部是朗色林庄园主的住房，西部有6根方柱的小经堂和甘珠尔拉康，拉康里供有1部手写《甘珠尔》尤为珍贵；七层房间较少，只有护法神泽玛热的神殿和卧室，神殿里供有青铜制的释迦牟尼像，用金、银等五种珍宝书写的《甘珠尔》1部和解除疆扎西卓玛一生的恶事专供的经籍1部，还供有噶玛巴希的塑像1尊。在第七层护法神殿有一件小巧玲珑的石雕建筑模型，与日喀则那当寺（前为拉当寺）镌有"大明永乐年施印""将

来金"建筑模型完全一样。该件石雕很可能是那组模型中的一件，是帕竹政权与后藏在战争时期所掠夺的战利品之一，也为朗色林庄园的创建年代提供了相对依据。

庄园围墙内，除主楼外，尚存一座较矮的南楼，楼侧有马厩与牧畜棚。主楼四周还有一些低矮的小房屋。庄园围墙外的北侧有一片很大的场院，是庄园每年收割后的打麦场，如此大面积的打晒青稞场极为罕见。庄园围墙外南侧面，有一座风景秀丽的花果园，其面积与庄园围墙内的面积相当，在花丛中还建有一座亭台。

朗色林庄园是扎囊县境内一个封建大贵族的领地。该家族曾出过一些著名人物，包括多吉扎寺的两位活佛、大学者班禅·罗桑益西（此人有三部著作传世）和西藏地方政府的噶伦。1959年，西藏地方政府中的一部分上层反动分子发动叛乱，朗色林庄园是其中的一个叛乱据点。庄园在这次叛乱中受到毁损。朗色林庄园作为西藏社会进入封建农奴制的早期庄园，其几百年的延续性以及巨大的规模，在西藏都是一个具有代表性的实例，是系统研究封建庄园的形成和发展时期的历史过程的难得的实证。

2001年6月25日，朗色林庄园被国务院公布为第五批全国重点文物保护单位，编号5-0407-3-213。2002年，经浙江古建筑设计研究院勘察，编制完成《西藏山南市朗色林庄园保护修缮工程设计方案》。2006年，国家投资对庄园主楼、环境、进行全面的修复整治。山南市文物局建立了朗色林庄园全国重点文物保护单位记录档案。西藏自治区人民政府印发《关于确定布达拉宫等32处全国重点文物保护

单位的保护范围和建设控制地带的批复》公布
了朗色林庄园保护范围和建设控制地带。

老屋阁及绿绕亭 为明代典型的徽派建筑，
位于安徽省黄山市徽州区西溪南镇西溪南村。

老屋阁及绿绕亭始建年代可追溯至南宋，
据遗制可断为明代早期。老屋阁为三进五开间
二层砖木结构楼房，通面阔17.5米，进深36
米，建筑面积1041平方米。大门居中设置，上
有简易门罩，门扇镶砖，满覆铁皮，用圆头
钉。前进中为过门厅，两边间为边厅，前中进
两廊相接，两侧缘楼梯皆可上二层，居中为一
天井，廊内侧另靠壁置一小天井。中进明间后
金步置皮门，将明间分为前、后厅。次、边间
分别置厢房，中间另辟一过道前后交通。后进
与中进结构相类，后天井较狭。后门三洞，靠
外墙皆有水磨砖门罩。二层梁架前进为平梁上
置四椽栿出拱承三架梁；中、后进抬梁式构
造，为五架梁上置童柱支三架梁，两边间缝为
穿斗式构造。楼层临天井四周皆为素面裙板用
扁圆板条压缝，短柱下端琢莲瓣状。楼上楼下
大量使用编苇夹泥墙和一板一木次装修。屋面
覆望砖，蝴蝶瓦。山墙参差错落，饰博缝板。

老屋阁正立面

老屋阁西为院，东临渔翁塘。

绿绕亭位于吴氏私宅东南渔翁塘南岸，遗存
物为明景泰年间重建，跨村道而立，单间东西向
两披水六柱观景凉亭，为供宾客往来舒眺之所。
亭四米见方，靠池一侧置飞来椅供游憩。梁架构

老屋阁东立面

绿绕亭

造类老屋阁，梁上饰有彩画，童柱下端琢鹰嘴榫，梁下墨书有重建及几次维修记录。

老屋阁及绿绕亭是中国古代乡土建筑的杰出代表，在中国建筑史上有着十分重要的地位。老屋阁及绿绕亭在皖南徽派古建筑中属最古朴的建筑之一，其建筑构造与样式对研究徽派建筑的起源、发展脉络及营建特色具有至关重要的作用。

老屋阁与绿绕亭一直为吴氏私宅，中华人民共和国成立后归属国有，曾先后作为溪南中学、大队仓库使用。1952年，古建筑学家刘敦桢至徽州考察，对该宅做出了明中叶遗构的断代。1957年，南京工学院等所著《徽州明代住宅》中将其列入明代重点古建筑加以考证，并判其为徽州明代较早的建筑。1955年和

1978年，文化部门对该建筑进行两次重点维修。1961年，老屋阁及绿绕亭被安徽省人民委员会公布为省级文物保护单位。1990年、1992年，老屋阁及绿绕亭模型先后入藏北京中国建筑博物馆和安徽省博物馆。1994年，国家文物部门对老屋阁前、中进及绿绕亭进行重点维修。1996年11月20日，老屋阁及绿绕亭被国务院公布为第四批全国重点文物保护单位，编号4-0142-3-064。1997年，安徽省政府印发《关于公布我省全国重点文物保护单位保护范围的通知》，公布老屋阁及绿绕亭保护范围和建设控制地带。2000年7月，西溪南文物管理站成立，专职保护管理老屋阁及绿绕亭。

靖江王府及王陵 靖江王城，是中国保存最完好的明代藩王府，位于广西壮族自治区桂

靖江王宫

林市秀峰区独秀峰下。靖江王陵是明朝受封于广西桂林的历代靖江王的陵墓群，位于广西壮族自治区桂林市东尧山西麓山前平岗坡丘之间，地跨桂林七星区和叠彩区。

靖江王府始建于明洪武五年（1372年），洪武九年（1376年）建成，洪武二十六年（1393年）重建并增建王城。清顺治七年（1650年）朱亨歅被清定南王孔有德擒杀，靖江王国亡。顺治九年（1652年），靖江王府遭定南王孔有德火焚；顺治十四年（1657年），在王府旧址修贡院。民国25年（1936年），广西省政府迁此。靖江王府发展主要分为明代靖江王府（明洪武五年至清顺治七年，1372～1650年）、清代广西贡院（清顺治十四年至清末，1657～1911年）、民国时期的广西省政府（1936～1947年）、1952年以来的广西师范学院（1983年改广西师范大学）。

靖江王府坐北朝南，平面呈长方形，东西宽329.23米、南北长554.76米，占地面积约

18.22万平方米。遵照明代藩王府邸制度，整个王城宫殿建筑采取中轴线对称和"左祖右社、前朝后寝"的布局方式营造，四周以巨型料石砌筑城垣，倚孤峰独秀的独秀峰而建，在桂林城中自成一城，故称"王城"，体现了王权至上的思想。靖江王府整体规模宏大，原有承运门、承运殿、配殿、寝宫、斋宫、进膳厨、御花园、月牙池等，以及宝善堂、尊乐堂、日新堂、懋德堂、凌虚台、可心轩、玄武阁等亭台楼阁、书屋桥榭、轩室廊房建筑800

靖江王府承运门

余间，南门（端礼门）外置有宗庙、社坛。王府遗迹主要由明朝城墙建筑、宫殿基址和民国建筑两部分组成。明代建筑及宫殿基址为王府城墙、承运门台明、承运殿台明、王宫门台明、月牙池、太平岩等。独秀峰的读书岩、太平岩及登山道侧的岩壁上遗留有唐至民国时期的摩崖题刻174则，其中明代34则、清代70则。靖江王府城墙，建于明洪武五年（1372年），周长1784米，城墙墙基宽5.5米、高约5.1米。夯土墙心，外包砌青料石条，青砖堆堞。城开东（体仁门）、南（端礼门）、西（遵义门）、北（广智门）四门，城门上原有城垛及城楼，仅存城门城台及门楼遗址。王府承运门、承运殿和王宫区及花园依中轴对称，承运门台明、承运殿台明的云龙纹丹陛、云龙石陛的垂带台阶保存完好，月牙池风光依在。靖江王府是中国遗存格局最完整的明代藩王府，并保留城墙和主要殿堂台明遗迹和明代靖江及其宗室、僚属的石刻，为研究明代藩封制度难得的实物资料。

在历史上，第二至第十二任共有11位靖江王在桂林建有陵寝，分别为第二任靖江王朱赞仪悼僖王陵、第三任靖江王朱佐敬庄简王陵、追封为第四任靖江王的朱相承怀顺王陵、第五任靖江王朱规裕昭和王陵、第六任靖江王朱约麟端懿王陵、第七任靖江王朱经扶安肃王陵、第八任靖江王朱邦苎恭惠王陵、第九任靖江王朱任昌康僖王陵、第十任靖江王朱履焘温裕王陵、第十一任靖江王朱任晟宪定王陵和第十二任靖江王朱履佑荣穆王陵，俗称靖江王十一陵。

11座靖江王陵的规模、形制因时代的变迁而有所变化，但始终依明藩王墓之规制，一般以神道为中轴线，自外而内序建左、右朝房、陵门、石桥、中门、享殿、地宫（墓冢），除悼僖王陵有外围墙一周，神道序望柱、石羊、石虎、武士驭马、文臣等5对石作仪仗，怀顺王陵石作仪仗较悼僖王陵在陵门和中门前增置守门狮各1对外，其余各王陵由内、外两道围墙构成"回"字形两重陵园，神道序列11对石作仪仗，依次为守陵狮、华表、石狮（獬豸）、石羊、石虎、石麒麟、武士控马、石象、秉笏文臣、男侍、女侍。石作序列的位置会发生一些变化。怀顺王陵的神道呈曲尺形朝南折向后，将陵门开辟在悼僖王陵南侧外围墙上，形成与悼僖王陵共用一段外围墙的园中园的布局。自怀顺王陵始，增修碑亭1座，

靖江王府体仁门

靖江王府端礼门

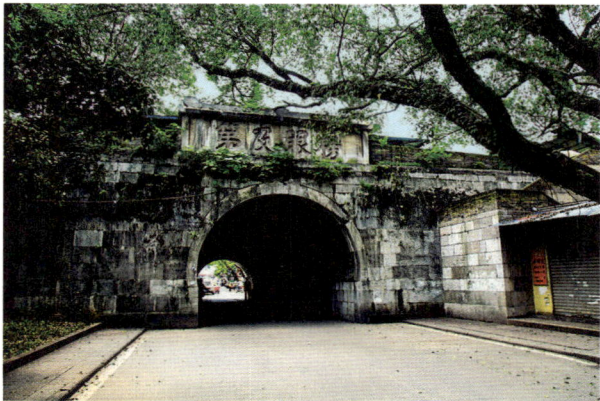

靖江王府遵义门

神道石像生比较悼僖王陵则在外门和中门前增置守门狮各1对。自昭和王陵以后的各陵园中皆发现有焚帛亭基址。以11座靖江王陵墓为中心，附葬有历代靖江王次妃、靖江王府将军、中尉、县君、乡君以及更低等级的靖江王府宗室、姻亲墓葬。经历次调查可考的墓葬有316座，分布范围100多平方千米。靖江王陵规模宏大、序列齐全、等级分明、分期明显，遗迹遗物保存完整，为明代藩王墓群所罕见，是国内现存最具代表性的藩王文化遗存，是研究明代封藩制度和藩王丧葬制度最系统、最完备的实物资料库，具有极高的历史、科学和艺术价值。靖江王陵遗存是明代官式建筑遗址，遗址本身就是古代建设规划艺术和建筑营造艺术之范例。靖江王陵陵墓石雕是一部带有地方特色的明朝石雕通史。靖江王陵遗存陵墓石雕334件，超过所有已发现的明代帝王陵墓石雕的总和，堪称中国历史艺术宝库中最完整的明藩王陵石雕艺术品。靖江王陵随葬品丰富，其中最珍贵和有特色的是梅瓶。靖江王陵区域内保存有近50方墓志碑碣，承载大量历史信息，对桂林明代历史和靖江王国历史研究起到补证史实的作用。

明朝时期，靖江王诸王陵均有护陵兵丁管理保护。明朝灭亡后，无专人管理，陵园建筑荒废并逐渐倒塌。20世纪50年代，陵园遗址中大量砖石被取做兴修水利材料，但建筑基址保存完整，清晰可辨，可直观了解靖江王陵墓建筑的布局及其演变规律。20世纪80年代，由桂林市文物部门对靖江王陵历史的分布范围进行调查，共发现墓葬316座，奉祠遗址1处。其中大型陵墓包括王陵（王、妃合葬墓）12座（含朱守谦衣冠墓），厚葬次妃墓3座，有建筑遗址的将军墓8座；其他墓葬293座。1972年、2007年以及2012～2015年，对靖江王陵共进行3次考古发掘工作。自1988年以来，对靖江王府进行多次考古调查及修缮，发现明代大型的房屋建筑基础及含石灰的夯筑地面、石砌通道和晚清、民国时期的遗迹：复修王城西华门登城梯道。2000年以来，完成康僖王陵、恭惠王陵等陵墓遗址的清理整治。

1963年，靖江王府被广西壮族自治区人民委员会公布为自治区文物保护单位。1984年，桂林市靖江王陵文物管理处成立。同年10月8日，桂林市人民政府印发《关于公布第一、二批文物保护单位的保护范围的通知》，划定靖江王府保护范围和建设控制地带。1987年，完成庄简王陵建筑保护性复原工作并对外开放。1996年11月20日，清江王府及王陵被国务院公布为第四批全国重点文物保护单位，编号4-0154-3-076。2006年，靖江王陵被列为国家文物局《十一五期间大遗址保护总体规划》中确定的全国百处重大遗址。同年12月13日，广西壮族自治区人民政府印发《关于公布经略台真武阁等113处文物保护单位保护范围和建设控制地带的通知》，公布靖江王府和靖江王陵的保护范围和建设控制地带。2009年12月，《靖江王陵保护规划》通过国家文物局审批，并由广西壮族自治区人民政府公布实施。2010年，靖江王陵被国家文物局列入全国首批23处国家考古遗址公园立项名单。2011～2015年，先后完成系列治理工程项目，靖江王陵考古遗址公园项目中文物本体保护和遗址环境整治等基础工作全面推进，考古遗址公园已具备基本雏形。2014年，《广西壮族自治区桂林市靖江王府及王陵——靖江王府保护修缮工程勘察设计方案现状勘测文本》，获国家文物局评审通过。靖江王府由桂林市文物保护与考古研究院管理。靖江王府、靖江王陵全国重点文物保护单位记录档案已经建立。

大同九龙壁　是明太祖朱元璋第十三子朱桂代王府前的单面五彩琉璃照壁，位于山西省大同市内东街南侧。

据《大同府志》记载，大同九龙壁创建于明洪武二十五年（1392年），其建造年代比北京故宫九龙壁和北海九龙壁（建于清乾隆年间）早300多年。清代、民国曾予修缮。九龙壁基本保存完好，但由于风吹日晒、自然风化与人为破坏，使其失去原来的光泽与色彩，部分构件缺失或受到损坏。1954年8月，因城市建设，依九龙壁原状向南迁移28米，对九龙壁产生一定的影响。保存历代重修碑5通。

大同九龙壁坐南朝北，长45.5米、高8米、厚2.02米，体量是北海九龙壁的3倍。分别使用黄、绿、蓝、紫、黑、白等色琉璃构件拼砌

大同九龙壁

大同九龙壁正龙

而成。壁体由三部分组成：底部为须弥座，中部为壁身，上部为壁顶。须弥座的束腰镶有两层琉璃神兽，第一层是麒麟、狮子、猛虎、梅鹿、飞马等，第二层是行龙，姿态各异，栩栩如生。须弥座上平托九龙琉璃壁身，稳重雄健。壁身之上有仿木结构的琉璃斗拱62组，承托琉璃瓦顶。壁顶为单檐五脊，正脊为高浮雕的多层花瓣、花朵以及行龙等，脊兽俱全，两侧是雕刻细腻的龙吻。整个壁身九条巨龙均为高浮雕制作，蜿蜒曲折突兀于壁上，其下蓝绿色海水波涛汹涌，上方浮动蓝、黄两色的流云，九龙之间以云雾、浪花、波涛和山崖相隔相连。正中一条黄龙，是九龙的中心，它龙头向前，龙尾摆动，鳞光闪烁。主龙两侧的两条龙互相对称，构成一幅生动的画面。九龙壁雕造手法流畅自如，构图灵活生动，色泽深沉浓重，造型古朴简洁。壁前影池一方，长35米、宽4米、深0.8米，石勾栏围绕。池中清水如镜，九条巨龙倒映池中，遇有微风随波灵动。

2001年6月25日，大同九龙壁被国务院公布为第五批全国重点文物保护单位，编号5-0225-3-031。建立大同九龙壁全国重点文物保护单位记录档案，并保存于山西省古建筑保护研究所。2002年8月27日，山西省人民政府批转山西省文物局和山西省建设厅《关于公布太原晋阳古城遗址等102处全国重点文物保护单位保护范围的通知》，划定大同九龙壁保护范围及建设控制地带。大同九龙壁隶属于大同市古建筑文物保护管理所管理，大同市古建所派专人负责九龙壁日常对外开放和管理工作。

丘浚故居及墓 是明代名臣丘浚在海南岛生活、读书时的居所，位于海南省海口市琼山区府城镇金花路三巷九号。地处琼州府城内西北隅，大门朝西，南墙外侧紧邻"琼山邱氏祖祠"。丘浚墓是海南历史上规格最高的明代墓葬，海南省海口市秀英区海秀镇水头村村北。

丘浚（1421～1495年），字仲深，号琼台，谥文庄。祖籍泉州府晋江县。明代著名的理学家、史学家、政治家、经济学家和诗人，被皇帝赐有"理学名臣"，有"有明一代文臣之宗"之誉。丘浚曾祖父丘均禄于元代末年到海南琼山任差官，落籍于府城西北隅，置宅于朱桔里下田村。丘浚出生在可继堂南次间，至明正统九年（1444年），一直在此生活、读书。

丘浚故居的兴建大致分两个阶段，前期为丘浚的曾祖修建丘氏宅院，有前堂、可继堂等建筑。后期丘浚任职时，扩建愿丰轩、学士庄、藏书石屋和尚书府等建筑，并维修前堂、可继堂等。此时，丘氏故居达到建筑规模十分宏大的辉煌时期，既有"丘氏十八屋"之说，前后经历100余年发展时期。

丘浚故居遗存院门、照壁墙、外围墙、前堂、可继堂五座构筑物和建筑物，院落占地总面

丘浚故居外景

积632平方米，建筑面积210平方米。故居坐东朝西，采用单一纵轴多进的布局，具有华南滨海地区民居的砖瓦木构建筑形制。院门位于丘浚故居西南角，宽2.15米、高2.9米，为近现代新增建的构筑物。前堂坐东朝西，面阔三间，进深二间，单檐硬山顶。梁架结构为四架椽屋分心用三柱式，明间纵向分设三道板门，中间为对开

丘浚故居塑像

门，左右为单开门。屋身柱纲共用立柱12根，其中4根中柱皆为圆形木柱，前后檐柱为小八角方形石柱。中柱上身与檐头斗拱之间设劄牵，出头制成一跳华拱，劄牵上部两端分置小拱头，上承月梁式乳栿，乳栿栿首出跳制成耍头，在乳栿背上设两羔瓣式矮驼峰，上承襻间斗拱。从前堂所处位置和平面布局来看，当是过堂及居室。可继堂是丘浚故居的核心建筑，也称"正堂"或"后寝"，是"丘文庄公家之正寝"位于前堂之东，面阔三间，进深十三檩，单檐、硬山式石围墙，主要是由檐廊、明间、次间等组成。其大体结构是一个栿式月梁与草栿式月梁两种做法混合的构造，十架椽屋分心前后乳栿用五柱抬梁架结构。共有圆形木柱12根、圆形石柱8根，柱下有鼓形柱础。后金柱间设有木制屏壁，中央装设平板，明间后部设有门厅，次间的东西两侧设双开式板门，明间柱上乳栿、劄牵，斗拱构造用栿式月梁造做法，次间用草栿做法。丘浚故居是海南省保存时代最早的木结构建筑，其主要建筑格局、木

构架都保存初建时的原貌。建筑风格上较多地保存《营造法式》中的特点，在梁架构件上采用斗拱组合做法，由斗拱、昂、枋等四大类构件组成，用材讲究，造型规整，技术成熟，手法高超，又开启了以后海南民居的先河，具有承前启后的关系，在海南古代建筑史上占有重要的地位。建筑结合海南的地形、气候、环境特点，体现海南古代民居所特有的体量矮小、檐口低平、举折不高、墙壁厚重的建筑风格，具有很高的历史、艺术和科学研究价值。

丘浚墓建成于明弘治十年（1497年），按有关史料记载修建历时4个月。丘浚墓几经自然和人为的毁坏，多次被修缮复原。最早一次修缮于清光绪十五年（1889年）由琼州观察使朱亮生主持，复原碑记和明刑部尚书何乔新撰文的神道碑。民国12年（1923年）第二次修缮，修缮主墓、神道等外，在原享殿的遗址上增建一座拜亭。1967年初夏，丘浚墓遭受最大一次破坏，除主墓外，碑记、石像生中的翁仲、石羊及谕祭碑、神道碑等均被砸毁。1986年，海口市政府拨款第三次修缮丘浚墓，对主墓、碑记、神道等进行复原，在享殿的遗址上建起"理学名臣"的石牌坊。

丘浚墓坐南朝北。原由墓冢、石碑、瑜祭碑、神道及碑、石象生牌坊、望柱等组成。经维修后，主要有正门、牌坊、神道、石翁仲、主墓、石碑等，重点保护范围近2000平方米，与明代的墓葬修建规制已有一定的变化。正门用青砖砌成的仿明代风格的照壁，照壁高6.25米，宽15.28米，正面雕刻着一头朝阳的吉祥神兽麒麟。紧接着是一座用玄武岩雕刻而成高5.45米、宽11.25米的明代风格牌坊，正面题

额"理学名臣"，背面题匾为"冠绝一时"。连接牌坊的是一条长120米、宽5.45米的南北走向神道，按明代墓茔建设规制，神道两侧分别置1组石像生及石华表1对，其中石狮子1对、石马1对和华表都是明代原物。沿着神道穿过连接五龙池的石孔桥，是400平方米的祭祀活动场地。明始建墓时，此处中央立着一块明孝宗皇帝的谕祭文碑记，碑记首部刻着"奉天诰命"，碑身正中刻着明孝宗皇帝谕祭大学士丘浚祭文。两侧分立着明孝宗皇帝特赐丘浚谥策文碑和明刑部尚书何乔新撰写的丘浚墓神道文碑，分别由一只石贝员驮着。神道和主墓之间，有一块面积约300平方米的绿地，是当时建墓时享殿的遗址。主墓位于墓园的南部，为1986年重建，由基座和穹隆冢顶两部分组成。墓用玄武石堆砌而成，坐南向北，共分两层，一层底部呈十二边形，冢其中有四边镌刻着"卍"万寿图号，其余八边刻着八卦中的"乾、坤、震、离、兑、艮、坎，巽"的符号。墓第二层呈圆形，圆顶，墓形上圆下方的结构暗合中国传统的天圆地方之说。墓丘通高3.9米，底部直径6米，是丘浚和吴氏夫人的合葬墓。主墓前的原石碑已毁，1986年重修墓冢时仿原碑立墓碑，通高3.64米，首部刻着"皇明敕葬"四个大字，中间碑文刻着"光禄大夫柱国少保兼太子太保户部尚书武英殿大学士赠特进左柱国太傅谥文庄丘公诰封正一品夫人吴氏墓"，左刻"钦差督造坟茔工部进士陈元，钦差护丧行人司行人宋恺，钦差赍文行人司行人奚自，钦差书册大仆侍卿姜立纲，右刻弘治丁巳年三月清明日立"。丘字在历次的重修中发生变化，明始修墓时丘字的写法是"丘"；

丘浚墓正面照片

清光绪十五年（1889年）重修时，为避讳孔夫子的名讳，将"丘"字改写成"邱"；1986年，再次重修时恢复明始建墓时的写法，采用"丘"字。

丘浚故居一直由丘浚第二十四代直系裔孙丘仁义居住使用。1993年，编制完成《丘浚故居与丘浚祖祠勘察报告》，国家文物局拨款用于制作丘浚故居模型、出版修缮工程报告、维修工程。1994年，琼山市文化局和丘仁义签订《丘浚故居捐献协议书》，由琼山市文化局正式接管丘浚故居土地、房屋及附属物，并交由原琼山市博物馆负责安全保卫工作。1994～1995年，丘浚故居维修完成，保持和恢复了初建时的原貌。1999年，琼山市人民政府印发《关于公布第一、二、三批市级重点文物保护单位及保护范围的通告》，划定丘浚故居的保护范围和建设控制地带。2003年1月，琼山市博物馆合并到海口市博物馆，丘浚故居由海口市博物馆负责安全保卫工作。

1962年，丘浚墓被广东省列为省级文物

保护单位。1993年，海口市人民政府成立丘浚墓管理处对其实行保护管理。1994年11月，丘浚墓被海南省人民政府公布为省级文物保护单位，1996年11月20日，丘浚故居及墓被国务院公布为第四批全国重点文物保护单位，编号4-0155-3-077。2011年，海口市人民政府把丘浚墓的保护工作列入市"十二五"社会经济发展规划。2013年3～10月，完成对丘浚墓园保护性修缮，包括文物修缮复原，环境整治和管理配套设施建设等。

东阳卢宅　是江南遗存规模较大的明清古建筑群，位于浙江省东阳市城东，吴宁办事处卢宅社区。三峰（俗称笔架山）峙其南，南临卢宅老街，旁依卢宅社区办公楼，西邻木雕厂，左右雅溪环抱，后傍月塘。

卢宅肃雍堂门头有楹联"衣冠奕叶范阳第，诗礼千秋涿郡宗"，道明雅溪卢氏源自河北范阳。北宋天禧年间（1017～1021年），范阳卢氏一支——提督江南学校的翰林学士卢琰托疾隐居于浙江天台，七世孙卢寔慕东阳山水之秀，迁东阳西部乡巧溪；十世孙卢员甫分迁雅溪（卢宅）繁衍发展。雅溪卢氏重礼乐教化，为东阳望族。十四孙卢溶建宅第肃雍堂，在附郭买田数顷，各乡亦置庄田。卢溶的后代分家立业，在肃雍堂前后、向西直至陈宅街等地大兴宅地。民国时村落始称卢宅。

卢宅明清古建筑群占地面积2.68万平方米，建筑面积1.69万平方米，主要集中在雅溪中西河环抱的范围内。肃雍堂轴线是主体建筑，前后纵深，九进320米。肃雍堂组群从卢宅大街南侧五开间的大照壁开始，跨街以后，八字墙分列两旁，石狮对峙。进口处矗

东阳卢宅远景

立着"风纪世家""大方伯""旌表贞节之门""大夫第"等四坊，旁有旌节坊。甬道尽端，沿着南北向纵轴，布置着前后九进建筑，依次是捷报门、国光门、肃雍堂、肃雍后堂、乐寿堂、世雍门楼、世雍堂、世雍中堂、世雍后堂。其东侧与肃雍堂轴线平行的前有世德堂轴线、树德堂轴线、大夫第东吟堂轴线，中有大雅堂轴线，后有爱日堂三进。西侧与肃雍堂轴线平行的前有存义堂前后二进、忠孝堂、铁门里、慎修堂。南面临街的有东西荷亭书院、茂槐堂、方伯第、冰玉堂及五云堂西厢民居。

雅溪中河以东、四份头巷之间有四份头民居、中河路14～18号民居。单体保护建筑还珠亭位于村东，吴宁东路与还珠亭巷交汇处。

卢宅建筑中的雕饰以木雕为主，辅以石雕、砖雕、堆塑和彩绘，极为丰富、精美。东阳木雕驰誉天下，卢宅更是集中了明清至民国东阳木雕的优秀作品，在梁枋、斗拱、牛腿、门窗上无所不在，人物、花鸟均栩栩如生，尤以树德堂前檐柱上双层牛腿为最。卢宅中的其他陈设同样具有很高的艺术价值，如肃雍堂中硕大的堂灯以及各堂各室中的精美家具。卢宅

东阳卢宅大厅内部

室内梁架

诸堂的匾额多出于名家之手，不乏文徵明、董其昌、刘墉等人的作品。

1961年，东阳卢宅被浙江省人民委员会公布为省级文物保护单位。1988年1月13日，东阳卢宅被国务院公布为第三批全国重点文物保护单位，编号3-0089-3-037。同年11月，东阳市卢宅文物保护管理所成立，作为东阳卢宅管理机构，负责日常维护与管理等工作。1989年，根据国家文物局《关于东阳卢宅保护范围及修缮工程的批复函》以及浙江省文化厅和建设厅联合印发的《关于划定飞英塔等五处文物保护单位的保护范围和建设控制地带的批复》，公布东阳卢宅的保护范围和建设控制地带。1989年5月始，进行三期修缮工程：第一期修缮以肃雍堂纵轴线的前五进院落为主，南自老街南侧的大照壁至乐寿堂；第二期以抢救受洪灾影响的文物建筑为主要内容；第三期修缮打通肃雍堂纵轴线，修复肃雍堂后四进及其厢房、爱日堂前后二进及沿溪东厢，完成卢宅老街西段整治改造。2001年，东阳卢宅文物保护管理所建立东阳卢宅的全国重点文物保护单位记录档案。

襄阳王府绿影壁　是中国遗存唯一的石质照壁，为原明襄阳王府门前之影壁，位于湖北省襄阳市襄城区绿影壁巷，襄阳城东南隅，南距南城墙、东距东城墙各200米。

明正统元年（1436年）明仁宗第五子朱瞻墡改封为襄阳王，王庶由长沙迁移襄阳城内东南隅。正统五年（1440年），绿影壁随襄王府建成。崇祯十四年（1641年），农民起义军张献忠攻陷襄阳城，杀死襄忠王朱翊铭。崇祯十五年（1642年），李自成再次攻占襄阳城，在襄阳王府建立农民政权，并改襄阳为"襄京"。次年李自成转战北方，一把火将豪华的襄阳王府焚毁，唯有绿影壁保留，距今已有560余年的历史。

襄阳王府绿影壁坐北朝南，四柱三间仿木结构，长26.2米、厚1.6米、高7.6米，由底

绿影壁全景

座、壁身和顶盖三部分组成。底座为须弥座，满雕游龙。壁身由62块绿泥片岩拼镶而成，明间壁心高浮雕巨幅二龙戏珠纹，次间壁心均浮雕巨龙腾云纹。壁身用雕龙汉白玉条石嵌边，绿白相映、鲜明醒目；壁两侧浮雕海中琼岛仙山。顶盖为庑殿顶，四柱三楼，仿木结构，瓦面皆用石块雕成。壁顶、脊兽、檐枋、抱框、须弥座等各部构件均为榫卯相接。整座影壁用材特殊，造型别致，雕刻精巧，具有较高的艺术价值，为中国影壁遗存中最大的石雕龙壁。

1956年11月15日，襄阳王府绿影壁被湖北省人民委员会公布为第一批湖北省文物保护单位。1978年由襄樊市文物管理处接管襄阳王府绿影壁，1992年交由襄樊市博物馆管理，同年成立襄阳王府绿影壁管理所负责管理。2001年6月25日，襄阳王府绿影壁被国务院公布为第五批全国重点文物保护单位，编号5-0362-3-168。2004年，襄阳市文物管理处建立襄阳王府绿影壁的全国重点文物保护单位记录档案。2009年实施抬升扶正工程，对绿影壁进行抢险加固。2015年5月5日，湖北省人民政府印发《湖北省人民政府办公厅关于公布文物保护单位保护范围和建设控制地带的通知》，公布襄阳王府绿影壁保护范围和建设控制地带。

祥集弄民宅 是明代成化年间的富商府第，是罕见的保存完整的具有江南特色明代风格的城镇民居建筑。民宅位于江西省景德镇市珠山区祥集上弄。周边毗邻御窑厂遗址、明清商业街遗存"前街"中山北路。

祥集弄民宅包括3号民宅和11号民宅两栋建筑，其中3号民宅建筑面积281平方米，11号民宅建筑面积480平方米，占地面积共计761平方米。遗构平面呈纵长方形，坐东朝西，南侧设大门，为两进一倒座格局。构架采用三间五架穿斗式结构，用木柱、梁架承受屋面，中堂檐口金柱间上部架设"船篷式"弧顶。木构架

祥集弄民宅远景

祥集弄民宅大门

四周用青砖砌成高墙，起着防盗、防水和冬季防寒的作用，与外界分隔，形成全封闭式建筑。宅内前后各设采光天井一个，屋面落水归天井，具有"四水归堂"和"墙倒屋不倒"的特点。题材丰富的木、石雕刻装饰着建筑的关键部位。柱础、地栿、风拱、雀替、雕刻以及"竹芭编心造"均为典型的明代风格。地栿与柱础的石雕双钩如意，缠枝灵芝纹饰酷似明代陶瓷上纹饰，还有雀替木雕存有元代那种刀法雄阔，线条流畅遗风。

祥集弄民宅建筑本体保存较好，布局结构较为完整，是研究中国建筑史和手工业城市史的珍贵遗产。民宅反映出15世纪著名瓷都景德镇高度发达的城市经济以及富商的经济实力。建筑既印证了明代封建制度"庶民庐舍不过三间五架"之禁令，也符合商贾富而不贵的社会地位。遗构具

有一定的民俗建筑工艺、艺术价值，也是研究探讨明代民间地方经济、地方史不可多得的实物资料，有着多学科的研究价值。

祥集弄民宅在中华人民共和国成立初期由景德镇市房管部门接收，后曾被景德镇市纸箱厂等单位租用。1980年在景德镇市文物普查中，初步确认为明代富商住宅，划归文物部门管理，由景德镇市陶瓷历史博物馆负责管理。1981年，中国建筑学会专家学者确定为明代成化年间建筑。1983年，祥集弄民宅由景德镇市人民政府公布为景德镇市级文物保护单位；1987年，由江西省人民政府公布为第三批省级文物保护单位。1988年1月13日，祥集弄民宅被国务院公布为第三批全国重点文物保护单位，编号3-0090-3-038。1989年6月，江西省景德镇市陶瓷考古研究所成立，负责祥集弄民宅的保护、维修、管理工作。1992年，江西省人民政府重新公布祥集弄民宅的保护范围，建设控制地带。2016年，景德镇市陶瓷考古研究所组织编制完成并获批的《全国重点文物保护单位——祥集弄民宅保护规划（2016～2030）》，保护规划分别确定祥集弄民宅的保护范围和建设控制地带。

拙政园 是明清时期一处私家园林，与北京颐和园、苏州留园和承德避暑山庄并称"中国四大名园"。拙政园位于江苏省苏州市姑苏区平江路东北街178号。

拙政园前身为三国时吴国郁林太守陆绩宅第，东晋时为高士戴颙宅，唐末为诗人陆龟蒙宅，北宋时山阴丞胡稷言建五柳堂，元代为大弘寺，元末张士诚据苏时属其女婿潘元绍驸马府。明正德四年（1509年），王献臣以大弘寺

拙政园水廊

址拓建宅园，名为拙政园。曾几度易主，充公入官，渐散为民居。清乾隆三年（1738年），拙政园划分为二，东偏园归太守蒋棨，改名为复园，后归吏部尚书协办大学士平湖吴璥所得，也称吴园；西偏园为翰林叶世宽所有，另建书园，光绪三年（1877年）西部归张履谦，大加修葺，易名补园。原来浑然天成一体的拙政园，演变为相互分离、自成格局的三个园。

同治十一年（1872年）正月，将拙政园改为八旗奉直会馆，其范围包括园的中部花园及前面的房屋，仍名拙政园。

拙政园是苏州最大的古典园林遗存，占地5.2万平方米。全园以水为中心，水面约占全园面积的五分之一，山水萦绕，厅榭精美，花木繁茂，具有浓郁的江南汉族水乡特色。全园分为东、中、西三部分。园东部以平冈小山、

拙政园远香堂

拙政园小飞虹

松林草坪、竹坞曲水为特点，缀以兰雪堂、芙蓉榭、天泉亭、秫香馆、放眼亭、涵青亭等建筑。中部是拙政园的主体，也是全园的精华所在。以池水为中心，亭轩楼榭多临水而筑，园景自然疏朗，有远香亭、倚玉轩、小飞虹、听松风处、得真亭、小沧浪、香洲、玉兰堂、见山楼、荷风四面亭、雪香云蔚亭、嘉实亭诸构。基本保持明代造园风格。西部水面迂回，布局紧凑。有三十六鸳鸯馆、宜两亭、倒影楼、拜文揖沈之斋、浮翠阁、笠亭、与谁同坐轩、留听阁、塔影亭等建筑。园南为住宅区，体现典型江南地区汉族民居多进的格局。园南建有苏州园林博物馆，是国内唯一的园林专题博物馆。

拙政园是中国园林的杰出代表，亦是江南私家花园典范，以其悠久的人文历史、丰富的文化内涵、高度的造园成就、疏朗自然的风格、典雅秀丽的景色而著称于世。

民国26年（1937年），拙政园遭日本侵略军飞机轰炸。次年，为汪伪政权"江苏省维新政府"办公处。其后，为国立社会教育学院校舍和苏南行政区苏州行政区专员公署。中华人民共和国成立后，对拙政园进行过多次修缮。1951年11月，苏州专员公署迁出，将拙政园划归苏南区文物管理委员会管理。1952年11月，整修后的拙政园中部花园和西部花园对外开放；部分房屋由苏南文管会、苏南区苏州图书馆、张氏办洪泽小学使用。1954年，由苏州市园林管理处接管，并对东部花园进行整修。1959年，在东部花园新建大门、芙蓉榭、涵青亭、秫香馆等，1960年9月完工。至此，拙政园中、西、东三部重又合而为一，成为完整统一而又各有特色的名园。1961年3月4日，拙政园被国务院公布为第一批全国重点文物保护单位，编号1-0121-3-074。1989年整修后的拙政园宅园合一。1992年，苏州市文物管理委员会《关于上报我市全国重点文物保护单位保护范围的报告》获批，划定拙政园保护范围和建设控制地带。1993年，苏州市文物管理委员会、苏州市园林管理局联合建立拙政园全国重点文物保护单位记录档案。1997年，拙政园作为苏州古典园林的重要组成部分，被联合国教科文组织列入世界遗产名录。拙政园由苏州市拙政园管理处管理。

綵衣堂 是江南地区遗存规模最大的明代厅堂建筑，位于江苏省苏州市常熟市虞山镇翁家巷门2号。

綵衣堂初名森桂堂，为常熟大族桑瑾建于明代成化、弘治年间。隆庆、万历间为邵武知府、古琴家严徵宅第。后数易其主。清道光十三年（1833年），大学士翁心存从仲姓处购得，取"老莱子彩衣娱亲"之意，更名綵衣堂，作为孝养母亲之所。翁心存（1790～1862年），翁同龢父亲，字二铭，号邃庵，道光二年（1822年）进士，历官礼部、户部、工部尚

綵衣堂外景

綵衣堂内景

书，体仁阁大学士，为同治皇帝师傅。翁同龢曾在此居住过。

宅为四合院式布局，轴线三路，房屋九十余间。分内外两院，西北为园。外院自东边门厅入内为影壁，题"恩向日边来"。南向东厅三间，后为小楼三楹。主轴线共七进：第一进倒座门厅三间，第二进为前厅，第三进大厅即綵衣堂。

綵衣堂坐北朝南，建筑为硬山顶、五架梁并前轩后廊九架檐屋，建筑布局合理，通面阔15.6米，通进深14.6米。构件雕刻精美，堂高大轩敞，内梁、柱、枋、檐、额等处都施以彩绘。主要的藻饰，萃集于檐下结构部分，彩绘图案主要为几何花纹，布图、着色、花纹、技法各因其物之形态和位置等选配而成，大、小、精、细各尽其妙，共计有彩画116幅，是明代建筑的精品，为古代彩绘研究提供了较为翔实的实物材料。后步枋高悬"綵衣堂"匾额，为清道光十五年（1835年）江苏巡抚陈銮所书，并作小字款识："道光乙未小春，二铭年大人奉命典试浙江，还过吴中，拜太夫人于里第。时值圣母六旬寿，百僚彩服旬有五日，因述其新居有綵衣堂额，嘱余书之，以识国恩家庆，为德门盛事云。年愚弟陈銮拜跋。"

綵衣堂整栋建筑在历史学、建筑学、美术学上有着极高的科研价值。其梁架结构所采用的草架技术具有代表意义，梁、枋、檩上所绘彩画是江南包袱锦建筑彩画集大成的代表之作，具有很高的艺术价值。

1963～1985年，綵衣堂被设为城区清洁管理所的办公场所，房屋有所破败。1982年3月，綵衣堂被江苏省人民政府公布为第三批省级文物保护单位。1991年，翁同龢后代将綵衣堂捐给国家，亲为宅第书写"翁氏故居"门额。常熟市人民政府将綵衣堂立为翁同龢纪念馆，由爱新觉罗溥杰题写馆名，于1991年11月1日对外开放。1996年11月20日，綵衣堂被国务院公布为第四批全国重点文物保护单位，编号4-0137-3-059。2013年，綵衣堂保护规划文本编制完成，10月获得国家文物局正式批复。2000年，翁同龢纪念馆二期工程启动，修复綵衣堂周边的后堂楼、双桂轩、思永堂、柏古轩、书楼、晋阳书屋等明清建筑，对綵衣堂的彩画和木结构进行清洗、加固、防腐、防蛀等保护处理。綵衣堂由常熟市文物管理委员会管理，由常熟市翁同龢纪念馆使用并负责日常管理。

豫园 是始建于明代的江南古典园林，规模宏伟，景色佳丽，素有"奇秀甲江南"之誉。豫园位于上海市老城厢的东北部，北靠福佑路，东临安仁街，西、南与老城隍庙、豫园商城相接。

豫园原是明代上海人潘允端（字仲履，号充庵）的花园。明嘉靖三十八年（1559年）建园。万历五年（1577年），将园地面积扩大，数年后基本建成，所在范围包括今湖心亭、九曲桥及其以南以西的一片土地。潘允端建园旨在"愉悦老亲"，故取名豫园。潘允端去世后，潘氏家道衰落，豫园一度归潘允端的孙婿张肇林。此后园林日益荒芜。清康熙四十八年（1709年），县中乡绅出资购豫园东邻的土地，为城隍庙建造灵苑。乾隆二十五年（1760年），当地乡绅集资购得豫园的土地，依照原布局进行修复与重建，至乾隆四十九年（1784年）完工。园成后交城隍庙管理，成为城隍庙的第二个庙园。两园一墙之隔，为示区别，将先建的灵苑称为东园，又名内园；新修复的花园谓之西园，又名外园，但人们仍习称为豫园。豫园在

鸦片战争和镇压太平军的战争中遭到毁灭性的破坏。清乾隆、嘉庆年间，园中部分建筑改由同业公所管理。一些商业行会陆续集资重建、改建或维修豫园中的一些建筑，作为同业间祀神、议事、宴会、游赏之处。在镇压太平军及小刀会起义中毁损的建筑，到清光绪元年（1875年）大部分已被各行业公所重建或修复，豫园中的行业公所增加到21个。豫园由园林向庙市、商场演变。民国初年，豫园被一条东西小路（豫园路）分割成南北两部分，南半部包括湖心亭、九曲桥、玉玲珑石、得月楼、香雪堂等山石亭宇，与内园为庙园；北半部包括萃秀

豫园卷雨楼

豫园九曲桥与湖心亭

堂、点春堂、春风得意楼，与北面路口的小世界商场等为庙市，是当时城内最繁荣的地方。民国26年（1937年）八一三战事爆发后，香雪堂被日本侵略军所焚，除堂前玉玲珑一石外，仅剩一片空地，其余建筑及古树虽幸存，但长期无人维护。

豫园遗存建筑2万余平方米，全园大体可分为西部、东部、中部、内园遗址区，共计48处景点，其中西部景区为全园的主景区。

西部景区主要建筑。三穗堂位于园西南部，建于清乾隆二十五年（1760年），原址是明代潘氏豫园的乐寿堂。堂为五开间。仰山堂、卷雨楼位于三穗堂后，为两层建筑，建于清同治五年（1866年）。底层名仰山堂，

堂五楹，北有回廊，曲槛临池，可以坐憩观山；堂之上的卷雨楼为曲折楼台。大假山位于仰山堂北面，由明代江南叠石名家张南阳建造。山高约14米，用数千吨浙江武康黄石堆砌。近山东侧的一堵墙上雕有大幅砖刻，有达摩、吕纯阳、铁拐李、奎星、观音、福禄寿星等各种形象。山上有两亭，挹秀亭在东山麓，望江亭在山巅。山侧有湖石小假山螺丝洞，南有钓鱼台。仰山堂东有游廊，通大假山。廊口置铁狮1对，左雌右雄，造型生动，铸工精致。铁狮原置河南安阳县衙大堂前，抗日战争期间被运往日本，后归还中国，1956年移置于此。游廊跨于池上，中为小桥。萃秀堂位于大假山北麓，于清乾隆二十五年（1760年）动

豫园得月楼

豫园观涛楼

工，历十载建成。亦舫位于萃秀堂东墙外。复廊左侧为万花楼，楼两层，由油饼豆业公所出资于民国32年（1943年）在万花深处遗址上重建。楼南面有湖石假山，四周多回廊曲槛。鱼乐榭位于园西北部，横跨于溪流之上。榭一边为有漏窗的花墙，墙下有半圆洞门，溪流穿洞门而出；另一边有围栏，游人可凭栏观鱼。复廊位于鱼乐榭东北，为"亭—廊—轩"组合建筑。廊中央以墙分隔，墙上设形状不同的窗洞。廊西端有方亭，东端为两宜轩。轩面山对水，有观山观水两相宜的情趣，故名。点春堂、打唱台、和煦堂位于万花楼东，清道光年间（1821～1850年）由花糖业公所建造。点春堂为五开间，同治七年（1868年）重修，近百年未加维护，直到1956年后才彻底修复。点春堂对面是一座石结构的清代小戏台，名凤舞鸾吟，俗称打唱台。戏台依山临水，半跨池上。台前的垂檐雕刻细腻，涂金染彩，式样精巧。台东南有一座小假山，水从假山下石窦中流入台旁小池。打唱台南面是和煦堂，方形，四面敞开。堂后面水池畔有假山，山下有洞，流水萦洄。山上有座方形小轩名学圃。与学圃隔池相对为八角古井亭，内有明代古井，井栏是明

嘉靖年间旧物。点春堂东假山上有抱云岩。抱云岩旁有积玉峰，其南有小楼，上下两层，上层叫快楼，下层称延爽阁。快楼是景区中的最高点，登楼可览全园。点春堂北面为两层的藏宝楼，五开间。在打唱台与和煦堂东的狭长地带有花墙半绕，墙内筑静宜轩，出轩穿小廊为听鹂亭。初建点春堂时附近有钓鱼矶、水神阁、一美轩、庄乐亭等景点，废圮后未重修。

东部景区主要建筑。玉玲珑位于园东部中间，是一座高约3.5米的立石峰，石呈青黝色，外形犹如一支万年灵芝草，玲珑剔透，石中百窍相通。玉华堂居玉玲珑北，清道光年间重建，后被日军飞机炸毁，1959年修复豫园时重建。玉玲珑南有一青石单孔拱桥，明代初建时无桥名，曾于清光绪年间重修，在"文化大革命"中被拆毁，1987年修复东园时重建，取名环龙桥。积玉水廊依园东围墙而建，为沿墙半廊，廊西临九龙曲池。积玉峰原为园内的立石峰，1956年移置于积玉水廊中。会景楼位于园中央，建于清同治九年（1870年）。楼下大厅为敦厚堂，登楼可观全园景物，故名会景。楼三面环水，楼东侧墙上有八仙过海砖刻。九狮轩在会景楼西北，1959年建，是一座敞开式

的建筑。

中部景区主要建筑。得月楼、绮藻堂位于玉玲珑西，由布业公所重建于清光绪十八年（1892年）。得月楼是园中最高大的两层建筑，楼厅名绮藻堂，上为得月楼。跂织亭位于得月楼西南，光绪二十三年（1897年）为纪念黄道婆而建，故名。跂织亭是一个小巧的长方形靠墙廊亭，正面无门，左右接廊。书画楼又名藏书楼，位于得月楼对面，上下各五楹，清光绪年间重建。

内园景区位于园东南部的内园，占地1460平方米，原是清康熙四十八年（1709年）始建的城隍庙庙园，兼供娱神及作道场之用，又称灵苑、小灵台、东园，是保存较好的清代小园。1956年修复豫园时，把东西两园相连，内园成为园中园。静观大厅位于内园大门东侧，是内园的主建筑，初名晴雪堂，清乾隆四十一年（1776年）为钱业公所所有，经几度整修，仍保持原建筑风貌，厅五楹。观涛楼位于静观大厅西南侧，背靠城隍庙大殿，为全木结构，楼三层，高十余米，为豫园中楼层最多的建筑，也是清代城东最高的建筑物，登楼可观赏昔日"沪城八景"之一的"黄浦秋涛"，故名

观涛楼。还云楼位于观涛楼前假山后，面对静观大厅，为串楼形，有廊通向观涛楼。此楼仍保持初建时的风采。耸翠亭位于假山东坡，由两只相连的双层重檐方亭组合而成。亭为砖木结构，绿色琉璃瓦双攒尖顶，六角上翘。底层设石桌、石凳，有梯登楼。可以观位于假山东墙外，为一小型方厅。南亦舫位于假山南坡上，周围饰以波浪纹，仿佛行于涛中。九龙池位于假山东南。池北大南小，中置湖石礁。池东西两壁隙间有四个石雕龙头，水中龙头的倒影时隐时现，故称九龙池。九龙池把内园景物分隔为二，池东有别有天、鸾凤亭等景点，池西有观涛楼、耸翠亭等景点。池上有石桥可通。曲苑、古戏台位于静观大厅南面，占地约600平方米，是园内文艺演出的场所。古戏台建于清光绪十五年（1889年），由闸北区塘沽路原沪北钱业会馆迁此，北邻曲苑，坐南朝北。台高约2米，面积约50平方米，两侧有栏杆，正面有狮子、凤凰、双龙戏珠、戏文人物等，贴金木雕。台顶穹隆状藻井上有22层圆圈和20道弧线相交，四周28只金鸟展翅欲飞，中心是一面圆形明镜。

中华人民共和国成立后，修复和重建三

豫园大假山

豫园玉玲珑

穗堂、玉华堂、会景楼、九狮轩等古建筑，疏浚池塘，栽植树木花草，把豫园和内园连接起来融为一体。修复后的豫园把荷花池、湖心亭及九曲桥划在园外，大门从园东面的安仁街移至园的西南。1958年，上海市文化局将豫园交邑庙区政府（后与蓬莱区合并为南市区）管理。1959年，成立豫园管理处；同年，豫园被公布为上海市文物保护单位，于1961年9月15日对外开放。1982年2月23日，豫园被国务院公布为第二批全国重点文物保护单位，编号2-0039-3-024。1986年3月，南市区人民政府投资整修豫园，至1987年竣工。1988年8月，修复内园的古戏台。1989年，修缮调换三穗堂、仰山堂部分被白蚁蛀空的梁柱。1999年3月29日，上海市人民政府印发《关于同意重新编制的上海市国家级和市级文物保护单位保护范围及建设控制地带》的批复，公布豫园的保护范围和建设控制地带。

寄畅园 又名秦园，是明清时期无锡秦氏家族的一处私家园林，位于江苏省无锡市西郊锡山、惠山之间，京杭大运河在园东流过。

明正德年间（1506～1521年），曾任南京兵部尚书的秦金，购惠山寺僧舍"南隐房"，并在原僧舍的基址上进行扩建，营建别墅，辟为园，名"凤谷行窝"。秦金逝世后，园为其族侄秦瀚及其子江西布政使秦梁继承。嘉靖四十五年（1566年），秦瀚改园名称"凤谷山庄"。秦梁卒后，园改属其侄都察院右副都御史、湖广巡抚秦燿所有。秦燿因朝政失意，罢官回乡，心情郁闷，寄抑郁之情于山

寄畅园知鱼槛

寄畅园御碑亭

水之间，借王羲之"寄畅山水阴"诗意，改名为寄畅园。清顺治末康熙初，秦耀曾孙秦德藻加以改筑。邀请当时著名的造园名家张涟（字南垣）和他的侄儿张鉽精心布置，掇山理水，疏泉叠石，园景益胜。雍正初，秦德藻长孙秦道然因受宫廷斗争株连入狱，园被没官并割出西南角建无锡县贞节祠，东部一角被征用建造钱王祠。清乾隆年初，道然三子秦蕙田殿试中探花，痛上《陈情表》，道然获释，园被发还，秦氏家族中最富有的德藻二房孙子秦瑞熙斥资白银3000两，照旧营构，独立鼎新，保存古园。自清康熙二十三年（1684年）至乾隆四十九年（1784年）的一百年间，两个皇帝12次巡游江南，必游这里，留下许多诗章和匾、联。寄畅园中尚保存着康熙"山色溪光"、乾隆"玉戛金枞"御书石匾额各1方。太平天国战争中，寄畅园几乎毁灭。至清光绪九年（1883年），秦复培出资修理凌虚阁、重建知鱼槛，在双孝祠西修筑大石山房，园子慢慢恢复生机。民国初，在无锡首任县长秦毓鎏（秦氏21世孙）的支持下，秦玉书、秦瓒先后出资兴修寄畅园，整修七星桥、八音涧、九狮台等景点。民国时期，因军阀骚扰和日军侵占，屡

有破坏。1952年春，秦氏22世孙秦仁存将寄畅园献给国家，1954年、1980年两度进行全面整修，寄畅园破落的面貌基本改观。

寄畅园属山麓别墅类型的园林，南北长，东西狭，面积11160平方米。园景布局以山池为中心，巧于因借，浑合自然。景点大都保持清代顺治以后的格局，略有减少。园内遗存建筑有砖雕门楼、知鱼槛、郁盘、介如峰、御碑亭、邻梵阁、锦汇漪、秉礼堂、含贞斋、九狮台、梅亭、八音涧、嘉树堂、涵碧亭、七星桥等。邻梵阁在园之最南，倚墙而建，鉴惠山寺，原为秦耀寄畅园二十景之一，旧阁早废，1980年重建。邻梵阁长方形，面积18平方米，磨砖铺地，白墙青瓦。介如峰原称美人石，位于寄畅园东南角，为一单置太湖石峰，奇墙而立，石高4.6米，通体修长，颇如婷婷美人，对镜理妆，妩媚有姿，故湖石名美人石。池名镜池。清乾隆二十二年（1757年），乾隆第二次南巡至此，看到美人石，改称介如峰。秉礼堂，原贞节祠建筑，是寄畅园中的园中园，这组庭园面积约667平方米，厅堂、碑廊整洁精雅；水池、花木和太湖石峰自然得体。锦汇漪位于寄畅园的中心，是园内最大的池沼，南北长76米，东西宽20米，面积约1667平方米。因汇集园内绚丽的锦绣景点而得名。寄畅园的景色，围绕着一泓池水而展开，山影、塔影、亭影、榭影、树影、花影、鸟影，尽汇池中。池北土山，乔柯灌木，与惠山山峰连成一气；在嘉树堂向东看，见"山池塔影"，将锡山龙光塔借入园中，成为借景的楷模。郁盘在锦汇漪东南角。小亭六角，中悬"郁盘"匾，从唐朝王维《辋川园图》中"岩岫盘郁，云水飞动"

之句得名。亭中有古朴的青石圆台1座，配以4个石鼓墩。郁盘廊和秉礼堂、邻梵阁一带，嵌有《寄畅园法帖》碑刻，全帖12册，前6册选择秦氏家藏御赐唐宋间名帖，后6册是秦氏家藏自宋至清名家墨宝。砖雕门楼位于知鱼槛西北，为仿明建筑。门楼正中有砖刻"寄畅园"三字，背刻马羊虎犬寓忠孝节义。门头紧接"清响"月洞门，小石狮嬉笑迎宾。前以假山作屏，可透过假山看真山，山在园中，园在山中，展示出借景之妙。

寄畅园400余年间一直为秦氏家族一姓所有，在古典园林遗存中绝无仅有。寄畅园的造园艺术充分利用秀丽的山峦、清冽的山泉，因地制宜，以巧妙的借景，高超的叠石，精美的理水，洗练的建筑，在江南园林中别具一格，成为中国优秀的传统造园艺术的典范。清朝的康熙、乾隆二帝曾多次游历此处，一再题诗，足见其眷爱赏识之情。北京颐和园内的谐趣园，圆明园内的廓然大公（后来也称双鹤斋），均为仿无锡惠山的寄畅园而建。寄畅园400多年的兴衰，反映秦氏家族的浮沉和社会政治的变迁，从侧面成为历史的缩影。

1957年10月，寄畅园被无锡市人民委员会公布为无锡市级文物保护单位。1982年3月，寄畅园被江苏省人民政府公布为省级文物保护单位。1988年1月13日，寄畅园被国务院公布为第三批全国重点文物保护单位，编号3-0093-3-041。1993年，无锡市文物管理委员会印发《关于划定"寄畅园"保护范围及建设控制地带的意见》，划定寄畅园的保护范围及建设控制地带。同年5月，无锡市文物管理委员会、无锡市锡惠公园管理处联合建立寄畅园

的全国重点文物保护单位记录档案，由无锡市锡惠公园管理处收存。1999～2000年，经国家文物局批准，由锡惠名胜区对在太平天国战争期间毁坏的寄畅园东南部凌虚阁、先月榭、卧云堂等建筑进行修复，恢复其全盛时期的园林景观。

十笏园 是清末潍县首富丁善宝建造的私人花园。十笏园位于山东省潍坊市潍城区胡家牌坊街49号。

明嘉靖年间（1522～1566年），刑部郎中胡邦佐于现胡家牌坊街北侧修建府邸，即砚香楼，位于胡同家牌坊街北侧。清顺治（1644～1661年）年间转手给彰德知府陈兆鸾，道光年间（1821～1850年）归直隶布政司使郭熊飞。同治年间（1862～1874年），丁氏家族第十四世于胡家牌坊街附近成立4个独立门户，即丁家大宅、丁家二宅、丁家三宅、丁家四宅。光绪十一年（1885年），丁氏家族第十五世丁善宝继承丁家四宅后，购得西邻已经废弃的郭家宅园，在保留原建筑砚香楼的基础上，修建丁家花园，因占地少，小巧精致，被喻为"十个笏板"大小，因得名十笏园。十笏园也约定俗成地成了丁氏宅居的名称。20世纪初，随着丁

十笏园大门

氏家族的衰败，除丁家三宅，丁家大宅、丁家二宅、丁家四宅逐渐颓废。

十笏园自西向东分为7条南北轴线，院落和建筑沿轴线布置，由园林和宅居组成，总平面分布呈不规则的长方形，占地面积约9000平方米，为砖木结构灰瓦屋面的建筑群。十笏园以园林部分为核心（中路），向东有五路建筑，向西有一路建筑。西路、中路、东一路、东二路、东三路是丁家四宅；东四路、东五路前半部是丁家二宅；东四路、东五路后半部是丁家大宅。

十笏园平面布置以水池为中心，东面为假山，环池岸布置建筑。池中曲桥连接四照亭。水池西南为一草亭，名曰小沧浪。东南为漪岚亭。池东北为稳如舟。水池北岸临水筑花墙，

墙顶起伏蜿蜒，墙中间设四边抹角门洞，门上嵌"鸢飞鱼跃"匾额。透过花墙向北为砚香楼，是十笏园中唯一一座明代建筑。楼前西侧两层建筑为春雨楼，造型生动自由。水池西岸为长廊，由南向北绕至春雨楼下。池东岸筑假山，假山道路曲折回环，溪水沿山涧奔流形成瀑布，直落池中。山顶最高处筑蔚秀亭，亭内依山石筑墙，镶嵌金农画线刻菩萨像。假山东南筑落霞亭。

十笏园的宅居位于园林的东、西、北三面，院落、建筑沿轴线布置，各轴线之间以巷道为间隔，轴线上布置二进或三进院落。各院落基本为矩形的三合院，正房配以东西厢房或单坡廊，大小不等，收放自如，布局紧凑而不局促。院落之间前后连贯，在厢房或东、西院墙上设穿堂门

春雨楼

十笏园同志画社

或随墙门，实现相邻轴线之间在东西方向院落间的连接。十笏园建筑多为一层，偶有两层，以砚香楼为所有建筑的制高点。十笏园主要建筑一般为硬山顶、抬梁式木构架、布瓦筒瓦或仰合瓦屋面；正房、大门多做清水正脊和垂脊；厢房、倒座房多为卷棚顶。

民国19~26年（1930~1937年）七七事变以前，十笏园作为山东军阀韩复榘的作战总指挥部使用。中华人民共和国成立后，十笏园成为潍坊市委、市政府等领导机关的办公所在地。1958年，十笏园被潍坊市政府公布为市级文物保护单位。1975年，潍坊市领导机关由十笏园迁出。部分建筑和关侯庙作为潍坊市直属部门的办公场所和机关服务场所。1978年，潍坊市博物馆迁入十笏园，园林部分归潍坊市博物馆管理使用，同时对外开放。1978年，十笏园被山东省人民政府公布为山东省文物保护单位。1980年，维修保养十笏园中的部分建筑，于假山南端增建亭子一座，名曰落霞亭。1988年1月13日，十笏园被国务院公布为第三批全国重点文物保护单位，编号3-0095-3-0043，包括西路、中路、东一路、东二路、东三路的丁家四宅和东四路、东五路的丁家二宅以及两个

大宅的存留建筑组成。2002年3月，使用单位全部迁出，所有建筑归潍坊市博物馆使用。2003年，潍坊市博物馆迁出十笏园。2007年，十笏园成立潍坊十笏园博物馆，负责十笏园的保护管理和对外开放。全国重点文物保护单位记录档案由潍坊十笏园博物馆保管。2013年，山东省文物局印发《第四批省级文物保护单位及其他省级以上文物保护单位保护范围和建设控制地带》，划定公布保护范围和建设控制地带。

道韵楼　是中国保存完好的最大的客家土楼，也是所发现的最大八角形土楼，位于广东省潮州市饶平县三饶镇南联村。

明成化年间（1465~1487年），道韵楼居民的祖辈请堪舆师择地建楼。堪舆师觉得此地不错，出于慎重考虑，又察看了多个地方，还是觉得都不如最初这个选址好，故又倒回来，后借"倒运"谐音，名道韵楼。道韵楼始建于成化十三年（1477年），建成于万历十五年（1587年），历三代110余年终于建成。

道韵楼坐南朝北，以三进三环围构成"八卦"的爻画。外围厝长328米，直径101米，外墙每边41米，墙高11.6米，以泥土夯筑而成。共有正房56间、角房16间，房屋面积和内部结

道韵楼正门

道韵楼俯瞰

构各不相等，各房间相向但并不相对。楼中央为卵石铺边内为黄土的广场，广场左右两侧各有一公用井，井底垫有八卦石，应是太极圈的两仪图案，俗称"阴阳鱼"。另有30口私井，设于正房界墙下，两间各行其半。下水道的固角用竹钉而不用铁钉，至今没有被蛀坏，数百年来保持畅通，从不堵塞。楼的四周设有枪眼、炮眼，门顶还设有防火的注水暗涵。具有防兵乱、乡斗、盗贼、兽害、干旱、火灾、寒暑、地震的八防作用。楼内有泥塑、壁画，雕梁画栋，壁联壁画，泥塑照壁以及明南京礼部尚书黄锦题写的楼名石门匾。该楼仿照诸葛八卦阵的"生门入、休门出"的原理，特地在大门一侧另开一休门，以让族人从此门出寨。道韵楼大门两侧的对联是清代广西中州正堂黄德祖（系道韵楼黄氏裔孙）所撰："道义为本根，天下无双，克念祖德；韵文光奕叶，实华并茂，贻厥孙谋。"

道韵楼有400多年的历史，规模宏大，建筑艺术十分讲究，风格独特。土楼的设置，突出古、大、奇三大特点，是潮汕土楼民俗文化中的精粹。

道韵楼由道韵楼管理处负责日常保护、管理与开放。2002年7月，道韵楼被广东省人民政府公布为第四批广东省文物保护单位。2006年5月25日，道韵楼被国务院公布为第六批全国重点文物保护单位，编号6-0685-3-388。饶平县人民政府划定道韵楼保护范围和建设控制地带。道韵楼已建立全国重点文物保护单位记录档案，由饶平县博物馆保管。

胡氏古民居建筑　是甘肃省境内保存最完整的明代高官私宅，由隔街分布的两处宅院构成，位于甘肃省天水市秦州区民主西路大街。

明嘉靖年间，秦州举人、中宪大夫、山西按察副使胡来缙修建家宅。胡来缙为官清廉，明史记载他在任大兴县县令三年"清严敕肃，

天水胡氏南宅子庭院

无毫发私，权贵人反誉，荐之"。根据胡忻奏疏自选集《欲焚草》手抄本等文献记载，南宅子始建于明万历十七（1589年），除西侧三合院已拆除外，其余部分保存相对较完整。北宅子创建于万历四十三年（1615年），为胡来缙之子、太常寺少卿胡忻所建。遗存古建筑主要有牌楼、过厅、厅楼、后厅等。

南宅子平面布局呈矩形，曲回幽静，布局严谨，建筑占地面积4422平方米，建筑面积2701平方米，由南宅子巷道分为东、西两部分。有桂馥院、书房院、棋院、槐荫院、畅竹院、绣楼院、董家院、银杏院、杨家楼院、凌霄院、芝兰堂、戏苑等12个民居院落、78座单体建筑和1处藏宝洞。

北宅子平面略呈正方形，占地1600平方米，整体布局是东南角设大门，额题"太常

第"，门内为照壁，照壁南侧有一东西向甬道通向宅院的西南角。甬道尽头为一座大四合院，院内北面是书房院，书院西小楼曰"惜阴"。书房院北为一座三合小院，再北为一座小四合院。上述三院之门皆东开，三院前有一纵贯南北的甬道。甬道东为一进三院布局，前院正南开门，北为正厅，东西有厢房；中院南

天水胡氏北宅子

面的左右开二门，北为厅楼，东西配厢房；后院与前院同，但规模较前院略小。北宅子仅存第二、第三座院落的前、后正厅与中院厅楼及厢房。

南宅子自建成后由胡氏家族世代居住，并自发保护。2001年6月25日，胡氏古民居建筑被国务院公布为第五批全国重点文物保护单位，编号5-0431-3-237。2004年，天水市政府将其交由天水市博物馆管理并进行保护维修。北宅子后交由秦州区政府管理。2005年，甘肃省人民政府印发《甘肃省人民政府关于公布我省第五批全国重点文物保护单位保护范围及建设控制地带的通知》划定并公布胡氏古民居的保护范围及建设控制地带。2006年，古民居建筑作为天水民俗博物馆对外开放。胡氏古民居建筑全国重点保护单位记录档案已建立，由天水市博物馆保管。

夕佳山民居 是中国保存较完整的民居建筑群，位于四川省江安县东南21千米处的夕佳山镇坝上村。

夕佳山民居建筑始建于明万历四十年（1612年），清代、民国屡有修缮。占地面积约7万平方米，建筑面积约1万平方米，房屋

天水胡氏保护单位标志石碑

123间，为组合四合院式，悬山穿斗式木质结构，纵深三进，大门、正门、后厅依次排列于中轴线上，中轴线的左右各为二进厢房。民居的前、后、左、右置有池塘、后花园、西花园、东花园等。整个建筑布局严谨，主次分明，开合有序。它保留了宋明以来的民间建筑风格，打破了完全对称的格局，使之趋于柔和。贯穿于民居建筑的中轴线，既是建筑的主轴线，又是建筑和谐的差异线。华夏民族有"左贵于右"的习尚，中轴线左侧是主人和"上等人"居住游乐之所；右侧是下客厅，建筑格调比左边要低得多，是民居"下等人"和晚辈居住的地方。夕佳山民居建筑在建筑造型上突出主体，在装饰手法上出现多样化趋势。前厅下前面置有14关28扇木制菱花槅扇门，正中4扇上刻有"渔樵耕读"的四幅镂空木雕图，构图别致，技法新颖，线条粗犷，人物极富生活气息。民居的后厅是主要建筑部分，正堂屋是祭祀区，正面3关6扇花格灵窗槅扇门，其上的棂窗为木制槅条，衬出"福禄寿喜"4个篆书大字；四周各衬5个变形蝙蝠，组成"五福临门"；正门的两扇门下半浅刻以"寿""喜""琴""棋""书""画"等图案，从肃穆中透出高雅的格调。民居的西面是娱乐区，工字厅与戏台紧紧相连。戏台的落地罩上、额枋上，镂空雕和深浮雕交替使用，饰以大量的戏剧人物故事和花鸟虫鱼及博古图案，风格质朴，立体感强，为中国民间木雕艺术之珍品。

夕佳山民居是川南民居的典型代表，有"中国民居建筑活化石"之称。它具有的历史、艺术和科学价值，是研究中国明清历史、

夕佳山民居牌坊

民间建筑艺术和农村封建经济的实物佐证。夕佳山民居是研究中国南方民宅建筑科技水平的依据，也是研究中国农村封建自然经济的实物佐证。

1986年，夕佳山民居划归文物部门保护管理，多次维修。1988年10月，建四川省夕佳山民俗博物馆，对外开放。1993年5月7日，四川省人民政府印发《四川省人民政府关于三星堆遗址等六十三处全国重点、省级文物保护单位保护范围的通知》，划定夕佳山民居重点保护范围、禁建地带和建设控制地带范围。1996年11月20日，夕佳山民居被国务院公布为第四批全国重点文物保护单位，编号4-0184-3-106。2001年，编制完成《四川省夕佳山民居勘察报告及修缮方案》，获国家文物局批准，由江安县旅游和文化局监理，2001～2003年对民居进

行整体维修。2004年，四川省夕佳山民俗博物馆建立夕佳山民居的全国重点文物保护单位记录档。2011年，《夕佳山古民居维修保护工程》，获国家文物局批准。2014年10月31日，四川省人民政府印发《关于公布四川省全国重点文物保护单位和省级文物保护单位保护范围的通告》，再次对夕佳山民居的保护范围做了划定。

环秀山庄 是明清时期的一处宅园合一的私家园林，位于江苏省苏州市景德路262号。

环秀山庄建造历史可追溯到晋代王珣、王珉兄弟舍宅建景德寺，后成为五代时期吴越王钱镠之子钱元璙的金谷园，宋代为文学家朱长文的药圃，其后屡有兴废。明嘉靖年间先后改为学道书院、督粮道署。万历年间为大学士申时行住宅，明末清初裔孙申继揆筑蘧园。清乾

隆年间为刑部员外郎蒋楫宅，蒋氏建有"求自楼"，并于楼后叠石为山，掘地三尺，有清泉流溢汇为池，名泉为"飞雪"，并造屋筑亭于其间。其后相继为尚书毕沅宅、大学士孙士毅宅。孙氏后人孙均雅号林泉，于清嘉庆十二年（1807年）邀请叠山名家戈裕良重构此园。戈裕良在半亩之地所叠假山有尺幅千里之势，从此该园以假山名扬天下。道光二十九年（1849年），汪为仁购建汪氏宗祠，立耕荫义庄，并重修东北部花园，此园成为汪氏宗祠耕耘山庄的一部分，更名环秀山庄，也称颐园。后多毁损，至中华人民共和国成立时，仅存一山、一池和一座补秋舫。

环秀山庄坐北朝南，遗存占地面积2179平方米，其中建筑面积754平方米，拥有房屋3处、亭3座、假山1座。南部为厅堂庭院，北部为山池花园。假山为环秀山庄的主体，系重点保护文物。厅堂前后三进，均重建于1984

环秀山庄内厅堂

年。厅与厅之间有庭院相隔。第一进为门厅，面阔三间，硬山顶。前院东西设廊，院中置山石。第二进为前厅，名有榖堂，面阔三间，硬山顶。后院花木扶疏，缀以湖石。第三进为四面厅，额"华秀山庄"，面阔三间，进深九檩8.5米，四面翻轩为廊。花园紧接四面厅北平台，以山为主，以池为辅。东南为主山，西北为次山，水池缭绕于山间。主山北坡有'半潭秋水一房山亭"，西偏临水南向筑补秋舫，船

环秀山庄内花园

厅，问泉亭面对次山"飞雪泉"石壁，介于两山之间。西侧二层楼廊，可以从不同角度俯视假山全貌。主山次于东南，由一东南至西北走向的峡谷分前后两部分，后山临池水部分为湖石石壁，与前山之间留有仅1米左右的距离内，构成洞谷。

环秀山庄面积虽仅2000平方米，却集建筑、园林、雕刻、诗书、灰雕等汉族传统艺术于一身。其内湖石假山为中国之最，突出汉族园林建筑中雄、奇、险、幽、秀、旷的特点，充分反映天人合一的汉民族文化特色，表现一种人与自然的和谐统一的宇宙观。

环秀山庄先后由苏州市文管会、苏州市刺绣研究所、苏州市园林和绿化管理局等机构管理，并进行修缮保护。1982年3月，环秀山庄被列为江苏省文物保护单位。1988年1月13日，环秀山庄被国务院公布为第三批全国重点文物保护单位，编号3-0094-3-042。1992年，苏州市文物管理委员会《关于上报我市全国重点文物保护单位保护范围的报告》获批，划定环秀山庄保护范围和建设控制地带。1993年6月，苏州市文物管理委员会办公室，苏州刺绣研究所联合建立环秀山庄的全国重点文物保护单位记录档案。

徐霞客故居及晴山堂石刻　是明地理学家、旅行家和文学家徐霞客的故居及其附属遗存，位于江苏省江阴市徐霞客镇马镇南旸岐村21号。故居与石刻相距约百米，两地间由建于2000年的仰圣园（徐霞客游记碑廊）连为一体。

徐霞客是中国明末四大科学家之一、近代地理学的先驱，也是明代文学家、旅行家。徐霞客22岁开始游历，30多年间足迹遍及大半个

中国，成为世界上考察、研究喀斯特地貌的先驱者。其著作《徐霞客游记》被誉为"千古奇人"的"千古奇书"。

徐霞客故居始建于明代，为徐霞客祖父徐衍芳建造，是徐霞客的出生地及少年时代生活和读书的地方。明万历四十八年（1620年），徐霞客为庆贺其母重病初愈，在原故居西侧新建晴山堂，取"四月清和雨乍晴，南山当户转分明"之意。请人将祖上和自己收藏的元、明两代名家书法手迹镌刻于石，嵌砌在晴山堂壁间，故称"晴山堂石刻"。天启五年（1625年），徐母逝世，徐霞客为纪念母亲，又将自己请书法名家所写的手迹及所绘"秋圃晨机图"再次镌刻于石，以充实晴山堂石刻内涵，"分碑七十有七，分页二百有五"。刻有"秋圃晨机图"的石刻在民国年间散佚，仅存76块。清顺治二年（1645年）清兵南下，江阴四乡发生大族人家的奴仆暴动，徐家遭难，宅园被焚，徐霞客游记书稿、诗集（抄本）遭火劫。晴山堂被烧毁，石刻幸存，由徐氏后裔移至村西首徐氏宗祠保存。1978年，当地政府重建晴山堂，将76方石刻嵌于墙内。

遗存包括徐霞客故居、晴山堂石刻、徐霞客墓、胜水桥、罗汉松及近年新建的仰圣园（徐霞客游记碑廊）等。故居、晴山堂、胜水桥分布在北、西南、东南三个方位，占地面积1.33万平方米。

徐霞客故居原有七进两厢房，今存三进两厢房、2个天井、1个水井、1个后花园，占地1079平方米，建筑面积548平方米。房屋均为硬山式砖木结构。建筑结构以第三进崇礼堂为代表，明间东西两梁为抬梁式，有前廊后轩，

徐霞客故居

举折较为平缓。厅内柱头皆有卷杀,上置栌斗承梁。柱略呈梭形,下置扁圆形素面青石鼓磴,鼓磴下垫素面直腰连础之覆盆形青石礩。梁扁作,四界梁采用二拼缝之月梁,置于柱头栌斗上,梁下设梁垫。梁背上施大斗承山界梁,山界梁上置坐斗,承托脊桁,饰山雾云。前廊之檐柱与金柱间以月形梁连接。后轩则为扁作船篷轩,轩梁上置坐斗、荷包梁等。故居第一进至第三进地势逐渐走高,门前石台阶亦由一级、二级、三级递增,显示官宦大户人家之气派。

晴山堂位于故居之西南,坐西朝东,面阔三间,进深七架,系1977年重建的仿明式建筑,建筑面积108平方米。76方石刻及3方《晴山堂贴叙略》木刻版嵌砌在晴山堂南、西、北三面壁间。石刻横式,宽93厘米、高35厘米,每方尺寸略有异同。碑石刻录宋濂、倪瓒、文徵明、祝允明、顾鼎臣、董其昌、黄道周等88位明一代名人手书的诗文94篇。主要内容是称颂徐霞客祖辈的诗文和赞扬徐母品行及教子的颂词,还有记述徐霞客生平活动史实的文字。堂前为花园,堂后是徐霞客墓园,园内遍植名枝佳卉。晴山堂石刻被誉为"与唐碑宋碣并重",其撰写的书法名家约占明代书法名家的70%以上,其中有状元7名,载入《辞海》名人录的就有

晴山堂

30名，不少属于大学士、文林郎。吴中四才子祝允明、文徵明都留下了墨宝。石刻中，正、行、草、隶各种书体各扬其长，加上精湛的雕刻工艺，在书法艺术上享有极高的声誉。

徐霞客墓于1978年移建，1985年按《徐氏宗谱》所附墓制图重建。墓前竖有清初期式墓碑"十七世明高士霞客徐公之墓"，两侧各建卧式纪念碑1块。胜水桥，位于晴山堂之东水网内泽要道上。始建于明代，为徐霞客遗迹之一。单孔石平板桥，在桥墩两侧石柱上各有桥联1副。

1956年，晴山堂石刻被公布为江苏省文物保护单位。1985年，徐霞客故居被江阴县人民政府公布为文物保护单位，成立徐霞客故居文物保管所负责管理。2001年6月25日，徐霞客故居及晴山堂石刻由国务院合并公布为第五批全国重点文物保护单位，编号5-0283-3-089。2004年6月，江阴市文物管理委员会建立徐霞客故居的全国重点文物保护单位记录档案。江苏省人民政府公布了徐霞客故居及晴山堂石刻的保护范围和建设控制地带。

水绘园　是一座融徽州建筑手法于扬州建筑艺术之中的画舫式园林建筑，位于江苏省如皋市城东北隅。

水绘园始建于明万历年间（1573～1620年），原是邑人冒一贯的别业。清顺治年间（1644～1661年），历四世至冒辟疆（名襄，号巢民，一号朴庵，又号朴巢，明末清初的文学家），重整旧园，精心增饰，在园中构筑妙隐香林、壹默斋、枕烟亭、寒碧堂、洗钵池、小浯溪、鹤屿、小三吾、波烟玉亭、湘中阁、涩浪坡、镜阁、碧落庐等十余处佳境（清初名

水绘园大门

士陈维崧《水绘园记》）。作为明遗民，冒辟疆将水绘园改名为水绘庵，决心隐居不仕。当时名士钱谦益、吴伟业、王士禛、孔尚任、陈维崧等纷纷前来如皋相聚，在园中诗文唱和，水绘园盛极一时。清康熙十九年（1680年），水绘园趋于衰落，数传后易属他姓。乾隆二十三年（1758年），安徽盐使汪之珩在几近荒芜的水绘园洗钵池畔营建水明楼，其名取自杜甫"四更山吐月，残夜水明楼"的诗句，饱含着汪氏仰慕冒辟疆、董小宛并缅怀水绘园的深意。康熙十八年（1679年），安徽歙县、休宁、婺源（今属江西）等六县盐商吴达始、黄元灿等组织同乡会，在雨香庵内设立会馆，取名新安会馆，在馆内供奉关圣帝君，宣扬忠义。雨香庵"画梁水阁，临流俯仰"，成为如皋的名胜之一。嘉庆元年（1796年），冒氏族人将水绘园赎回作为家祠公业。

遗存水绘园古建筑为一楼两院的格局。东边水明楼临洗钵池自南至北依次为前轩、中轩、楼阁诸构，以漏窗引景。前轩、中轩面东，以槅扇和竹照分割成内室外廊。楼阁为两层木结构，上有东向临波之"艳月"小厅及暖阁。三构之间绕以水花墙，可透风漏月，又由

九曲三弯之回廊沟通往来，水花墙与回廊之间各自成院，围而不隔，界而不分，缀以湖石、梅竹，有移步见异之妙。水明楼北有月门，可通修复之水绘园十二景，西有小门可通雨香庵。雨香庵西侧有隐玉斋，乃宋曾文昭公（曾肇，唐宋八大家之一曾巩的弟弟）读书故址，环院有南、西、北三处建筑。南为隐玉斋、牡丹亭，隐玉斋面阔三间，房前筑湖石假山，隐玉斋西为牡丹亭，饰以坐凳栏杆，厅前植有牡丹。北为观桧厅，厅前有800余年古桧一株，呈云头雨足美人腰势，枝盛叶茂，集扁柏、刺柏、圆柏于一身。西部面东为聆松移，此三处建筑以回廊相连。隐玉斋西有染香山房、翠鸣轩、集古斋建筑一组，自成院落，斋北有闲情阁。

水绘园的构筑技艺和环境的营造，具有较高的历史、艺术、科学价值，因地制宜，以曲折游廊巧妙连接一楼两院，利用建筑本身的虚实之

水明楼回廊

对比，与水中倒影之变化，以有限之空间营造更为宽阔之意象。水绘园是中国徽派园林的孤本代表。园以水为贵、倒影为佳，既秀且雅；兼以园言志，以园为忆，并融诗、文、琴、棋、书、画、博古、曲艺等于一园的特色，足以说明它原来是一座饶有书卷气的"文人园"。陈从周《双城环绕水绘园》一文，评价水绘园"此一区建筑之妙，实为海内孤例"。

1989～1994年，园林专家陈从周主持修复

水明楼临水面

工程，以清人陈维崧《水绘园》为蓝本，坚持"修旧如旧，保持原貌"的原则，修复96.2米的古城墙，小浯溪水溪、悬溜峰、悬溜山房、湘中阁、妙隐香林、壹默斋、枕烟亭、镜阁、涩浪坡、小三吾、月鱼基、碧落庐、波烟玉亭、霞山桥等十余处景观。1992年，如皋市博物馆正式成立，负责水绘园日常管理。1995年4月，水绘园被江苏省人民政府公布为第四批省级文物保护单位。2001年6月25日，水绘园被国务院公布为第五批全国重点文物保护单位，编号5-0288-3-094。2003年，划定水绘园保护范围和建设控制地带。2004年，如皋市博物馆建立水绘园的全国重点文物保护单位记录档案。

喀喇沁亲王府及家庙　为清代内蒙古卓索图盟喀喇沁右翼旗王府府第，位于内蒙古自治区喀喇沁旗王爷府镇。据史料记载，喀喇沁蒙古部的远祖者勒蔑是一代天骄成吉思汗的重臣。至后金时，者勒蔑第十四代孙苏布地以足智多谋、英勇善战而闻名漠南。满蒙联姻使喀喇沁王与清廷及皇家关系更为密切。蒙古喀喇沁部在历史上，因游牧和征战而居无定所，直至清康熙十八年（1679年）于喀喇沁王府所在地起建郡王等级府邸，乾隆四十八年（1783年）。第八任札萨克啦特纳锡第晋亲王品级后，在郡王府基础上扩建为亲王府邸。其后历代亲王皆有扩修，但中轴建筑形制一直保持不变。王府建成后300余年间，一直是历代郡王、亲王的府邸，先后有12代喀喇沁蒙古王公在这里居住。

王府原占地8.7万平方米，府第区占地4万平方米，遗存2.98万平方米，主体布局呈中、东、西三路布置，王府前庭以南牧场与锡伯河相接，其后沿山一带为花园。中路为五进22幢正堂、配房和厢房构成的连续四合院格局，主体建筑为府门轿厅、回事处、议事厅、承庆楼（佛堂）。东路主体建筑为马厩、仓廪、燕怡堂（戏园）、寝宅和毓正女学堂。西路主体建筑为书塾、驿馆、文武庙和祠堂。前庭立大照壁，置十三敖包。每年七月初三，王府在此举行祭敖包和男儿三技（赛马、射箭、摔跤）盛会。后花园建神庙、戏

喀喇沁亲王府府门

喀喇沁亲王府议事厅

楼，造假山、亭榭，植菊兰荷竹，驯虎熊鹿麋。建筑主要为官式大木硬山结构，附以歇山攒尖、卷棚、勾连搭等样式。

王府内文物藏品丰富，专设有王府博物馆进行保管和展览。据统计，王府博物馆有明清时期的文物1400余件，珍贵文物如"世守漠南"印、"喀喇沁王之宝"印、喀喇沁王佩刀、明式黄花梨交椅等。

喀喇沁亲王府家庙福会寺系喀喇沁王爷家庙，位于喀喇沁王府西1千米处。家庙建筑年代在喀喇沁王府之后，占地面积6500平方米。据史载，福会寺建于清康熙年间，由三部分组成。西侧为胜东寺，其大殿为十楹两层楼阁式的建筑，是喀喇沁右翼旗第十二代王贡桑诺尔布的叔父主持的寺庙。东侧为显应寺，俗称活佛宫，是该寺历代活佛的府邸。府邸由三套下

院和一座大雄宝殿组成，正中为主寺福会寺，由两套院落组成，外院占地面积4000平方米，里院为主庙，分为五层殿堂。天王殿建在月台上，内供四大天王塑像；二层殿为五间，内供无量寿佛和二十一尊度母，院内有东西配房各3间和钟楼1座；三层殿为大雄宝殿，分两层楼阁。上层为大悲金刚和十八罗汉殿，下层为经堂，内供宗喀巴像。东西有配殿各3间。东三间供奉26位护法神，西三间供奉《甘珠尔》《丹珠尔》二经；四层殿为楼阁式3间，供奉释迦牟尼佛；五层殿为上下两层楼阁式殿，主殿3间，供奉6米高的弥勒佛及左右十八罗汉。其东西配殿各3间，西三间供奉达赖一世和班祥一世以及在藏传佛教界有影响的活佛13尊，东三间供奉7尊佛。里院内还有7米高的两座白塔。

喀喇沁亲王府蕴含着丰富的中国专统建筑

工艺技术信息资料，体现着优秀的人文思想和审美观念，是内蒙古地区遗存清代蒙古王府中营建年代最早、规模最大、等级最高、保存最好的建筑群组。2001年6月25日，喀喇沁亲王府及家庙被国务院公布为第五批全国重点文物保护单位，编号5-0279-3-085。

渠家大院　是中国北方保存较好、规模较大的清代民居建筑之一，位于山西省祁县古城内昭余镇东大街路北。

渠家大院始建于清乾隆中期，后经多次扩建、修葺，在清同治、光绪时期形成群体规模。渠家大院由渠家住宅和长裕川茶庄旧址两部分组成，集住宅、商号于一体，是中国晋商文化辉煌发展的重要历史见证，也是社会形态转变的缩影。

渠家住宅是清代中晚期晋商巨贾渠氏家族十四世至十九世的生活起居之所，位于祁县古城东北，东大街路北，占地面积5317平方米，建筑面积3200平方米，为城堡式砖木结构建筑，内分八个大院19个四合小院，内含石雕栏杆院、五进式穿堂院、牌楼院、戏台院、统楼院、书房院、北院、牛房院，共有240间房屋。整座院落呈不对称布局，而单座宅院又以对称布局为主，主院偏院主次分明，明楼统楼错落有致，院与院之间有牌楼、过厅相隔，形成院套院、门连门的建筑格局。整座大院集住、食、娱、行、教育、贮藏等功能于一体，是明清时期晋商巨贾满足起居生活安逸舒适的

渠家大院外景

渠家大院牌楼院院景

渠家大院戏台院院景

渠家大院统楼院院景

理想场所，清代中期北方汉民族民居建筑的典型代表，已辟为山西省晋商文化博物馆。

长裕川茶庄旧址原为渠家商业老字号，是晋商中开设时间最长、规模最大的茶庄之一，是全国唯一保存完好的清代茶庄古建筑。茶庄旧址位于古城东北段家巷北口，占地面积2039平方米，建筑面积1198平方米，有5个院落和1条甬道，共有建筑19栋。整座建筑三面临街，院墙高耸，规模为祁县所有商号之最。院内依职能设有掌柜院、账房院、育才院、厨房院。其育才院门脸为国内罕见的大型青石立体浮雕，内容丰富，是东西方建筑文化交融的代表作。渠家长裕川茶庄旧址作为总号，统领全国36家分号，是清代中期中国商业贸易发展到繁荣阶段晋商逐利四海的缩影。已辟为山西省晋商茶庄博物馆。

渠家大院代表中国北方汉民族富商民宅建筑风格，是中国清代院落式建筑群的典范，具有很高的历史、艺术、科学和社会价值。

民国26～34年（1937～1945年），侵华日军侵占渠家住宅和长裕川茶庄，分别设立驻祁司令部和宪兵特务队，两所建筑均遭到不同程度的破坏。民国35～38年（1946～1949

年），渠家留守人员负责看护管理渠家大院。1950年，渠家第十九世渠晋山将渠家大院捐献国家。1990年，渠家住宅和渠家长裕川茶庄旧址被公布为县级文物保护单位，由祁县文物管理所负责保护管理。1996年，渠家大院被公布为山西省重点文物保护单位，成立晋商文化博物馆，与祁县文物管理部门共同负责渠家大院的保护和维修。2006年5月25日，渠家大院被国务院公布为第六批全国重点文物保护单位，编号6-0475-3-178。2007年11月2日，山西省人民政府印发《关于公布太原市王家峰墓群等157处全国重点文物保护单位保护范围及建设控制地带的通知》，公布渠家大院的保护范围及建设控制地带。山西省古建筑保护研究所建立渠家大院的全国重点文物保护单位记录档案。2009年，国家文物局批准渠家大院保护规划项目。

乔家大院 是清代著名商贾乔致庸的宅第，为全封闭的城堡式建筑群，位于山西省祁县乔家堡村。

乔家大院始建于清乾隆年间（1736～1795年），以后曾多次增修扩建，于民国初年成今日规模。大院占地面积8700平方米，建筑面积4175平方米，分为六个大院19个小院313间房屋。大院三面临街，四周是封闭的砖墙，高10米有余，更楼、眺阁点缀其间，显得气势宏伟，威严高大。大门坐西朝东，上有高大的门楼，中间城门洞式的门道，大门对面是砖雕"百寿图"照壁。大门以里，是一条石铺的东西走向的甬道，长约80米、宽约7米，将六个大院分隔两旁。甬道两侧靠墙有护墙围台，甬道尽头是祖先祠堂，与大门遥遥相对，为庙堂式结构。北面3

乔家大院大门

乔家大院甬道

乔家大院祠堂

个大院，都是庑廊出檐大门，暗椽暗柱，三大开间，车轿可自如穿行。院落皆为三进，每个大院由多个小院组成，布局是晋中一带典型的里五外三穿心楼院，即里院南北正房，东西厢房都是五间，外院东西厢房都是3间，里外院之间有穿心过厅相连，外院南房和里院正房都是二层楼房。南面三大院，都是二进四合院，院门为硬山顶半出檐台阶式门楼，每院由三个小院组成。所有院落都是正偏结构，正院为主人居住，偏院则是客房、佣人住室及灶房。南北六院设计精巧，变化多姿。从院的形式看，有四合院、穿心院、偏正套院、过庭院；从屋顶的造型看，有悬山、硬山、歇山、卷棚及平顶房。门与窗的结构也多种多样，形式不同，集中了中国清代北方民居建筑的独特风格，也吸取了西洋式建筑特点。全院布局严谨、设计精巧，俯视呈"囍"字形，建筑考究，砖瓦磨合，精工细作、斗拱飞檐，彩饰金装，砖木石雕、工艺精湛，充分显示了中国古代高超的建筑工艺水平。

乔家大院是一座规模宏大的全封闭式建筑群，是清代北方民居建筑的典型代表，外观威严高大，整齐端庄；院内富丽堂皇，井然有序，建筑风格充分体现人文与建筑的和谐统一。整个大院以甬道为对称轴分为南北两部分，其建筑设计精巧、工艺精细，集中体现中国北方民居建筑的独特风格。精美的砖雕、木雕、石雕、彩绘、门窗槅扇等，具有很高的文物观赏和借鉴价值，充分体现中国古代劳动人民高超的建筑艺术水平。馆藏的瓷器、字画、铜器、木器家具等珍贵文物，具有很高的历史、科学和艺术价值。20世纪30年代，古建筑学家梁思成称乔家大院为"北方民居建筑艺术

的一颗明珠"。

20世纪80年代起，国家投入大量人力、物力和财力，陆续对院内建筑进行修缮与保护。1984年9月，乔家大院被确定为祁县民俗博物馆馆址，1986年11月1日正式对外开放。2001年6月25日，乔家大院被国务院公布为第五批全国重点文物保护单位，编号5-0262-3-068。2002年8月27日，山西省人民政府批转山西省文物局和山西省建设厅《关于公布太原晋阳古城遗址等102处全国重点文物保护单位保护范围的通知》，划定并公布乔家大院保护范围及建设控制地带。同年12月29日，山西省祁县民俗博物馆更名为山西祁县乔家大院民俗博物馆。2009年，国家文物局批准乔家大院保护规划；2013年，国家文物局批准乔家大院全面修缮项目和乔家大院保护范围环境整治规划。2015年，国家文物局批准乔家大院一期修缮项目。乔家大院建立有全国重点文物保护单位记录档案，保存于山西省古建筑保护研究所。

网师园 为清代典型的宅园合一的私家园林，位于江苏省苏州市姑苏区阔家头巷11号。

网师园原为南宋淳熙年间吏部侍郎史正志所营万卷堂故址，堂前曾有花园1座，名渔隐。后园归丁氏，日久荒废。清乾隆年间（1736～1795年），光禄寺少卿宋宗元退隐苏州，在万卷堂旧址营筑别业，以网师自号，兼取史正志渔隐旧义，与其所居王思巷谐音，名网师园。宋氏死后，园渐颓废。清乾隆末，网师园为太仓富商瞿远村购得，增置亭台竹木，半易网师旧观，人称瞿园，又名蘧园。同治初年，园归江苏按察使李鸿裔。因与苏舜钦所建沧浪亭相近，李氏自号苏邻，并改园名为苏邻

网师园园景

小筑。光绪二十二年（1896年），嗣子李少眉增建撷秀楼。民国6年（1917年），军阀张作霖以30万银圆购得此园，赠予其师张锡銮，改称逸园。叶恭绰、张善孖、张大千曾一度借寓园中。民国29年（1940年），何亚农购得此园，耗时三年，全面整修并充实古玩书画。1950年，何氏子女将园捐献给国家。

网师园分东部宅第和西部园林两部分。住宅部分面积为900多平方米，分前后三进，布局严谨，空间紧凑，与园林部分的清幽含蓄形成对比。自大门至轿厅、万卷堂、撷秀楼，沿中轴线依次展开，主厅万卷堂屋宇高敞，装饰雅致。位于堂前的砖门楼雕刻精致，做工考究，为江南一绝，具有极高的文物艺术价值。

园林部分由主、辅两个遗址区组成，约4700平方米。主景区以水面为中心，各景点皆围绕水面布置，池南布置有小山丛桂轩濯缨水阁云岗等景点，北部为看松读画轩、竹外一枝轩，东侧射鸭廊，西侧月到风来亭。从平面布局及空间构成来看，将体量较大的主体建筑皆退离水边，并采取多种手法来淡化、虚掩，池南的小山丛桂轩与池北的看松读画轩均远离水池，以减小体量感，使主景区空间景物显得较为开阔疏朗。小山丛桂轩前布置名为云岗的假山，将其遮去大半；看松读画轩前布置叠石花台，老松古木，使其虚缈淡隐，以取得扩大空间，丰富景观的效果。一些小体量的建筑皆贴水而建，通过尺度对比，反衬水面之辽阔。临水最大的主体建筑为濯缨水阁，其体量只略大于水榭，比通常园林中的主厅要小得多。竹外一枝轩与射鸭廊为一组变化丰富的园林小品建

网师园大厅前砖雕门楼雕刻

筑，极尽变异之能事。扩大的敞廊，虚实相间，名为竹外一枝轩，而收进的半轩却名为射鸭廊，与前面的山石、树林构成临水的近中景，同时将两层的五峰书屋、集虚斋等高大建筑遮掩，形成高低参差、错落有致、层次分明的园林建筑组群。月到风来亭高耸突出于水面，与后部的连廊既分又合，形成池西侧的控制性景点，其虚凌空兀的布置手法，产生强烈的视觉吸引力，似乎脱离连廊的羁绊，独立于水中，似有湖心亭的效果，是全园最精彩的景点之一。池南的一组假山主峰名云岗，是苏州园林中不可多得的黄石假山佳构之一，山势凝重、主次分明、虚实得当、层次参差，与水面结合自然贴切，构成一组以山水景观为主的天然之作。园中水池的布局与整个空间尺度相适应，水面以聚为主，池中映衬出天光云影，亭台楼阁，池岸点缀以花红草绿，苍松桂枝。水池的东南角与西北角设两座桥，隐喻水的来龙去脉。东南角设极小型石拱桥，为苏州园林中小桥之最，运用尺度对比，反衬出池水之广，下设小溪，似水之源，潺潺而入。西北角设曲桥，舒展蜿蜒于水面上，池水似坦坦而去。

辅景区为主景区的补充与延伸。西部的殿春簃庭园为苏州园林中小庭园之精品。庭园布局简练、精致，在宁静中透露出凝重与深沉。这里曾辟作药园，种满芍药，每逢暮春时分，"尚留芍药殿春风"。庭园北面为一座三间书斋，坐北朝南，斋前辟一露台，东部的曲廊与主景区相通，西围墙上设半亭，名冷泉亭；东南角有泉，名涵碧，怪石数点，清泉一泓。集虚斋、梯云室、琴室、五峰书屋等建筑前均布置有不同的小庭园，或隐或显，或奥或旷，均形成不同的景观，与主景区相辅相成，相得益彰。在植物配置方面，主景区以孤植为主，各小庭园内各有一两株姿态出众的主景树种。与山石配合的点景植物有紫竹、慈孝竹、南天

殿春簃庭院

竹、芭蕉、迎春、牡丹等。高与低、近与远、点与面、形与色相互配合，构成独具特色的植物景观。

网师园布局外形整齐均衡，内部又因景划区，境界各异。园中部山水景物区，突出以水为中心的主题。园内建筑以造型秀丽，精致小巧见长。全园主题突出，布局紧凑，小巧玲珑，清秀典雅，成功地运用比例陪衬关系和对比手法，获得较好的艺术效果，是苏州中型古典园林的代表作品。

1958年4月，网师园归苏州市园林管理处接管，经整修于1959年9月开放。1963年3月，网师园被列为苏州市文物保护单位。1966年，改为友谊公园，并一度关闭。1974年，重新开放，复称网师园。1982年2月23日，网师园被国务院公布为第二批全国重点文物保护单位，编号2-0041-3-026。1992年，苏州市文物管理委员会《关于上报我市全国重点文物保护单位保护范围的报告》获批，划定网师园保护范围和建设控制地带。1993年6月，网师园全国重点文物保护单位记录档案建立。1997年12月，网师园作为苏州古典园林的重要组成部分，被联合国教科文组织列入世界遗产名录。

恭王府及花园　是北京地区规模最大、格局最完整、保护最好的一座王府遗存，恭王府及花园位于北京市西城区柳荫街甲14号。恭王府地处前海西街，东临什刹海，北临后海，西邻李广桥西街（"文化大革命"后改称柳荫街）及前海西街。

清乾隆四十一年（1776年），文华殿大学士和珅在此建宅，至乾隆五十三年（1788年）基本建成。嘉庆四年（1799年）嘉庆皇帝将和珅

恭王府花园正门

宅第赐其弟（乾隆第十七子）庆郡王永璘，是为庆王府。庆郡王永璘卒后，由其子及后人居住。咸丰元年（1851年），咸丰皇帝将庆王府赐给其六弟恭亲王奕䜣。咸丰二年（1852年）四月，恭亲王奕䜣迁居此府，始称恭王府。

恭王府及花园占地5.3万平方米。王府部分的建筑，分东、中、西三路，由中轴线贯穿着多进四合院组成。中路前部是三开间的大门及五开间的二门，其北是正殿，俗称银安殿，于民国10年（1921年）正月十五日焚毁。后殿，悬"嘉乐堂"匾，档案上称之为"神殿"，其室内布局属于口袋房样式，设有万字炕和大炕，其形制明显模仿大内宁寿宫。最后为贯穿三路长达150米的气势宏伟的后罩楼。据样式雷档案的记载，后罩楼西北角曾经布置有室内庭院，名为水法楼。中路轴线上的建筑均使用绿色琉璃瓦，为近年复建。东路建筑尺

安善堂

寸与中路相仿。西路有三进房屋，五个院落，最后一进院的正房为锡晋斋，为奕䜣得到西晋陆机所书的《平复帖》后所命名。从外面看，建筑是单层，其实正中三间大厅内的东、西、北三面都建有两层的仙楼，并用楠木做成精美的内部装修，室内格局与圆明园九州清晏、大内乐寿堂等殿宇非常相似。

王府花园位于王府后罩楼之北，名翠锦园，占地约2.6万平方米，是一座大型的王府花园。园内建筑亦分为东、中、西三路。中路最规整，与前边的王府中路贯穿于同一条中轴线上。花园正门在中轴线最南端，是砖石雕花的西洋式拱券门。进砖门两侧都是青石叠山，中间是青石小路，迎面是一块巨大的立式太湖石，上端镌刻"独秀峰"三字。小径两侧的青山石，透逶通向左右两路，山上有多处题字题句。独秀峰后是一个小型水池，挖成蝙蝠形

状，名叫福河。水池后带有抱厦的大厅叫安善堂。堂后有一个方形水池，池后是土及太湖石堆砌而成的全园最高的假山，山上有一座邀月台和一座蝠厅，蝠厅的平面呈放射状像展开两翼的蝙蝠。东路南侧是一组四合院。院前端是一个垂花门，院后主体建筑就是整个东路的最主要建筑——大戏楼。西路的园门建成城墙雉

观鱼台

堞，墙上有马道，与两侧青石假山山顶的曲径相连。墙上辟一座券洞，额题"榆关"。西路主要景点是一个大水池，池心有三间敞厅，名观鱼台。池西是一座南北向延伸的土山，山之西是园墙。

园中还散列着几座亭台，如东路西南角的流杯亭，西路东南角的妙香亭。园中的主要建筑用游廊连接，形成曲折连续的游园路线。

恭王府府邸建筑规制准确、工艺精致，部分建筑室内尚存有清中期的高等级木装修和彩画，如锡晋斋等还保存着部分室内装修，葆光室等留有原有彩画。恭王府建筑群总体格局是清代王公府邸的代表，是研究清代王府建筑规制和礼制政治文化的实物。恭王府的后花园是北方最著名的私家花园之一，其假山叠石还带有清朝早期的风格。

中华人民共和国成立前，恭王府由辅仁大学管理使用，在花园西北角建一座三层楼的辅仁大学司铎分院。1950年后，恭王府作为北京艺术师范学院校舍，后由中国音乐学院及其附中、中国艺术研究院、中国文联等多家单位作为办公或教学场所。花园部分则被公安部宿舍、国管局幼儿园、天主教爱国会、文化艺术出版社及北京风机厂等单位使用。建筑有所拆建。1976年，唐山大地震波及北京，倒塌和拆除一部分游廊、东路第一进房和配房。1982年2月23日，恭王府及花园被国务院公布为第二批全国重点文物保护单位，编号2-0040-3-039。同年，国家拨专款进行保护、修复和全面开放恭王府的工作，文化部建立恭王府及花园修复管理机构，开始进行搬迁和修复工作。1984年，北京市人民政府批转市规划局、文物局文件，划定并公布旧皇城保护区及其以北地区的保护范围及建控地带，恭王府及花园也列入其内。1986年，按照中央要求和"边搬迁、边修复、边开放"的原则，完成北京市风机厂、公安部宿舍、国管局幼儿园等单位的搬迁工作和花园的修复工程。1988年7月，恭王府花园对外试开放。随后中国音乐学院和中国艺术研究院也先后搬出恭王府府邸。

罨画池 是川西地区集园林、庙殿、祠堂于一体的清代建筑群，由唐代保存下来的官署园林罨画池、四川仅存五座完整古代文庙之一的崇庆州文庙和全国唯一的陆游纪念专祠陆游祠组成。罨画池位于四川省崇州市崇阳镇大东街南侧。

罨画池是全国唯一的唐代官署园林，始建于唐，为历代蜀州、崇庆州州署后园。唐时沿河植柳，建亭植梅，名东亭（东阁）。北宋嘉祐年间（1056～1063年）蜀州江原县令赵抃《蜀倅杨瑜邀游罨画池》诗中已载其名为罨画池，为州廨和判官厅后圃。南宋时，又名东湖，陆游《秋月怀东湖》诗中"罨画池"和"东湖"并称，并记载有园林内大量建筑名称，规模范围较后世大。明洪武元年（1368年），州廨移于州城西北，园林始在文庙后。明末，园林建筑毁于战火，仅存部分桥、堂建筑。清乾隆五十五年（1790年）开始修复，并筑土台于池心。道光三十至咸丰元年（1850～1851年），知州李象昺移崇庆州西江桥头亭建罨画亭于池心土台上。光绪八年（1882年）续修建筑，叠筑假山，通渠引流，池水逐步恢复。

崇庆州文庙是四川仅存的五座完整文庙

罨画池

之一，也是成都地区唯一完整的古代文庙，是科举时代崇州官修的地方宫学一体的场所。明以前该处先后为蜀州州衙、崇庆州州衙所在地。明洪武初年州衙迁址后，始建为文庙，判官厅建为州学。每年春、秋二季，官方主办丁祭孔子及地方先贤，官祭直到民国37年（1948年）。明正德十一年（1516年）重修。崇祯末年毁于战火。清顺治、康熙年间（1644～1722年）文庙主体建筑全面建成。光绪年间（1875～1908年）重修大成殿、东西庑、戟门、新建钟鼓楼等。

陆游祠是全国唯一纪念陆游的专祠。北宋名相文彦博少时随任职蜀州通判的父亲文洎求学于蜀州，后蜀州人建文潞公祠于判官厅后。元代祠废，明初在原址上修建赵陆公祠，并祀北宋任职蜀州江原县令的赵抃和南宋任职蜀州通判的陆游。清乾隆年间（1736～1795年）重修，后祠废，光绪年间改建为节孝祠。民国初年，祠堂破败。民国12年（1923年）移木主牌位于文庙尊经阁，称二贤祠。

罨画池园林总占地面积2.52万平方米。池东、西、北部为水面和园林，园林呈"回"字形布局，外园为典型的川西园林六开六阁风格，水面开阔，亭、阁高大。其中游心的罨画亭为道光年间移西江桥头亭所建，是长江中上游古代桥头亭的活化石。由水岸和花墙围绕形成的内园具典型江南文人园林风格，以"半潭秋水一房山"为分界分为水园和山园。水园

大成殿

启圣殿

与外园相通，以三曲桥为界，以被山石环绕的小池为中心，四面措以水榭、山馆、廊桥、小楼、野亭。山园以被水道环绕的假山为中心，四面措以堂、院、轩、房。假山上的草亭为内园的最高点。

崇庆州文庙坐北向南，从宫墙到尊经阁中轴一线上有外泮池、棂星门、内泮池、戟门、大成殿、启圣殿、梅花园、尊经阁；中轴线两侧对称有圣域贤关门、回廊、礼乐亭、名宦祠、乡贤

棂星门

祠、东西庑、钟鼓楼等，体量、造型各不同。南北长255米，布局紧凑，疏密合理。其中棂星门通高12.8米，为"八"字形五叠檐牌楼式木结构建筑，是四川地区唯一木结构棂星门。陆游祠由西向东依次为正门、甬道、次门、序厅、南北厢房、放翁堂、信有亭廊；南为驿楼小院；北为后花园，建有水池、廊房、同心亭。

辛亥革命后，罨画池由官署园林改为开放式公园，1985年，成立罨画池公园管理处。2000年，成立罨画池管理处，2013年更名为崇州市罨画池博物馆。1985年，罨画池被公布为成都市第二批文物保护单位。1991年，罨画池被公布为四川省第三批文物保护单位。2001年6月25日，罨画池被国务院公布为第五批全国重点文物保护单位，编号5-0395-3-201。2004年11月，罨画池建立全国重点文物保护单位记录档案。2008年，5·12汶川特大地震中，罨

画池受损严重。2010年7月20日，国家拨款，按照河北省古代建筑保护研究所编制的《崇州罨画池抢险修缮方案》动工维修，2011年5月1日文物本体维修完成。

留园 为清代大型古典私家园林，与北京颐和园、苏州拙政园和承德避暑山庄并称"中国四大园林"。留园位于江苏省苏州市阊门外上津桥下塘留园路338号。

留园始建于明万历二十一年（1593年），太仆寺少卿徐泰时罢官归里后，筑东园和西园，西园即戒幢律寺，东园即留园前身。东园"宏丽轩举，前楼后厅，皆可醉客"。其时，"三大名石"瑞云峰尚在园中。徐泰时去世后，东园渐废。清乾隆五十九年（1794年），吴县东山刘恕对东园故址修建，搜寻十二名峰移入园内，清嘉庆三年（1798年）完工，因园

留园室内陈设

内竹色清寒，故更名寒碧山庄，俗称刘园。刘恕好书法名画，将自己撰写的文章和古人法帖勒石嵌砌在园中廊壁。后代园主多承袭此风，逐渐形成今日留园多"书条石"的特色。经咸丰庚申（1860年）战乱，园渐荒芜。同治十二年（1873年），盛康购得此园并修整，改名为留园，谐音取长留天地间之意，盛氏留园盛誉

留园内花园

一时。民国时期，园渐衰败。

留园建筑群整体完好，占地面积2.33万平方米，有房屋22处、亭9处、花台1处、假山11处、碑395块，建筑占全园面积三分之一。留园大致可分为中、东、北、西四部分，园南有祠堂与住宅两路三进，中部为山水花园，东部以建筑为主，西部是土石相间的大假山，北部则是田园风光。整个园景以长廊为脉络，通幽度壑，处处有景。园内景致有古木交柯、绿荫、明瑟楼、涵碧山房、闻木樨香轩、可亭、远翠阁、汲古得绠处、清风池馆、西楼、曲溪楼、濠濮亭、五峰仙馆、还我读书处、揖峰轩、林泉耆硕之馆、佳晴喜雨快雪之亭、冠云峰、伫云庵、冠云亭、冠云楼、至乐亭、舒啸亭、活泼泼地等。

留园是苏州规模仅次于拙政园的大型园林，建筑空间处理精湛，构成有节奏、有韵律的园林空间体系，成为世界闻名的建筑空间艺术处理的范例。全园尤多珍贵的古树名木、太湖石峰和书条石刻。住宅和祠堂北面的花园由山池主景、建筑庭院、田园风光和自然山林四个景区通过蜿蜒曲折的长廊完美地组成一体，独具一格，穷造化之妙，夺天工之巧。

1954年，留园整修后对外开放。1961年3月4日，留园被国务院公布为第一批全国重点文物保护单位，编号1-0124-3-077。1978年起，陆续恢复池中石幢、廊壁石刻、厅堂匾联等。1992年12月，苏州市文物管理委员会《关于上报我市全国重点文物保护单位保护范围的报告》获批，划定留园的保护范围和建设控制地带。1993年6月，留园建立了全国重点文物保护单位记录档案，存放在苏州市文物管理委员会。1997年12月4日，留园作为苏州园林重要组成部分，被联合国教科文组织列入世界文化遗产名录。留园由苏州市留园风景管理处管理。

黄山八面厅 原名振声堂，为清中后期典型的民居建筑，位于浙江省义乌市上溪镇黄山五村。

清乾隆五十八年（1793年）左右，邑人陈子寀命其孙陈正道从严州（浙江建德）购置珍贵木材，筹建八面厅。陈子寀（1720～1793

黄山八面厅正立面

黄山八面厅正厅明间狮子牛腿

年），字伯寅，是清乾隆年间义乌西乡的火腿商人，富甲义乌。清嘉庆元年（1796年），八面厅兴建，历时18年，于嘉庆十八年（1813年）落成挂匾。道光十一年（1831年），陈氏家庭分家，将产业分成11份，并置贤田、祀田，留后山背大树供维修八面厅。咸丰十一年（1861年），花厅（花园）毁于太平天国运动，门厅正立面上的部分石雕、砖雕被烈火焚烤炸裂。民国32年（1943年），日本侵略军放火烧黄山八面厅，幸村民抢救及时，除南拱门被焚毁外，其余建筑保存完整。1962年，门厅、大厅、堂楼被征为国家战备粮库使用，使整体建筑和大量精美的木雕、石雕和砖雕艺术得以较完整保存。

八面厅整体平面近长方"回"字形，为宗祠与住宅相结合的浙中典型的清中后期民居建筑。遗存三路六院。八面厅规模宏大，布局结构独特，以一条中轴线和两条横轴线相交构成八面厅的主体建筑和附属建筑，沿中轴线依次为花厅、门厅、大厅、堂楼；中轴线南北两侧分别有三合院2个、厢厅4座，共计8座厅堂，故俗称八面厅。除花厅在太平天国时期烧毁外，其他7个厅基本保存完好。门厅和大厅是整个建筑的核心，是陈氏族人祭祀、会客、议事之地，其他6个厅分布在东南西北四角。在结构上，每座院落都有正厅、厢房、走廊、天井，自成系统。厅与厅之间两相对称，但又各具特色；门厅内部有走廊小道，廊廊相连，门户18头，厅厅相通。对外有大小门户8头，从任何一头门进入，都可从檐下不湿脚走遍大小8座厅堂。

花厅（花园）在建筑的最前面，原有楼房11间，"一"字形排列。厅前走廊贯穿全厅，隔天井与门厅相望，天井两端各有圆形拱门，称龙虎门，拱门的房屋与南北跨院相连。花厅前设花园，有别于一般民居建筑花园置后的传统布局。清咸丰十一年（1861年），花厅、花园毁于太平天国运动，仅存柱顶、柱础、旗杆石等遗存。建筑用材硕大，雕刻工艺精湛，布局章法得当，以木雕、石雕、砖雕艺术著称，为东阳木雕发展到顶峰时期的杰出代表。门厅门头上的砖雕间以深雕和平雕，而以平雕为主，使门头的整体造型端庄而不呆板，华丽而不烦琐。门头砖雕题材多取道家人物故事图案和龙、狮、蝙蝠图案；柱础、门枕石、地纹石雕的装饰内容多取传统的题材，动物有龙、凤、麒麟、鹿等，植物有花草和瓜果纹，还有"暗八仙"、如意纹等，线条流畅，造型生动。木雕艺术遍布黄山八面厅，尤以主体建筑为最，其梁、檩、枋、斗拱、雀替、槅扇门、窗及边廊的天花、罩上均布满雕刻。题材有戏曲人物故事、瓜果纹、花草纹以及各种动物的组合纹图。表现手法上灵活地运用减地浅浮雕、高浮雕、镂雕、透雕、线刻等工艺，人物造型逼真，形象生动。

1958年，中轴线南、北两侧4座三合院被分给黄山村23户村民居住，而门厅、大厅、堂楼为大队集体使用。黄山八面厅所保存的一些精美的工艺品、历史文物在"文化大革命"期间被毁，包括八面厅建成时的牌匾，上书督造完工时的年代落款。1970年，黄山八面厅不再作为战备粮库。1981年5月18日，八面厅被义乌县人民政府公布为县级文物保护单位。1992年1月22日，八面厅被浙江省人民政府公布为浙江省级文物保护单位。1998年2月，义乌县政府出资完成23户村民的搬迁工作，使八面厅整体建筑得到更有效的保护。同年10月，实施黄山八面厅一期维修工程。2000年7月18日，浙江省人民政府印发《关于划定宁波镇海口海防遗址等54处文物保护单位保护范围及建设控制地带的批复》，公布义乌市黄山八面厅保护范围和建设控制地带。2001年6月25日，八面厅被国务院公布为第五批全国重点文物保护单位，编号5-0290-3-096。2004年7月22日，八面厅全面保护维修工程启动；同年，义乌市博物馆建立黄山八面厅的全国重点文物保护单位记录档案。义乌市文化体育局为黄山八面厅保护的管理机构，义乌市博物馆文保考古科具体承担日常维护与管理等工作，黄山五村村委负责八面厅日常保护和安全保卫工作。

个园　是一处清朝典型的私家住宅园林，是扬州江南古典园林的代表，位于江苏省扬州市广陵区东关街道个园社区盐阜东路10号。

个园建于清嘉庆二十三年（1818年），由两淮盐业商总黄至筠在明代寿芝园旧址上创建。咸丰年间（1851～1861年），个园曾经兵焚，虽无多大损坏，但也逐步走向萧条。同治年间（1862～1874年），个园卖给镇江丹徒盐商李文安。民国元年（1912年），军阀徐宝山从李氏手中取得个园及西宅。后个园几易其主。中华人民共和国成立后曾被用作扬州专区社会主义建设成就展览和农业展览馆馆址。

个园占地2.4万平方米，建筑面积近7000平方米，为前宅后园式江南私家园林。全园分为中部花园、南部住宅、北部品种竹观赏区。个园的住宅部分位于个园南侧，坐北朝南，占地3500余平方米，建筑面积3000平方米。住宅由西、中、东三路建筑组成，前后各三进，各路建筑间以火巷相隔。从住宅进入园林，首先是月洞形园门，门上石额书写"个园"二字。园门后是春景，夏景位于园之西北，秋景在园林东北方向，冬景在春景东边。主要建筑有抱

个园住宅建筑

个园抱山楼

山楼、丛书楼、住秋阁、宜雨轩、清漪亭、觅句廊，春、夏、秋、冬四季假山等。

个园以竹石为主体，以石斗奇，巧妙地运用分峰用石手法，分别以笋石、太湖石、黄石、宣石叠成春、夏、秋、冬四季假山，并相宜地配以厅、馆、楼、台，使风格迥异的假山有机地和谐地统一在一起。春山笋石参差，修篁弄影，迎着园门，筑有宜雨轩。厅之西北，以湖石叠成中空外奇，深潭清冽的夏山，沿山洞出，可至抱山楼下，长楼东侧，即为黄石丹枫，峻峭依云的秋山，山上建阁；秋山逶迤至南，即为宣石叠成的似积雪未消的冬山，冬山之北即为透风漏月馆。

抱山楼是座七楹长楼，横跨夏秋两山之间，两山东西依楼而掇，有多条山磴直通楼上，抱山楼在空间上连接两山，楼前长廊环绕两山于胸前，这是抱山楼得名的由来。在抱山楼长廊上可共赏夏秋两景。楼下走廊的南墙上，镶嵌清人刘凤诰撰写的《个园记》刻石。清漪亭是一个六角小亭，挺拔端庄，可览全园风光。清漪亭的周围，布置许多太湖石，太湖石的外面被一湾绿水所环抱，清漪亭便在重重拱卫之下突显娇美。丛书楼位于个园对面，东关街南，是扬州另一大盐商马曰绾、马曰璐兄弟的小玲珑山馆旧址，小玲珑山馆之丛书楼藏书有"甲大江南北"之称。马氏家族衰颓后，小玲珑山馆几经转手，太平天国时毁于兵火。住秋阁坐落在秋山南峰之上，坐东朝西，依墙而建，三面为窗，是全园假山上最大的建筑，庭院最东有石阶可上秋山南峰。阁前"秋从夏雨声中入，春在梅花蕊上寻"的楹联为郑燮（郑板桥）所题。个园的中部正中间为"宜雨轩"，东西三楹，四面虚窗，可一览园中全景。轩的屋顶用扬州常见的黛瓦，四角微微上扬，东西两面墙上保留有几块建园时法国进口的花玻璃。宜雨轩是园主接待宾客的场所，轩前有对联："朝宜调琴暮宜鼓瑟，旧雨适至今雨初来。"

个园四处特色假山分别为春山、夏山、秋山、冬山。个园以叠石艺术著名，是扬州古典园林艺术的杰出代表。笋石、湖石、黄石、宣石叠成的春夏秋冬四季假山，融造园法则与山水画理于一体。整体建筑群规模宏大、布局严谨。单体建筑体量宏敞，用料考究，是扬州盛极一时的盐商文化和民居文化的珍贵遗存。

个园设扬州市个园管理处负责管理。1982年2月，个园进行大修，于园之东北、西北增建住秋阁、鹤亭，并增开竹西佳处的北向园

门。1982年3月，个园被江苏省人民政府公布为省级文物保护单位。1988年1月13日，个园被国务院公布为第三批全国重点文物保护单位，编号3-0098-3-046。1992年，扬州市文物管理委员会《关于报送全国重点文保单位保护范围及控制地带有关资料的报告》获批，划定个园的保护范围和建设控制地带。同年，扬州市园林局建立个园的全国重点文物保护单位记录档案。

满堂围　是广东最大的一处客家围楼，位于广东省始兴县隘子镇满堂围村大围自然村。东面与西面为隘子河环绕，南面有围俚村与满堂村，东面隔河有上皮屋村。

满堂围建于清道光十三年（1833年），咸丰十年（1860年）建成，是乾荣公花巨资，历时28年建成的一座豪宅。满堂围占地面积13544.96平方米，内有大小祠堂、议事厅、民居、粮仓等。围楼中有栽花种树的大院4个，祠堂6个，议事厅17个，天井16个，水井四口，寝室、厨房、储粮间、杂务间、厕所、牲

满堂客家大围

畜栏舍等大小房间777间。满堂围是一座典型的长方形围楼，由上围、中围、下围三个单元组成，既可分亦可合，并形成一个整体，互相呼应。整座围的外墙厚2～4米，为夹心墙。围楼主墙基全部用河卵石砌成，叠角放花岗岩石条。墙体上布满各种瞭望孔、射击孔。中间围楼高16.9米，另两座稍矮的围楼拱卫其前后，气势非凡，蔚为壮观。围内的巷道、檐街、天井、沟渠和主要的门框、窗框用花岗岩石铺砌，檐街、花道纵横贯通，相互联系，十分方便。各围楼仅向外开一扇大门，门板用铁皮包裹，并有铁杠横顶，牢固坚实。门顶建有储水池，可制止外人火烧围门。若遇盗贼侵扰，大门一关，围楼便成一座固若金汤的城堡。墙体的青砖经人工磨制，显得光滑规整。门框、窗框、台阶、廊沿、井台等以花岗岩石条砌成。走廊和庭院的地面用河石铺砌成花朵和各种图案。门窗、家几上雕刻着花鸟、动物等图案并贴上亮闪闪的金铂。整座建筑的特点是，气势磅礴，庄严雄伟；建筑面积大，房屋众多；结

满堂围内景

构严谨、牢固结实，至今墙壁仍看不到一条裂缝；围中有围，冬暖夏凉；用料讲究，围内的檐街、天井、门坪等地面都铺上精心挑选并经水磨过的河卵小石，其精工之细、施工之严，可见用石之苛刻讲究，保持着客家人聚族而居的习俗。

满堂围规模宏大，造型优美，设计独特，布局合理，历经百年的风雨侵蚀和地震撼动，安然无恙，充分体现中国清代民间工匠的高超技艺和聪明才智。满堂围建筑有古代雄浑朴实的气势，又有近代精致高雅的韵味，是研究客家民俗风情以及近现代建筑源流和发展变化的宝贵实物。满堂围是民居建筑"方圆"系列的杰出代表，久负"岭南第一围"之盛名。

1990年，满堂围被始兴县人民政府列为县

满堂围内部民居

级文物保护单位；1996年11月20日，满堂围被国务院公布为第四批全国重点文物保护单位，编号4-0180-3-102。2001年5月15日，始兴县人民政府印发《关于加强全国重点文物保护单位满堂围管理的通知》，划定满堂围的保护范围及管理规定。2004年8月，成立满堂围文物管理所。2010年，编制保护规划，2015年4月由广东省人民政府公布实施。满堂围由隘子镇满堂围旅游管理处保护和管理。满堂围全国重点文物保护单位记录档案由始兴县博物馆建立和保管。

崇礼住宅 为清光绪年间大学士崇礼的住宅，位于北京市东城区东四六条63、65号。

崇礼（？～1907），字受之，内务府汉军正白旗人。姜姓（姜佳氏），时人称蒋四爷。清咸丰七年（1857年）任职朝廷，初为清漪苑丞，升至三山郎中，同治年间（1862～1874年）出任粤海关监督。光绪年间（1875～1908年），历任理藩院侍郎，擢升为尚书，赏黄马褂加太子少保，因事贬为热河都统，后又内迁，授刑部尚书兼步军统领。光绪二十六年（1900年）授东阁大学士转文渊阁，光绪三十一年（1905年）以文渊阁大学士致仕。又二年，卒，谥文恪。据记载，崇礼任粤海关监督时，大事搜刮，积资颇厚，极有富名；归京后，大治宅第，栋宇华丽，此宅是除王府以外的官僚住宅中的佼佼者，号称东城之冠。此宅建成未久，逢八国联军入侵，为洋兵所据，归还后又几度转手。民国24年（1935年），国民党二十九军军长宋哲元部下刘汝明用巨金购得此宅重新修葺。

宅院坐北朝南，平面近似方形，是一座典型的晚清大型四合院建筑群，具有很高的历史文化价值。占地面积10374平方米，其中建筑面积达5298平方米。宅院由三条规整的南北轴线将其分割成东路、西路和中路三路院落。三路建筑内部相互沟通，不受任何界限的控制，在使用上十分便利。东路（63号院）原应有五进院落，仅存三进，后半部则已改建。院内布局基本保存完整。广亮大门开在东南角上，大门的东、西布置有门房和倒座房。第二进院由南房及东西配房组成。第三进院是东路建筑保存最好的一座院落，包括正房、东西配房及垂花门，各房之间都有抄手游廊连接。中路建筑

崇礼住宅大门及倒座

崇礼住宅垂花门

崇礼住宅一进院正房

共分为四进，它采用多种造园手法使亭台阁榭兼备。一进院原为花园，迎面水池已填平。二进院以戏台为主体，戏台面阔五间，前出抱厦三间，戏台的东西两侧各建耳房。三进院北房5间，院东有一座叠石堆成的假山，假山上建有六角圆形攒尖顶凉亭1座。四进院正房5间，原为祠堂，堂前原有牌坊门1座。西路是一组四进四合院，规制小于东院，整个建筑可自成

体系。由大门、影壁、垂花门、正房、耳房、东西厢房、游廊、后罩房组成。内部至今保存有清代书法家邓石如题写的苏东坡诗词的硬木槅扇，具有很高的艺术价值。

崇礼住宅规模宏大，气势非凡。是当时除王府外，官吏住宅中的佼佼者，更是民国时期名望极高的华丽住宅。在当时京城"东富西贵"的富贵宅院中，号称东城之冠。因而被误传为慈禧太后的娘家。崇礼住宅历经百年沧桑，宅院虽有所改动，但整体风貌未被破坏，主要建筑保存尚好。

1984年5月24日，崇礼住宅被北京市人民政府公布为北京市第三批文物保护单位。1988年1月13日，崇礼住宅被国务院公布为第三批全国重点文物保护单位，编号3-0091-3-039。2006年，崇礼住宅建立全国重点文物保护单位记录档案，保存于北京市文物局。

第十节　建筑群落

俞源村古建筑群　是以明清民居建筑为主体的建筑群落，位于浙江省武义县俞源乡俞源村。

俞源村处于钱塘江、瓯江两大流域的樊岭和少妃岭的北侧，接近午溪河谷和熟溪河谷的连接点，是丘陵向山区过渡地带，三面环山，从北往西依次环列青龙山、白虎山、金屏山、九龙山、龙宫山、梦山、经堂山、李丁山、背山头、西山。俞源村东南为梦山，上宅溪和前宅溪拥环之中，以溪为界，上宅溪以南称前宅；上宅溪以北村落东部称上宅；村西半部属下宅；上宅、下宅以下万春堂北侧巷弄至上宅香火屋前往东折的进士巷为界。俞源村初为俞氏聚居，从元代俞义孙俞仍始，俞氏人丁开始兴旺，俞姓主要定居前宅片，建筑规模和体量较小；李氏迁入后在前宅建造李氏宗祠，前宅片村落格局开始形成，两姓共居一村。清乾嘉时期(1736～1820年)，村落开始向上宅片和下宅片快速拓展，建筑规模、体量、用材、工艺都大大超过前宅。清道光年间（1821～1850年），村落主要在上宅片和下宅片发展，村落形态和功能得到进一步完善。抗战时期，曾部分被毁。中华人民共和国成立后，部分建筑收归政府管辖；部分宗祠、厅堂、桥梁等属集体管理，村民共享；民居多属个人产权，自住或出租。

俞源村古建筑价值较高的有61处，其中明代建筑10处，清代建筑38处，民国建筑11处，元代石拱桥1座，清代石拱桥2座，元末明初古墓1座。分布在前宅、上宅、下宅三片区域。其中，上宅、下宅片的建筑质量较高，保存程度较好；前宅片的建筑质量略低，残损较为严重。俞源村古建筑以公共建筑最具特色，主要建筑有俞氏宗祠、六峰堂、六基楼、书厅楼、上万春堂、精深楼、高座楼、下万春堂、裕后堂、七星楼、李氏宗祠、洞主庙等。其中俞氏宗祠为全村

俞氏宗祠正厅

六峰堂

总祠，规模宏大，构造讲究，保存完整。其他古建筑如幼儿启蒙的家训阁、供青少年读书的遗安堂、赡养老人的养老轩、村民娱乐的藏花厅、举办喜事的堂楼厅、祈梦圆梦的洞主庙及客栈、药店、作坊等也都各有特色。

1998年，武义县人民政府公布俞氏宗祠为县级文物保护单位，并组织编制完成《俞源古村落保护规划》。1999年10月，俞源村古建筑群正式对外开放。由于俞源村古建筑群大多数建筑产权归属村民私人所有，存在因生产生活需要而改变建筑用途的行为。2000年6月20日，成立俞源村文物保护所。2000年，俞源村被浙江省人民政府公布为浙江省第二批历史文化保护区。同年，武义县人民政府公布俞源村建筑群的保护范围和建设控制地带。2001年6月25日，俞源村古建筑群被国务院公布为第五批全国重点文物保护单位，编号5-0300-3-106。同年，成立俞源村义务消防队，加强火灾

俞氏宗祠正厅明间梁架

隐患的排查与预防，俞源旅游开发公司承担村落安全保卫工作。2003年，俞源村被建设部、国家文物局公布为第一批中国历史文化名村。武义县文物管理委员会重新划定俞源村古建筑群保护范围和建设控制地带。浙江省人民政府批准公布保护范围划分为六峰堂保护区、俞氏宗祠保护区、精深楼保护区、上万春堂保护区、上宅香火屋保护区、李氏宗祠保护区、内屋楼保护区、家训阁保护区、洞主庙保护区共9

村洞主庙

处。同年7月，武义县文物管理委员会组织俞源村古建筑群"四有"工作小组，与浙江大学建筑学院等单位合作，先后测绘36幢古建筑，完成全国重点文物保护单位记录档案编制。

张谷英村古建筑群 是保存最为完整的江南民居古建筑群落之一，位于湖南省岳阳县张谷英镇张谷英村。

明洪武年间，第一代村民张谷英从江西南昌迁居此地，后以其名命名其村落。明嘉靖二十四年（1545年），张谷英第七代孙张南岩，从石桥冲迁至现今的龙形山西侧，首建西头岸大屋。明万历二十一年（1593年），张谷英第八代孙张思南在龙形山头口建起当大门，与西头岸大屋连接。明末清初，张谷英第十代孙张拱凡、张良甫续建东头岸、青云楼。清嘉庆七年（1802年），张谷英第十六代孙张隆吉开基建造王家塅大屋；嘉庆八年至十年（1803～1805年），张谷英第十六代孙张力兴，开基建造上新屋。整个建筑群从明嘉靖至清嘉庆年，历时200余年分期建筑而成。

张谷英村古建筑群由当大门、王家塅、上新屋三大部分组成，总面积5.1万平方米，大小房屋1732间，天井206个，巷道62条。环山而建，长达1公里，布局依地形采取"干枝式"结构，主堂与横堂皆由数个单位组成，各单元之间有屏风檐廊和巷道沟通分隔，分则自成体系，互不干扰，合则贯穿于一体，穿行其间，晴不曝日，雨不湿鞋。

当大门位于龙形山前，门前溪上有两座"八"字形的石桥，被称为"龙须"。此院落建于明万历年间（1573～1620年），建筑面积

张谷英村当大门

张谷英村全景

张谷英村天井院落

张谷英村青云楼

9200平方米，住房400余间。大屋的整体形状像一把打开的折扇。设有两道大门，大门门框都由花岗岩石凿制而成。上新屋位于龙形山尾。清嘉庆十三年（1808年）由张谷英十六世孙张绪彬所建，建筑面积7560平方米，共有房屋172间，以木结构为主，以青砖、花岗岩结构为辅，有六进七井八横堂。

张谷英村古建筑群独特的院落组合模式，体现出中国传统血缘宗亲制度支配下的同姓聚居的生活文化，具有重大的人类学和社会学研究价值。遗产环境还记载了明清时期当地的物质生产、生活方式、思想观念、民俗习惯、社会风尚等湘楚聚落文化历史信息。

20世纪30年代，因打土豪等原因，何风墩、门头屋等建筑曾遭火烧。20世纪60年代，当大门第五进过厅被改做大食堂，为进车方便填

平天井，中轴线打通屏门，将原有方砖地面改成三合土地面。20世纪70年代，"文化大革命"时期，古建筑主要装修部分被破坏。20世纪80年代改革开放后，有居民拆旧砖用于新房墙基。

1991年10月，岳阳县人民政府公布张谷英村古建筑群为县级文物保护单位，成立张谷英村文物保护领导小组，负责管理。2001年5月，被湖南省人民政府公布为第七批省级文物保护单位。2001年6月25日，张谷英村古建筑群被国务院公布为第五批全国重点文物保护单位，编号5-0367-3-173。2002年4月，张谷英文物管理所成立。2003年，张谷英村古建筑群被建设部、国家文物局公布为首批中国历史文化名村。2004年，张谷英文物所建立张谷英村古建筑群的全国重点文物保护单位记录档案。2006年5月，岳阳县张谷英管理处成立，负责张谷英村古建筑群的文物保护与利用工作。同年，《张谷英村古建筑群保护规划》获国家文物局批准，2009年6月6日由湖南省人民政府发文公布。2008年5月，张谷英村古建筑群第二期维修工程设计方案编制完成。2012年，张谷英村被住建部公布为首批中国传统村落。

芋头侗寨古建筑群 为形制与自然地貌特色相结合的典型侗族聚落村寨，位于湖南省通道侗族自治县双江镇芋头村。

芋头侗寨始建于明洪武年间（1368~1398年）。《通道县志》载："双江芋头村杨进文所藏《族谱》载，其祖杨公大伞，于元朝末逃难从江西吉安太和举家西迁。"嘉靖三年（1524年）后，外姓涌入，侗寨建筑规模扩大，并逐渐在界场、崖上、深冲等地的山谷台地建筑民居，形成分块式建筑布局。万历

芋头侗寨全景

年间（1573～1620年）修筑驿道。清顺治年间（1644～1661年），侗寨遭火灾，灾后重建形成今建筑格局。乾隆四十二年（1777年），建寨脚桥、龙氏鼓楼、牙上鼓楼。嘉庆五年（1800年）建中步桥、塘坪桥等，形成芋头侗寨的盛时风貌。遗存的大部分侗寨建筑为清代中、后期建筑。道光九年（1829年），修筑牙上段驿道；光绪七年（1881年），维修牙上鼓楼；咸丰十一年（1861年），太平军将领翼王石达开率领太平军取道芋头侗寨，转战贵州。民国23年（1934年）12月，中央红军长征，经芋头侗寨，向贵州黎平进发。

芋头侗寨古建筑群因山就势，具有典型的侗族风格，共计有鼓楼4座，风雨桥3座，门楼1座，萨岁坛2处，古井、井亭2处，款场1处，学馆旧址1处，民居吊脚木楼屋78幢，古驿道1600米，古墓葬群6处，石碑刻12通等，大部分保存完好，具有很高的历史、人文和艺术价值。

芋头侗寨鼓楼，均装槛齐胸栏板，斜立"美人靠"，中间设地火塘，地面铺青石板。美观实用，显示出侗族建筑的匠心独具。田中鼓楼，位居下寨中央，始建于清嘉庆五年（1800年），1972年复修。平面四边形，占地面积64平方米，坐东面西，西面对开扇门。田中鼓楼属干栏式，五重密檐歇山顶，穿斗抬梁木构架。主构架采用四柱分立举架，以12根檐柱就四根金柱对称挑出，在金柱与檐柱连接穿枋上支立瓜柱，逐层等分内收，屋面施小青瓦。芦笙鼓楼，始建于清道光九年（1829年），平面四方，占地面积90平方米，为九重密檐攒尖芦笙顶，穿斗抬梁木构架，干栏式。1993年复修。牙上鼓楼，"牙上"侗语意即在山脊上的一块台地上。始建于清乾隆五十四年（1789年），嘉庆五年（1800年）重修，光绪高度达6.5米，以获得外部活动空间。龙氏鼓楼，始建于清乾隆五十二年（1787年），嘉庆二年（1797年）、道光二十年（1840年）、光绪六年（1880年）分别进行维修。平面矩形，占地面积60平方米。沿山就势，悬贴式，坐南朝北，双坡屋面，施青瓦，穿斗抬梁木构架。

风雨桥，俗称廊桥、福桥、花桥，除供路人通行外，还有拦截邪煞、逢凶化吉的风俗意义。塘坪桥，始建于清光绪七年（1881年），长10.5米、宽3.6米，单孔，叠梁木构架。桥面铺木板，建四柱三间排架桥廊，廊间中部开天门伸出两层歇山式屋面，与桥廊檐叠层相接，使东西两端屋面形成屋肩，一改廊桥原有形制，具有典型的芋头特色。塘头桥，其风格与塘坪桥相似，不同处是廊间中部开天门。屋面为悬山式。桥长10米，宽3.5米；单孔，叠梁木构架。中步桥，即中寨与下寨彼此相连的桥。始建于清嘉庆五年（1800年），长10米，

牙上鼓楼

七年（1881年）落架大修。平面方形，占地面积150平方米，坐南朝北，三重密檐歇山顶，穿斗抬梁木构架。全部建筑悬空贴岩而建，悬空

芋头村牙上组

芋头侗寨古驿道

芋头侗寨乾隆古井·井亭

宽3.6米；单孔，叠梁木构架，桥廊系四柱三间排架。

牙上寨门，始建于清乾隆五十年（1785年），民国4年（1915年）复建。穿斗木构架，双坡屋面，施青瓦。开对扇双叶门，形式内收外扇成"八"字形。

古驿道，始建于明万历年间（1573～1620年），起于华宠与城府两山相交的细望冲口，止于太平山脚的山塘坝，全长1600米、宽1.8米，全部嵌筑青石板，陡峭处设石柱杉木栏杆，每2.8～3.2米为一段。延伸到寨中各家各户的通道均以青石板铺垫，纵横交错。通往牙上的108级石台阶，传说为纪念活了108岁的芋头侗寨建寨祖母而建，保存完好。

中步古井与井亭。挖井取水，并用竹筒架接引入居室以供饮用，已成侗寨习俗。中步古井位于牙上井水冲的古井，清乾隆五十年（1785年）开凿。井口长方形，长1.52米、宽1.06米，井深1.36米，常年蓄水深度0.6米。井壁四面用青石板围合成形，井口斜压一块青石盖板，井外围用青石板铺垫，开排污水明沟。上盖青瓦双坡屋面穿斗木构架井亭。中步井及井亭，始凿年代为清乾隆五十七年（1792

年），形式与牙上古井、井亭一样。

萨妈坛，或谓萨岁坛、萨坛，侗语Saxsis，意即最先的祖母，她是侗族至高无上的祖先，村寨中凡事都要先设"萨坛"祭祀"萨妈"。其坛一般设在寨头或寨中，用石头砌筑成圆台状，上面栽棵树，形似雨伞或遮阳棚；置供台一张，用石板简易架成，用于摆设供品。每逢农历初一或十五，村寨民众便前往烧香化纸，祈求平安吉祥。芋头侗寨有两处萨妈坛，一处设立于塘坪桥前段；一处设立于牙上寨前土坡坎脚。

芋头侗寨民居有干栏式、吊脚木楼式、平地式等形制，外观多为长方形，依山傍水，多位于采光透气良好的地方。芋头民居的主要

芋头侗寨萨妈坛

芋头侗寨龙氏鼓楼

特点是：以木构架为主体，采用开槽密檩；设披厦，以拓展建筑的利用空间；挂披檐防雨水对木构件侵蚀，延续建筑物使用年限；置丁廊开侧厢楼梯，增加室内容纳量；设吊脚楼，利用室外空间解决场地的不足；辟池塘水面，养鱼、蓄水，以利生活、消防。芋头侗寨，从村寨选址、建筑布局、环境融合、建筑艺术等方面体现了侗族人"天人合一"的建筑理念，具有独特的芋头地方特色。民居沿山、沿谷因势利导布局，与环境巧妙融于一体，形成独特的布局模式。建筑类型丰富，各具特色，极具研究价值。

2001年6月25日，芋头侗寨古建筑群被国务院公布为第五批全国重点文物保护单位，编号5-0368-3-174。2001年10月8日，通道侗族自治县人民政府印发《芋头侗寨保护管理办法》，将芋头侗寨划分成三级保护区域。通道县文物行政管理部门每年在芋头村聘请1名专职管理员负责侗寨的保护管理，逐年签订《文物专管员责任书》，同时在侗寨内建立一支15人以上的常年义务消防队。2002年5月～2004年6月，《芋头侗寨古建筑群保护规划》编制完成，2004年7月14日国家文物局批准通过。

2007～2014年，国家文物局拨款分期对芋头侗寨古建筑群所有公共建筑实施全面维修。

党家村古建筑群 为明清村落式民居建筑群，是明清时期韩城地区村落和民宅的典型代表，位于陕西省韩城市东北9千米的西庄镇党家村。地处南北为塬、东西走向呈"宝葫芦"状的狭长沟谷之中，依塬傍水，避风向阳。党家村有村、寨之分，村低寨高，总占地面积12.8万平方米，遗存建筑面积48250平方米，其中住宅面积41020平方米。

党家村村史可溯至元至顺二年（1331年），时有朝邑（已并入大荔县）人党恕轩迁此挖窑定居，元至正二十四年（1364年）将居住地东阳湾更名党家湾。明永乐十二年（1414年），党恕轩长孙党真中举，遂拟定村落建设规划，并界定出长门、二门、三门居住与发展区域，党家村至此具名。成化十五年（1479年），党、贾两姓联姻，共创"合兴发"商号。弘治八年（1495年），党家外甥贾璋迁居村内，从此村户有党、贾两姓。清咸丰元年（1851年），社会动荡，村中富绅集资购地2.4万平方米，在村北塬上就势兴建寨堡，历时3年告竣，名泌阳堡（临泌水得名），俗称上寨，又名党家村寨子；村寨之间修有暗道相通。明清时期，民居宅院大规模兴建有三批：明正统至景泰年间（1436～1457年）14院，明崇祯十六年（1643年）至清康熙五十年（1711年）25院，乾隆至咸丰年间（1736～1861年）69院。先后在村周围修建防御性哨门25座。党氏、贾氏分别始建于清康熙三十八年（1699年）和康熙四十九年（1710年），两姓相继建祠堂共12座。文星塔（木构）建于雍正三年（1725年），因焚于火，光绪年间（1875～1908年）重建为砖塔。戏楼、关帝庙分别建于乾隆十八年（1753年）和二十年（1755年）。陆续建有看家楼、节孝碑楼以及私塾10余处。党家村素以重教闻名，明清两代出进士、举人5名、秀才44名。清进士党蒙，入翰林，历刑部，累官云南临安知府，其家宅门额书"太史第"。清末后，兴建趋缓，但仍建有少量优质宅院。

党家村四合院，遗存完好者125院。按建筑年代和保存状况分为一级26院，二级42院，三级57院。平面布局与北方四合院大致相同，融入陕、晋两地民宅的特点。宅院一般占地260余平方米，呈长方形，由门房（门楼）、照壁、厅房和左右厢房组成。多为独院；也有重院，分别称前院、中院、后院；并列相通者，各称正院、偏院。有的重院贵贱有别，前院为仆人所居，后院是主人住处。建筑多为两层，上储下宿，砖木结构，硬山灰瓦顶，三架梁，或带前廊。开间均取单数，通常为门房小5间，厅房3大间，厢房3或5间；安排上，厅房高大，门房次之，与照壁合称三脊，寓意连升三级。厅房为祭祖和设宴之所，装有活动屏门，亦称艾叶门。门房、厢房为起居之室，高度按方位而定，其中左右厢为东高西低或北高南低。门房俗称走马门楼，外置上马石、拴马桩，个别还立有幡杆；两山墀头饰博古、福禄、八卦、人物、禽兽及花卉砖雕；楼两侧墙绘制装饰画，或镌刻治家格言及诗文；门额题字黑地烫金，内容为光耀门第、祥福、箴铭之类。建筑装饰上，木、砖、石三雕俱全。通常是屏门、窗扇、梁架柁墩、门额题字等为木雕；墀头、屋脊、吻兽、照壁等为砖雕；门墩、柱础、上马石、拴马桩等为石雕；内容丰富多彩，文化气息浓郁。

党家村祠堂，原有12处，遗存4处。党家祖祠位于大巷东端，坐北朝南，由祠门、厅堂和东西厢房组成。祠门三间，硬山灰瓦顶；厅

党家村全景

党家村民居砖雕照壁

党家村文星塔

堂与东西厢房均为面阔三间，硬山灰瓦顶。贾家祖祠位于大巷西段与贾巷之间，坐西朝东，祠门面阔五间，中央三间设门廊，硬山灰瓦顶；厅堂面阔三间，硬山灰瓦顶。另两座祠堂均在上寨，分别位于涝池北侧和东侧，祠门均为三间，硬山灰瓦顶，两厢与厅堂面阔均为三间，硬山灰瓦顶。

党家村庙宇，遗存关帝庙、菩萨庙、娘娘庙、土地庙、火神庙、马王庙、财神庙等7处。关帝庙位于村东南，为村内最大的庙宇，坐北朝南，由山门、享殿、献殿、戏楼组成。山门、享殿、献殿均为面阔三间，硬山灰瓦顶，抬梁式构架。菩萨庙位于村东北角，现存

享殿5间、献殿3间，皆硬山灰瓦顶；殿内供奉菩萨、药王、老君等神位。节孝碑楼，位于村东口路边。砖结构，面阔1.6米，进深1.5米，高10.6米，做成仿木构殿堂的悬山顶。楼身雕出斗拱、额枋、山花、漏窗、楹联等，砖雕玲珑剔透，是党家村砖雕的代表作。内嵌青石碑1通，额题"皇清"两字，正中刻"诰封敕赠徵仕郎党伟烈之妻牛孺人节孝碑"。看家楼，位于村落中央，属防御设施的瞭望楼。方形三层砖结构，通高14.5米，硬山灰瓦顶。底层两侧辟砖券拱形门；二层正面墙设圆窗2孔，两侧墙各设1孔；三层正面下部饰镂空方窗3孔，上部正中设槛窗，窗两侧各设4排12毫，内置

神像，两侧墙各设六棱窗1孔。层间以菱角牙子出檐。登高可瞭望全村，东南与文星塔相峙。文星塔，又名文星阁，位于村东南小学院内，为党家村的标志塔，为六角六层楼阁式，通高约28米，底边长3.30米。基座方形。塔身底层辟门，以上各层每面错位辟券门和圆窗、六棱窗，顶层檐角上翘，檐下施砖雕斗拱、额枋、挂落、垂莲柱。塔顶六角攒尖，砖雕莲座托宝珠式塔刹。二至六层门额上分别砖雕"大观在上""直步青云""文光射斗""云霞仙路""笔参造化"等。塔内设木梯可登临。底层门前有木构小亭1座。

党家村水源，自明代以来，农业生产用水主要依靠村南泌水河和北塬上的农灌渠，生活用水主要取自井水。村内现有10口井，其中4口为明代老井，2口为清代老井。老井上均建有井房，墙上绘有神龙。全村的雨水和生活用水排放则利用村内道路的集水导流功能，院内的水由暗沟排至巷道，再从巷道排入泌水河。

历600余年的党家村，集中国传统村落文化于一体，布局错落有致，建筑造诣精良，风貌古朴典雅，具有较高的历史、艺术、民俗等方面的研究和观赏价值，被中国专家誉为"民居瑰宝"，欧美学者称为"东方人类古代传统居住村寨的活化石"。

1999年10月，党家村被公布为韩城市文物保护单位。1999年10月13日，由韩城市政府公布党家村古建筑群的保护范围和建设控制地带。2001年6月25日，党家村古建筑群被国务院公布为第五批全国重点文物保护单位，编号5-0427-3-233。2004年，国家文物局、陕西省文物局拨付专款，对党家村上寨坡进行加固维修。2011年，国家文物局拨付专项经费，对党氏祠堂等6处四合院进行全面维修。

郑义门古建筑群　是被誉为"江南第一家"的浦江郑氏宗族相关历史活动形成的一系列建筑遗存，位于浙江省浦江县郑宅镇郑宅。

郑义门古建筑群以郑氏宗祠为中心，含十

古民居垂裕堂鸟瞰图

郑氏宗祠门楼

郑义门古建筑群民居

桥九闸、东明书院遗址、元鹿山房、建文井、圣谕楼、老佛社、昌七公祠、九世同居碑及孝感泉等古建筑，周边尚存元、明古迹50余处。

郑氏宗祠面朝白麟溪，除仪门朝南外，其余建筑坐东朝西，占地5000平方米，建筑面积2463平方米。沿纵轴线依次分布门楼、天井、洁牲池、师俭厅、过厅、有序堂、天井、拜厅、天井和寝楼，拜厅两侧有厢房，仪门位于师俭厅天井南侧。元鹿山房为族人读书之处，位于白麟溪的西北侧，清代建筑，坐北朝南，据传原有五进院落，仅存维仁斋和文昌阁。维仁斋原七开间带两厢二层楼屋，残存五间楼屋。老佛社（昌三公祠），为纪念七世祖郑锐（1289～1320，昌三公）而建，位于白麟溪边冷水村北侧，为清末民国建筑。坐南朝北，三进三间，依次为门厅、拜厅、寝室，头二进之间用过厅相连，用材规整，雕刻精细。白麟溪上原有石质十桥九闸，仅存六桥三闸。孝感泉（亭）位于白麟溪南岸，坐南朝北，歇山顶方亭，面阔三间，通面阔、通进深均为4.81米；开间面阔与进深尺寸相同：明间面阔进深均为2.67米，次间面阔进深1.07米。亭中为孝感泉井，紧临白麟溪，深3.3米，井圈方形，井壁

椭圆形，用块石叠砌而成，井口用长条石板铺筑，散水明显，靠溪一侧沿口略低，利于水溢流入溪中。九世同居碑亭位于昌七公祠边。坐南朝北，一开间，面阔、进深均为2.32米，四角方亭，攒尖顶。碑亭建于高64厘米的台基上，地面用素三合土。

宗祠、厅堂、纪念堂、公共设施等均对公众开放，民居属产权人所有，大部分仍保持居住功能。1950年，浙江省人民政府专文署名保护"郑氏义门祠堂碑记"。1981年，浦江县人民政府将郑氏义门宗祠、玄麓八景列为第一批县级文保单位，并由浦江县文物管理委员会和郑宅镇人民政府及郑氏使用人共同负责保护管理。从1981年起，郑宅民众募资，先后维修"司居碑亭"、宗祠、古柏、孝感泉、郑氏宗仪门。1984年，郑氏义门的孝感泉、九世同居碑亭、东明书院遗址、青萝山宋濂故址、崇义桥被浦江县人民政府公布为第二批县级文保单位，并公布保护范围和建设控制地带。1997年，江南第一家（郑氏宗祠）被列为第四批浙江省文物保护单位。同年，浦江县文化局组织编制《浦江郑宅古镇保护规划》，通过论证审批并实施。1999年12月，浦江县文物管理委员会依据《保护规

划》，编制郑氏宗祠维修方案，先后修葺昌七公祠、郑氏宗祠、昌三公祠、九世同居碑亭、孝感泉、荷厅、建文井、正德井等建筑；保护东明书院遗址；将产权复杂，人为损坏较严重的民居建筑新堂楼、垂裕堂列入维修计划。1999年，迁出郑氏宗祠内的郑宅粮站、搬迁占用白麟溪的农贸市场，拆除水泥路面。2001年6月25日，郑义门古建筑群被国务院公布为第五批全国重点文物保护单位，编号5-0306-3-112。设有浦江县郑义门文物保护管理所，负责日常管理与维修保护，郑义门古建筑群正式对外开放。2015年，浙江省人民政府公布郑义门古建筑群的保护范围和建设控制地带。

西递村古建筑群　保存较好的明清时期村居古建筑群，被誉为"中国明清民居博物馆"，是中国古代建筑艺术的宝库。西递村古建筑群位于安徽省黟县西递镇西递村。前边溪、后边溪两条溪流从村北、村东经过村落，在村南会源桥汇聚。

　　古村始建于北宋皇祐年间（1049～1054年），发展于明朝景泰中叶，鼎盛于清朝初期，有900余年的历史。据史料记载，西递胡氏始祖为唐昭宗李晔之子。唐天复四年（904年），唐昭宗迫于梁王朱全忠的威逼仓皇出逃，皇后何氏在行程中生下一男婴，时有新安婺源人胡三宦游于陕，秘密将太子抱回徽州婺源考水，取名昌翼，改姓胡，昌翼即明经胡氏始祖。北宋庆历七年（1047年），胡昌翼后代胡士良因公往金陵，途经西递铺见其地群山环抱、风景秀丽、土质肥沃，遂举家从婺源考水迁至西递。从此在西递耕读并举，繁衍生息。明成化元年（1465年）后，西递人口剧增，西递胡氏祖先"亦儒亦商"，跻身于徽商行列，西递的财富迅速积累，大量的住宅、祠堂、牌坊开始兴建。万历年间（1573～1620年），西递村重修会源桥和古来桥，在两桥之间沿河渠建造一批住宅。胡仕享后代在旧居基址上建起敬爱堂后，西递的中心渐渐从东边移至会源、古来二桥之间。清康熙至道光年间（1662～1850年），胡氏家族在经商、仕途上一帆风顺，西递在人口、经济和建设的发展达到鼎盛阶段。胡氏二十四世祖胡学梓（字贯三）曾经营36家典当行和20余家铺庄，遍及长江中下游各大商埠，资产折白银500余万两，财力居于江南巨富第六位，在西递建有祠堂（追慕堂）和宅第数处。胡贯三不仅经济实力

西递村远景

雄厚，而且与乾隆朝重臣曹振镛结为亲家，地位相当稳固，为迎接曹来西递，还在村口兴建走马楼，村中建迪吉堂等建筑，以示其荣，以显其富。

清乾隆年间（1736～1795年），西递发展至鼎盛时期，全村有600多座宅院、99条巷子、90多口井，人口发展"三千烟灶九千丁"。西递四面环山，现保存完好明、清古民居128幢、古祠堂3幢、古桥梁3座，另还有大小街巷及水系系统，均保存完好。古村落原始风貌依存，村落街巷采用黟县青石铺地，古民居具有明显徽派建筑风格，具有一定历史、艺术及科学价值。

瑞玉庭位于西递横路街，建于清代同治年间（1862～1874年），坐北朝南，通面阔8.6米，通进深12.3米，占地面积134平方米，为前后三间二楼建筑，是一套连接左右的序列民居。瑞玉庭前厅为正厅堂，中间隔以太师壁，厅堂天花彩绘清晰艳丽、梁托、窗栏、门框、斜撑等建筑构件姿态各异，描金木雕栩栩如生，天井两厢装有雕花槅扇，中间镂空嵌书画作品，家训格言，显得华丽典雅，别具风格；正堂前置小庭院，石几、石凳、石

西递追慕堂门楼

鱼盆以及假山盆景、花木等小巧玲珑，雅致得趣，具有典型的徽派民居特色。桃李园建于清咸丰年间（1851～1861年），坐南朝北，通面阔10.4米、通进深18.2米，占地面积294平方米，为三进三间二楼结构，是当年徽商胡元熙的旧居。桃李园进深用3处天井串联中轴线。二、三进之间用砖墙隔置，中间有门相通，门上刻有书法家汪思道题写"桃花源里人家"的青石门额，后进与前三进在整体之中又分别独立存在；二进楼上设有"楼上井"，围以雕栏，为厅堂采光设置，构思奇特，设计精巧；后进三间的两侧次间用以相隔的花扇门12块，门上依次镶有漆雕《醉翁亭记》全文，为清顺治年间（1644～1661年）古黟书法家黄元治手

西递青云轩庭院

西递会源桥

西递迪吉堂门楼

西递胡文光刺史牌坊

书，工艺精湛，书法高妙，具有很高的文物价值。大夫第为清康熙朝列大夫胡文照（号星阁）的故居，位于西递村正街，建于清康熙年间（1662～1722年），坐南朝北，通面阔9.5米、通进深12.4米，占地面积199平方米，为二楼四合结构。房屋上厅、下厅相对，中间是宽大的天井，裙板槅扇均精雕冰梅图案。厅左侧利用隙地建有一临街彩楼，俗称小姐绣楼，飞檐翘角，挂落、栏杆、槅扇、精雕细刻，玲珑雅致，登楼凭栏，远可眺望苍黛的群峰，近能俯视村街，楼额木刻汪师道隶书"桃花源里人家"。尚德堂位于西递村正街，建于清顺治年间，坐东朝西，占地面积162平方米，为五间二楼式建筑。该宅大门用整块黟县青石砌成八字门楼，凝重端庄、气势不凡。正厅前为天井，两侧为厢房，二楼步架、斗拱、爪柱、平盘斗、雀替等建筑构件还保存明式建筑风格。尚德堂是西递村保存较好的古民居之一，具有较高的历史、科学价值。

胡文光刺史牌坊位于西递村村口，整体青石构成，建于明万历六年（1578年），清乾隆、咸丰年间曾修葺。牌坊造型宏伟，雕刻精湛。坊基周围占地100平方米，坊高12.3米、

宽9.95米，系四柱三间五楼单体仿木结构，通体用黟县青石料。全坊以4根60厘米见方抹角石柱为整体支柱，上雕菱花图案。中间两柱前后雕有两对高达2.5米的倒匍石狮，为石柱支脚，造型逼真，威猛传神。一楼月梁粗壮，刻以浮雕，精美古朴，大额枋雕成五狮耍球，次间额枋雕有凤凰、麒麟、仙鹤等图案，柱梁间都用石斗拱承托，两侧嵌以石雕漏窗。明间前后小额枋上分别刻有"登嘉靖乙卯科奉直大夫（朝列大夫）胡文光"；二楼明间西面横梁上刻有"胶州刺史"，东面刻有"荆藩首相"，均为斗大遒劲的双钩楷书；三楼的轴线上刻有"恩荣"两字，两旁衬以盘龙浮雕。整个牌坊的选址就位，造型布局，建筑结构，空间组织，都具有浓厚的民族传统风格，古朴传神，细雕精镂，既有庄严安恬之感，又富空间组织科学性。

1982年，黟县文物管理所成立，负责对西递古村落的保护和管理。先后维修村中古建筑，整修道路、巷弄，对西递敬爱堂、胡文光刺史牌坊及西园等22幢重点古民居、古建筑进行保护维修。1985年以来对西递敬爱堂进行全面修复整理，并开辟为黟县西递民俗展览馆。

1992年，安徽省文物局、安徽省城乡建设环境保护厅联合发文公布安徽省第一、二、三批省级文物保护单位的保护范围及建设控制地带，划定西递村古建筑群的保护范围和建设控制地带。2000年11月30日，第24届世界遗产委员会会议决定，西递—宏村被列入世界文化遗产名录。2001年6月25日，西递村古建筑群被国务院公布为第五批全国重点文物保护单位，编号5-0321-3-127。2002年8月至2003年元月，投资对西递居安堂进行全面维修。2004年，黟县文物管理局建立西递古建筑群全国重点文物保护单位记录档案。2006年，成立黟县世界文化遗产管理办公室，将文物管理局并入，作为从事遗产、文物保护专职机构。2014年至今，实施西递古村落保护工程，包括敬爱堂、追慕堂、迪吉堂、七哲祠、桃李园、锄金堂等古建筑修缮，古来桥、过路大桥、会源桥、梧庚桥等修缮。2016年，利用国保资金对胡文光刺史牌坊进行修缮，同时实施西递世界文化遗产基础设施建设及综合治理提升项目。

潜口民宅 是明清徽州古建筑精品搬迁集中保护展示的场所，位于安徽省黄山市徽州区潜口镇潜口村西北紫霞山麓岩寺（徽州区）至黄山的公路旁边。

潜口村历史文化悠久，相传东晋诗人陶潜曾居于此，又是黄山之口，故名潜口。村内明清古民居众多，还有塔、祠、坊等多处明代建筑。村西北紫霞山为黄山第一峰，明清间曾有栗亭、四顾山房、水香园、绿参亭等名胜。据地方志记载，黄宗羲、施润章、梅庚、靳治荆等均涉足其间，并有题记载诸史文集。其中吴逸画的水香园图，刊登于清朝康熙版《歙县志》首页。

明代是徽州建筑发展的兴盛时期，随着徽商的崛起以及儒教的强化，在徽州修建大量的祠堂、牌坊、宅第、戏台、亭、台、楼、阁等众多建筑，保存有大量珍贵遗存。

明园占地近1.74万平方米，集中保护明代古建筑13处。古建筑面积2300余平方米，总投资300余万元。明园甄选的古建筑，秉顾类别、时间跨度以及风格多样性，基本反映徽州明代古建筑的历史风貌。13处古建筑中，有祠

明园正门

明园内明代方氏宗祠坊

堂3、民居6、牌坊、桥、亭、山门各1座。建筑有三开间或五开间；两层及三层；有简朴的普通农民的方观田宅、雕琢精细的富商方文泰宅，以及官宦世家吴建华宅、罗小明宅。时间上，有早期的乐善堂、明代中叶的司谏第、中后期的胡永基宅、末期的罗小明宅等。1998年，经国家文物局批准，继续在明园对面山坡上建设潜口民宅清园。2001年开工，2006年竣工，共移建10栋清代建筑集中保护，占地近1.4万平方米。清园采取传统村落聚居一条街的格局，特别强调建筑式样的丰富性和观赏性，以适应对外开放需求。除祠堂、民宅规模更大、做工更精致外，还搬迁了前店后宅的万盛记、住宅与私塾相连的汪顺昌宅、地主豪宅程培本堂及收租房，以及两层独立的古戏台。清园的建成，使潜口民宅成为时间跨度500多年，越明、清两代，徽州古建筑精品的集中保护展示地。

潜口民宅既是早期徽派建筑的典型代表，也是中国古代乡土建筑的杰出代表，在中国建筑史上占有着十分重要的地位，是古建筑集中保护的典范。潜口民宅易地搬迁，集中保护的方法，在20世纪80年代全国文物界实施属于首次。工程实施严格执行文物维修的标准，得到专家学者的一致好评，被誉为古建筑保护的"潜口模式"。

清园大门

程培本堂及收租房

清园内古民居群

清园粉墙黛瓦

　　1988年1月13日，潜口民宅被国务院公布为第三批全国重点文物保护单位，编号3-0088-3-036。1990年，设立潜口民宅博物馆，保护管理潜口民宅。潜口民宅是研究、观赏徽州古建筑的首选之地，也成为黄山脚下一处富有魅力的旅游景点。

　　大芦村古建筑群　是广西发现的保存最完好、规模最大的明清建筑群，位于广西灵山县城东北方向的佛子镇大芦行政村大芦村，坐落于两个平缓而开阔的土坡上。

　　大芦村劳氏的远祖因西汉时期开发岭南有功，赐姓为"劳"，封邑山东劳山，属汉置泰山郡武阳县，南朝宋武阳县地。宋代，劳咸伍在广东为官，举家迁至南海县，至南宋咸淳年间（1265～1274年）其后代劳徐辰任灵山学博，搬迁落户至灵山檀圩。明嘉靖年间（1522～1566年）相继兴建三达堂、双庆堂、东园别墅。至清同治二年（1863年），形成后世之规模，由当初的芦荻丛生之地发展成15个姓氏居民杂处的大村。建筑以始建时所在物产或地形标志命名为蟠龙堂、沙梨园、株画园、东明堂等群落。大芦村古建筑群保护对象主要包括古建筑、古树、古鱼塘、古井、古村道、古匾额、古楹联、古家具等建筑物及附属

大芦古村远景

文物。而保护重点为古建筑。

　　大芦村历时310多年建成，代表性建筑有四美堂（劳氏祖居）、三达堂、双庆堂、东园别墅、东明堂、蟠龙堂、陈卓园、杉木园、富春园和劳克中公祠等10个院落，建筑占地总面积3.5万平方米。建筑大致分为两个群区：其中四美堂、三达堂、双庆堂三个院落同为东南朝向，平行紧靠，组成一个民居集中区，三个院落之间有内门相通；东园别墅、东明堂、蟠龙堂、陈卓园、杉木园、富春园和劳克中公祠等为一个院落，坐东向西，形成一个民居区。院落分为主体建筑和附属建筑，主体建筑居

大芦村古建筑

中，共有5座，每座面阔三间，随地势由头座往下依次降低。头座正中明间为神厅，其余各座明间为过厅（俗称二厅、三厅、四厅、前厅），两侧次间为厢房。由神厅至前厅为整体建筑物的中轴线，两侧的建筑物皆成对称布局。座与座之间，由天井间隔，天井两侧为耳房，不仅利于采光，而且形成一个寄寓聚财观念的四水归堂的格局。附属建筑，由两旁及后背连成一个"门"字形的廊屋组成，前面有院墙及院门。两侧廊屋与主体之间有一条巷道，并有横门相通。神厅背后及大门前面各有一个长方形庭院。屋顶形式，主体建筑为硬山顶，廊屋为悬山顶。个别过厅内有木构架或设有内檐假屋。建筑材料有土坯砖、火砖、木材、陶瓦、石块等。建筑的梁柱、雀替、斗拱、封檐、墙头、柱础、屏风、门窗等均施以精美的雕刻装饰，技法有高浮雕、浅浮雕、平面阴线刻、剔底起突及笔绘等。内容十分丰富，有花鸟、神兽、人物等多种吉祥图案。厅门、堂内及楼房等处还悬挂牌匾10多块，有诰封匾、贺赠匾、功名匾、居室名匾等。

大芦村古建筑群10个明清院落，始建至今已400年历史，整体保护完整度达80%，建筑具有岭南乡土民居特色风格并受徽派建筑风格的影响。大芦村从明清以来积淀了深厚而富有乡土特色的楹联文化。这些沿用了数百年、位置固定不变的楹联，经研究整理出来共有305副。这些楹联按应用范围分类，有春联、门联、婚联、寿联、交际联、堂联等；按内容分类，有写景物联、叙事述史联、抒情寄怀联、格言哲理联和技巧妙趣联五种。1999年，广西楹联学会授予大芦村"广西楹联第一村"的殊荣。大芦村古建筑群具有典型的明清时期岭南民居建筑风格，民俗文化底蕴丰厚，建筑装饰讲究，石雕、木雕等雕刻精美、构图巧妙、技法多样，内容图案丰富。大芦村古建筑及其装饰具有极高的艺术价值，体现出古村人民质朴淳厚的秉性和历史凝聚的深厚文化素养，形成极具地域特色的宅地建筑文化风格。大芦村古建筑布局严谨、功能合理，木构架榫卯衔接组成框架；空间主次分明，内外有别，进出有序，是岭南乡土建筑为宅地营造法式不可多得的实物资料，对研究封建社会的宗法制度、民间建筑、装饰艺术、风土习俗等，具有相当高的科学价值。

自1986年以来，文化、文物部门对大芦村明清建筑群进行登记、整理研究。1999年，灵山县人民政府公布大芦村古建筑群为县文物保护单位。2007年5月，大芦村明清建筑群被建设部、国家文物局评选为中国历史文化名村（第三批）。2009年5月，广西壮族自治区人民政府将大芦村古建筑群公布为自治区文物保护单位。广西城乡规划设计院编制完成《灵山县大芦村规划》。2013年3月5日，大芦村古建筑群被国务院公布为第七批全国重点文物保护单位，编号7-1285-3-583。2015年11月26日，灵山县成立大芦古村管理局，对大芦古村实施保护管理。

丁村民宅 是中国北方比较完整的明清民宅建筑群，位于山西省临汾市襄汾县城南5公里的城关镇丁村。

丁村民宅集中在明崇祯年间所筑的土寨之内，村内居民三分之二为丁姓，皆为一族或近族，故建筑唯属丁氏人所造。结合丁村元代早期墓葬的姓氏、建筑遗址遗存调查，清雍正九年（1731年）重建的民居中的嘉靖六年（1527年）丁胜山重建题记，以及清乾隆十九年（1754年）丁家所修家谱中"庄城三角俱正，独缺东南，以当初筑城时为敬村地亩，故未筑入"的记载分析，丁氏家族的始祖当于明初迁入该地，营建房舍，逐年扩充，并以丁村命之。

丁村建村时代为明中晚期。丁氏家族自丁复起，至明万历年间（1573～1620年）第六代的丁翰卿，已有相当的发展，族属庞大，人口繁盛，此时创建有一批民宅。至清代康乾之际发展到鼎盛时期，据家谱记载，当时仅北院

丁村民宅 3 号院正房正面

中"武"字辈者55人。现存40座院落中有11座建于清代，占27.5%。丁村民宅前后经历400年的历史，得以保存至今，可能有三个因素：丁村地处汾河河谷，丘陵纵贯，交通不便，兵灾匪祸很少，自然条件起到一定的屏障作用。丁氏家族为维系其封建家族的统治，在财产继承和占据的方法、分配上有一套特殊的办法，即调角分房法。如兄弟二人析居，将6间房产分割（如东西厢房）通过族长和家主协商，按调角分房法处理，兄者西北1间半，东南1间半；弟者东北1间半，西南1间半。这样谁想拆毁，都要受到牵制，故只能占用，不能拆除。"土改"时分房也依照这一传统的分配方法。在"文化大革命"中破"四旧"时，丁村人对其祖业严加保护，除极少部分被破坏外，其余均保存完好，如将门槛上的砖雕、影壁等建筑部位用泥糊上，使很多具有珍贵艺术价值的构件得以完好保存。

丁村民宅群呈东北西南向分布，分北院、中院、南院、西北院四大组，保存较完好者有40座院落，其中半数已收归国有。宗族支系的繁衍发展，反映在院群坐落上的时代差别特别明显。北院以明代建筑为主，中院以清代雍正、乾隆年间为多，南院则以道光、咸丰年间居首，西北院全部为乾隆、嘉庆年间所筑。据建房题记，40座院落中建于明万历者6座、清雍正者3座、乾隆者11座、嘉庆者2座、道光者2座、咸丰者3座、宣统者1座，另有民国2座，未发现纪年但建筑风格属清代者10座。

丁村民宅，在建筑学、民俗学、美学等各个领域都具有极其重要的科学价值，是中国北方汉民族以四合院为格局的民宅，具有比较

丁村民宅 11 号院牌坊

丁村民宅11号院前院内景

丁村民宅12号院内景

典型的社会意义和建筑艺术价值，为研究中国北方民族建筑的地方流派、风格、艺术提供珍贵的实物资料，其历史年代跨度大，建造别致，风格各异，具有多元化的价值和意义。民宅的建造布局和实用性较为完备。如封闭、防火、防盗、采光、通风、采暖、礼仪、方位等都实实在在地反映了晋南地区汉民族的心理、爱好、信仰、风尚、习俗和情操，是研究传统建筑民俗的珍贵标本。丁村民宅采众家之长，适一方水土之要求，木雕、砖雕、石刻表现在建筑构件上，多而不絮，精美大方，内容丰富多彩，从生活到礼法，寓意深刻；从戏曲到礼仪，华而朴实；从民俗到治家，洋洋大方。这些具有代表性的实物资料，是研究晋南地区戏曲发展史、民间文化及雕刻艺术的宝库。

1961年，山西省人民委员会将丁村民宅公布为省级文物保护单位。1975年，丁村文化工作站成立后，山西省文物局委托山西省古建筑保护研究所，对民宅3号大院北厅进行拨正梁架、瓦顶维修。1980年，由丁村文化工作站委员会对3号大院东西厢房、南房进行落架大修。1985年，丁村民俗博物馆成立，负责全面保护管理丁村民宅。1988年1月13日，丁村民宅被国务院公布为第三批全国重点文物保护单位，编号3-0087-3-035。1997年，国家文物局拨款对民宅16号院北厅予以落架重修，复原重建西厢房、门楼，局部维修东南房，修缮工程由山西省古建筑有限公司负责。2002年8月27日，山西省人民政府印发《关于公布太原晋阳古城遗址等102处全国重点文物保护单位保护范围的通知》，公布丁村民宅的保护范围和建设控制地带。2011年，国家文物局批准丁村民宅保护规划。2012～2014年，对丁村民居进行了大面积维修。2015年，国家文物局批准丁村民宅维修与展示项目立项。

泰宁尚书第建筑群 是以尚书第、世德堂为代表的明清时期闽西民居建筑群落，位于福建省泰宁县城东的尚书街南侧。

尚书第亦称"五福堂"，始建于明天启元年（1621年），系万历四十四年（1616年）进士、天启年间协理京营戎政兵部尚书、少保兼太子太师李春烨的府第。泰宁尚书第建筑群整体呈长方形，东以世德堂前的胜利二街（原三图街）为界，长98.6米；南由梁家南山墙至尚书第南侧梁家巷到狮子井边，长129米；西边即尚书第后墙外的胜利一街（原澄清街），长

129米；北面即尚书第的大井头至牌楼井，长128米，总面积1.27万平方米。尚书第建筑群内完整保留了明、清至民国不同时期的建筑构筑物，包含有官第、民居、祠堂、生产生活用的辅房、商铺等多种类型的建筑。其中尚书第主体五幢，辅房若干，占地5700多平方米，系明末建筑；世德堂6幢，面积7000多平方米，系明早、中期建筑。域内建筑除李氏宗祠外均取城西芦峰山龙脉、坐西向东而建。建筑均为砖木结构，斗拱、雀替装饰，抬梁穿斗式，柱础、天井、台阶、墙基多为石质，而且柱础式样繁多，雕刻精美。

尚书第主体五幢坐西朝东一字排列，每幢皆三进，通面宽80多米，进深70米，占地5700多平方米。五幢院落的天井中置各式石雕花柱、水缸、甬道。院舍大门额均嵌有"尚书第""四世一品""义路""礼门""曳履星辰""依光日月""都谏"等石匾。出入尚书第首先经甬道两端的南北大门，南大门为磨砖门楼建筑，门额嵌有"尚书第"巨幅石匾；北门门首是迎送宾客的仪仗厅。仪仗厅为三间硬山式平房木构建筑，明间采用亭式梁架，次间采用穿斗式梁架，明间厅头为过道大门，厅首额枋悬挂"大司马"木匾；前廊门边置一对抱鼓石。通过仪仗厅便是一条宽三四米的条石铺砌的甬道，它的五幢主体建筑沿右侧依次排列。其中最有特色的是第二幢建筑。门楼宽6.4米，进深1.7米，高5米有余，是一座石质廊式雕花门楼。须弥座为4个角的6根柱础及门柱石与雕花下坎石枋组合而成，并与面墙连

尚书第"四世一品"门楼

尚书第天井

尚书第后门楼

成一体。大门宽2.4米、高3.4米，门框、雀替、天平石均为素面，门槛上沿起线；天平石上方中坎处伸出4根直径30厘米、长40多厘米的雕花望柱，中坎与上坎之间的高拱柱雕有天官，正楼匾镌刻楷书图案，匾额上方为一横幅人物雕像群，雕花上坎正中一小匾，书"五福堂"三字，上坎以上为一排十座三杪斗拱，撑托内檐。中坎与下坎之间墙面及廊心墙是细密的菱形磨砖贴墙面。次间面墙分三段，下部为石质须弥座基础，中部至石质中坎为大块菱形磨砖贴面墙，上部为空斗砖墙，檐口处采用三层花砖挑檐做法，其间绘有各式各样的单线勾描牡丹图案，门口摆一对高达二米的雕花基座抱鼓石，门对面的影壁墙下为石雕须弥坐垫起的长条形花台。两边院门横跨甬道，院门为高

大简易门楼，楼匾分别内书"依光日月""曳履星辰"；外书"礼门""义路"。条石铺砌的坪院宽敞平整。第二幢门厅，宽3.6米、进深6.8米，两边各一前一步单间门房，回廊环绕前天井。这幢房子因于光绪年间失火，第一进房子均为重修复原建筑，破损龟裂的天井及台阶是当年火灾的见证。前厅为1986年修复的木构架建筑，因是主幢，厅面较其他厅宽大。明间、次间合二为一的前大厅宽达10.8米，进深10.25米，两边梢间宽仅2.4米，不做厅房而做轿厅（停轿间）。前厅的祁门后横设后墙，梢间后墙下置小天井，明间后墙开一中墙门，屋面为过墙下水。正因为这堵封火墙的阻隔才使第二进的中厅、厢房等在当年大火时幸免于难。第二进的中厅系五柱三间穿斗式建筑，两

边山墙处均留一条0.8米的走廊，使中厅四周呈环绕状走廊。前廊心墙处设小门，左通第三幢中厅后廊，右通第一幢中厅后廊。第三进为空斗砖砌的三间平房，旧时为砻米间和粮仓等用。库房后小院接后围墙，左边山墙和后围墙均开小门分别通第三幢后院和墙外街上。

世德堂位于尚书第东面，主体6幢，占地7000多平方米，系明早、中期建筑，最早为邹姓人家居住，后为陈姓人家居住。世德堂是一处典型的按泰宁当地"三厅九栋"传统形式建造的明清时期木构建筑群。世德堂建筑年代早，用材粗犷，风格古朴，其历史、艺术和科学价值可与尚书第媲美。

泰宁尚书第建筑群，构思精巧、工艺精湛，既借鉴京城官府建筑的恢宏气度，又糅合当地府第式建筑和徽派山墙建筑一些元素而形成独具分割的大型府第式民居。尚书第主体建筑保存完好，基本保留明代建筑风格及浓厚的地方特色，是明代古建筑中的精品，其独具风格的建筑群形态在中国明代建筑中确属罕见。尚书第建筑群是闽西北赣东南，乃至江南最典型、最完整的古代民居精品建筑群落之一，其构筑物从总体到局部都是历史的遗存，可为古建筑研究提供较为全面的实物资料，极具科学与艺术价值。

1982年，尚书第被公布为泰宁县第一批县级文物保护单位，并进行修缮维护。1984年依托尚书第成立泰宁县博物馆（泰宁县尚书第文物保管所），运营和管理尚书第。1985年，尚书第被公布为福建省第二批省级文物保护单位。1988年1月13日，泰宁尚书第被国务院

公布为第三批全国重点文物保护单位，编号3-0086-3-034。1995年，世德堂被公布为泰宁县第二批县级文物保护单位；次年公布为福建省第四批省级文物保护单位。2001年，泰宁尚书第建筑群在国务院公布为第五批全国重点文物保护单位时，与第三批全国重点文物保护单位泰宁尚书第合并，并更名为泰宁尚书第建筑群。泰宁县尚书第文物保管所变更为泰宁县尚书第建筑群文物保管所。2000年，国家文物局印发《关于泰宁尚书第北一栋辅房维修方案的批复》，2003年全面完成尚书第辅房的修缮工作。2002年，世德堂维修方案获国家文物局批复，整个维修工作分三期完成。2004年，泰宁县博物馆编制《泰宁尚书第记录档案》。2011年遭受洪灾后，泰宁尚书第开始灾后全面抢修工程，2012年元月完成全面修复并对外开放。2016年，福建省人民政府印发《关于公布全国重点文物保护单位（第四至七批）保护范围的通知》，公布泰宁尚书第建筑群的保护范围；同年福建省文化厅、福建省住房和城乡建设厅印发《关于公布省级以上文物保护单位建设控制地带的通知》，划定泰宁尚书第建筑群的建设控制地带。

户部山古建筑群 是苏北乃至苏鲁豫皖接壤地区少有的一处古建筑群。古建筑群所在户部山属江苏省徐州市云龙区，为徐州市区南部的云龙山余脉，与之隔土山（为东汉彭城王墓）相望，北侧为建国路，东侧为解放路，西为中山路，南侧为和平路。

户部山原名南山，秦汉之际，楚霸王项羽依山为台操练兵马，山上留有戏马台。南宋绍熙五年（1194年），黄河改道夺泗入淮，至

余家大院正门

清咸丰五年（1855年）的600余年间，黄河多次泛滥淹城。为避水患，一些官绅富贾不惜重金在户部山周围择地建宅，中等富户也争相效仿。从明末至民国初年的几百年间，户部山周围高宅大院密布，民居鳞次栉比。古建筑依山就势，参差错落，构思巧妙，形成独特的建筑风格。

户部山古建筑中比较著名的有崔家大院（清道光年间翰林崔焘的府邸），清康熙年间徐州状元李蟠（徐州历史上唯一的状元）的府邸；号称户部山八大家的郑家大院、翟家大院、余家大院、刘家大院、张家大院、李家大楼等；还有魏家园、孟家园等。中华人民共和国成立后还保留完整的古建筑院落17处，分院54个，比较好的民居近600间，建筑面积1万余平方米，占地面积2万余平方米。按规模和形制可分为：官宦之家，如崔焘翰林庄等；富商之宅，如郑家大院等；一般富裕人家，如刘家小院、闫家院等。各种院落错落有致，富于特色，大多数坐北朝南，以大门、厅、堂为中轴线，左右对称，肃穆典雅，统一中富有变化。户部山古民居因山就势，顺山势盖房，借岩石砌屋，石台基较高，一般有两种：一种沿坡底垒砌条石，使之与坡顶相平，中填夯土，形成一个高台，上建房屋，鳞次栉比，从山下一直到山顶；第二种是沿坡挖出一个空间建

余家大院屋面全景

崔焘故居下院外景

房，山体可以直接作一面后墙。鸳鸯楼就是借山的落差而建，楼内无梯，楼上楼下的门朝向相反，鸳鸯楼在全国其他地方还不多见。户部山古建筑的另一大特色是采用"里生外熟"的构筑手法，即墙内为土坯，墙外包以青砖。既省材又实用美观。

余家大院在户部山的东南方，由中、东、西三路三进院落组成，房屋120间，占地3000平方米。余家大院以中院为中心向东西两边延伸，东西各安排一个私家花园。中院的旧址是明末的户部分司，在余府中占据显要位置，沿南北轴线形成三进院落，前面的大客厅为举行重大仪式的场所，后房为主人居住之处。西院的三进院落巧妙地利用现有地形，特别是后院

的主房和两侧的厢房因地势起伏，空间小者为一层，大者辟为上、下两层。翟家大院建于南侧余家大院和北侧郑家大院之间的狭长地带，由于地块不规整，布局更加灵活多变。大门东向，几进院落迂回曲折，有房屋40余间，其鸳鸯楼是3处鸳鸯楼（另两处在崔家大院、老盐店）中唯一按原貌进行修复的。翟家的后花园有伴云亭，为户部山东部较高处，可俯瞰民居。李家大楼位于崔家巷南侧，与崔焘故居隔路相望，主体建筑为民国时期的一座二层楼，由于体量较大，在户部山民居群中尤显突出。崔焘翰林府在戏马台西侧的崔家巷，整条街巷的北侧几乎全被崔家大院占据，历经崔氏20余代、400多年的经营，形成东西长约115米、南北宽约48米，占地约5200平方米的建筑群。崔家世代书香，诗礼人家，清道光年间崔焘以廪生举孝廉方正，后中举人，道光九年（1829年）中进士入翰林院，被钦点为庶吉士，历任河南通许县知县、裕州知州、安徽怀庆知府等职。遗存的崔家大院依山而建，分上院和下院，居高者为上院。建筑中的砖雕、木雕、石雕也极具艺术价值。李蟠状元府是清代康熙年间状元李蟠的居所，也是徐州历史上唯一的一

翟家院上院伴云亭

刘家院全貌

个状元府邸，位于户部山南麓，劳动巷以北，崔家巷以南。李蟠因文章、学识过人，深得康熙恩宠。他为官时间不长，后归隐徐州。府邸占地4000平方米，原有房屋100余间。大门口原有2根旗杆和2个圆形石鼓，大门楼上迎面立着"状元及第"匾额。若干院落次第相连，客厅、厢房、藏书楼、花园等设施一应俱全。历经几百年的变迁，其骨架保存尚好，格局清晰。大门轴线为一条小街巷，其中二过底的踏步仍然保留，大门东侧仍有保存较好的院落2处。老盐店是民国时期食盐交易中心，前半部分售盐、贮盐，后部是管理区，有房屋上百间，是"前店后衙"的格局。

20世纪80年代，徐州市人民政府把户部山地带定为严格控制的文物保护区，对古建筑、文物做过多次调查。1986年，徐州市申报国家历史文化名城时，户部山历史街区及大量的古建筑曾作为重要的申报内容和依据；在《徐州市历史文化名城保护规划》中，明确地将户部山列为历史文化保护区，并划定保护范围和建设控制地带。1999年7月，徐州文化局对户部山古建筑余家大院、翟家大院进行维修。2000年4月，以余、翟两家大院为基础，成立徐州市民俗博物馆并对外开放。2002年10月22日，江苏省人民政府将包括李蟠状元府、崔焘翰林府、魏家园、余家大院、翟家大院、郑家大院、蒋纬国楼、刘家小院、老盐店在内的户部山古建筑群公布为江苏省级文物保护单位。2006年5月25日，户部山古建筑群被国务院公布为第六批全国重点文物保护单位，编号6-0521-3-224。2008年6月至2009年7月，投资对崔焘故居下院进行全面保护维修。2010年10月，徐州市文物局建立户部山古建筑群的全国重点文物保护单位记录档案。2012年5月23日，江苏省人民政府公布户部山古建筑群的保护范围和建设控制地带。

诸葛、长乐村民居 是明清时期江南山地传统民居的典型代表。两村均位于浙江省兰溪市诸葛镇，两村相距约1.5千米：诸葛村地处兰溪、龙游、建德三县交界处，距兰溪市区17.5千米，是诸葛镇政府所在地；长乐村东距兰溪20千米，北与建德里叶、回回塘隔河相望，西与龙游志棠乡接壤。

诸葛村是血缘村落，早在唐代就有王、章、祝等姓居民在此居住生活。元代中叶，三国蜀相诸葛亮第二十七世孙宁五公诸葛大狮择地迁居于此后，诸葛氏人开始在高隆营造宗祠、村落，已有660多年的历史。约从明代中叶起，改称诸葛村。长乐村初为叶氏聚居之地，南宋嘉定元年（1208年）叶柏林迁至长乐，开始建造宗祠、开造水塘，平整屋基。元代中期金恭约迁居长乐，金、叶两姓共居长乐。从明天顺年间至清初（1457~1644年），逐渐形成以金氏为主的血缘村落。诸葛、长乐村原分别属于太平乡仙洞里二十四都、二十五都。

诸葛大公堂

兰溪诸葛村钟池沿岸民居

诸葛村分布面积约3平方千米，长乐村分布面积1平方千米。文物建筑数目为192处，构筑物和遗址9处，总建筑面积66920平方米：其中诸葛村139处，总建筑面积约51220平方米；长乐村共53处，总建筑面积约15700平方米。诸葛村在清代因商业发展而形成的商缘中心与农耕文化时期的血缘中心及因此形成的村落格局都完整地得以保存。长乐村以街巷为主干、血缘组团为辅纵横排列的村落格局保存较好。诸葛、长乐村具有较为完整的街巷网络和公共活动中心，居住建筑、礼制建筑、以池塘为中心的公共活动中心和村口环境间均保持良好的空间关系和尺度。

1982年，诸葛、长乐村民居在浙江省文

兰溪长乐村

物普查时被发现。1986年，长乐古建筑被列入第三批浙江省文物保护单位。1996年11月20日，诸葛、长乐村民居被国务院公布为第四批全国重点文物保护单位，编号4-0138-3-060。1996～1997年，分别编制完成诸葛、长乐村保护规划。1997年，成立诸葛、长乐保护管理所对两村文物保护进行监督，隶属于市文化局领导；诸葛、长乐保护管理所被撤后，由兰溪市文化局直接负责管理。2000年，浙江省人民政府公布诸葛、长乐村民居的保护范围和建设控制地带。制定实施《诸葛、长乐村保护村民公约》，并建立文物保护档案，文物四有工作框架基本构建完成。2008年开始，由文物部门申报立项先后实施两期诸葛、长乐村民居修缮工程。文物建筑中的祠堂、厅堂已经开辟为展馆，对外开放。

福建土楼 是山区大型夯土民居建筑，包括大地土楼群、河坑土楼群、田螺坑土楼群、和贵楼、怀远楼、庄上大楼、绳武楼、锦江楼、集庆楼、振福楼、衍香楼、振成楼、福裕楼、奎聚楼、高北土楼群、典常楼。土楼分布于福建省漳州市华安县、南靖县、漳浦县、平和县，龙岩市永定区、新罗区境内。大地土楼群位于华安县仙都镇大地村；河坑土楼群、田螺坑土楼群、和贵楼分别位于南靖县书洋镇河坑村、上坂寮村，南靖县梅林镇；庄上大楼、绳武楼分别位于平和县大溪镇庄上村、芦溪镇蕉路村；锦江楼位于漳浦县深土镇锦江村；集庆楼位于龙岩市永定区下洋镇初溪村；振福楼、衍香楼分别位于永定区坎镇西片村和新南村；奎聚楼、振成楼、福裕楼分别位于永定区湖坑镇洪坑村；高北土楼群位于永定区高头乡高北村；典常楼位于龙岩市新罗区适中镇中心村，共16处38个本体土楼。

二宜楼属于大地土楼群，建于清乾隆五年（1740年），为"乡饮大宾"蒋氏十四世蒋士熊所建，占地面积9300平方米，坐东南朝西北，外环高4层、通高16米，外墙厚达2.53

二宜楼全景

二宜楼大门

二宜楼内景

米，外径73.4米。整座楼为双环圆形土楼，分成16单元，共有房间213间。其空间结构相当合理，内环平屋为透天厝，设厨房、餐室与客厅，一至三层为卧室、仓库，四层为自家祖堂，各有楼梯上下。大楼中心是公共场所的大内院，占地600平方米，只设2口水井，分名为阴泉和阳泉，组成太极形。楼内共存有壁画593平方米、226幅，彩绘99平方米、228幅，木雕349件，楹联163副，在福建众多土楼中是

独有的。二宜楼兼具内通廊式和单元式两种圆楼的优点，抗风抗震，冬暖夏凉，公私兼顾，安稳舒适，故谓"宜家宜室"。

振成楼，建于民国元年（1912年），占地5000平方米，悬山顶抬梁式构架，分内外两圈，形成楼中有楼、楼外有楼的格局。前门是"巽卦"，而后门为"乾卦"。外楼圈4层，每层48间，每卦6间；每卦设一楼梯，为一单元；卦与卦之间以拱门相通。楼内有一厅、二

振成楼内景

承启楼外景

井、三门和八个单元。卦与卦之间是隔火墙，一卦失火，不会殃及全楼；卦与卦之间还设卦门，关闭起来，自成一方，开启起来，各方都可以相通。祖堂似一个舞台，台前立有四根周长近2米、高近7米的大石柱，舞台两侧上下两层30个房圈成一个内圈，二层廊道精致的铸铁花格栏杆，是从上海运到此楼嵌制的。大厅及门楣上有民国初年黎元洪大总统的"里堂观型""义声载道"等题字。

承启楼属于高北土楼群，圆形土楼，江氏民居。据族谱记载，楼始建于明崇祯年间（1628～1644年），而后依次建造第二环、第三环和第四环，清康熙四十八年（1709年）落成。坐北朝南，占地5376.17平方米。全楼由4圈同心环形建筑组合而成，悬山顶，穿斗、抬梁混合式构架，内通廊式平面。外环为主楼，土木结构，高4层，直径73米。底层墙厚1.5米，四层墙厚0.9米。底层和二层不开窗，底层为厨房，二层为粮仓，三、四层为卧室。每层72开间，含门厅、梯间。除外墙和门厅、梯间的墙体以生土夯筑之外，厨房、卧室的隔墙均以土坯砖砌成。底层内通廊宽1.65米。二层以上挑梁向圆心延伸1米左右，构筑略低于栏杆的屋檐，屋檐下用杉木板按房间数分隔成一

个个小储藏室；屋檐以青瓦盖面，上面可用于晾晒农作物。东、西面各有两道楼梯。正面、南面开一大门，条石门框。正面大门在门楣上镌刻楼名，两边镌刻楹联："承前祖德勤与俭，启后孙谋读与耕。"楼外为石砌门坪。楼后为2级石砌护坎，高5米，护坎平台为东西走向的村道。

福建土楼是中国生土建筑技术和艺术的继承、发展和创新，是中国传统文化在特定区域的展现，体现人居条件与自然环境的和谐统一。福建土楼是汉民族的福佬民系和客家民系形成并创造特殊文明的标志物，民系与客家民系形成与发展的历史见证。

1996年11月20日，二宜楼被国务院公布为第四批全国重点文物保护单位，编号4-0172-3-094。2001年6月25日，在国务院公布第五批全国重点文物保护单位时，福建土楼与二宜楼合并为福建土楼；此后2006、2013年在国务院公布第六、第七批全国重点文物保护单位时又有一批土楼被归入福建土楼，成为全国重点文物保护单位。自2008年以来，争取到国家重点文物保护经费近1亿元，用于补助高北土楼群之五云楼和承启楼保护修缮、华安二宜楼消防工程、南靖田螺坑土楼群防雷工程等。2013年，福建土楼世界文化遗产保护规划得到国家文物局和福建省政府的批复公布。2016年，福建省人民政府印发《关于公布全国重点文物保护单位（第四至第七批）保护范围的通知》，确定福建土楼的保护范围。2016年11月，根据福建省文化厅、省住房和城乡建设厅联合印发《关于公布省级以上文物保护单位建设控制地带的通知》，重新划定建设控制地带。

呈坎村古建筑群　　是明清至民国时期皖南徽州地区古村落建筑群，位于安徽省黄山市徽州区呈坎村，北距黄山风景区40公里，地处黄山南麓山地丘陵地带，依山面河而建，坐西朝东，东望灵金山，南临观音山，西依龙山，北靠葛山。

呈坎村是徽州文化积淀丰厚的皖南古村落之一。呈坎村自唐代以来，高官、巨贾、史志学家、作家、制墨家、书画家代不乏人。呈坎罗氏"文德武功，名留简竹。理学真儒，后先继续"，一跃成为"洪州望族，歙之名家"（苏轼《罗氏族谱题词》）。古村落依山傍水，依据传统风水理念规划布局，枕山、环水、面屏，呈现人和自然和谐相处的理想形态。五街九十九巷仍保持着明代古村落的街巷格局和道路交通，石板路面纵横相接，扑朔迷离；高屋低檐，粉墙黛瓦，错落有致。有明清古民居建筑140处。呈坎村古建筑群中列入全国重点文物保护单位的计有48处古建筑，包括2处祠堂、1处社屋、3处更楼、2处石桥、1处

门楼、2口水井和37处民宅，构成呈坎村独特格局的基本框架。

呈坎村古建筑群建筑面积17236平方米。建造年代主要是明早期、中期、明末清初延至民国，有的甚至可以追溯到宋（长春社）、元（罗进木宅）。文献祠、一善支祠2处祠堂建于明代，是罗氏族人祭祖、议事、解决纠纷和规范礼制以及举行大规模活动的场所。文献祠始建于明弘治年间（1488～1505年），进深150米，占地面积3800平方米，仅存门屋及寝堂，均为七开间，建筑面积908平方米。长春社为宋代始建的古社屋，通阔18.14米，进深31.57米，是呈坎罗氏以及附近村落吴、胡等众姓祭祀土地神、五谷神的场所。上述祠堂、社屋规模宏大，形制规范，由门屋（正门）、正堂、寝殿及左右庑廊组成，建筑工艺考究，庄重肃穆，表达古人对祖先和神灵的崇敬和景仰。钟英更楼和上、下更楼位于街巷交叉点，建于明清，为古村打更巡夜供瞭望及报时之场所，设计灵巧，别具匠心，是族人实行社区管

呈坎村远景

呈坎村环秀桥

砖木结构为主，小青瓦、白粉墙，建筑技艺考究，徽州三雕遍施，既有显赫的官厅，也有素朴的民宅，还有徽商的寓居所和商业店面房，以及私塾、学堂等。民居建筑形制丰富，三至七开间不等，二进三进为多，两层楼屋为主，还有4处三层民居。平面布局有"凹"字形三合院落，有"回"字形四合院落，也有"H"形前后两天井院落，更多的是三合院落与四合院落不拘组合而成的建筑群。22处明代古建筑丰富而典型的明建特征，包括梭柱、月梁、覆盆础、丁头拱眼内雕花，楼层密格栅上铺方砖，双步梁上驼峰支枋斗出拱承单步梁，编苇夹泥墙装修，两跳插拱承檐枋，密格方槅扇，"人"字形博缝墙，垂花门式烧雕门罩以及反映徽派"三雕"工艺的雀替、斜撑、槅扇窗、屋脊和柱础等，使之成为明代徽州古民居的博物馆。罗润坤、罗来龙宅典型的猪食槽天井设计美观，有着徽州人"四水归明堂，肥水不外流"的寓意；罗会铮宅"花篮厅"采用减柱造，拓展楼厅的空间，美化了景观祖廊；罗进

理的重要设施之一。环秀桥、隆兴桥横跨潨川河，为沟通村东、西交通要道，造型优雅，是古村的标志性建筑。环秀桥始建于元代，明重修，梁式桥面、两墩三孔石桥，桥西端置木构敞廊。桥长26.65米，宽3.85米，高4.55米。隆兴桥为明代修建，桥身高出水面8米，宽6.6米，长46.6米，气势雄伟，是皖南单孔跨度最大的石拱桥。后岗井、溪东井分别位于村西后冈和村东溪东街，是唐末呈坎罗氏二兄弟迁徙定居的最初地点。遍布街巷的37处民居以

永兴湖

木宅厢房窗台栏杆挑出0.5米，精致的雕刻工艺既有装饰作用，又满足室内梳妆采光需求。4处共12幢明代三层民居，规模体量大、气势恢宏壮观，是研究古代三层民居的珍贵实例。

1994年7月，徽州区文物管理所呈坎文物管理站成立，为呈坎村古建筑群专门保护管理机构。2001年6月25日，呈坎村古建筑群被国务院公布为第五批全国重点文物保护单位，编号5-0318-3-124。2009年3月13日，呈坎村被住建部和国家文物局公布为第四批中国历史文化名村。2013年3月，国务院公布第七批全国重点文物保护单位时，将包括28处古建筑的呈坎村古建筑群作为扩展项目，与第五批全国重点文物保护单位呈坎村古建筑群合并。2014年，安徽省人民政府公布呈坎村古建筑群的保护范围和建设控制地带。2014年以来，呈坎村古建筑群纳入全国古建筑维修样板工程和国保省保集中成片古村落保护项目。

流坑村古建筑群　是明代风貌犹存的传统民居群落，位于江西省乐安县西南部。

流坑古村建村于五代南唐升元年间（937～943年），明万历年间（1573～1620年）在族人的规划、营造下，始成规模，村子如今的面貌和明万历董氏族谱上的《流坑舆地图》基本相符。流坑古村占地面积47.8万平方米，古建筑面积6.7万平方米，遗存有明清传统建筑及遗址260处，其中明代建筑、遗址19处。有民居、宗祠、庙宇、书院、戏台、牌坊等，还有店铺、水井、桥梁、古墓、古塔遗址等，村内还有大宾第建筑群组、星第门建筑群组、思义堂建筑群组和处仁门建筑群组等数代同堂或以血缘关系聚族而居形成的建筑群组。遍布全村

流坑村龙湖

的匾联，丰富的家谱记载，又给村中的古建筑留下确切建设时间档案。

流坑古村的民居建筑均为一层半高的砖木结构的楼房，平面长方形，用空斗砖墙围合，清一色的青砖灰瓦，高峻的马头墙，其格局多为二进三开间，一堂一厅，明代多前堂后厅，清代多前厅后堂，面阔三间，明间厅堂，次间卧堂，左右对称。木构穿斗式梁架，并依使用目的之不同，用木质装修的宝壁、屏门、槅扇

流坑状元楼

流坑村蕃昌公祠

流坑村古建筑群牌坊

将厅堂内部自由分隔，全村数以百计的屋宇，堂上有匾，门旁有联，其中保存完好的木质油漆匾额188方，门头墙壁的各种题榜362方，祠堂名额近60处，楹联72副。

蕃昌公祠又称高坪别墅，坐落在流坑村西北处，龙湖的西岸，坐北朝南，东侧为湖。为流坑董氏第二十一世董蕃昌创建，其后代重建，兼具住宅和家祠双重功用。董蕃昌夫妻合葬墓在蕃昌公祠西南方约40米处，墓的地上部分为石构，有四柱三碑，其柱础、柱、和墓顶均以条石制成。中碑顶部月梁上刻有双凤朝阳图。墓前明堂开阔，墓宽大而高，是保存较为完整的明代古墓。廊桥横跨龙湖，把流坑村村西与村东紧密联系起来，方便居民生产、生活来往。状元楼位于流坑村西侧，坐西朝东，为古时从陆路进村的入口。明斋绳武先生祠位于流坑村西侧，坐西朝东，面临龙湖，建于明代，为流坑董氏绳武公所建。怀德堂位于贤伯巷西段的北侧，明朝建筑。坐北朝南，面巷而建，为侧入式的前后两堂两天井、三开间的建筑。村中村，又称大宾第，原名金沙钱，为清代流坑商宦宅第。坐落于中巷西端的南侧，是一个庞大而布局井然的清代建筑组群，建成于

清嘉庆、道光年间。理学名家宅是一座砖木结构的明代后期建筑，位于流坑中巷的中段，坐北面巷，紧靠其东侧，还建有一前置天井的小厅堂，门楣上署有"大夫第"三字 天井照壁上刻有"共徘徊"砖额，这是当时董燧休闲、读书、会友的场所。古戏台又叫仰山庙戏台，坐落于中巷东段的南侧，南近翰林楼，北靠爵先祠，是集舞台、看场、四角亭和庙宇于一体的建筑。文馆又称江都书院，建于明代晚期，为流坑董氏一族所立，清代前期经大修，以后也有修葺。董氏大宗祠是为祀奉流坑董氏的开基祖董合所建，全称为宋赠大司徒董公大宗祠。翰林楼既是一个关启防御的望楼，又是一座纪念明初翰林院编修、国子监司业董琰的建筑。振卿公祠建于清乾隆三十八年（1773年），坐南朝北，硬山式屋顶，二进一天井，前带庭院，对开大门，三开间分上下两堂。肇修堂建筑组群位于流坑村中巷中段，明清建筑，坐北朝南。慎余堂宅位于流坑村中巷，建于清代中期，坐北朝南，两进三开间硬山式砖木结构。资深居建筑组群位于流坑村横巷口九德堂西侧，建于清代，坐北朝南。麒麟厅位于流坑村隆巷中段，建于明万历年间，清代重

修，又称永享堂。宋赠屯田董公祠位于流坑村明经巷，始建于清康熙年间，清乾隆年间重建，清同治二年（1863年）大修，为祀奉流坑二世祖董文肇所建，硬山式砖木结构，三进两天井。克绳祖武民居位于流坑村明经巷18号，始建于清代，依水伴江而建，坐南朝北，青砖灰瓦砖木结构。旌表节孝坊是为清代晚期流坑"媚声懿范"张、陈两位贞节之妇所建。五桂坊遗址是为纪念北宋景祐元年（1034年）流坑董氏一门五人同中进士，时称"五桂齐芳"这一盛事所建。四牌楼遗址位于中巷东段的十字路口，为明代监察御史董时望一门荣显所建，建于明代晚期，木质结构，是一座四面皆以牌坊式而组合成双层重檐式的楼亭建筑，故称为四牌楼，因年久失修已塌毁，只遗存8个柱础。

1981年，乐安县开始对流坑村的重点文物进行普查，1982～1988年江西省文化厅、江西省博物馆领导、专家到流坑考察，发现流坑村是历史文化名村，指出要加强保护。1996年11月，乐安县委、县政府先后成立乐安县流坑古文化保护利用工作委员会、乐安县流坑文物管理局。1997年8月，流坑古村被江西省人民政府公布为省级历史文化保护区。同年12月，乐安县人民政府颁布实施《乐安县流坑村文物保护管理条例》。1999年1月，编制完成《江西省乐安县流坑村古村落保护规划》，7月江西省政府批复同意。2001年6月25日，流坑村古建筑群被国务院列为第五批全国重点文物保护单位，编号5-0334-3-140。2005年2月，成立流坑管理局专门负责流坑古村的保护工作。2009年3月，乐安县人民政府印发《流坑古村保护管理办法》。2014年编制完成《乐安县流坑历史文化名村保护规划（2014～2030）》。江西省人民政府公布了流坑村古建筑群的保护范围和建设控制地带。

碛口古建筑群　是明清北方山区传统建筑的典范，位于山西省临县城南50公里碛口镇。

碛口古镇东依吕梁山，西临黄河，是明清时期北方著名的水陆交通枢纽、商贸重镇。清道光年间（1821～1850年）有商业店铺60余家，民国5年（1916年）达260余家。镇内遗存明清时期的建筑主要有货栈、客栈、店铺、骡马店、驿站、驿道、手工业（印染、纺织）作坊、票号、当铺、邮局、古碑、民居、寺庙、码头、商道等，几乎包括封建制度下民间典型的漕运商贸集镇的全部类型。碛口所在的晋西北，长期以来都是游牧民族和农耕族争夺的战略要地，而碛口作为秦晋间重要的交通孔道，更是其中重要的一环。清康熙年间（1662～1722年），碛口镇逐渐开始建设，码头、街巷、商铺陆续形成，成为一处商贸集镇。碛口西市街上的"四十眼窑院"据说就是这一时期建造的。清乾隆八年（1743年），碛口作为归化平原与水陆运输交换站，已得到官

碛口新华商行大门

方认可。与粮食一同运往碛口的，还有河套地区盛产的胡麻、大麻和麻油。乾隆二十一年（1756年），碛口黑龙庙重修。乾隆二十三年（1758年），湫水河与黄河同时暴涨，洪水冲毁河边的候台镇和曲峪镇，"两镇商民渐移积于碛口"，促进了碛口镇的迅速繁荣。碛口街上遗存的5块乾隆年间的牌匾，分布于西市街、东市街、东头西云寺，说明清乾隆时期碛口镇格局已经大致形成。以过载行为主的西市街，以骆驼骡马店为主的东市街以及它们之间的商店和作坊形成中市街。同期，增修与商贸相关的世俗庙宇。乾隆二十一年（1756年），重修黑龙庙，补造山门和钟鼓楼，完善庙宇规制。道光年间（1821～1850年），碛口镇商贸繁荣带动周边地区经济的发展，在碛口附近村落内出现一大批精美的民居建筑。光绪年间（1875～1908年），碛口达到繁荣的顶峰。据县志记载，清末民初，临县全县坐商260多家，碛口竟占了204家。碛口镇的建设也几乎达到了它的极限，与中市街平行的二道街和三道街形成，东市街以上所有可建设用地基本全部被开发，很多商铺将坡度很陡的山坡都开

凿窑洞利用起来，东市街也逐渐向东延伸到西云寺。民国5年（1916年），重修黑龙庙下庙的碑记上载有本镇施银商号132家。民国8年（1919年），重修黑龙庙上庙碑记上载有本镇施银商号219家，碛口繁荣的商贸活动一直延续到20世纪30年代。红军长征到达陕北之后，碛口成为晋陕根据地间联系的要道。民国29年（1940年），临县建立抗日民主政权，碛口成为晋西北革命根据地支援陕甘宁边区的交通要冲，大商号减少，小商小贩繁荣。

古镇的街道和店铺是中国清代北方山区传统建筑的典范，主要集中分布在黄河与湫水河交汇处的三角地带，背靠卧虎山。素有"五里长街"之誉的碛口老街，沿湫水汇向西，再逆黄河向北，大小街道青石铺砌，街上店铺林立，明清建筑风格的四合院鳞次栉比，房屋高大，院落深邃。大门上大多有名人题写的商店字号等。

黑龙庙是碛口的主要庙宇建筑，位于碛口镇卧虎山，创建于明代，是古镇遗存最完整、规模最宏大的庙宇建筑，也是碛口的标志性建筑。寺庙坐北朝南，单进四合院布局，前有山

碛口新华商行局部

碛口毛泽东东渡黄河路居处内景

碛口永顺店大门

门，背靠乐楼，后为正殿，东西有钟鼓楼、看台、厢房和耳殿，面积4800平方米，内供龙王、河伯、风伯、关圣帝，意在保佑往来船只平安、生意兴隆。寺庙有歇山、重檐歇山、卷棚等多种建筑形式，雕梁画栋，布局严谨。倚庙廊俯面环视，黄河滔滔，湫水潺潺，古镇建筑尽收眼底。同时称奇的还有戏台的演唱效果，无须音响设备，河东唱戏，黄河西岸听得清楚，山下居民闻得分明，故有"黄河共鸣，湫水助唱"和"山西唱戏陕西听"之说。碛口保存有7处基本完好的明清民居建筑群：西湾村、碛口、高家坪、自家山、垣上、寨子山和李家山。这些建筑风格独特，尽管受到地理位置的限制，但均能择风水依山就势而建，格局灵活多变，层层叠加，风格粗犷而不失精致，富有装饰性，并

有"明柱厦檐"等别具一格的地方建筑手法。碛口镇的老商铺，尚存永裕店、永顺店、天聚义、信义源等旧址。

碛口古镇作为黄河中游清代至民国年间重要的水运码头，保存大量的古商号，是黄土高原人与自然和谐的人居文化的典型代表。临县政府对碛口古镇及周围文物的保护维修工作一直高度重视，使古建筑群中部分店铺、街道、寺庙、民居和革命历史纪念地得到较大面积的维修。1999年，罗哲文、郑孝燮、吴冠中、王朝闻等多名专家教授向山西省人民政府发出《关于开发碛口的建议书》。2003年，碛口镇西湾村被建设部、国家文物局公布为首批中国历史文化名村。2004年6月，清华大学建筑学院乡土建筑研究组和山西省临县人民政府对西湾古村落进行实地调查，并完成了保护规划文本。2005年，碛口举办"中国古村镇保护与发展国际学术研讨会"，会议产生纲领性文件《中国古村镇保护与发展碛口宣言》。2005年，碛口古镇及周边被世界文化遗产基金会公布为2006年世界百大纪念性建筑之一。2005年，碛口镇被建设部、国家文物局公布为第二批中国历史文化名镇。2006年5月25日，碛口古建筑群被国务院公布为第六批全国重点文物保护单位，编号6-0447-3-150。同年，划定保护范围，并对碛口古建筑群濒危文物进行摸底调查，确定保护批次，并对部分院落进行抢救性保护。碛口古建筑群的全国重点文物保护单位记录档案保存于山西省古建筑保护研究所。2007年11月2日，山西省人民政府印发《关于公布太原市王家峰墓群等157处全国重点文物保护单位保护范围及建设控制地带的通知》，

公布碛口古建筑群的保护范围和建设控制地带。2009年4月，清华大学文化遗产保护研究所、中国城市规划设计院为碛口景区编制的《碛口古建筑群保护规划》《碛口风景名胜区总体规划》正式通过评审，碛口古建筑群保护规划项目获得国家文物局批准，按规划分批次开展保护维修。

芝堰村建筑群　系由宗祠厅堂和民居两类传统建筑为主构成的明清村落建筑群，位于浙江省兰溪市黄店镇芝堰村，距兰溪市区20千米。芝堰所在地为衢江以北，兰江以西，属千里岗山脉所夹盆地。

芝堰村因位于芝山水系的芝堰旁而得名，为古时金华、兰溪、寿昌、严州（建德）诸县之间的交通要道，商贸繁盛。据《芝溪陈氏家谱》记载：芝堰村始建于南宋淳熙年间（1174～1189年），始祖睦伯大经公，宋高宗时扈跸南渡，侨居安吉江渚。南宋淳熙四年

芝堰孝思堂

（1177年），大经公后裔陈悌迁居建邑山口（楼下芝堰），芝堰始建村。明代早、中期建有孝思堂、衍德堂等，村落初具规模。明成化年间（1465～1487年），义七五公陈伯胜捐资修建凤石桥，义七六公陈璪捐资铺设主街石板，中间铺石板。芝堰村村落格局形成。明代中后期增建世德堂、济美堂、承显堂、怀德堂、世泽堂、光裕堂及大量民居和部分商店

兰溪芝堰村

兰溪芝堰街巷

客栈，规模逐步扩大。清代增建善述堂、成志堂、光远堂，重修光裕堂。民国初年重建承显堂，遂成后世情状。芝山水系经芝堰（坝）流入村内，经村周水渠环绕全村。

芝堰全村总面积约23万平方米，以主街为轴线，在东西150米、南北300米范围内，保存有明、清、民国建筑66座，占地约1.15万平方米；主街占地1100平方米，全长300余米，宽2.8～3.2米，街道断面一渠一路，两侧铺卵石；渠宽0.56米，深0.3～1.4米，占地600平方米；村口半月塘占地820平方米。过街设5个骑楼。主街形成于明代中叶，严（建德）婺（金华）古驿道贯穿主街，两侧明清建筑密布，多为客栈、店铺作坊；孝思堂、衍德堂、济美堂等众厅分布主街两侧与巷内，花厅弄堂里有成志堂、光耀堂、济美堂和陈晓明宅；新厅弄堂里有承显堂、陈关佐宅和陈早春宅；民宅多围绕厅堂而建。芝堰村建筑群代表性的建

筑有衍德堂、孝思堂、济美堂、成志堂、承显堂、光裕堂、善述堂、世德堂、世泽堂、楼上厅、荣褒五代、斗室乾坤、积厚流光等，分为宗祠厅堂和民居两大类。其古建筑或有家谱记载，或有匾额、题刻，相对建造年代可考，建筑时代演变清晰。村内明初到民国晚期的数十座建筑，构成古建筑断代的标尺，具有很高的历史价值。

芝堰村建筑群以"九堂一街"最具特色，厅堂建筑用材硕大，雕刻精湛，气势宏伟。孝思堂建于明初，坐东朝西，占地面积1330平方米，中轴线上分布有门厅、中厅及享堂，门厅和享堂两侧各有侧屋；中厅两侧为七开间庑屋，与侧屋、门厅、享堂相连，中厅独立，四周用天井隔开，形成一个四周闭合、中厅独立的"回"字形建筑。衍德堂位于村南端，据家谱记载建于元末，遗存主体建筑约建于明中期，为三间三进一穿堂，占地面积455平方米，坐北朝南略偏东。建筑原为八字大门，门前还有石坊一座，前临人工筑成的半月塘一口，八字大门和石坊已毁，只遗存少量石构件。济美堂建于明万历年间（1573～1620年），坐北朝南，占地面积317平方米。成志堂建于清乾隆三十年（1765年），平面为三间带两侧屋四进三天井，分门厅、前厅、中厅和后厅，坐北朝南，建筑面积为950平方米。世泽堂建于明代，占地面积800余平方米，坐北朝南。原三间三进两明堂带两座三间两厢侧房，仅存后进及侧房。世德堂建于明万历四十三年（1615年），坐北朝南，为三间对合带一侧屋，占地面积200平方米。善述堂建于明中期，三间两厢，明间面阔3.75米，次间

面阔2.9米，通进深10.6米，占地面积120平方米。坐东朝西，大门开设在南厢。光裕堂始建于明初，清康熙年间（1662～1722年）重修，遗存三间对合，明间面阔4.6米，次间面阔4.15米，通进深19.5米，占地面积280平方米。坐东朝西，八字大门前有一对抱鼓石，石质细腻，造型古朴。承显堂坐北朝南，平面为三间三进两明堂。始建于明代，民国初年重建，明间面阔4.2米，次间面阔3.55米，通进深37米，占地面积450平方米。

中华人民共和国成立后，宗祠、公用厅堂及公共设施由村集体管理维修使用。1983年第二次全国文物普查时，芝堰村明清建筑群被确定为文物。1985年6月13日，芝堰村明清建筑群被公布为县级文物保护单位并公布保护范围和建设控制地带。1994年，成立文物保护管理小组，负责文物建筑日常管理。1997年8月29日，芝堰村由浙江省人民政府公布为省级文物保护单位。1998年，在村西南1千米处开辟新村，解决村民住房问题。2000年，调整文物保护管理小组负责日常管理。2002～2005年，先后维修、整治济美堂、承显堂、楼上厅1号民居、成志堂、孝思堂、衍德堂、古街等古建筑并对外开放，组织编制《芝堰村保护规划》及旅游规划，改善村居环境。2006年5月25日，芝堰村建筑群被国务院公布为第六批全国重点文物保护单位，编号6-0548-3-251。2007年，兰溪市文化广播新闻局组织编制完成芝堰村建筑群全国重点文物保护单位记录档案，并编制完成《芝堰村建筑群保护规划》。

诺邓白族乡土建筑群 是山地白族乡土建筑的代表作，是云南省保存最完整的古老的传统建筑群落，位于云南省云龙县诺邓镇诺邓村。

"诺邓"为白语，意为有老虎的山坡。诺邓村被称为千年白族村，是白族最早的经济重镇。历史上主要从事盐业生产，后以农业生产为主。成书于唐咸通四年（863年）的《蛮书》载，诺邓盐井开采始于唐南诏时期，开采时用绞车汲卤水，可知诺邓村自唐代即见诸文献。明洪武十六年（1383年），明政府设云南四提举司，其中有五井盐课提举司，治所即在诺邓。诺邓村由于盐业经济的发达，曾一度成为滇西地区的商业中心之一，在《嘉靖大理府志》所列市肆中地位重要。

诺邓白族乡土建筑群包括明清及民国时期的民居建筑院落100余处，另有寺观、庙宇、祠

诺邓村全景

诺邓村玉皇阁大殿

诺邓村文庙

堂、牌坊、巷道等20多处，建筑顺山势延伸，阶梯式布局，其民居建筑式样基本同于大理地区的白族民居，有三坊一照壁、四合一天井、四合五天井等建筑布局。结合山形地势的建筑风格更具山居民族的文化特色，特别是北山坡上的民居，往往是前家楼上的后门即通后家的前院，台梯相连。

杨义民民居院落，始建于清中期，一进四个院落，因清代祖孙三代出过数名贡生，又被称为贡爷院。黄文瑞民居院落，始建于清中期，民居占地面积923.94平方米，是诺邓村占地面积最大的一所民宅，为四合五天井式建筑。杨叶香民居院落，始建于清代，三坊一照壁式建筑，占地面积101.2平方米，构造小巧玲珑，因院子四边墙的长度和宽度基本一样长，俗称为一颗印。杨梅枝民居院落，始建于清代，三坊一照壁式建筑，占地面积320.16平方米。杨汉民民居院落，为三坊一照壁式建筑，部分梁柱有明代建筑遗存，占地面积639平方米。杨汝杰民居院落，始建于清代，为台阶式四合院建筑，民居占地面积345平方米，全部房舍因山就势建在三个依次升高的台阶上。徐发胜、杨斌全、李世俊民居院落，均为

四合院式建筑，始建于清代，占地面积分别为409.4平方米、182平方米、343.44平方米。黄必英民居院落始建于清代，为四合院式建筑，占地面积323.91平方米。此院主人祖上是木匠，故也称木匠家。李鹏程民居院落，为二进式四合院建筑，始建于清代，占地面积313.15平方米。

玉皇阁始建于明嘉靖年间，后多次维修扩建，清咸丰年间部分毁于兵火，光绪年间陆续复建。玉皇阁坐北向南，占地面积8100平方米。主建筑玉皇阁为三重檐楼阁式建筑，建在高2.15米的方形台基上，穿斗与抬梁式相结合木构架，重檐歇山顶，檐下用雕花斗拱，阁面阔13.8米，进深13.3米，高16.4米，阁两侧有两层楼的厢房，殿内存6块明清碑刻。棂星门始建于清初，高9.65米，四柱三檩，后有百米石阶直通文庙。龙王庙位于村中，始建于明初，遗存正殿及东厢房。2005年重新修复，龙王庙占地面积592.8平方米，大殿为单檐歇山顶，面阔三间10.7米，进深9.43米。龙王庙内供奉诺邓盐井的卤脉龙王，以祈求盐井卤旺盐丰，题名坊始建于清道光三年（1823年），坊从基座到门楣、枋柱、匾额都用石条

镶砌而成，两边建有砖砌八字墙。坊正上方门楣刻有"奉直大夫五井提举黄孟通"，其下匾额刻"世大夫第"，两侧石刻对联"祖德光中叶，君恩启甲门"，牌坊背面横匾石刻"科贡传家"。本村黄姓从黄绍魁于乾隆庚辰科中进士后，黄云书又于道光癸未科中进士，故有一门两进士、祖孙进士之荣，为此，建立此牌坊。万寿宫始建于元代，原为外省客商的会馆，到明初将会馆改为寺庙，称"祝寿寺"。明嘉靖年间（1522～1566年），诺邓盐课提举司提举李琼重建，改名万寿宫。万寿宫占地面积323.32平方米，仅存大殿，有部分明代木架结构和墙体。殿面阔13.7米、进深6.6米，殿内保存有1通明代碑刻和2通清代碑刻。文庙遗存大殿及两侧厢房。大殿始建于清乾隆九年（1744年），单檐歇山顶，通面阔8.6米，通进深6.7米，高7.31米，檐下雕花斗拱，木作雕刻精美。武庙建于民国20年（1931年），建筑式样与文庙相同。黄氏宗祠位于玉皇阁左下方，棂星门东侧，为本村黄氏家族宗祠，始建于清中期。原为两院递进式院落，现仅剩后院，为传统的一正两耳民居建筑。占地面积791.18平方米。

盐井位于村口两河汇集处，开凿于唐代，唐朝樊绰《蛮书·云南管内物产》载有"剑川有细诺邓井"，唐时云龙县地属南诏国辖内的剑川节度。"细"一词为白语，即新的意思，"细诺邓井"即为新开的诺邓盐井之意。诺邓盐井深21米，历代进行维修，一直保存始于唐代的用木枋支撑井洞的建筑式样。诺邓盐井于1996年封井停产，是云南省延续时间最长、保存最好的矿业遗址。盐局始建于民国初年，

是管理诺邓盐业的行政机构，为传统民居四合院，二层，占地面积369.38平方米。

诺邓白族乡土建筑群融汇中原文化和白族文化的精华为一体，体现中国民间儒释道三教合一的传统文化思想，其完整性及浓郁的白族地方文化特色，具有不可多得的历史文化承传价值。

1988年，云龙县人民政府拨款对玉皇阁大殿进行维修。2002年1月，诺邓村被云南省人民政府公布为省级历史文化名村。2002年，诺邓民居，包括贡爷院、木匠家四合院等24个院落被云龙县人民政府公布为第二批县级文物保护单位。2007年，大理州博物馆帮助诺邓2户农民建立"家庭生态博物馆"。2007年5月31日，诺邓村被建设部和国家文物局公布为第三批中国历史文化名村。2008年，大理州文化局出资对玉皇阁进行部分维修，在文庙重塑孔子像。2009年11月，云龙县人民政府委托上海同济城市规划设计研究院编制《云南省云龙县诺邓国家级历史文化名村保护详细规划》。2012年，诺邓村被云南省人民政府公布为第七批省级文物保护单位。2013年3月5日，诺邓村被国务院公布为第七批全国重点文物保护单位，编号7-1379-3-677。

诺尔古建筑群 是内蒙古规模最大的清代建筑群，由城隍庙、碧霞宫（娘娘庙）、清代商号、清真北寺、清真南寺、清真西寺、清真中寺、山西会馆、兴隆寺等组成，位于内蒙古多伦县旧城区。

多伦县名源于蒙古语"多伦诺尔"，意为"七个湖"，因曾有七水泊而得名。行政建制始于清代，曾为口北三厅之一，称多伦诺尔宣

诺尔古建筑群之古庙

抚理事厅。以17世纪末清康熙帝亲征噶尔丹获胜后会盟建寺为起点，开创了多伦蒙古草原寺庙之都和旅蒙商之都200余年的繁荣，形成汇宗寺、善因寺、山西会馆为代表的清代古建筑群，共有11处列为国家级文物保护单位。

城隍庙位于旧城区东盛街西横街内。建于清乾隆二年（1737年），由聚集于此的京城、山西、直隶等商号和居民共同集资兴建。城隍庙坐北朝南，汉式建筑，原建有山门、耳门、东西长廊、钟鼓楼、正大殿、东西配殿、戏楼、牌楼、观戏楼等，仅存东西配殿各6间，面积为920平方米；东配殿尚存道教内容的壁画。碧霞宫又称娘娘庙，位于旧城区东盛街157号，是旧城区的中心。建于清乾隆四年（1739年）。坐西朝东，原占地面积600平方米，有大殿4间、偏殿2间、配殿6间、钟鼓楼各1座、其他厢房6间。大殿是砖木结构。前抱

厦为卷棚歇山式结构。庙前的牌楼别具一格，双重檐歇山式木质结构。清代商号宅院位于旧城区二道街中段，是清嘉庆年间兴建的商号宅院，为多伦旅蒙商城保存较为完整的一处商号院落。该商号为山西籍旅蒙商聚兴昌的宅院，三进院落，南北走向，有东西配房，共有房屋33间。聚兴昌在民国初年由于军阀混战开始衰落。民国22年（1933年）10月以后，清代商号

诺尔古建筑群之山西会馆

宅院成为日伪军的重要军事机关，伪蒙疆政府的头目李守信在此勾结日本关东军东条英机、土肥原贤二以及德王等，后为李守信的属下尹宝山的府邸。在清代拥有4000余家商号的多伦古城中，该商号是较为突出的一个，是研究多伦旅蒙商的发展及衰落的实例，也是研究内蒙古抗日战争史的实物资料。清真北寺又称北大寺，位于旧城区二道街。清乾隆六十年（1795年）由来自宁夏、甘肃牛羊行的回族旅蒙商集资兴建，嘉庆三年（1798年）扩建重修。寺院占地面积3500平方米，建筑面积1100平方米。主要建筑有正大殿、南北讲堂、大小浴室、对厅山门、井厅后门等。大殿坐西朝东，建筑面积335平方米，为多伦旧城五座清真寺中最为豪华的。清真南寺位于旧城区南端太平街。北与山西会馆和清真西寺相邻。清真南寺属伊斯兰新教派，始建于清雍正年间，清乾隆三十年（1765年）扩建，是多伦旅蒙商城最早兴建的清真寺。主要建筑有大殿7间、南北讲堂6间，占地面积2100平方米，建筑面积700平方米。仅存有大殿、南北讲堂等。大殿坐西朝东。清真西寺位于旧城区西南大西街西端，东与山西会馆相接，西为西环路。清真西寺建于清光绪

五年（1879年），由来自宁夏、甘肃拉骆驼脚行的回族商人捐资兴建，主要建筑有大殿11间，南北讲堂5间，浴室及配房5间，石修大门3间。大殿保存较好，坐西朝东。清真中寺位于旧城区南中部，古称翔凤街，后称灯棚大街，东邻东盛人街南。建于清光绪三十四年（1908年），主要建筑有大殿、讲堂、配房、浴室等24间房舍，是多伦清代古建筑群中年代较晚的一处建筑。山西会馆位于旧城区会馆前街1号，又称伏魔宫，俗称关帝庙，曰山西籍商人集资于清乾隆十年（1745年）兴建。会馆坐北朝南，占地面积5200平方米，建筑面积1800平方米。道光、嘉庆年间和民国初年多次重修。重修时仅捐款的山西籍商号就有1000余家。主要建筑尚存，包括山门、戏台、过殿、关帝殿等。兴隆寺位于旧城区兴隆街，南邻兴隆寺街，东邻前牛市街，俗称佛殿，始建于清雍正十二年（1734年），是多伦旧城内最早的一座汉传佛教寺院，由京城旅蒙商集资兴建，为北京延庆隆昌寺、河北怀来龙潭寺的下属寺院。兴隆寺坐北朝南，四合院式布局。大山门、楼阁式配房、二过殿、钟楼保存较完整。建筑群落斗拱飞檐，雕梁画栋，色彩艳丽，设

诺尔古建筑群之汇宗寺

诺尔古建筑群之兴隆寺

计精巧，布局紧凑。兴隆寺对于研究草原地区的汉式建筑艺术具有较高的价值。"文化大革命"期间，多伦城内的古建筑都遭到不同程度的破坏。未毁的古建筑均被机关单位占用。

多伦清代古建筑群是内蒙古地区规模最大最为完整的清代建筑群落，是研究旅蒙商起源、发展和衰落的最好的实物载体，具有典型意义。多伦清代古建筑群内的各组建筑物分别建于康熙到光绪年间，是中国内地建于蒙古草原上的最集中的建筑群落之一，对于研究蒙古地区的城市发展史、建筑发展史，具有极高的研究价值。多伦清代古建筑群从建筑形制到建筑风格，充满汉蒙回的文化艺术魅力，充分体现出内地农耕文明与北方游牧文明互相交融的特点，展现出旅蒙商之都的多元文化艺术内涵，具有很高的文化艺术研究价值。

1987年，多伦县人民政府设立多伦县文物保护管理所，开始对县内的古建筑进行登记保护。1987年9月26日，多伦县人民政府印发文件，公布包括山西会馆、兴隆寺、娘娘庙、城隍庙、四座清真寺、清代商号宅院等11处文物古迹为县级重点文物保护单位。1996年5月28日，内蒙古自治区人民政府公布山西会馆为自治区重点文物保护单位。1997年6月，内蒙古自治区人民政府批准实施《多伦县城市规划》，第四章详细规划了旧城区古建筑群保护措施。1999年9月20日，多伦县人民政府印发文件，确定山西会馆的保护范围和建设控制地带。2001年11月15日，多伦县人民政府印发通知，确定四座清真寺、城隍庙、清代商号宅院的保护范围和建设控制地带。2003年2月23日，多伦县人民政府印发通知，确定娘娘庙（碧霞宫）、兴隆寺的保护范围和建设控制地带。2006年5月25日，诺尔古建筑群被国务院公布为第六批全国重点文物保护单位，编号6-0493-3-196。

斯氏古民居建筑群　是一组颇具代表性的清代住宅建筑群，位于浙江省诸暨市斯宅乡。

自唐中和四年（884年）斯氏先人定居于诸暨上林后，斯氏族人沿孝义溪两岸聚族而居，建造大量民居建筑，到清中晚期达到高潮。遗存有清到民国时期的大型民居建筑14幢，规模最大的达到12500平方米，最小的也有数千平方米，而保存最好、价值最高、最具代表性的有斯盛居、发祥居、华国公别墅等。

斯盛居位于螽斯畈村上林溪（孝义溪）南，由斯元儒于清嘉庆三年（1798年）始建。《义士斯翼圣公坊记》云："（斯元儒）以茶叶竹木致富，为浣水（指诸暨）四家之一。其生平建大厦，立义塾。""大造房屋，楹柱着地，不可以数计，其所住本支者，规模宏远矣。"大门门额镌刻"于斯为盛"故名。坐东南朝西北，东西通面阔108.56米，南北纵深63.1米，总占地面积6850平方米。总平面纵向3条轴线，中轴对称，东西各设辅轴线、横向

斯盛居（千柱屋）

各一条"通天弄"将东西两侧建筑分成4个区块8院落，形成相对独立的空间。中轴线建筑三进，自前至后依次为门厅、大厅（厅后附穿厅）和座楼。门厅面阔三间14.06米，通进深8.22米；大厅，面阔三间，通面阔14.06米，通进深9.32米，前檐施牛腿承挑檐，透雕牛腿饰鹤、鹿、松等图案；大厅后檐枋悬挂"节孝""彤管重辉"和"一枝庭秀之轩""孝廉方正""石涧听松之馆"等匾额。青瓦硬山造，封火山墙。天井左右分为双槐堂和从桂堂，楷书堂名，青石镌刻，二层楼房，除堂名有别，建筑形式结构一致，面阔三间12米，通进深5.65米。大厅后接穿厅，平面"凸"字形。穿厅三间，通面阔14.06米；穿厅后依照壁，长14.3米，净高4.85米，居中辟石库门，照墙南面砖雕《百马图》，用21块青砖雕饰成。天井分植金银桂，树龄200年以上。后进

三间座楼，通面阔14.06米，通进深8.72米，青瓦屋面，前重檐后包檐砌筑，梁架均作穿斗式。座楼明间设神龛，供祖宗牌位，为宗族祠堂。天井两侧东为仁寿堂，西福善堂，建筑结构、外观与双槐堂、从桂堂相同。斯盛居东西两侧建筑居中各设横向"通天弄"，两侧建筑被分成四区八院，沿天井设重檐廊步与整座建筑环通。东西轴线建筑外观形式、平面布局、建筑结构、槅扇门窗，包括装饰及雕刻均左右对称。

发祥居（俗称下新屋）居中辟石库门，镌"长发其祥"，故名。斯元仁建于清嘉庆七年（1802年）左右。坐北朝南，总平面略呈方形，通面阔59.4米，南北纵深54.8米，占地面积3255平方米。中轴三进，依次为门厅、大厅和座楼，左右侧厢，东西对称。门厅两层楼房，面阔七间二弄34.05米，通进深7.03

斯宅发祥居

斯宅华国公别墅

笔峰书屋

米，东、南、西三面砌墙，青瓦硬山造，封火山墙前后用三峰。二进大厅，面阔七间27.08米、通进深9.28米，三明作厅，四暗作二层楼房居室。单檐青瓦硬山造。东西侧厢，面阔三间8.53米，通进深5.06米，二层楼房，青瓦屋面硬山式，封火山墙前后用三峰。座楼面阔七间外带左右配房，配房为三间二弄，通为11间六弄，通面阔58.76米，通进深7.31米。东西北三面砌墙。重檐立面，二层楼房，青瓦硬山造，观音兜封火山墙。座楼前天井两侧置东西侧厢，面阔三间9.09米、通进深5.10米。二层楼房，重檐立面，青瓦屋面硬山式。构造与前天井内侧厢相同，东西对称。发祥居东西侧厢面阔九间带三弄，通面阔41.36米、通进深8.88米。二层楼房，朝天井方向重檐，槅扇门窗，余三面砌墙，青瓦硬山造，用三道封火墙，前后用三峰，顺山势而造。

华国公别墅位于白象山麓，清道光庚子年（1840年）建，据屋内《碑记》载，工程历时两年，家庙、学塾合一，为追念斯华国而建。斯华国（1764～1825年），字继本。"酷好读书，见文士极相钦重，待塾师礼节，数十年如一日焉"。本着"培育人才，应国家桢干

之用"，"欲别建家塾一区，俾子弟肄业其中"，因"年高不得为，赍志以殁"。其子志浦，孙源清承其志，建造学塾，"而总谓之别墅，事死如生之义也"。别墅坐北朝南，共三进，中轴线列门厅、大厅（思诚堂）和后厅（春秋享堂）及两侧厢房，厢房外有附房。门厅前为道地，两侧建东西门房，道地南半月池，东西37米、南北20米，块石干砌。门厅三间，通面阔13.34米，通进深3.21米。北朝天井开敞式，其余三面砌墙。单坡硬山造，观音兜封火墙，青石门额镌刻"华国公别墅"楷书，清代经学家俞樾所书，两侧山墙分别镶嵌《华国公别墅碑记》各一通，记述别墅开创、管理内容。据碑文记载，为使别墅永久保存，特置祠学两产，设立祀田90亩，子孙轮种，所得租金充作房屋维修、教师薪水及逢年过节祀祖开支。中厅名思诚堂，学塾讲堂，两侧设耳房。中厅面阔三间13.34米，通进深8.28米，前檐开敞式。青瓦硬山造。山面梁架穿枋上存清道光至光绪年间学塾弟子科举中试的榜文10余张，有《捷报》《官报》等。中厅耳房前天井东西两侧各建长方形水池一口，故人称阴阳井。池北侧矮墙嵌"双凤牡丹"青石镂雕花

窗，石雕花窗宽1.92米，高1.03米。东水池旁建青石惜字亭，面阔1.01米，通高2.46米。后厅辟作祠堂，名春秋享堂，面阔三间13.34米，通进深10.76米，单檐硬山式。后厅左右耳房，分别为漱芳居和琢玉轩。面阔均三间9.21米，通进深6.66米，青瓦硬山造。斯氏民居各个组群皆有高墙围护，构成各自独立的建筑组合空间，内部由若干合院组成，布局对称，轴线明确，是中国古代江南民居建筑技术、美学和生态学的完美结合，是研究中国封建社会伦理宗法的重要实物资料。华国公别墅因年久受自然的侵蚀和失修，梁架糟朽，屋面残损比较严重。

1998年发祥居成立管理小组。2000年7月3日，诸暨市人民政府成立斯宅历史文化保护区管理工作领导小组，并组织编制维修方案。2001年对华国公别墅建筑中门厅、大厅和西厢房进行一期维修。2001年6月25日，斯氏古民居建筑群被国务院公布为第五批全国重点文物保护单位，编号5-0309-3-115，并部分对外开放。2002年12月27日，诸暨市人民政府划定斯

宅古民居的保护范围和建设控制地带。2004年3月26日，斯氏古民居建筑群文物保护管理处成立，负责日常的保护管理工作。同年6月，对斯盛居中轴建筑门厅、大厅及穿厅进行维修。2004年07月16日，由诸暨市文化局制作斯宅古民居建筑群全国重点文物保护单位记录档案，分别保管于诸暨市文化局、浙江省文物考古研究所保管。

大水井古建筑群 为土家族传统民居建筑群落，位于湖北省利川市柏杨坝镇水井村。水井村处于连望三片半山腰的坡地上，背依寒池大山，北接夔门天险，西与齐跃山隔涧相望，东临龙桥河峡谷，利（川）奉（节）公路绕建筑群而过。

利川柏杨坝大水井一带，古属胊朋地，元、明时属龙潭安抚司辖地，清雍正十三年（1735年）改土归流后属西蜀川东夔州府奉节县，1955年划归湖北利川县。大水井一带水源匮乏，有水贵如油之说。民国19年（1930年），李氏最后一任族长李盖五在李氏宗祠水

李氏庄园全景

庄园正面全景

井围墙上题刻"大水井"。建筑遗存最早为李氏庄园西南保心天井部分，原为黄氏旧宅。清乾隆四十一年（1776年），湖南巴陵人李廷龙、李廷凤兄弟入川经商，取"龙归井、凤栖山"之意，李廷龙落业大水井，李廷凤落业马鞍山。李廷龙到大水井后先为黄氏账房，借管钱粮之机窃取黄氏家产，成为当地富豪。此后160余年，李氏家族官绅迭出，田连阡陌，在大水井一带大兴土木，共建立8处庄园和1个祠堂，掌握着大水井地区的族权、政权和军权，其最后一任族长李盖五在中华人民共和国成立后被镇压。

大水井古建筑群由李氏庄园、李氏宗祠、高仰台李盖五旧宅三部分组成，占地2万多平方米，建筑面积1.2万平方米。李氏宗祠坐南朝北，为土家族堡垒式建筑，由祠堂和城堡两大部分组成，占地6000余平方米，依山就势修建在罗汉山椭圆形坡地上，地基削高填低取平而成。城堡始建于明，用巨大条石垒砌。正面是一保坎，壁高8.8米、长90米，用巨大条石纵联砌成。保坎上有一道用条石砌成的栏墙，高1.5

米、厚0.4米，上用屋顶形条石覆盖。墙面上有宽0.16米、长0.25米的圆角长方形孔眼36个，以正对祠堂正面的三个大门分三组排列。孔眼凿工精细，似为祭祀时放礼炮（铳）所用。栏墙盖石脊上有直径约0.05米、深0.15米左右的圆洞36个，似为节日或举行庆典时插彩旗所用。栏墙的两端分别与两座望楼的垛墙相连。城堡的左、右、后三方是一道用500千克以上巨石砌成的高7米、厚3米、长400米的城墙。城墙上雉堞向外悬挑出0.2米，雉堞上有内大外小的射击孔65个，雉堞内有阶梯形的踏道随山势拱伏，城墙上原有瓦廊遮盖，四角建有望楼。整个城堡凭山临险，壁垒森严，唯东北、西北二门可供出入，西名望华门，又名生门，门侧有牢房与望楼相连，东名承恩门，又名死门，门外一条石板古道，直通龙桥河天然刑场。城堡的东北角有一道长25米，厚、高与城墙一样的夹墙复道，经复道下72步石梯有古井1口，井内泉水甘洌，四季不枯，为民国19年（1930年）李氏族长李盖五为防围祠断水招募民工修建。夹墙的正面有其亲笔题写的"大水井"三个大字，每字70厘米见方，行书阴刻，气势狂放。祠堂坐南朝北，清道光二十六至二十九年（1846～1849年）在城堡内建成，三殿四厢，有前殿、拜殿、祖宗殿、讲礼堂、族长房、账房、检房、银库、守卫房等大小房屋60余间，主体木构架四周以砖墙围砌，建筑面积3800余平方米。祠堂的正面为硬山式瓦檐，檐下有彩瓷拼嵌的几道线条图案，线条下是一幅粉红色的带状墙面，墙面上有用彩色瓷片拼嵌的堆花图案12幅，带状墙面下为砖墙粉白，墙上开大门三洞，均为青石栏框，拱形门洞，门前施鼓礅，中间大山门的两边是用专门烧制的有浮雕图案的琉璃砖砌成的屏形墙面，顶上是江南牌科门楼式的垛墙，垛墙上有"十八学仕登瀛洲"和"洛阳桥"的琉璃塑画，门额书"李氏宗祠"。左右两边的小山门门额上分别题"居之安""平为福"。山门前是一块用规整石板铺砌的东头窄、西头宽的院坝。中山门的里面是三进硬山式殿宇建筑在中轴线上整齐排列，两边小山门里面各有两排厢房相互对称。

李氏庄园位于李氏宗祠南150米。共24个天井，174间房屋，建筑面积6000余平方米，主体建筑坐东南向西北。始于明，原为当地土

家人黄氏老宅，清乾隆年后为李氏所有，后逐年扩建维修。建筑设计因地制宜，或依岩坎为基础，或支吊脚以取平，高低错落，遥相呼应。建筑装饰中西合璧，或白灰粉涂，或石刻木雕，以天井而异形成不同的风格，一室一景，气象万千。朝门坐南向北，位于庄园主体建筑东北角，离中轴线15米，与主体建筑成45°夹角，民国时建成。前院北偏西45°，是大水井古建筑群最具代表性建筑之一。正面是一条西式柱廊，高大的方形廊柱上饰白灰堆花，廊柱之间以拱券联结，中间开大门一洞，青石槛框，高3.1米，宽1.6米，门额上书"大夫第"。门前有石梯11级至院坝，院坝宽10米，长38米，全用规整条石铺砌。院坝两头各有4列三间干栏式吊脚楼房，与庄园主体建筑相连，东厢为三层楼房，西厢为两层楼房。正面均木壁木窗，窗花柱础精雕细刻，背面及山墙均用青砖封砌。整个前院中西合璧，宽敞气派。庄园主体共三进两厢，分前厅、中厅和后堂。前厅、中厅和后堂依地势逐级拔高，暗喻步步登高，连升三级。前厅为砖木结构，抬梁式。中厅台基高出前厅0.6米，面阔五间，进深一间，为抬梁式，明间前檐突出，檐下置

李氏庄园绣楼院内一角

李氏庄园花厅一角

李盖五旧宅全景

"鹤颈翻轩"，后金柱处有槅扇，槅扇顶上悬"乡邦同寿"大木匾。后堂台基高出中厅地坪0.4米，面阔34米，进深7米，8间房屋一字排开，均为一楼一底楼房。

高仰台李盖五旧宅位于李氏宗祠北面6千米，小地名"葡萄瓮"的台地上，南距利（川）奉（节）公路200米。民国31年（1942年）始建，取"高山仰止"之意，名高仰台。建筑坐东向西，共两进四院，66间房屋。从南至北，依次为马圈、仓屋、厨房、正屋、阁楼，占地2000余平方米。建筑正面是一壁青砖砌墙面，面阔45米，中间一段用白灰粉刷，两头为青水砖墙，墙面上分上下两层对称各开窗户25洞，上层为中式风格，长方形窗框，框内嵌木雕窗花，窗花外套两扇活动木制百叶窗，下层为西式风格，长方形窗框顶上饰白灰堆弧形或三角形线条。中间朝门偏南斜开，与建筑主体成50°夹角，朝门为青石槛框，高3米，宽

1.4米，两边墙面各有两根砖柱，门顶上有牌科门楼式垛墙高出屋脊，垛墙上塑麒麟、罗汉等图像，朝门外有石梯5级至前院坝。院坝全用规整条石铺砌，面宽11.5米，进深8.5米，两边各有砖木结构一楼一底厢房两间，厢房的面壁楼上全用木雕窗花镶嵌，楼下各开窗户两洞，窗下为砖砌墙裙，靠窗台处粉制成竹节形线条。

大水井古建筑群，以吊脚楼为主体，以西式柱廊相陪衬；以庙堂建筑为核心，以炮楼城墙相拥护，中西合璧，神权共张，是巴楚文化、巴汉文化、中西文化交融在建筑上的一个典范。其建筑年代延续长，建筑法式多，建筑工艺巧，在建筑群体组合、装饰配合以及与自然环境的融合方面，堪称匠心独运，是山区土家族建筑的瑰宝。

中华人民共和国成立后，李氏宗祠和李氏庄园主体部分收归人民政府所有，先后在古

建筑内设粮仓、学校、人民公社、乡政府、管理区等机构。庄园部分建筑和高仰台李盖五旧宅土改时分给村民居住。1987年，大水井李氏宗祠和李氏庄园被鄂西州人民政府公布为鄂西州文物保护单位。1992年12月16日，大水井祠堂、庄园建筑群被湖北省人民政府公布为第三批湖北省文物保护单位。2001年6月25日，大水井古建筑群被国务院公布为第五批全国重点文物保护单位，编号5-0360-3-166。2003年，利川市人民政府出资搬迁居住在李氏庄园西院内的17户村民。2006年，利川市文物事业管理局建立大水井古建筑群的全国重点文物保护单位记录档案，由利川市文物局管理，并报湖北省文物局和国家文物局备案。2008年3月27日，大田口李氏庄园被湖北省人民政府公布为第五批湖北省文物保护单位，归并入大水井古建筑群。2006～2015年，经利川市文物事业管理局申请，国家文物局立项和方案审批，国家文物局和利川市人民政府出资对大水井古建筑进行全面修缮。2006～2014年，先后对李氏宗祠、李氏庄园、高仰台李盖五旧宅进行修缮。2014年1月，大水井古建筑群文物保护规划获国家文物局批复同意，同年6月由湖北省人民政府公布实施。2015年5月5日，湖北省人民政府下发《湖北省人民政府办公厅关于公布文物保护单位保护范围和建设控制地带的通知》，公布大水井古建筑群的保护范围和建设控制地带。

蔡氏古民居建筑群 是清晚期闽南民居建筑的优秀代表作，位于福建省南安市官桥镇漳里村漳州寮自然村内。

蔡氏古民居建筑群主要由南安侨商蔡启昌及其子蔡资深于清同治年间（1832～1874年）至宣统三年（1911年）兴建。遗存宅第19座、宗祠1座、书房1座、当铺1座、宅第遗址1

蔡氏古民居建筑群

处、其他遗址15处。依次前后平行排列，有序地分布于东西道长200多米、南北通宽100多米的长方形地块中，总建筑面积2万多平方米。建筑群大部分建筑坐北朝南，建筑布局按"琵琶穴"风水格局建造。建造顺序由东部向西部而建，东、西部之间设有院墙和院门。设有围墙、炮楼、哨门等防御性设施以供防御和保障聚落的整体安全性，内部有召集聚落成员和传递信息的钟鼓楼、处理宗族各项事宜的宗祠、公共食堂、公共柴火间和焙制花生的作坊等；并在聚落北面设果园，东、南、西面置田地。建筑群先建造内部居住建筑，后营造外围防御构筑物，在既定的格局基础上有序增长和延伸，聚落发展模式符合典型闽台传统红砖大厝以横向发展为主的趋势。

蔡氏古民居建筑群多为穿斗式结构，硬山或卷棚屋顶。前后座之间铺宽10米左右的石

埕，山墙之间有1～2米宽的防火通道。单体建筑多为三进或二进五开间的布局，建筑轴线取南偏东10～20°，为闽南地区最佳朝向，夏季日晒不入室内，冬季北风被墙挡住。蔡氏古民居建筑群，座座屋脊高翘，雕梁画栋，门前墙砖石浮雕，立体感强，窗棂镂花刻鸟，装饰巧妙华丽，门墙厅壁书画点缀，别有一番情趣，篆隶行楷，各具韵味，留下较多当时名流的书画。书画如墨、彩、金、素等色彩斑斓；匾额如书、卷、扇、菱等别具一格；门窗如圆、拱、菱、方等形式多样。随处可见的木雕、泥塑、砖雕及石雕，工艺精美，多数采用透、浮、平雕等手法。雕琢内容丰富多彩，有禽兽、花鸟、鱼虫、山水、人物，图案古博。

建筑群中最有特色的当属德棣厝，建于光绪十九年（1893年）前后，系蔡资深助其二弟德棣所建。建筑面积约为1068平方米，三进

蔡氏古民居近景

蔡氏古民居建筑群斗拱

蔡氏古民居建筑群砖雕

五开间带东西护厝。主建筑硬山顶、燕尾形屋脊，穿斗式木构架，红墙碧瓦。屋脊堆三彩花鸟，为宅群中所仅见，立面水车堵泥塑，门廊檐下彩绘人物花鸟，两侧分别嵌砖雕辅以少量泥塑组成一幅图文并茂的挂屏。大门两侧木槁扇有清末进士庄俊元题字，年代已久，字迹辨认不清。二进后墙正中嵌有一幅精美的图案。最顶端为匾额，居中用泥灰塑出"得少佳趣"四字行书，笔画饱满、气势活泼。两侧各有泥塑人物1尊。其下以红砖构成方框，四角作"卍"字形，而各以一脚相勾连。中间先嵌青石，再斜角嵌入白石方块，当中浮雕圆形螭虎对舞图案，而旁饰砖刻花鸟条幅。再往外是红砖条拼接成的一副篆文对联"华堂甲第，秀阁金屏"，整个构图布局匀称，字画精美。第三进廊柱辉绿岩柱础，以连珠复以枝叶蛙虫，令人眼花缭乱。三进敞厅槁扇阴刻贴金工笔花鸟四幅，病梅曲茎虬枝，宿鸟振羽欲动，瘦竹临风摇曳，奇石嶙峋凌空。线条流畅，绰约多姿，形象极为生动。东北角建有两层的读书楼（当地群众称为梳妆楼），以小拱门与正屋相通。拱门额作书卷形，上墨书《兰亭集序》。入内一小天井，照墙顶部有圆形篆书，小楼面

阔三间，进深一间，房前有廊。西侧门扉联覆以"安贞"两字。内有石砌梯道折向厅后以通上下。转角处西墙楷书"读书处"三个大字。进厅有帘幕木雕花楣一道，雕镂精美，色彩斑斓。两厢明墙皆细木嵌接而成的槁扇，上面分别嵌有方形篆文。廊道列蓝釉葫芦为栏，显然受西方建筑艺术的影响。东厢后角端悬出一小巧厕间，三面通风，在当时的思想和建筑界是一种先瞻。

蔡浅厝位于建筑群南部且大体居中，建成于光绪二十九年（1903年），为蔡资深归老所居，在整个建筑群体中布局最为完整。庭北正屋两进，并带东西护厝，隔石庭另有倒厘（俗称回向）一列，并以石庭与西邻相连，东西砌围墙设院门，构成相对独立一整体。大门居中，额书"莆阳世胄"，大堂与侧屋屋脊两端各有龙吻一对，据说只有官家才可以有此装饰，在整个建筑群中，也只有世祐厝（系蔡资深为长子世祐所建。他曾以功受封"通义大夫"，古田县正堂，所以屋顶脊梁上饰有"龙吻"）和这一座才饰有此物。整座建筑占地1250平方米，规模不算最大，但轴线完全对称，等级分明，十分庄严，雕饰最为精美。立

面水车堵泥塑与彩绘山水花鸟交相辉映，门廊木雕石刻琳琅满目，吊筒宛如琼花初放；门堵平雕八骏奔腾，形态十分逼真。门匾两侧尽人物浮雕，门框立柱自上而下为人物浮雕、阴刻联文、浮雕猛虎和瓶花。正面门堵凿麒麟花鸟，东西嵌青石阴刻隶书联文一副。正面红砖墙上分别用红砖条拼出"锦亭衍派"和"荔谱传家"八字，绕窗用红砖雕出圆形篆文楹联一副，年久风化，字迹已剥蚀难以认清。柱础镌力士扛鼎，形神兼备；地栿琢龙头兽首，宛然如生。大门内侧水车堵有彩绘山水，匾书"保世滋大"，门厅与正厅槅扇图画与文字相间，图有松鹤、鸣鸡、梅鹊；正厅槅扇录唐宋五言绝句六首。两厢与正厅镂花槅扇有麒麟宝鼎、鹦鹉瓶花和玉象、金果、鱼尾狮，刀法极其细腻，叶脉鸟羽丝丝可见；线条细如发丝层叠多至四重；轻重疏密，恰到好处，更馏以金，至今熠熠有光。堂上正梁与灯椽五彩繁花。

蔡氏古民居建筑群，不仅单体设计和施工为闽南之上乘，更以其宏大规模为闽南所仅见。严整的布局，精美的雕饰，集中表现闽南成就高超的建筑技艺，具有丰富的历史文化内涵；反映了印度佛教、伊斯兰教及南洋文化和西方建筑艺术的影响，是研究近代中国特别是福建沿海中外建筑艺术交流难得的实物资料，具有极高的文物价值。

1993年5月，南安县人民政府将蔡资深民居列为县级文物保护单位。1996年9月，福建省人民政府将蔡资深民居群列为省级文物保护单位。2001年6月25日，蔡氏古民居建筑群被国务院公布为第五批全国重点文物保护单位，编号5-0327-3-0133。2003～2004年，泉州市

文物保护研究中心对蔡氏古民居建筑群中醉经堂、梳妆楼等建筑进行全面测绘和病害调查，编制《蔡氏古民居建筑群第一期修缮工程设计方案》。2005年10月，南安市文物管理委员会建立《蔡氏古民居建筑群记录档案》。2015年4月，国家文物局审核同意列入国家文物局第二批国保省保集中成片传统村落整体保护利用项目。2016年，福建省人民政府印发《关于公布全国重点文物保护单位（第四至七批）保护范围的通知》，划定蔡氏古民居建筑群的保护范围；福建省文化厅、省住房和城乡建设厅印发《关于公布省级以上文物保护单位建设控制地带的通知》，划定蔡氏古民居建筑群的建设控制地带。

乌拉街清代建筑群 是吉林省保存较好的一处清代建筑群，位于吉林省吉林市西北约35千米的龙潭区乌拉街镇内。

乌拉街地处松花江冲积平原，交通便利，历史悠久。从青铜时代以来即有古代人类遗迹，南北朝时期靺鞨之粟末部在此繁衍生息。明代，先后在乌拉街镇境内设置乌拉卫、富尔哈河卫、萨尔达卫。明万历四十一年（1613

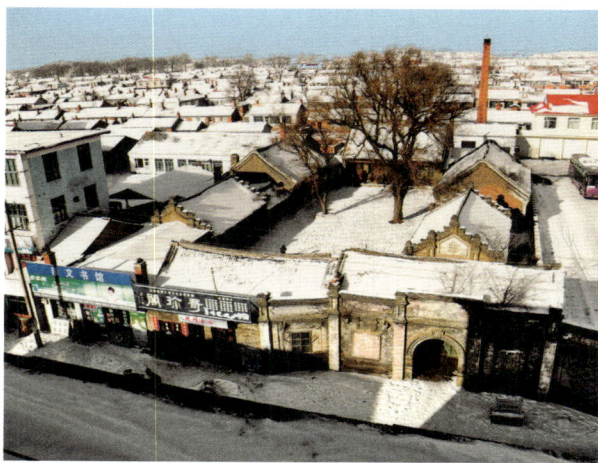

乌拉街魁府全景

年），建州女真灭乌拉部，属地并入建州卫。清顺治十四年（1657年），曾于旧街村设置打牲乌拉总管衙门，负责向皇室提供以东北特产为主的贡品。乾隆五年（1740年），吉林协领移驻打牲乌拉，管理各旗户，乌拉街镇因此而盛。

乌拉街清代建筑群规模可观。民国初开始衰落，仅存魁府、后府、萨府和清真寺4处，散布于今乌拉街镇内，合计面积1691.31平方米。

魁府位于乌拉街镇中心，镇政府的西侧。始建于清光绪元年（1875年），是官至副督统的乌拉街人王魁福的府邸，因尊称其"魁大人"而得名。王魁福死后，此房产由其子王栋斋继承。民国12年（1923年），此宅转卖予吉林省滨江道区保卫督练兼清乡督办张茂塘。魁府遗存正房、东北厢房、西北厢房、东南厢房、西南厢房、门房及倒座房、东抄手廊、西抄手廊、东连廊、西连廊、庭院等，共有文物本体与附属建筑11处。正房位于庭院中轴线的最北端，面阔三间12.31米，进深两进9.61米，二椽五步架；台明有三步台阶，做如意踏跺，柱顶呈鼓形；廊步架后做胡椒眼式吊顶。

东北、西北厢房面阔三间11.24米，进深两进8.35米，二椽五步架；西面有前廊；台阶、如意踏跺、柱顶均同于正房。东南、西南厢房面阔三间10.64米，进深一进6.72米；台明现有一步台阶，如意踏跺；其中东南厢房的叠落式南封火山墙被作为座山影壁。门房与倒座房7间，广亮大门位于门房东侧，与东厢房靠山影壁相对，面阔三间11.39米，进深一进5.88米，二椽四步架；南檐墙上设女儿墙。两抄手廊位于正房和东北厢房、西北厢房之间，两廊东西长4.86米，南北长3.47米，呈直角转角。

后府位于魁府东北约300米处，始建于清光绪六年（1880年），光绪二十四年（1898年）全部落成，是管理打牲乌拉地方总管三品翼领赵云生的私人府邸，因兼居"两衙署"（东府、前府）之后，故称后府。辛亥革命后，后府逐年败落，至伪满时，只残留四合院1套。仅存正房和西厢房。正房面阔五间16.45米，进深两进9.94米，二椽五步架。南有前廊；台明有三步台阶，柱顶呈鼓形；小青瓦干槎仰瓦屋面，两侧合瓦压边，山脊浑圆，垂脊高出屋面，边檐四角外斜上翘；山墙、柱顶石、墙

乌拉街萨府远景

清真寺正门

角等外嵌以漂亮别致的砖雕和汉白玉雕饰。西厢房面阔五间14.21米，进深两进8.99米，二椽五步架。萨府位于镇北吉林市三中院内北侧。始建于清乾隆二十年（1755年），原为打牲乌拉总管衙门第十三任总管索柱的私邸。乾隆五十年（1785年），索柱调任吉林副都统后，府邸一度由身份显贵萨大人居用，故称"萨府"。萨府建筑面积500平方米，包括正房5间，东、西两厢4栋、每侧2栋各3间，门房5间，东耳房2间。其中正房建筑坐北朝南，面阔五间16.06米，进深两进9.47米，二椽五步架；南侧有前廊，柱顶呈鼓形；门、窗应为地方样式的支摘窗。东、西厢房均面阔六间20.85米，进深一进6.72米，建筑损坏严重；门房面阔五间15.21米，进深一进6.42米，保存仍很完好的门墪式3段屋面是其显著特点。东耳房位于正房东侧并搭建于其东山墙，面阔两间6.56米，进深1进6.89米。各建筑均在山墙和后檐墙内砌空腔作为火炕烟道，伸出屋面部分用砖砌烟囱。除正房之外的其他建筑均无外廊。建筑墙体均为青砖糙砌，较少建筑装饰。小青瓦干槎仰瓦屋面，两端用合瓦收头压

边，清水脊，典雅古朴，具有清初八旗民居二进四合院的特色。

清真寺是乌拉街镇仅存的一处寺庙建筑，位于乌拉街镇西南，距镇政府700米，西面正门外是旧街。清真寺建于清康熙三十一年（1692年）。"文化大革命"期间对厅和南廊被拆除，1984年，人民政府拨款重修。清真寺遗存正殿台明平面呈"凸"形，似5间主体外加3间抱厦的空间格局；主体部分面阔15.58米，进深9.55米，砖砌地垄架铺木地板，平台部分面阔11.94米、进深4.28米，两部分室外没有高差，显然从抱厦前面的雨水落地后会溅淋其柱子并在地面向主体部分回流至门槛处；从抱厦进深较小，柱位与主体部分及侧面两幅台阶对位不规整，还有台明的现代机制红砖拐锦铺墁等情况推测，主体部分形制已发生改变。北讲堂面阔五间18.23米，进深二间9.13米，带前廊并有拱门洞；正立面应为槛墙支摘窗，背立面窗洞位置大小因室内功能不同而各异，均为平梁。屋顶为硬山顶小青瓦干槎仰瓦屋面，两端用三垄筒瓦收头压边，清水脊。宝阁式和雕花式花牙子雀替与正殿相同。

乌拉街建筑群为典型的清代东北民居建筑，其风格既有地域民族的显著特征，又融合北京四合院的布局特点，形成自身独特的建筑形态，是东北地区官宦旗人住宅的典型代表，也是北方满族居住文化的缩影和早期清代满族民居的范例，代表了吉林满族民居的最高营造水平。作为典型的清代东北宗教建筑，建筑风格仍有其独特性，对研究清代吉林地区的社会生活，特别是研究清代民居建筑特色与艺术价值提供了珍贵的历史物证。清真寺自建立以

来，一直是穆斯林宗教活动的场所，为研究伊斯兰教文化在吉林地区的发展等提供了不可替代的实证材料，具有较高的宗教文化和建筑艺术价值。

1982年，永吉县人民政府公布魁府、后府及萨府为县级文物保护单位。1983年，魁府、后府、萨府及清真寺交由永吉县文物管理所保护管理；2000年，交由吉林市文物管理处保护管理。2001年，吉林市人民政府公布三府为市级文物保护单位。2002年，吉林市人民政府办公厅《关于公布吉林市第五批市级文物保护单位的通知》文件，公布乌拉街"三府"的保护范围和建设控制地带。2007年，吉林省人民政府公布乌拉街满族建筑群（包括"三府"及清真寺）为省级文物保护单位。2010年，制定《吉林市乌拉街满族镇历史文化保护规划》。2013年3月5日，乌拉街满族建筑群被国务院公布为第七批全国重点文物保护单位，编号7-0943-3-241。同年，北京建工建筑设计研究院编制《全国重点文物保护单位吉林省吉林

市乌拉街清代建筑群保护抢修工程勘测设计方案》。2014年，吉林市文物管理处建立乌拉街满族建筑群全国重点文物保护单位记录档案。

爨底下村古建筑群 是京西太行山脉清水河流域深山峡谷中保存最为完好的古民居建筑群，位于北京市门头沟区斋堂镇西北部柏峪沟中段。

爨底下村落形成，源于明代。明洪武三年（1370年）起，明政府在沿河口设隘驻兵，抵御北方少数民族的军事进犯。景泰二年（1451年）朝廷在此建关，设爨里安口，建有正城一道。明正德十年（1515年），爨底下村韩氏一世祖韩普金、韩普银、韩普仓三兄弟，相传于永乐年间（1403～1424年）由山西迁移至此（京西一带绝大部分村庄均有此说法）。奉命在沿河城至爨里口守关，建立这座韩氏家族聚居之地。正德十四年（1519年），由柏峪口守口千户李宫在城侧修筑栈道。该古道是京西古道天津关段（黄草梁古道）的支路，可见古道上遗存有蹄窝印记。此后军兵眷属渐至，逐步

爨底下远景

形成了村落，爨头在上，村落在下，故名爨底下。当地人为方便记忆编出了顺口溜："兴字头，林字腰，大字下面加火烧。"清康熙三十六年（1697年）平定准噶尔之后，北方战事减少，沿河城一带隘口的防御功能也逐渐减弱，爨底下村村落性质由军事转向于农商。同治六年（1867年），爨底下由沿河口守备所划归为宛平县齐家司治理，爨里安口兵丁转军为民。光绪年间《齐家司志略·村郭》载："西斋堂北涧诸村，曰青龙涧，曰黄岭西，曰双石头，曰爨底下，曰柏峪台"，可见当时已有爨底下这一村名。该村全都姓韩，据村里"祖先堂"记载：该村为第一世祖韩普金后裔中的一支，并记有该村韩门"福、景、自、守、玉、有、明、（奉）、万、宏、思、义、巨、晓、怀、孟、永、茂、广、连、文"等21代辈分，已传到第十八代"茂"字辈。

爨底下村的经济发展得益于古驿道的修建。由于处在独特的地理位置，便于京城沟通河北、山西与内蒙古，爨底下村成为商旅落脚货物集散之地，爨底下的商业由此日渐繁荣。清康熙年间（1662～1722年），村内已有8家商铺、三四家骡马店，常住人口也一度达到400余人。现有店铺"瑞庆堂""瑞福堂""三义堂""保全兴"。

爨底下村遗有70余座院落、500余间房，以四合院为主，三合院为辅。由于村落依山而建，随山势缓急每户宅院也受一定地势和空间的限制，因而也造就独特的村落民居。宅院多为进深空间小，甚至出现缺少南房的三合院、更有共用围墙的院落，多是由正房、东西厢房、倒座组成，如石甬居、福字院。标准一进、二进四合院入口在东南角，设置门楼，如双店院、捷报院。还有一种位于山路拐角处，围墙不是准正方形，靠拐角部分以弧形院墙存在，如瞭望哨院。广亮院（财主大院）位于全村最高地势，坐北朝南，建于清代早期，是爨底下村最高级别的四合院，清晚期和民国时期均进行过修缮。院落前后共两进，分东、中、西三路，共有房屋45间，院外环以围墙。东路前院南北狭长。倒座房3间，清水脊合瓦屋面，东侧一间辟为广亮大门。门前有方形门墩石1对，顶部石雕狮子正面雕刻暗八仙纹样。跨过广亮门可见院内正房3间，清水

广亮院远景

石甬居远景

脊合瓦屋面。东、西厢房各2间，板门装修，其中西厢房与中路前院房呈勾连搭形式，且后檐墙前移，形成室内夹道，可通中路前院。由东南角的随墙门进入后院，院内正房3间，清水脊合瓦屋面。中路院倒座房3间，正房3间，东西厢房各2间，东厢房南侧设门通东路，西厢房为过厅通西路。此院在抗战时期被日军烧毁，已修复。后面的第二进院又称财主院，位于全村中轴线的最北，在此可俯瞰全村大部分房屋。院内正房5间，清水脊合瓦屋面。正房西侧有地窖，上设硬山合瓦屋面的耳房1间。西路院倒座房3间，正房3间，清水脊合瓦屋面，西厢房2间，合瓦屋面。石甬居位于爨底下村东侧上部尽头临山而建，由一道石制人工挡土墙隔开，院落坐北朝南，由3组三合院组成，共有房屋22间。院落正中开墙垣式门楼，抱框上刻有门簪；院内青砖铺地，布瓦覆顶，小巧玲珑，布局严谨；正对门楼有影壁墙；院落墙外绘有水墨画幽兰、翠竹等。双店院位于爨底下村古道旁，建于清代，二进四合院，共有房屋36间，门楼7座，连接6座院落，是为过往商旅提供食宿的店铺。双店院第一进院正房一明两暗，清水脊合瓦屋面；第二进院正房后设高18.2米的挡墙，挡墙上有凸出墙体的条石，便于突发大水登高避难。此院民居建筑均为硬山，清水脊，板瓦合瓦，四开扇大门，门楼砖雕精美。龙王伏魔庙（关帝庙）位于村东北的小山上，坐北朝南，院南北长20米，东西宽15米，四周围墙环绕。龙王伏魔庙原名龙王庙，建于清康熙五十四年（1715年），雍正至光绪年间曾多次重修。后庙内增设关帝，遂改名，现村内人称"大庙"。庙内有门楼1座，

灰筒瓦屋面，双扇板门，门洞内有墨书题记，左曰："□座宝刹似□□，十万子弟来进香，口诵真经念□咒，古佛下界降祯祥。"右侧字迹模糊难辨。庙内正殿面阔三间8米，进深3.6米，前出廊，硬山灰筒瓦调大脊，石望板。西配殿三间，门楼面阔一间1.6米，进深1.6米，门洞内有墨书题记。过脊合瓦屋面，配殿北侧接耳房一间，院落四周环以围墙。

爨底下古山村重视宗族血缘关系和伦理道德精神，记载着古建筑的发展历史，汇集先人的智慧和创造，保存着各个时期的文物和遗存，独有的山地四合院与京城胡同四合院相映生辉，衬托出多彩的民居文化。民居选址考究，择吉地营造，"藏风聚气""负阴抱阳"，体现了中国传统风水理论价值。70余座四合院分台而筑，以点线面形态相结合的空间布局，按地势起伏和村落环境需求而建，风格古朴造型小巧自然。门墩、墙角石、饰檐砖，石雕、砖雕、木雕、彩画、壁画、题刻随处可见，彰显了极高的艺术价值。

1984年，北京市第二次文物普查之后，爨底下村的历史文化价值逐步得到了认识与认可。这一具有珍贵历史文物价值的古山村，又成为京西具有文物保护价值和旅游开发价值的人文资源。1998年，由门头沟古建队对知青院30间房和广亮院部分进行修缮。2001年，爨底下村被公布为北京市文物保护单位。2002年，爨底下村被公布为北京市历史文化保护区。2003年，北京市人民政府批转北京市规划局、北京市文物局文件，划定公布爨底下村古建筑群的保护范围和建设控制地带。2003年11月27日，建设部和国家文物局授予爨底下村为第一

批中国历史文化名村称号。2006年5月25日，爨底下古建筑群被国务院公布为第六批全国重点文物保护单位，编号6-0312-3-015。同年，修缮关帝庙、娘娘庙、五道庙。2008年，建立爨底下村古建筑群全国重点文物保护单位记录档案。2012年，被公布为第一批中国传统村落。

荆紫关古建筑群 为明清时期豫、陕、鄂邻境地带因丹江航运逐渐发展形成的大型建筑群落，位于河南省淅川县城西北76千米的荆紫关镇。荆紫关北依伏牛山，西北毗邻陕西省商南县，南濒丹江，西南与湖北省郧县交界，是连接豫、陕、鄂三省的交通要冲，素有"一脚踏三省"之称。

荆紫关自古为边关重镇。南宋史书称"荆子口关"。明清时期，因丹江航运逐渐发展成为大型经贸集市。明成化十年（1474年）在此设置巡检司、营千总镇守，清时设置副将、都司等军事长官，作为一个特殊地域而综合管理。清嘉庆七年（1802年）在此设协镇都督府

（府台衙门），道光十二年（1832年）设分防县丞。清晚期，荆子关发展至巅峰，逐渐形成三大公司、八大帮会、十三大骡马店、二十四大商行，富商大贾为取吉祥之意，将荆子关的"子"改曰"紫"，意为"紫气东来"。民国初期，清制俱废，而于县丞署设荆紫关保安警察处。荆紫关的古街道俗称"清代一条街"，长约2千米，分南、北、中三街，均沿江而建。遗存2200余间房舍和700余间店铺，形成街道两旁店铺林立，封火墙高耸的壮观景象。清代建筑群错落有致地分布镇中，民国时期创建的关门点缀其间。

关门重建于民国3年（1914年），位于古街南端，坐北向南，为砖砌单拱门，宽6.6米、高7.7米。门楼上部用砖雕简单斗拱承托出短檐，以反叠涩砖层作为屋坡。砖檐下砌横长方形门额，内嵌青石横匾，上刻"荆紫关"三字。由关门向北，依次建有平浪宫、万寿宫、禹王宫、山陕会馆等建筑群，其中以平

荆紫关古街道

荆紫关古建筑群平浪宫

浪宫和山陕会馆保存最为完整。平浪宫，又名杨四将军祠、杨四爷庙，为明崇祯年间始建，位于南街北端，坐东向西，建筑总面积约460平方米，遗存房舍7座35间，钟、鼓楼各1座。钟楼位于前宫南侧，鼓楼位于北侧，均为木结构，三重檐，四角攒尖式，内饰六角形藻井。主体建筑为面阔三间的清式硬山造小殿。山陕会馆，据碑刻记载，建于清嘉庆七年至道光三十年（1802～1850年），遗存房舍9座31间，鼓楼1座，建筑群以前馆、戏楼、春秋阁、中馆、卷棚、后馆6座建筑为中轴线。鼓楼双重檐，位于春秋阁北侧。万寿宫和禹王宫皆为硬山式建筑，坐东向西，有保存完整的彩绘和木雕。清真寺位于平浪宫东南200米，坐西向东。遗存房舍6座17间，沿中轴线依次

为前殿、卷棚、大殿、后殿。法海寺建筑群位于荆紫关镇西北6公里处的峄山环抱中，遗存房舍8座29间。以前殿、白衣阁和后殿为中轴线。其东侧自北向南依次为东禅堂、经楼、东楼，西侧为西禅堂和厨房。据清康熙五年（1666年）重修碑记载，法海寺始建于唐代，遗存大雄宝殿、东西禅堂皆为清顺治十六年至康熙五年（1659～1666年）在故址上重建。白衣阁建于清同治七年（1868年）。东楼屡建屡毁，遗存为清同治十三年（1874年）重修。

中华人民共和国成立后，荆紫关古建筑群由荆紫关区人民政府负责保护管理。1983年，淅川县文化部门接管平浪宫、法海寺，具体负责维修保护工作。1986年11月21日，荆紫关镇经河南省人民政府公布为河南省历史文化

名镇。1991年8月，成立淅川县文物管理办公室，负责全县包括荆紫关古建筑群的文物保护工作。1992年，荆紫关古建筑群由河南省人民政府公布为第二批省级文物保护单位。1993年6月，成立荆紫关文物管理所，设在荆紫关平浪宫院内，负责荆紫关古建筑群日常管理、安全防范、防火、防盗及维修保护等工作。2001年6月25日，荆紫关古建筑群被国务院公布为第五批全国重点文物保护单位，编号5-0349-3-155。2002年维修山陕会馆。2005年11月，荆紫关镇由建设部、国家文物局公布为第二批全国历史文化名镇。2006年4月17日，《淅川县人民政府关于荆紫关古建筑群文物保护管理办法》发布施行。2009年编制完成《荆紫关古建筑群保护规划》，并划定荆紫关古建筑群保护范围和建设控制地带。2011～2015年，先后维修平浪宫、万寿宫、法海寺、禹王宫、协镇都督府及部分民居。

东华里古建筑群　是一处清代至民国时期的传统建筑群落，位于广东省佛山市禅城区。

东华里原名杨伍街。清初，因房屋为杨、伍两姓富户所有，今街内仍有杨姓及伍姓祠堂及书舍等建筑物。其后两家逐渐衰败，房屋陆续卖与他姓。清乾隆年间改名为东华里，因其地理位置在福贤路以东，取富贵荣华之意。清嘉庆年间（1796～1820年），骆氏家族迁入，曾对东华里北侧故宅大加修缮，使房屋更为整齐。道光二十三年（1843年）修建门楼，石刻街额"东华里"，将全长146米的街道铺砌成花岗石路面。清末，华侨巨商招雨田家族迁入佛山，后转至香港创广茂泰洋行，发家成巨富后，将东华里中段南侧的宅第改造装修，使前

东华里古建筑群鸟瞰

段成为相互毗连的房屋。中华人民共和国成立后，佛山东华里的私房，部分仍为骆秉章及伍、陆、郭姓后人居住。招氏外迁，房屋由国家托管或租赁。

东华里古建筑群是清代佛山典型的住宅建筑，占地面积6700平方米。包括伍氏宗祠、招氏宗祠、招雨田祠及招氏敬贤堂、招氏家族宅第、骆氏家族宅第和大小巷道等建筑。东华里古建筑群所在街道宽阔，花岗岩石铺砌的路面洁净平整，条石宽30厘米、长150厘米，规格比较一致，表面经过细致雕琢。此地均为官家富户所居，建筑形式及室内装修均极为讲究，均用花岗岩铺砌勒脚石。每块勒脚石的面积2平方米以上，精细雕琢，有些还雕出角花和围线。勒脚石以上为水磨青砖结砌的墙体。水磨青砖的做法是将每一块烧制成功的细料青

东华里内巷

砖经过人工雕琢，上下两面挖成弧形，便于填充砂浆，左右前后四个侧面均磨成直角，结砌时必须磨砖对缝，且砖缝仅2～3毫米。门房高大，石砌台阶，门墙多为水磨青砖结砌。墙体砌好以后，整体用水打磨，务求光滑。拐角处用特制的拐角砖砌角，以保持棱角分明。所用充填砂浆，须仔细研磨，调制时加上精米粉和水定量调匀，增加润滑程度和黏结度。室内厅堂装饰豪华，多有木雕屏风、花架及槅扇等。建筑群的前段为互相毗连的屋宇，其中尚存伍氏宗祠、招氏宗祠、招雨田祠及招氏敬贤堂等建筑。后段两旁各有小巷4条，巷为六宅第，各为三进住宅，排列整齐，格式统一，均为镬耳式封火山墙，基本保存三间两廊式的平面布局。东华里北侧后段的骆氏家族宅第，共4排建筑，每排之间有小巷相间，每进之间用天井相间，一律用水磨青砖外墙，建筑镬耳式封火山墙。东华里南侧后段的招氏家族宅第，加层扩建二楼，内部为走马楼式，通风采光极好。临街部分建有带着西洋风格的露台，外表绘花草人物，使东华里独具中外合璧的特色，体现民国初年典型的建筑风格。

东华里是珠江三角洲乃至广东省内保存最

民居中堂

完整的清代城镇街道。东华里建筑考究，水磨青砖、镬耳大屋是明清时代聚族而居的大宅深院，是清代官家富商宅第的典型代表。保留有清代各时期风格各异的建筑，是研究佛山的地方史、建筑史和居住习俗等不可多得的实物资料，是广东杰出的清代、民国初期民居的重要物证。东华里街道大街小巷排列整齐、布局合理，排水系统处理得当。两旁宅第门房高大，室外的灰塑、勒脚石及水磨青砖结砌的墙体及至镬耳式封火山墙，室内装饰的木雕屏风、花罩槅扇、木板墙面、天花等高档装置，造工精细，堪称珠江三角洲地区民居中的精品。室内的通风采光亦相当讲究，镬耳式封火山墙具有预防火灾蔓延的作用。东华里古建筑群对研究珠江三角洲地区的地方史、建筑史及民族习俗等具有重要价值。

1998年9月，佛山市文化局与佛山市建设规划部门合作，共同制订《祖庙民居群历史街区保护规划》。1999年佛山市政府发布《确定祖庙民居群为佛山市历史街区的通告》，使东华里古建筑群所在的街区（31.5万平方米）成为广东省内第一个历史街区，划定东华里古建筑群的保护范围和建设控制地带。2001年6月25日，东华里古建筑群被国务院公布为第五批全国重点文物保护单位，编号5-0377-3-171。2003年，佛山市政府发布《关于公布佛山老城历史文化核心保护区的通告》，扩大历史街区的范围至2.2平方千米。2004年，佛山市政府委托国土规划部门编制《佛山市历史文化名城保护规划》，保留了12万平方米的东华里文物保护建筑用地。佛山市禅城区文化体育局负责东华里古建筑群的保护和管理。2004年8月，佛山市文化局建立东华里古建筑群全国重点文

物保护单位记录档案，并由佛山市禅城区文化体育局备份保管。

喜洲白族古建筑群 是明清时期边疆地区资本主义经济萌芽的见证，是大理州境内保存最完整最具白族特色的民居建筑群，位于云南省大理白族自治州大理市喜洲镇喜洲办事处。

喜洲自新石器时代就有人类开始活动。汉武帝时期在大理设叶榆县，从喜洲弘圭山发掘的有纪年的三国墓和喜洲镇凤阳村、文阁村和庆洞发掘的晋墓，说明汉以后有一部分汉官到此。隋代史万岁曾驻师于此，故名史城。唐南诏年间，蒙归义袭破咩逻皮，取大厘城，此时喜洲命名为大厘城。南诏统一六诏后，把阳苴咩城、邓川、大厘城视为同等重要之城池，苦心经营。明正统九年（1444年），喜洲曾建有的城池已毁。从南诏、大理国直至元明清，

严子珍大院"司马第"

喜洲曾建有许多庙宇，"梵宇三千连碧海，招提八百向林青""伽蓝殿阁三千堂，兰若宫室八百谷"。喜洲白族民居古建筑多为明清以后延续下来的。

喜洲白族古建筑群主要包括位于喜洲大界巷8号、喜洲市上街30号的杨士云家的"七尺书楼"和张若畴家的民居建筑等明代建筑，以及杨源大院、赵廷俊大院、张仕锃大院等清代建筑。清代建筑比明代建筑有很大发展，包括房屋增高，重视外观的装饰，特别对门楼和堂屋门窗的装饰，门窗雕刻精湛；三坊一照壁、四合五天井的院落增多，出现大出厦、宽走廊的造型；石基用石条砌筑，院落铺设方形石板。整院宽敞明亮还有一进四院的深宅大院。

赵廷俊大院，位于喜洲镇大界巷21号，为一进四院五重堂的建筑格局，住宅总面积约3000平方米，大门飞檐斗拱很有气派。但已毁。张仕锃大院，位于喜洲办事处市护街15号，为光绪年间所建。由三座大院组成，其中两座为四合五天井，1座是三坊一照壁，三院互不相通，各设门道，进大门后有一道门巷与各院门相连。大门曾建有牌坊形门，门上有"赐进士"匾额，门边有一对石雕大印，显承其权威。天井方形宽大，月青石铺就，堂屋门刻有翔毛花卉，工艺精湛美观。严子珍大院，位于喜洲镇办事处，四方街富春里1号，是民族资本家严子珍于民国8年（1919年）所建，大院占地2478平方米，建筑面积3366平方米。由四个大院落组成，两个院落为三坊一照壁，另两个院落为四合五天井，4个院落相通以"六合同春"和"走马串角楼"连成一体。大门"大夫第"，为砖石结构，飞檐斗翘，均

喜洲白族古建筑群远景

喜洲白族古建筑群之"廉吏家声"题刻

有泥塑、彩绘、石刻图案，很有气派；二门称"司马第"，上砌拱券，配几扇黑漆木方门。天井、走廊、地面用青石板铺成，石板上线刻精美图案，进二门山墙上镶"书香世美"的石屏。民国27年（1938年），在院落群的东南角建一幢西式别墅，形成中西合璧相互辉映的格局。杨品相院位于镇城北村路南，建于民国36年（1947年），为三坊一照壁民居，占地6522平方米。皆为单檐硬山顶楼房，中陵名楼面阔三间10.36米、进深6.7米、高8.2米，明间槅扇门雕刻精细、大方，为白族民居经典之作。董澄龙院位于东北隅，始建于民国36年（1947年）为三坊一照壁式民居，前后相连二组，各幢房屋与角楼均有四廊相连，均为穿斗式木结构，硬山顶。

1981年，大理市文物管理所成立，注重喜洲白族民居古建筑群日常维护，以及四有档案建立、保护规划等工作。1985年，大理市政府将喜洲白族民居中的董澄农院、严子珍院、杨品相住宅公布为市级重点文物保护单位。1986年，部队移交"董家院、杨家院"给文物管理所，后董家院由市政府划归老干局使用。1987年，云南省人民政府公布为省级文物保护单位。1990年，由云南省文化厅文物处拨款对杨家院进行揭顶维修；1992年，划定保护范围和建设控制地带。2001年6月25日，喜洲白族古建筑群被国务院公布为第五批全国重点文物保护单位，编号5-0404-3-210。2007年，国家文物局拨款，完成大慈寺一期的维修工程；同年编制严家大院勘察报告及修缮方案，并通过国家文物局审批。2010年，吸纳社会资金完成杨家院的修缮工程。2011年，编制喜洲白族古建筑群消防安全设施工程方案，于2013年获云南省文物局通过，2014年3～7月国家文物局拨款实施重点院落消防安全设施工程项目，并通过验收。2012～2014年，吸纳社会资金，对严家大院进行全面修缮，建设为博物馆开放利用；同年编制宝成府勘察报告及修缮方案，上报国家文物局批准通过，于2014～2015年吸纳社会资金进行修缮。

第十一节 会馆祠堂

孝堂山郭氏墓石祠 是中国遗存最早的地面房屋建筑，位于山东省济南市长清区孝里镇孝堂山（原名巫山）顶。

据考证，石祠建于东汉初年（公元1世纪），是墓前祭祀用的祠堂，因传与郭巨相关，历代都有人来石祠拜谒并题刻留念。北魏郦道元《水经注·济水》载："今巫山之上有石室，世谓之孝子堂。"宋赵明诚《金石录》中确认石室为"后汉时人所为"，并对郭巨墓祠说提出质疑。唐代，在山顶上加盖庙宇，石祠成为孝堂山庙的一部分而得到保护。石祠西间前面的八角石柱上有"大宋崇宁五年岁次丙戌七月庚寅初三日郭华自修重添此柱并垒屋外石墙"的题记，北宋末年增添两根八角石柱新垒砌石祠的石板墙。明清两朝对石祠及孝堂山庙的维护不断，石祠前后的柱础应为明代罩室的遗物，山顶尚保留明清两代维修孝堂山记事碑10余通。

石祠坐北朝南，平面呈长方形，面阔4.14米、进深2.18米、高2.64米，主要用厚约0.2米以上的青石板拼筑而成。室内正中有高约0.86米的八角形石柱，两端皆作大斗形，其上与后墙之间架有跨度2.13米的三角形石梁，负载着重逾2000千克的屋顶，将石祠分为东西两间。室内靠北墙下横列同室宽的低矮石台1座，为当时祭祀所用。石祠东壁和北壁均用2块青石横列砌筑，西壁为一整石。两侧山墙前面立条石柱，上托挑檐枋石。屋顶前后坡各止2块石板覆盖，刻出瓦垄、勾头、连檐形状，东西两端横刻瓦垄作"排山"形式。后代在正中八角柱的东西两侧各加1个小八角形石柱，增刀前檐的承重力，上面分别刻有唐、宋时期的题记。

石祠外侧建筑构件上画像石内容简单，多雕刻有垂帐纹、菱纹等简朴装饰。石祠内东、

孝堂山郭氏墓石祠罩室

孝堂山郭氏墓石祠外观（正面）

孝堂山郭氏墓石祠内车马出行图局部画像拓片

西、北三壁及隔梁柱石上则刻有多组精美画像，主要内容包括神话传说、历史故事、天文星象以及出行、迎宾、征战、献俘、狩猎、庖厨、百戏等。东壁画像的山墙三角区域主要刻有伏羲神话传说，相对应的西壁三角区域则刻有女娲、西王母等神话传说。三角区域剩余的东西壁山墙部分与北壁连成一片，画面均分为上下两层。横贯三壁上部的大王出行图，场面很宏伟，车马人物众多，表明祠主生前曾参加过诸侯王的卤簿活动。北壁下层为西、中、东三座楼阁，刻有人物拜见、鸟兽画面。西壁下层为胡汉战争图和围捕狩猎图。东壁下层刻有庖厨、百戏等画面。画像雕刻技法以阴线刻为主，少量图像兼用凹面刻，这在汉画像石中独具一格。祠堂内外壁上刻有汉唐以来的许多游人题记，较早的有东汉永建四年（129年）和永

孝堂山郭氏墓石祠

康元年（167年）二则。石祠西山墙外壁，刻有北齐武平元年（570年）的《陇东王感孝颂》。其额题篆书两行，颂文隶书。在石祠保护院内陆续发现汉墓5座。位于石祠北侧的汉墓遗存封土高3米余，直径约25米，封土南侧有"汉石室"三字方石1块，传为孝子郭巨墓。

中华人民共和国成立后，长清县政府重视对孝堂山郭氏墓石祠的管理和保护工作。1953年，长清县政府新建围墙及罩室，对石祠加以保护。1961年3月4日，孝堂山郭氏墓石祠被国务院公布为第一批全国重点文物保护单位，编号1-0054-3-007。20世纪70～80年代，当地政府拆除旧罩室，建设了较大罩室，多次进行扩建院墙、修缮石祠地面、石碑等相关保护工作。1996年，长清县文化局委托山东省文物科技保护中心对石祠现状进行勘察测绘，制定石祠加固和环境保护两项保护方案，并上报获国家文物局批准。1999年3月，完成石祠加固及石祠罩室、围墙、大门和配房等主体工程。1999年前，孝堂山郭氏墓石祠曾先后由长清县文化局、县文物管理所负责保护管理工作。1999年3月，长清县专门成立孝堂山文物管理所，负责孝堂山郭氏墓石祠保护管理工作。2000年6月，山东省建设厅、山东省文化厅联合印发《山东省建设厅、文化厅关于公布

山东省历史优秀建筑的通知》，孝堂山郭氏墓石祠被公布为山东省历史优秀建筑。2004年，孝堂山郭氏墓石祠保护管理工作交由1999年设立的长清区文物保护队。2005年底，完成5间重檐仿汉祠罩室、与罩室相协调的单檐仿汉管护房、270米长的仿汉代风格院墙、绿化等工程。2006年，济南市文物局建立孝堂山郭氏墓石祠的全国重点文物保护单位记录档案。2013年，山东省文物局根据《山东省人民政府关于公布第四批省级文物保护单位的通知》要求，印发《关于公布第四批省级文物保护单位保护范围和建设控制地带并调整公布其他省级以上文物保护单位保护范围和建设控制地带的通知》，确定孝堂山郭氏墓石祠的保护范围和建设控制地带范围。2013～2016年，按照国家文物局的批复要求对孝堂山郭氏墓石祠实施安全防范技术监控项目工程。2015～2016年，对孝堂山实施环境整治工程，新建碑廊、石刻展示区、墓葬展示区、园路、消防水池等，将辖区内散落的石刻文物进行集中保护展示。

晋祠 是中国遗存最早的古典宗祠园林建筑群，是宗祠祭祀建筑与自然山水完美结合的典范，也是世界文化艺术宝库中极为罕见的瑰宝。晋祠位于山西省太原市西南的晋源区晋祠镇，距市区25千米。

根据《史记》记载，公元前1043年，周武王去世，其子姬诵继位，为成王。成王年幼，剪桐叶为圭，封其弟虞为唐侯。虞死后，其子燮因晋水改唐为晋，晋国历史由此开始。后人在悬瓮山下的晋水源头建祠立庙，以祭祀晋国的这位首任诸侯。这就是唐叔虞祠（也称晋王祠、晋祠）的最早来历。周贞定王十六年（前453年），权臣智伯胁迫韩、魏于叔虞祠旁筑渠引晋水灌晋阳城，后被赵与韩、魏联合攻灭。晋国遂一分为

晋祠大门

三，史称"三家分晋"。智伯渠是留在晋祠的较早遗迹。历史上最早记载晋祠的文献为5世纪北魏地理学家郦道元所著的《水经注》："沼西际山枕水有唐叔虞祠。水侧有凉堂，结飞梁于水上，左右杂树交荫，稀见曦景。"北齐魏收的《魏书地形志》载："晋阳西南有悬瓮山，一名龙山，晋水所出，东入汾，有晋王祠。"

北齐天保年间（550～559年），皇帝高洋在晋祠"大起楼观，穿筑池塘"。建难老、善利泉亭，凿池塘、架飞梁、又筑八角池，因善利泉水汇入智伯渠，再修宝墨堂、清华堂、环翠亭等。另在祠外的悬瓮山上建起望川亭。北齐天统五年（569年），晋王祠改称大崇皇寺。唐高祖李渊自太原起家，尉迟敬德于唐武德五年（622年）奉敕将高祖别墅改建为十方奉圣禅寺，将隋开皇年间所建的舍利生生塔包括在内。唐贞观二十年（646年）正月

二十六日，李世民亲撰铭文，刻石立碑《晋祠之铭并序》。五代时期，后晋天福六年（941年），石敬瑭封叔虞为兴安王，晋祠遂称兴安王祠。宋太平兴国四年（979年），宋太宗攻克晋阳，历时5年扩建晋祠，并御笔《新修晋祠碑铭并序》碑。宋天圣年间（1023～1032年），宋仁宗封叔虞为汾东王，建女郎祠于水源之西（邑姜祠）。宋熙宁年间（1068～1077年），神宗追封邑姜为昭济圣母，邑姜祠遂称圣母殿。后在殿前翻修鱼沼飞梁，铸铁人以壮"神仪"。宋崇宁元年（1102年）至宣和五年（1123年），重建圣母殿，晋祠改称惠远祠。金大定八年（1168年）建供奉圣母的享堂——献殿。蒙古乃马真后元年（1242年），新建惠远祠外门——景清门。元世祖至元四年（1267年），重修汾东王庙（唐叔祠）；致和元年（1328年），重建苗裔堂。明朝恢复晋祠的原

晋祠圣母殿

貌。重修苗裔堂，修葺难老泉亭，重建叔虞祠。明嘉靖十一年（1532年），建晋溪园；嘉靖十二年（1533年），建晋水贤祠（王琼祠）、台骀庙；嘉靖二十七年（1548年），始建伴云亭；嘉靖四十二年（1563年），建水母楼；万历四年（1576年），创建对越坊；万历三十四年（1606年），建钟鼓楼、白鹤亭、昊天神祠、水镜台、胜瀛楼等。至此，以"水镜台—会仙桥—金人台—对越坊—钟鼓楼—献殿—鱼沼飞梁—圣母殿"为中轴线的布局基本形成。清朝，晋祠有较大的修葺和兴建。康熙五十七年（1718年），建待风轩；雍正八年（1730年），修公输祠神龛；乾隆时，建均天乐台，重建舍利生生塔，改建贞观宝翰亭，摹钩唐碑，扩建文昌宫，建诗榭，题晋祠内外八景诗，刻《柏月山房记》，将昊天神祠扩建成关帝庙、三清洞、玉皇阁及东西配殿；道光时，重修水母楼。晋祠儒、释、道内容齐全，规模更大了。中华人民共和国成立后，在原有的基础上，经过整修和重建，晋祠形成以中轴线为主贯穿南北的综合性古建筑群。中轴线上，从新大门起，依次经水镜台、金人台、对越坊、钟鼓楼、献殿、鱼沼飞梁至圣母殿，为晋祠的主体。中轴线以北部分，从文昌宫起，经东岳祠、昊天神祠、均天乐台、唐碑亭、叔虞祠、苗裔堂至老君洞、读书台、三台阁。中轴线以南部分，自胜

晋祠圣母殿宋代彩绘侍女

瀛楼，经白鹤亭、傅山纪念馆、三圣祠、难老泉、水母楼到公输子祠、台骀庙。最南区，由晋溪书院、董寿平美术馆，进景清门入奉圣寺，穿浮屠院、留山园可至翰香馆、西湖。

圣母殿、献殿、鱼沼飞梁为晋祠三大国宝建筑；难老泉、宋塑侍女、周柏为晋祠"三绝"；"水镜台""对越""难老"被称为晋祠三大名匾；《晋祠之铭并序》碑、《华严经》石幢、《柏月山房记》砖刻为晋祠三大铭刻；曹溶《晋祠纪游十二首》、厓树令《重建晋祠碑亭记》、傅山《晋源之柏第一章》为晋祠文、史、书三绝。

水镜台是明代所建的专用酬神演戏的水镜台。从背面视之，上部为重檐歇山顶，下部

有室。由正面视之，上部呈单檐卷棚式顶（清代补筑），下部则为戏台形，三面开阔，台的四周均有疏朗的走廊。水镜台挂有两匾，东面悬"三晋名泉"匾，西面正中悬"水镜台"匾，"水镜"二字取自于班固的《汉书·韩安国传》"清水明镜不可以形逃"句。献殿居于对越坊、钟鼓楼和鱼沼飞梁间，明、清皆补修过。殿为单檐歇山顶，面阔三间，进深二间。明间前后辟门，为穿越过道，内视梁架斗拱五铺作，殿身无壁，筑坚固槛墙，上直棂窗栅栏，使整个大殿形似凉亭，显得宽敞。献殿为古建筑中的瑰宝。在献殿陈列有一组元代乐伎塑像，其中12人手持不同的乐器，是研究中国乐器发展和音乐史的实物资料。鱼沼飞梁是连接献殿与圣母殿之间的池沼和桥梁。古称圆形水塘为池，方形水塘为"沼"，沼中养鱼，故称鱼沼。鱼沼为晋水第二大源泉。沼中立34根八角形石柱，柱顶架斗拱和梁木，纵横连跨，其上承托"十"字形石砌桥面，东西宽19.5米，南北宽13.8米。整个造型有如巨鸟展翅，作翩翩欲飞状，故称飞梁。飞梁和鱼沼合称鱼沼飞梁。飞梁的创建年代，已难考证。在北魏时期郦道元的《水经注》中已有明确记载："水侧有凉堂，结飞梁于水上。"宋天圣年重建。这座十字桥是中国的国宝，建筑学家梁思成说："此是十字桥，在古画中偶见，实物仅此一例，洵属可贵。"在世界建筑史上也属罕见。圣母殿位于中轴线的末端，是晋祠的主体建筑，也是晋祠内最古老的建筑。大殿作重檐歇山顶，筒、板瓦覆盖，黄绿色琉璃剪边，面阔七间，进深六间。前檐柱上饰8条木雕蟠龙，是中国木雕蟠龙遗存最早的实例。大殿内完整地保存了43尊彩绘塑像，除神龛内2尊小像为后补外，其余都是宋代原塑，为晋祠

晋祠水镜台西侧

晋祠水母楼

文物精华所在。水母楼坐西向东，位于圣母殿南侧，又名梳妆楼、水晶宫。清道光二十四年（1844年）重修。重檐歇山顶双重楼阁式建筑，四周围廊。楼下为一明两暗石洞三窟，中间窟设铜铸水母端坐于瓮形座上。楼上二层为木构建筑，面宽三间，进深二间，楼前檐高悬杨二酉"悬山响玉"横匾。楼中央神龛塑水母娘娘坐像，两旁分立8尊风格别致的侍女像。

唐叔虞祠坐北朝南，西依景宜园，东与关帝庙相连，前临八角莲池，是一座独立的前后院庙宇建筑。祠门上悬挂篆书"唐叔祠"立匾。唐叔祠山门高耸，台阶25层。前院围廊四绕，布局对称，中有献殿，面阔三间，进深两间，卷棚歇山顶。后院正殿面宽五间，进深四间，单檐歇山顶，前廊有6根圆柱，外观为重檐式样。殿内神龛内塑有身穿蟒袍，手握玉圭的叔虞坐像，两个侍童分立两旁，神龛下有文武二侍臣各侍左右。神龛两旁柱上盘绕两条泥塑盘龙。殿外楹柱上有光绪年太原县事安岳王炳麟攥书楹联："悬翁庆灵长，锡兹难老；分圭遗后泽，惠我无疆。"大殿前廊东西两面各竖《重修汾东王庙记》《重修唐叔虞祠记》两块石碑。唐叔虞是西周时期晋国的开国诸侯，

晋祠本来是祭祀唐叔虞的祠堂，唐叔虞祠也是晋祠最早建筑之一，从宋代开始，其主体地位渐被圣母殿所取代。遗存唐叔虞祠，为清乾隆三十六年（1771年）修缮、扩建。

晋祠的历史价值由文献和实物载体两部分组成。《晋祠铭》不仅是一块孤立的书法碑，可供后人欣赏，它还集中记载了唐太宗李世民的治国思想、审美观念和对神灵的态度，铭文记载了唐代晋祠的规模、山水特征和建筑概况，是研究晋祠历史的第一手资料。海外华人"王氏联议会"把晋祠王琼祠看成是"太原王"的根基，每年都吸引大批海外王氏华人回乡祭扫，寻根问祖。圣母殿内神龛之中42尊侍女像在塑像的具体刻画上，以当地妇女为粉本，采用和真人相仿的形式，力求表现人物内心的复杂情感，塑造了世俗生活的场景和形象，显示出极高的艺术水平。晋祠依托悬瓮山和晋水的特殊自然环境，山水环境得到了开发、利用，具有了风景和生态学方面的价值。

1952年，太原市人民政府批准成立山西晋祠古迹保养所。1953年，对鱼沼飞梁进行维修，基本保持原有风貌。1955年，采用原材料，依照原式样，翻修献殿。1961年3月4日，晋祠被国务院公布为第一批全国重点文物保护单位，编号1-0085-3-038。1964年，改建傅山纪念馆。1984年，重建待风轩。1990年，山西晋祠文物保护管理所更名为太原市晋祠博物馆。同年，新建董寿平美术馆。1992年，维修晋溪书院。1993～1996年，落架翻修圣母殿，此项工程由山西省古建筑保护研究所负责进行，同时对圣母殿做了全面的勘察测量，取得大量准确的数据，发现一批重要的题记和文

物。近年还迁建奉圣寺大殿、翰香馆，开挖西湖、堆积假山、种植草坪，重塑奉圣寺各殿佛像。2002年8月27日，印发《关于公布太原晋阳古城遗址等102处全国重点文物保护单位保护范围的通知》，确定晋祠的保护范围及建设控制地带。

陈太尉宫　是一座民间祠庙，位于福建省罗源县中房镇乾溪村。

陈太尉宫，原称陈氏宗祠，始建于五代后梁开平三年（909年），建者为陈苏。据《罗源县志》和《曹峰陈氏宗谱》记载，陈苏（831～915年），原籍河南光州固始县，随闽王王审知南迁，定居中房乡曹湾（又名曹峰，属乾溪村曹湾自然村），成为罗源陈氏开基始祖。陈苏卒后，乡人感慕其德，尊为神，在家祠内立像祀奉，祠取名"高行先生祠"。南宋嘉定二年（1209年），陈苏十五代孙陈庆，因

陈太尉宫大门

征战有功，死后亦尊为神，配享英惠殿，并扩建高行祠，改称陈太尉宫。宋、明、清重修，扩建形成有戏台、正殿、配殿、两楼廊（看台）、牌楼式八字门墙的具有宋、明、清各时代建筑风格的古建筑群。

陈太尉宫占地面积1155平方米。坐西向东偏南，依次为宫门、戏台（门后）、石铺前庭、庭院左右庑殿、大殿等。左右山墙与宫后

陈太尉宫

墙均用砖砌。大门外石刻对联云："祖殿重修，永镇河川崇祀典；虬松倒插，长缥丰里显威灵。"可看作是殿堂扩建的记述。大殿为中轴线上主要建筑，宋代原构建筑单开间，进深三间，前廊后堂。用櫍礩，梭形柱，抬梁式构架。檐下斗拱为双杪单下昂单拱六铺作偷心造。前后各用三朵补间铺作，两山，柱间只用一朵补间铺作。单檐九脊顶，高9米。明代后扩建大殿，更改后檐，并增加后廊，清代增添下檐。大殿遗存为面阔三间，进深分作前后两部分。前殿身进深三间，后殿身进深二间，前后相交部为一间做通道。根据分析，陈太尉宫大殿仅当心间的进深二至五柱间为宋代原构，且结构完整。正殿副阶周匝以及后殿部分均为后期增建，屋面也因增建进行改变，脊檩向后移了一个步架，并相应增高，增高的部分为穿斗式的草架。据推断原来的屋面可能是歇

陈太尉宫大殿梁架

山顶。仅从宋代的原构来看，柱头间以月梁形阑额相连，补间铺作三朵，柱头铺作为双杪双下昂（因后期增建前副阶，改为昂下昂）六铺作，耍头出插昂，单拱偷心造。进深二间补间铺作各一朵，金柱间扶壁拱以单拱素方垒叠。大殿梁架形式独特，在无柱的情况下，采用减柱，利用山面缝架作为支撑，代替内柱。

明、清陆续添建的左右庑殿、戏台、山门，均为穿斗式构架，歇山顶。左配殿坐西向东，始建于南宋嘉熙三年（1239年），面阔三间，进深六间，建筑面积158平方米，立梭形柱20根。明间主柱采用柱头科斗拱重叠，通过斗拱把屋面的负荷过渡到各柱柱顶，上方六角形藻井用斗拱装饰，雀替刻有卷草式云纹，具有南宋后期建筑艺术风格。右配殿建于明万历年间，建筑仿宋制。建筑面积、柱子数量与左配殿相同。不同之处在于明间藻井斗拱装饰、瓜柱、斗拱刻有精美花纹，显现明朝后期建筑特色。戏台位于大殿前方，为清同治五年（1866年）建造。占地面积324.83平方米。戏台左右两侧建有包厢，与左右配殿相连。戏台上方结八角形藻井，装饰斗拱，藻井中间绘画。戏台前沿装饰雕刻花鸟等图案，工艺精湛。戏台与大殿间为120平方米的天井。宫门斗拱支檐，飞翼高翘，雄伟壮观。

陈太尉宫整体建筑建造时间前后跨越800多年，在建筑设计和营造上集五代、宋、明、清各朝代建筑艺术风格于一体。大殿建筑梭柱粗壮，栌斗硕大，拱头卷杀无瓣，单拱华拱偷心，重拱素枋重复叠置；柱头不施普拍枋，阑额出头，垂直搭交，且垂直平截；外檐铺作为外转六铺作、单拱、双杪、单下昂出三跳；补

间铺作三朵做法等特征，是研究中国古建筑的一个重要物证，是民间家祠建筑群中杰出的范例。其建筑技术高超，被誉为中国古代建筑实物博物馆。

1980年，陈太尉宫被罗源县列为第一批县文物保护单位。1985年，陈太尉宫被列为福建省第二批省级文物保护单位。2001年6月25日，陈太尉宫被国务院公布为第五批全国重点文物保护单位，编号5-0326-3-132。2004年，福州市文物管理局制定全国重点文物保护单位记录档案。2010～2012年，国家文物局划拨资金用于陈太尉宫修缮。2011年，国家文物局批复修缮方案。2016年，福建省人民政府印发《关于公布全国重点文物保护单位（第四至七批）保护范围的通知》，公布陈太尉宫的保护范围。同年11月，福建省文化厅、省住房和城乡建设厅印发《关于公布省级以上文物保护单位建设控制地带的通知》，公布重新划定的建设控制地带。陈太尉宫由中房镇政府负责管理。

五公祠　是典型岭南建筑风格的古建筑群，位于海南省海口市琼山区海府路169号。

浮粟泉是五公祠古建筑群的肇始。北宋绍圣四年（1097年），苏东坡贬谪儋州，在此"指凿"浮粟泉，后立洞酌亭。北宋末年，苏东坡奉诏北归，郡人在此建东坡读书处，后开设东坡书院，为海南最早的书院之一。南宋嘉泰二年（1202年）重修浮粟泉及院内洞酌亭、临清亭、濯缨亭、锦衣堂。元延祐年间（1314～1320年），东坡书院置学田、取租资费、广招生徒，成为全国闻名的书院之一。延祐二年（1315年），海北海南廉访司副使拜都（蒙古族）在东坡书院立学田碑，保障书院的经费来源。明万历四十三年（1615年），郡守谢继科创建苏泉书院（亦称粟泉书院）。清乾隆十年（1745年），郡守丁焴、琼山知县杨宗秉倡议官民捐献廉俸，重建苏泉书院，聘请国内名师杨缵烈为书院院长、主讲。光绪十五年（1889年），重建和整修东坡书院，创建海南第一楼五公祠，修建学圃堂、五公精舍（又名西斋）。民国4年（1915年）初夏，重修海南第一楼，移建观稼亭于五公祠右，改称观稼轩；将苏公祠东的昭忠祠改建为两伏波祠和拜

五公祠远景

五公祠左侧立面

观稼堂大门

亭，在龙王、风神两庙遗址处辟为琼园，重修园内粟泉亭、洗心轩，筑游仙洞（假山），砌莲花池，并得一泉"济泉"，"尽复前贤名胜"，形成今日五公祠的古建园林格局。

五公祠建筑群占地面积5.38万平方米，建筑面积4481平方米。主要建筑坐西向东，四组院落横向布局，东西相距80米，南北相距110米。自南向北第一重院落由海南第一楼、五公碑廊、观稼堂、学圃堂、西斋、东斋组成；第二重院落由苏公祠及大门组成；第三重院落由洞酌亭、两伏波祠、拜亭组成，拜亭内有宋徽宗神霄玉清万寿宫诏碑；第四重院落为琼园，园内有粟泉亭、洗心轩、浮粟泉、妙贞塔、碑廊、游仙洞，碑廊内陈列历代碑刻20余通。

五公祠，又称海南第一楼。坐西向东，两层建筑，面阔三间17.5米，进深三间12.3米，高11.5米，建筑面积430.5平方米。下设有石平台和石台阶，东、南、北三面建有回廊；西面为歇山墙；内屋顶七架抬梁式绿色琉璃瓦顶，四角攒尖；楼内纵横各4排，共16根圆木立柱直通楼顶，柱下立于石鼓形柱础上。因纪念五位唐宋时期被贬谪海南的贤臣：唐宰相李德裕，宋宰相李纲、赵鼎及大学士胡铨和李光

而得名。李德裕（787～850年），赵郡赞皇（河北赞皇）人，晚唐重臣，曾两度为相，内制宦官，外抑藩镇，因陷朋党之争，被贬崖州当司户，于贫病中去世。赵鼎（1085～1147年），山西闻喜人，宋高宗时两度为相，力主抗金，受秦桧迫害，一贬再贬至言阳军（海南省三亚市）。李光（？～1155年），浙江上虞人。宋高宗时曾任参知政事，因揭发秦桧而被贬至琼州昌化军，居琼长达20年。李纲（1085～1140年），福建邵武人，两宋之际抗金名臣，南宋高宗初年仅做75天宰相即被诬贬潭州，1129年移万安军（海南省万宁市）安置，后遇赦北归。胡铨（1101～1190年），江西庐陵人，宋高宗时曾任院编修，为主战

两伏波祠

派中坚，遭秦桧迫害，一贬再贬至吉阳军（海南省三亚市），后赦还。五公皆为唐宋时期的贤臣名相，忠义之士，为精忠报国而遭贬谪来到海南岛。他们在琼崖兴办公益事业，垂教兴文，传播中原文化和培养人才，做出一定的贡献。故五公祠有两副对联："唐嗟未造，宋恨偏安，天地几人才置诸海外；道契前贤，教兴后学，乾坤有正气在此楼中""只知有国，未知有身，任凭千般折磨，益坚其志；先其所忧，后其所乐，但愿群才奋起，莫负斯楼"，备载五公英烈之气和后人追慕之情。

观稼堂位于五公祠北侧。面阔三间，屋内4根圆木立柱，鼓形石柱础，五架抬梁式，前出檐，廊下二柱，格榥门窗。五公精舍是五公祠精舍的简称，位于五公祠南侧，面阔七间，单檐硬山墙，面北有廊，五架抬梁式木结构。学圃堂位于五公祠南侧，与五公精舍一起合称西斋，面阔三间，五架抬梁式，前出檐，廊下二柱，格榥门窗。五公祠碑廊位于五公祠院内北侧，一面坡式廊坊建筑，廊下竖立四通石碑，从西至东依次是《唐李卫公传》《宋李忠定公、李庄简公传》《宋赵忠简公传》《宋胡忠简公传》四碑。苏公祠位于五公祠的北侧，主要由大门及苏公祠堂组成。大门坐西朝东，面阔三间，单檐硬山，前出檐，五架抬梁式。苏公祠堂位于院内西墙处，坐西朝东。面阔三间，单檐硬山墙，七架抬梁式木构架，前有廊，廊下两根圆木柱，鼓形柱础。洞酌亭位于两伏波祠的东南角，面阔三间，单檐硬山墙，四根圆木立柱，七架抬梁式，前出檐。拜亭亦称古凉亭，位于洞酌亭和两伏波祠之间，面阔

三间，四面坡顶，七架抬梁式，亭内竖立一通宋徽宗神霄玉清万寿宫诏碑。两伏波祠，面阔三间，前出檐，七架抬梁式，单檐硬山。浮粟泉，即院内东南角的一口泉眼，南、北石壁上刻清代名人题记。粟泉亭，八角攒尖式，单檐，硬山，四周回廊。洗心轩，面阔三间四周回廊，单檐歇山，九架抬梁式。

五公祠始建于北宋，至民国时期，建造和扩建时间延续近千年，其是为纪念唐宋时期被贬海南的历史人物为维护国家统一和巩固海疆所做出巨大贡献的业绩，也是海南古代劳动人民勤劳智慧的结晶，自古被誉为"琼台胜境"，是海南第一名胜。五公祠建筑规模宏大，保存基本完整，集亭、台、楼、阁、轩、泉、山、水、林、穴等自然与人文景观于一体，整体建筑群落朴素、典雅，建筑风格明显受到岭南地区古建筑的影响以及南洋建筑特色的因素，总体上来看，具有鲜明的海南地域建筑文化特征。

中华人民共和国成立后，多次对部分建筑物进行小规模重修。1955年，五公祠被广东省人民委员会公布为省级文物保护单位。1956年，成立海口市五公祠管理处，负责五公祠保护工作。1994～1996年，海口市政府投资修建五公祠陈列馆。2000年7月28日，海口市人民政府印发《关于五公祠中共琼崖第一次代表大会旧址的保护范围和建设控制地带的批复》，划定五公祠的保护范围和建设控制地带。2001年6月25日，五公祠被国务院公布为第五批全国重点文物保护单位，编号5-0441-3-247。2003年，国家文物局批复对五公祠进行大修，历时一年完成。

则天庙 是一处以祭祀水母为名实则祀奉女皇武则天的纪念性祠宇，位于山西省文水县城北5千米南徐村北侧。

武则天是中国历史上唯一的女皇帝，是封建时代杰出的女政治家。在唐代曾发挥过重要的作用和影响。则天庙始建于唐，金皇统五年（1145年）重建，明正统十三年（1448年）及清康熙、乾隆、光绪年间屡有修葺。

则天庙坐北朝南，占地面积1800平方米。山门为清代建筑，清朝初年，因对武则天称帝评价的负面影响，庙曾被更名为水母庙，清末又复其名。下部为砖券拱门、上部为乐楼。正殿位居院内正北面，左右有东西厢房、钟鼓楼。寺庙规模较小，布局严谨。正殿建于金皇统五年（1145年），面阔三间，进深六椽，布灰筒板瓦覆盖，单檐歇山顶。殿明间设板门，次间置直棂窗，柱头卷杀明显，檐柱均砌入壁内。柱头斗拱五铺作单杪单下昂，里转单杪，耍头直承乳栿。殿内后槽二金柱，巧妙地安置在神龛两侧，使殿内空间宽敞。梁架结构简明，五椽栿对后劄牵用三柱，四椽栿上置鸳鸯交首拱与金槫、平梁交构，平梁上置侏儒柱、驼峰、叉手、丁华抹颏拱共承脊槫。殿内神龛装饰彩绘富丽，内奉则天圣母像。殿顶有部分唐瓦以及神龛基座下的唐代绳纹砖，均为大殿历史的佐证。大殿内梁架、斗拱、门窗、门墩等均属金代原制，制作规整，手法洗练。

则天庙，具有较高的历史、科学和艺术价值。庙内遗存大殿仍保留有金代风格，是研究古代建筑的珍贵实物资料。戏台上保存有清末

则天庙正殿

则天庙近景

则天庙乐楼

至民国初年戏剧演出题记71条，是研究地方戏剧史的宝贵资料。

1983年，国家文物局、山西省文物局下拨专项资金对则天庙进行维修，至1993年10月，恢复偏殿、配殿、禾楼，维修正殿、山门，武则天汉白玉雕像等50多间建筑。1998年，配合山西省考古技术人员，对攀龙台碑和武氏祖墓进行调查和钻探工作，对则天庙进行较全面的

则天庙钟楼

调查和维修保护工作。2013年，国家文物局批准则天庙保护维修项目立项；2014年，山西省文物局批准则天庙保护维修方案；同年9月，则天庙修缮工程开工建设，主要包括东西配殿、东西廊房、山门、地面四项。1987年12月，成立武则天纪念馆，负责则天庙的文物保护工作。1996年11月20日，则天庙被国务院公布为第四批全国重点文物保护单位，编号4-0100-3-022。2002年8月27日，山西省人民政府印发《关于公布太原晋阳古城遗址等102处全国重点文物保护单位保护范围的通知》，公布则天庙的保护范围及建设控制地带范围。则天庙全国重点文物保护单位记录档案保存于山西省古建筑保护研究所。

楠溪江宗祠建筑群 是楠溪江流域明清宗祠建筑的典型代表，由永嘉郡祠、孝思祠、季氏大宗祠、邵氏大宗祠、郑氏大宗祠、谢氏大宗祠、叶氏大宗祠、陈氏大宗祠8座祠堂组成，分布于浙江省永嘉县碧莲镇、岩坦镇、花坦乡、潘坑乡、五尺乡、东皋乡、沙头镇、大若岩镇。

季氏宗祠位于岩坦镇岩龙村，始建于明正统十四年（1449年）。宗祠临水面山，门前

楠溪江宗祠建筑群之季氏宗祠

楠溪江宗祠建筑群之叶氏宗祠门厅

一古樟遮天蔽日。宗祠入口处设有木门块石围墙，由前厅、厢廊、正厅与戏台组成"回"字形平面格局，主体建筑五开间，占地约430平方米。邵氏大宗祠位于碧莲镇邵园村，建于明朝末年，清代曾扩建，建筑坐北朝南，由照壁、前厅、戏台、左右厢廊、正厅组成，占地面积约1000平方米，保存较好，主体建筑五开间，雕刻、彩绘工艺精湛。永嘉郡祠位于碧莲镇上村，是村内的刘氏宗祠，始建于元至正二十七年（1367年），名追远堂。明洪武元年（1368年）赐永嘉郡祠名，后御赐建中山圣旨亭，明中期重建。历经明清修缮，遗存建筑基本保持明代风格。宗祠由前堂、戏台、正堂等组成四合院式。平面呈纵长方形，占地面积1138平方米。孝思祠位于花坦乡廊二村，始建于明孝宗弘治元年（1488年）。坐西朝东，占地面积1200平方米，南北长34.8米，东西阔26.3米，由山门、两厢、戏台、正厅组成合院式建筑。祠前设照壁山门、正厅五开间，正厅悬山顶，出檐深远，用材粗壮，戏台八角藻井满绘彩画。陈氏大宗祠位于大若岩镇玉泉村中心，始建于宋建炎三年（1129年）。历经明清修缮，现前厅和正堂基本保持明代建筑风格。

由前厅、戏台、正堂及厢廊组成四合院式，平面呈纵长方形，占地面积约为900平方米。叶氏大宗祠位于沙头镇上方村村东部，始建于明弘治年间，清代有改、扩建及修缮，现存建筑保存较多明代特征。建筑坐北朝南，由照壁、门厅、前厅（已毁）、戏台、两厢和正厅组成，两进院落，主体平面呈"日"字形，占地面积约1200平方米。东邻郑延寿民居，南对郑庆周民居，西接郑国民民居，北靠大房山。郑氏大宗祠位于岩头镇玉泉村中心，始建于明代。坐北朝南，由前厅、戏台、正厅、左右厢廊、天井等组成四合院建筑，建筑整体呈纵长方形，占地面积约500平方米，保存较好。郑氏大宗祠用材粗壮、刀法简练，浑圆的耍头，

楠溪江宗祠建筑群之陈氏宗祠

楠溪江宗祠建筑群之郑氏宗祠

丰满的月梁，简洁而自然的精美雕刻体现了明代的风格。谢氏大宗祠位于东皋乡蓬溪村北部，始建于明中期，具有典型的地方风格。建筑坐西朝东，门廊、厢廊和享堂围合形成四合院落，院子东侧中央设戏台。谢氏大宗祠布局规整，结构合理，用材粗壮，整组建筑占地面积为900平方米，保存完整。

楠溪江宗祠建筑群的日常维护、业务指导及管理等工作由永嘉县文物馆负责。1997年8月，永嘉郡祠和孝思祠被公布为浙江省第四批文物保护单位。2005年3月，浙江省文物局批复永嘉郡祠、孝思祠实施修缮。2011年1月7日，季氏宗祠、邵氏大宗、陈氏大宗、叶氏大宗、郑氏大宗、谢氏大宗等6个宗祠作为楠溪江宗祠建筑群，被浙江省人民政府公布为第六批浙江省文物保护单位。2013年3月5日，永嘉郡祠、孝思祠与上述6个宗祠合并为楠溪江宗祠建筑群，被国务院公布为第七批国家重点文物保护单位，编号7-1010-3-308。2013年7月，浙江省文物局批复郑氏大宗祠修缮方案，同年11月，实施修缮。2014年12月，修缮季氏、邵氏两大宗祠。2014年7月29日，浙江省文物局发布《关于永嘉县楠溪江建筑群之西源谷氏大宗、蓬溪谢氏宗祠和叶氏大宗祠抢救性修缮工程设计方案的批复》，8月对叶氏大宗祠屋顶、谢氏大宗祠北厢房2间进行抢救性修缮。2014年，浙江省政府办公厅发布《浙江省人民政府关于划定郊

楠溪江宗祠建筑群之邵氏宗祠

坛下和老虎洞窑址75处文物保护单位保护范围和建设控制地带的批复》，公布楠溪江宗祠建筑群的保护范围和建设控制地带。2015年，永嘉县文物馆建立楠溪江宗祠建筑群的全国重点文物保护单位记录档案。

韩城大禹庙 原名大夏禹王庙，为元代始建祭祀禹王的庙宇，位于陕西省韩城市城东2千米黄河崖畔新城办周原村。

有关大禹治水的传说，见诸《史记》等文献。据献殿石柱题刻和庙碑记载，韩城大禹庙始建于元大德五年（1301年），明万历七年（1579年）重修，清顺治十八年（1661年）、乾隆十一年（1746年）及二十三年（1758年）和咸丰四年（1854年）相继修葺。

韩城大禹庙占地面积2625平方米，坐北朝

韩城大禹庙献殿

南，遗存主体建筑分布于南北轴线上。庙院南端入口处牌坊为后期修建，山门为原址复建；献殿和寝殿为元代遗构，两殿以卷棚搭连，与接处辟券门；轴线西侧为偏院，存清代偏殿1座。庙内有明万历七年（1579年）"重修大夏禹王庙碑"1通、清嘉庆款"大禹庙"木匾1方。

大禹庙寝殿东山墙壁画

献殿平面呈长方形，面阔三间11.8米，进深四椽7.6米，硬山灰瓦顶。前后檐柱上均施一根通长大额（圆木）代替普拍枋，其下不用阑额，只施绰幕枋。前檐当心间用两根八角形砂石立柱，每柱正中浮雕1朵莲花；东侧石柱上部阴刻"时大元国大德五年岁次辛丑孟夏置"等字样。殿内梁架为明栿做法，通檐用四椽栿，其上承托平梁，梁栿各支点上均用蜀柱；平梁中间立蜀柱，柱头置坐斗，上托脊槫，北侧用叉手，南侧则用短梁短柱，上托平槫（应为后世所加），槫下设槫枋；四椽栿与平梁之间用驼峰，上置三只坐斗承托替木，替木则托住平梁下皮。前、后檐当心间无斗拱，次间置补间铺作四朵。后檐当心间立柱柱头上有卷杀，前后檐角柱均有生起和侧脚，柱础均为素面覆盆式。使用减柱造，做成明三暗五形式，每缝梁架均与檐柱不对缝。寝殿平面呈长方形，面阔三间12米，进深四椽7.2米，悬山灰瓦顶。前檐柱使用普拍枋；后檐柱上则不用，砖墙一直砌筑到梁栿下皮。殿内梁架用明栿做法，梁栿均采用圆木，四椽栿与平梁之间交点使用驼峰，平梁中间置蜀柱，其上安坐斗，上承脊槫，唯南侧用叉手固定。前檐下施柱头铺作，无补间铺作，斗拱形式为四铺作里外并一杪，外檐华拱上承替木，其上为撩檐槫。前檐当心间、次间各辟六扇槅扇门。殿内设神龛，内置彩塑泥像11尊，正中为禹王坐像，高2.15米；神龛内壁绘有"唐僧取经""孙悟空收降红孩儿"以及"郭子仪单骑见回纥"和"八仙过海""天官赐福"等内容壁画。经鉴定，泥塑、壁画为明万历七年重修时的作品。偏殿为清代建筑。面阔三间11.1

米，进深二椽4.6米，硬山灰瓦顶。殿内梁架结构较简单。

1984年5月，韩城市人民政府公布大禹庙为韩城市文物保护单位。1996年11月20日，韩城大禹庙被国务院公布为第四批全国重点文物保护单位，编号4-0126-3-048。1997年，国家文物局和陕西省文物局拨付专款进行全面维修。1998年11月，韩城市人民政府批复《关于划定全国重点文物保护单位韩城大禹庙保护范围的报告》，划定韩城大禹庙的保护范围和建设控制地带。

南阳武侯祠　是为纪念三国时期政治家、军事家诸葛亮"躬耕于南阳"而兴建的一座纪念祠庙，又名诸葛庐，俗称诸葛亮庵，位于河南省南阳市城区西南部的卧龙岗上。

《明嘉靖南阳府志校注》和清康熙《卧龙岗志》载，南阳武侯祠始建于魏晋时期。诸葛亮病逝五丈原后，蜀国故将黄权率族人在他昔日躬耕的南阳卧龙岗上建庵祭祀，时称诸葛庵。晋代形成祭拜诸葛亮的祠庙。唐代，南阳诸葛庐已名扬天下。诗人刘禹锡《陋室铭》中称："南阳诸葛庐，西蜀子云亭。"南宋绍兴八年（1138年），岳飞北伐途经南阳，雨夜宿武侯祠，"更深秉烛，细观壁间昔贤所赞先生文词、诗赋及祠前石刻二表，不觉泪下如雨"，于是挥泪手书诸葛亮前后《出师表》和"还我河山"以表报国之志，成为南阳卧龙岗书法艺术的千古绝唱。元大德二年（1298年）南阳监郡马哈马倡议重修武侯祠，塑诸葛亮像、割附近土地13.33万平方米为祭田。元延祐二年（1315年），经中书省平章政事与翰林集议奏请，元仁宗给南阳卧龙岗诸葛亮庙宇命名为武侯祠。明清两代，武侯祠屡有修葺，规模恢宏。明嘉靖七年（1528年），世宗敕赐门额"忠武"及春秋祭祀庙规；嘉靖十八年（1539年）三月八日 世宗特遣驸马都尉邬景和到南阳致祭。南阳武侯祠的地位和声誉日隆，规模更加壮观。清康熙五十年（1711年）知府罗景主持重修武侯祠，并依前人"龙岗全图"复建卧龙岗十景，即草庐、古柏亭、梁父岩、抱膝石、半月台、老龙洞、野云庵、诸葛井、躬耕亭、小虹桥等。古建筑群基本保存元以来的布局，木构建筑多为明宣德以后重建或增建。

南阳武侯祠坐西向东偏南，占地面积16.67万平方米，遗存建筑180余间，建筑面积1.3万平方米。主要建筑采用纵轴线布局。自祠外大门台阶、神道为起点，沿纵长250米中轴线依次布列千古人龙石牌坊、汉昭烈皇帝三顾处石

牌坊、仙人桥、山门、大拜殿、茅庐、宁远楼等多座建筑，两侧依次对称布列的忠武侯躬耕处碑、诸葛井、碑廊、野云庵、古柏亭、伴月台、老龙洞、躬耕亭等建筑，形成两进廊庑四合院落。武侯祠的两侧并列两组建筑，右边为二进四合道房院；左侧为三顾祠，为有拴马亭、关张殿、三顾堂等。建筑依地形而分布，轴线依次增高，形成前低后高趋势，共同构成一处雄伟壮观的古代建筑群。

大拜殿是武侯祠主体建筑之一，由大殿和拜殿两部分组成，平面呈正方形，面阔三间15.8米，高8米，青石铺地，前筑月台，为历代祭扫诸葛亮的主要场所。拜殿为卷棚式建筑，大殿为单檐歇山式建筑，二者浑然一体。殿内雕梁画栋，檐檩、斗拱、额坊、雀替等均饰彩绘，脊饰走兽仙人。飞檐翘角，下悬金铃风铎。大殿暖阁中有泥塑诸葛亮像。亮子诸葛

南阳武侯祠草庐

瞻、孙诸葛尚配享左右。大拜殿匾额、楹联高悬低挂，琳琅满目。诸葛草庐为八角攒尖式建筑，砖木结构，茅草盖顶，木雕回廊，古朴简陋。草庐八角挑起，悬挂8只风铃。庐内竖立明成化十四年（1478年）"汉诸葛孔明旧庐"石碑1通，庐内及门额上悬挂着于右任和郭沫若所书匾额。宁远楼又称清风楼，位于武侯祠中轴线的最后，为回廊式重檐歇山顶两层楼房，砖木结构，面阔五间17.6米；进深四间12.2米，高10.5米。三顾堂位于三顾祠内关张殿之后，面阔三间11.6米、进深一间6.1米，前出廊。殿内有刘备、诸葛亮对话的塑像，书童侍立侧旁。关张殿位于三顾祠内，硬山式砖木建筑，面阔10.75米、进深6.3米。内有关羽、张飞塑像。

在武侯祠东侧诸葛读书台下有卧龙书院，祠西南隅有龙角塔，是武侯祠的重要组成部分。卧龙书院又称诸葛书院，由房舍和学田两部分组成，是当时全国的著名书院。讲堂以诸葛亮《诫子书》中"非学无以广才，非静无以成学"之句取名静成之堂、明志之斋、广才之斋。元、明、清时期一直是南阳的最高学府之一。遗存建筑28间，前为大成殿，左为明志斋，右为广材斋，后为静成堂，均为单檐硬山抬梁木架结构。大成殿面阔五间，进深二间，屋内悬挂"诸葛书院"匾额1个，檐柱挂陈鸿寿书"验证古今，雕琢情性；刻镂声律，吐纳典谟"楹联1副。龙角塔系六角形密檐式砖塔，塔基直径3.4米、边长2米、通高11.1米，塔身七层用青砖白灰勾缝砌成，自下而上逐层收缩，第三层镌刻有题额"龙角塔"及"奎、娄、联、斗、牛"五个大字。塔身镶嵌人物、

南阳武侯祠望月楼

动植物、仙人瑞兽等砖刻图案，雕刻精细，逼真传神。塔刹由宝瓶和6个龙头组成，徐风摆动叮当作响，好似龙吟龙语。龙角塔意喻卧龙岗之龙角，蕴涵着传统堪舆理念。

南阳武侯祠有郭沫若题写的"武侯祠"匾额。祠内高悬低挂的匾额楹联150余副，挺拔苍劲的古树名木170余棵，传神逼真栩栩如生的人物塑像近20尊。自汉代以来的碑碣石刻400余通，被称为卧龙碑林。碑文内容十分丰富，记人记事歌咏题记均备，是研究武侯祠历史沿革的重要资料。《张景造土牛碑》《李孟初碑》《赵菿碑》等汉碑为世所罕见的珍品。

1956年8月，南阳武侯祠被河南省人民委员会公布为河南省第一批文物古迹保护单位。1959年10月，南阳市博物馆依托南阳武侯祠建立，负责南阳武侯祠的保护规划、古建维修、文化研究和开放管理。1963年，南阳武侯祠被

南阳武侯祠三顾堂

河南省人民委员会公布为河南省第一批文物保护单位。1996年11月20日，南阳武侯祠被国务院公布为第四批全国重点文物保护单位，编号4-0122-3-044。2001年以来，南阳市博物馆对武侯祠进行全面保护抢修，大拜殿、古柏亭、诸葛草庐、三顾堂、石碑屋、出师表廊房、执事堂、读书台、道房院厢房等相继得到修葺。2004年，根据河南省人民政府文件及河南省建设厅、河南省文物管理局联合印发的《关于公布全国重点文物保护单位保护范围和建设控制地带的通知》规定，划定南阳武侯祠的保护范围及建设控制地带范围。南阳武侯祠已经建立全国重点文物保护单位记录档案。

张桓侯祠 俗称张飞庙，是纪念三国时蜀汉名将张飞的祠庙，由张飞墓和明、清四合院式古建筑群组成，是四川地区重要的三国名胜古迹之一，也是全国历史文化名城阆中古城重要的标志性建筑。张桓侯祠位于四川省阆中市

保宁街道办事处凤凰楼居委会西衔59号。

公元221年，刘备举兵伐吴，令张飞率兵万人，自阆中至江州会合。临出发，张飞被帐下将范彊、张达杀害。张飞死后，葬于阆中，"乡人慕其忠勇，立庙祀之"。

张桓侯祠，始建年代不详。明嘉靖二十二年（1543年）《保宁府志》载阆州刺史崔善《新建巴西郡守张侯祠记》："自侯之死 迄今五百余年，土宇几更，墓田如故。仰侯之忠者，望风而兴思；知侯之功者，戢铭以纪事。

张桓侯祠大门

独庙祀既燹，人心陨隤……"北宋曾巩《雄威庙记》："州之东有张侯之冢，至今千有余年，而庙祀不废……"自张飞死后，阆中先民就在其墓前建庙祭祀。史称张侯祠、雄威庙、桓侯庙，阆中人称土主庙，清道光《保宁府志》、咸丰《阆中县志》、民国《阆中县志》皆称为桓侯庙。1700余年来张桓侯祠屡废屡兴，香火不断，一直是阆中乡人以及旅阆游客瞻拜张飞重要的活动场所，是享誉全国的重要三国名胜古迹。唐中期，阆州刺史崔善主持张桓侯祠重修，"拓墓前之故基，筑残缺之墉牖，命诸有司，鸠诸匠石，为之重饬祠宇，绘饰范仪"。北宋嘉祐年间（1056～1063年），因"比数岁连熟，阆人以为张侯之赐也，乃相与率钱，治其庙舍，大而新之"。阆州知州李献卿主持重修张桓侯祠并增大其规模。明洪武四年（1371年），阆中军民重修张桓侯祠并设像祭祀，于明洪武十二年（1379年）增修敌万楼。弘治年间，在张桓侯墓周围筑墙四十七丈（约167米），修葺其祠。万历四十八年（1620年），保宁府重修张桓侯祠。清代乾隆及道光年间，民间两次捐资对张桓侯祠进行维修，并于清道光八年（1828年）增建别院——聊园。

张桓侯祠完整保存中国传统建筑沿中轴线对称分布平面呈四合院的格局。建筑坐北向南，占地1.3万平方米，总建筑面积1616.33平方米。各单体建筑沿中轴线由南向北依次分布有山门，敌万楼，左、右牌坊，东、西厢房，以及大殿、前廊、后殿、后廊、墓亭、张飞墓

张桓侯祠敌万楼及山门

张桓侯祠大殿

及墓东侧别院——聊园。

山门位于建筑群中轴线南端，南临西街。通面阔五间20.46米，进深二间6.1米，建筑面积124.8平方米；单檐悬山式屋顶，绿色琉璃瓦屋面，正脊饰浮雕连枝荷花，两端施鸱吻，不施宝顶，青砂石板墁地。大门两侧各有耳房1间，均面阔3.17米，进深6.1米，通高6.44米；橙色琉璃瓦屋面，素面抹灰槛墙。大门及耳房梁枋等均施平涂彩绘，斗拱不施彩绘。两耳房外侧自前檐角柱向外各施绿色撇山琉璃影壁，面阔9.5米，高4.39米，下碱素面砂石砌筑，琉璃混砖腰线，上身下槛、箍头、线枋子均采用绿色琉璃砖砌筑，墙心采用中心四岔做法，如意纹折枝莲花琉璃砖岔角，如意纹盆景缠枝莲琉璃砖中心花。墙檐出两层檐，悬山式

顶，绿色琉璃瓦屋面。敌万楼建于明洪武时期，位于山门北侧10.4米处，面阔三间8米，进深三间8米，高为10.74米，建筑面积34平方米。重檐歇山顶，绿色琉璃瓦屋面，绿色琉璃龙纹正脊，施鸱吻，卷草纹垂脊、戗脊，戗脊施四只走兽。室内屋顶施天花，天花彩绘龙凤纹等瑞兽图案。前檐明间阑额下施云纹雀替，前金柱及后檐柱间施木槛墙装修，明间为六槅扇大门次间为方格眼槛窗，东、西两侧施竹骨夹泥墙和直棂窗。梁枋等均施平涂彩绘，斗拱不施彩绘。敌万楼东、西两侧，与厢房相连，各有四柱三间三楼式木结构牌坊1座，均面阔9.4米，通高6.83米。牌坊明间为通道，面阔3.4米，抬梁结构，两柱直接立于基石上，采用滚磴石固定，单檐庑殿式顶，琉璃筒瓦屋

面。两次间均面阔3米，通高4.39米，悬山式屋顶，砖砌抹灰墙，墙壁上嵌有明成化年间保宁知府李直"桓侯灵异记碑""明汉桓侯车骑将军张翼德之墓碑""重修大汉新亭侯张□□□"等碑刻。大殿位于敌万楼北侧13.9米，是整个祠庙的中心建筑，面阔五间19.07米，进深三间14.25米，通高14.22米，建筑面积271.75平方米。大殿建于1.23米高的石台基上，台基在南面正中有5级垂带式踏道，宽8米、高1米、进深1.35米。台基正面、东、西转角至前檐角柱，踏道两侧垂带上均施石勾栏，通高1.64米，栏板施浮雕车马人物图，望柱头施圆雕石狮，青砂石墁地。单檐悬山式屋顶，素筒瓦屋面。殿内彻上明造，空间开敞。前檐廊明间、次间施卷棚式顶装修，末间用平顶天花。槛墙施槅扇门装修，后檐及山墙用土坯墙抹灰。前檐柱外施雕花撑拱，阑额下施花牙，柱、梁、阑额露明部分施平涂彩绘。前廊东侧廊心墙嵌清道光九年（1829年）维修碑记，西侧廊心墙嵌张飞"立马勒铭"碑和洪武御书"纯正不曲，书如其人"石刻。殿内泥塑张飞文身坐像及马齐、张苞配像。山门至大殿东、西两侧为厢房，东侧为东厢房，面阔十三间49.1米；西侧为西厢房，面阔十间38.23米。均进深两厢房两间7.5米，通高6.3米，建筑面积654.95平方米。素面石台基，灰色砂石墁地，前檐柱为八棱柱础，高0.25米。抬梁式屋架，七檩三柱前檐单步廊结构，单檐悬山式屋顶，小青瓦屋面，灰塑条脊。廊柱与阑额、单步梁交接处施花牙装饰，槅扇门木装修槛墙。室内彻上明造，施平涂彩绘。后殿位于大殿北侧6.65米处，面阔三间16米，进深三间9.4米，通高8.35米，建筑面积150.4平方米。单檐悬山式屋顶，小青瓦屋面。室内彻上明造，前檐柱、枋等木构件上施平涂彩绘。前廊中轴线上有廊道连接大殿和后殿，俗称旱船。面阔二间6.65米、进深一间6米、通高6米，建筑面积39.9平方米。单檐卷棚式屋顶，小青瓦屋面。廊道两侧通透，阑额下施花牙装饰，平涂彩绘，廊柱间施0.45米高、0.23米宽平板座椅。

墓亭位于后殿北侧6.4米，张飞墓前。面阔三间8.24米、进深三间8.05米、通高为11.01米，建筑面积66.33平方米。重檐歇山顶建筑，绿色琉璃筒瓦屋面。亭内明间正中于墓道前起一高4.17米、宽3.5米石卷拱，卷拱内泥塑张飞武身坐像，前廊次间泥塑张飞部属押杀害张飞的范彊、张达跪坐请罪组像。墓亭两侧各出面阔2.84米、进深1.13米的雨檐1间，依墓壁竖立咏张飞诗文碑3通。后廊连接后殿和墓亭，面阔二间6.4米、进深一间6米、通高6.7米，建筑面积38.4平方米。单檐歇山式屋顶，小青瓦屋面。张飞墓与墓亭相连，墓冢略呈椭圆形，纵径32米、横径16米、高约3.6米，建筑面积428平方米。土冢四周高1.5～2.5米石墙环绕，墓上梧桐、榕树、槐树

张飞墓

等古树成荫。聊园在轴线东侧，距张飞墓11.2米，有别院1座，遗存有大门及寮房5间。大门面向张飞墓，为两柱单间牌楼式门，宽2.3米、高3.5米。悬山式屋顶。门宽1.8米，为直板门。进门向北有寮房五间21米，进深四间9.8米，高5.6米，建筑面积205.8平方米。单檐悬山式屋顶。

张桓侯祠依托张飞墓屡经兴废，遗留下来的张飞墓、张桓侯祠建筑碑刻、匾额及志书记载，传承了许多关于三国、张飞及祠庙相关的历史事件、人物等重要资料。保存完整的明清以来形成的建筑格局和建筑实物，承载了川北地区明、清建筑规划布局、造型风格、修造工艺特征及民间风俗等重要历史信息资料。其建筑及其砖雕、脊塑、木装修、彩绘、匾额、碑刻、泥塑等也都是珍贵的古代艺术品，具有重要历史、科研和艺术价值。

张桓侯祠民国后期成为驻军营地、仓库，颓败严重。中华人民共和国成立以后，张桓侯祠由阆中县文化馆使用管理。1981年3月31日，张桓侯祠被阆中县人民政府公布为第一批县级文物保护单位。1986年2月22日，阆中县人民政府批准设立阆中县文物管理所，负责全县文物和张桓侯祠使用管理。次年，南充地区行署批准阆中县文物管理所与阆中县文化馆分设。1986年10月至1987年6月，四川省对张桓侯祠进行全面修缮，对外开放参观。1991年4月16日，张飞庙更名为桓侯庙，由四川省人民政府公布为第三批省级文物保护单位。1996年11月20日，桓侯庙更名为张桓侯祠，被国务院公布为第四批全国重点文物保护单位，编号4-0158-3-080。2006年，阆中市文物管理所建

立张桓侯祠全国重点文物保护单位记录档案，存放于阆中市文物管理局。2008年5·12汶川特大地震，张桓侯祠建筑结构、屋面、墙体不同程度损毁，被列入受损文物灾后重建项目。2011年6月至2012年底，完成对张桓侯祠的全面修缮加固。2011年8月19日，阆中市文物管理所更名为阆中市文物管理局，增挂阆中市博物馆牌子，负责阆中市文物保护管理和张桓侯祠使用管理。2013年3月20日，阆中市人民政府批准设立张桓侯祠文物管理所，专门负责张桓侯祠文物保护管理工作。2014年10月31日，四川省人民政府印发文件，公布张桓侯祠保护范围及建设控制地带。

药王庙 是祭祀邳彤的庙宇，立于河北省安国市南关庙内。

药王庙所祀邳彤，字伟君，汉信都（河北冀州）人，为东汉光武帝刘秀部下二十八宿将之一。邳彤战功显赫，精于医术，经常在民间行医，深受百姓的爱戴。东汉建武六年（30年），邳彤死后，葬于安国城南门外，人们缅怀其功绩，尊其为"本州土神"，建庙而祭之。宋徽宗建中靖国元年（1101年），邳彤被追封为灵贶侯，后封为公。南宋咸淳六年

![药王庙匾额]

药王庙匾额

安国药王庙庙门

（1270年），又被加封为明灵昭惠显祐王，其庙屡有增修。清乾隆年间（1736~1795年），大学士刘墉题写"药王庙"门额。中华人民共和国成立后，多次进行修葺。

药王庙遗存建筑主要为明永乐（1403~1424年）和清嘉庆年间（1796~1820年）建造。坐东朝西，占地面积约1万平方米。

庙为三进院落，中轴线上列有牌楼、马殿、垂花门、墓亭、大殿与后殿，两侧列有钟鼓楼及名医殿、碑房等建筑。庙门前木质牌楼，建于清嘉庆二十三年（1818年），通高8.4米。牌楼两侧石狮外矗立着清道光九年（1829年）建造的铁旗杆2根，各高24米，旗杆上盘龙翔凤，铸有三层寿字吊斗，悬挂24个风铃，旗杆上还铸有一副对联："铁树双旗光射斗；神麻普荫德参天。"马殿即大门，面阔三间，布瓦顶，室内塑红、白骏马各2匹。墓亭为四角单檐歇山顶，用七踩斗拱，内有穿龙木碑，

上书"敕封明灵昭惠显祐王之墓"。大殿、后殿均为面阔、进深各三间的硬山琉璃瓦顶建筑，大殿内彩塑11躯，主像药王，两厢列文武，后殿为药王寝殿，内塑药王及夫人、侍童等像，两山山尖保存有明代壁画。南北名医殿分别供有十大名医。庙内还存有修建及重修碑11通，各时期民众、药商敬送给药王的匾额数十块。

药王庙建成后，前来进香参拜的人络绎不绝，逐渐在庙前形成药材交易市场。到明代初中期，祁州（安国）药市已成为大江南北药材交易的中心。安国被誉为"药都"和"天下第一药市"。

2001年6月25日，药王庙被国务院公布为第五批全国重点文物保护单位，编号5-0209-3-015。药王庙由安国市文物管理所管理。1993年，河北省人民政府印发文件，公布药王庙保护范围及建设控制地带。

襄阳"古隆中" 又名诸葛亮故居，是三国时期政治家、军事家诸葛亮青年时代躬耕居住地，位于湖北省襄阳市襄城区隆中山。

襄阳"古隆中"始建年代不详，遗存建筑多为清代重修。依山势而建，占地面积约200万平方米。自前往后有"古隆中"牌坊、抱膝亭、武侯祠、三顾堂、草庐碑、"卧龙深处"等主要建筑。存石碑48通。

"古隆中"牌坊建于清光绪十六年（1890年），坐西朝东，四柱三门仿木结构牌楼式，中门宽2.7米，侧门宽1.94米，中楼高7.5米，次楼高5.56米；柱前后有抱鼓石，中坊枋额正、背面分别阴刻"古隆中""三代下一人"，柱各阴刻对联一副，侧门坊正面分别阴刻"淡泊明志""宁静致远"，周围浮雕隆中

武侯祠一进殿

访贤故事。

武侯祠为襄阳"古隆中"的主要建筑，始建于明嘉靖年间（1522～1566年），清乾隆二十一年（1756年）重修。武侯祠坐北朝南，占地面积约1000平方米，为中轴对称布局，三进院落，分前殿、中殿、正殿。前、中、正殿

武侯祠山门正立面

武侯祠铜鼓台

分别面阔三间10.9米、11.5米、12.15米，进深三间7.8米、6.66米、8.23米，均为单檐硬山灰瓦顶，抬梁式构架。殿与殿之间有廊庑，面阔三间12.1米，进深二间4.95米，卷棚顶，穿斗式构架，封火山墙。前殿设四柱三间重楼仿木结构门，额匾书"汉诸葛丞相武侯祠"。

清末及民国时期，古隆中经历过多次维修。中华人民共和国成立后，于1954年、1957年、1980年、1985年先后多次对武侯祠、三顾堂、三义殿进行维修或翻修，为明代碑刻加修碑亭。1952年，成立襄樊市隆中文物管理处，负责管理襄阳"古隆中"。1973年，成立襄樊市隆中风景区管理处，下设文物科负责日常管理；2000年变更为襄樊市隆中风景名胜区管理委员会，下设风景文物处文物部。1996年11月

20日，襄阳"古隆中"被国务院公布为第四批全国重点文物保护单位，编号4-0149-3-071。2000年，湖北省人民政府印发《关于公布文物保护单位保护范围和建设控制地带的通知》，公布襄阳"古隆中"的保护范围及建设控制地带。全国重点文物保护单位记录档案由襄阳市隆中风景名胜区管理委员会保管。

文天祥祠 是明清两朝为南宋民族英雄文天祥而建立的专祠，位于北京市东城区府学胡同63号，东临文丞相胡同，南抵府学胡同，西临顺天府学，北依平房居民区。

文天祥祠又名文丞相祠，是文天祥生命最后一段时间居住的地方。文天祥（1236～1283年），字宋瑞，又字履善，号文山，江西吉水人（今吉安富田村）。南宋德佑二年（1276

文天祥祠大门

年）任右丞相，是南宋末年著名的抗元将领和诗人。在元军大举进攻南宋之时，文天祥临危受命，奋力抗元，于南宋景炎三年（1278年）兵败被俘，元至元十九年（1282年）十二月初九在元大都的柴市（北京市东城区府学胡同西口）就义。明洪武九年（1376年）由按察副使刘崧主持，在其就义地附近建祠。永乐六年（1408年），明廷重建该祠，正式列入祀典，每年春、秋两季，由顺天府官员主持祭祀仪式。宣德四年（1429年），顺天府尹李庸主持重新修葺。万历年间，顺天府督学商为正将文祠从府学之西迁至府学之东，规格进一步提高，原祠处为怀忠会馆。清嘉庆、道光及民国期间，均曾对祠堂进行过修缮，原规模已不可考。文天祥祠尚存大门、前殿、享殿。1983年政府拨款重修，保留原大门、过厅和享堂。

文天祥祠坐北朝南，共两进院落，占地约600平方米，保持明代的建筑风格。自南而北依次为大门、过厅、享堂。大门为牌楼式，坐北朝南，悬山顶，挑大脊筒瓦屋面；木制门扉，红漆木门二扇，四门簪；前后檐处分别悬挂匾额一方，前檐"文丞相祠"，后檐"浩然之气"；大木施雅五墨旋子彩画；门道条砖丁字墁地，后檐处如意踏跺。大门两侧带灰砖八字影壁，硬山顶，清水脊筒瓦屋面。汉白玉门枕石一对。门内东西侧各有门房1间，皆坐南朝北，四檩进深，东门房面阔较小；硬山顶，鞍子脊合瓦屋面。前檐处装方胜锦支摘窗，下碱灰砖干摆槛墙；山面上身灰砖丝缝砌筑，下碱灰砖干摆槛墙，砖博风；后檐封护檐，墙面做法同山面。过厅3间，位于第一进院内北侧，坐北朝南，进深五檩带前后廊；硬山顶，挑大脊

文天祥祠第一进过厅内

筒瓦屋面。前檐明间装灯笼锦夹门窗一组，次间上为方胜锦支摘窗，下碱灰砖丝缝槛墙，廊心墙象眼处带砖雕；后檐装修同前檐；山面通体灰砖丝缝砌筑，砖博风，铃铛排山。雅五墨旋子彩画；红漆圆柱，覆盆式柱础；方砖丁字墁地。享堂位于第二进院落北侧，明式建筑。坐北朝南，面阔三间，进深五檩；悬山顶，挑大脊筒瓦屋面，檐下出单昂一斗两升斗拱。前檐明间装木槅扇四扇，次间上为槛窗，下碱大城砖干摆槛墙，门窗皆灯笼锦格心，明间上方悬有"万古纲常"匾额一方；后檐上身灰砖丝缝砌筑，下碱大城砖干摆槛墙；山面为软心做法，五花山墙，大城砖干摆槛墙。大木室内施雅五墨旋子彩画，室外为墨线大点金旋子彩画；红漆圆柱，覆盆式柱础；方砖丁字墁地。

1984年10月，文天祥祠对外开放。享堂为供奉文天祥进行祭祀的场所，重塑文天祥像，供人凭吊。室内明间北侧为神龛，供奉有文天祥坐像，梁架上悬有四方匾额，写有"古谊忠肝""有宋存焉""天地正气"等；两次间靠后檐墙处及两侧山墙上陈列有碑碣及石片若干，如唐代云麾将军断碑础2件、明代王逊

文天祥祠第二进享堂

刻元代刘岳申撰写的《文丞相传》和清代朱为弼《重修碑记》碑各1座。文祠中除保留一些原有文物外，另增加文天祥刻像复制碑及其有关的刻石拓片的复制品等。文天祥祠主要附属文物有《李邕书云麾将军李秀》碑2通，是清康熙年间（1662～1722年）入藏，为唐代传世文物；《文丞相传》碑1通；《重修碑记》碑1通；《正气歌》刻石1块；文信国公画像碑1通。此外，在享堂东次间南侧有一级古枣树1株，传为文天祥被囚禁时亲手所植，此树枝干向南自然倾斜与地面成45°，人们认为它象征着文天祥"臣心一片磁针石，不指南方不肯休"的精神。

文天祥祠具有极其重要的纪念意义，祠堂内的享堂具有明代特征，是研究明代建筑的实物资料。1979年，文天祥祠由北京市政府公布为北京市第二批文物保护单位。1984年10月2日，成立北京市文天祥祠文物保护管理所，文天祥祠对社会开放展示。1987年，北京市人民政府批转北京市规划局、北京市文物局《关于第二批划定120项文物保护单位的保护范围及建设控制地带的报告的通知》，公布文天祥祠保护范围及建设控制地带。2013年3月5日，文天祥祠被国务院公布为第七批全国重点文物保护单位，编号为7-07129-3-010。2014年11月，文天祥祠全国重点文物保护单位记录档案建立，保存在北京市东城区文物保管所。

伏羲庙　是一处以祭祀和供奉伏羲为主的明代建筑群，位于甘肃省天水市秦州区西关。

伏羲庙的始建应与天水地区修建与三皇

有关的庙宇相关联。金明昌年间（1190~1195年），地方官员组织在相传为伏羲画卦之地的卦台山修建伏羲庙，后逐渐荒芜。元至元十七年至三十一年（1280~1294年），秦州民众集资重修卦台山伏羲庙，庙貌得以改观。据《续文献通考群庙》记，元元贞元年（1295年），元成宗诏令全国各州县通祀三皇，由医师主持。此时天水创建三皇庙。据天水市名城管理办公室对伏羲庙院内古柏、国槐等树龄测定结果，天水天靖山山脚曾发现元代乔宗亮撰写的《三皇庙碑记》，以及民间长期称伏羲庙寝宫太极殿为神农殿等推测：伏羲庙元贞年间（1295~1297年）就有建筑群组，三皇庙即为伏羲庙前身。

明洪武四年（1371年），明朝廷以三皇祭祀由医师主持不合礼法，下诏废止除陵寝之外的三皇祭祀。卦台山被列为伏羲的另一处陵寝予以保留，祭祀活动仍在进行。正德十一年（1516年），甘肃巡按御史冯时雍提请恢复秦州卦台山伏羲庙的建议被批准。正德十六年（1521年），甘肃巡按御史许翔凤鉴于卦台山远离州治，官祭不便，建议将拟建于卦台山的伏羲庙改建于秦州，获准。成化十九年（1483年），秦州知州傅鼐主持在州城西二里原三皇庙址创建太昊宫（萧英撰《新建太昊宫门坊记》）。至弘治三年（1490年），秦州士绅在州衙署的支持下，筹集资金，完成未尽工程，并新修门坊，榜曰"太昊宫"。伏羲庙初具一殿一坊的规模。嘉靖二至三年（1523~1524年），陕西监察御史陈讲、甘肃巡按御史卢问之进一步大规模重建伏羲庙，主要包括戏楼1座、先天殿7间、太极殿5间、朝房20间、见易亭1座，伏羲庙初步形成建筑群落，奠定伏羲庙的建筑格局。清顺治十一年（1651年）、

伏羲庙庙门

康熙五十七年（1718年）地震之后，伏羲庙荒芜衰败。"继天立极"牌坊及太极殿后的见易亭、水池、桥亭等荡然无存，太极殿倾倒，仅存6间朝房。乾隆四年（1739年），秦州知州李鉉带头捐资，主持重修，在伏羲庙西侧创建来鹤亭，在东侧创建存放祭祀礼器的乐楼，由官府出面，丈量庙区土地，确定管理制度。嘉庆十年（1805年）三月，秦州知州王赐均带头捐资，主持重修伏羲庙，建碑亭6所、钟鼓楼各1座；扩建宫门5间、仪门5间，补修先天殿7间、朝房10间、过街牌楼2座。遗存伏羲庙先天殿、太极殿、牌坊均为此次重修后遗存。同治年间（1862～1874年）、光绪十一至十三年（1885～1887年），均有修缮。民国时期，伏羲庙被军队交替进驻，部分建筑有拆建。1949年6月天水解放前夕，国民政府军政部荣誉军人第十三临时教养院撤出伏羲庙。

伏羲庙遗存建筑在偏东3°的南北中轴线上，从南至北，依次为戏楼、牌楼、宫门、仪门、先天殿、太极殿等建筑。中院两侧列建朝房、碑廊及钟鼓亭，后院两侧建有朝房。庙区西有来鹤轩，另有唐槐1株，明清古柏36株。

戏楼始建于清代，坐南朝北，在伏羲庙门外，与开天明道牌坊隔街相对。五檩中柱悬山式两层，土木结构。面阔三间9.95米，进深二间8.35米，高8.516米。绿琉璃瓦覆顶。上层为戏台。明间为可拆卸六扇格花心屉槅扇门，尽间槛窗分别为圆形镂空雕青龙白虎图案。开天明道牌坊紧靠庙门南侧，四柱三楼单檐，牌坊面阔三间11.15米，高11.32米。庑殿顶，黄绿琉璃鸱吻兽头，有正脊、垂脊和戗脊，绿琉璃筒瓦覆压灰布瓦。明间檐下施六攒十三出踩练条斗拱，枋下双龙戏珠雀替。尽间檐下施四攒十一出踩练条斗拱，额枋下有蟠龙雀替。台明长18.57米，宽5.31米，高0.95米。三面设垂带踏步，原为砖陡板，上面有砖砌花墙，后改为石雕陡板和石栏板。庙门外还有两座牌楼跨街而立，体量及结构均与开天明道牌坊相同。东牌楼明间枋心题字"继天立极"，西牌楼明间枋心题字"开物成务"。1958年，为通行有轨电车，加高台明，1972年拆毁。2002年，采用主体木结构加钢筋混凝土，在原址重建。宫门也叫大门、正门，是伏羲庙第一道门，原面阔三间，清嘉庆十至十二年（1805～1807年）重修时改为五间18.35米，进深二间7.35米，高8.41米，绿色琉璃筒瓦扣压灰布板瓦覆顶，黄绿琉璃龙纹印花脊。两山墙在梁架以下为青砖糙砌，软墙心抹灰刷红，梁架以上用陡砖封护。五开间均开门，置穿带板门。明间、次间较两尽间稍高。门板上有铜钉和铺首，其中明间、次间三间使用九行九列，两尽间为七行七列。明间左右有大型抱鼓石，其余各间只垫枕石。与开天明道牌坊在同一台明之上。其台明与开天明道牌坊之间间隔0.93米，形成一排水沟槽，台明距沟槽底0.31米。1994年将两尽间里侧原封堵部分加以改造，用作售票室和讲解员值班室。仪门也叫二门，位于伏羲庙第一进院后端，仪门形制与大门相似，体量略小。原面阔三间，嘉庆十至十二年重修时改为五间17.86米，进深两间7.19米，高8.6米。悬山式结构，绿琉璃筒板瓦覆顶。上架外檐有旋子彩画，内檐画木纹，下架红油漆，油漆彩画多有自然脱落。东西山墙在梁架以下为糙砌灰砖，软墙心抹灰刷红；

梁架以上用陡砖封护，基本完好。仪门和大门之间为狭长的庭院，有甬路三道，甬路间有古柏。

先天殿位于伏羲庙第二进院后端，是伏羲庙的主体建筑。其前身为明成化十九至二十年（1483～1484年）创建的太昊宫正殿。先天殿为大式重檐歇山顶砖木结构，面阔七间26.42米，进深五间17.26米，高15.08米。上檐七架梁抬梁造，下檐为檐柱与金柱由单双步梁和穿插枋穿插咬合，形成牢固的框架结构。上层屋面覆压黄绿琉璃筒灰板瓦，九条垂直琉璃捏花脊。正脊以龙吻龙莲牡丹花卉为主，脊正中作三层楼阁式天宫宝刹，高约2米，宽约3米。垂脊、戗脊尾端均有兽头，飞檐翼角有武士高坐，檐口为一色的水龙勾滴。下层瓦面做法与上层相同，不同之处是瓦面交界处由四条围脊、四条垂脊和岔脊相连。山面以踩步金和抹角梁结合做成歇山屋架。上层外檐斗拱宏

大，柱头科、平身科作五踩双翘斗拱，角科里转角翘后尾托翼形拱，承递角梁。下檐作五踩双下昂斗拱。正面檐下为六抹四扇槅扇门，尽间上部为槛窗。后檐明间为六抹四扇槅扇门，其余各间为墙，次间原有圆形窗洞，后被封堵。大殿外檐装修精美，木刻彩绘精细繁复，反映了伏羲文化的内涵。背面檐下彩绘内容取材于《山海经》，实属罕见。大殿内平棊天花取伏羲八卦之意，设计为六十九格，绘制河图及伏羲先天八卦图、六十四卦图。殿内明间后方为神龛。上部正面开槅扇门四扇，下槅心绘龙纹，上槅心做规矩几何纹。神龛上部有花牙子，透雕贴金二龙戏珠图案。内部顶部绘太极图。山墙亦做槅扇，各绘山水画6幅。背部有九龙戏水彩绘，"文化大革命"期间被粉刷数次。神龛内的伏羲像高约3米，泥塑彩绘，像后神龛绘有五彩火焰纹背光。殿内西侧有龙马泥

伏羲庙先天殿

伏羲庙太极殿

塑，20世纪90年代由上元会重塑。

太极殿也称退殿、后殿、寝殿，依前殿后寝惯例建造。大式单檐歇山顶砖木结构，五架梁。面阔五间19.98米，进深四间12.27米，高11.4米。绿琉璃筒板瓦覆顶。龙莲捏花脊。台明有阶条石，砖砌陡板。明间有垂带踏步。殿内正中靠后有神龛。下部为台基，青砖砌成。上部正面开槅扇门四扇，下槅心绘龙纹，上槅心做规矩几何纹。神龛上部有花牙子，高浮雕彩绘二龙戏珠。山墙亦做槅扇，各绘山水画6幅。神龛内的伏羲像较先天殿塑像小。彩绘泥塑伏羲赤足端坐于土台之上。

中院东、西朝房对称分布于中院东西两侧，1989年重建。钟、鼓亭位于先天殿月台两侧，东为钟楼，西为鼓楼。钟楼在1940年被焚毁，1988年重建；鼓楼1999年重修。碑廊创建于明嘉靖朝，具体数量及规格不详。1990年在朝房南侧新建东西碑廊，并把东西两侧的石碑移进碑廊。

后院东西朝房原为东西各5间，光绪十一

年至十三年（1885～1887年）重修时改为3间。西朝房20世纪80年代倒塌无存，仅留部分基础及柱础。东朝房3间，木结构，檐下坐斗加三幅云斗拱。灰瓦悬山顶，无排山勾滴。正面墙为后封，刷红色，开新式门窗，山墙与后檐为传统样式。来鹤轩于清乾隆四年（1739年）重修伏羲庙时建成，有白鹤飞至庙内柏树上，即建亭纪念。亭自成院落，其东墙即庙西墙。后亭毁，改建今制。前卷棚抱厦勾连搭后厅堂砖木结构，硬山顶，面阔三间11.61米，进深三间10.04米，后厅高8.37米。明间开门，两次间上槛窗，下槛墙。两山墙和后背墙软墙心刷红。室内方格形天花木吊顶。

伏羲庙本体作为明代大型建筑群组，对研究明代建筑的布局、结构、彩绘具有重要价值。伏羲庙还是国家级非物质文化遗产太昊伏羲祭祀典礼的承办地，对研究历代祭祀伏羲的仪轨具有重要意义。

2001年6月25日，伏羲庙被国务院公布为第五批全国重点文物保护单位，编号5-0430-

3-236。2002年开始，天水市委、市政府完成原部队和居民所占约2万平方米庙区土地的置换和庙前区东西两侧38户居民搬迁。天水市博物馆委托中国文化遗产研究院对伏羲庙病害进行全面勘测，编制保护维修方案。2004年，国家文物局批复《伏羲庙文物保护与维修设计方案》，包括文物建筑修缮和文物环境整治。2004年，天水市博物馆启动伏羲庙文物保护维修工程。伏羲庙由天水市伏羲庙管理局管理。2005年，甘肃省人民政府印发《甘肃省人民政府关于公布我省第五批全国重点文物保护单位保护范围及建设控制地带的通知》，公布伏羲庙的保护范围和建设控制地带。

太昊陵庙 是中国古史传说时代的"三皇之首"、被尊为"斯文鼻祖"的太昊伏羲氏的陵墓与祠庙一体的规模宏大的文物建筑群，位于河南省淮阳县城北部，南临龙湖。

据文献记载，太昊陵春秋时已有陵墓，汉以前有祠。唐太宗颁诏"禁民刍牧"，宋太祖诏立陵庙，明太祖亲临致祭，明清各帝都遣官祭奠。遗存建筑为明正统十三年（1448年）重建。建筑群坐北面南，南北长1090米，东西宽460米，占地58.33万平方米。由午朝门之内的外城、先天门之内的内城、太极门及城垣组成的紫禁城三部分组成。主体建筑沿中轴线呈南北向纵深布局，从前向后依次为渡善桥、午朝门、玉带桥、道仪门、先天门、太极门、统天殿、显仁殿、太始门、先天八卦坛、陵墓、蓍草园。太极门前东西两侧分别有三才门、五行门。太极门内东西两侧钟、鼓楼对峙左右。统天殿前两侧有东西廊房。

午朝门面阔三间，进深六架椽，单檐歇山顶，通高10.35米，门前有台，台前有三连体五级踏垛。道仪门结构简单，形似过厅，面阔三间，进深六架椽，硬山式，通高8米。先天门面阔五间，进深三间，歇山式，通高11.35米，整个建筑坐落在城门洞式梯形台基之上。三才门、五行门均面阔三间，硬山卷棚式，通高5.6米，建于高台之上，两侧有2级石踏垛。太极门，又称戟门，为三间三楼柱不出头式木

太昊陵庙午朝门

太昊陵庙统天殿

牌楼，通高7.6米，前后各有6级石踏垛。钟、鼓楼，均面阔五间，进深三间，重檐歇山顶，通高11.2米，整个建筑坐落在直壁式台基之上，前有6级石踏垛。

统天殿是陵庙内建筑规格最高的一座殿堂，唯其以黄色琉璃瓦覆顶。面阔五间，进深三间，单檐歇山顶，龙凤大脊，通高15.7米，坐落在直壁式台基之上。殿内塑伏羲像，左右配享朱襄、昊英。殿前有月台，面积300余平方米，东、西、南三面有石踏垛。统天殿与东西廊房、太极门形成四合院布局，主次分明，错落有致。显仁殿是陵庙内建筑体量最高大的一座殿堂，面阔七间，进深五间，重檐歇山顶，通高16.4米，坐落在直壁式台基之上，前后各有13级踏垛。殿内塑女娲像，左右配享侍女。太始门为重檐歇山式高台建筑，面阔五间，进深五间，通高16.65米。台正中为砖券拱门洞。先天八卦坛青石雕砌，须弥座式样等边八角形，边长1.8米，坛高0.6米，坛面为太

极图，四周为先天八卦图。陵墓上呈圆形，下砌方形石座，象征天圆地方的旧有规制。方座50米×50米，高0.64米，圆墙直径47米，均用方石垒砌，正面装饰"人"字纹。陵前立宋代碑刻1通，上书"太昊伏羲氏之陵"七个大字，碑楼为青石雕成的歇山式，两侧有挟楼。陵后为蓍草园，用青石护栏。相传伏羲氏以蓍草揲卦，后人用以占卜吉凶。每至春初，灵根秀发，生机盎然，郁郁葱葱，有"蓍草春荣"之称，为古陈州八景之一。太昊陵被誉为"中华第一陵"。

1949年12月，淮阳专署和淮阳军分区联合发出布告，严禁破坏太昊陵，坚决保护并责令专署农场具体负责。同时淮阳专署成立羲陵保管委员会。1962年4月6日，太昊陵被淮阳县人民委员会公布为第一批县级文物保护单位。1963年6月20日，太昊陵被河南省人民委员会公布为第一批省级文物保护单位。1980年3月12日，成立淮阳县太昊陵文物保管所；1985年

3月9日，与松柏剪枝公园合并成立淮阳县博物馆。同年，建筑群作为博物馆对公众开放。1996年11月20日，太昊陵庙被国务院公布为第四批全国重点文物保护单位，编号4-0147-3-069。2004年，河南省人民政府批复，河南省建设厅、河南省文物局印发文件，公布太昊陵庙保护范围及建设控制地带。2006年，成立淮阳县太昊陵管理处，统一负责太昊陵庙的保护管理工作。

比干庙 是为纪念商代晚期以死谏君的忠臣比干而建的祠庙，位于河南省卫辉市城北7.5千米的比干庙村。

据《尚书周书武成》《史记殷本记》《周本纪》载，武王伐纣灭商后，曾命闳天："释箕子之囚，封比干之墓，表商容之闾。"北魏太和十八年（494年）因尊比干不畏强暴、直言敢谏的忠臣品格，在其墓冢前修建庙宇。唐太宗曾亲临祭祀，并派使节追赠为"太师"。宋仁宗、元仁宗也曾下诏对比干庙进行大规模修缮。明弘治七年（1494年），重建比干庙，奠定后世格局。比干庙院落整体为长方形，坐北朝南，沿中轴线对称分布，明清建筑风格。

民间传说比干墓为天葬，其庙内空心菜为无心特植物，开心柏、板柏等树形奇特，多为明清时期所植。

庙宇规模宏伟，中轴线上自南而北依次为照壁、山门、二门、碑廊、木坊、拜殿、大殿、石坊、墓碑亭及东、西配殿、厢房、墓冢、古柏等。照壁高6米，宽10米，厚1米，下须弥座，绿色琉璃瓦顶。中央镶嵌由24块高浮雕琉璃砖组成的牡丹花卉图案，庄重华丽，古色古香。山门面阔三间，进深一间，单檐歇山式建筑，琉璃瓦顶。门楣上书"殷太师比干庙"六个字。山门左右有蹲狮1对。登九级石阶，步入山门，由中轴线入二门。二门面阔三间，进深一间，单檐硬山式建筑。门楣上悬木匾"谏臣极则"。木坊二柱二楼式，琉璃瓦顶。檐下用七踩斗拱。额枋上书"殷太师庙"四字。两柱下抱鼓石上雕石狮1对。木构件均有彩绘，内容为二龙戏珠、花卉图案、人物故事等。碑廊东西总长达60米，廊内竖立、镶嵌珍贵碑碣86通，大都出自历代帝王、官吏和文人骚客之笔。著名的有《魏孝文帝吊比干文》碑（宋重刻），高2.65米、宽1.03

比干庙照壁及山门

比干庙二门

米，北魏太和十年（486年）立，孝文帝元弘撰文，传为崔浩书丹，被康有为称作"瘦硬峻拔之宗"，列入"碑品"之"上高品"。唐太宗"皇帝祭殷太师比干文碑""封殷太师比干诏碑"石刻为书法家薛纯陀书，"殷比干莫（墓）""铜盘铭"古篆皆为稀世珍品。明嘉靖年间立"重修比干祠碑记"，详细记述林姓渊源，有很高的史料价值。拜殿面阔三间，单檐卷棚式建筑，绿琉璃瓦顶。上悬木匾"丹心千古"，对联"剖心谏纣数万世忠烈有谁能比，焚身丧殷留千古唾骂与公无干"。梁架、额枋、驼峰、雀替等均施彩绘。大殿面阔五间、进深三间，为单檐歇山式建筑，上覆绿色琉璃瓦顶，脊上饰以各种脊兽。明间和次间装有六抹槅扇门，绦环板、裙板上刻有云头等装饰，梢间为槛窗。门楣上悬木匾"取义成仁"，两侧悬长联。大殿四梁八柱，地面为明

代青砖铺墁。殿内供比干塑像1尊，高6.3米。石坊面阔一间，额枋上阴刻"殷太师比干墓"六字；石柱上对联是"孤忠心不死，故社柏犹存"。石坊上雕刻一颗心，左右雕刻日、月，名曰"丹心照日月"，象征比干的赤胆忠心，与日月同辉，与大地同在。墓碑亭面阔一间，进深一间，单檐歇山式建筑，绿琉璃瓦覆顶，正脊为龙凤脊，两端装大吻，所有各种兽件造型逼真，栩栩如生。内竖宣圣真笔石刻一通，上书"殷比干莫（墓）"四字，相传为孔子剑刻碑。比干墓位于墓碑亭外，墓冢直径20米、高20余米，为一座高大的山丘，是中国有记载的第一个坟丘式墓葬。植古柏300余株，茂密苍郁，环绕墓冢。

1963年，比干庙被河南省人民委员会公布为第一批省重点文物保护单位。20世纪90年代初，比干庙加强文物主体保护维修，编制文物

保护规划，增设安防、消防、防雷、技防等文物安全设施建设。1992年，成立卫辉市比干庙文物管理处，专职负责比干庙保护管理工作。1996年11月20日，比干庙被国务院公布为第四批全国重点文物保护单位，编号4-0148-3-070。1996年以后，重点加强周边环境整治。全国重点文物保护单位记录档案已建立，保存于卫辉市比干林园开发建设有限公司。2004年，河南省人民政府印发《关于调整我省全国重点文物保护单位省级文物保护单位保护范围和建设控制地带的批复》，公布比干庙保护范围及建设控制地带。

罗东舒祠 是徽州罗氏祭祀先祖罗东舒的特祠，位于安徽省黄山市徽州区呈坎村北首。

罗东舒祠全称贞静罗东舒先生祠，又名宝纶阁，系明代呈坎罗氏为祭祀其十三世祖宋末学者罗东舒而建。罗东舒，名荣祖，字仁甫，号东舒，宋末元初学者，诗人，思想家，有"黄鲁直之才"和"欧阳永叔之贤"的美誉。罗东舒祠始建于明嘉靖二十一年（1542年），续建于明万历四十年（1612年），清代添建内

则（女祠）、厨房等建筑。该祠始建以来，家族对祠堂管理严格，至民国末年，其建筑原形制得以保持。

罗东舒祠坐西朝东，通面阔26.7～29.3米，进深79米，建筑面积2200平方米，占地3300平方米。四进院落，沿中轴线依次为照壁、棂星门、前天井、两座碑亭、仪门、两庑、大庭院、露台、正堂、后天井、寝殿（上有阁楼）以及南侧内则（女祠）、北侧厨房杂院等。

照壁临潀川河，面宽29米，呈"八"字形围合，前为进入该村街道。棂星门，通面阔26.61米、高7.42米，用6根大石柱排成"一"字形，明间和次间、梢间筑以木质棂星门，斗拱承担前后檐。石柱顶部安有1根90厘米高的短石柱，其上各有1只石雕朝天犼，其势雄伟壮观。前天井两旁各立碑亭1座，攒尖顶，内有青石碑2块，南为"建祠考工记"、北为"祖东舒翁祠堂记"。仪门七间，进深10.3米、高9.2米，硬山顶，门两旁有抱鼓石1对。仪门中三间开三门洞，居中悬祠名匾，左右次

罗东舒祠

间各置边门，梢间和尽间为统间，名曰厅事。穿过仪门即为大庭院（天井），当中为花岗岩石甬道通正堂，庭院两旁为两庑。两庑一面披水，通面阔18.78米、进深4.93米、高7.9米。两庑各为五开间，中三间为槅扇开启，两边间各设一室，抬梁式构架，临庭院一面采用槅扇装修。前檐设走廊，走廊筑有石栏轩。享堂前为石板铺砌的露台，通面阔16.2米，高出庭院0.55米。露台及庑廊临庭三面院设石栏杆，栏板上均有精美雕刻。享堂面阔五间25.96米、进深五间21.23米、高13.6米。草架硬山顶。檐柱枋下为方角石柱，其余皆硕大木圆柱。为扩大面积和空间，采用减柱造和彻上明造，山面为穿斗式，气势宏伟。大堂正间有董其昌书"彝伦攸叙"木匾1方，两侧板壁垂挂"新祠八则"木匾各4个。

享堂后过天井为寝殿。寝殿始建于嘉靖年间，是整个建筑群最为精华的部分，通面阔29.5米，进深10.5米，通高13.91米，其中楼阁高5.1米。由三个三开间加两个尽间（楼梯间）所组成，共十一开间，此种形制在民间建筑中实为罕见，恐与当时封建等级制度约束有关。两边间设木楼梯上二层阁楼，阁楼上悬明末孝子吴士鸿手书"宝纶阁"匾额。寝殿台基高出天井地坪1.3米，临前设有栏杆，分3道七级台阶上下，两侧垂带有倒爬石狮。10根檐柱为讹角方形石柱。后金柱设方槅扇门，内设祭台。木、石作遍施雕饰。寝殿内的梁头、斗拱、驼峰、蜀柱、脊柱、平盘斗、叉手等木构件，雕饰有各种云纹、花卉、禽兽图案，生动逼真，玲珑剔透。并且都绘有精妙绝伦的彩绘，以青绿、土黄为主调，间以橙、赭、玫瑰

罗东舒祠庑廊前庭院及四百年桂花树

罗东舒祠正门

罗东舒祠享堂

红等对比色，图案清晰艳丽，实乃罕见，尤其是寝殿的梁架，布满包锦彩绘，极具古徽州特色。前檐台基上的石栏杆、望柱、栏板、抱鼓石等，均用优质黟县青石料制作，刻有飞禽走兽、花卉云纹等图案，典雅工丽。阁楼及该祠其他建筑是在明万历间续建而成。阁楼上尚保存25方匾额。内则（女祠）位于南侧，由寝殿前天井南开边门进入，女祠有上下对堂，坐东朝西，三开间，通面阔9.14米、进深19米、高7.8米。厅堂用于祭祖，神座用来安置罗家先姚之神牌，下堂为一间房，可能是作为收藏与女祠有关的物品之用。

罗东舒祠原有形制基本保存，营建考究、规格较高，且形制严谨、规整，是古徽州祠堂建筑的典型代表。其后依次建造之内则、厨房等更充分反映其历史的延续性，是研究民间祠堂建筑、封建宗法制的珍贵实物。罗东舒祠精湛的石雕和木雕是民间的艺术珍品，寝殿内保留完好的包袱锦彩绘更弥足珍贵。祠堂从棂星门到正门、大堂、寝殿，逐步升高，恢宏的建筑气势，参差错落的建筑外观，匀称谐和的造型比例，虚实相映的空间分割，收放自如的转折开合，繁简适宜的艺术处理，满足了祠堂祭

祀等活动的实用需求，也将建筑的美学思想与其所包含的精神面貌得以充分表现，达到了建筑与思想的充分统一，成为中国民间建筑的杰出代表。

1951～1991年，罗东舒祠作为呈坎村小学使用。1961年，安徽省人民委员会公布宝纶阁为省级文物保护单位。1982年，安徽省人民政府调整公布宝纶阁为第一批省级文物保护单位。1992年6月，安徽省文物局、建设厅联合印发《关于公布安徽省第一、二、三批省级文物保护单位的保护范围及建设控制地带的通知》，划定宝纶阁保护范围及建设控制地带。1994年7月，设立徽州区文物管理所呈坎文物管理站，为罗东舒祠的专门保护管理机构。1996年11月20日，罗东舒祠被国务院公布为第四批全国重点文物保护单位，编号4-0112-3-034。徽州区文物管理所建立和完善全国重点文物保护单位记录档案并保管。同年，罗东舒祠作为呈坎古村落的代表性景点向社会开放。1997年3月，黄山市徽州区文化局、建设司重新划定罗东舒祠的保护范围及建设控制地带，并上报安徽省文物局、省建设厅，调整后的保护范围及建设控制地带均有所扩大。

龙川胡氏宗祠　是徽派古祠堂建筑的优秀代表，集砖、木、石雕及彩绘于一体，尤以木雕保存完整，内涵丰富，技艺精湛而享有"木雕艺术厅堂"之殊荣。龙川胡氏宗祠位于安徽省绩溪县瀛洲镇龙川村东首。

龙川胡氏宗祠准确建造年代与具体建造失考。明代，龙川人才辈出，60年中出了两位尚书。为祭谢祖先，显赫族人，在原祠堂的基础上扩建，始有遗存下来的胡氏宗祠。根据遗存龙川胡氏宗祠建筑的法式特征来看，其平面布局、主体结构以及装饰手法具有明代徽派祠堂建筑的风格特征。推测龙川胡氏宗祠应是明代中后期的建筑遗存。后代历有修缮，最后一次较大规模的修缮在清光绪二十四年（1898年），龙川胡氏宗祠的部分结构呈具清代风格，但未影响其明代总体结构特征。民国年间，龙川胡氏家族有过零星的检修。

龙川胡氏宗祠总建筑面积1546平方米，坐北朝南，由南向北递增高度而建，传统砖木结构，三进，由影壁、台明、门楼、廊庑、庭院、享堂、厢房、寝楼、特祭祠九大部分组成，宗祠保存基本完好。

宗祠的基部是2米高的矩形花岗岩石，其上是高大矗立的封火墙，在阶梯状马头墙角两侧施以彩绘。抬梁、穿斗两式并用，明栿、草架各尽其能。宗祠采用中轴线东西对称布局的建筑手法，匀称严谨，蔚为壮观。影壁与门楼隔龙川溪相望，门楼前是台明。门楼重檐歇山式，由28根立柱和33根月梁构成梁架结构。斗拱承挑屋檐，戗角腾空，脊吻架云。仪门上有彩绘尉迟恭、秦叔宝两门神，石鼓相依，大狮对峙。享堂是宗祠的主体部分，由48根立柱与

龙川胡氏宗祠

54根梁枋构成。明间采用减柱法,上首设置祭龛,上方原先悬挂光泽王书赠的"宗祠"双龙祥云匾额,已佚。明间四大金柱上悬挂楹联两副,后金柱一副是:"春禘秋尝洋洋乎其犹在,祖功宗德荡荡乎其难名。"前金柱一副是"毓秀钟灵彩焕一天星斗,凝禧集社祥开百代人文"。东西厢房天花板施以彩绘,富贵华丽。寝室为桃祖、小祭和管理人员办公之用,上、下两层,中设暗阁,檐柱上贴以竹编楹联。特祭祠坐落在宗祠东邻,规模较小,建筑风格近似宗祠,是为纪念历史上曾为胡氏家族排解宗族矛盾的外族丁姓人所建。

龙川胡氏宗祠集徽派砖、木、石三雕及彩绘为一体,宗祠的梁枋、斗拱、博缝板、雀替、枫拱、驼峰、平盘斗、替木、叉手、槅扇、柱础、梁脐等构件均有精美雕刻;其中,门楼的额枋上雕饰作战场面,千军义勇,万马驰骋,气势磅礴;享堂东西两序的槅扇上采用浮雕手法,雕饰各式荷花与各种姿态的奔鹿;而寝楼前檐及厢房前檐则雕饰各式花瓶、四季花卉和博古图案,堪称是龙川胡氏宗祠木雕艺术之精华。

中华人民共和国成立后,龙川胡氏宗祠失去宗法功能,改成龙川小学所在地。1982年,龙川胡氏宗祠被公布为全县重点文物保护单位;1986年,被安徽省人民政府公布为省级文物保护单位。1988年1月13日,龙川胡氏宗祠被国务院公布为第三批全国重点文物保护单位,编号3-0084-3-032。1987年,成立绩溪县文物管理所,负责龙川胡氏宗祠的日常管理工作。1988~1989年,经国家文物局审批立项,安徽省文物局批准绩溪县文管所进行第一期修缮;1991~1992年,进行第二期修缮任务。

2008年,成立绩溪县文物管理局;2013年,建成绩溪县博物馆,与绩溪县文物管理局合署办公,负责日常管理工作。2014年12月至2015年5月,经国家文物局批准,实施龙川胡氏宗祠保护维修工程。

石阡万寿宫 是贵州东部重要的古建筑群,也是明清时期黔东地区集商贸与民间宗教信仰功能为一体的重要建筑群,位于贵州省石阡县城北路(万寿路)。

石阡是北去四川、东出湖广的通道,万寿宫坐落在此通道边。万寿宫建筑群自东向西有万寿宫(水府阁)、禹王宫(三元阁)、文昌阁、观音阁、玉皇阁、忠烈宫、启灵桥等建筑。因建筑群落范围内万寿宫规模最大、保存最为完好,遂以之命名。据文献和遗存碑刻记载,万寿宫始建于明万历十六年(1538年),南明永历十一年(清顺治十四年,1657年)焚毁。清康熙五十五年(1716年)重修,康熙五十八年(1719年)竣工,为石阡府江西籍工商人士和缙绅筹资修建,改为豫章合省会馆。清乾隆二十七年(1762年)改建,将坐北向南的建筑,改为坐东向西,称为江西会馆,又名

万寿宫山门

万寿宫。清咸同年间毁于兵燹。遗存建筑自清同治九年（1870年）至光绪三十四年（1908年）38年间陆续复建而成，有牌楼大门、戏楼、过厅、正殿、圣帝宫院落、紫云宫院落等，周围封高约14米砖墙。占地面积2900平方米，建筑面积1620平方米。

万寿宫大门系六柱三间三层三重檐砖石牌楼式，通高11.98米。石质拱券门宽2.28米、高3.87米。二层中部竖向楷书阳刻"万寿宫"三字，两侧砖雕"八仙"人物图。大门两侧砖雕"龙""凤"图案。正面遍施泥塑、彩绘。倒座位于大门以内，西接戏楼右翼长廊，东连圣帝宫前围墙。面阔三间，通面阔12.8米，通进深7米。占地面积39.7平方米，建筑面积62.4平方米。穿斗式歇山顶青瓦屋面，后坡紧靠围墙。有如意斗拱和挂落、风窗、鹅颈橼等装饰。万寿宫戏楼重建于清光绪二十八年

（1902年）。面阔一间，带廊，两层。坐西向东，占地面积86.6平方米，建筑面积131.6平方米。抬梁式歇山顶青筒瓦屋面，后坡接围墙。有华丽的如意斗拱、藻井、屏风以及挂落、鹅颈橼等装饰。长廊位于戏楼南北两翼，两层，共11间，占地面积156.3平方米，建筑面积253平方米。底层不装板；二层前檐金柱间装槁扇门窗，檐柱间为木栏杆。过厅面阔三间，通面阔14.02米，进深9檩，通进深6.96米。梁架明间为抬梁式，采用18柱，其中6柱落地。两次间梁架为穿斗式，采用18柱，其中10柱落地。过厅前、后檐柱间装挂落，檐下装鹅颈橼及板。室内外地面铺墁红沙石，横行对齐，竖宽不等，错缝。遗存木雕、驼峰、石柱础雕刻手法细腻。屋盖部分在板橼上直接干摆布瓦，青瓦脊，现无脊饰。两山墙为砖石结构。室内橼下作遮椽板，充分体现当地独特

万寿宫古建筑群远景

石阡万寿宫戏楼

的地方手法。正殿地坪较之过厅高出0.7米。面阔三间，通面阔14.08米，进深十三檩，通进深9.61米。明间采用圆材长跨梁，为抬梁梁架结构，共用24柱，其中8柱落地。两次间采用穿斗式结构，共用24柱，其中14柱落地，前檐带廊。前檐柱间装有雀替、风窗，檐下及廊间装鹅颈椽及板。前金柱明间装槅扇门，两次间装槛窗，上装走马板。后檐柱间均装板，后金柱间上穿装走马板。两山面除前廊间外梁架皆装满板。室内外地面铺墁红沙石，横行对齐，竖宽不等错缝。正殿的雀替、驼峰、石柱础雕刻精美、风格独特。屋顶为干摆布瓦，青瓦脊，已无脊饰，室内椽下作遮椽板。两山墙体下部为石质，上部为砖体。紫云宫系万寿宫之北路建筑。过厅、正殿分别重建于清光绪十

年（1885年）、光绪三十四年（1908年）。为两进高封火山墙围护四合院式建筑，依次为牌楼式正门、钟楼、鼓楼、过厅、正殿。坐东向西，占地面积336.5平方米，建筑面积278.5平方米。圣帝宫系万寿宫之南路建筑，重建于青光绪十二年（1886年）。为两进高封火山墙围护四合院式建筑。由西向东依次为牌楼式正门、钟楼、鼓楼、过厅、正殿。占地面积30平方米，建筑面积273平方米。其形式、结构同紫云宫基本一样。

禹王宫又称湖广会馆，原为三元宫。始建于明万历三十四年（1606年），南明永历十一年（清顺治十四年，1657年）焚毁。清康熙三十九年（1700年）、乾隆四十五年（1780年）、嘉庆二十年（1815年）重修。2015年修

复戏楼及东厢房。坐北向南，中轴对称。遗存牌楼式山门、戏楼、两厢、正殿、后殿等，高大砖墙维护。占地面积约1540平方米，建筑面积1428平方米。内有石、木雕刻图案多种。观音阁始建年代不详，南明永历十一年（清顺治十四年，1657年）焚毁，清康熙二十五年（1686年）重修。乾隆二十四年（1759年）拆除前殿修建文昌阁，光绪五年（1879年）及三十年（1904年）重修。坐北向南，中轴对称。遗存正殿、东厢房等。文昌阁原址在石阡城东南，始建年代不详，南明永历十一年（清顺治十四年，1657年）焚毁，清乾隆二十四年（1759年）拆除位于城西北的观音阁前殿，修建文昌阁。乾隆二十九年（1764年）、光绪二十三年（1897年）重修。坐北向南。占地面积100平方米。玉皇阁始建于明万历二十年（1592年），南明永历十一年（清顺治十四

石阡紫云宫

年，1657年）焚毁。清顺治十九年（1662年）、康熙九年（1670年）重修。遗存阁楼应为清代晚期遗构已被改造。坐北向南，中轴对称。占地面积1200平方米，忠烈宫在城北门外玉皇阁右。始建年代不详。清道光二十年（1840年）补修，光绪七年（1881年）重修。坐北向南，中轴对称。仅存正殿。

启灵桥又名石阡大桥，旧名河下桥。东西向，跨龙川河。始建于明万历十年（1582年），为石墩木梁桥。清乾隆二十年（1755年），改建为孔石拱桥，乾隆二十七年（1762年）竣工。十一孔石拱桥，长155.33米、宽5.5米，单孔净跨6.25～10.5米不等，高8.3米。同治元年（1862年）河水陡涨，冲毁西岸三孔。光绪四年（1878年）补修。1957年，将两端石级改为二孔旱桥，增至十三孔。桥面中心原建四角攒尖顶阁楼，南北面配栏杆，西面桥头南建麒麟阁，北建临江楼。

石阡万寿宫为民族地区会馆建筑的佼佼者，建筑集木雕、砖雕、石雕于一身，具有浓厚的地域特点。石阡万寿宫反映汉文化在黔东北少数民族地区的传播历程，是文化融合的重要物证。万寿宫建筑群遗存建筑均有大梁题记，为判断各建筑的修建年代提供可靠的依据，具有重要的历史价值。其平面形状如"四"字，在一个大的院落内又围砌两个较小的院落，形成院中带院、宫中套宫、墙内有墙，较为独特的平面布局。牌楼式墙门砖石雕刻精湛，砖雕八仙人物、神话故事、龙凤图案等，遍施泥塑、彩绘，具有科学和艺术价值。

20世纪50年代，万寿宫被改作粮仓、职工宿舍等，由石阡县粮食部门管理使用。1984

年5月，石阡县人民政府公布万寿宫为县级文物保护单位。1984年7月，万寿宫部分建筑管理和使用权划转到石阡县文物管理所。1984年10月至1985年11月，完成石阡万寿宫第一期（戏楼院落，即山门、戏楼、两厢、紫云宫牌楼和圣帝宫牌楼）的保护维修工程。1985年11月，贵州省人民政府公布石阡万寿宫为省级文物保护单位。20世纪90年代，对万寿宫有多次维修。1999年5月，编制石阡万寿宫倒座、戏楼及长廊屋面勘察设计方案。2000年7～8月，对戏楼院落的屋面、天沟、屋脊进行抢救性保护维修。2001年6月25日，石阡万寿宫被国务院公布为第五批全国重点文物保护单位，编号5-0397-3-203。2002年后，石阡万寿宫的管理和使用权全部划归石阡县文物管理所。2002年

12月，贵州省人民政府印发《关于我省国家级和省级文物保护单位保护范围及其周围建筑控制地带划定方案的批复》，公布石阡万寿宫的保护范围和建设控制地带。2004年9月，全面维修万寿宫过殿、正殿、紫云宫、圣帝宫。2005年建立石阡万寿宫的全国重点文物保护单位记录档案。2010年维修万寿宫戏楼院落。

薛瑄家庙及墓地 又名"薛夫子庙"，是明代理学大师薛瑄的家庙，位于山西省万荣县里望乡平原村。

薛瑄（1389～1464年），山西河津（万荣县）人，字德温，号敬瑄，谥文清。明永乐年间进士，官至礼部左侍郎，兼翰林院学士。明代思想家、教育家，理学大师，学宗程朱，河东学派创始人。著有《薛文清公文集》《读书

薛瑄家庙分祠门楼

薛瑄家庙正殿

薛瑄墓

录》《读书续录》等。

　　明成化元年（1465年），修建薛瑄墓地。成化年间（1465～1487年），创建薛瑄墓地薛公坊牌楼。弘治年间（1488～1505年），薛瑄四世孙薛兰偕同五世孙薛惟善等人，创建薛瑄家庙。嘉靖三十三年（1554年），修缮薛瑄家庙。万历三十四年（1606年），篆刻年谱等书。万历四十二年（1614年），刊成《薛文清公文集》，创建薛瑄家庙西角门、暖阁，

各殿、廊、门坊重新彩绘。清乾隆三十二年（1767年），重修薛瑄墓地薛公坊牌楼。乾隆年间（1736～1795年），重修薛氏族谱。

　　薛瑄家庙，原为前后两进院落，仅存前院，为居民区。前院坐南朝北，遗存建筑有前殿（山门）、正殿及东、西厢房。院落南北长31.6米，东西宽13.4米，占地面积423平方米。前殿（山门）面阔三间，进深二间，单檐悬山顶，梁架五檩前出廊，后檐明间装板门，

薛瑄墓地木牌楼

门两侧各出侧楼，斗拱密布，形同牌楼，前殿两侧各开便门。前殿屋面局部变形，杂草丛生，吻兽缺失，椽子局部糟朽，檩子糟朽，三架梁有细小裂缝，柱子外皮抹灰剥落，墙体酥碱，地面砖破损缺失。侧楼屋面变形，杂草丛生，连檐断裂，椽飞糟朽，瓦件移位，木装修变形，柱子糟朽，外皮剥落，铁箍加固。前殿内东南角斜置一口铁钟，北、西两面围以矮墙，铁钟保存较好。

中华人民共和国成立前，薛瑄家庙及墓地由村民自发管理保护，后由当地政府负责管理和保护。1960年，河津县人民委员会公布薛瑄家庙为县级文物保护单位。1978年以后，由万荣县博物馆负责保护和管理。1996年，山西省人民政府公布薛瑄家庙及墓地为山西省第三批重点文物保护单位。2000年1月，万荣县文物局成立，负责全县文物管理保护、维修及文物行政执法工作。2001年，山西省文物局、山西省建设厅印发《关于公布运城市万荣县寿圣寺塔等36处省级文物保护单位保护范围及建设控制地带的通知》，公布薛瑄家庙及墓地作为省级文物保护单位的保护范围及建设控制地带。2013年3月5日，薛瑄家庙及墓地被国务院公布为第七批全国重点文物保护单位，编号7-0857-3-155。2014年，国家文物局先后批准薛瑄家庙及墓地保护维修项目和薛瑄家庙及墓地保护规划项目立项。2015年，山西省文物局批准薛瑄家庙及墓地保护维修方案。薛瑄家庙及墓地的全国重点文物保护单位已录档案保存于山西省古建筑保护研究所。

雷祖祠 是唐代首任雷州刺史陈文玉的纪念祠，位于广东省雷州市白沙镇白院村，坐落在雷州市西面2千米处的英榜山上。

陈文玉，雷州人，唐贞观五年（631年）出任雷州首任刺史。任职期间，勉精图治，使雷州半岛人民安居乐业，对唐王朝亦有"立

雷祖祠正侧面

祠内碑刻

祠内石像

我边疆，宁我黎庶"之汗马功劳。贞观八年（634年），他上奏请求改合州为雷州并沿用至今。陈文玉谢世第四年（642年），唐太宗李世民下令于雷州城西六里峰为陈文玉立庙。故雷祖祠始建于贞观十六年，历代均有修缮。保留下来的建筑主要是明清时期的遗构。

雷祖祠坐北向南，分三进，有山门、钟楼、鼓楼、拜亭、雷祠三殿及小花园、太祖阁等。规模雄伟，为硬山顶式桁梁结构。建筑方式独特，举架平缓，前檐出廊十余步。第一进为山门，两侧置钟楼、鼓楼。顺山门青石板台阶拾级而上可直通第二进的拜亭，与"雷祠三殿"连接，大殿依次祀奉着雷祖陈文玉、英山石神、西汉飞将军李广，雕像生动逼真。第二进的后面是一个小花园，内有假山、喷泉、花圃融为一体。其后为第三进，即太祖阁，祀奉雷祖的父亲陈铁。祠内保存有五代时期的石人4尊，殿后两侧设有碑廊，存宋至清代碑刻40余通，是研究雷州历史文化的珍贵资料。

雷祖祠是岭南地区最大的祠堂建筑之一，具有典型的南方建筑特点。雷祖的神奇传说至今仍脍炙人口，历代显宦名流、骚人墨客，留下许多感人诗篇。寇准有诗，东坡留赋，丁谓作记，李纲题碑，这些诗赋碑刻尚珍藏于洞内，堪称文物之瑰宝。

1983年，公布雷祖祠为海康县文物保护单位，1989年，雷祖祠被广东省公布为省级文物保护单位。1992～1993年，对雷祖祠进行一次全面修缮。1993年，成立雷祖祠游览区管理处，将雷祖祠辟为旅游区，由白沙镇白院村委会属下的雷祖祠文物保护管理所管理、保护。1994，广东省人民政府划定雷祖祠保护范围及建设控制地带。1996年11月20日，雷祖祠被国务院公布为第四批全国重点文物保护单位，编号4-0181-3-103。雷州市文化广电新闻出版局建立雷祖祠全国重点文物保护单位记录档案并保管。

德远堂 又称张氏家庙，是明代入闽张姓后人为敬奉先祖建造的祠堂，位于福建省南靖县书洋镇塔下村东面山坡上。

德远堂于明末清初在塔下村东面山坡开基始祖原住地上建造，清乾隆二十五年（1760年）由旅台族裔张石敢捐资重修，遗存建筑形制基本保留清代风格，坐西北朝东南，系二进悬山顶建筑，两侧带厢房。在德远堂西南角处建门楼，上刻"张氏家庙"。德远堂前为天井和照壁，并辟有半圆形泮池一畦，半圆形泮池两边立有24支高过10米的石龙旗杆。

德远堂面阔三间。第一进为前厅，明间前廊内凹，进深两间。第二进为祖堂，明、次间在梁架下以实木裙板封堵作木隔断。一、二进间设小天井，两侧以过水廊相连。厢房与主体建筑不相连，面阔五间、进深一间。祠堂门楼为歇山顶建筑，屋面上有彩色瓷片剪接镶嵌的双龙戏珠，上下燕尾式正垂脊。用围墙将门楼与厢房相连。堂前天井和一、二进间的天井均以鹅卵石作拼花铺地，一进前廊铺设花岗岩条石，廊房和二进前厅铺设石砖，室内则用红砖铺墁。山墙砖砌，内外墙面抹灰，在主堂一进的次间山墙外壁上作砖纹灰饰。主体建筑屋面覆板瓦，正垂脊均为燕尾脊，脊上堆砌花鸟纹剪粘脊饰，具有典型的闽南古建筑风格。德远堂为穿斗、抬梁混合式小式梁架，前厅过水廊房和二进前廊部位作卷棚顶。二进祖堂架

双架月梁，明间金柱为圆木柱，上下收分略呈梭形，下置鼓形石础；其余各部位檐柱、山柱均为石柱墩接木童柱，无柱础，直接落于地面。梁架斗拱形态各异，一进坐斗为剔花菱形斗；二进第一间坐斗为剔雕狮、象斗，第二间坐斗为瓜斗；各组斗拱为叠斗式做法，交互斗和散斗为四方抹角斗，当地称梅花斗；耍头作象鼻或鸡舌拱状，连接各组斗共的束拱开螭纹拱眼。梁架斗拱间装饰繁简适度，下安透雕香草龙纹、花鸟杂宝纹或渔樵耕读图花板的雀替；二进前挑檐檩下有罗汉扛梁替木。德远堂一进外檐装修中，明间开三门，安五抹头木槅扇，槅芯为透雕香草龙纹花板，次间山墙安圆形漏窗各1个；二进内檐装修中，设有攀间斗拱，为一斗三升式；斗为四方抹角斗，拱为平弯拱，风格较朴素。明间额枋保留清代彩绘，表现科举进士的欢庆场面，额枋下的挂落透雕鱼跃龙门图花板，寓含张氏族人希望出人头

德远堂远景

德远堂

地、光宗耀祖的寄托。德远堂一进前廊明间大门置有涡纹青石抱鼓1对，鼓面带包袱，底座浮雕麒麟杂宝、剔雕香草龙纹，质地细腻，雕工精细；二进前檐台明的陡板石，分别剔雕梅、兰、竹、荷等图案。

德远堂内保存各种附属文物。二进明间金柱上悬置的清嘉庆十五年（1810年）张氏十五世孙张金拔手书"德乃祖功乃宗行其庭必恭敬止，远而孙近而子入是室惟孝友于"楹联木匾；祖堂灵龛内的昭穆神位等均为清代原物。围墙上，镶嵌有道光十四年（1834年）《德远堂捐祀香题名碑》2方，以及近现代重修德远堂捐资碑记等。

立于堂前的24支石龙旗杆，是具有客家风格的标志物。据《张氏德远堂族谱》记载：族人中举、中进士或取得一定官职之乡贤，可在家庙前树石龙旗杆，以荣宗耀祖，激发人们努力向上。德远堂前的石龙旗杆始立于清乾隆三十七年（1772年），至光绪三十年（1904年），为考中举人、进士、学衔等族人竖立的14杆石龙旗杆造型各异，且有明确的立杆记事铭文。石龙旗杆最高达10余米，分为台座、夹杆石、杆身三部分。台座有四方形、六角形两种，为简易须弥式石座，束腰处成竹节状，四面剔刻花纹图案，有杂宝纹、香草纹、螭虎纹、花鸟瓜叶纹等；夹杆石为如意云头状，旗杆分成三节，各节以石斛、莲花或瓜形石构件分隔，下部铭刻纪年铭文，中部浮雕蟠龙纹，杆尖或为笔锋状，或踞坐石狮等，做法不尽相同。20世纪70年代至2001年，又立10杆，彰显张氏族人敬贤尊老的良好风气。

德远堂地处闽南、闽西接合的山区，建

筑具有闽南的传统风格，又表现出客家文化的特征，是研究闽西南古建筑的一个特殊实例。具有典型的客家特色的石龙旗杆是闽西南敬教重文的文化印迹。德远堂成为两岸敬祖睦宗、文化交流的见证。至清同治九年（1870年）张氏后裔回乡谒祖时，学将德远堂的建筑丈量回台，在台南兴建了与家乡一模一样的宗祠，同样命名为德远堂。德远堂是闽台渊源一体、两岸血脉相连的历史见证之一，成为两岸文化交流的纽带。

德远堂从建成至1983年，主要由其宗下的张氏族人管理，负责建筑的维修和保护。1983年，德远堂被公布为南靖县第一批县级文物保护单位，成立德远堂文物保护管理小组，由政府和张氏族人共同保护管理。2006年5月25日，德远堂被国务院公布为第六批全国重点文物保护单位，编号6-0595-3-298。2007年，福建土楼申遗成功后，德远堂纳入土楼景区，

由南靖县土楼管委会管理使用。2014年，南靖县土楼管委会建立德远堂的全国重点文物保护单位记录档案。2016年，根据福建省人民政府《关于公布全国重点文物保护单位（第四至七批）保护范围的通知》以及福建省文化厅、省住房和城乡建设厅《关于公布省级以上文物保护单位建设控制地带的通知》，分别划定德远堂的保护范围和建设控制地带。

蔡侯祠 是祭祀东汉造纸术发明家蔡伦的祠堂，位于湖南省耒阳市人民路蔡伦纪念园内。

蔡伦（63～121年），东汉宦官。东汉永元十七年（105年），用树皮、废麻、旧布、破渔网等原料，造出世界第一张贡轻、价廉、便于书写的植物纤维纸，后世称其为"蔡侯纸"，结束了人们用笨重的简牍和昂贵的缣帛书写、记事的历史。蔡伦因造纸有功，被封为龙亭侯，食邑三百户。永宁二年（121年），蔡伦蒙冤饮药自尽，死后葬在封地。元嘉元年

蔡侯祠远景

蔡伦墓

（151年），汉桓帝查明蔡伦蒙冤并念及其发明造纸术有功，下令为蔡伦平反，并立传，写入《东观汉记》。南北朝时，史学家范晔根据《东观汉记》将《蔡伦传》收入《后汉书》。蔡侯祠原是蔡伦的故宅，耒阳百姓为纪念蔡伦，将其故宅立祠祭祀，并在祠后百米处建蔡伦衣冠冢。《湘中记》载："池（蔡子池）侧有蔡侯祠"。期间几经损毁，元至元四年（1338年），耒阳知州陈宗义主持重修蔡侯祠，撰有《重修龙亭蔡侯庙记》，并在蔡子池的纸桥上修建思侯亭（又称双月亭）。几经兴废，现存建筑为清代重修。

蔡侯祠坐落在耒阳市区中心偏东南、蔡伦纪念园的西南隅，前有蔡子池，后为蔡伦墓，右侧置"宝鼎"香炉，左侧隔围墙与蔡池路毗邻。坐南朝北，砖木结构，隔山檩，局部穿斗式梁架，小青瓦，琉璃剪边，中灰墙，青砖地面。平面呈长方形，面阔17.9米、进深23.8米、高6.85米。建筑呈对称布局，中轴线上由北至南分三进，即门厅、中厅和后厅。正门门楣上嵌汉白玉竖额，阴刻"蔡侯祠"三字；门联镌"芳池月映，故宅风存"；左右置耳房、侧室；两进间，中为通道，两旁置天井，形成

两个院落。

附属文物包括蔡子池、蔡伦墓、香炉宝鼎。蔡子池相传为蔡伦回家乡传授造纸术时修建。中华人民共和国成立后，耒阳市人民政府几次修葺，池岸砌石头，池周植绿树。池中有桥，名曰纸桥，桥上有石亭，名思侯亭，又名双月亭。耒阳八景，"唯有蔡池双月美"。蔡伦墓为东汉末年所建衣冠冢，高2.2米、长7.84米、宽2.7米，为单室券顶砖室墓。花岗岩墓围，有墓门、阶梯入墓。2001年8月，耒阳市人民政府在墓前建一座护碑亭，墓碑正面刻郭沫若1959年题"蔡伦之墓"，背面刻有耒阳市人民政府为蔡伦写的碑文。蔡侯祠右侧有"宝鼎"1座。"宝鼎"分上下两部分，上部分四角攒尖顶，额阴刻"宝鼎"二字，有阴刻联云"炉内千年火，瓶中万代香"，并刻"清乾隆三十五年仲春修建"。中部呈鼓状，下置须弥座。此鼎原传有二，今仅存一。

1956年7月，湖南省人民委员会公布蔡侯祠为省级文物保护单位。1958年，耒阳县人民委员会拨款维修蔡侯祠，并撰《整修蔡侯祠记》刻石留世。1964年10月，成立耒阳县文物保护管理委员会，承担蔡侯祠保护管理职责。1969年，湖南省文化局拨款维修蔡侯祠、墓。1984年5月，成立耒阳县蔡伦纪念馆，馆址设蔡侯祠内；1991年，加挂耒阳市文物管理所牌子。2003年11月，耒阳市文物管理所更名耒阳市文物局，蔡伦纪念馆为其下设机构。1981～2000年间，湖南省文化厅、湖南省文物局、耒阳县人民政府多次对蔡侯祠进行维修，整治蔡侯祠、墓的周边环境，拆迁周围单位、民房建筑，将蔡伦纪念园由原来蔡侯祠的480

平方米旧址扩展形成9600平方米的园区。2001年9月8日，蔡伦纪念园、馆正式对外免费开放。2006年5月25日，蔡侯祠被国务院公布为第六批全国重点文物保护单位，编号6-0676-3-379。2008年，建立并逐步完善全国重点文物保护单位记录档案。

武侯祠 是中国唯一一座君臣合祀祠庙，也是全世界影响最大的三国遗迹博物馆，位于四川省成都市南郊。

武侯祠肇始于公元223年营建刘备陵寝之时。祠主要由惠陵（刘备墓）、汉昭烈庙（刘备殿）和武侯祠（诸葛亮殿）三大部分组成，蜀汉章武三年（223年）刘备病逝，同年下葬于此，史称惠陵。与此同时，在陵墓东修建祭祀刘备的汉昭烈庙。南北朝时期，在汉昭烈庙西南，建造一座专门纪念诸葛亮的武侯祠。武侯祠、汉昭烈庙、惠陵毗邻，经历代修葺、改建、完善，形成遗存的格局和规模。

武侯祠遗存主体建筑为清康熙一一年（1672年）重建，坐北朝南，排列在一条中轴线上，由南向北依次为大门、二门、刘备殿、过厅、诸葛亮殿以及近年迁建的三义庙和新建的结义楼，古建筑面积达1.2万平方米。刘备殿为悬山式结构，面阔七间；诸葛亮殿为悬山式结构，彻上明造，面阔五开间；惠陵在中轴线西侧，墓冢封土高12米，环以墙垣，虽经千年风雨侵蚀，仍保存完好。

三义庙位于成都市提督街，是纪念蜀汉君主刘备、大将关羽、张飞的祠庙。因刘、关、张桃园三结义典故而得名。遗存古建筑为清末民初所建，两重四合院布局。

祠内存有历代碑碣50余通，其中由裴度撰文、柳公绰书写、鲁建篆刻的书《蜀丞相诸葛武侯祠堂碑》尤为著名，后世赞其文章、书法、刻技均精，誉称"三绝碑"。武侯祠存有匾额楹联70余块（副）。祠内有蜀汉历史人物

惠陵大门

明碑

清碑

像47尊，塑制于清康熙十一年至道光二十九年（1672-1849年）；水墨壁画共20幅，东西两廊各10幅，分布在廊塑像背后。

1961年3月4日，武侯祠被国务院公布为第一批全国重点文物保护单位，编号1-0119-3-072。1981年，三义庙被公布为成都市市级文物保护单位。现作为博物馆，对外开放供公众参观。20世纪80～90年代，对武侯祠进行多次维修。1994年12月14日，《四川省人民政府关于武侯祠等88处全国重点、省级文物保护单位保护范围的通知》文件中，公布了武侯祠重点保护范围及建设控制地带。1998年，因城建需要，三义庙迁建到武侯祠内，1999年完成的易地迁建保护。恢复刘、关、张塑像，并增设10通三国故事画像碑、2通记事碑，对三义庙建筑进行油漆和匾联贴金，并增添鼎、炉、钟等物，在庙前新建"三分桥"1座；征集一对百年银杏树桩，移栽于三义庙前。2000年，完成船舫、桂荷楼、琴厅的维修工程，维修被损坏的孔明殿、厢房过厅、钟楼等古建筑，完成文臣武将廊的维修工程，修复刘备殿前石栏杆和石丹墀。2007年，编制完成《武侯祠文物保护规划》并通过国家文物局审核通过。武侯祠全

国重点文物保护单位记录档案现存于成都武侯祠博物馆。2008年5·12汶川特大地震中，武侯祠内的文物建筑遭受不同程度的损坏。2009年11月起，先后完成孔明殿院落文物维修工程、汉昭烈庙文物建筑维修工程、刘湘陵园维修保护、文物区中轴线地面维修项目以及武侯祠彩塑及壁画保护修复工程。

米公祠 是纪念宋代书画家、鉴赏家米芾的祠宇，祠位于湖北省襄阳市樊城区汉江大道西段，坐北朝南，临汉水与襄阳古城隔江相望。

米芾（1051～1107年），字元章，号襄阳漫士、鹿门居士、海岳外史。祖籍山西，曾迁居襄阳，故人称米襄阳。宋徽宗召为书画学博士，官至礼部员外郎。能诗文，擅书画，精鉴别，创立"米点山水"，与蔡襄、苏轼、黄庭坚合称"宋四大书家"。宋高宗誉其书法曰"沉着痛快，如乘骏马，进退裕如，不需鞭勒，无不当人意"。

米公祠原名米家庵，始建于元，元末明初毁于兵火，明代曾重建，改名米公祠。明万历四十七年（1619年）由太子太保吏部尚书郑继之撰书《米氏世系碑》，记述米公祠的兴衰历程。清康熙十一年（1672年）吴公琬、郑五

云二人访古，得《米氏世系碑》残碑。清康熙三十二年（1693年），江南学政、御史邵嗣尧从米氏故里寻得另一残碑，与前碑恰为一体，经洗刷辨认，得知自宋以来，樊城柜子城、陈庄柳堰铺一带是米芾后人世代居住的地方。邵嗣尧会同地方官绅，由米芾第十八代孙米瓒、十九代孙米爵立碑建祠，供后人祭祀。清雍正年间，重修祠宇房屋5栋，均为白墙青瓦，立有"米氏故里"碑。雍正五年（1727年），知府高茂选建桥于墩，令与祠接，下做券门，以通行路，筑亭墩上曰面墩亭，寻得米公及苏轼、蔡襄、黄庭坚等墨迹勒之于石。咸丰年间，道台金国琛修樊城，于米公祠截断旧城增加砖垛码位。同治三年（1864年），米氏族人禀明道、府、县官经三衙门会商，筹款培修，修米公祠

米公祠拜殿

牌楼及过厅、庭院中三间卷棚以及祠宇的主体建筑宝晋斋等房屋3栋。光绪元年（1875年）十二月进行维修。民国时期，军阀混战，米氏后裔将石刻运至米芾二十七世孙米言秦家保管。抗日战争时期，日军侵略襄阳，因石刻全部窖藏地下，免遭浩劫。

米公祠大门

米公祠宝晋斋

米公祠占地面积约1.6万平方米,建筑面积578平方米,前后四进院落。内有纪念性建筑拜殿、宝晋斋、仰高堂等,并珍藏有清雍正八年(1730年)由米芾后裔摹刻而成的米芾和黄庭坚、蔡襄、赵子昂等书法名家珍贵碑刻45方。

米公祠南大门为2000年恢复重建,它融汇了中原地带的建筑特色和地方传统民居、祠堂的建筑风格,与襄阳临汉门隔江相望。米公祠拜殿是米氏后裔祭祀祖先的地方,为砖木结构的小型殿堂,面阔三间11.9米,进深7.75米,占地面积92平方米。五架抬梁,穿斗式构架单檐硬山式,屋顶无天花。门楼为四柱三楼仿木结构,重檐九脊顶,檐顶翘起二十翼角。翼角、雀替都饰以龙凤、花鸟鱼虫纹饰。门楣上饰有渔、耕、樵、读等人物浮雕,造型古朴,形象生动。门额"米公祠"三个大字是清光绪元年(1875年)修缮时,文渊阁大学士襄阳人单懋谦的书题真迹。拜殿之后为宝晋斋。宝晋斋为合院式建筑、两进三间。第一进明间与次间用槅扇隔断;次间与东西厢房相通,明间为通道,直通天井及第二进厅堂;第二进为抬梁

米公祠仰高堂

和穿斗式单檐硬山式构架，青砖灰瓦屋面，色调素雅恬静，极具地方建筑风格。拜殿与宝晋斋之间院落的东西两侧有碑廊各8间，"苏、黄、米、蔡"等45碣碑刻嵌于壁上。

仰高堂是依据《襄阳县志》记载，于1996年重建，重檐歇山，面阔七间，进深三间，位于柜子城上，与祠宇连为一体。东、西苑是扩建的园林景区，一方面突出襄樊地处中原融南北建筑于一体，另一方面表达米芾走遍大江南北的生活背景。其建筑有壁艳阁、绮石馆、南宫舫、水榭和茗香亭，它们环绕在人工湖周围，构成南北交汇的园林特色。

米公祠是全国唯一一座纪念米芾的历史纪念建筑，其内所藏摹刻碑帖，为研究米芾书法艺术乃至宋代书法提供宝贵资料。

1951年，襄樊市成立了文物保护管理委员会，负责管理米公祠。1956年11月15日，米公祠由湖北省人民委员会公布为第一批湖北省文物保护单位，名称"米公祠及其石刻"。1978年8月22日，湖北省襄樊市革命委员会批准成立襄樊市文物管理处，由襄樊市文化局主管，负责管理米公祠。1982年，襄樊市政府拨

出专款对米公祠进行了大规模的维修。1987年8月21日，襄樊市人民政府办公室同意成立襄阳米芾纪念馆，隶属于襄樊市文物管理处。1998年6月，襄樊市文物管理处对米公祠拜殿进行落架大修。2006年5月25日，米公祠被国务院公布为第六批全国重点文物保护单位，编号6-0668-3-371。2014年，襄阳市文物管理处对2004年建立的米公祠的全国重点文物保护单位记录档案进一步完善，保存于米芾纪念馆。2015年5月5日，湖北省人民政府办公厅印发《湖北省人民政府办公厅关于公布文物保护单位保护范围和建设控制地带的通知》，公布米公祠保护范围及建设控制地带范围。

聊城山陕会馆 是京杭运河古道上保存较好的清代会馆建筑，位于山东省聊城市东昌府区东关大街古运河西岸。

聊城山陕会馆原是山西、陕西两省商人进行聚会、礼奉乡贤、唱戏、祝寿、婚礼等活动，以聚集宗派势力的场所，随着运河漕运的畅通和聊城商业发达的繁荣而兴盛起来。聊城山陕会馆的兴建不见于地方记载，根据会馆内丰富的碑志与题记所载，聊城山陕会馆始建于

聊城山陕会馆

聊城山陕会馆戏楼

清乾隆八年（1743年），历经4年，山门、正殿等主体工程竣工，其后逐年扩充维修，至嘉庆十四年（1809年）基本具备后世规模。

聊城山陕会馆坐西朝东，东西长77米、南北宽43米，占地面积3454.47平方米，建筑面积2092.86平方米，院落面积1321.32平方米。主要建筑以"山门—关帝殿—春秋阁"为中轴线，两侧对称布局，整体建筑群构成三进院落。遗存山门、戏楼、南北夹楼、钟鼓二楼、南北看楼、南北碑廊、中献殿、关帝殿、北献殿、财神殿、南献殿、火神殿等，共160余间。

山门立面造型为四方柱三间牌坊式门楼，两侧接八字影壁。立柱下为石雕狮子、麒麟柱础。上托6层（明间为7层）斗拱，屋面形式为单檐歇山，有飞椽，上盖绿色琉璃筒瓦，正脊、垂脊为雕花玻璃砖。正脊高度为10.67米。山门明间为正门，次间为便门，配石雕门框，浅浮雕吉祥纹饰。明间斗拱有垂花门罩，门罩下有"山陕会馆"石雕匾额。斗拱上有"协天大帝"匾额。左右两侧的便门上各有石刻匾额，北为"履中"，南为"蹈和"。山门外有方形石刻旗杆墩1对，石墩高1.98米、宽0.92米，石墩前后两面刻龙凤，左右两面刻荷花牡丹。山门内侧有木质圆柱4根。门后两内柱的上端与壁中两外柱以构件相连。山门后为戏楼，与戏楼相连的山墙与山门之间连以遮雨过楼，将戏楼与山门结为一体。

戏楼为两层木构建筑，坐东朝西居于高大的砖石基座之上，面阔三间9.63米，进深五间8.74米，面积84.16平方米。双重挑檐屋面，南北两个方向的抱厦为歇山顶，西向的抱厦为卷棚歇山顶。戏台的前台两侧为"八"字形左右折壁，各镶有高1.8米、宽0.5米的石刻工笔图画。戏楼基座中空形成通道，连接一二进院落。戏楼前方两侧是南北对称、形制相同的夹楼，二层三间单檐悬山顶建筑，屋顶均挂黑瓦。明间为一层拱门，可以内外通行；二层东面为墙，设圆窗，西面为大花棂落地门，南北夹楼上方各刻有石刻匾额一方，南为"望海"，北为"对岳"。

钟、鼓二楼南北对称，居于南北夹楼外侧，均为方形二层建筑。其顶为重檐十字歇山式，上覆黑瓦。一层为砖筑，西面有门和窗，可以入内，其他三面为实墙。二层原为挂钟和悬鼓处，为三间方形亭廊式，有12根廊柱承托

屋顶梁架，中有垂柱。钟、鼓二楼门楣上方各镶有石刻横额，两侧石柱上均阴刻楹联。

关帝殿是山陕会馆建筑群的主体建筑。位于中轴线上，坐西朝东，与戏楼东西相望。面阔三间、进深三间，面积162.72平方米。关帝殿屋顶高于两侧火神殿和财神殿的屋顶。檐下斗拱均为五踩双下昂，昂头呈卷云式。殿内共养关帝神像和关平、周仓二人立像。戏楼、关帝殿、南北夹楼各居东西南北，形成合围，中部院落方正宽敞，古树参天。

春秋阁是位于东西轴线上第三进院落的主体建筑，位居关帝殿后面，为面阔五间、进深一间的二层外廊式建筑。屋顶为歇山顶，上覆黑瓦。阁下原供有木雕神像，惜已无存。西壁偏北后墙上，镶有一块关羽坐式线雕像。春秋

聊城山陕会馆遮雨过楼

聊城山陕会馆钟楼

阁南北两翼各有望楼一座，上下两层有门与阁相通。两望楼券门上各有扇形匾额一方，南为"接步"，北为"登阶"。春秋阁正面两侧，为南北相对的游廊，各面阔三间，进深三间，卷棚顶。春秋阁小院两游廊的南北两侧为南北跨院。两院之间并于南北两厢游廊的东首各有小门相通。南跨院存有硬山瓦房3间。北跨院内有南屋、东屋、小北屋、小西佛亭，坐东朝西后门1间，均为外廊式硬山顶建筑。这些建筑的游廊连成一圈，组成一个呈斜"井"字形的庭院。

会馆内保存有历年重修大小碑刻19通，石雕方檐柱30根，浮雕、透雕的精密木质额枋42方，作为柱础的石雕狮子、大象、麒麟等12座，照壁、折壁人物、花鸟、山水等石刻画12幅。上百个柱础上刻有花草、鸟兽等装饰，尤其是木柱、石柱、匾额上所刻文字，正楷行书兼备。

聊城山陕会馆建筑群布局紧凑，错落有致，装饰华丽，是中国古代建筑的瑰宝，对于研究古代建筑史具有极高的价值。会馆内的油漆彩画是整个古建筑的重要组成部分，反映当时、当地的民俗风情、审美观点，展示传统的彩绘工艺，具有很高的历史、文化、艺术价值。会馆内众多的题刻、题记、雕刻是研究山陕会馆的历史和中国古代商业史、经济史、戏剧史、运河文化史以及书法、绘画、雕刻艺术史的珍贵资料。

20世纪初以来，京杭运河的地位逐渐被津浦铁路所替代，运河河道不断淤塞，船只减少，山陕会馆也随着聊城商业的衰萎而开始走向冷落，在民国军阀混战以及日军侵华战争时期遭到人为破坏。聊城解放后，山陕会馆先后被聊城一中、聊城艺校、聊城评剧团作为学生宿舍、办公室使用，会馆再遭损坏。1977年，山陕会馆被山东省革命委员会公布为省重点文物保护单位，得以维修保护。1978年，山陕会馆被聊城文化局接管，同年成为聊城博物馆办公地。1988年1月13日，聊城山陕会馆被国务院公布为第三批全国重点文物保护单位，编号3-0077-3-025。1993年6月，山东省文物科技保护中心受聊城市博物馆的委托对山陕会馆进行全面的勘察，提出了总体保护规划方案和维修概算，于1993年底上报山东省文物局和国家文物局并获批准。1994～1998年，历时4年完成会馆建筑大修。1999年，恢复财神、文昌神、水神、火神像、石栏杆、香炉和部分匾额。2013年，委托中国文化遗产研究院编制的《聊城山陕会馆文物保护规划（2013～2030）》，获得国家文物局批复。2013年12月，山东省文物局印发《关于公布第四批省级文物保护单位保护范围和建设控制地带并调整公布其他省级以上文物保护单位保护范围和建设控制地带的通知》，划定聊城山陕会馆的保护范围及建设控制地带范围。

西秦会馆　是清乾隆年间陕籍盐商在四川集资修建的同乡会馆，曾经供奉的神祇是关羽，又称关帝庙，俗称陕西庙。西秦会馆位于四川省自贡市自流井区新街街道龙凤山社区解放路173号。

根据清道光九年（1829年）《西秦会馆关圣帝庙碑记》及《重修西秦会馆关帝庙记》的记载，西秦会馆始建于清乾隆元年（1736年），历时16年修建而成，是清代木构建筑。

西秦会馆

会馆按照中国古代建筑传统法式布建，占地面积4218平方米。在长达86米的地基中轴线上，依次对称分布有武圣宫大门、献技诸楼、天街、大丈夫抱厅、参天阁、中殿、正殿，四周则以廊楼、阁轩、山墙环绕和衔接。

武圣宫大门和其背靠的献技诸楼采用传统会馆建筑戏楼的门楼倒座的形式。武圣宫大门宽约32米，为歇山屋顶、四柱七楼牌坊式门。献技诸楼屋顶由两个歇山式屋顶重叠组成，紧靠正脊加建一个六角盔顶，其后两角嵌入上层歇山顶中，组成牢固的复合结构。献技诸楼楼身四层，第一层为进口通道和门厅。其上分别为献技楼、大观楼、福海楼。第二层面向庭院，为戏楼的主要舞台部分，第四层则以高窗面向大街，唯有第三层贯通前后。献技诸楼楼身虽为四层，但从两面望去，却都是三层建筑，为"明三暗四"的建筑结构。献技诸楼栏板上的精美木雕保存完好，是古代戏楼中的精品。天街两侧的东西走楼卓立重檐歇山顶的金镛阁、贲鼓阁，金镛阁、贲鼓阁是鸣钟击鼓的地方。

武圣宫大门及献技诸楼

参天阁

大丈夫抱厅是一座硬山卷棚顶的横向敞厅建筑，平面呈长方形，面阔20.48米，进深5.33米，高8.35米，穿斗式木结构，封火山墙，素筒瓦屋面。左右两端与东西走楼相接，把献技诸楼与金镛阁、贲鼓阁有机地串连成一个四合院结构。抱厅正前为月台，配以石栏。参天阁高14.1米，耸立于中轴线上，其屋顶为四重檐六角攒尖，内饰藻井。中殿单檐结构，七柱落地，高6米，面阔25米，进深10米。两侧构筑封火山墙，双坡硬山屋顶。殿顶前后两坡不对称，前檐略高于后檐，檐下做斗拱。正殿为道光七年（1827年）增修扩建时所建。殿内原供奉关帝及配祀神位，是西秦会馆的主要殿宇。面阔五间，进深八架椽。大殿平面为凹形，前方做重檐，后方单檐，左右做五花山墙。

西秦会馆建筑上装饰有精美的木雕、石刻、彩绘。馆内众多的石雕、木雕作品，风格独特，内容丰富。会馆内有人物、故事情节的石雕、木雕共197幅，人物雕像最多，计650余人。其中木雕共127幅，人物雕像计500余人。石雕有70幅，独体兽雕24个。

西秦会馆自落成后，作为陕籍盐商聚会办公的场所，由陕籍盐商培修、管理。1939年成立自贡市，自贡市政府在此办公，负责西秦会馆的管理。1950年12月，自贡市人民政府在此办公，负责西秦会馆的保护，在此期间，对西秦会馆建筑进行保护和维修。1959年，自贡市博物馆成立，负责西秦会馆的保护和管理工作。1969年10月，自贡市博物馆更名为自贡市盐业历史博物馆，与自贡市图书馆、自贡市群众文化艺术馆合并，成立自贡市文化艺术管理委员会，负责西秦会馆的保护和管理工作。1979年12月，自贡市盐业历史博物馆从自贡市文化艺术管理委员会分离出来，负责西秦会馆的保护和管理工作，并组织实施保护工程。1981年，西秦会馆被公布为四川省重点文物保护单位。1988年1月13日，西秦会馆被国务院公布为第三批全国重点文物保护单位，编号3-0076-3-024。1995年，四川省人民政府印发《关于四川省42处全国重点文物保护单位和省级文物保护单位保护范围的通知》，确定西秦会馆重点保护范围和建设控制地带。2006年，自贡市盐业历史博物馆建立西秦会馆的全国重点文物保护单位记录档案。2000年后对西秦会馆分批进行全面修复。

屈子祠 是祭奠屈原的重要场所，位于湖南省汨罗市屈子祠镇汨罗江畔的玉笥山上。

屈原怀沙自沉汨罗江后，楚人为之建祠。据晋王嘉《拾遗记》载："楚人为之立祠，汉末犹存。"北魏郦道元的《水经注》亦载："（罗）渊北有屈原庙，庙前有碑，又有汉南太守程坚碑。"后梁开平元年（907年），太祖朱温受楚王马殷之请封屈原为昭灵侯，庙宇改称昭灵侯庙。北宋大中祥符元年（1008年），在庙东新建汨罗书院，既是祭祀屈原的场所，又是当地最高学府。南宋淳祐八年（1248年）更名汨罗庙。元延祐五年（1318年），元仁宗爱育黎拔力八达加封屈原为"忠洁清烈公"，庙宇改名为"忠洁清烈公庙"。明嘉靖二十年（1541年）复名汨罗庙，崇祯四年（1631年）更名三闾祠。清乾隆十九年（1754年），因祠宇"为湖水侵啮，垣瓦仅存，榱桷将圮"，知县陈钟理将祠堂迁建于玉笥山上，"其前为骚坛，又其前为独醒亭、招屈亭，又其前为濯缨桥"。同治八年（1869年），定名为屈子祠。民国14年（1925年）于屈子祠西侧新建教室数间，连同屈子祠和原书院斋舍创办私立汨罗初级中学。中华人民共和国成立后改办小学于祠内。"文化大革命"期间，两旁教室、书院被拆毁，但屈子祠本体基本上未遭破坏。1980年全面修复，同年端午节正式对外开放。

屈子祠坐北朝南偏东，南北长50米，东西宽30米，占地面积1500平方米，建筑面积1651.35平方米。分前、中、后三进，前、中进又分东、中、西三厅。正面是八字形牌楼式山门，中高13米，中门上方嵌五龙捧圣汉白玉石雕门额，书"屈子祠"三个大字。山门上有17处关于屈原生平及屈原作品写意的堆塑，门前

屈子祠

置石狮、石象各1对。步入中门，两旁是两眼天井。照壁为木槅门，悬挂司马迁《史记·屈原列传》全文雕屏，雕屏上方悬"光争日月"巨匾。厅柱上、照壁柱上分别悬挂郭嵩焘、李元度撰联。穿过照壁为一进院，院内有2株古桂，四周有回廊和排水沟环绕，两侧各有1间偏厅，偏厅两侧各有厢房1间，并有木楼。中进南北为木槅门。中厅廊柱上悬挂郭嵩焘撰联，檐下悬"德范千秋"匾。中厅内有神龛，内供黑底金字"故楚三闾大夫屈原之神位"牌。神龛左悬巨钟，右置巨鼓。东厅檐下悬曹瑛书"德崇骚雅"匾。中进西厅廊柱上悬清李元度撰联。中进中厅与后进中厅有过亭相连，过亭两侧是天井，天井内各有古桂1株，四周有走廊，东廊墙上嵌有明、清碑刻和清代书法家虞绍南重书唐、后梁、宋、元碑刻9块。后进中厅耸立高达3米的屈原镀金塑像，塑像两旁厅柱上悬于立群手书郭沫若集《离骚》句联。两侧为厢房，其上有楼。整个建筑为砖木结构，青砖墙体，青砖铺地，马头山墙，单檐硬山顶小青瓦屋面，琉璃花板屋脊。祠前有宽敞的石坪。右前方有独醒亭，为单檐六角攒尖顶，相传为屈原与渔民谈心处。

屈子祠一直是人们祭祀屈原的重要场所。唐玄宗李隆基曾下敕重修祠宇，"岁时祭祀"。辛亥革命后，祭祀规定废止，但民间的祭祀活动常盛不衰，特别是每年端午节的"朝庙"活动。端午节的许多活动如吃粽子、悬菖蒲艾叶、踏青等都源于此。1978年后，每次在岳阳举行龙舟节，都在祠内的屈原神龛前取得火种，并先期在此举行朝庙仪式。2005年，中国汨罗江国际龙舟节回归汨罗举办后，每年端午节都要在祠堂内举行"祭屈大典"。历史上前来凭吊的名人，有记载的汉有贾谊、司马迁，唐有杜甫、李德裕、韩愈、柳宗元、李白、蒋防，宋有朱熹、真德秀，明有王守仁，清有虞绍南等。近现代名人有冯玉祥、郭沫若、仇鳌等。台湾诗人余光中说"蓝墨水的上游是汨罗江"。屈子祠及相关纪念建筑、遗迹所承载的屈原精神，体现了中国文化中忧国忧民的爱国主义传统，是荆楚地域文化的重要符号，对湖湘文化的形成、发展产生深远影响。

民国以前，屈子祠由民间组织庙董会管理，之后由设在祠内屈子祠完小代为管理维护。1956年7月24日，湖南省人民委员会公布屈子祠为第一批省级文物保护单位。1980年6月，在祠内设汨罗县文物管理所，负责屈子祠的保护管理和全县的文物工作。1982年，汨罗县文物管理所迁到县城，于祠内设屈原纪念馆，负责保护管理屈子祠及附近山林。1993年4月8日，湖南省人民政府印发《关于公布我省全国重点文物保护单位、省级文物保护单位保护范围和建设控制地带的通知》，划定屈子祠的保护范围及建设控制地带。2001年6月25日，屈子祠被国务院公布为第五批全国重点文物保护单位，编号5-0364-3-170。2005年，由国家文物局拨款进行全面维修。2008年，国土资源部下拨资金对屈子祠滑坡群地质灾害点进行治理，新修水仙台和景区连接线。2009年，中宣部公布屈子祠为全国爱国主义教育示范基地，与屈原祭祀相关的端午节习俗被联合国教科文组织公布为世界级非物质文化遗产。2016年12月，屈子文化园第一期工程核心景区2.3平方千米内的屈子书院第一期工程完工。

社旗山陕会馆 是清中期旅居赊店镇经商的晋、陕两省商贾修建的用于商人聚会、议事、联谊的大型公用建筑群，位于河南省社旗县城区赊店古镇中心的商贸繁华地段。

清光绪三十年（1904年）《南阳县志》记载，历史上赊店镇借唐河、潘河、赵河航运之优，是中原地区重要的水陆码头、万里茶道中枢，云集全国十六省商贾在此开埠经商，尤以山西、陕西商人众多，且较为繁富。社旗山陕会馆就是清乾隆年间，山西、陕西旅居赊店镇经商的商贾号召两省商人集资开始兴建。清乾隆、嘉庆年间，赊店镇已形成纵横交错72条商贸大街，36条胡同，占地1.95平方千米的商贸巨镇，号称当时中州地区四大名镇之一。其后又经道光、咸丰、同治、光绪诸代（1821～1908年），前后历时136年，留下这座"辉煌壮丽、天下第一"的古建筑群。山陕会馆建筑群的形成大致可分三个阶段。第一期建筑有春秋楼、刀楼、印楼、东西厢房、大殿、道房院等。会馆药王殿北东侧存有清乾隆四十七年（1782年）立《创建春秋楼碑记》1通；第二期建筑悬鉴楼、钟楼、鼓楼、东辕门、西辕门、东马厩、西马厩、木旗杆、石狮子等；第三期建筑大月台、石牌坊、大拜殿、大座殿、药王殿、马王殿、东廊房、西廊房、东腰楼、西腰楼、铁旗杆等。会馆珍藏民国12年（1923年）立《重建山陕会馆碑》1通。

山陕会馆南北长156米，东西宽83米，占地面积12885.29平方米。分中、西2个院落，拥有各式建筑20余座。主体建筑位于中院中轴线上，各式建筑分布格局为三进院落，西侧跨院原为四进院落，仅存最北一进道房院。

琉璃照壁建于清嘉庆年间，位于中院中轴

社旗山陕会馆

线最南端，坐南朝北，高10.3米、宽10.6米、厚1.46米。下为石质须弥座，上覆琉璃瓦硬山顶，两侧青砖砌筑夹墙，中间墙体南北两面各嵌476块琉璃构件构成华丽壁体。照壁南面曾遭兵荒匪患的破坏，经后人补砌后不太规整，北面保存完好。

悬鉴楼俗称戏楼、八卦楼，位于会馆中院一进北端中轴线上。建于清嘉庆元年（1796年），竣工于清道光元年（1821年），历时25年。该建筑为三重檐歇山琉璃顶，五攒五踩重昂斗拱，梁架结构为卷棚式，楼面阔三间11.88米，进深十一椽13.48米，通高22米，占地面积160.14平方米。悬鉴楼一层南面为会馆中轴入口，一层北部为敞厅，二层主要是戏剧表演舞台和化妆室，戏楼前台阔三间，进深四椽，后台为四椽化妆活动室，并置木梯可上三层下一层。前后台以木屏风与"八"字形屏门相隔，正中悬挂一块清道光二十四年（1844年）浩生社所献匾额"既和且平"。两平门上方分刻"出将""入相"四字，上雕出斗拱、椽、飞椽及屋顶形象，所雕斗拱分上下两层，合计连九踩之多，戏台石栏板以望柱相隔。三层面阔三间，进深四椽，周设四廊、悬鉴楼顶正脊之正中立一高耸三重檐琉璃阁楼，内置观音，并塑出韦驮、腾龙，柱身、檐下皆有词雅意深之匾额和楹联。阁楼两侧为狮驮宝瓶。上述三物用铁链拉固，为天庭微。脊檩下墨书"大清道光元年七月初六日山陕商贾重建舞楼志禧卯时上梁大吉大利，经理人……谨志"字样题记。

木旗杆立于琉璃照壁北面左右两侧位置，已于民国24年（1935年）被毁，仅存遗址和夹柱石。铁旗杆铸造于清嘉庆年间，位于悬鉴楼南，两杆东西相距10.50米，通高17.60米，下端青石须弥座。座上铸二只空腹铁狮，狮身铸铭文。铁旗杆下部直径0.24米，自铁狮子背插入基座内。旗杆露明部分分五节，楹联上部两节，分铸两条遒劲飞腾的蟠龙，旗杆顶各立一只展翅引颈高鸣的凤，旗杆凌空直插云霄。会馆藏清嘉庆二十二年（1817年）立《赊旗山陕会馆铁旗杆记》1通。石狮一对建造于清嘉庆年间，位于悬鉴楼南面，分立于会馆大门前两侧。石狮通高2.60米，下部须弥座。下枋入地，上方及束腰有雕饰，座上石狮东雄西雌。

东、西辕门建于清嘉庆年间（1796～1820年），位于中院一进东西两侧中部，相向而峙。因会馆祀主神武圣关羽，故两门楼建筑按军营驻扎时所搭营房门命名为东辕门、西辕门，分别用石刻门额嵌于门洞外面中正部位。东辕门额有"光绪乙未年五月中浣鼎元社"款。二辕门建筑设计规制相同，通高13.92米，台基用青砖砌筑而成，正中开东西向券门。门洞内面正中各嵌一砖刻匾额，框饰云龙花草纹，东门额"昇自阶"，西门额"阅其

社旗山陕会馆木雕

履"。台基之上为门楼,面阔三间6.14米,进深四椽3.88米,周设回廊为布瓦单檐悬山,黄绿釉相间的菱形琉璃方心,绿琉璃瓦剪边屋顶,上正中立狮驮宝瓶脊刹,以铁链拉固屋面。东、西马厩建造于清嘉庆年间,分别位于东西辕门北山,均面阔三间,进深三架椽,为单檐硬山布瓦绿琉璃瓦剪边卷棚顶,屋面饰以黄绿釉相间的菱形琉璃瓦方心。

钟、鼓楼建于清嘉庆年间,位于悬鉴楼左右两侧,均面阔三间,进深亦三间,通高15.65米,占地面积54平方米,重檐琉璃歇山顶。钟、鼓均悬挂在二层内正中部位,铁钟圆形,下分8瓣、口径1.68米、高2.03米,重1250余千克,上有纽以穿木梁,纽周设四孔,钟体铸有乳钉与花卉图案,体表铸铭文已锈不可辨。鼓早年已失。钟、鼓在祭神日及社会活动时撞击,有"钟响全镇,鼓震十里"之说。

东、西廊房始建于清光绪年间(1875~1908年),位于会馆中院,各面阔十三间,进深三架椽,通高11.45米,为抬梁式重层单檐布瓦饰绿琉璃瓦剪边硬山顶,坐落在青砖、条石相间砌成的台基上,占地面积171.86平方

社旗山陕会馆石雕

米。一层正中,三明间装格栅门,次间装栅窗及栏墙,其余各间仅装上部横披,前部开敞,以供观看悬鉴楼文艺演出所用。从室内脊檩下题记"大清光绪岁次辛巳端阳初四日上梁大吉大利,鼎元社重建"可知,落成于光绪七年(1881年)。

东、西腰楼建于清光绪年间,位于东、西廊房北端,与东西廊房搭山。坐落在用青砖砌出的台基上,面阔一间,进深三架椽,二层,通高11.45米,占地面积11.24平方米。西腰楼下层开门通向西跨院,门洞西面墙体上部做砖雕墙门,为精美砖雕垂花柱屋顶形象,是会馆砖雕代表之作。东腰楼后墙临街,上下两间设梁承楼板,二层檐柱间设木栏板,梁架由双步梁、单步梁组成,屋面布瓦中饰黄绿釉菱形方心,后墙砖封檐。其南北二山开券门与廊房相通,顺踏道向北可达马王殿、药王殿月台。

大月台建于清光绪年间,位于会馆中院二进北部中轴线上大拜殿前,与大拜殿、大座殿台基等高,高2.46米、东西宽18.36米、南北深5.43米,占地99.37平方米。用青砖匡砌中填黄土,上铺青石方板建成。月台上一周立石栏板,栏板间设石望柱。月台前正中部内凹,下设神道,道南为踏跺,道北斜置一大整块青石板,此东西部正中,各设13阶青石踏道。

石牌坊分左、中、右三坊,建于清光绪年间,位于会馆中院二进北部中轴线大月台南沿,立于三踏道处。左、中、右三坊平面布局呈"品"字形。中坊四柱三间柱出头式,较左右石坊偏北,柱下设须弥座,座上分立石柱,柱身南北两侧立夹柱石、铁箍加固,夹柱石由须弥座、石鼓及顶部瑞兽三部分组成。左、右

社旗山陕会馆石牌坊

坊为两柱单间柱出头式，与栏板、望柱位于同一直线上，柱身下入月台，两侧由月台望柱、栏板夹峙。

大拜殿建于清光绪年间，位于会馆中院二进北部的石牌坊与大座殿中间，面阔三间，进深九架椽，通高15.10米，占地面积147.74平方米，坐落在高2.92米的台基上，为单檐绿釉琉璃瓦歇山卷棚式顶。屋前靠东西墙外呈"八"字墙，上各嵌1通巨幅石雕，下为须弥座，上为歇山顶，东山墙处雕刻唐代历史典故。大拜殿檐柱础下为须弥座，上为石鼓形，后檐额枋与雀替局部彩绘已脱，但印痕清晰可

辨，脊檩下可见"吉龙飞大清光绪拾六年闰二月二十六日辰时上梁大吉大利"题记。原梁、檩上悬挂众商号所献木质雕刻匾额36块，遗存有3块，均为光绪年间所书刻。

大座殿建于清光绪年间，位于山陕会馆中院中轴线二进最北端，面阔、进深均三间，周以回廊，二层，通高24.94米，重檐绿琉璃瓦歇山顶。台基以青砖间条石砌墙，夹填黄土，面铺方青石板建筑。石柱础为须弥座上鼓形，装饰主次分明，柱间额枋、雀替以高浮雕、透雕手法完成。一层装饰分两部分，前廊东西两端设廊心墙，墙内侧中上部分别嵌一块青石

雕，由慈禧亲笔所书的"龙""虎"二字，左款"同治二年十二月初二日"，右额行楷题"慈禧皇太后御笔之宝"。屋顶脊饰南面两组高浮雕二龙戏珠图案，大座殿门前设甬道，其东西两侧各设一东西长3.25米、南北宽2.42米、深0.86米的铜池，以排滞雨水防涝，蓄水防火之用。上方为接收大拜殿北坡、大座殿南坡雨雪水的木质凳槽，槽下东西栏墙各开一圆券门，与东西两座陪殿相通。大座殿二层脊檩下嵌题记"吉大清光绪十五年清和月十九日卯时上梁大吉大利庆鼎元社重修"。

药王殿、马王殿建于清光绪年间，坐北向南，位于大拜殿、大座殿东西两侧，以高架过道相连，自南而北由月台、拜殿及座殿组成。月台用青砖砌墙体，转角设方形角柱，中空填黄土上铺石板。建筑前方条石砌踏道，上部周边设石望柱夹石栏板。拜殿，面阔三间，进深五架椽，通高10.81米，坐落在台基上，为抬梁式单檐绿琉璃瓦卷棚硬山顶。座殿位于拜殿北侧，坐北向南，东座殿供药王爷，西座殿供马王爷，均面阔三间，进深七架椽，二层，通高18.62米，绿琉璃瓦硬山顶。座殿台基与拜殿台基连体，东西山墙一体，前檐带廊，药王殿西山廊前和马王殿东山廊前开圆券门与中间大座殿相通。药王殿拜殿明间脊檩下题记"吉龙飞大清光绪拾八年六月初四月辰时二梁大吉鼎元社重修"。春秋楼为主院中轴线最后一进建筑，清咸丰七年（1857年），抢军攻克赊店镇，用棉被沾桐油点燃烧毁，仅存遗址。春秋楼基址面阔19.48米、进深16.5米，占地321.42平方米，刀楼、印楼分布在春秋楼左右两侧，同春秋楼一并被烧毁。

西跨院位于会馆最北部，坐北向南，自南至北依次建门楼、凉亭、接官厅，左两侧建厢房。门楼建于台基上，为亭门形建筑。凉亭建于接官厅前，单檐歇山布瓦绿琉璃剪边卷棚顶。接官厅位于院中轴线上最北端，与凉亭做勾连搭相接，平面呈长方形，面阔三间，进深五椽，单檐布瓦绿琉璃剪边硬山顶。东西厢房形制、规格相同，面阔五间，进深四椽，南端

社旗山陕会馆大拜殿

悬山，北端硬山，布瓦绿琉璃剪边顶。

中华人民共和国成立后，社旗山陕会馆由南阳地区南阳县赊旗镇文化站使用管理。1963年，社旗山陕会馆被河南省人民委员会公布为第一批省级文物保护单位。1965年，经国务院批准析唐河县、南阳县、方城县和驻马店地区泌阳县部分辖区建立社旗县，县城驻赊旗镇。社旗县成立文化馆，山陕会馆由县文化馆作为文化宣传阵地管理使用。1985年，成立社旗县人民委员会博物馆，山陕会馆由县博物馆管理使用，免费对外开放。1988年1月13日，社旗山陕会馆被国务院公布为第三批全国重点文物保护单位，编号3-0078-3-026。1989年，建立全国重点文物保护单位记录档案，保存于社旗县博物馆。1995～1999年，国家文物局拨专款对会馆大拜殿、大座殿、药王殿、马王殿、鼓

楼、西辕门、东廊房等实施加固维修。社旗县政府先后于2001年和2008年拆迁山陕会馆周边大批民房，完善安全设施和周边环境。2002年，国家文物局拨专款编制社旗山陕会馆保护规划、规划设计安装安防设备。2005年，国家文物局再次拨专款安装防雷设备。2004年，河南省人民政府批准并公布社旗山陕会馆的保护范围及建设控制地带范围。2012年，国家文物局拨专款维修道房院。2013年，中央财政拨专款完善会馆基础设施。

山陕甘会馆　清乾隆年间由山西、陕西、甘肃三省商人集资兴建的同乡会馆，位于河南省开封市徐府街中段。

会馆坐落地徐府街因明朝开国元勋徐达之裔孙徐茂先在此奉敕建造徐府而得名，会馆即徐府之旧址。作为晋陕甘三省寓汴商人集资兴

山陕甘会馆照壁

开封山陕甘会馆木牌楼

建的中原地区同乡聚会议事场所，初为山西会馆；清乾隆年间陕西商人加入后，易名为山陕会馆；光绪年间甘肃商人加入后，始名"山陕甘会馆"。光绪二十八年（1902年），在大殿后曾增建春秋楼（已无存）。光绪二十六年（1900年）八国联军进陷北京后烧毁顺天贡院；光绪二十九年、三十年（1903、1904年）两科全国会试改在开封举行，山陕甘三省的举子住在会馆中。民国16年（1927年），冯玉祥第二次主豫，将会馆之关帝庙改为河南艺术学校校址。民国22年（1933年）在此建私立西北中学，后又建小学部。1952年，改为公立小学。

山陕甘会馆遗存建筑仅为原会馆的关帝庙部分，坐北朝南，为四合院建筑布局，中轴线建筑自南而北依序为照壁、戏楼、牌楼、大殿；两侧分布着左右掖门、垂花门、钟鼓楼、东西厢房、东西跨院。

照壁位于会馆中轴线的最南端，壁体高8.6米、长16.5米、厚0.65米。整座照壁可分为台基、壁体和庑殿顶三部分，系王青砖磨砖对缝砌筑而成。台基为青石须弥座，高1.4米；照壁壁体两面都有砖雕牡丹和"回"字纹花框，框内四角有4块夔龙石雕，中心是石雕二龙戏珠图案。照壁上部为庑殿顶，覆以绿色琉璃瓦。檐下全部以雕砖装饰，雕饰内容有人物、花卉、山水、鸟兽、博古图等，富有浓郁的生活气息。戏楼又名歌楼，位于照壁对面的中轴线上，平面呈"凸"字形。上、下两层，下层南北通道连通会馆前后两院；上层戏台面阔三间，进深两间，分前后两部分：前台是乐床，为传统的三面敞开伸出式表演区，卷棚顶，前台平板枋、额枋上雕有云鹤图、丹

山陕甘会馆大殿

凤朝阳等图案，雕花贴金，典雅精致；后台为戏房，供演员化妆休息，硬山顶。二者之间以一龙纹木雕屏风相隔。牌楼位于大殿南面的中轴线上。为重檐六柱五楼式建筑。上檐为歇山式，下檐四组外向为庑殿式，内檐为悬山式。其平面布局三柱一组，三角鼎立。主楼上部檐坡以绿琉璃瓦覆盖，正脊饰牡丹花，中间置兽头驮方亭脊刹，两侧一狮一象，狮拥莲台，象驮宝瓶，形象逼真，瑰丽之至。正脊两端的鸱吻，剑把上东书"日"、西书"月"。上下各层檐部以下均设置象鼻昂斗拱。明间十一踩，次间九踩，异常华丽。主楼中央前后悬挂近2米高的"大义参天"和"流芳千古"额匾。匾四周为透雕二龙戏珠，做工精细。次楼花板上绘有8幅有关关羽的故事彩画，如"挂印封

金""刮骨疗毒""过五关、斩六将"等。牌楼之每角下面均有垂花柱，共计8根，分别雕刻石榴、佛手、葵果、莲蓬、牡丹、荷花、花篮等。牌楼由两根中柱和四根边柱支撑，中柱下各有三块近2米高的抱鼓石。边柱在中柱两边形成两个等腰三角形。这种柱网结构，从力学和美学的角度来讲都是十分科学和优美的。无论从建筑结构还是建筑艺术上讲，牌楼均体现古代建筑艺术的优秀传统和独特的风格，从而有很高的科学和艺术价值，是河南现存清代牌楼中的珍品。大殿位于中轴线的最北部，是会馆的主体建筑。坐北朝南。是由歇山、卷棚、硬山三座不同形式殿顶从南向北依次毗连而成。歇山顶者为拜殿，面阔三间；硬山顶者为后殿，面阔五间。平面布局犹如"凸"

字形，建筑面积540平方米。中殿供奉关帝塑像，同时可容纳千人朝拜。大殿的建筑豪华壮观。屋顶正脊为镂空的龙凤牡丹，正脊两端置龙形正吻，脊的中心置狮驮宝瓶脊刹，并置琉璃烧制的手卷式匾额，书"城圣大帝"四字。檐角置走兽狮、吼、马、羊、鱼。垂脊置仙人。两山的悬鱼上书写八个大字：东边为"公平交易"，西边为"义中求财"。大殿前檐下从正心向外雕刻有七层木雕，题材丰富、新颖别致。

两侧建筑钟鼓楼位于戏楼北边，东西峙立。建于清道光十八年（1838年），高12.14米，重檐歇山式，上覆绿色琉璃瓦，小巧玲珑，异常秀丽。正脊为行龙花雕，脊上置一像驮宝葫芦，两侧为鬼判系链。檐部额枋是一幅"关公斩蔡阳"木雕画，细腻传神，栩栩如生。四周饰浮雕人物、花卉等，雀替作透雕花木图案。东、西厢房位于钟鼓楼北面，牌楼两侧，各有房八间，分为南、北两部分，南面五间、北面三间，均为单檐硬山式建筑，灰筒瓦覆顶，屋面正脊饰高浮雕青砖牡丹花脊，两端置陶质正吻，垂脊置狮、犼、马、羊、鱼走兽，前坡明间上方均砌成菱形的黄色图案。檐下置三踩单翘斗拱，平身科斗拱每间两攒。山墙檐端之下砌墀头，雕刻有太狮少狮、菊花等吉祥图案。厢房正面均为槅扇门窗，上部格心透明，下部裙板雕有如意头等图案。厢房前有廊子，下设木质坐凳栏杆。前檐柱与额枋相交处均饰有倒挂楣子，其上额枋、平板枋上面皆为木雕，装饰繁华，雕刻精细。东、西跨院位于大殿两侧，原为唱堂戏的小院落。两院建筑格局基本相同，包括有偏殿、厢房、堂戏楼、

门楼等建筑。门楼为悬山式；偏殿位于跨院北部，是跨院的主体建筑，面阔三间，为前卷棚后硬山顶建筑；堂戏楼，位于南部，分前卷棚后硬山两部分，中间以槅扇隔开。前为小戏台，后供演员休息、化妆之用。东西跨院平面布局对称整齐、设计紧凑新颖，玲珑剔透。

1963年12月23日，山陕甘会馆由开封市人民委员会公布为开封市第一批重点文物保护单位。1986年11月，山陕甘会馆被河南省人民政府公布为河南省第二批重点文物保护单位。1999年，正式批准建立开封市艺术博物馆，山陕甘会馆全面对外开放。2001年6月25日，山陕甘会馆被国务院公布为第五批全国重点文物保护单位，编号5-0339-3-145。2012年，油漆彩绘山陕甘会馆牌楼，2014年实施防雷工程，2015年修缮照壁栏杆，对厢房和钟鼓楼的局部门窗栏杆重新油漆。

杜甫草堂 是唐代现实主义诗人杜甫流寓成都时的居所，是杜甫行踪遗迹中规模最大、保存最好、最具特色和知名度的一处。杜甫草堂位于四川省成都市中心二环以内，紧邻浣花溪公园，介于草堂路和青华路之间，南北长

杜甫草堂正门

395米，东西宽538米。

唐乾元二年（759年），为避安史之乱，杜甫携家眷由甘肃赴成都，受亲朋好友的资助，在成都西郊建成草堂。杜甫先后在此居住近4年，遗传诗歌有240余首。据杜诗《怀锦水居止》"万里桥西宅，百花潭北庄"的描绘，可知草堂地处浣花溪上游溪畔，在老南门大桥的西面、龙爪堰的北面。永泰元年（765年）五月，杜甫离开成都南下后，其所建草堂的大部分被大历年间任西川节度使的崔宁之妾任氏据为私宅。此后，任氏舍宅为寺，名曰梵安寺，又称草堂寺。天复二年（902年），诗人韦庄沿浣花溪畔寻得杜甫草堂旧址，为纪念杜甫，在其处重建1间茅屋，并居住。据宋元祐五年（1090年）胡宗愈《成都新刻草堂诗碑序》所记，北宋元丰年间，政治家、书法家吕大防出镇成都后，在浣花溪畔寻访到梵安寺所未占之草堂遗址，重建草堂，并命绘杜甫像于壁上，供人瞻拜。杜甫草堂始具纪念性祠宇雏形。宋元祐初年，胡宗愈将杜甫成都诗勒石，嵌于草堂壁间。南宋初，成都杜甫草堂因无人管理再度荒颓。据喻汝砺《杜工部草堂记》记载，南宋高宗绍兴九年（1139年），吏部尚书张焘到杜甫草堂，见屋宇、画像、诗碑皆已破损毁坏，令僧人加以培修，遍刻杜诗1400余首于碑上，共计26碑，置于堂之四周，并新建亭台、新植竹柏。元代，草堂曾扩展为书院（张雨《句曲外史集赠纽怜大监》）。明孝宗弘治十三年（1500年）修建的规模较大，范围有所扩展。此次重修，奠定后世草堂依中轴线对称的多重院落式布局的基础。清康熙九年（1670年），四川布政使金儁重建草堂。康熙二十六年（1687年），四川布政使李祖辉出资进行局部修建，使何宇度的原刻杜甫遗像得以保存。雍正十二年（1734年），康熙皇帝的第十七子果亲王爱新觉罗允礼途经成都，拜谒草堂，题写"少陵草堂"，后刻于碑，存于草堂工部祠东碑亭。后草堂又经过多次重修，以嘉庆十六年（1811年）规模最大，在工部祠塑陆游像以陪祀杜甫。今天的草堂文物区保存了嘉庆重修时的建筑格局和园林风貌。光绪十年（1884年），在工部祠内再添北宋诗人黄庭坚塑像以陪祀杜甫。

杜甫草堂遗存分为三大区域，从西至东分

诗史堂

大廊内杜甫雕像

别是梅园、草堂旧址陈列馆和草堂寺。草堂寺建筑群和梅园是中华人民共和国成立后划归草堂管理。草堂旧址、草堂寺两大建筑群均系清代所建，古建筑总面积为11878平方米。草堂旧址由正门、大廨、诗史堂、柴门、工部祠等五重主体建筑构成中轴线，两旁配以回廊、东西陈列室以及恰受航轩和水竹居。草堂寺由山门、天王殿、大雄宝殿、戒堂、藏经楼五重主体建筑以及禅堂、观堂等附属建筑组成，具有典型的庙宇风格。草堂内还有与建筑群交相辉映的清幽秀雅的川西特点园林。工部祠附近还有清果亲王书写的少陵草堂碑亭及1997年恢复重建的茅屋故居。2001年底，在草堂北大门东侧考古发掘的早期唐代生活遗址，有力地佐证了杜甫草堂在原址上代代因袭重建的历史沿革。

草堂旧址古建筑的形制是以中国古代祠宇建筑基本格调和特点而布置的。草堂最前端的建筑是祠宇的大门，大门前是用砖砌的照壁，照壁前临浣花溪。草堂大门两侧，配建有不太高的八字墙，大门的平面呈矩形，面阔三间，进深二间；明间开门，前后用踏道，成为过厅式建筑。进大门，跨过石桥，便是大廨。"廨"是官署的意思，即古代地方官吏办公的场所。大廨是一座通堂式敞厅，高朗明亮，两壁悬有长联："异代不同时，问如此江山，龙蟠虎卧几诗客；先生亦流寓，有长留天地，月白风清一草堂。"意深语工，脍炙人口。过大廨，是诗史堂。诗史堂建在中轴线的中段，是草堂主要建筑之一。面阔五间，进深四间，正中是现代雕塑家刘开渠所塑的杜甫像，堂内陈列有当代名人题写的楹联、匾额。诗史堂堂前置廊，连接左右"诗圣著千秋"和"草堂留后

少陵碑亭

世"两大陈列室的横廊，并与从大廨伸过来的单架栏杆回廊相连，组合成一个完整的殿、堂、轩、楼建筑群院落。过诗史堂，即为柴门，是杜甫营建草堂时所造的院门。柴门两侧砖砌矮墙，环绕恰受航轩和水竹居，与工部祠一起又自然地形成一组院落建筑。工部祠是草堂建筑群的最后一殿，正中设杜甫神龛，两侧为宋代诗人陆游、黄庭坚陪祀。祠堂建在石砌台基上，面阔三间12.8米，进深三间10.3米；屋顶为悬山式，屋面覆盖小青瓦，正脊两端作卷草起翘，脊中部用腰花（又称火焰宝珠）装饰。在大门之后和柴门之前架设2座石拱桥，横跨在溪流之上。在西面荷花池畔的"草堂留后世"陈列室旁，建造一座小品建筑——水槛。水槛四面透空，下设飞来椅（又称美人靠），檐下施挂落，在此赏月观荷。工部祠旁还建有碑亭，清代果亲王手书的"少陵草堂"石碑置于亭内。碑亭后方有1997年依据川西民

工部祠

居恢复重建的茅屋故居。

工部祠殿内有杜甫石刻像2通，正中是明人何宇度所作，刻于明万历三十年（1602年）；另一通是清朝人张骏临摹南熏殿本所刻的"诗圣杜拾遗像"。大殿西侧还有草堂石刻全景图2通，分别为清乾隆五十八年（1793年）和清嘉庆十六年（1811年）所刻，石刻清楚地勾勒出当时草堂风貌，是研究草堂沿革和清代草堂规模与布局的重要依据，具有珍贵的史料价值。陈列于工部祠内外及柴门东西两侧的20通清代碑刻，是研究四川历史文化，特别是成都杜甫草堂和杜甫的重要资料，具有珍贵的文物价值和一定的文学、艺术价值。在唐代遗址出土的还有唐代僧人塔铭碑1通，镌刻时

间为武则天垂拱三年（687年），碑文基本完整，其对浣花溪一带风景的描述与杜诗相当吻合，丰富了杜甫草堂的历史文化内涵。成都杜甫草堂作为全国收集整理杜甫资料最集中、最丰富的地方，珍藏有各类相关资料近5万件，文物25000余件。古籍包括宋、元、明、清历代杜诗精刻本、影印本、手抄本以及近代的各种铅印本。宋刻本有3部，还有15种文字的外译本和朝鲜、日本出版的汉刻本120多种。

1952年，杜甫草堂经全面整修后对外开放。1954年，成都市人民政府批准筹建杜甫纪念馆。1955年5月4日，正式成立杜甫纪念馆，设立杜甫纪念馆管理处。1961年3月4日，杜甫草堂被国务院公布为第一批全国重点文物保护

单位，编号1-0120-3-073。1964～1965年间，对正门、大廓、诗史堂、工部祠、东西陈列室等所有纪念性建筑，进行了建馆以来第一次较为彻底全面的维修。1985年5月，更名为杜甫草堂博物馆。20世纪80年代以来，多次对杜甫草堂进行保护维修，保持了古建筑的原貌。2010年3月，四川省人民政府印发《四川省人民政府关于公布广元皇泽寺等26处全国重点文物保护单位文物保护规划的通知》，公布杜甫草堂的保护规划范围。2015年11月，成都市文化广电新闻出版局印发《成都市文化广电新闻出版局关于将浣花溪公园移交成都杜甫草堂博物馆统一管理的批复》，再次公布草堂保护范围。

杨升庵祠及桂湖 是明代文学家杨慎及其家族在故乡相关活动的遗存，位于四川省成都市新都区桂湖中路。

杨慎（1488～1559年），字用修，号升庵。四川新都人。明代文学家。桂湖原名"南亭"，始建于初唐，是一处隶属于县署的驿馆式官署园林。明代嘉靖、正德年间，杨慎在驿馆内沿湖广植桂树，改名桂湖。明末毁于战火。清代嘉庆、道光年间重修桂湖，奠定后世桂湖的规模。

杨升庵祠及桂湖占地面积4.8万平方米，其园林建筑以雄峙湖心的升庵祠为主体。有楼台亭阁、桥榭廊庑等20余处。桂湖桂升庵祠为歇山屋顶，两端各增加一组带有翼角的屋面。前厅祀升庵像，后厅塑杨氏家族像，右为澄心水阁，左侧垒石为山，建藏舟山宿，形成一殿四厅的独特格局。这种手法汲取民居建筑的做法，显示了川西祠堂建筑的独特风格。交加亭是桂湖中最具特色的园林建筑，这座毗八角双亭，因吻接处采取省柱法，两亭共用二柱，故名交加亭。一亭依岸，一亭跨水，一亭高，一亭低，错落有致，浑然一体。桂湖士城墙始建于隋唐，为土筑城墙，明正德初年，增砌为砖石城墙，遗存有古城墙800米。

杨升庵祠及桂湖虽历经明、清、民国近现代沧桑历史的变迁，较完整地保存下来，是研究中国古代造园史、园林规划史的重要实物例证。桂湖的古典园林建筑独具特色，有中国唯一一座非对称双亭——交加亭，中国稀有的一座由三个建筑组合而成的庑殿式建筑——升庵祠，中国唯一一座重檐草亭——亭亭。园林旦

桂湖大门

升庵祠

亭亭

有中国城市里最大一对紫藤，还有中国唯一一座清代川派鹅卵石假山。桂湖因其桂花和荷花种植规模大、品种丰富等特点，而成为中国五大桂花观赏地之一和中国八大荷花观赏地之一。桂湖是中国遗存唯一保留下来隋唐时期的园林湖池遗迹，这一早期的园林山池结构，是中国非常珍贵而罕见的园林文化实物标本。祠内碑林收集100余通历代名家书法碑刻，具有很高的历史、艺术和科学价值。另有明、清善本古籍、名人字画、巴蜀青铜器、汉画像砖等文物万余件。

1979年4月，成立新都县文物管理所，所址设在杨升庵祠及桂湖内，负责杨升庵祠及桂湖的古建筑和园林保护管理维修、文物展览和藏品保护管理等。1996年11月20日，杨升庵祠及桂湖被国务院公布为第四批全国重点文物保护单位，编号4-0185-3-107。2005年，新都区

文物管理所建立杨升庵祠及桂湖的全国重点文物保护单位记录档案。2014年10月31日，四川省人民政府印发《四川省人民政府关于公布四川省全国重点文物保护单位和省级文物保护单位保护范围的通知》，公布杨升庵祠及桂湖保护范围及建设控制地带范围。

安徽会馆 是北京历史上著名的会馆之一，位于北京市西城区后孙公园胡同17、19、23、25、27号。

安徽会馆馆址原是明末清初学者孙承泽的别墅故址，孙承泽（1593～1676年），山东益都人，明末清初政治家、收藏家，著有《天府广记》《春明梦余录》等记载北京地方史料的书籍。孙承泽别墅故址又称孙公园，园内有研山堂、万卷楼等建筑，是孙承泽写书、藏书之地。在孙承泽之后，有翁方纲、孙渊如、彭维新和道光年间藏书家、篆刻家刘位坦等知名

人士在此居住过。晚清时期，孙公园范围内大部分房舍改建为各省地方会馆，如锡金会馆、泉郡会馆、台州会馆和安徽会馆等。清末，李鸿章及其兄湖广总督李瀚章，为扩张淮军集团的势力，与淮军诸将共捐万金，购得孙公园的大部分，于清同治七至十年（1868～1871年），建造安徽会馆。

安徽会馆坐北朝南，东西长56米，南北长74米，包括中、东、西三路院落和一个后花园，每路皆为四进。各路庭院间以夹道相隔，夹道间开许多座门，将各庭院联成一体。中路为节日聚会、议事、酬神、演戏的场所。主体建筑为文聚堂和戏楼、神楼等。东路为乡贤祠、思敬堂、魁光阁等建筑，东夹道设习射的箭亭。西路为接待居住用房，隔壁为泉郡会馆。最北部为一座大型园林，面积约1330平方

米，原有假山亭阁，池塘小桥，现仅存一座碧玲珑馆。整组建筑除花园已无存外，基本格局保存尚好，只东路建筑残破拆改严重。

大门位于中路最前面，面阔五间，过垄脊灰筒瓦屋面，梁架尚好。正房文聚堂面阔五间，七檩硬山顶，过垄脊灰筒瓦屋面，前出廊，堂内悬挂书有皖籍中试者姓名的匾额。左右厢各三间。戏楼是中路规模最大的建筑，保存完整，小巧玲珑，式样别致。戏楼坐北朝南，面阔五间，双卷勾连搭悬山顶，东西两侧各展出三米重檐，形似歇山。前部进深六檩，后部进深八檩，合瓦顶屋面。戏台在正面，后接扮戏房五间。其余三面为楼座，围有朱漆栏杆。北京安徽会馆的戏楼与正乙祠、湖广会馆、阳平会馆戏楼被合称为四大戏楼。清乾隆末年（1795年）徽班进京，四大徽班曾借助安

安徽会馆鸟瞰

戏楼北立面

戏台

徽会馆在京城立足，清初戏曲名作洪升的《长生殿传奇》曾在此上演。安徽会馆戏楼在中国戏曲史上具有重要地位。戏台北侧有后楼一座，面阔五间，进深五檁，前出廊，清水脊筒瓦屋面。后楼北面为碧玲珑馆，面阔五间，进深六檁，悬山顶，梁架为原物，装修已改。院东大门内，门房2间，以西衣包房3间。入中院东门，前有井一区。南隅供龙神、土地龛。以东夹道。第一进，中为魁光阁，前列藤间吟屋6间。椽前《安徽会馆新建碑记》一方。墙后加廊，石泐同乡输助芳名。第二进，思敬堂5间，左右厢各3间。第三进，龙光燕誉5间，左右厢各5间。夹道箭亭、更房暨前后庖湢，余屋11间。院西大六内对厅直入三进，皆5间，每进院内鳞次左右皆3间。

安徽会馆在中国近代史上曾经是戊戌变法运动的策源地之一。清光绪二十一年六月二十七日（1895年8月17日），中国近代史上第一张维新报纸《万国公报》在北京安徽会馆创办。维新派的代表人物康有为等，在安徽会馆内创立中国近代史上维新派的第一个政治团体强学会。光绪二十六年（1900年）安徽会馆被八国联军侵占，成为德军司令部。同年11

月，德军寻衅，将会馆左、右、后三面民房全部烧毁。民国初期，段祺瑞执政时期，安徽会馆成为旅京同乡讨论自治制度的地点。安徽会馆既象征近代政治舞台上地方势力淮系集团的兴起，又是戊戌变法前维新志士办报纸、设学会、发动改革的活动场所，以及北洋皖系势力的大本营。清末民初，安徽籍的达官贵人、文人雅士如李鸿章、段祺瑞、胡适等，都在会馆留下活动的记录。

民国8年（1919年），安徽会馆租给市民。民国15年（1926年），会馆西路创建安徽中学。中华人民共和国成立后，会馆仍为居民区。1954年11月27日，安徽会馆由北京市宣武区房地产管理局接管。1958年，安徽会馆成为椿树整流器厂库房。1984年，安徽会馆戏楼被北京市人民政府公布为北京市文物保护单位。1987年，北京市人民政府批转市规划局、文物局第二批划定文物保护单位的保护范围和建设控制地带的报告，公布安徽会馆保护范围和建设控制地带。1998年12月24日，椿树整流器厂正式腾退，会馆中路北部（含戏楼等四栋文物建筑）转由宣武区文化文物局（2001年更名为宣武区文化委员会）管理使用。2000年6月至

2001年6月，实施安徽会馆抢修工程。2006年5月25日，安徽会馆被国务院公布为第六批全国重点文物保护单位，编号为6-0313-3-016。2007年，北京市宣武区文化委员会建立了安徽会馆全国重点文物保护单位记录档案。安徽会馆现由西城区房投公司、京都公司管理。

张桓侯庙 为纪念三国时期蜀汉名将张飞而修建的祠庙。原址在重庆市云阳老县城对岸的飞凤山北麓。原址上的张桓侯庙属三峡文物保护迁建项目，经国家文物局批准，实施严格的拆迁复建。迁址位于重庆市云阳县盘龙社区龙安村10组，地处狮子岩下，依山而建，面江背山，与云阳新县城隔江相望，东距云阳长江大桥约500米。

据明嘉靖《云阳县志》引嘉靖十八年（1539年）重修张桓侯庙记知，张桓侯庙相传始建于蜀汉末期。庙内遗存的一块宋代残碑，内容为北宋宣和年间提刑陈似（字袭卿）题写的重修张桓侯庙碑记，说明宋宣和年间以前张桓侯庙已经存在。民国《云阳县志》记载，明嘉靖年间和清同治年间都曾重建、增修。据遗存大殿、杜鹃亭大梁下的题记，可知清道光、光绪年间亦有重修。民国时期，张桓侯庙有两次增建，分别是民国25年（1936年）在山门外修建望云楼，民国38年（1949年）：孙元良部驻此时修建白玉池。新中国成立后，重庆市相关单位利用对张桓侯庙实施迁建保护的机会，对其原址进行考古发掘，发现宋代庙址以及明、清不断增高的墓址，佐证了文献记载的可信度。在剥离结义楼墙上"江上风清"题字时，发现清光绪三年（1877年）湖北麻垭李载庵书写的"灵钟千古"四个大字，证实1883年（清光绪九年）3月27日英国人立德乐所记所摄文图的真实性。"江上风清"归安结义楼墙

张桓侯庙远景

上，"灵钟千古"置于得月亭畔。

张桓侯庙遗存庙宇为依山而建的砖、木、石混合结构建筑群体，坐南朝北，主体面积在1625平方米左右。因山体地形所限，庙宇的平面布局只能分上、下两层台基依山势错落建造。下层建筑由山（大）门、结义楼、东西厢房、戏台、望云轩、邵杜祠、杜鹃亭组成。上层建筑由大殿、偏殿、助风阁、侧廊、陈列室构成。

上层建筑。山门西向，设在紧靠西厢房底层的西风火墙上。穿斗结构，歇山式褐色琉璃筒瓦顶。大门西向偏北30°成为斜门。石柱门框，大门檐柱间宽3.6米，柱高3.3米。门楣上有刻"张桓侯庙"额匾。结义楼是下层建筑群中的主要建筑，正方形平面，为重檐（向江的正面为三重檐）四角攒尖顶的三层穿斗式楼阁建筑。底层的面宽和进深都是三间，即明间和左右各两个次间组成底层平面，面阔6.65米、进深6.65米。整体梁架为穿斗式三层阁楼构造，底层用8根檐柱和4根金柱与梁枋相连形成框架结构，底层高3.3米。二层原为戏楼，层高3.19米，楼顶中部用斗八藻井装饰，显得庄重大方。三楼高4.41米。各层屋檐下面用罗

锅椽与梁枋相连，椽上施曲形望板隔尘。翼角用雕花斜撑屋角上翘。屋面原为黄琉璃瓦，经多次维修后添加了一些褐色和绿色琉璃瓦。用镂空纹式脊砖加灰塑做成垂脊和宝顶，并施以青花瓷片贴面。翼角为灰塑卷草纹样。宝顶中央用绿、黄色陶瓷器相叠砌。中心以铁杆将重叠的陶瓷串成锥形，宝顶四面以麻刀青灰塑空花纹饰加固，将屋顶的四条垂脊与中心的宝顶有机连成一体，呈现盝式屋顶的形状。在第一层楼檐下的石砌台基外，用麻刀灰塑"江上风清"颜体楷书四字。东西厢房是结义楼左右的配套建筑，穿斗式七架椽悬山式房屋结构，曲尺形平面，底层高3.3米，二层高3.19米。戏台在结义楼的正对面。穿斗式歇山顶一面坡小青瓦屋面，紧靠大殿正面台基外墙。望云轩，紧靠结义楼东侧，穿斗悬山式两端加风火墙结构，十架椽小青瓦屋顶，通面阔19.44米、通进深14.69米、通高6.19米。四合院平面。中央天井3.49米×15.7米，因地面低于结义楼1.36米。以石砌园门，踏步与结义楼相通。分前后两厅，每厅各五间：明间宽5.2米，两次间各宽3.5米，两梢间各宽3.36米。邵杜祠为望云轩东侧之偏房。穿斗硬山式，小青瓦

结义楼

望云轩

屋顶，面阔三间5.55米、进深7.6米。杜鹃亭（亦名睡仙楼），位于张桓侯庙下层台基的最东端。穿斗式重檐五脊顶构造。在一、二层之间加一夹层，实为三层结构。平面长方形，面阔三间长11.7米、进深三间7.45米。底层共用12根檐柱和8根金柱构成框架。一楼（加夹层）高8米，二楼高2.26米，亭身通高17.09米。亭后紧靠基岩，有石踏步与上层房屋建筑相通。

下层建筑。大殿位于张桓侯庙上层台基的西端。殿宇为穿斗的厅堂式建筑，厅堂两端及后墙用0.34米厚的砖墙和两端的风火墙封护，使大殿建筑形成一个坚固的整体，下层戏台紧靠大殿正面台基，戏台两边建有踏步和下层的结义楼建筑群体相通。大殿（正殿）是供奉张飞塑像和张飞生平故事的主要殿宇，是整个张桓侯庙的主要建筑。大殿面阔五间17.23米，进深四间7.96米，殿身通高8.42米。大木梁架为檐柱、金柱、中心柱构造。两面坡屋面，前后共用14架椽构成房架。灰筒瓦屋面，镂空青砖脊饰，黄绿色陶瓷器加灰塑做成宝顶。偏殿紧靠大殿东墙，是因地而建的过渡建筑，平面呈菱形。正面加抱厦，面阔两间7.46米、进深6.47米，穿斗式两端加风火墙构造。小青瓦屋面，青灰塑脊。助风阁在张桓侯庙上层台基的中部，重檐六角攒尖顶的楼阁建筑。穿斗式梁架结构。六边形平面，每边面宽2.36～2.38米不等。一层高6.08米，二层高3.23米，顶高4.51米。阁体通高13.82米。黄琉璃瓦屋面，灰塑脊式和宝顶。侧廊在上层台基东侧，西面与助风阁相连，东接陈列室山墙，长方形平面，通宽18.36米、进深3.36米，砖墙硬山式

草亭

穿斗结构。通高6.87米。两面坡小青瓦屋面。靠助风阁一端加抱厦一间，前坡加抱厦六架椽，后坡用三架椽构成层架。

中华人民共和国成立后，张桓侯庙由云阳镇政府负责管理。1977年，云阳县人民政府公布张桓侯庙为云阳县文物保护单位。1980年，四川省人民政府公布其为四川省文物保护单位。1982年12月成立云阳县文物管理所，专门负责张桓侯庙的保护管理工作。1987～1994年间曾三次对助风阁、杜鹃亭等建筑进行排危整修，1990年，修建容量200立方米的消防水池并安装消防栓。2001年6月25日，张桓侯庙被国务院公布为第五批全国重点文物保护单位，编号5-0380-3-186。同年，委托清华大学建筑设计研究院编制《张飞庙搬迁保护规划方案》，并于2002～2003年实施整体搬迁复建工

程和防虫、防腐综合治理工程。2002年，云阳县人民政府发布《云阳县人民政府关于划定张飞庙风景区保护范围的通告》，公布张桓侯庙的保护范围。

柳子庙　是为纪念唐代文学家、思想家、政治家柳宗元而修建的祠庙，位于湖南省永州市零陵区潇水河西柳子街中段愚溪之滨。

据柳拱辰《柳子厚祠堂记》记载，北宋至和三年（1056年）在东山府学宫始建纪念柳宗元的祠堂，名柳子厚祠堂。宋崇宁三年（1104年）七月，朝廷追封柳宗元为文惠侯。南宋绍兴十四年（1144年），永州士民移建纪念柳宗元的祠堂于愚溪之北，西山之南，名柳先生祠堂。明成化十年（1474年），柳先生祠堂被移至城内万石山（府衙附近）。清顺治十四年（1657年）湖南上分守道员、前任永州知府黄中道与时任知府魏绍芳重修祠堂，更名柳司马祠堂。同治二年（1863年），永州知府杨翰于柳司马祠堂正前方新建戏台、庙门，并更名为柳子庙。同治八年（1869年）重修正殿。光绪

三年（1877年），永州商民捐资，于戏台与正殿之间建中殿。

柳子庙坐北面南，地势北高南低，背负西山依其自然山势逐层砌筑，形成三级台面。整体布局呈长方形，庙墙南北相距67米，东西相距40.6米。中轴线上自南向北依次为照墙（大门）、前殿（含戏台）、中殿、后殿（正殿）、享堂等建筑。整体建筑为砖木结构，其大木结构为南方典型的穿斗式。原建筑面积为3600平方米，2003年维修时，将享堂扩建200平方米辟为碑廊。1992年，在庙后征地6200平方米。

柳子庙照墙高7.8米、长40.6米、厚50厘米。墙上做有正脊一条，盖有脊瓦，做有檐头、滴水，墙的两头塑有卷草。照墙上开有三门，大门开在中间偏东6米处，楣额上有石刻长方竖写"柳子庙"三个大字，大门两边刻有行书对联"山水来归，黄蕉丹荔；春秋报事，福我寿民"。距大门东11.02米处、西13.15米处，分别开有拱形侧门，东边门楣书

柳子庙远景

柳子庙享堂碑廊

"清莹"、西边门楣书"秀澈"两个扇形额题。前殿和戏台为连体建筑，前殿在南，戏台在北，建于清同治年间。前殿紧贴大门照墙内面，单檐、二层、硬山顶、小青瓦，东西两边山墙呈拱形马头，高10.41米，通面阔三间。进大门上方有一藻井。戏楼由前殿明间向后延伸构成，台基高大，二层楼台，三重檐歇山顶。面阔8.24米、进深4.51米。前殿金柱与戏台金柱之间施七架梁，脊檩题记"皇清同治二年岁次癸亥九月吉日"。中殿建于清光绪年间，由三栋并列单檐硬山顶房屋组成，面阔三开间42.84米、通进深10.07米。每开间中立梯形马头封火墙相隔，墙头塑有卷草图案，墙脊做干茬瓦脊，屋面盖小青瓦。明、次间脊檩题记"皇清光绪三年丁丑岁仲秋月穀旦"。从中殿明间上16级青石踏步经过亭至后殿。后殿与过亭相连，为一栋单檐硬山顶房屋，两边封火墙为梯形马头墙。通面阔14.56米，进深13.59米。地面铺镘青砖，墙体用青砖砌筑。脊檩下皮题记"皇清同治八年季冬中浣吉日穀旦；祠下绅耆士庶众姓人等重修公建"。明间靠后墙处有汉白玉雕柳宗元坐像1尊。原雕像为柳木

雕刻，"文化大革命"时被砸毁，1992年重雕。后殿前廊东、西封火墙上各开一道门至财神殿和娘娘殿。财神殿旧时已毁，后建悬山顶小青瓦房，用做文物库房和消防、安防监空室。娘娘殿旧时供奉柳子娘娘。坐北朝南，硬山顶，两边立梯形马头封火墙，墙上做干茬瓦脊，西边马头墙和后殿共为一墙。面阔12.73米、进深12.82米。后殿后面为享堂，旧时用于祭祀柳宗元时供放神龛之用。"文化大革命"期间将柳子庙内的碑刻移至享堂存放。2003年维修时为保护柳子庙内珍贵的碑刻，将原享堂辟为柳子碑廊、碑亭，内存放19块珍贵碑刻。

中华人民共和国成立后至1982年，朝阳中学在内办学。1982年，朝阳中学迁出柳子庙，由永州市文化局、文化馆搬进柳子庙负责管理。1956年7月24日，柳子庙被湖南省人民委员会公布为第一批省级文物保护单位。1984年，开始第一次抢救性维修，历时一年完工。1985年，永州市人民政府批准成立永州市柳宗元纪念馆，隶属永州市文化局，负责柳子庙的日常管理并对外开放。2001年6月25日，柳子庙被国务院公布为第五批全国重点文物保护单位，编号5-0363-3-169。2003年7月，对柳子庙进行全面维修。2005年7月，拆除柳子庙两侧居民住房，结束柳子庙无消防间距的历史。2007年8月至2008年3月，实施完成柳子庙的消防、安防改造安装工程。2010年3月，编制完成《柳子庙文物保护规划》，2011年10月获得国家文物局审批通过。2014年11月至2015年5月，实施柳子庙文物主体维修工程、防雷工程。2017年4月25日，湖南省人民政府印发

《关于〈柳子庙文物保护规划〉和〈湖南省永州市涧岩头周家大院古建筑群保护规划〉的批复》，公布《柳子庙文物保护规划》。

天津广东会馆　为清代会馆建筑，位于天津市南开区南门里大街31号。

天津广东会馆始建于清光绪二十九年（1903年），主要倡捐者为天津海关道唐绍仪、英商怡和洋行买办梁炎卿等，耗资白银九万两，历时4年修建而成。占地面积约1.5万平方米，仅存会馆主体建筑，占地2000多平方米，由四合院和戏楼组成。广东会馆建成后，成为广帮在津祭祀、集会、娱乐的固定场所。

天津广东会馆主体建筑平面呈长方形，南部为四合院，北部为戏楼，东西两侧为贯通南北的箭道。会馆正门南侧为砖砌照壁（20世纪50年代被拆除）。正门为一座高大门厅，砖石结构，门额镌刻"广东会馆"四字。后檐明间设木质可敞开式屏门，上方高悬"岭海珠辉"四字木匾。门厅两侧为耳房。四合院分正

天津广东会馆戏楼内景

房（拜师堂）和东西配房（展室）。北边为戏楼，连接戏楼的是正房东西两侧的天井和半回廊，廊壁镶嵌着民国元年（1912年）刻制的《创建广东会馆碑记》和《谨将创建会馆捐赠胪列》两块壁碑。戏楼是会馆的主体建筑，是中国规模最大、保存最为完好的古典式戏楼遗存之一。南侧为戏楼的后台上下两层，后台向北伸出舞台，这种伸出式舞台，不设天幕和边幕，仅在上、下场门挂绣花门帘。北、东、西三面楼下为廊座，楼上辟为包厢，戏楼四角均

天津广东会馆

设楼梯。整个建筑以青砖墙封护，戏楼内采用木结构。舞台顶部藻井是一个玲珑剔透、金碧辉煌的螺旋状回音罩，由数以百计的异形斗拱组成，既吸音又传音。舞台台口不设角柱。广东会馆外围墙体是北方的磨砖对缝的建筑风格，装饰突出广东潮州的特色，以木雕为主，辅以砖雕、石雕，尤以舞台木雕为整个舞台装饰精华之所在。

广东会馆曾留下众多近代历史名人的足迹。民国元年（1912年）9月20日，民主革命先驱孙中山曾在广东会馆戏楼发表演讲，发出"我中国四万万同胞，同心协力，何难称雄世界"的呐喊。民国8年（1919年）8月13日，邓颖超在此为难童做募捐义演剧中女扮男装，演出话剧《安重根刺杀伊藤博文》。民国14年（1925年），在中共天津地下党组织领导下，汇集印刷、纺织等二十几个行业的工人，在广东会馆成立总工会。广东会馆戏楼作为演出场所，曾有孙菊仙、杨小楼、尚小云、荀慧生等

京剧名家在此献艺。

1962年，广东会馆成为天津市文物保护单位。1985年，重修广东会馆。1986年，辟为天津戏剧博物馆。2000年4月，天津广东会馆与天津文庙博物馆合并，成立天津戏剧博物馆文庙博物馆管理办公室。2001年6月25日，天津广东会馆被国务院公布为第五批全国重点文物保护单位，编号5-0207-3-013。2015年，天津市人民政府印发《天津市人民政府关于天津市境内国家级、市级文物保护单位保护区划的批复》，公布了天津广东会馆的保护范围及建设控制地带。

李纯祠堂 是天津市规模最大的古古建筑，位于天津市南开区白堤路82号，东靠白堤路，西接天宝路，北临灵隐道，南与聂公西道科贸街相邻。

李纯（1874～1920年），字秀心，直隶人。民国初年曾先后任江苏督军、江西督督。李纯祠堂建筑材料取自北京的清代庄亲王府，

李纯祠堂

李纯祠堂戏楼

民国2年（1913年），李纯及其弟李馨买下庄亲王府，拆下构件运到天津，建成李纯祠堂。

李纯祠堂占地1.8万平方米，建筑面积2800平方米，由三道四合宫殿式院落及一个花园组成。古建筑群坐北朝南，中轴线对称，布局严谨。由南向北依次由照壁、大门、石牌坊、华表、石拱桥、玉带河、前门、前殿、戏台、正殿、后殿、东西配殿、回廊等组成。殿宇青砖绿瓦、砖木结构、雕梁画栋、鎏金彩绘，富丽堂皇。花园南侧为照壁，以北是大门。花园全长110米，有石牌楼1座、石华表1对、汉白玉石碑1通、"八"字形汉白玉石桥1座、石桥下是玉带河，石桥北为祠堂南墙，中间为红漆大门，两侧墙上开有小门，门前立有1对石狮。第一进院落与花园相邻，院内有前殿，两侧有配殿。中轴线北端有1座建筑（实为戏台的一部分），东西设垂花门。主体建筑为北侧大殿，前设月台，东西配殿及1个敞开式戏台。除大殿外，其他建筑都可以通过游廊加以联系和贯通。第三进院落建有后殿和左右配殿。后殿和配殿格局比第三进院落略小。

1958年，天津市政府拨款修缮李纯祠堂，竣工后辟做南开人民文化宫。1982年7月9日，李纯祠堂被天津市人民政府公布为第一批天津市文物保护单位。2000年，天津市文物局出资对古建筑群内单体建筑及回廊屋顶进行修缮。2008年底，对李纯祠堂进行大规模的维修。2013年3月5日，李纯祠堂被国务院公布为第七批全国重点文物保护单位，编号7-0718-3-016。2015年，天津市人民政府印发《关于天津市境内国家级、市级文物保护单位保护区划的批复》中，公布了李纯祠堂的保护范围及建设控制地带。李纯祠堂由南开人民文化宫管理和使用。

第十二节 楼阁牌坊

光岳楼 为明代所建更鼓楼，是聊城历史文化的象征，位于山东省聊城古城中心。

光岳楼的建造与聊城在历史上的地位及古城池的建造有着密切的联系。聊城历史上为明、清两代东昌府所在地，地处交通要道，是大运河沿岸的重要港口之一，漕运畅通，经济繁荣，文化发达，是鲁西北政治经济文化中心，被称之"漕挽之襟喉，京都之肘腋"。明洪武二至五年（1369～1372年），东昌一带平山卫守御指挥陈镛，为防御蒙古贵族统治集团复辟的军事需要，将宋朝熙宁三年（1070年）所筑的土城改建为砖城。明洪武五年（1372年），为了"严更漏，窥敌望远"，报时报警，利用修城剩余木料，耗时3年，修建一座高达百尺的更鼓楼，即后世的光岳楼。

光岳楼初名余木楼，到明成化二十年（1484年），重修时又因地为名，称东昌楼。明弘治九年（1496年），西平人士李赞（考功员外郎）在《题光岳楼诗序》中说："余过东昌，访太守金天锡先生，城中一楼，高壮极目，天锡携余登之，直至绝阁，仰视俯临，毛发欲竖，因叹斯楼，天下所无。虽黄鹤、岳阳，亦当望拜，乃今百年矣，尚寥落无名苏，不亦屈乎？因与天锡评，命之曰'光岳楼'，取其近鲁有光于岱岳也，因和敖翰林诗一章，以归天锡，不知斯楼以为何如。"此后历次重修碑记都一直沿用"光岳楼"名称，但人们仍习惯地称之为鼓楼或古楼。

光岳楼

一二层回廊

梁架

斗拱

光岳楼外观为四重檐歇山十字脊顶过街式楼阁。占地面积1185平方米，通高33米，从构造上分为墩台、主楼部分。墩台为砖石砌成的正四棱墩台，底边边长34.43米，上缘边长31.94米，垂直高度9.38米。台体四面各辟一半圆拱门，券至台中心处是十字交叉拱。拱门面阔5.76米，拱角直高2.9米，矢高2.88米。券上中砌门额，题名南曰文明，北曰武定，东曰太平，西曰兴礼。台顶边用叠涩出檐砖三皮，上筑女儿墙，墙高1.09米，厚0.5米。南门西小西门是假门，小东门是登楼的唯一通道，梯台上修一敞轩以防雨水侵入。墩台之上为四层主楼，高约24米。第一层分为楼身和外廊两部分，楼身七开间，檐柱20根构成外槽柱列，包在1.2米的砖

墙内；内槽金柱12根形成内槽柱列。二层面阔和进深均七间，四向于明间辟门，两侧为方眼格窗，东、西两次间为梯井通上下层；金柱一圈内以板壁围成长方形室，在室内仰视，上为空井可见四层梁架。三层为暗层，面阔、进深均五间。内外槽金柱皆自下贯穿直上，在此由平枋额枋相连接，形成一巨大的框架结构。四层面阔、进深皆三间，平面正方形，四金柱有卷杀，镂空雕刻精美，空井上悬吊莲花组件，彩绘精美，结顶为歇山十字脊，脊顶装一高3米、直径1.5米的透花铁葫芦。

光岳楼砖台、重檐十字脊与内部空井等形式，仍沿袭宋元楼阁遗制。细部以柱础而言，从明洪武初所建南京宫殿已开始用古镜式，而

此楼则仍为宋元以来的覆盆式未改。就结构来讲，柱的侧角生起；楼置暗层，内外等高双槽柱列，斗拱疏朗配置，以及柱头科斗口未加宽等，也都上承唐宋以来的传统做法。光岳楼是建筑史上从宋元向明清过渡的珍贵实物。

1956年，光岳楼被列为山东省第一批重点文物保护单位。1985年，聊城市成立文物保护管理所，负责光岳楼日常管理。1988年1月13日，光岳楼被国务院公布为第三批全国重点文物保护单位，编号3-0065-3-013。1993年6月，聊城市人民政府公布聊城市城市特别控制区、缓期建设区规划，规定了光岳楼的保护范围及建设控制地带。1998年，正式成立聊城光岳楼管理处，负责光岳楼的保护管理工作。2006年，聊城光岳楼管理处建立光岳楼的全国重点文物保护单位记录档案。

西安钟楼、鼓楼 为明代报时建筑，分别是中国遗存造型完美、规模较大的钟楼、鼓楼和古城西安的标志性建筑，位于陕西省西安市城区中心，地处明西安城墙以内核心区域。钟楼坐落于城内东、南、西、北四条大街交会处；鼓楼位于莲湖区北院门南端，东南距钟楼约300米，中间地带已辟为钟鼓楼广场。

钟楼始建于明洪武十七年（1384年），原址在西大街广济街口，明万历十年（1582年）迁建，清乾隆五年（1740年）修葺。钟楼占地面积1378平方米，由砖砖台座和木结构楼阁组成，通高约36米。台座方形，底边长35.5米、高8.6米；下辟十字券洞，古时连通四条大街，券洞高、宽均约6米，北券洞两侧设砖踏跺，台顶周环砂石栏杆。台中央矗立二层楼阁，平面方形，高27.4米；底层和二层面阔、

西安钟楼

进深均三间，周围廊，底层边长21.39米；重檐三滴水攒尖顶，覆绿色琉璃瓦，置鎏金宝瓶刹，脊兽精致、齐全。二层结构用通柱，攒尖顶构架采用抹角梁和井口枋，彻上明造。各层檐下均施斗拱，明间平身科四攒，次间二攒；底层与二层檐斗拱为三踩单下昂，上檐斗拱为五踩双下昂，后尾为鎏金斗拱，平座斗拱为五踩重拱。梁枋通施彩画，槅扇雕饰精美，尤以门扉木雕图案为著，计8组64幅。楼内东南角设木梯可盘旋而上。尚存明万历十年、清乾隆五年碑碣及明成化年款铁钟等。

鼓楼始建于明洪武十三年（1380年），清康熙三十八年（1699年）、乾隆五年（1740年）修葺。鼓楼占地面积1999平方米，坐北朝南，由砖砖台座和木结构楼阁组成，通高33米。台座平面矩形，东西长52.6米、南北宽38米、高7.7米；正中辟南北向券洞贯通街道，券洞高、宽均约6米。台座正中矗立二层楼阁，平面呈长方形，高25.3米；底层和二层均为面阔七间，进深三间，周围廊，重檐三滴水歇山顶，覆绿色琉璃瓦。二层作腰檐和平座栏杆，屋面脊兽精美、齐全。整体结构用通柱，

西安鼓楼

梁架为彻上明造，用材硕大，加工精细。各层檐下均施斗拱，明间平身科四攒，次、梢、尽间各二攒；底层和二层檐斗拱为三踩单下昂，上檐斗拱为七踩单翘双下昂，后尾为鎏金斗拱，平座斗拱减一铺为五踩重拱。歇山转角为抹角梁和顺扒梁并用，梁枋遍施彩画。楼南、北檐下原分别悬挂"文武盛地""声闻于天"金字匾额，俱毁于"文化大革命"期间。尚存

清乾隆五年款重修鼓楼碑等。

1953年，西安市人民政府对钟楼实施全面整修。1956年8月，钟楼、鼓楼分别被陕西省人民委员会公布为第一批陕西省文物保护单位。1958年、1983年对钟楼楼檐、宝顶等进行维修；20世纪80年代曾对鼓楼外檐彩画进行加固显色保护。1992年4月，陕西省人民政府公布钟楼、鼓楼保护范围及建设控制地带。1996年11月20日，西安钟楼、鼓楼被国务院公布为第四批全国重点文物保护单位，编号4-0161-3-083。1999年，仿制景云钟，悬挂于钟楼台座上。

棠樾石牌坊群 是一组明、清古建筑群，位于安徽省歙县以西7.5千米郑村镇棠樾村。

棠樾古代属歙县二十二都衮绣乡慈孝里。南宋初年鲍氏迁入之前，这里已有他姓居住，村中遗有汪王庙、姚家塘和董家庙等遗迹，可为佐证。南宋建炎年间（1127～1130年），世

棠樾牌坊群

居郡城西门的一位文学（徽州府教授经学的官员）鲍荣在此置业。其四世孙居美后来定居这里，历元、明、清，逐渐发展为鲍氏一族聚居的村落。宋末，鲍宗岩、鲍寿孙父子遇盗争死，世称慈孝，事载《宋史·孝义传》。明太宗旌为慈孝里，于村头立有慈孝里坊。元代，鲍元康为朱子庙赎回数百亩祭田，被誉为卫道功臣，从祀紫阳书院□道斋。明代，鲍象贤官任兵部左侍郎，政绩卓著，奉旨建坊。清代，鲍志道、鲍漱芳为两淮盐运总商，富甲江南，贾而好儒，乐善好施，村中敦本堂、世孝祠等即为其所建。

棠樾石牌坊群包括7座石牌坊、3座祠堂、1座路亭。棠樾村后自东向西排列着龙山、竹园山、狮山、西竹山等低矮的山阜，前临平畈沃野，村南有富亭山作为屏障，村民引村西灵金山下的大母揭水进村，形成枕山、面屏、环水的理想生态环境。村落呈东西走向带状分布，其核心部位占地约14万平方米，7座石牌坊纵列于村口道路上，然后从村口分南北两条主要街道向西延伸。7座石坊按入村方向依次为鲍象贤尚书坊、鲍逢昌孝子坊、鲍文渊继妻吴氏节孝坊、鲍漱芳父子义行坊、鲍文龄妻汪氏节孝坊、慈孝里坊、鲍灿孝行坊、万四公支祠、清懿堂、世孝祠、骢步亭。前五坊为四柱三楼冲天柱式，后两坊为四柱三楼门楼式。3座建造于明代，4座建于清代。建造年代最早的慈孝里坊，建于明永乐十八年（1420年）前后；年代最晚的是鲍漱芳父子义行坊（乐善好施坊），建于清嘉庆二十五年（1820年），前后历经400年。村内还有文会和大和社遗址。

鲍象贤尚书坊，明天启二年（1622年）八

鲍象贤尚书坊

月建。原为白砂岩石质，清乾隆六十年（1795年）七月修后，除4根立柱为白砂岩外，其余换为青石（浙江茶园青石）。尚书坊为四柱冲天式，宽12.08米、高11.84米，字牌上分别书"官联台斗""命涣丝纶"，上枋上书"赠工部尚书鲍象贤"。部分构件有不同程度的风化损坏。鲍逢昌孝子坊，清嘉庆二年（1797年）十一月建，茶园青石质，四柱冲天式，宽12米、高12.12米，字牌上分别书"天鉴精诚""人钦真孝"，上枋上刻"旌表孝子鲍逢昌"。坊结构上略有松动，部分构件有不同程度的风化、损坏和脱落。鲍文渊继妻吴氏节孝坊，清乾隆五十二年（1787年）冬建，茶园青石质，四柱冲天式，宽12米、高12.12米，字牌上分别书"节劲三冬""脉存一线"，上枋上刻"旌表故民诰赠朝议大夫鲍文渊之继妻诰封恭人吴氏节孝"。坊结构略有松动，部分构件有不同程度的风化、损坏和脱落。鲍漱芳父子义行坊，清嘉庆二十五年（1820年）八月建，茶园青石质，四柱冲天式，宽11.9□

乐善好施坊

慈孝里坊

米、高11.7米，字牌正背均书"乐善好施"四字，上枋上刻"旌表诰授通奉大夫议叙盐运使司鲍漱芳同子即用员外郎鲍均"。坊结构略有松动，部分构件有不同程度的风化、损坏和脱落。骢步亭，明隆庆年间（1567～1572年）始建，清乾隆年间重建。砖木结构，单檐四角攒尖式，面阔4.56米、进深4.17米、通高7.4米，屋角采用嫩戗做法，宝顶形似官帽，顶设天花，基座下有半月形券洞。东西有墙，辟门，门额为清书法家邓石如所书。南北开敞，设石凳。亭保存状况完好。鲍文龄妻汪氏节孝坊，清乾隆三十四年（1769年）十二月建，茶园青石质，四柱冲天式，宽10.93米、高10.5米，字牌上分别书"矢贞全孝""立节

完孤"，上枋上刻"旌表故民鲍文龄妻汪氏节孝"。坊基础、结构有松动，致使额枋折断。部分构件有不同程度的风化损坏。慈孝里坊，明初建，明弘治十四年（1501年）、清乾隆十四年（1749年）重修。白砂岩与茶园青石质，四柱三间门楼式，宽8.6米、高8.9米，字牌中刻"御制"两大字，左右各有1通诗牌，上刻明永乐十八年御制《慈孝诗》二章。上枋上大书"慈孝里"三字。坊风化严重。万四公支祠即鲍氏宗祠，又名敦本堂，俗称男祠。明嘉靖末年始建，清嘉庆六年（1801年）重建。祠南向，三进，面阔18.24米、通进深55.6米，占地1014平方米。门厅五凤楼式，屋面逐间生起，屋角起翘，脊饰花砖、鳌鱼，两侧八

骢步亭

棠樾石牌坊群之男祠

字墙上有精致砖雕，门楼、前进廊庑毁于1969年，1996年重建。中进享堂为五开间硬山式，进深16.3米，梁架露明造，前、后轩为卷顶，中部为"人"字顶，均为抬梁式结构。三进寝堂为五间七檩硬山，进深13.45米，地面抬高2.08米，前轩、中部结构与中进相似，后檐顶部设天花，下部作有石须弥座，1996年恢复牌位龛座。祠堂木材采用银杏树，用材硕大，制作工艺精湛，冬瓜梁、雀替、象鼻、撑拱、平盘斗等构件具有清中期典型特征。内檐柱均为茶园青石质，前、后天井塝铺茶园青石板，寝堂栏杆、阶级也用茶园青石制作。堂地面铺设大方砖。祠堂内保存有《鲍氏五纶述》、漆屏16扇（已藏于歙县博物馆）和《公议敦本、体源户规条碑》《鲍氏义田记》《义田禁碑》《重修万四公支祠记》《嘉庆上谕三道碑》等碑刻共15方。1996年大修后保存完整。鲍灿孝行坊，明嘉靖十三年（1534年）建，清乾隆十四年（1749年）冬月修。白砂岩与茶园青石质，四柱三间门楼式，宽10.3米、高9.11米，字牌上刻"旌表孝行赠兵部右侍郎鲍灿"。坊风化严重。世孝祠，清嘉庆年间建，是专门供奉鲍氏孝子牌位的祠堂。祠南向，三进，面

世孝祠

阔12.3米、通进深44.86米，占地5□.778平方米。遗存砖门罩和后进寝堂，门屋、享堂及天井、庭院和廊庑"文化大革命"中改建，寝堂保存有《世孝事实碑》6方和《重修慈孝、孝二两坊碑记》《世孝祠碑记》各1通。清懿堂，俗称女祠，清嘉庆初年建，祠北向，三进，面阔16.52米、通进深47.98米，占地792.63平方米。门厅前有庭院，上开花窗，门厅硬山式（马头墙），前后为卷棚轩顶，大门外有抱鼓石一对，上置门簪，两侧八字墙上砖雕极为精美。中进有宽敞庭院。享堂为五开间硬山式，进深15.7米，梁架露明造，前、后轩为卷顶，中部为人字顶，均为抬梁式结构。三进寝堂为五间九檩硬山，进深10.55米，地面抬高1米，前轩、中部结构与中进相似，后檐部顶设天花，下部做有石须弥座，雕有如意云纹。祠堂木材采用银杏树，用材硕大，制作工艺精湛，冬瓜梁、雀替、象鼻、撑拱、平盘斗等构件具有清中期典型特征。内檐柱均为茶园青石质，前、后天井塝铺茶园青石板，寝堂栏杆、阶级也用茶园青石制作。堂地面铺设大方砖。1993年大修后保存完好。

棠樾石牌坊群是徽州传统村落的精华组成部分，它规模宏大，布局得当，工艺精湛，类型多样，生动地展示了徽州村落水口建筑独特的艺术魅力。棠樾石牌坊群是徽州古代社会宗法制度、科举文教、徽商经济、风俗民情等方面的综合体现。棠樾石牌坊群保存了大量历史、艺术、科学信息，具有较高的文物价值。

中华人民共和国成立后，棠樾石牌坊群由歙县文教局管理。1956年，成立歙县博物馆，负责管理全县文物。1978年，恢复歙县博

物馆，负责棠樾石牌坊群的管理工作，建立了棠樾石牌群文物保护档案。1981年9月8日，棠樾石牌坊群被安徽省人民政府公布为第一批省级文物保护单位。1992年，安徽省人民政府印发《关于公布安徽省第一、第二、第三批省级文物保护单位的保护范围及建设控制地带的通知》，公布歙县棠樾石牌坊群的保护范围和建设控制地带。1996年11月20日，棠樾石牌坊群被国务院公布为第四批全国重点文物保护单位，编号4-0141-3-063。2000年4月，成立歙县棠樾石牌坊群文物保护管理所，负责棠樾石牌坊群保护管理工作。2006年，建立歙县棠樾石牌坊群的国保单位记录档案。1992年以来，完成日常维护，维修牌坊7座、祠堂3座、路亭1座。1993年，清懿堂大修；1995年，鲍氏宗祠大修，恢复门厅五凤楼及前进两廊；1999年，鲍灿孝子坊落架大修。2002年，对鲍文龄妻汪氏节孝坊、慈孝里坊和鲍象贤尚书坊实施大修。2009年，对世孝祠门楼、门厅、寝堂进行大修。2013年对中进享堂、门廊进行全面修缮。修缮后在祠内举办鲍氏孝子事迹陈列。

南阁牌楼群 是浙南地区具有强烈地方建筑风格的一组明代牌楼，位于浙江省乐清市仙溪镇南阁村的中直街上。

南阁村一直为章氏聚居之地，是明代名臣章纶的故里。章纶（1413～1487年），字大经，明正统四年（1439年）进士，任南京礼部主事，因为帝位继承之事触怒景帝而下狱。天顺元年（1457年），英宗复位，下旨释放，授礼部右侍郎。卒后追赠南京礼部尚书，谥恭毅。

牌楼群原有7座，后毁去2座，遗存5座，呈"一"字贯穿于南阁村中直街上，由南往北依

南阁牌楼群

次为会魁、尚书、方伯、恩光、世进士。会魁牌楼为章纶明正统四年（1439年）会试中会魁而立，为南阁牌楼群中最早树立的牌楼。尚书牌楼立于明弘治（1488～1493年）初年，章纶妻张氏上其奏稿，帝乃赠南京礼部尚书，谥恭毅，彰其事而立，为五座牌楼中体量最大的牌楼。方伯牌楼为明正德年间（1506～1521年）任广东布政使章纶之子章玄应所立。恩光牌楼亦为明正德年间（1506～1521年）任江西湖口县令章纶从侄章玄梅立。世进士牌楼为明嘉靖二十三年（1544年）章朝凤中进士，同时为章纶、章玄应、章朝凤祖孙三代中进士而立。

世进士牌楼，木结构，作六柱一间三楼悬山顶式。牌楼中为通道，左右筑有对称台基，

台基由规整花岗条石叠砌而成，高0.75米，面宽1.3米，进深2.38米。每台基上纵向立有三柱，中柱系花岗岩石质，断面方形折角。每柱高3.49米，边长0.43米。柱脚深埋台基中。中柱前后分别立有檐柱，木质，断面方形。柱础鼓形，青石质地，高0.16米，面径0.18米，平放在台基上。

恩光牌楼为六柱一间三楼悬山顶木构建筑。牌楼建在左右台基上，台基高0.68米，面宽1.36米，进深2.56米，系用规整条石叠砌而成，两台基间为通道。台基上纵向立有三柱，左右一致。中柱为花岗岩石质，断面方形折角。柱高3.35米，边长0.42米。柱脚深埋台基内。中柱前后分别立有木质檐柱，断面方形，柱高3.6米，边长0.42米。前后檐柱均立在方形柱础上，柱础直接置于台基，柱础高0.23米，边长0.14米。

方伯牌楼系六柱一间三楼悬山顶木石构建筑。牌楼两侧建有台基，中为通道。台基由

恩光牌坊

规整条石砌成，高0.52米，面宽1.26米，进深2.42米。台基上纵向立有三柱，左右一致。中柱为花岗岩石质，断面方形折角。柱高3.52米，0.34米×0.38米。柱脚深埋台基。中柱前后各立一方形木质檐柱，檐柱均立在方形柱础上，柱础平放台基上，柱础高0.23米，边长0.14米。

尚书牌楼系六柱一间三楼悬山顶木构建筑。牌楼建在左右两侧台基上，台基高0.68米，面宽1.36米。进深2.56米，系用规整条石叠砌而成，台基间为通道。台基上纵向立有三柱，左右一致。中柱为花岗岩石质，断面方形折角。柱高3.35米，边长0.42米。柱深埋于台基。中柱前后为木质檐柱，断面为方形。柱高3.34米，边长0.18米。檐柱分别立在凸形柱础上，柱础直接放置台基，柱础高0.22米，上边长0.20米，下边长0.45米。

会魁牌楼为六柱一间三楼悬山顶木构建筑。牌楼建在左右台基上，台基高0.68米，面宽1.36米，进深2.56米，系用规整条石叠砌而成。两台基间为通道。台基上纵向立有三柱，左右一致。中柱为花岗岩石质，断面方形折角。柱高2.98米，边长0.32米。柱脚深埋于台基口。柱高约2.2米处至柱端为木质，据说是清代维修时改变的。中柱前后立有木质檐柱，断面方形，柱高2.71米，边长0.18米。前后檐柱分别立在柱础上，柱础方形折角，青石质。柱础高0.13米，边长0.23米。柱础直接置于台基。

5座牌楼形式大致相同，结构均系单间六柱三楼式，脊饰龙吻，2根中柱为方形抹角石柱，4根檐柱为木柱。基座左右对称，花岗岩条石垒砌而成，呈长方体。牌楼群虽经清代多

某牌坊细部

次修葺，但主体部分仍保留明代建筑风格，既保持一些官式做法，又具有明显的浙南地方建筑风格。

1983年，南阁牌楼群被乐清县人民政府公布为第一批县级文物保护单位。1983年、1985年、1987年、1995年，当地村民和乐清县人民政府四次出资对牌楼群进行维修，翻修屋面，更换部分瓦椽。1997年，南阁牌楼群被浙江省人民政府公布为第四批省级文物保护单位。1998年9月5日，浙江省人民政府发布《关于划定杭州六和塔等123处文物保护单位保护范围和建设控制地带的批复》，确定南阁牌楼群保护范围及建设控制地带。1999年，经浙江省文物局批准，南阁牌楼群进行第五次维修，维修工程分两期进行：1999年7月，第一期落架大修世进士坊，历时近3个月完成；2001年11月，第二期维修工程维修范围为牌楼的会魁、尚书、方伯、恩光四坊，2002年3月完工。2001年6月25日，南阁牌楼群被国务院公布为第五批全国重点文物保护单位，国保单位编号5-0293-3-099。南阁牌楼群由乐清市文物馆承担日常维护、业务指导、联系及管理等工作。2004年，乐清市文物馆建立南阁牌楼群的全国重点文物保护单位记录档案。

边靖楼　是明朝代州古城中心的鼓楼，又名谯楼，为守望、指挥作战，具有重要军事价值的建筑。边靖楼位于山西省代县县城十字街心。

边靖楼居整个古代州城的最高点，是历史上长城险隘雁门关的重要依托和支撑点，有万里长城第一楼之美誉。据清《代州志》载，边靖楼建于明洪武七年（1374年），明成化七

边靖楼远景

边靖楼正面

年（1471年）被焚，成化十二年（1476年）重
建。清康熙、雍正、嘉庆、道光年间均有维
修，遗存为明代遗构。

边靖楼坐北向南，由高大的砖券门洞台
基和三层四檐木结构歇山顶楼身两部分组成。
台基底平面东西长43.3米、南北宽33.3米、高
13.3米。中券门洞南北贯通。楼身通高26.7
米。面阔七间，进深五间，重檐歇山顶。四周
围廊，二层设勾栏，三层于勾栏之下设平座。
一层檐下不施斗拱，斗拱仅施于二层、三层。
二层檐柱之上施五踩重翘斗拱，三层檐下施五
踩重昂。每层四周搭交形成上下重叠柱网布
局，别具特色。梁架结构为六架椽屋，四周围
廊用四柱。楼南第一层挂有"晋北形胜"牌
匾；第三层挂有清雍正十一年（1733年）雁平
兵备道唐豫诚立的"声闻四达"横匾，匾高3
米、长9米；第四层挂有道光二十七年（1847
年）知州陈鼎雯的草书"雁门第一楼"横匾，
匾高2.7米、长7.3米；楼北面第三层挂雍正
十一年知州杨弘志立的高3米、长8米的"威镇
三关"巨匾。楼内设有楼梯，可达顶层远眺，
北望雁门，南俯滹沱。整座楼身结构精巧，气
势恢宏。

2001年6月25日，边靖楼被国务院公布为
第五批全国重点文物保护单位，编号5-0235-
3-041。2002年8月27日，山西省人民政府审核
批准山西省文物局和山西省建设厅划定的边靖
楼的保护范围及建设控制地带，印发公布《关
于公布太原晋阳古城遗址等102处全国重点文
物保护单位保护范围的通知》。

绣衣坊（含范氏家庙和中丞公祠） 是以
旌表明代监察官员范辂的牌坊为主体，还包含
范氏家庙、中丞公祠在内的一组建筑群。绣衣
坊及范氏家庙、中丞公祠均位于湖南省汝城县
城南郊寿江西畔益道村三拱门范家组。

绣衣，是皇帝为优宠监察御史而特别颁发
给他们的官服，后演变为监察御史的别称。范
辂（1474～1536年），字以载，号三峰，改号质
庵，明湖广桂阳县（汝城县）人。明正德二年
（1507年）中举人，正德六年（1511年）中进
士。初授行人，拜南京监察御史。为官"直毅
无忌讳，令人敬惧"。后因弹劾江西镇守太监
毕真、都司郭宇与宁王朱宸濠，被逮捕下狱，

汝城绣衣坊侧面

正德十四年（1519年）四月释放，贬职为四川龙州宣抚司。同年六月宁王反叛，旋即兵败，益见范辂之忠行，明武宗为旌表范辂，委派监察御史毛伯温领衔郴州和桂阳县地方官员建造此牌坊，冠名"绣衣坊"。牌坊右前款为"巡按湖广监察御史毛伯温、整饬郴桂兵备副史汪玉、郴州知州沈炤、同知鲁玘、判官姚佐为邑人范辂立。"左尾署"桂阳知县陈德本、典史张万釜、儒学教谕吴洲、训导李珍，大明正德十四年十二月二十四日立。"

绣衣坊坐东朝西，为四柱三门四楼不出头式青石结构。每楼檐下有仿木拱式之石斗拱。中门上、下桁分别镂刻"双凤朝阳""双狮滚球"浮雕。背面同一位置分别浮雕"三凤朝阳""双麒麟滚球"。花板上雕刻"五常图"。中门两层飞檐，左右各一层飞檐，次檐左右檐高60厘米。顶檐和左右两檐各斗拱出两挑，中檐下斗拱出四挑。主楼正脊两端置鳌

鱼，左右檐之左右端只置1尾，共计6尾鳌鱼。中门柱脚置戗柱石狮1对。四柱前后均镶嵌戗柱石1块，戗柱石下部为石鼓，每鼓中部均有浮雕异兽。中门牌匾正中自右至左阴刻双钩"绣衣坊"三个正楷大字。整座牌坊雕刻刀法细腻，纹饰精美，工艺精湛，寓意深刻，体现湖南明代雕刻艺术特色和水平，具有极高的文化内涵和艺术价值。

范氏家庙始建于明代成化二十一年（1485年）。坐北朝南，其形制为三进三开间二天井，明间开门，下设高门槛，寓意门第高。厅堂自南向北随地势不断升高，寓意连升三级、步步高升。范氏家庙占地面积754.1平方米，建筑面积508.33平方米，总面阔26.99米，总进深31.96米，包括前厅（门厅）、前天井、中堂（中厅）、后天井、神位堂（上厅）和厨房等组成。前厅屋面饰高大宏伟的如意斗拱歇山顶鸿门楼和三级彩绘墀头封火山墙；廊柱额

绣衣坊

范氏家庙

中丞公祠正门

坊上题挂"范氏家庙"榜书匾额，大门上悬挂"翰林第"等匾额，表明范氏家族出范尧谐、范渊、范辂、范永銮、范宗佺、范宗裕和范仲映七进士之赫赫荣耀；廊前卷棚，明次间五架抬梁穿斗结构；青石门槛饰抱鼓石1对。中厅高平屋硬山顶饰滴水沟檐。上厅设鎏金木雕、彩绘门楣扇门神龛，神龛供奉范氏祖宗牌位。室内地面为三合土，天井为"四水归堂"格局，地面为青石板，两侧小道地面为鹅卵石。墙体为青砖，外墙面抹青灰勾白灰缝，内墙面抹白灰。梁架为混合式梭形抬梁穿斗结构。屋面为干搓小青瓦屋面。范氏家庙彩绘出类拔萃，大门门神采用"螺钿"式堆漆镶嵌琉璃件装饰的做法，极富湖南地方特色。受岭南、赣南、湘南建筑文化影响，其特有的梭形直梁形穿斗系柱梁结构、多层出45°挑檐枋组合，以及大量使用如意斗拱及拍拱技术，具有鲜明的地域特色。范氏家庙的文化底蕴深厚，楹联、牌匾皆出自名家之手，如明代杨慎题赠的对联，王阳明题赠的"世笃忠正"匾额等。

中丞公祠又称布政厅，始建于明嘉靖壬午年（1522年），是为旌表范辂而建的乡贤祠。

中丞是御史中丞的简称，明清时用作巡抚的别称，明代都察院副都御史职位相当于御史中丞，常用作巡抚的加衔。因范辂曾任福建、江西布政使加衔都察院副都御史故有此称。中丞公祠形制为坐北朝南的三进三开间二天井高平屋砖木结构，占地面积437.61平方米，建筑面积321.7平方米，总面阔9.8米、总进深28.47米。中丞公祠由前厅（门厅）、前天井、中堂（中厅）、后天井、神位堂（上厅）和厨房等组成。祠室内地面、墙体、梁架、天井、屋面等做法与范氏家庙相同。门厅为砖木结构，悬山顶，三级封火山墙。门厅外横梁上悬挂"中丞公祠"榜书匾额，螺钿式彩绘门神上悬挂"南北两京粮储道""荣禄大夫""资政大夫"等功名牌匾，青石门槛饰抱鼓石1对。中厅为硬山顶饰滴水沟檐。上厅设鎏金木雕、彩绘楣扇门神龛，供奉范氏列祖列宗神主牌位，悬挂朝廷为旌表范辂功绩钦赐的"紫薇堂"堂号匾额。前厅和中厅的横梁下悬挂名人题赠的匾额，以清代著名书法家范廷扬所书《范辂传记》樟木木刻牌匾最为著名。

"文化大革命"时期，绣衣坊部分建筑构

件被毁。20世纪90年代，对绣衣坊所在广场进行改造。2003年11月，郴州市人民政府公布绣衣坊为市级文物保护单位。2006年5月，湖南省人民政府公布绣衣坊为省级文物保护单位，并划定保护范围和建设控制地带。2013年3月5日，绣衣坊（含范氏家庙、中丞公祠）被国务院公布为第七批全国重点文物保护单位，编号7-1233-3-531。2014年6月，国家文物局批复绣衣坊（含范氏家庙、中丞公祠）保护规划和修缮工程勘察设计的立项。同年7月30日，汝城县文化广电新闻出版局、规划局发文，划定范氏家庙和中丞公祠保护范围及建设控制地带。2015年7月，湖南省文物局批复同意《绣衣坊（含范氏家庙、中丞公祠）修缮工程勘察设计方案》。2015年7月，建立绣衣坊全国重点文物保护单位记录档案。

许国石坊　是明代重要的立体结构的牌坊建筑，是国家历史文化名城歙县的标志性建筑，位于安徽省歙县城关镇内。

歙县秦代建县，之后一直是州、郡、府治的所在地，明代为徽州府所在地。许国石坊建于明万历十二年（1584年），为歙县人许国而立。许国（1527～1596年），字维祯，明嘉靖四十四年（1565年）进士，万历十一年（1583年）以礼部尚书兼东阁大学士入参机务。万历十二年（1584年），因云南平叛决策有功，晋少保兼太子太保、礼部尚书、武英殿大学士，赐建牌坊，卒赠太保，谥文穆。

许国石坊，又名大学士坊，俗称八角牌楼。坐落在县城阳和门东侧，跨街而立。平面呈长方形，南北长11.5米，东西宽6.77米，高11.5米。四面八柱，各联梁枋，整座牌坊由前

许国石坊

南面字牌

西面明间楼和字牌

后2座三间四柱三楼和左右2座单间双柱（前后两坊合用）三楼的石牌坊组合而成。牌坊全部采用青色茶园石。梁柱粗硕，方柱断面下大上小，且重心渐向坊心微偏，故结构安稳固实。石坊遍布雕饰，梁枋两端浅镌如意头，缠枝纹，锦地开光。中部菱形枋心内为深浮雕，内容有"巨龙腾飞""瑞鹤祥云""鱼跃龙门""威凤祥麟""龙庭舞鹰""三报喜""麟戏彩球""凤穿牡丹"等。直柱中段为散点团花式锦纹，上段为云纹，缀以姿态各异的翔鹤。台基左右侧皆镌各式夔龙图案。石坊四面有"大学士""少保兼太子太保礼部尚书武英殿大学士许国""先学后臣""上台元老"等擘窠大字，相传出自明代书画家董其昌手笔，有清人吴梅颠《竹枝词》为证："八角牌楼学士坊，题额字爱董其昌"。

许国石坊平面呈"口"字形，八柱四面，立体结构，东西方向为四柱三间冲天柱式，南北为二柱单间门楼式，结构稳固，造型独一无二，其四柱三楼冲天柱石坊模式，对研究徽州石坊的发展演变具有特殊意义。许国石坊是徽州石刻艺术中的精品，其雕刻内容以瑞兽为主，装饰形式仿照木构彩绘，图案典雅，刀法娴熟，是徽州牌坊最杰出的代表，体现石牌坊技术和艺术的最高水平，是研究明代工商民间彩绘的珍贵实物资料。许国石坊是著名的纪念性建筑，是明代政治、科举文化制度下的产物，承载着当时社会的政治背景和风俗民情，具有很高的历史、科学和艺术价值。

中华人民共和国成立后，许国石坊由歙县文教局管理。1956年，许国石坊被公布为歙县文物保护单位；同年，歙县博物馆成立，负责管理全县文物。1978年，恢复歙县博物馆，负责许国石坊的日常管理工作，建立了许国石坊文物保护档案。1981年9月8日，许国石坊被安徽省人民政府公布为第一批省级文物保护单位。1988年1月13日，许国石坊被国务院公布为第三批全国重点文物保护单位，编号3-0102-3-050。同年，安徽省人民政府批转《省文物局、建设厅关于划定安徽省第一批全国重点文物保护单位的保护范围和建设控制地带的报告》，公布了歙县许国石坊的保护范围及建设控制地带；成立歙县文物管理所，下设许国石坊文物保护中心。1999年3月，成立歙县许国石坊文物保护管理所，负责许国石坊保护管理工作。2006年，歙县许国石坊文物保护管理所建立许国石坊的全国重点文物保护单位记录档案。2015年，对石坊进行防风化保护测试，着手实施石材防风化保护工程。

漳州石牌坊　是漳州地区保留较完整的明清石牌坊群，位于福建省漳州市芗城区的香港路双门顶和新华东路岳口街。

漳州石牌坊包括四座石坊：两座明代石坊位于香港路北段，尚书探花坊在南侧，往北28.5米处为三世宰贰坊；两座清代石坊位于新华路东端岳口街，勇壮简易坊在南侧，东北159米处为闽越雄声坊。四坊两两相对，跨街耸立，与所处的旧城老街香港路历史街区、新华东路历史街区组成极富特色的古街区景观。

石牌坊保存了漳州地区明清建筑传统做法和精美雕刻艺术。

尚书探花坊，南北向，坊宽8米、高11米，正楼匾额两面分别刻楷体巨字"尚书""探花"。是明万历三十三年（1605年）为林士章立。林士章（1524～1600年），字德斐，漳浦人，嘉靖探花，任南京礼部尚书、国史副总裁。三世宰贰坊，坊宽8.09米、高11米，正匾两面分镌"三世宰贰""两京易历"，此坊以圆雕四力士置正楼顶部四角支撑坊顶。是明万历四十七年（1619年）为南京吏部右侍郎蒋孟育及其父蒋玉山、祖父蒋相而立。蒋孟育（1558～1619年），龙溪人，万历进士，曾在漳州结"玄云诗社"，与张燮、郑怀魁等漳州才子合称"七子"。勇壮简易坊，

尚书探花坊

三世宰贰坊

闽越雄声坊

坊宽10.63米、高12.5米，12根坊柱隔成三间，每组3柱纵向排列，中间大方柱边长0.58米，前后小方柱边长0.27米。正楼四坡顶，顶部檐下正中置镂雕一龙街顶、双龙盘边、祥云托底的竖匾，匾上直书"御书"二字。其下是两面分勒康熙所赐御书"勇壮简易"和"所向无前"正匾。正匾以下，用梁枋隔为3层：中层两边各雕一站立人物，中间阴刻楷书诰布；上下层各嵌3块雕有抚琴、游园、出行等图的镂空双面雕花板。再下是大阑额，其上浮雕张口双龙和云纹。正楼两侧是各为两层的边楼，各楼均设4根小柱支撑三面出檐的楼盖，柱间俱嵌有镂雕花板，为清康熙四十六年（1707

年）御赐蓝理立。蓝理（1649～1720年），字义甫，号义山，漳浦人，曾任天津等处总兵、福建提督、左都督，挂镇朔将军印。清初收复台湾，战功显著，曾于康熙二十二年（1683年）在澎湖拖肠血战，救施琅出重围。清圣祖曾令蓝理解衣而亲抚其瘢，并于康熙四十二、四十五年（1703、1706年）先后御书两匾易之。闽越雄声坊，坊坐东北向西南，宽11.2米、高12米。匾额两面分镌"闽越雄声""楚滇伟绩"。康熙六十一年（1722年）赐许凤立。许凤（生卒年不详），海澄人，曾任总镇福建全漳总兵官、荣禄大夫、左都督，与蓝理同为清初平台名将。

四座石坊，建筑形式颇有相似之处：均是石仿木结构，以青石和白石相间建造，石材颜色对比鲜明，整体和谐自然；悉为三间五楼十二柱；各楼顶上皆置鱼形脊饰，檐翼角都有潇洒自然的起翘。正匾以下均以梁枋隔层。坊上形大体硕的梁、枋、柱，以及精雕细刻的斗拱、雀替、花版、垂柱等各式部件，设置巧妙，衔接精密。坊上字刻深浅适宜刀法娴熟，保留了康熙手迹等古代书法作品。坊上遍布雕刻装饰，分别用阴刻、线刻、浮雕、镂雕、双面雕等不同手法雕刻的龙凤、花卉、飞禽、瑞兽、人物等，有写实、有夸张、有工整、有奔放，各展风采，形象生动。在勇壮简易坊和闽越雄声坊的边楼上，二楼朝向正楼的大柱两边及一楼东边正向的青石镂雕花板，各有5块雕着洋人形象。这些洋人，有的头戴礼帽、有的卷发虬髯、有的作舞蹈状、有的作与汉装老人谈话状。四座石坊具有南方细腻繁缛的特点，且融进北方粗犷刚毅的气派，体现了漳州传统艺术保存浓厚中原文化色彩与大胆吸收外来文化的特点。

四座石坊自明清始建后，一直在城区街道中跨街而立。民国8年（1919年），陈炯明在漳州成立闽南护法区，石坊所处街区的两侧民居被改建成骑楼式建筑，中华人民共和国成立后，两侧民居包砌石坊部分石构。1985年，四座石坊分别作为四个单位被漳州市人民政府公布为第一批市级文物保护单位。1991年3月21日，四座石坊以明代、清代两个单位"漳州双门顶明代石坊""漳州岳口街清代石坊"公布为福建省第三批重点文物保护单位。1995年4月，承德市古代建筑研究所承担石牌坊抢险加固工程

的方案设计任务，于1995年8月24日由福建省文化厅、文管会批准实施，1997年7月竣工。1996年11月20日，漳州石牌坊被国务院公布为第四批全国重点文物保护单位，编号4-0145-3-067。2000年2月，漳州市政府核准成立漳州文庙暨石牌坊文物保管所，负责石牌坊的日常管理工作。2005年，漳州市文物管理委员会办公室完成《漳州石牌坊记录档案》。2016年，福建省人民政府印发《关于公布全国重点文物保护单位（第四至七批）保护范围的通知》，公布漳州石牌坊的保护范围。同年11月，福建省文化厅、省住房和城乡建设厅印发《关于公布省级以上文物保护单位建设控制地带的通知》，公布了重新划定的建设控制地带。

马田鼓楼　是侗族民众集会议事和歇息的场所，是侗寨的建筑标志之一，位于湖南省通道侗族自治县陇城镇马田村。

马田鼓楼，原名田心寨鼓楼。1961年，田心寨与马安寨合并，称马田，田心寨鼓楼更名为马田鼓楼。鼓楼建于清顺治年间（1644～1661年），纯木结构，长19.2米、宽12.5米、高18.72米，占地面积240平方米，全部以榫卯结构衔接而不用任何金属构件。鼓楼原系正方形，边长8.4米，立面四角九层，八角攒尖葫芦顶。1984年，在原主楼的南北两侧各增建1间两层偏楼以撑持加固，使主楼二层与偏楼持平，平面构成长方形，南北对称。偏楼为歇山顶，其顶部檐口与主楼第二层平行，而下一层檐口与主楼第一层连接，形成底层空间。二层戏台使偏楼与主楼浑然一体，蔚为壮观。

马田鼓楼属干栏式建筑，穿斗抬梁。8根檐柱直抵第一檐。从第二檐起，以0.3米内收

马田鼓楼

瓜柱代替檐柱，依次上升至第六檐，并与4根金柱顶端相平；七、八、九檐依次内收，全部承托于金柱之上。楼内挑枋、柱、瓜形式各异，分布参差，错落有致。鼓楼外部每层封檐上都装绘有各种花卉、虫、鸟，线条明快，色彩绚丽。一至八层翼角上，分别塑有象征吉祥、幸福的虎、龙、蛇、凤等泥塑像，神态各异，栩栩如生。马田鼓楼具有极高的建筑艺术价值和浓厚的地方特色。

1959年，湖南省人民委员会将田心寨鼓楼公布为省级文物保护单位。1983年，湖南省人民政府对马田鼓楼予以重新公布，名称为鼓楼。1993年，湖南省人民政府公布其保护范围及建设控制地带。1996年11月20日，马田鼓楼被国务院公布为第四批全国重点文物保护单位，编号4-0178-3-100。2004年，设马田鼓楼文物管理所，负责日常管理。

增冲鼓楼 是黔湘桂地区清代早期的侗族鼓楼建筑，位于贵州省从江县往洞乡增冲村。

根据侗族"先建楼后立碑"的习惯，从增冲村遗存的《万古传名》碑推断，增冲鼓楼始建最晚至清康熙十一年（1672年）。原计划在增冲鼓楼建造的同时，再建一座鼓楼，但村民认为一寨两楼会造成分心，故取消。未建鼓楼的遗址仍存。增冲鼓楼建成之后约300年间，曾多次维修，维修部件主要是屋面及斗拱构件，主体结构没有大的损坏和更换。

增冲鼓楼矗立于村寨中央，占地面积109平方米。楼为八角十三层密檐双楼冠塔状建筑，通高21.5米，有落地柱12根，其中金柱4根、檐柱8根，中心放射环形分布。4根金柱是承重主体结构，直通楼冠之下。金柱、檐柱均有侧脚。檐柱位于底层，与金柱之间用穿枋相连呈辐射状，穿枋之上再置瓜柱；瓜柱与金柱再以穿枋相连，穿枋之上再瓜柱，如此逐层叠加、内收，直至十一层重檐，是为楼身。楼身上置两层八角攒尖宝顶，俗称楼冠。楼冠下部及中部均施五层如意斗拱，叠加于32个坐斗之上。这两层斗拱侗语称干梗，孔格交错，远望如蜂巢一般。檐角高翘，为鼓楼的顶端，宝顶上用圆珠陶瓷，依大小顺序串在一起，形成尖顶直指云霄。鼓楼楼身各层屋面覆盖小青瓦，两层楼冠屋面覆盖青筒瓦。各层翘角泥塑人物鸟兽，檐板彩绘人物、花草、图案，具有鲜明的民族风格。

鼓楼内有清代石碑3通、木质皮鼓1架，以及木刻楹联、匾额、木架石板桌等附属文物。底层地面以青石板沿鼓楼八面呈辐射状铺墁，中间设一直径为2米的火塘，四金柱底部用青石雕成圆珠状作为奠基石，金柱间置长板凳4根，檐柱外围设1米高栏杆，栏杆下亦设长凳。鼓楼南、北、西三面各开一道门，其中南为大门，设六级青石踏步。南门门楣上有"二龙戏珠"灰塑，挂"万里和风"木匾，该匾是榕江车江三宝侗寨于清道光五年（1825年）所赠。北面出入门出口用石块砌成平台，西面置木架石桌，底层额枋以不同类型花窗装饰，鼓楼二层以上建有楼梯，金柱之间内空直至第四层楼板，鼓楼第四层悬挂一长为2.3米、直径42厘米的木质皮鼓。

增冲鼓楼是侗族地区遗存最早的鼓楼建筑，对研究侗族鼓楼建筑技术的演变具有重要价值。增冲鼓楼是侗族建筑艺术的精品之作，造型优美，结构精巧，集技术、艺术、文化于一身，获得中外专家学者的高度评价，被誉为侗族建筑的结晶和瑰宝。鼓楼建造工匠们，充分利用瓜柱和穿枋等部件穿榫层层叠加，在对双楼冠宝顶的建筑处理中，利用斗拱结构，减少风的阻力，分担

曾冲村全景

增冲鼓楼

顶层的压力，又极大地增强了鼓楼的美感。增冲鼓楼又是侗族群众的日常生活、迎来送往、节日集会的场所，集中反映侗族的社会历史、宗教信仰以及文化艺术等方方面面，至今仍发挥着文化传承的功能与作用。

20世纪40年代，增冲鼓楼曾险遭土匪破坏，后因村民舍命保护才得以完整保存。20世纪60年代，鼓楼遭到人为破坏，所幸不甚严重。1979年和1982年，贵州省文化厅两次拨款维修。1982～1984年，增冲鼓楼由从江县文化馆会同寨老组织共同管理。1984年，从江县文

物管理所（2012年升格为文物局）成立，并由其会同寨民共同管理。1985年，贵州省人民政府公布增冲鼓楼为省级文物保护单位。1988年1月13日，增冲鼓楼被国务院公布为第三批全国重点文物保护单位，编号3-0104-3-052。1994年，受自然灾害影响，增冲鼓楼损坏严重，村民集资、贷款进行维修。1998年，贵州省文物局再次拨款进行维修。同年，从江县人民政府公布增冲鼓楼保护范围及建设控制地带。编制完成《增冲鼓楼保护规划》，重新划定保护范围和建设控制地带。2005年，完成增冲鼓楼全国重点保护文物单位记录档案的编制，由从江县文物局保管。

高阡鼓楼 是黔湘桂地区清代早期的侗族鼓楼建筑，位于贵州省黔东南州从江县下江镇高阡村。

高阡鼓楼始建于清雍正年间，嘉庆年间进行过维修，光绪年间又两次维修。均由村民捐资献料维修，维修部件主要是屋面及斗栱构件，主体结构没有大的损坏和更换。

高阡村三个自然寨均建有鼓楼，高阡鼓楼矗立于宰养寨中央，占地100平方米。鼓楼为六角十五层密檐双楼冠塔状建筑，通高25米，有落地柱18根，其中金柱6根，檐柱12根，中心放射环形分布。6根金柱是承重主体结构，直通楼冠之下。金柱、檐柱均有侧脚。檐柱立于底层，与金柱之间用穿枋相连呈辐射状，穿枋之上再置瓜柱。瓜柱与金柱再以穿枋相连，穿枋之上再瓜柱，如此逐层叠加、内收，直至十三层重檐，是为楼身。楼身上置两层六角攒尖宝顶，俗称楼冠。楼冠下部及口部均施五层如意斗栱，叠加于42个坐斗之上。这两层斗栱

高阡鼓楼

高阡鼓楼立面界图

侗语称干梗，孔格交错，远望如蜂巢一般。檐角高翘，为鼓楼的顶端，宝顶上用圆珠陶瓷，依大小顺序串在一起，形成尖顶直指云霄。鼓楼楼身各层屋面覆盖小青瓦。各层翘角泥塑人物鸟兽，檐板彩绘人物、花草、图案，具有鲜明的民族风格。鼓楼内二层和顶层分别置有木质牛皮鼓各1架。底层地面石板铺墁，有火塘四个，其中大火塘直径1.5米。金柱间置长板凳，檐柱外围设1米高栏杆，栏杆下亦设长凳。鼓楼正北设大门，门楣上有"二龙戏珠"灰塑。

高阡鼓楼是侗族地区遗存最高的古代鼓楼建筑，对研究侗族鼓楼建筑技术的演变具有重要价值。高阡鼓楼是侗族建筑艺术的精品之作，造型优美，结构精巧，集技术、艺术、文化于一身，获得中外专家学者的高度评价，称

其是侗族建筑的结晶和瑰宝。鼓楼建造工匠们，充分利用爪柱和穿枋等部件穿榫层层叠加，在对双楼冠宝顶的建筑处理中，利用斗拱结构，减少风的阻力，分担顶层的压力，又极大地增强了鼓楼的美感。高阡鼓楼又是侗族群众的日常生活、迎来送往、节日集会的场所，集中反映侗族的社会历史、宗教信仰以及文化艺术等方方面面，至今仍发挥着文化传承的功能与作用。

1983年贵州省文化出版厅和从江县人民政府拨款维修鼓楼。1984年，从江县文物管理所（2012年升格为文物局）成立，并由其会同寨民共同管理鼓楼。1985年，贵州省人民政府公布高阡鼓楼为省级文物保护单位。2011年，从江县人民政府拨款对楼冠和屋面部分实施抢险加固工程。2013年3月5日，高阡鼓楼被国务

院公布为第七批全国重点文物保护单位，编号7-1365-3-663。2002年完成高阡鼓楼省级文物保护单位记录档案的编制，2015年完成全国重点保护文物单位记录档案的编制，由从江县文物局保管。2017年，实施高阡鼓楼修缮和三防工程。

北京鼓楼、钟楼 是元、明、清三代都城的报时中心，为明清北京城中轴线上末段的重要建筑，亦是研究明、清两代建筑形制、建筑构造、建筑艺术和冶炼、铸造、施工等技术的珍贵实物资料。北京鼓楼、钟楼位于景山公园的北边，地安门外大街的北端，什刹海风景区的东北方。

鼓楼、钟楼始建于元至元九年（1272年）。鼓楼于元大德元年（1297年）、明永乐十八年（1420年）、嘉靖十八年（1539年）分别因火、雷击被毁后，三次重建。清嘉庆、光绪年间都曾对鼓楼进行修缮。钟楼原址为元大都大天寿万宁寺之中心阁。明永乐十八年（1420年）重建，再度烧毁。清乾隆十至十二年（1745～1747年）奉旨再次重建。此次重建为防止火灾，整个建筑采用砖石无梁拱券结构，并在钟楼南门正中树《乾隆御制碑》一组记载当时修建钟楼的情况。

鼓楼，原名齐政楼。坐北朝南，占地面积6857平方米，建筑面积2736平方米。遗存鼓楼为明代建筑。通高46.7米，鼓楼面阔五间，为三重檐歇山顶建筑，覆绿剪边灰筒瓦屋面，上层檐施以重昂五踩斗拱，下层施以单翘单昂五踩斗拱，平座下施以重翘五踩斗拱，木架绘墨线小点金旋子彩画。整座建筑坐落于高约4米、四面呈坡道形的砖石台基上，宽为56

北京鼓楼

米，进深为33米，南北有砖砌阶梯，东西为礓坡道。鼓楼内部包括上、下两个功能层和中间的一个结构暗层。下层为4米高的城台，内部拱券结构，南、北各有3座券门，东、西各1座券门。北墙东侧有旁门，门内有69级石阶直通二层。二层四周设回廊，宽约1.3米，平座周围建木栏杆，四角支撑有擎檐柱，平座下悬木挂檐板，如意头贴金彩画。三层为暗层。鼓楼二层原有更鼓25面，是中国最大的报时鼓群，有主鼓1面、群鼓24面，代表一年和二十四节气。仅存主鼓，高2.22米，腰径1.71米，面径1.40米，损毁严重（鼓面被八国联军戳破），仍放在原处。鼓楼内原有铜壶滴漏1座，为古代计时器物，已无存。1987年，北京民族乐器厂按原物制作了更鼓复制品用以展览；2005年，铜壶滴漏复制成功，恢复了一套完整的司时系统。

钟楼位于鼓楼北100米处，坐北朝南，占地面积5740平方米，建筑面积1478平方米，现存建筑为清代建筑。钟楼通高47.9米，楼体高33米，总占地面积约6000平方米。钟楼为无梁式砖石结构，由基座和楼身两部分组成。建筑面阔三间，重檐歇山顶，覆绿剪边黑琉璃瓦，上层檐施以仿木重昂五踩砖斗拱，下层施以仿木单翘单昂五踩斗拱，檐下石构件绘以墨线大点金旋子彩画。钟楼基座高大坚固，全部用城砖砌筑而成，上部建有雉堞，基座四面各有拱券式大门一座，内部呈十字券结构，东北隅有旁门，内有75级石阶直通二层。基座之上为巨大的汉白玉须弥座，束腰雕有精美蔓草纹饰，四周环以汉白玉栏杆，石榴柱头，三蝠云净瓶镂空栏板，南北两侧各出八级台阶，单侧扶手

鼓楼西侧面

钟楼

明永乐铜钟

栏杆，可供上下，须弥座上建造楼身。钟楼四面明间开有拱券门，次间为三交六碗石券窗，边框上雕有铺首，两侧山花均为琉璃砖拼成的金钱绶带图案。钟楼内正中立有一八角形木框架，上面悬挂着刻有"大明永乐年月吉日制"字样的报时铜钟，钟体高5.5米，下口直径3.4米，重约6.3万千克，是明清两代报时用原物。钟楼原有明永乐年间铸造的铁钟1口，置放于楼外平地上，由北京市大钟寺古钟博物馆收藏。钟楼正南方为面阔三间的大门，明间门内正中立乾隆十二年（1747年）重建钟楼碑，螭首方座，乾隆撰文，碑首题额"御制重建钟楼碑记"，碑阳为户部尚书梁诗正奉敕敬书碑文，碑阴为京兆尹薛笃弼书的《京兆通俗教育馆记》碑文。

清光绪二十六年（1900年），八国联军入侵京师时，北京鼓楼、钟楼的文物遭受破坏，建筑幸免于难。民国14年（1925年），鼓楼易名为明耻楼，次年复改为齐政楼。民国时期，鼓楼一直作为教育馆使用；中华人民共和国成立后至1983年底，鼓楼改作文化馆。民国时期，钟楼曾改作电影院。1958年，归属北京市东城区教育局，曾作为仓库，直至1983年底。

民国21年（1932年）和民国30年（1941年）前后、民国37年（1948年）对鼓楼进行过小规模的修缮。1957年10月28日，北京鼓楼、钟楼被北京市人民委员会公布为第一批市级文物保护单位。1984年，国家拨专款对鼓楼进行中华人民共和国成立后首次大规模修葺。同年11月21日，北京市人民政府批转市规划局、文物局《关于第一批划定六十项文物保护单位的保护范围及建设控制地带的报告》，公布北京鼓楼、钟楼保护范围和建设控制地带。1984年，成立北京市钟鼓楼文物保护管理所。1996年11月20日，北京钟楼、鼓楼被国务院公布为第四批全国重点文物保护单位，编号4-0130-3-052。2006年，北京市钟鼓楼文物保护管理所建立北京鼓楼、钟楼全国重点文物保护单位记录档案。1986年、2001年和2007年，国家先后拨专款对钟楼、鼓楼进行一定规模的修缮。

隆昌石牌坊 是集古代各类牌坊于一体，并包含有众多遗存的古建筑群，位于四川省隆昌县城金鹅镇南、北二关。

据清同治十三年（1874年）《隆昌县志》记载，当时隆昌城乡有牌坊42座。后又陆续所建。1995年版《隆昌县志》记载，1954年10月普查时存石牌坊28座，遗存17座，其中主要的13座呈念珠状一字排列在纵贯县城的古驿道上，坐

北关牌楼远景

于南北向总长约600米的路段中央，有4座分布在隆昌的其他乡镇。隆昌石牌坊中最早的为岱宗坊，建于南宋祥兴二年（1279年），最晚的牌坊为陈刘氏节孝坊，建于民国14年（1925年），成坊时间跨度长达646年。17座牌坊中成坊年代最早的为明弘治九年（1496年）斗拱式镇山坊，其余大部分为清嘉庆、道光、咸丰、同治、光绪年间所建。下限为清光绪十三年（1887年），时间跨度近400年。

隆昌石牌坊形制大多为四柱三门青石雕花

南关牌坊远景

仿木牌楼式建筑，平均高约为11米、面阔约9米。隆昌石牌坊宏伟凝重，共分为九类：德政坊、功德坊、节孝坊、孝子坊、贞节坊、山门坊、镇山坊、百岁坊、观赏坊。隆昌石牌坊是明、清封建社会表彰功德、德政、节孝等的石质楼阁式牌坊，是集古代哲学、历史、数学、文学、力学、建筑学文化艺术精粹为一体的明清牌坊的精品的代表作。

隆昌石牌坊的坊脚一般为三层，整体造型颇为简洁。其中下两层为长方体，上层是置于须弥座上的抱鼓石。坊身的立柱为抹角方形，上刻与立坊有关的文字或楹联。额枋也是文字或图案，额下雀替有不同的形式。坊顶多为庑殿式重檐造型。

郭王氏功德坊建于清光绪十三年（1887年），为"官准民建"。通高13米、面阔8.6米，主楼盖顶为镂空四方阁楼式五级塔刹，四周翘角斜飞刺天，檐下刻如意，脊上有怪兽猛禽。舒承湜百岁坊，建于光绪六年（1880年），

北关古驿道

高6米、面阔6.4米。形制为四柱三门二重檐三滴水的素面坊。刘光第德政坊，立于道光二十六年（1846年），为士民公建。高7.7米、面阔6.7米。高浮雕图案繁缛，坊上有多款颂德匾额。斗拱式镇山坊，明弘治九年（1496年）所建，属于寺庙前的标志坊，为青石仿木结构，通高5.4米、面阔5米，古朴沉稳。

隆昌石牌坊附属文物有巴蜀古驿道、石碑、摩崖石刻、云峰关、云峰塔。隆昌巴蜀古驿道自秦汉起修建，已有2200多年历史。遗存

南关古驿道

巴蜀古驿道共有3段，采用当地青石材质铺设而成，古驿道宽2米，长约1500米，为古代重要的交通枢纽。隆昌石牌坊横跨于巴蜀古驿道之上，其石碑树立在古驿道两侧有锄莠安良碑、除暴安良碑、政通人和碑、憩棠留荫碑4通，碑均高4米，宽1.4米，主要为士民为恭颂知县而立的德政碑。云峰关位于隆昌县城南巴蜀古驿道上的郭王氏功德坊旁，是古代巴蜀驿道上扼控东（重庆）、南（泸州至川滇古道）的咽喉锁钥要地，也是巴蜀古驿道上唯一完好的古关隘。云峰关始建于唐贞元年间（785～805年），关门由青砖砌垒，呈弧形，通高7.8米，门高4.9米，宽3.95米。据《四川省通志》中载，"隆昌土地坎县南五里有云峰关，为叙永、泸州、重庆通衢"。历史变迁，云峰关被毁，至清道光七年（1827年）重建。云峰塔位于郭王氏功德坊东侧的白塔山上，外墙通体皆用白石灰浆涂抹，故俗称其为白塔。云峰塔始建于明成化年间（1465～1487年），重建于清道光二至七年（1822～1827年），为七级砖石结构密檐式塔，通高40米，塔顶为宝珠状刹尖。云峰塔基座为隆昌优质青条石构筑，六面塔基，每面宽6.20米；砖砌六面塔体，每层六面均开有一圆形小窗。塔中柱为砖砌实心柱，由梯步逐级逐层盘旋而上，登76级阶梯直上塔顶。摩崖石刻位于郭王氏功德坊的西侧，共有3处。

1954年8月，成立隆昌县文物委员会。隆昌石牌坊由隆昌县文物委员会和县文化馆共同管理。1995年，隆昌县文物管理所成立，负责隆昌石牌坊日常管理工作。2001年6月25日，隆昌石牌坊被国务院公布为第五批全国重点文物保护单位，编号5-0390-3-196。2002年，重

织编制完成《四川省隆昌石牌坊修缮保护工程勘察报告》《四川省隆昌石牌坊修缮保护工程设计方案》，获国家文物局批准。2004年，隆昌县文物管理所建立隆昌石牌坊的全国重点文物保护单位记录档案。按照《四川省隆昌石牌坊修缮保护工程设计方案》，2003～2006年、2007～2009、2011年，先后对隆昌石牌坊本体及附属文物进行保护维修。2012年8月，《隆昌石牌坊保护规划》获国家文物局批准。2013年11月，经四川省文物局批准，对牛树梅德政坊本体局部进行落架修缮保护。2014年，四川省人民政府印发《关于公布四川省全国重点文物保护单位和省级文物保护单位保护范围的通知》，公布了隆昌石牌坊的保护范围和建设控制地带。2015年，隆昌县文物管理所成立南关、北关、响石3个牌坊保护管理站，负责对牌坊及其附属文物日常的监管。

太和岩牌楼 原是真武庙前的门前坊，位于山西省介休市义安镇北辛武村。

太和岩牌楼建于清光绪二十三年（1897年）。坐北朝南，为四柱三楼歇山顶建筑，高8.5米，面阔9.65米，进深1.55米。牌楼坐落在石砌平台上，台高0.5米、长10.45米、宽2.65米，占地面积27.7平方米。顶为单檐歇山顶。在四根方柱下，均有五层浮雕石座，铺以黄绿相间的琉璃脊瓦，吻兽法华，除飞檐外，阑额斗上均为彩色琉璃装饰。4根方柱用琉璃制品包砌，前后均有琉璃烧制的对联。柱头、柱底用琉璃烧制各种不同的花卉、卷草龙、寿山、瑞兽及八卦等。在明间西侧柱底的图案中

太和岩牌楼

太和岩牌楼仿木斗栱

太和岩牌楼琉璃装饰

烧制"光绪丁酉年（1897年）高浩立"。柱头设仿木的普拍枋及阑额，其上用琉璃烧制精美的图案。柱中用琉璃雀替，明间雕有二龙戏珠及云纹、蝙蝠，上设枋子承琉璃匾额，匾额上书"紫极腾辉"。次楼南北图案不同，南侧以博古及八宝为主，北侧雕卷草龙纹及寿字。次间柱两侧用琉璃烧制不同的图案，西侧雕瑞兽树木，东侧雕行龙及鲤鱼。次楼斗为一跳三踩，主楼斗为一跳五踩。次楼与主楼的斗中均设琉璃匾额，主楼书"太和岩"；次楼南面书"无上道""众妙门"，北面书"除俗障""契真源"。屋面用黄色与蓝色琉璃瓦在主楼的上面拼出"回"字图案。

太和岩牌楼以现场定制烧造通身包砌的精湛工艺为特色，集道教文化、仪礼形制、琉璃艺术为一体，在古代琉璃建筑中独树一帜，是国内罕见的具有典型时代艺术特色和特殊仪礼形制的琉璃遗存，具有重要的文物价值和珍贵的历史价值。

太和岩牌楼由北辛武村幼儿园占用。介休市文物管理所负责管理，进行督查指导，具体安全保护工作由当地的文物保护员主要负责。1995年，山西省文物局、山西省建设厅联合印发《关于公布省级文物保护单位琉璃牌坊保护范围和建设控制地带的通知》中，公布琉璃牌坊（太和岩牌楼）保护范围及建设控制地带范围。2006年5月25日，太和岩牌楼被国务院公布为第六批全国重点文物保护单位，编号6-0485-3-188。2007年11月2日，山西省人民政府审核批准山西省文物局和山西省建设厅对太和岩牌楼的保护范围及建设控制地带的划定。太和岩牌楼的全国重点文物保护单位记录档案保存于山西省古建筑保护研究所。

来鹤亭 为木结构重檐八角攒尖布瓦顶亭式建筑，位于云南省石屏县异龙镇小瑞城村末束岛。

来鹤亭古建筑，坐西朝东，中轴线上依次由山门、来鹤亭、文昌阁、魁星阁组成。主体建筑来鹤亭、文昌阁、魁星阁始建于明崇祯六年（1633年），后来鹤亭、魁星阁毁。清康熙十二年（1673年）在原址上重建来鹤亭，康熙五十一年（1712年）重建魁星阁。

末束岛与马把龙岛、大瑞城合龙岛同属异龙湖中三个小岛，后因湖水水位下降、淤泥堆积形成湖边陆地上的山峦。整个来鹤亭雄踞末束岛顶，俯瞰异龙湖天光水色，素称石屏名胜，滇南首景。清代石屏翰林张汉游来鹤亭赞曰："一海三山共，风光聚一亭。鹅群秋水白，雁字远天青。"清末经济特科状元袁嘉谷题书对联："忆三岛旧游，愿与飞鹤轻鸥订南山北山之约；让西湖一步，试问秋芦春柳比苏堤白堤何如"。

来鹤亭原名海山亭，位于石屏东门外小瑞城岛顶。原为重檐八角攒尖布瓦顶亭式建筑，遗存为重檐七角攒尖黄色琉璃瓦顶亭式建筑为后期修缮时更改。来鹤亭建于高50厘米的台基上，占地面积104.4平方米，通面阔7.3米，通进深6米，高8米，木结构重檐八角攒尖布瓦顶亭式建筑，亭顶内置藻井。亭子南北侧有耳房，对称式，通面阔3.5米、进深3米、高3.5米，砖木结构，单檐歇山顶。倚亭而建的文昌阁，工匠巧妙地使亭与文昌阁后墙相连，省去西北两根檐柱，亭外观见六角。这种罕见的建筑结构，形成独具特色的风格。亭前立有清光绪十五年（1889年）己丑科武进士罗长华书"天下第一亭"碑。文昌阁，坐东朝西，二层抬梁式木构架重檐歇山顶建筑。通面阔13.2米，通进深11米，阁高10米，占地面积157平方米，柱子18根，上檐梁架为五架梁前后单步梁，斗拱为五踩双昂，且出双斜昂，古镜式柱础，檐口保留闸挡板、里口木等做法。阁上层两面设窗，东壁与来鹤亭相接，木质楼梯紧靠东壁，四面墙壁用板，地面系沙质土夯实。脊檩上有明崇祯六年（1633年）二月建造的墨书题记，门前左右墙壁内嵌二石碑，左碑"文昌阁碑记"保存尚好，通高187厘米，碑高94厘米、宽54厘米，有碑帽和碑座，清乾隆四十六年（1781年）立石。魁星阁位于文昌阁西7.5米，坐东朝西，二层抬梁式木构架重檐歇山顶建筑。通面阔9.4米，通进深9.7米，高10米，占地面积91.18平方米。用柱子16根，上檐梁架为五架梁前后单步梁，斗拱为五踩双昂，且出双斜昂，古镜式柱础，檐口保留闸挡板、里口木等做法，青瓦铺顶，东壁有木质楼梯一架，地面为沙质夯实。楼上脊檩上墨书题记"康熙五十一岁次辰春月吉"。

末束岛与来鹤亭远景

来鹤亭与文昌阁

文昌阁建筑

来鹤亭在建筑技法上融合官式、地方做法于一体，建筑布局和谐统一，具有较高的研究价值，也是研究宗教文化、民俗文化及其对云南形成传播和影响的实物例证。

"文化大革命"期间，来鹤亭受到严重破坏，被当地农民用来作牛厩，屋顶无人修缮，致使梁檐糟朽局部倒塌。1988年8月，石屏县文物管理所成立，负责全县文物保护管理工作。1989～1991年，来鹤亭得以保护修复。1991年10月12日，石屏县人民政府公布来鹤亭为第二批县级文物保护单位。1997年4月，在石屏县文物管理所的指导下，石屏洞经音乐协同会组织各界人士及单位募捐增建山门。1998年11月13日，云南省人民政府公布来鹤亭为第五批省级文物保护单位。2003年12月18日，云南省人民政府印发《云南省文化厅关于云南省第四至第五批省级文物保护单位保护范围和建设控制地带划定方案的通知》，公布来鹤亭的保护范围和建设控制地带。2013年3月5日，来鹤亭被国务院公布为第七批全国重点文物保护单位，编号7-1384-3-682。石屏县文物管理所建立的全国重点文物保护单位记录档案。

第十三节　交通水利天文

安丰塘（芍陂）　古称芍陂，春秋时期水利蓄水工程遗存，位于安徽省寿县安丰塘镇，距寿县城南30千米，地处淮河中游的河南岸，介于淠河与东淝河之间。

安丰塘始建于楚庄王元年（前613年），由楚国尹令孙叔敖集民力所建。芍陂见于《汉书·地理志》"沘水所出，北至寿春入芍陂"。《水经注》记载：淝水"又东北径白芍亭东，积而为湖，谓之芍陂。陂周百二十许里，在寿春县南八十里，言楚相孙叔敖所造"。东晋在此地侨置安丰县，芍陂改称"安丰塘"。安丰塘之名始见于《旧唐书·地理志》，寿州安丰"县界有芍陂，灌田万顷，号安丰塘"。安丰塘兴建后，曾历经水患、豪绅的占垦，历代都有修治，东汉王景、刘馥，晋刘颂，南北朝刘义欣，隋赵轨以及其后宋元明清各代均有修浚。明万历十年（1582年）黄克缵任寿州知州时，安丰塘已被侵占十分之七。他一改前任退沟之法，堤上立积水界石碑。此后200余年，未再发生越界占垦。清康熙三十七年（1698年），寿州知州傅君锡委派州佐颜伯珣修治安丰塘，"盛暑大寒从不懈息"，历时6年，将原36座斗门改建为28座，并修筑南北塘堤。到中华人民共和国成立前夕，芍陂灌溉面积已不足8万亩。

安丰塘周长24.6千米，面积34平方千米，堤顶高程31米，塘底高程26.5～27.8米。堤顶宽度：北堤10米，并有沥青路面，其他三堤均

安丰塘航拍

安丰塘灌溉的农田

为8米宽的土路面。环塘用石块护坡，堤坝上筑起一道1.5米高的防浪石墙，塘岸四周高程27～29.5米。塘堤绿柳成荫，植被护坡较好。环堤共开设28个闸口，建有一条长87.5千米的干渠，4条长77.5千米的分干渠及7000多条支渠、毛渠，各类建筑物700余座。蓄水量近1亿立方米，灌溉面积近百万亩。

塘坝北侧的孙公祠又名楚相祠、芍陂祠、安丰塘祠等，为后人祭祀楚相孙叔敖修建芍陂而建。《水经注》"肥水条"载："水北径孙叔敖祠下"，可见孙公祠始建不会晚于北魏。遗存建筑布局与年代应为明清时期。据《寿州志》载，明清两代对孙公祠迭有修葺。孙公祠占地面积3000平方米，建筑面积525平方米。现存为三进院落，有崇报门（山门）、还清阁、大殿、东西配殿、回廊以及围墙等。大殿三间，位于后进，硬山、马头墙、前提檐、立贴式梁架。还清阁位于中进，阔三间，深一间，两层密檐式，墙面出单挑砖雕华拱以承檐下。崇报门为前进，又称碑厅，面阔四间，东间阔3.3米，自东至西各间面依次递减；门设东边第二间正中，异于大殿、还清阁设门于明间的对称格局。祠内有碑石19块。嵌在碑厅内外墙上，有历史上重修安丰塘等记、禁止侵塘为田的积水界石记、安丰塘图、孙叔敖石刻线像及其传略、重修孙公祠碑记等。其中，明代石刻塘图可见塘的位置、水源、斗门、灌区概况，在水利科学史上有较高价值。

安丰塘用于水利蓄水灌溉，一直在农业生产中发挥着重要作用。同时安丰塘及孙公祠作为人文景观，在传承中华文明和文物旅游中发挥着重要作用。

安丰塘在西汉时就设有陂官管理事务。东汉有都水官，据《后汉书》载：郡设都水官，专司陂塘水利和收税之事。宋代，有圩长。明清时期由寿州地方官吏兼管。日常事务由官府支配下的民间组织承担管理，设有董事、塘长、门长（头）、门夫等。民国20年（1931年）6月成立安丰塘水利公所（民间），采用委员制，由塘民大会选举产生。民国25年（1936年）导淮委员会治下的整理安丰塘工程事务所成立（官方）；民国29年（1940年）安丰塘塘工委员会成立（民间），委员会下设工程股和总务股并有专人负责水文监测工作。1951年，临时成立安丰塘水利委员会，专司管理。1954年，六安地区和寿县水利部门组织修治，历时两年，复堤17千米，加固众兴滚水坝等，将原28座斗门整修后合并为24座。行政管理职能隶属寿县安丰塘水利分局（前身为1953年成立的安丰塘灌区管理委员会，1956年更名为安丰塘灌溉工程管理处）。寿县文物管理局负责对安丰塘的保护、管理、维修工作的监督管理，其中孙公祠由县文物部门负责保护管理。1959年5月15～22日，原安徽省文物工作队在塘东北越水坝处，发掘汉代埽工（闸坝）工程遗址。经发掘论证埽工（闸坝）工程，是用草木混合的散草法筑成，遗址内出土铁器、铜器和陶器，陶器残片共800余件（均存安徽省博物院）。铁器占90%以上，主要有都水官铁锤、铁鱼权，铁锄、铁斧、铁权，铁锯、铁凿、铁箭头、铁犁铧以及铜鱼钩，铜箭头，还有"半两""五铢""货泉""大泉五十"等。1976年冬，中共寿县县委和县革委会组织26个人民公社，以及县直机关、县城街道居民工11万人，实施塘堤护坡工程。经两冬一春施工，蓄水能力增加到8400万立方米。1986年7月，芍陂（安丰塘）遗址被安徽省人民政府公布为第二批省级文物保护单位。1988年1月13日，安丰塘（芍陂）被国务院公布为第三批全国重点文物保护单位，编号3-0053-3-001。同年，建立全国重点文物保护单位记录档案，保存于寿县文物局。1988年11月12日，安徽省人民政府批转省文物局、建设厅《关于划定安徽省第一批九处全国重点文物保护单位的保护范围及建设控制地带的报告》，公布了安丰塘的保护范围和建设控制地带。1996年，国家及安徽省文物局拨专款对孙公祠进行维修，恢复孙公祠昔日风貌。2010年以来，建成孙叔敖纪念馆对外开放。2015年10月13日，芍陂（安丰塘）被国际灌溉排水委员会列入世界灌溉工程遗产第二批名录。

京杭大运河　是世界上规模最大、历史最为悠久的人工运河。京杭大运河北起北京（涿郡），南到杭州（余杭），途经北京、天津两市及河北、山东、江苏、浙江四省，贯通海河、黄河、淮河、长江、钱塘江五大水系，全长约1794千米。京杭大运河由人工河道和部分河流、湖泊共同组成。全程分为七段：通惠河，位于北京市通州区内，连接温榆河、昆明湖、白河，并加以疏通而成；北运河，通州区至天津市，利用潮白河的下游挖成；南运河，天津至临清，利用卫河的下游挖成；鲁运河，临清至台儿庄，利用汶水、泗水的水源，沿途经东平湖、南阳湖、昭阳湖、微山湖等天然湖泊；中运河，台儿庄至清江；里运河，清江至邗沟，入长江；江南运河，扬州、镇江至杭州。

京杭大运河的开掘始于春秋战国时期。公元前486年，为北上争霸，吴国在扬州附近开挖邗沟，沟通长江与淮河水系，成为中国历史文献中记载的第一条有确切开凿年代的运河。

玉河遗址中区

元至元三十年（1293年）全线通航，前后共持续1779年，主要经历三次较大的兴修过程。第一次是公元前5世纪的春秋末期。春秋时期，吴国君主夫差为了北伐齐国，争夺中原霸主地位，调集民夫开挖自扬州向东北，经射阳湖到淮安入淮河的运河（里运河），因途经邗城，故得名"邗沟"，全长170千米，把长江水引入淮河，成为大运河最早修建的一段。第二次是在公元7世纪初，隋炀帝迁都洛阳后，为控制江南广大地区，将长江以南地区的丰富物资运往洛阳，先后开凿或凿通广通渠、通济渠、山阳渎、永济渠，其中广通渠从长安至潼关东通黄河，以渭水为主要水源；通济渠，从洛阳沟通黄、淮两大河流的水运；山阳渎，北起淮

通州张家湾通运桥

济宁会通桥

水南岸的山阳（江苏淮安市淮安区），径直向南，到江北的江都（扬州市）西南接长江；永济渠，在黄河以北。从洛阳对岸的沁河口向北，直通涿郡（北京市境）。第三次是在13世纪末，元朝定都北京后，为使南北相连，不再绕道洛阳，先后开挖"洛州河"和"会通河"，把天津至江苏清江之间的天然河道和湖泊连接起来，清江以南接邗沟和江南运河，直达杭州。而北京与天津之间，原有运河已废，又新修"通惠河"。

通惠河，作为京杭大运河最北端的一段，是13世纪末与元大都城同期勘察、规划、兴建、完工的漕运河道，其前身是辽代开凿一条运河，位于通州、辽南京北京西南部间，后世称为萧太后运粮河。金迁都燕京后，于金大定十一年（1171年）开凿金口河。西接永定河东岸，利用高梁河的西段故道东行，至八宝山入车箱渠，到西郊半壁店附近转西南，入中都北护城河，后出东郊，与萧太后河相连，入通州北潞水。遗存的京杭大运河北京段主要于

元、明、清时期开凿、疏浚。坝河开凿于元至元十六年（1279年），因其沿线有7座坝而得名，是大都至通州的北线运河。坝河西起大都光熙门（北京市东直门北面），向东到通州城北，接温榆河。河道长20余千米，地势西高东低，差距20米左右。河道比降较大，建有千斯坝、常庆坝、郭村坝、西阳坝、郑村坝、王村坝、深沟坝等7座闸坝。江南漕粮可北至通州，再由坝河运抵大都城中。

元代通惠河引水，沿西山山脚，东南汇入瓮山泊（颐和园昆明湖），自西直门入城，汇于积水潭，然后入什刹海，过后门桥，东南折经东不压桥胡同、东板桥，沿东安门北街南下，经望恩桥、御河桥、正义路，向东经台基厂二条、板船胡同，沿金口河故道至通县西。明宣德七年（1432年），北京城改建，将通惠河圈入皇城中，城内不通航。清顺治年间，修治石坝及通惠河上五闸，恢复漕运。咸丰五年（1855年）黄河大改道，运河由盛转衰。光绪二十六年（1900年），京津铁路通车后，漕粮

由铁路运输，北京段运河漕运功能遂停，成为重要排水系统及景观河。

北运河位于海河流域北部，其上游为温榆河。北运河从通州北关闸蜿蜒向南，于天津三岔口汇入海河，曾称沽水、潞水、白河，明代多称运粮河，清雍正四年（1726年）始称北运河。北运河始建于金泰和五年（1205年），以历史上的潞河为基础，由三岔口北上至通州。北运河的航运在元代曾兴盛一时，当时以大都为目的地的内河漕运与海上漕运均经过北运河。明、清两代，北运河主要承担内河漕运的功能。三岔口是北运河、南运河与海河的交汇点。筐儿港减河是为解决北运河在汛期难以迅速下泄洪水，导致决口冲毁运道而修建的，是将洪水直排入海的减水河。

南运河北起天津三岔口，南至山东临清。南运河以卫河和漳河为主要水源。南运河的形成可追溯到东汉末年开凿的白沟和平虏渠，隋初成为隋唐大运河永济渠的北部区段，清代起临清至天津三岔口段被称为南运河。该三段上的运河遗产以东光连镇谢家坝和景县华家口夯土险工价值比较突出。

会通河纵贯黄河中游冲积扇及山东丘陵西缘，北起临清，南至微山，地势以汶上南旺为最高。会通河是元代在隋唐大运河的基础上，为了避免绕道迂回而新修建的一段人工运河。明永乐九年（1411年）因严重淤塞进行了重新整修。会通河沿线工程密集，是大运河工程技术最复杂的河段之一，也是大运河中通航困难最多、治理最难和管理最为复杂的一段。在

苏州枫桥

会通河区段，保留着临清钞关、南旺枢纽等独一无二的运河遗产。

中运河，北起微山夏镇，南抵淮安清口枢纽。中运河北接会通河，南接淮扬运河。南宋建炎二年（1128年）以后，中河段一度以黄河为运道或水源，自明万历二十一年（1593年）起开始规划改移运河路线，先后在南四湖东侧接之前开成的南阳新河而开凿泇河、皂河和中运河，实现了运河与黄河的分离，不再通过黄河河道航运行船，形成大运河中河的路线。宿迁龙王庙行宫是清帝南下途中的行宫，乾隆皇帝六下江南，曾五次巡幸于此。龙王庙行宫保存较好，占地2.2万平方米，建筑面积接近2000平方米，有三进院落14座殿宇。

淮扬运河，又称里运河，是连接长江和淮河两大自然水系的人工河道，北起淮安清口枢纽，南至瓜洲入长江。系由春秋战国的邗沟发展而成，是京杭大运河全线最早开凿的一段。明清时期称淮扬运河，近代始称里运河。元明清时期，

由于黄河南袭，淮扬运河与黄河、淮河交汇于淮安清口一带，使得形势异常复杂，治理更为困难。明清采用蓄清刷黄、引清刷黄的策略，建设清口枢纽工程，成为京杭大运河的咽喉。此外，这个区段还保留有最重要的国家级漕运管理机构遗址——总督漕运公署遗址和工程历时171年，筑堤70.4千米洪泽湖大堤。

江南运河北起镇江，南至杭州，贯穿长江、太湖和钱塘江三大河湖水系。从隋代至清代，江南运河一直是政府通过大运河从江南收集和汇聚漕粮的主要运道。江南运河从很早起就采用了技术先进、管理有序的复闸和澳闸工程，是中国古代水利工程技术成就的重要体现。江南运河的吴江古纤道和与之配套的塘路桥是太湖东岸界定运河堤岸的纤道和驿路，它们的建成标志着江南运河作为独立的水利工程体系的最终完成。苏州盘门作为水城门体现着江南水网环境的特色。丰富的桥梁遗产是江南运河的独特景观，其中大跨度高拱石桥反映了

淮安大运河清江大闸

京杭大运河广济桥

运河区域特定水陆交通需求下的创造与适应。作为京杭大运河南端终点的杭州拱宸桥可以视作典型的代表之一。

京杭大运河是中国东部平原上的古代伟大工程，隋朝大运河以洛阳为中心，南起杭州，北到涿郡（北京市），全长2700公里，跨越地球10多个纬度，纵贯在中国最富饶的东南沿海和华北大平原上，通达黄河、淮河、长江、钱塘江、海河五大水系，是中国古代南北交通的大动脉，是世界最长的人工运河，也是世界上开凿最早、规模最大的运河。对于发展南北交通，沟通南北之间经济、文化等方面的联系做出巨大的贡献。

中华人民共和国成立以来，各地对京杭大运河相关文物的管理与保护都有一些措施。先后有数十处不可移动文物被公布为省（直辖市）级文物保护单位，如北京市的白浮泉遗址、通运桥及张家湾镇城墙遗迹，河北省的马厂炮台、捷地分洪闸设施，山东省的七级运河古街、南阳闸、利建闸及河神庙遗址、堽城坝

（闸）遗址、微山古船闸，江苏省的宝带桥、运河古纤道、横塘驿站、邵伯运河码头及铁牛，浙江省的拱宸桥、富义仓等。2006年5月25日，京杭大运河被国务院公布为第六批全国重点文物保护单位。编号6-0810-3-513。2012年8月14日，文化部公布《大运河遗产保护管理办法》，自2012年10月1日起施行。2013年3月，国务院印发《关于核定并公布第七批全国重点文物保护单位的通知》，核定公布第七批全国重点文物保护单位大运河遗址点与第六批全国重点文物保护单位京杭大运河合并为大运河。2014年6月22日，第38届世界遗产大会将中国大运河项目列入世界文化遗产名录。

都江堰 为中国古代的水利工程，位于四川省都江堰市城南。

都江堰始建于战国秦昭襄王五一一年（前256年），由秦国蜀郡守李冰率众修建。蜀人将李冰奉为川主，从汉代开始造像祭祀，纪念李冰父子率众建堰、为民造福、泽惠天府的丰功伟绩，祈求风调雨顺、岁岁平安。二王

庙，修建于都江堰玉垒山上，因纪念李冰父子而建。内有清代碑刻"深淘滩、低作堰""逢正抽心、遇弯切角""乘势利导、因时制宜"等。附属古迹还有伏龙观、离堆、安澜桥、玉垒关等。1974年在江心发现汉代石刻李冰石像。

都江堰主要由鱼嘴分水堤、飞沙堰溢洪道、宝瓶引水口三大主体工程组成。都江堰利用岷江出口的特殊地形和弯道环流、流体力学等自然规律，巧妙地起到无坝引水、分洪减灾、排泄沙石的作用。在枯水期，鱼嘴大坝将岷江60%的水引入内江，40%的水排到外江；在洪水期，又自动将60%的水排到外江，40%的水引入内江。由于都江堰建于岷江弯道处，含沙量少的表层水流向内江，含沙量大的底层水流向外江，随洪水冲下来的沙石从外江排走。进入内江的沙石，利用离堆前虎头岩的支引、宝瓶口的节制，将进入内江的沙石从飞沙堰排入

外江，使宝瓶口和灌区河道免遭泥沙淤塞。江中还埋有石羊马作为淘滩标记，立三石人观察水情消长，开创了中国古代水情监测的先例。李冰吸取古蜀民族的治水经验，就地取材，采用"竹笼""杩槎""千砌卵石""羊圈"等独特的工程技术，年年进行防洪和岁修，花费少效果显著。宝贵的治水经验，使古堰持续发展，千年不废。

李冰主持修建的都江堰，正确处理鱼嘴分水堤、飞沙堰泄洪道、宝瓶口引水口等主体工程的关系，使其相互依赖，功能互补，巧妙配合，浑然一体，形成布局合理的系统工程，科学地解决了江水自动分流、自动排沙、控制进水流量等问题，消除了水患，是巧夺天工、造福当代、惠泽未来的水利工程，是区域水利网络化的典范。后来的灵渠、它山堰、渔梁坝、戴村坝一批历史性工程，都有都江堰的印记。都江堰使成都平原

都江堰水利工程全景

宝瓶口

"水旱从人、不知饥馑"。中华人民共和国成立后，又增加蓄水、暗渠供水功能。

历经两千余年的都江堰水利工程一直发挥着巨大作用，在世界水利史上独树一帜，具有极高的使用价值和历史文化价值。清同治十一年（1872年），德国地理学家李希霍芬（1833～1905年）称赞"都江堰灌溉方法之完善，世界各地无与伦比"。1986年，国际灌排委员会秘书长弗朗杰姆和国际河流泥沙学术会的各国专家参观都江堰后，对都江堰科学的灌溉和排沙功能给予高度评价。1974年、1975年、2005年以及2014年，都江堰文物局与成都考古队（成都博物院）等先后4次在都江堰渠首外江闸、安澜索桥等地出土东汉石刻李冰像和持锸石人像以及其他圆雕石人像共5尊，东汉建安四年（199年）正月中旬故监北江堋太守守史郭择、赵汜碑一通，以及铸铁束腰银锭榫卯构件和地墁石等建筑构件。以此类遗物为代表的都江堰渠首汉代文化遗存为研究都江堰

的创建、发展等提供重要的实物资料。

1982年2月23日，都江堰被国务院公布为第二批全国重点文物保护单位，编号2-0036-3-021。1997年，《四川省都江堰水利工程管理条例》颁布实施，都江堰的保护和管理步入法制化的轨道。2000年，联合国教科文组织审议批准都江堰为世界文化遗产，列入《世界遗产名录》。2008～2011年，由国家文物司立项，批准实施"都江堰古建筑群抢救保护工程"。2010年，四川省政府公布了都江堰保护范围和建设控制地带。

灵渠 是秦始皇为统一岭南地区而开凿的人工运河，与四川都江堰、陕西郑国渠并称为秦代三大水利工程。灵渠位于广西壮族自治区兴安县境内。

秦王政二十六年（前221年），秦始皇统一北方六国之后，对浙江、福建、广东、广西地区的百越发动大规模的军事征服活动。由于两广地有五岭之隔，导致运输补给供应不

灵渠渠首

上。秦始皇二十九至三十三年（前218～前214年），命令监御史史禄劈山凿渠。在兴安开了灵渠，使援兵和补给源源不断地运往前线，为秦始皇统一中国起了重要的作用。自秦代开凿以来，历经汉、唐至民国初，水运历史达2000余年。灵渠一直用于灌溉，是中国最古老的人工运河及水利工程之一。

灵渠流经兴安镇、严关镇、溶江镇、湘漓镇，沟通长江和珠江两大水系，全长37.4千米。分为南、北两渠。灵渠主要由大小天平坝、铧嘴、南北两渠、秦堤、泄水天平、陡门、堰坝、古桥、水涵等部分构成，是一个集交通运输、农田灌溉为一体的综合水利工程。

铧嘴是灵渠大小天平坝顶端的一座分水石坝。沿江流而立湘江中，前锐后钝，形似犁铧，长186米、宽22.5米、高3.6米，周边用条石砌筑，内填沙卵石、泥土。湘江水经铧嘴分劈，十分之七顺大天平坝进入北渠，回流湘江；十分之三顺小天平坝进入南渠，注入漓江，因此有"三分漓水七分湘"之说。大、小天平坝为灵渠铧嘴"人"字形拦溢水坝，起着平衡南、北二渠水量的作用。大小天平坝相交处夹角108°，大天平坝在北侧，长344米，溢水面宽26.9米，高2.4米；小天平坝在南侧一段，长130米，溢水面宽22.7米，高2米。大、小天平坝迎水面用长条石错缝平砌，向上每层内收，成阶梯状外堤；背水面以长条石竖砌成，层层相扣，重叠成鱼鳞状斜坡。坝顶用巨条石铺平，两石相结缝处凿燕尾槽，熔生

灵渠小天平坝

分水的铧嘴

铁于内铸成燕尾金印，使坝成牢固整体。北渠全长3.25千米，渠道呈三个"S"形大弯，然后流回湘江，使渠道流程增加一倍，水流落差减少，流水迂缓，利于通航，沿途并设陡门4座、泄水天平3处。南渠由人工渠道及天然河道组合而成，起经南陡，至溶江镇灵河口汇入大溶江，流向漓江，全长33.15千米，南陡口至铁炉村始安水一段，为人工渠道，长4.1千米；自始安水沿天然小河道而下，连接砚石水、清水河、灵河，长29.05千米。历代沿渠

灵渠上的陡门（星桥陡）

建有陡门32座、泄水天平2处。秦堤是修建于湘江故道及南渠之间的一道石堤，长4.35千米，北临湘江故道，南为南渠，是南渠的外堤坝，作用在于保证湘水入漓江。秦堤以长条石料砌筑，堤上有"飞来石"，石壁有宋代至民国石刻11方，及李济深"秦堤"题刻1方。

灵渠是中国乃至世界水利工程杰出代表，以精良和独具特色的水利工程技术和巨大的社会经济效益著称于世。是于南、北渠道上用来壅高水位保证通航的陡门，被1978年到灵渠参加联合国世界大坝委员会会议的国际专家称为"世界船闸之父"。根据《运河名录》的分析，灵渠的整体技术具有年代和地区上的代表性。灵渠的技术特点是使用时间久、因地制宜，河工建筑有机进化，侧重精确地水以解决河道降水量的季节分布不均的问题，综合统筹航运、灌溉以及泄洪的需要。这些特性也证明灵渠与西方、非洲、中东、南亚北区的水道类案例有着完全不同的技术知识体系。万里学家

郭沫若称灵渠"诚足与长城南北相呼应，同为世界之奇观"。英国皇家学会会员、科学技术史学家李约瑟博士编纂的《中国科学技术史》中把灵渠称为"历史奇迹"。

1963年，广西壮族自治区人民委员会公布灵渠为自治区文物保护单位，成立兴安县文物管理所，负责管理灵渠。1986年10月，经兴安县人民政府批准成立兴安县博物馆，继续承担灵渠的保护管理工作。1988年1月13日，灵渠被国务院公布为第三批全国重点文物保护单位，编号3-0054-3-002。1993年，大、小天平坝尾端交汇处被洪水冲毁，造成一个近100立方米的大坑，由兴安博物馆组织抢险维修。2002年11月至2003年2月，由广西壮族自治区文物产业中心组织对小天平坝进行全面整体维修。2004年5月，铧嘴南面护堤因洪水造成坍塌30米，由广西壮族自治区文物产业中心组织抢险维修。2013年12月25日，广西壮族自治区政府审议通过了《广西壮族自治区灵渠保护办法》，将灵渠水利工程文物本体及其各类伴生的历史文化遗存和自然景观纳入保护范围，规定广西壮族自治区统筹安排灵渠保护专项资金，用于灵渠的保护、管理和修缮。2013~2015年，兴安县文物局启动灵渠渗水治理及环境整治工程，对渠坝渗水、空洞、鱼鳞石坍塌、下沉等自然灾害进行彻底修复。

褒斜道石门及其摩崖石刻 是汉代人工开凿的隧道及附属汉魏至明清之摩崖题刻，位于陕西省汉中市汉台区河东店镇河东店村北1.5千米处。

褒斜道是一条穿越秦岭、连接关中与汉中的古代交通要道，因取道褒水、斜水两河谷，贯穿褒、斜谷道而得名。由褒城（汉代属褒中县，位于陕西省汉中市与勉县交界处），入鸡头关，经青桥驿、马道、姜窝子、柳川、拓梨园、王家楞、白云、太白、五里坡，出斜峪关至眉县，全程235千米。褒斜道为秦昭王时所开，凿石架木，修筑栈道。最早的记载见于《史记货殖列传》："巴蜀亦沃野……然四塞，栈道千里无所不通，唯褒斜绾毂其口。"《史记河渠书》亦载汉武帝"发数万人作褒斜道五百里"。后历代曾对褒斜道多次重修、增修，各类史籍多有记载。

据东汉永平九年《鄐君开通褒斜道》题刻，石门为东汉永平六至九年（66~69年）汉中郡太守鄐君开通。其后各代，不断有通塞修复。据20世纪60年代实地测量，石门东壁长16.5米，西壁长15米；南口高3.45米、宽4.4米，北口高3.47米、宽4.1米；南北高差0.3~0.5米。

褒斜道石门摩崖石刻，是指石门洞内和周边崖壁上留存的各代摩崖题刻，其年代始于东汉，迄至民国，以《鄐君开通褒斜道》《石门颂》《右扶风丞李君通阁道》《石门铭》等汉魏石刻最为著名。据1961年调查统计，分布在石门内外的摩崖石刻共有104方。在后来的调查考证中，又发现部分与褒斜道石门相关的石刻，总量已近180方。

民国25年（1936年）宝汉公路（宝鸡至汉

褒斜道摩崖石刻"衮雪"拓片

褒河谷口全景

中）建成，作为连接关中与汉中交通要道的褒斜道及石门，则失去其实用价值，逐渐废弃。20世纪70年代，修建褒河水库，褒斜道石门及其摩崖石刻处于蓄水线以下。1969～1971年，将"石门十三品"等17种摩崖石刻，陆续凿迁至汉中市博物馆收藏。褒斜道石门本身及未凿迁的摩崖石刻，淹没于褒河水库中。

1981年，汉中市博物馆在南院西侧，修建"石门十三品"专题陈列馆，为仿古建筑，面积380平方米，专门用于陈列这批珍贵的石刻。以下略述其要者：

《鄐君开通褒斜道》题刻，刻于东汉永平九年（66年）。原刻于褒斜道石门南口右侧崖壁上。原石现为不规则方形，上沿宽272厘米，下沿宽276厘米，前段高80厘米，中段高103厘米，后段高125厘米。存文字16行，行5～11字不等，字径9～16厘米不等，隶书，现

尚可辨识者97字。题刻记载东汉永平六年（63年），汉中郡太守钜鹿鄐君及其部掾王弘、史荀茂、张宇等，"以诏书受广汉、蜀郡、巴郡徒二千六百九十人，开通褒斜道……始作乔格六百二十三间，大桥五，为道二百五十八里"之事。此题刻之隶书，字形方正，无波磔，古朴苍劲，尚存篆书遗韵。《石门颂》，刻于东汉建和二年（148年）。原刻于褒斜道石门隧道西壁。刻石高261厘米，宽205厘米，刻文22行，行30～31字不等。顶端有一突出的额部，高54厘米，宽35厘米，额题"故司隶校尉楗为杨君颂"，2行10字。此题刻系太为汉中太守的王升所撰所书，记述"故司隶校尉建为武阳杨君厥字孟文"，因子午道过于险峻，奏上奏请，说服朝廷同意修复被战乱破坏的褒斜道。王升和杨孟文同为楗为武阳人，他任职汉中后，遂"嘉君明知，美其仁贤，勒石颂德"。

"石门"石门颂拓本

此题刻之隶书，已是成熟的汉隶，用笔纵放，波磔明显，挺劲洒脱，与《西狭颂》《郙阁颂》并称为"汉三颂"。《杨淮杨弼表记》题刻，刻于东汉熹平二年（173年）。原刻于褒斜道石门隧道西壁《石门颂》之南侧。现高216厘米，上宽67厘米，下宽50厘米。刻文7行，行24～26字不等，字径5～7厘米，隶书。内容是一位名为卞玉的黄门，为其楗为同郡的杨淮、杨弼二兄弟"追述勒铭"，记其世系、历官、政绩等。杨淮，字伯邳，楗为武阳人，曾官"司隶校尉、将作大匠、河南尹"，《华阳国志》有传。杨弼为其从弟，曾官"冀州刺史、太医令、下邳相"。二人是《石门颂》所颂扬的建议修复褒斜道的杨孟文之孙辈。《石

门铭》，刻于北魏永平二年（509年），原刻于褒斜道石门隧道东壁。刻石遗存高175厘米，宽215厘米。刻文27行，行22字，楷书，字径5～6厘米。刻文记述石门自东汉开通后的通塞状况，称五百年来石门"乍开乍闭，通塞不恒。自晋氏南迁，斯路废矣"。记北魏正始四年至永平二年（507～509年），"诏遣左校令贾三德，领徒一万人，石师百人"，重新开通褒斜道"自回车至谷口二百余里"，是研究褒斜道历史变迁的重要史料。其书法为典型的魏碑书法，气势雄峻，超逸自然，被誉为"神品"。"释鄐君开通褒斜道"题刻，又名"鄐君碑释文"，南宋绍熙五年（1194年）刻。晏袤释文并书。南宋绍熙五年，南郑县令晏袤重

修山河堰而至褒谷，得见东汉永平九年（66年）"鄐君开通褒斜道"摩崖题刻，恐其年久不存，遂录其全文，撰写发现经过及对原刻文字加以考释，镌刻于原刻下方。刻石高270厘米，宽220厘米。刻文27行，行28字，隶书。此刻残泐剥落较严重，然前人金石著作存其录文。晏袤在文中追述开凿石门的史实，以及褒斜道屡通屡塞的历史，具有重要的史料价值。此外，还有东汉永寿元年（155年）《"右扶风丞李君通阁道"题刻》、曹魏景元四年（263年）《李苞通阁道题名》、南宋庆元元年（1195年）《释潘宗伯、韩仲元通阁道题名》、南宋《"三盆"二字题刻》等。

褒斜道是中国古代沟通南北的交通要道之一，石门则是中国乃至世界上开凿最早的穿山隧道之一，在中国古代交通史上占有重要地位。石门石刻以其丰富的历史内涵和珍贵的艺术价值，享誉海内外。对褒斜道石门之摩崖石刻的著录，见于北宋以来金石著作，如宋欧阳修《集古录跋尾》、赵明诚《金石录》、洪适《隶释》；清毕元《关中金石记》、王昶《金石萃编》、陆耀遹《金石续编》、孙星衍、邢澍《寰宇访碑录》、翁方纲《两汉金石记》、毛凤枝《关中金石文字存逸考》和民国《陕西金石志》。

1958年，成立汉中市博物馆，负责保护褒斜道石门及其摩崖石刻。1961年3月4日，褒斜道石门及其摩崖石刻被国务院公布为第一批全国重点文物保护单位，编号1-0057-3-010。1969～1971年，陕西省文物管理委员会和汉中市博物馆组织实施对重要石刻的凿迁工程，使其免于被水库淹没。1992年，陕西省人民政府公布其保护范围和建设控制地带。2001年，汉中市博物馆对原陈列进行了更新改造，为十三品摩崖石刻加装玻璃防护罩。

洪泽湖大堤 是江淮地区一条"始建于东汉，完建于明清，加固于当今"的重要堤防，大堤位于江苏省淮安市，北起淮阴区码头镇，南止洪泽县蒋坝镇，全长70.40千米。

洪泽湖大堤古称高家堰，始建于东汉建安五年（200年），史载广陵太守陈登"大筑高家堰，于渚湖荡之东北隅，约30里"。唐代增修"唐堰"于"汉堰"之旁。南宋开始，黄河夺淮入海。明、清两代相继采取"蓄清、刷黄、济运"的治水方略，沿洪泽湖东筑堤建坝，人为蓄积和抬高淮河的清水，借助水流动力，冲刷黄河泥沙，以改善运河的淤积状况，保证漕运和盐运的畅通。明永乐年间（1403～1424年），高家堰增故土堤，将土堤筑到蒋翟坝（蒋坝镇），以后又分段砌筑砖工护面和笆工（排桩防浪二）。明万历七年（1579年）河臣潘季驯"大筑高家堰"，切断淮河向下游旁溢的汊涧，使洪泽湖形成人工水库，并增筑直立式条石墙护面。洪泽湖二堤增

洪泽湖大堤淮阴区段

洪泽湖大堤蒋坝石工尾

洪泽湖周桥越堤

砌的条石墙工程经历明清两代近200年，至清乾隆四十九年（1784年），基本告成。之后小规模的修筑工作仍在进行，直至当代。

大堤高8～9米，底宽50～150米，顶宽10～30米。大堤有108道弯，以及仁、义、礼、智、信五道减水坝，又称上五坝，仅有信坝保存完好。信坝建于清乾隆十六年（1751年），坝宽200米，两侧的金刚墙各长100米，贯穿堤身，坝面由条石砌成，上面覆土，当湖水涨至3.52米时，就将覆土挖开，从石坝上泄洪，坝东皆用石板铺设，再大的洪水也冲不走大堤土方。泄洪之后，再覆土坝上，行人走车，一片祥和。

洪泽湖大堤从东汉建安五年始建以来，一直受到历代朝廷重视，不惜耗费巨资修缮，一次工程历经百年地进行加固改造，工程浩大在中国水利建筑史上实属罕见。大堤建设之初的功能是捍淮、屯田。黄河夺淮入海，洪泽湖以东地区水患严重，民间有"倒了高家堰，淮扬不见面"之说。洪泽湖大堤为保卫淮扬地区的安全起到至关重要的作用。

洪泽湖大堤工程规模巨大。明万历八年（1580年）起，洪泽湖大堤迎水坡增筑直立式条石墙护面，时称石工墙，使用千斤重的条石及糯米石灰浆砌筑，共用玄武岩条石6万多块，共计60万立方米，规格统一，筑工精细，这种直立条式防浪墙坝工程技术，充分显示中国古代水利建设的高超技艺，代表当时世界的最高水平，是中国水利史上杰作，被誉为"水上长城"。

洪泽湖大堤建堤以来1800余年，历代政府一直注重保护维修加固，大堤主体保持完好，堤身植被丰富。中华人民共和国成立后，进行过4次较大规模的加固维修。1952年，成立三河闸管理处，负责保护管理工作。洪泽湖大堤洪泽到蒋坝的重点堤段由洪泽湖堤防管理所负责保护，隶属三河闸管理处；洪泽至西顺河段由洪泽县河湖管理处负责保护，隶属洪泽县水利局；西顺河至码头镇段由淮阴区河湖管理处负责保护。1987年，洪泽湖大堤被淮安市人民政府公布为市级文物保护单位。1997年，颁布《江苏省水利工程管理条例》，划定洪泽湖大堤的保护范围和建设控制地带。2002年1月，洪泽湖大堤被江苏省人民政府公布为第五批省级文物保护单位。2006年5月25日，洪泽湖大堤被国务院公布为第六批全国重点文物保护单位，编号6-0506-3-209。2014年6月，洪泽湖大堤作为中国大运河的重要遗产点被列入世界文化遗产名录。

通济堰 是中国古代大型水利工程，位于浙江省丽水市西南22.5千米的碧湖平原。

碧湖平原呈狭长状，西南至东北长约22.5千米，东南至西北宽约5千米，地势西南高于东北20余米，古人巧妙利用地形落差规划，营建自灌排系统。通济堰创建于南朝梁天监年间（502～519年），由拱形大坝、通济闸、石函（三洞桥）、渠道、叶穴、概闸、湖塘等组成。经历代完善，由主坝（堰）、过船闸、石函、叶穴、渠道、概闸及湖塘等组成；其中干渠22.5千米，分支渠48条，毛渠321条，大小概闸72座，并开挖众多湖塘储水，形成以引灌为主，储泄兼顾的竹枝状水利灌溉工程。

大坝始建于南朝梁天监年间，先用木筱构筑坝身。南宋开禧元年（1205年），郡人参知政事何澹"为图久远，不费修筑"，将木筱坝改为块石砌筑的拱形大坝。遗存大坝经历代维修，均以"复旧制"为原则，传承历史做法。大坝总弧度约120°，坝长275米、底宽25米、高2.5米，截面呈不等边梯形。1954年大修，坝顶加高，块石暗灌浆砌。坝体北端设通济闸、排砂门、过船闸各1座，并在原址上游靠近大坝处新建通济闸1座。通济闸始称大陡门，二孔木叠梁概闸，孔宽3米，以框防人工提放启闭，原闸已废。过船闸旧称堰门、坝门。大坝初期无船缺，从稍低处人力牵舟而过。后设船缺，定时开启，平时落闸，以防渠水泄漏。过船闸为1954年修，宽5米、高2.5米，仍用概枋启闭。排砂门原称堰二，木叠梁概闸。二孔，净宽2米、高2.5米。大水时，进水闸关闭，开排砂闸，利用拱坝形成的螺旋流将堰前淤砂冲去，防止淤砂进入渠道。堰渠之干渠自通济闸起，纵贯碧湖平原，至下圳村注

通济堰拱形大坝

通济堰干渠

入瓯江。石函引水桥俗称"三洞桥"，石函总
长18.26米，净跨10.42米，桥墩高4.75米，三
桥洞宽分别为2.2、2.35、2.5米，洞高约1.85
米。叶穴俗称拔砂门，位于堰首下1100米，直
通瓯江的木叠梁门概闸。叶穴排沙泄洪功能已
失，仅留遗址。开拓概堰渠总调节闸，位于堰
首4千米概头村西北侧，有3道大闸门，木叠梁
概闸，1981年改为水泥梁机械启闭闸。

　　詹南二司马庙，俗称龙庙，始建不详，
位于堰头村通济堰大坝北岸，平面布局灵活，
结构较杂乱，共三进：一进门厅，三开间，穿
斗式梁架，两坡顶，地面残留几何形鹅卵石墁
地。二进正厅，为人字架砖木结构简易房，存
放历史碑刻。三进为五开间穿斗式梁架，方

橼、小青瓦合铺两坡顶。

　　通济堰遗存历代碑刻18通，主要集中在大
坝北岸的司马庙中。有南宋乾道五年（1169年）
范成大"重修通济堰规碑"和明洪武三年（1370
年）重刊宋碑2通，其中北宋元祐八年（1093
年）"丽水县通济堰詹南二司马庙记碑"，是
遗存最早的通济堰史料。通济闸至石函渠段两
侧，留有千年护岸香樟。临渠建有文昌阁、店
铺、民居、牌坊等各类清代木石建筑物。

　　通济堰从建成到1949年以前，一直沿用岁
修制度，堰区分段组织百姓秋冬岁修工程。通
济堰见证并延续着通济堰水利工程发展脉络和
功能。中华人民共和国成立后对通济堰渠进行
多次整修。

通济堰堰坝

三洞桥与文昌阁

1959年，浙江省文管会组建瓯江水库文物工作组，全面调查通济堰，形成《通济堰瓯江水库文物工作报告之三》，对灌区内保定窑遗址4号窑和何澹墓发掘清理。1961年4月，浙江省人民委员会公布通济堰为第一批浙江省重点文物保护单位。1981，浙江省人民政府重新核定公布通济堰为浙江省文物保护单位。1984年，丽水景宁畲族自治县文物保护管理委员会和碧湖区水利委员会收集历代碑刻16方，集于龙庙内保管展示。1990年，成立通济堰文物保护管理小组，委托业余文物保护员看护。1994年，浙江省文物局拨款修缮文昌阁。1999年，丽水市编委批准建立丽水市通济堰文物保护管理所。2001年6月25日，通济堰被国务院公布为第五批全国重点文物保护单位，编号5-0297-3-103。2003年，丽水市文管会再次进行通济堰灌区文化遗存调查，发现其主体部分保存并沿用历史功能。2004年，编制完成《通济堰文物保护规划》。2006年，浙江省人民政府批复划定了通济堰的保护范围和建设控制地带。2014年，通济堰被国际灌溉排水委员会列入"世界灌溉工程遗产"名单。

它山堰　是兴建于唐代的水利工程，也是中国水利建筑史上的重要成就，位于浙江省宁波市鄞州区西部鄞江镇西南它山村它山之隅。

它山堰南北横枕于它山与庙前山之间的樟溪和鄞江交接处。唐太和七年（833年），鄞县县令王元玮为治理当地水患，兴筑阻咸、

它山堰上游回沙石遗址

蓄淡和引水的渠首枢纽工程。其后，考虑到暴雨时泄流不足，在下游续建乌金碶、积渎碶、行春碶。北宋建隆三年（962年），因堰损水不入渠，节度使钱亿增筑加固。熙宁年间（1068～1077年），县令虞大宁在介于行春、积渎二碶之间建风棚碶，5孔，每孔长3.2米，宽3.84米，设碶板二道。南宋淳祐二年（1242年），郡守陈恺，因塘河淤积，在堰上游西北150米处建三孔"回沙闸"，阻沙入港，免受淤塞之患。宝祐三年（1255年），制使吴潜始就其地置三坝：一濒江、一濒河、一介其中，后

鄞州它山堰

它山庙与"片石留香"碑亭

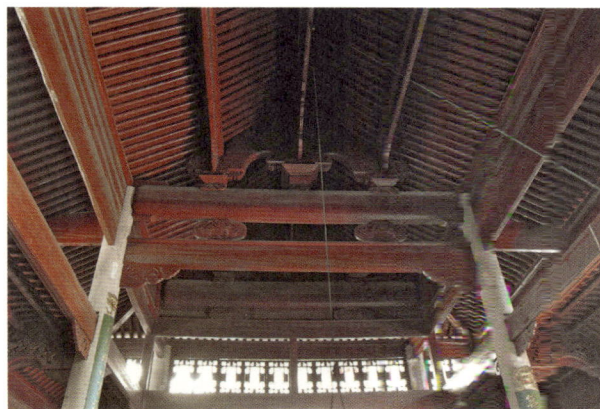

它山庙大殿梁架

中、外二坝坠于江中，只存"洪水湾塘"濒河一坝。明嘉靖三年（1524年），为调节水位，使水出光溪，洪水漫溢过石墩而注入官池，在它山堰东北约300米处兴建光溪桥及官池塘。嘉靖十五年（1536年），县令沈继美用石板置立堰口，防渗制漏，其外用方柱石加固，并加高堰坝一尺，疏浚回沙，减少渠道淤积，增加引水。清康熙十年（1671年），县令朱士杰在易受江潮之冲的距堰14千米的北渡村兴建狗颈塘，长416米，宽10.24米，与洋河、沈公二石塘连接。乾隆四十一年（1776年）、咸丰七年（1857年）、民国13年（1924年）几次重修增筑，旧塘长105米。清末民国初期，经历代增修，它山堰有九碶五堰十三塘，形成以堰坝为骨干，引泄完整，滞蓄可靠的水利系统。中华人民共和国成立后，政府对这个古水利工程重新进行整治、配套，提高它山堰排泄能力。1974年，在它山堰上游14千米的密岩村附近建成一座总库容为1.1亿立方米的皎口水库。

它山堰坝身保存基本完好，石堰中心最大高度为3.85米，堰体两端高度为2米左右，条石堰体，横跨河床的堰体呈略向上游鼓出的弧形，河床左侧发现有一宽约10米的基岩破碎带。石堰堰底倾向上游，其倾斜角为5°；坝体自下而上依次为基岩、厚3.7～6.4米砂石砾夹黏土层、黏土夹碎石层、条石坝身。由于长年频繁冲刷，河床及堰下不同程度受到损坏。从外露条石衔接裂缝看，堰体渗漏严重，堰下左岸1～200米处的原河道护岸不断倒塌，近岸处泥沙淤积，杂草丛生，堵塞引洪道道。配套工程迥沙闸遗存4根条石墩柱及底石。堰东洪水湾塘原长320米，1989年，在原址上新建排洪闸，尚存古塘遗迹50余米。

堰坝北岸它山，平缓低矮，山顶仍存三进遗德庙。遗德庙又称它山庙，位于堰北端约20米处，始建于北宋，历代重建重修，清光绪十五年（1889年）重建，祀唐鄞令王元玮。尚存大殿、后殿两进，均为重檐歇山顶建筑。原有山门、戏台、厢房均圮，1993年底全面整修，新建山门。

堰坝南岸为庙前山，西南为高168米的塔岭吞山。堰东下游为出水口，经剡江、奉化江、甬江流入东海。堰西为青龙潭，下流河道，折北150米处，有配套回沙闸遗址。回沙闸位于堰西北约100米处，建于宋淳祐二年（1242年）。尚存正方形石柱4根，高2.3米，断面0.5米。共3孔，孔距3～3.5米不等。官池墩位于堰东约400米处，建于明嘉靖三年（1524年）。呈角尺形石塘，建成时全长120米、宽5米，南北横亘于鄞江之上，尚存少量遗迹。洪水湾塘位于堰东约500米处，建于宋淳祐三年（1243年），石塘，长40米，宽4.33米，高6.67米，仅存遗迹，是堰之配套工程。"片石留香"碑亭位于庙门东侧，建于清嘉庆十一年（1806年）。碑刻于同年，碑之阴、阳面均刻文字，记述唐鄮令王元玮建堰之功勋。

它山堰已有1170余年的历史，仍保存完整。作为唐代农田水利工程技术的成就，它山堰是中国水利建筑史上的重要水利遗存。自唐以来，一直是鄞县西乡引水、泄涝、阻咸、蓄淡的主要水利枢纽。

1983年6月，鄞县人民政府公布它山堰为首批县级文物保护单位。1984年4月2～22日，第二次全国文物普查复查时，对它山堰及相关配套工程、附属文物等进行普查，共查得配套工程回沙闸、洪水湾塘、官池墩、引洪道以及附属文物"片石留香"碑亭、遗德（它山）庙等。1988年，鄞县文管会与县水利局签订它山堰整修工程委托书，由鄞县水利局负责它山堰的修缮工程。1988年1月13日，它山堰被国务院公布为第三批全国重点文物保护单位，编号3-0055-3-003。它山堰水利设施一直沿用历史功能，1992年筹建鄞县水利陈列馆，1996年8月建成开馆，是浙江省第一所反映水利建设的专题陈列馆，形象展示了浙东水利工程原理。2000年，浙江省人民政府公布它山堰的保护范围和建设控制地带。

渔梁坝 为新安江的支流练江上的滚水坝，是古代重要的水利工程，位于安徽省歙县渔梁村。渔梁坝下的码头是古代徽州通往杭州的水路起点。

渔梁坝南依紫阳山，北接渔梁街，横浸于练江中。隋末之际，越国公汪华将新安郡迁于歙县，在渔梁筑坝截流，以便利水上军需民运。南宋嘉定十四年（1221年），州守宋济在此立栅聚石为坝。绍定二年（1229年），江东指挥使袁甫指派徽州推官赵希恕主持重修，易以大石，使其经久，坝的设计因此得以改造。坝长约143米、宽约7.4米、高约3.7米。明弘治十二年（1499年），徽州知府张祯拨官帑修葺。此次修葺采用的"顺流栉比"和"纳锭于凿"的条石砌筑技术，一直沿用至今。弘治十四年（1501年），知府彭泽命通判陈理督工重修，并做重大改进，"尽去坝心灰沙，表里皆甃方石，并节为梯级，俾水过坝斜平而下"，渔梁坝因此成为全部砌石的重力滚水坝。明此后万历、崇祯年间皆曾修葺。清康熙二十六年（1687年），知府朱廷梅主持重修，将坝面不耐冲刷的红砂岩条石改为花岗岩石

渔梁坝

坝神庙

材，"凡叠十石，中立一柱，左右相维"，并"洒为三门，层级而下，以时滹蓄众流"。乾隆三十七年（1772年）、光绪三十一年（1905年）两次进行维修。

渔梁坝长143米、顶宽6米、底宽27米、高约5米，断面呈不等腰梯形，下游边坡坡度十分平缓。坝面偏南设置3道水门（泄洪道），并由此向南渐次低落，以调节流量。坝身石砌，面石用花岗岩，条石之间用石银锭榫、石键等连接，竖向侧每隔1.5米左右立石柱，以增加上下层之间的结构强度。坝石砌水平条石，类似护坦做法，并有护菌（护坝脚短石桩）。距坝东此数十米渔梁街上有崇报祠，亦称坝祠，清代修建。祠占地276平方米，三进三开间，有门尾、享堂、寝堂和廊庑，专祀宋以来修坝有功人士主。坝附近尚有神庙、碑刻。附属建筑围绕着坝身主体建筑组成了一个完整的古代水利工程。

渔梁坝是中国古代杰出的水利工程，历史悠久，规模巨大，设计合理，工艺精湛，具有很高的历史价值、科学价值和艺术价值。渔梁坝是中国古代水利工程的科学结晶，渔梁坝

的修建史，是中国古代滚水坝建造技术的发展史。渔梁坝是古代保护自然、创造良好生态环境的优秀环保工程，是研究中国水二科技历史的宝贵实例，具有较高的历史、艺术、科学价值。一千多年来，渔梁坝对歙县县城城市生态环境的保护，以及对航运、灌溉等做出重要贡献，至今仍发挥着效益。

中华人民共和国成立后，渔梁坝及其周边环境受到充分的重视和保护。1973年，歙县博物馆建立渔梁坝文物保护档案。1985年，《歙县徽州古城保护规划》获批，确定渔梁坝、渔梁街为一级保护区，并制定保护措施。1988年，渔梁坝被公布为歙县文物保护单位。1989年5月27日，渔梁坝被安徽省人民政府公布为第三批省级文物保护单位。1992年，安徽省文物局、安徽省建设厅印发《关于公布安徽省一、二、三批省级文物保护单位的保护范围及建设控制地带的通知》，划定渔梁坝保护范围和建设控制地带。同年11月12日，国家文物局正式下达《关于歙县渔梁坝修复工程设计方案的批复》，并补助专项维修资金，工程于1999年12月6日开工，于2000年12月竣工。2000年4月，歙县渔梁坝文物保护管理所成立，负责渔梁坝保护管理工作。2001年6月25日，渔梁坝被国务院公布为第五批全国重点文物保护单位，编号5-0319-3-125。2006年，建立歙县渔梁坝的全国重点文物保护单位记录档案。

木兰陂 是中国最完整的古代大型水利工程之一，具有"排、蓄、引、挡、灌"等水利综合功能。木兰陂位于福建省莆田市城厢区，因建在距莆田城区4千米处木兰山下的木兰溪中部而得名。

木兰陂

木兰陂由陂首枢纽工程、渠道工程和堤防工程等三大部分组成。木兰陂建于宋熙宁八年（1075年），侯官李宏主持，僧人冯智日协助，竣工于元丰六年（1083年），历时8年。陂身为闸堰式滚水坝，全长110米、高7.25米，陂墩29个，陂门28个，冲沙闸1个和南北护陂堤。陂身建成后，于熙宁十年（1077年），在陂的南端修建1座惠南桥（明时改称回澜桥，即南进水闸），作为通向南洋平原的进水闸，并开挖大小沟渠百余条，把水引向南洋，灌溉南洋平原农田。元皇庆年间（1312～1313年），建"万金陡门"（北进水闸），把水引向北洋，灌溉北洋平原农田。

陂首工程由陂身（溢流堰）、导流堤、南北进水闸组成；渠道工程由分布在南、北洋平原上的大小河渠组成，全长309.5千米，水面积约1467万平方米，可蓄水3100万立方米，素有平原水库之称。南、北洋海堤是福建省四大堤防工程之一，全长87.48千米。

自建成后，木兰陂经受无数次台风、洪水、大潮和地震袭击，仍然巍然屹立，继续发挥效益，保障了莆田兴化平原近14000万平方米农田的灌溉以及工业用水、民用供水，兼

收交通运输、水产养殖之利，充分显示中国古代劳动人民的聪明才智和高超的水利科学技术水平。

自宋元丰五年（1082年）至民国38年（1949年），历代都有修陂。中华人民共和国成立后，于1954年冬、1955年夏、1958年冬进行维修。1961年，木兰陂和李宏庙被列为福建省第一批省级文物保护单位。1984年11月，成立木兰陂加固工程指挥部，1984～1987年，连续4年利用冬季枯水季节进行全面大修。1988年1月13日，木兰陂被国务院公布为第三批全国重点文物保护单位，编号3-0056-3-004。1996年9月2日，福建省人民政府印发《福建省人民政府关于公布国家重点和省级文物保护单位（第二批）保护范围的通知》，公布划定木

木兰陂近景

兰陂的保护范围和建设控制地带。1999年3月起，木兰陂由莆田市水电局木兰陂水利管理处管理。2004年，莆田市城厢区文物管理委员会办公室编制《木兰陂记录档案》。2016年11月，福建省文化厅、省住房和城乡建设厅印发《关于公布省级以上文物保护单位建设控制地带的通知》，重新划定木兰陂的建设控制地带。

观星台 为中国年代最早、保存较好的古天文台，也是世界上最早的天文建筑之一，位于河南省登封市告成镇周公庙内。

观星台建于元至元年间（1271～1294年）。据《元史》载，元世祖忽必烈统一中国后，命郭守敬、王恂等人进行历法改革，于至元年间在全国北纬15～65°的区域内建立27个天文台和观测站。此台即是其中之一。明陈宣的《周公祠堂记》和孙承基的《重修周公祠记》称之为观星台。《考古记》载："昼参诸日中之景，夜考之极星，以正朝夕。"观星台具有"侧（测）景（影）"和"观星"的双重作用，通过测量太阳影长和观测星象变化，以掌握与农业有关的四时节气变化。观星台历史上经多次修葺，明弘治十四年（1501年）河南知府陈宣命知县祁玠在观星台建周公庙。正德十五年（1520年），陈凤梧重修周公庙。嘉靖七年（1528年）知县侯泰重修周公庙，并对观星台台体与石圭进行维修，并在台顶北部建造小室。万历四十年（1612年），知县尊梅再次修缮周公庙。清康熙十五年（1676年）、乾隆三十二年（1767年）、嘉庆十四年（1809年）、光绪十九年（1893年）均对庙宇进行重修。民国33年（1944年），侵华日军炮击观星台，台顶小室部分倒塌，台体多处严重崩裂，东壁受破坏更为严重，留下大片弹洞枪痕。

观星台是一座砖石结构的建筑，由覆斗状台体和台体北侧的石圭两部分组成。台高9.46米，连同台顶上增建的小室，通高12.62米。台体平面近正方形，台基底边长16米余，

观星台全景

周公测景台

向上有明显收分。台顶每边8米余。台体东西两边设有对称踏道，踏道由红岩石条组成，梯栏及台顶四沿女儿墙均用砖砌成，其上部用红石雕顶封护，可由此盘旋登至台顶。台上是观星和测景的工作台面。台顶北部的小室应为安装仪器之处。台体北壁正中有一凹槽，凹槽南壁上下垂直，东西两壁有明显收分，凹槽与台下的石圭是一组测量日影长度的元代圭表装置，因为它比以往的八尺之表高出5倍，故称为高表。石圭在台体以北下部，南端伸入北壁的凹槽内，与直壁相距36厘米。自南至北由36方青石接连铺设的石圭，长31.196米、宽0.53米、南高0.53米、北高0.62米，圭面水平误差甚微。上刻两条平行双股流水渠，深2厘米、宽2.5厘米，两槽相距15厘米。渠南端有方形注水池，北端有长条状泄水池，池两端有泄水孔。这种水渠为测水平之用。周公庙外还有大门、周公测影台、拜殿等建筑。周公测影台，是一座纪念性的石表，俗称无影台，为中国古代立八尺表（土圭）测日影的遗制。

1961年3月4日，观星台被国务院公布为第一批全国重点文物保护单位，编号1-0097-3-050。1963年，成立登封县文物保护管理所。

1975年，国家文物局拨专款修葺、修复加固日寇炮击损伤的观星台台体表面及台顶小室，找到早已丢失的量天尺中的圭石1方，恢复量天尺原有36方圭石的原貌；加固整修周公测影台、山门、照壁和围墙，恢复原有的大部分院落。1994年，成立登封市文物管理局直接管理观星台，并成立观星台文物保护管理所，负责具体的日常保护工作。2004年，河南省人民政府印发《河南省人民政府关于调整我省全国重点文物保护单位省级文物保护单位保护范围和建设控制地带的批复》，划定观星台保护范围和建设控制地带。2007年，《登封观星台保护规划》经国家文物局批复同意。观星台全国重点文物保护单位记录档案，存于河南省文物局。同年12月，河南省第十届人民代表大会常务委员会审议并批准《郑州市嵩山历史建筑群保护管理条例》，自2008年1月1日施行。2010年8月，观星台作为河南登封"天地之中"历史建筑群的主要建筑，被第34届联合国教科文组织世界遗产委员会大会列入世界遗产名录。

井陉古驿道　是古代穿越太行山交通往来的重要通道，为著名的"太行八陉"之一，素有燕晋通衢之称。驿道东接鹿泉土门关，西连平定固关，分南北两线横贯井陉县境内。

井陉古道作为驿道，始于春秋时期。秦始皇一统天下后，下令在全国范围内开辟驰道，方便巡行天下，传递号令文书。《汉书·贾山传》记载："（秦）为驰道于天下，东穷燕齐，南极吴楚……道广五十步，三丈而树。"此时的井陉古道被辟为驰道。具体的路线是：自咸阳东北行，经临晋（陕西大荔县东南），在蒲坂津渡黄河，抵河东郡安邑（山西

东天门段驿道及附属建筑

东天门驿道及建筑

东天门车辙

夏县），东北行至上党郡治所长子（山西长子县西），北行至太原郡治所晋阳（山西太原市西南），继续东行进入恒山郡井陉至东垣（河北石家庄市东古城），与另外一条自咸阳通往辽东的驰道交会。秦始皇病故，西归过井陉，即此井陉驰道。秦置县，县治在天护村（属井陉矿区横涧镇），主干道渐次移至北路；北宋熙宁八年（1075年），县治改迁天长镇，时任井陉县知事罗懋汤令改走南路，北路兴盛千余年之后逐步萧条下来。清光绪三十三年至民国27年（1907～1938年），正太铁路、石太公路开通后，部分南路路段废弃。随着307国道及石太高速的开通，南路部分路段被307国道覆盖，其余路段作为乡村公路通行。

井陉古驿道东由鹿泉市西行5千米入井陉县后分为南道和北道，南道经头泉、下安、上安、东天门（旧名白皮关）、微水、长岗、横口、北张村、郝西河、东窑岭、可东经南关、朱家疃、板桥、长生口、小龙窝、核桃园至山西平定县，出固关长约百里；北道经平望、威州、青石岭、赵村铺、天户、横涧、凤凰岭、石桥头到南关与南道合并。古驿道经30个村庄，路面分为土路和石路两类，部分路段被307国道、乡村公路、近现代建筑覆压，保存较好的古驿道近2000米，多为明清时修筑。

古驿道遗存有众多路阁、关门、碑碣古树、驿铺、古桥及辙痕等实物。沿线遗存古桥6座、石窟寺1座、古墓葬1座，直线自有过

井陉古驿道核桃园段

街楼21座、古树23棵、碑刻20通、牌坊2座、古井4口，北线驿道的驿道阁有24座、古树16棵。井陉古驿道东天门段保留的秦时古道，可以清晰地看到古时车轮碾压而成深深的车辙印记，长达2千米，这是"车同轨，书同文"的历史见证。东天门关阁下两行车辙痕从门洞下穿过，深达30余厘米，镶嵌在厚厚光滑的基岩路面里。铺路方石呈淡淡的青色，历经车轮碾轧、马蹄踩踏、风雨侵蚀，变得光滑如镜。路面上每隔20米左右砌有一道高凸而起、近30厘米厚的石槛，是供重车上坡时停歇和沿坡缓慢下行而设的石坎。白石岭驿铺位于东天门东阁东侧200米古驿道路北，清嘉庆十六年（1811年）平定人张钺所建，为供过往官员休息，补充给养，转送官文和函件的场所。石室坐北朝南，面阔三间，进深一间，高约4米，中为

门，东西辟窗，门额石刻"立鄙守路"四字。室内及内窗皆为拱券式。屋顶平缓，正面出菱角檐，上覆勾头与滴水瓦，外观朴实无华。石室前挖有水池，为当年驿马饮水之池。石室东侧路边有清光绪二十四年（1898年）所立严禁私拉民畜、扰驿祸民的"驿道除弊碑"1通，碑文近千字，是研究清末驿务史的重要史料。"立鄙守路"石室是目前中国最早的且保存最完好的驿铺，是研究中国古道交通邮驿史的重要实物见证。

井陉古驿道是中国遗存的古代陆路交通的重要实物，沿线存有大量的历史遗存，包括铺驿、城镇、关隘、寺院、村落、石窟石刻、战场、墓葬、名人故居、书院学宫、民俗文化、诗词歌赋等，涵盖交通、军事、宗教、文化融合、商贸经济、政治社会等文化领域。这些遗存以井陉古驿道为纲，有序串联衔接，共同形成井陉古驿道丰富的遗存体系。井陉古驿道是中国古代官方驿铺制度的活化石，一些古村落的空间格局较完整保留明清以来形成的铺驿布局，同时大量驿铺管理辅助设施留存，对于证实、订正、补充中国交通发展史及邮驿系统的发展具有极为重要的参考价值。

1989～1990年，文物普查时，河北省文物研究所对井陉古驿道全线进行踏勘工作，基本掌握驿道走向，并发表《曼葭及井陉的开通》一文，详细分析了井陉古驿道的开通及其走向等诸多问题。河北师范大学刘秉良、李云虎编写《井陉古驿道保护研究技术报告》，从井陉古驿道的开通、历史作用、历史遗存、价值评估、保护措施等方面进行综合阐述。

1993年7月15日，井陉古驿道由河北省人

民政府公布为第三批省级文物保护单位，同时公布井陉古驿道保护范围和建设控制地带。2006年5月25日，井陉古驿道被国务院公布为第六批全国重点文物保护单位，编号6-0330-3-033。2011年6月，井陉县政府批复成立秦皇古驿道管理处，由管理处负责古驿道东天门段的管理工作；古驿道保护范围以驿道遗迹中心线为基线向两侧各外扩50米。2013年，井陉县文物局委托北京国文琰文物保护发展有限公司编制完成《井陉古驿道文物保护规划》。2014年，河北省文物保护中心建立井陉古驿道的全国重点文物保护单位记录档案。

鸡鸣驿城 是一处建于明代（1368～1644年）的驿站遗存，是遗存最大、保存最完整、邮驿功能最齐全的驿路驿城之一，位于河北省张家口市怀来县鸡鸣驿乡鸡鸣驿村。

鸡鸣驿始建于南宋。南宋嘉定十二年（1219年），成吉思汗率兵西征，在通往西域的大道上开辟驿路，设置"站赤"（驿站）。至明永乐十八年（1420年），鸡鸣驿扩建为宣化府进京的第一大站，城内设有驿丞署、驿仓、把总署、公馆院、马号等建筑，还有戏楼和寺庙。成化八年（1472年），鸡鸣驿始建土垣。隆庆四年（1570年），砖修城池。全城周长2330米，墙高12米，在东、西城墙偏南处设东、西两座城门，门额分别为"鸡鸣山驿""气冲斗牛"。门台上筑两层城楼，二面城墙均筑战台。北城墙中部筑玉皇阁楼，南城墙中部筑寿星阁楼，两座阁楼遥相呼应。城下的东、西马道为驿马进入的通道，城里的南宫道即是当年驿卒传令干道。清乾隆三年（1738年），对城垣进行全面维修，并在城东南角城墙上筑角楼魁星阁1座；又于城东建护城坝1道，防止山洪浸侵。民国2年（1913年），北洋政府宣布"裁汰驿站，开办邮政"，鸡鸣驿完成了历史使命。

驿城占地2.2万平方米，城墙四周均匀分布着4个角台。东西各开一城门，建有城楼。城外有烟墩。依照"三横两纵"的主要道路，将城区分成大小不等的12个区域。重要建筑多数沿头道街、西街和东街展开。头道街所在区域主要是军政管理和商业服务区，西街区域

鸡鸣驿城

鸡鸣驿指挥署

鸡鸣驿城中寺庙壁画

主要是驿站的核心设施，东北为驿仓区，正北为驿学区，宗教建筑则散布全城。驿站平面近方形，东边长464.3米，南边长482.1米，西长459.25米，北长486.15米，周长1891.8米，整座城池向西北方向偏斜约22°。城墙表层由砖砌筑，里层为夯土。墙体底宽8～11米，顶宽3～5米，高11米。城内设有驿丞署、把总署、公馆院、马号、戏楼、店铺等，还有永宁寺、龙神庙、白衣观音庙、财神庙、关帝庙、普渡寺、泰山行宫、城隍庙8座寺庙。永宁寺是驿城中最早的建筑，有800多年历史。驿城中寺庙内明清时期遗留下的壁画色彩依旧，人物描绘栩栩如生。从寺庙的规模和布局可以看出当时鸡鸣驿三教归一的社会思潮。由于鸡鸣驿地处交通要道，它在担负军、民驿站的同时，也成为商家的发聚之地。据驿城内碑刻记载，该驿城仅当铺就有6家之多，同时还有商号9家，油铺4家及茶馆、车马店等。

1978年，文物调查中对鸡鸣驿城进行登记。1982年7月，河北省人民政府重新公布鸡鸣驿城为省级文物保护单位。1992年3月，河北省人民政府公布了鸡鸣驿保护范围和建设控制地带。2001年6月25日，鸡鸣驿城被国务院公布为第五批全国重点文物保护单位，编号5-0211-3-017。2004年，河北省文物局投资对泰山行宫、龙神庙戏台进行维修。2005年9月，国家文物局和建设部联合将鸡鸣驿城所在的鸡鸣驿村公布为国家级历史文化名村。2006年6月开始，对鸡鸣驿城进行第一次全面抢修工程。2007年3月14日，怀来县鸡鸣驿城文物保护管理处成立，负责鸡鸣驿城文物保护和旅游开发工作。2008年11月7日，国家文物局批复《河北省怀来县鸡鸣驿城文物保护总体规划》，批准鸡鸣驿城规划调整后的保护范围和建设控制地带。2013年11月，怀来县鸡鸣驿入选国家古村落保护试点。

古观象台 是中国明清两代的皇家天文台，位于北京市东城区东裱褙胡同2号。

元代在建国门古观象台北侧建司天台，元末明初，司天台毁于战乱。明朝初年定都南京，把元大都所存的天文仪器运往南京。明永乐十九年（1421年），明成祖迁都北京，仍然保留南京的钦天监，由于天文仪器搬运不易，故留在南京继续进行天文观测。另在北京设立行在钦天监，暂借元代太史院残余下的房屋办公，并在附近的城墙上进行目视观

测。正统二年（1437年）春，依行在钦天监
监正皇甫仲和的请求，派人去南京用木料仿制
宋元浑仪、简仪、圭表、浑象等仪器，运回北
京校验后，于正统四年（1439年）用铜铸造。
正统七年（1442年）利用元大都城墙东南角修
建观星台并在城墙下建紫微殿等房屋，将铸成
的浑仪、简仪、浑象放在台上，将圭表和漏壶
放在台下。正统十一年（1446年），增设晷影
堂。此时观星台和其附属建筑群已颇具规模，
基本形成后世的规模和格局。清代沿用明代制
度，进行天文观测，观星台改名为观象台，隶
属于钦天监。清顺治元年（1644年），清政府
接受德国传教士汤若望（1591～1666年，1622
年抵华）的建议，改用欧洲天文学的方法计算
历书，并采用现在通行的分圆周为360°和60
进位制。康熙八年（1669年），康熙皇帝命比
利时传教士南怀仁（1623～1688年，1659年
抵华）设计和监制新的仪器。至康熙十二年

古观象台

（1673年），制造赤道经纬仪、黄道经纬仪、
地平经仪、地平纬仪（亦名象限仪）、纪限
仪和天体仪等6架铜制天文仪器。其中黄道经
纬仪和能直接测量两个天体之间焦距高低纪限
仪，完全为欧式，是中国古时所没有的。康
熙五十四年（1715年），德国传教士纪里安
（1655～1720年）设计监制地平经纬仪，由于

古观象台

台面拥挤，曾调整过仪器陈列位置。乾隆九年（1744年），乾隆视察观象台，看到所有仪器都是西方的构造、制度，下令钦天监按照中国传统的浑仪再造一架新的仪器。仪器由德国传教士戴进贤（1680～1746年，1717年来华）设计、监制，被命名为玑衡抚辰仪。由于仪器增多，把台的东侧拓宽5米，重新调整仪器位置。玑衡抚辰仪是为古观象台制造的最后一架仪器。光绪二十六年（1900年）8月14日，八国联军侵入北京城，天文仪器被德、法侵略者抢劫一空。工作人员又赶制2件小型仪器——折半天体仪和小地平经纬仪，以维持最起码的日常观测工作。光绪三十一年（1905年），在台下院内立起一座石碑，记载这段史实，后移立于紫微殿东侧。第一次世界大战结束后，中国作为战胜国之一派代表团出席了巴黎和会提出：德国应将古天文仪器归还中国。民国10年

（1921年）4月7日，仪器运到北京，由荷兰驻华公使欧登克出面交给古观象台，按照中央观象台的要求，由荷兰使馆人员狄智指导把仪器安装复原。清代地平经仪、纪限仪、天体仪和玑衡抚辰仪安装在台上，明代浑仪安装在台下。仪器间的残缺也按照中方要求进行修复。

古观象台建筑、院落完整，仪器保存齐全，占地10200平方米，总建筑面积3348平方米。建筑分为台体和台体西侧的四合院。古观象台为砖砌高台建筑，上窄下宽，平面呈凸形，凸形上部朝西，台体自东向西至门洞中心为21.93米，门洞中心至台体西侧为13.1米，即东西长为35米。南北东侧宽为41.12米，西侧宽24.5米，台高14.25米，分两层，首层为台顶，二层为恢复的明代城墙。台内为空心三层结构。台顶东北角为值班房，建筑坐东朝西，面阔三间6.4米，进深五檩3.6米，单檐悬山顶过

古观象台天体仪和象限仪

古观象台玑衡抚辰仪

垄脊屋面，顶覆灰色筒瓦。木构架绘以掐箍头彩画。前檐装修明间夹门窗，次间为支摘窗。此建筑为清代所建，民国后拆除，于1979年复建。沿台顶南、西、北又建仪器台座，高1.25米，平面呈凹形，凹形上部朝东。南侧长21.7米、宽5.51米；北侧长10.86米、宽5.01米；西侧长15.22米，南北台座相距4.7米。仪座南侧自东向西陈列：赤道经纬仪、纪限仪、地平经纬仪、地平经仪和黄道经纬仪；仪器台座西侧自南向北陈列黄道经纬仪、天体仪、象限仪；仪座北侧自西向东陈列象限仪和玑衡抚辰仪。台体北侧是上下台体的台阶，台阶中途折向南方。台顶东侧墙上有一个小门，出小门下行是二层平台，平台环台体北（部分）、东、南（部分）侧，平面呈"凹"形，"凹"形上部朝西，形成一个半围合状，南北长41.12米、东

西宽17.12米，距地面11米（各立面距地面高度不同），底部南北两侧朝西各有一个门，可以直接进入台内。此为恢复的明代城墙。门洞贯穿台体南北，门洞中心线与子午线相差°。南侧门洞上方留有"观象台"三个大字。台体内部原为填土，1982年在北京市政府领导下重修，将墙体填土部分改为三层暗室。台之西侧是以紫微殿、东西厢房和寻景堂为主的附属建筑群，建于明正统七至十一年（1442～1446年），清乾隆九年（1744年）重修。平面由三条轴线组成，正中大门耳房和紫微殿是主轴线，为礼仪部分；西侧南顺山房、西厢房和西耳房为西轴线，是管理用房；东侧南顺山房、东厢房和东耳房为东轴线，是测量用房。院落东南角有晷影堂，原来有铜圭铜表，是测量夏至、冬至日射角的场所。从院子各主要建筑的

历尽沧桑的清代天文观测仪器

比例、式样分析，仍属明代建筑。

古观象台是中国也是世界上使用年代最久、古代天文仪器数量最多而又保存最完整的历史文物。从明正统年间到民国18年（1929年），天文工作者连续观测近500年，使这里成为古代中国天文事业的中心，在世界上现存的观象台中保持着同一地点上连续观测天文最久的历史纪录。这些不间断的天文观测记录，积累了大量的科学资料和数据，为人类的天文事业做出很有价值的贡献。古观象台进行天文和气象观测，保存了自清雍正二年（1724年）至光绪二十八年（1902年）近180年中每天的气象资料，是世界上遗存最早的气象观测记录。

1911年辛亥革命以后，观象台更名为中央观象台，作为教育部的附属机关。民国17年（1928年），撤销中央观象台，成立国立天文陈列馆和北平气象测侯所两个机构，只做气象工作，结束长达487年的观测活动，中国第一座天文博物馆诞生。民国22年（1933年），将明代的浑仪、简仪、漏壶（2个）、圭表、小地平纬仪和折半天体仪等七件仪器迁到南京，分别陈列在紫金山天文台和南京博物院。至此，古观象台上只陈列着清代制造的8件青铜古仪器。民国25年（1936年），为了便于管

理，国立天文陈列馆和北平气象测侯所隶属于北平研究院。民国26年（1937年），北平沦陷，国立天文陈列馆无形撤销。

1955年，经中央批准将古观象台交北京天文馆管理，负责保护、维修等工作。1956年2月，中国人民解放军总参三部将古观象台正式移交给北京天文馆。同年5月1日，正式对外开放，名为北京古代天文仪器陈列馆。1979年8月17日凌晨，古观象台的东侧因大雨倒塌，国家拨60万进行抢修，台心由原来夯土实心结构，改为空心三层展室，台顶恢复了清代值班房。同时对附属建筑进行维修。1982年2月23日，古观象台被国务院公布为第二批全国重点文物保护单位，编号2-0032-3-017。1983年4月1日重新对外开放。1984年，北京市人民政府批转市规划局、文物局《关于第一批划定六十项文物保护单位的保护范围及建设控制地带的报告》的通知，确定古观象台保护范围和建设控制地带。1994年，由北京天文馆投资完成清代天文仪器图纸。1995年，由北京市财政拨款对古观象台台顶上的天文仪器进行全面修复，11月底"八架古仪修复工程"全部完工。2003年3～9月，对紫微殿进行挑顶大修工程。2004年3月30日至11月15日，实施北京古观象台保护修缮工程。2006年，北京天文馆古观象台建立古观象台全国重点文物保护单位记录档案。

盂城驿 是中国已知规模较大、保存较好的古代驿站，堪称中国邮驿"活化石"，位于江苏省高邮市南门外京杭大运河东侧馆驿巷13、15、17号。

盂城是高邮的别称，取意于宋代词人秦少游描写家乡"吾乡如覆盂"的诗句。秦王

嬴政二十四年（前223年），秦在此垒土筑高台，设置邮亭，高邮也由此得名，或称秦邮。后历代均设驿道，置驿馆。明洪武八年（1375年），高邮知州黄克明奉命在高邮城南门外开设盂城驿，是明代南北二京之间重要驿站。明永乐年间（1403～1424年），知州王俊重修，正厅5间、后厅5间、库房3间、廊房14间、神祠1间、马房20间、前鼓楼3间、照壁牌楼1座。驿站西南运河堤旁设皇华厅1座，有房3间，专门用来迎送宾客。嘉靖三十六年（1557年）五月，倭寇犯境，盂城驿几成废墟。隆庆二年（1568年），知州赵来亨按旧制修复。清康熙五十七年（1718年）、嘉庆十四年（1809年）、道光二十年（1840年），皇华厅均有重修、重建。清末，驿舍迁入城内州正堂西偏北州署马厂。辛亥革命（1911年）后奉命撤销。

盂城驿门厅和鼓楼

馆驿巷13号门内遗存盂城驿，丁字两进，坐北朝南，两进之间有廊连接。前进为正厅（皇华厅），原5间，遗存4间，石础覆盆柱径为0.35米。清代中晚期风格。其建筑功能大专宣政令、驿站管理。后进为后厅（驻节堂），原5间，遗存4间，石础柱径为0.25厘米。后进厅屋保存较好，为明末建筑。馆驿巷13号首后进

盂城驿鼓楼远景

秦邮亭

各3间，有廊相连，建筑保存完好，为清代晚期建筑。鼓楼为十字脊重两层的古建筑，是驿站值更守夜、站岗瞭望、传鼓报时的制高点，亦是盂城驿的形象标志物。

盂城驿是国内保存较为完整、规模最大的古驿站，它对研究古代的邮政史、交通史等具有较高的科学、艺术和文物价值，给人们留下了古代邮驿的实物见证。

盂城驿1985年文物普查登录时，多数房厅梁柱屋面保存完好。1993年，高邮市人民政府颁布《关于保护盂城驿的通知》，公布盂城驿的保护范围和建设控制地带。盂城驿一期修复工程于1995年竣工，设立邮驿博物馆，为中国第一座邮驿博物馆。1995年，盂城驿被江苏省人民政府公布为第四批江苏省文物保护单位。1996年11月20日，盂城驿被国务院公布为第四批全国重点文物保护单位，编号4-0170-3-092。盂城驿由高邮市博物馆负责管理与保护。1996年，高邮市文物管理委员会建立盂城驿全国重点文物保护单位记录档案。2014年，盂城驿作为中国大运河的重要组成部分被列入世界文化遗产。

金门闸　是清代永定河分洪减灾的大型水利设施，位于河北省涿州市东北义和庄乡北蔡村北3.5千米永定河右岸。

金门闸创建于清康熙四十年（1701年），原为草闸，其作用为引莽牛河之水入永定河借清刷浑。后因河底淤滞，高于莽牛河，原闸作用遂废。乾隆三年（1738年）移建减水石坝于后世遗存之位置。永定河水性湍悍，挟沙而行，沙淤河高，河高坝下，故必数年一小修，乾隆三十八年（1773年）、道光四年（1824年）、同治十一年（1872年）均为大修。宣统元年（1909年）重建的金门闸，是废草闸而建石坝170年后复还建其闸。民国26年（1937年）改建南二涵为铁闸板，1970年复加改建，引水灌溉，其余各涵均填废，闸板、桥板已失。

金门闸主体完好，石砌鸡心垛无一缺损，石制绞关石除个别与鸡心垛分离，其他基本完整。拦水闸板及闸洞之上覆板为桥，因年久腐朽，已无存。闸之东西侧石雁翅延伸部分的石构件、东面南侧镇水石兽和西面北侧石牛等或被埋于地下，或丢失无存。为避免进一步受损和被盗，残存的东面北侧石兽和西面南侧镇水

金门闸鸡心垛

石牛已运至涿州市文物保护管理所保存。

金门闸，地上直观整体形状为南北排列15空石闸，经实测为北偏东5°。闸口（南闸台金刚墙内侧至北闸台金刚墙）南北长为100.6米。金刚墙厚0.57米，西侧石雁翅残长36.8米，外撇45°，两坝台石雁翅南北距离152.6米，龙骨、坦坡、石海墁东西总长54.62米，建筑占地8335平方米。闸东侧已筑堤修路。迎水面石雁翅，除北坝台暴露14.2米外，其余均埋于堤内，无法测绘，只能依据碑文记载及1987年测量数字；闸西侧出水面，经实测、勘探、挖探沟、打探孔掌握资料，具体数据如下：鸡心垛西端石海墁向西延44.62米，南北与坝台石雁翅尾齐，最低处距平顶石龙骨底面5.3米，鸡心垛向东迎水面作石海墁长4米，东延为灰土层。闸之15空涵洞，每空4.35米，南端2空已于民国26年（1937年）改建为铁闸板，1970年复加改建，引水灌溉，由南数第2个鸡心垛向西筑新石坝长36.6米，宽2.5米，高1.6米。金门闸南北两坝台之金刚墙东西长28.05米、高2.7米；两金刚墙之间石砌鸡心垛14座，鸡心垛东迎水面为等腰三角形鸡心状。每座鸡心垛宽2.52米、长6.02米、高2.7米，每垛上有石制绞关石4根，每根长1.56米、宽0.32米、厚0.19米，每根绞关石顶端各一圆孔，直径0.15米。石坝台、石雁翅、石鸡心垛、石龙骨、石坦坡、石海墁所用块石之间均由银锭扣相连。银锭扣呈束腰形，长21厘米，宽12厘米，束腰6厘米，厚6厘米，重8.8千克。东侧南、北坝台石雁翅头分别压长1.38米、宽0.5米、高0.6米镇水石兽1头，西侧南、北坝台金刚墙与石雁翅连接处分别压长1.4米、宽0.5米、高0.6米镇水石牛1头。除一头石牛被盗、一头石兽填于大堤下，其余一牛一兽已于2000年5月由涿州市文物局文物保护管理所运回保管。

闸北侧有宣统重建碑上记载的防汛处所、闸板房等旧址遗迹。1987～1988年，涿州市水利局于闸之南坝台建简易碑房4间，建仿古汛房3间。碑房内保存乾隆遏吉碑、乾隆

金门闸

三十八年浚淤碑、道光上谕碑、同治重修减水石坝碑及宣统重建金门闸碑各1通。

金门闸作为清代永定河分洪减灾的大型水利设施，在历史上为保卫京师和永定河两岸的百姓发挥过重要作用，是中国古代涵闸建设史上的一个成功典范，蕴含着古代人民与自然灾害做顽强斗争的不屈精神。

1975年以后，因永定河无水，金门闸全部废弃。1986～1987年，涿州市文物保护管理所曾4次对金门闸进行实地调查，建立文物档案。1992年，金门闸由涿州市人民政府公布为市级文物保护单位。1993年7月15日，金门闸被河北省人民政府公布为第三批省级文物保护单位，同时公布金门闸的保护范围和建设控制地带。2006年5月25日，金门闸被国务院公布为第六批全国重点文物保护单位，编号6-0350-3-053。涿州市文物保护管理所负责日常管理和保护。

盐官海塘及海神庙 是为防钱塘江潮患而建造的水利设施，属海宁塘段中历史最悠久、最有代表性的一段。盐官海塘位于浙江省海宁市盐官镇南门外钱塘江北岸。海神庙位于盐官镇大东门内春熙路134号，隔杭金公路遥望盐官海塘。

盐官海塘是钱塘江北岸海塘海宁段海塘的一部分，始建无考。据史载，唐开元元年（713年），重筑"盐官捍海塘"百二十四里，为土堤。宋、元、明各朝，修筑海塘不绝。清康熙五十七年（1718年）用木柜法筑塘数千丈，始筑石坦。康熙五十九年（1720年）筑石塘五百余丈，塘内陪筑土埝，建筑已臻完美。雍正年间（1723～1735年）统建鱼鳞塘。乾隆元年（1736年）修筑南门外绕城鱼鳞石塘，至乾隆五十九年（1794年）海宁鱼鳞大石塘基本告竣。同治六年（1867年）增筑鱼鳞石塘4段。民国36年（1947年），南门外爵字号处筑塘30余米。

盐官海塘由塘外侧的坦水、鱼鳞石塘和内侧的附土、土埝组成，东西长1500米、塘体宽10米，面积1.5万平方米。塘上有明代占鳌塔、天风海涛亭、镇海塘铁牛等众多名胜古迹，是观赏举世闻名海宁潮的最佳地段。塘身断面呈阶梯状往上收缩，状似鱼鳞，故名鱼鳞石塘。海塘底脚置放木底桩，桩间填土夯实。鱼鳞塘石层在十五层至十八层之间，每层均用统一规格之上等条石，六面凿平，丁顺间砌，参差压缝。同层条石

海神庙全景

海神庙山门

外纵内横成"丁"字形，上下层条石成"品"字形，顶盖全部纵砌。鱼鳞塘各层宽度亦自上而下依次递减收分，使塘身外坡内陡。相邻条石间凿成镶槽，嵌以铁锭和铁锔，使条石勾连不松动。石间缝用糯米浆和灰浆靠砌使密切相接，互相藉固。石塘之后附土，支持塘身。构筑用材讲究，结构严密坚固。

海神庙俗称庙宫，清雍正七年（1729年），浙江总督李卫奉旨选址盐官春熙门内。雍正八年（1730年）始建，次年冬告成。地广2.7万平方米，耗银10万两。乾隆二十年（1755年）、二十三年（1758年）、二十四年（1769年）重修。咸丰十一年（1861年），多数建筑毁于太平天国战乱。光绪十一年（1885年），浙江巡抚杨昌浚疏请重修，历时2年而成，规制稍逊于旧。民国38年（1949年），整修正门、仪门、正殿及配殿。1953年、1958年、1973年，先后拆毁仪门、歌舞楼、御碑亭。1992～1999年，先后修葺正殿、正门、牌坊和庆成桥，恢复御碑亭、仪门、东西配殿、庆成河和下水道等，并进行环境绿化。

海神庙坐北朝南，原有纵向东、中、西三路。东路轴线依次布置台楼、道气殿、斋厅和天后宫等建筑，西路轴线依次有山门、言神

海神庙大殿

殿、卷棚高轩、水仙阁、道士楼、亭台假山等建筑。中路轴线设六进建筑，气势庄严，以山门为界，分前后两大部分。山门前是敞开式石筑广场，广场两侧各置汉白玉石牌坊，山门两旁各置汉白玉石狮、旗杆石。广场前有水池名庆成河，池上跨庆成桥，桥南有草场及歌舞楼。山门内依次设仪门、大殿、左右配殿、御碑亭、寝楼等建筑，并以庙墙连廊围合成院落。海神庙遗存中轴线上建筑及门前广场、汉白玉石牌坊、石狮、庆成桥，占地约2.7万平方米。中路诸建筑依次为山门、仪门、大殿、左右配殿、御碑亭，四周筑有围墙，平面呈长方形，东西相距50多米，南北相距200多米，建筑总面积1831平方米，占地约1.2万平方米。海神庙内重要附属文物为乾隆御碑，汉白玉石质，宽1.5米、高5.6米，其中碑身高3米，阳面为雍正十年（1732年）六月十一日世宗御制《海神庙碑记》，阴面为乾隆二十七年（1762年）三月高宗御制《阅海塘记》。碑额与碑座各雕飞龙、海潮、碑身雕刻龙纹点缀精美绝伦。

海塘上占鳌塔

海神庙石牌坊

海塘是中国古代重要水利工程之一，自唐代修建土塘以来，经历代修缮，至清初全面建成条石海塘。海塘建筑体系完备，工程结构复杂，工艺先进，高大坚固，保障了杭嘉湖和太湖流域人民的生产生活，被誉为海上长城，具有重大的历史价值、工程技术价值和艺术观赏价值。海神庙为清雍正帝钦定敕建，整体规制完整，建筑布局严谨，工程做法考究，用材规格较高，石坊、石狮、柱础及大殿檐柱等大量采用汉白玉构件，且制作工艺先进。木结构的额枋、斗拱、柱子、天花、屏风板等上面均工施彩绘、图案，布局合理，纹式精美，色彩典雅中透出富丽。海神庙从总体到局部，体现出江南古典建筑中极高的审美意识和完美的艺术价值，是官式结构与地方文化有机结合的范例。盐官海塘及海神庙是潮文化的重要物质载体。海塘为抵御钱江潮患而修筑，是人与潮患互相斗争、共同生存的历史见证物。海神庙是海塘水利遗存不可分割的重要组成部分，庙内的神像、碑刻、雕刻、彩绘等记述和反映海塘修筑的史实和人民祈求潮平澜安的愿望，成为研究潮文化的珍贵资料和纪念历代海神的圣地。

1950年，设立省钱塘江水利工程局，在

海宁设杭海段工程处（1957年改名海宁海塘工务所），1973年起隶属钱塘江工程管理局领导，担负钱塘江北岸海宁段的护养维修工作。1980年8月，海宁县成立盐官文物保护管理所。1983年，海神庙移交海宁博物馆、盐官文保所共同管理。1992～1999年，国家文物局、浙江省文物局和海宁市人民政府先后拨款，分五期维修大殿（1992～1993年）、重修御碑亭（1994年）、修缮山门（1995年）、修复仪门（1997年）、修复配殿（1999年），同时，修缮其他建筑，清理、整治、美化环境，安装消防、水电设施等，使海神庙中轴线建筑前后贯通，整体完整，内院空间和面貌得以充分同展示。1994年，浙江省人民政府批复划定盐官海塘及海神庙的保护范围及建设控制地带。1999年8月，海宁市文保所利用海神庙仪门进行陈列布展，并免票参观。2000～2002年，浙江省钱塘江管理局、海宁盐官观潮胜地管委会等组织实施钱塘江北岸险段标准海塘十三标段（盐官段）工程维修。2001年6月25日，盐官海塘及海神庙被国务院公布为第五批全国重点文物保护单位，编号5-0307-3-113。2004年9月19日，海宁市盐官文物保护管理所建立盐官海塘及海神庙全国重点文物保护单位记录档案。

第十四节　文教公益

东坡书院　是明清时期重要的书院建筑，位于海南省儋州市中和镇东郊。

东坡书院因北宋大文豪苏东坡贬居海南儋州时曾在此地讲学、会友而得名，也是明清两代当地学者讲学的重要场所。根据地方文献记载，书院的前身始建于北宋元符元年（1098年），原称载酒堂，初为一茅屋。元延祐四年（1317年）于桄榔庵旧址建东坡祠，祀苏公像。泰定四年（1327年）军判彭应雷探寻旧址，拓基重建酒堂，于载酒堂后面建立祠宇（正殿），并从桄榔庵移苏公像入祠中祀奉，仍为茅屋。明永乐七年（1409年）改建茅屋为瓦屋。后又进行过多次维修。正德年间（1506～1521年）确定设立一个门子岗位专门奉侍祠事。嘉靖年间（1522～1566年），儋州地方政府官员进行扩建，并邀请学者在载酒堂设帐讲学，弘扬东坡遗风，故有东坡书院之称。万历二十三年（1595年）增建载酒亭、钦帅堂，浚钦帅泉并添置钦帅泉碑刻。清代多次维修，清光绪十九年（1893年）增建大门、庑廊、耳房。民国23年（1934年），再度重修，并新建东坡公园及公路。

书院占地2.5万平方米，建筑面积3800平方米。书院坐北朝南，依南北向中轴线排列，为三进式布局，依次分别是大门、载酒亭、载酒堂、大殿等。中轴线左、右两边建两庑廊、

东坡书院

东坡书院载酒亭

耳房。大门，也称头门，面阔三间，明间立有4根圆木柱，硬山顶，门额上挂楷书"东坡书院"木匾。载酒亭坐落在二进前面的正中。原称东坡亭，内立有12根圆柱，平面呈八边形，为垂檐八角顶。南向二层檐下挂"载酒亭"木匾。载酒堂位于二进中轴线正中，为书院核心建筑，面阔五间。明间为抬梁式结构，次间为穿斗式构架，硬山顶，门上有"先生悦之"匾。东坡祠位于三进的正中，为书院的主要建筑，建在月台之上，面阔三间，使用抬梁和穿斗两木构架，垂檐屋顶，垂脊上装饰走兽。另有两庑，五开间，为卷棚顶。耳房形制较小，两开间，硬山顶。这些古建筑与院内的六角亭、假山、莲花池等景点连在一起形成了园林式的布局。

东坡书院内文物藏品甚多，分文献、楹联、碑刻、雕塑、器具、井泉、书画等七大类。其中文献类大多为记述苏东坡居儋期间的诗文及历代研究东坡的论著；楹联13副，名匾10块，内容多以颂扬苏东坡居儋业绩和表达后人追思怀念之情为主；碑刻13道，无论其形状、时代和书法都是难得的珍品。书院目前收藏有元代、明代、清代、民国等时期碑刻8块，尤其是著名壁刻《坡仙笠屐图》再现了苏东坡潇洒出尘的精神气质；雕塑类有东坡讲学组像和东坡笠屐铜像，形神兼备，栩栩如生；器具类有古代酒醒、东坡笠屐等；井泉有苏东坡挖掘的东坡井和明代钦帅泉；书画类有历代名家书画400余幅。

中华人民共和国建立后，政府曾多次拨款修缮东坡书院。"文化大革命"期间，东坡书院遭到破坏。1983～1996年，政府连续拨款重修载酒亭、畔池、大殿、载酒堂、头门、东西两廊、耳房等，完善东、西园林化建设，立东坡笠屐铜像和建陈列馆、迎宾堂、望京阁、钦帅堂等。1984～1987年，按原貌对主要的明、清建筑进行修复，基本上再现原有的建筑文化特征和风格，具有典型的南方古建筑风格。1984年，成立东坡书院管理处，负责保护管理工作。1984年4月27日，儋县人民政府公布东坡书院为第一批县级文物保护单位。1993年9月，儋州市人民政府公布了东坡书院的保护范围和建设控制地带。1994年11月2日，海南省人民政府公布东坡书院为第一批省级文物保护单位。1996年11月20日，东坡书院被国务院公布为第四批全国重点文物保护单位，编号4-0182-3-104。

天一阁 是明代兵部侍郎范钦所建的私人藏书楼，是中国历史最悠久、保存最好的私家藏书楼，也是世界上最古老的三个家族图书馆之一。天一阁位于浙江省宁波市海曙区月湖街道天一社区天一街10号。

月湖始凿于唐贞观十年（636年），面积约0.2平方千米，明代时周边有多处官家府第，范钦先在此处筑侍郎第，后在其宅东建天一阁。地处风光秀丽的芙蓉洲上，为月湖之西。月湖区域是宁波城内保存文物史迹最为集

天一阁博物馆大门

中的地块之一，还保留有多个明清浙东民居特点的街巷。

范钦（1506～1585年），浙江鄞县人，明代嘉靖十一年（1532年）进士，官兵部右侍郎，酷爱书籍，一生收藏达7万余卷各类典籍。辞官回里，嘉靖四十至四十五年（1561～1566年），开始于宅东建造新藏书楼，命名天一阁。因书匾"宝书楼"，天一阁后期又不断扩建，故多以宝书楼特指书阁。万历十三年（1585年），范钦长子大冲继承藏书，此后书阁一直由范氏族人管理。清康熙四年（1665年），范钦的曾孙范光文在阁前增构池亭，环植竹木，建造假山。乾隆三十八年（1773年），范钦的八世孙范懋柱进呈天一阁藏书638种编修四库全书，获赏《古今图书集成》《御题平定回部得胜图》各一套。道光九年（1829年），范氏子孙对天一阁进行全面大修，天一阁宝书楼的结构和主立面未改变。民国22年（1933年）因范氏后人无力修缮书阁，宁波成立天一阁重修委员会，对天一阁进行大修，保留书阁宝书楼的原有建筑风貌和样式，对院内部分建筑进行改造和扩建，将原在府学内的尊经阁连同当地保存下来的一批历代石碑移建到天一阁后院，命名为明州碑林。从此，社会力量开始参与天一阁的保护与管理工作。

天一阁宝书楼，坐北朝南，面阔六开间，由五开间西侧加楼梯间组成，楼上为一大通间，楼下分隔六间，取易经中"天一生水""地六成之"之句，意为以水克火。书楼前后设平台和假山，平台和假山之间为水池，占地面积约840平方米。总面阔22.97米，总进深11.9米，建筑面积467平方米。重檐硬山

天一阁藏书楼

顶，一层设前廊，观音兜山墙。主体梁架穿斗与抬梁式相结合，进深七檩；明间南向设正门，置槅扇长窗，其余各间设槅扇窗。明间后檐柱间设屏壁，前刻黄宗羲《天一阁藏书记》，后刻全祖望《天一阁藏书记》。底层上置天花，下铺方砖，天花画青绿色二色水锦纹，承重抬梁画红地青白水云带，枋饰人物、飞天、仙翁、走兽等。二层前后檐各间均设置推拉槛窗，明间后壁挂有明隆庆五年（1571年）郡守王原相所书的"宝书楼"匾额，下金檩枋处悬有清道光二十年（1840年）阮元题"天一阁书藏"匾额1块。楼上6间以书橱分隔，书橱编号为"温、良、恭、俭、让，日、月、星、辰，龙，宫、商、角、徵、羽"。阁前设平台，平台之前为天一池，占地面积为67.6平方米，池水与月湖水系相通，池西畔的"兰亭"，系民国23年（1934年）为放置丰南禺（坊）临兰亭集序刻石而建，单檐攒尖亭。

阁前的园林假山建于清康熙四年（1665年），占地面积192平方米。以"福、禄、寿"三字作总体造型，用海礁石叠堆成福禄寿、九狮一象、苏武牧羊、秀云读书等景点。园后亦设平台假山，全景意境为五狮献剑。假山后正东首有一小池。往北即为尊经阁，尊经阁原为宁波府学的建筑之一，系清道光十八年（1838年）所建，民国24年（1935年）由府学迁建于天一阁后，用以存放书籍。为重檐歇山顶三层楼

天一阁藏书楼内景

秦氏支祠

秦氏支祠戏台

阁；面阔三间，进深三间，平面呈长方形；梁架为抬梁式，各层檐下周匝设斗拱。明间正立面一层檐下有挂匾"尊经阁"。一层东墙正中嵌碑石3通，为清乾隆十年（1745年）三月的《重建宁波府学尊经阁记》；西墙正中嵌乾隆九年（1744年）十一月的《宁波府学尊经阁碑记》。宝书楼与尊经阁区域是民国时期修建形成的天一阁，周有围墙，在此院内、东西围墙及一部分北墙上或立或嵌有多块碑石，共计173方，朝北院门上刻"明州碑林"。碑林中保存着自元至元二十九年（1292年）至清光绪二十四年（1898年）前后16方重修府学的碑记。还有格言、鉴言碑、学田、学山碑、进士题名碑等。

　　天一阁经过多次扩建及修建，成为一个占地面积2.6万平方米，以天一阁宝书楼为核心，以藏书文化为特点的专题博物馆，包括秦氏支祠，还包括如东明草堂、三层藏书库等复建或后建的现代仿古建筑、园林小品。天一阁博物馆中，秦氏支祠为文物本体之一，整组建筑以1个主院加西侧3个副院组成，占地面积2000余平方米。主院共三进，坐北朝南，平面布局呈纵向长方形，由南向北依次为照墙、门

厅、戏台、中厅、后楼，左右厢房一个规模宏大的木结构建筑群，门厅五开间，中厅五间两弄，后楼七开间，周围以高墙。主院每幢建筑台基从前至后（从南至北）逐幢抬高，使整个建筑群呈前低后高之势。

　　天一阁从允许浙东学派代表人黄宗羲、全祖望等登天一阁以后，通过两人的传播宣扬，对中国学术文化特别是浙东学术的发展产生深远的影响。其独特的建筑形制和藏书文化，在清代就深刻影响了贮藏《四库全书》七大藏书阁的建造，成为清中期藏书楼的典范。另外其"书不出阁"，只供阅览，不得外借的管理制度，对后世颇有影响。天一阁保存下来的明代藏书是研究中国明代历史的珍贵文献资料。民国时期的秦氏支祠其精美的富有地方特色的朱金木雕、砖雕、石雕等工艺，多样丰富的雕饰图案内容见证了宁波祠堂文化，是民国时期宁波地区祭祀性建筑的杰出代表之一。

　　1951年，对宝书楼实施维修。1960年，天一阁隶属宁波市文物管理委员会，1978年成立天一阁文保所，1994年成立宁波市天一阁博物馆，负责保护管理。1961年，天一阁被浙江省人民委员会公布为第一批浙江省重点文物保护

单位。1981年，秦氏支祠被公布为宁波市文物保护单位。1982年2月23日，天一阁被国务院公布为第二批全国重点文物保护单位，编号2-0031-3-016。2001年6月，秦氏支祠作为重要组成部分，并入天一阁。2012年，天一阁博物馆建立天一阁文物保护单位记录档案。2015年9月28日，浙江省人民政府印发《浙江省人民政府关于划定泗州造纸作坊遗址等345处文物保护单位保护范围和建设控制地带的批复》，划定天一阁的保护范围和建设控制地带。

天一阁较大规模的整治有4次，1976年建设钢筋混凝土结构的仿民居三层新书楼房，1980年新建西大门和重建东明草堂，1996年对天一阁藏书楼进行全面的维修保养，1999年对天一阁"明州碑林"制定化学、物理保护方案。

国子监 是元、明、清三代设立的国家最高学府，位于北京市东城区国子监街15号，东邻雍和宫，西接箭厂胡同，南依国子监街，北

国子监琉璃牌坊

靠五道营胡同，与紧邻的孔庙形成左庙右学的格局。

元至元二十四年（1287年），始建国子监。明代初期定都南京，一度将北京国子监改称为北京府学。明成祖迁都北京后，明永乐二年（1404年）又改为国子监，并利用元代旧址修建，翻建崇文阁，改名彝伦堂。明正统年间进行大规模的修建，四堂六厅等建筑基本形成今天的规模和格局。清雍正九年（1731年），

国子监集贤门

建国子监南学。乾隆四十八年（1783年）建辟雍大殿和环水工程，次年建成。同时建造琉璃牌坊、东西御碑亭、钟鼓亭等附属建筑。国子监的建筑规模和形制得以完备定型。

国子监坐北朝南，为南北走向的长方形，占地面积约2.8万平方米，由三进院落组成，院内古树参天，肃穆静谧，每组院落均有围墙环绕，这种做法不仅满足使用上的需要，而且也使其区域划分更为合理，等级区分和互不干扰成为国子监建筑的特点之一。在国子监的外围建有较高的围墙，这不仅符合中国传统建筑的规范和制度，同时也使得国子监因与外界的隔离而倍显庄重和神圣。主要建筑全部集中在一条中轴线上，自南而北依次为集贤门、太学门、琉璃牌坊、辟雍、彝伦堂和敬一亭。附属建筑围绕各自的主体建筑分布，这些主次建筑共同构成国子监的主体，建筑保存完好。

集贤门是国子监的大门。大门坐北朝南，面阔三间，削割筒瓦屋面。门外东西各建有砖砌的一封书式撇山影壁，其正面建有一字影壁。集贤门内有东、西井亭等建筑，组成第一进院落。院内古树繁茂，建筑分列东西，左右对称。院子东侧有持敬门，与孔庙相连，是专供监生到孔庙拜谒孔子的通道。院子的西面有退省门，是监生入堂学习和国子监内任职人员出入的便门。集贤门之北为太学门，悬山顶，面阔三间，竖额书"太学"，大门外檐东侧立有一块石碑，碑文内容为明初撰写的监规。

过太学门进入第二进院，这是国子监最大的院落，亦是全监主要建筑的集中地，院内分别建有辟雍、东西六堂、博士厅、绳愆厅、典簿厅以及牌楼和钟鼓亭等建筑，左右对称，

国子监辟雍

国子监彝伦堂

排列有序，布局合理，环境幽雅。太学门内有一座琉璃牌坊，其形制为三间四柱七楼，正面额书"圜桥教泽"，背面额书"学海节观"。御碑亭有两座，歇山顶，黄琉璃瓦屋面，分列琉璃牌坊东北、西北角，各立石碑一块，东为乾隆皇帝御制《国学新建辟雍圜水工成碑记》的汉文碑，西为满文碑。琉璃牌坊之北即为辟雍，是国子监建筑群的核心建筑，是清代帝王讲学的场所。按周代的礼制，国学设在天子的国都中，称为辟雍，一般认为是天子承师问道，行礼乐、宣教化的地方。在清乾隆之前，历代并没有一座单独的辟雍建筑，只是在明堂外面设一环水沟即为辟雍。乾隆皇帝及辟雍的设计者根据前人的解释，加上自己的见解，建成这座辟雍圜水建筑。清代自康熙以后，每位皇帝即位照例要到国子监讲学一次，称作临雍。在辟雍未建成前，于彝伦堂举行临雍典礼，辟雍建成后，便在辟雍殿举行临雍典礼，

成为名副其实的"临雍"。清代国子监巨辟雍，大殿建在高大的方形石基之上，殿为重檐四角攒尖顶，殿方17.6米，面阔与进深均是三间，四面设门。四周建有围廊，廊深2.67米。围廊外面池水环绕，圜水围绕辟雍，这种建筑形式称为辟雍泮水。辟雍四面开门，方形大殿建在圆形的池水中央，四面有石桥通达。辟雍周围的水池，直径64米，深4.67米，池水是从太学门外东、西井及六堂后檐外东、西井通过暗沟分别引入。辟雍的东、西两侧各有房33间，即东西六堂：东侧从南到北有崇志堂、诚心堂和率性堂，西侧自南而北为广业堂、正义堂、修道堂，每堂各为11间，是专供监生学习的场所。六堂建筑外廊较大，可供监生在廊下活动。每座堂的正中檐下部位都悬挂有各堂名称的华带匾，建筑整齐规范，成为国子监二院建筑群的主要组成部分。

辟雍之北是彝伦堂，乃元代崇文阁旧址，

明代永乐年间重建时改名为彝伦堂，为国子监藏书的地方。辟雍未建成之前，皇帝在此举行临雍典礼，后为传经授业的主要场所。堂前建有宽大的月台，又称灵台或者露台、平台等，是国子监召集监生列班点名之处。彝伦堂的东侧是典簿厅，其功能是国子监分管财务的管理机构，西侧是典籍厅，是国子监分管刻版印书和教材的机构。在典簿厅之南有绳愆厅，负责教导惩戒违犯学规的监生。典籍厅之南有博士厅，其功能相当于现代大学的教研室。彝伦堂后是楼式院门敬一门。院内敬一亭位于国子监中轴线的最后部分，建于明嘉靖七年（1528年），建筑面阔五间，歇山顶，是专藏皇帝对监生训谕之处。

民国2年（1913年），国子监作为京师通俗图书馆馆址对公众开放，也是首都图书馆的前身。民国26年（1937年）4月至民国28年（1939年）2月对国子监大规模修缮，维修太学门、辟雍、彝伦堂、琉璃牌楼、六堂四厅、敬一亭等主体建筑。中华人民共和国成立后，国子监经过1956年的大规模修葺和之后的数次修缮。1957年，正式定名首都图书馆，国子监作为馆址对外开放。1961年3月4日，国子监被国务院公布为第一批全国重点文物保护单位，编号1-0113-3-066。1984年，北京市人民政府批转市规划局、文物局《第一批划定六十项文物保护单位的保护范围及建设控制地带的四至说明》，划定国子监的保护范围和建设控制地带。2002年1月，北京市人民政府出资对国子监一进院地面与二进院文物进行修缮。2005年10月，"左庙右学"的孔庙与国子监合并为孔庙和国子监博物馆，归属北京市文物局，并成立孔庙和国子监管理处，负责孔庙、国子监的日常管理工作。2006年，进行国子监院落地面铺装及第三进院琉球馆生学舍修复工程及国子监彩画修缮工程。国子监局部曾进行过发掘，如敬一亭西厢遗址地基的发掘，主要目的是查找西厢建筑地基，为古建复原探寻资料。2006年10月，北京孔庙和国子监管理处建立国子监全国重点文物保护单位记录档案。2008年6月，孔庙和国子监博物馆正式对外开放。辟雍内为复原陈列展，殿内设有宝座，宝座前设御案，宝座后围以五屏风，真实再现清乾隆五十年（1785年）皇帝第一次"临雍讲学"时的场景。在室外展示有十三经碑刻。十三经刻成于乾隆年间，故又被称为乾隆石经，共190座，原置放于东西六堂，位于国子监与孔庙的夹道之内。

白鹿书院　也称白鹿洞书院，是中国古代四大书院之一，也是庐山重要文化名胜，位于江西省九江市庐山东南五老峰下，东邻鄱阳湖。

白鹿书院肇基于唐，定名于北宋，盛于南宋，绍隆于明清，是中国古代最负盛名的高等学府。唐贞元年间（785～805年），洛阳人李渤与其兄李涉在此隐居读书，李渤养一白鹿，故人称白鹿先生，白鹿洞也因此而得名。长庆年间（821～824年），李渤任江州（九江）刺史，于所隐之处，建台榭，植花木，扩张其事。白鹿洞逐渐成为四乡文人往返之地。白鹿洞南有五里牌，是唐代书法家颜真卿寄居之处。五代初，颜真卿裔孙颜翊曾率弟子30余人授经洞中。南唐升元四年（940年），李氏朝廷在白鹿洞建庐山国学（或称白鹿国学），命国子监九经李善道为洞主。白鹿洞成为当时与金陵秦淮河畔国子监齐名的高等学府。北宋初年，江州地方人士在此建起一所学馆，白鹿洞之名从此开始。北宋太平兴国二年（977年），宋太宗御赐白鹿书院国子监印本《九经》。咸平五年（1002年），宋真宗命有司修葺并诏塑孔子像于大成殿，白鹿书院规模日盛，与睢阳、嵩阳、岳麓并称全国四大书院。皇祐六年（1054年），书院毁于兵燹。南宋淳熙六年（1179年），理学家朱熹任南康军，复兴白鹿书院，征集图书，聘请教师，招收生徒，手定教规，自任洞主，亲自讲学，白鹿书院很快成为封建科举时期书院教育的典范。朱熹所制定的《白鹿洞书院揭示》，成为后来七百年间封建教育办学的指导方针，至今海外的一些学校仍用它作校训。明正统元年（1436年），南康知府翟溥福重建白鹿书院，奠定明清时期白鹿书院建设的规模和基础。清顺治七年（1650年），顺治皇帝重视书院教育，赐额、赐书，并派多人进行修葺、编修院志，白鹿书院达到鼎盛时期。光绪二十七年（1901年）清廷下令将白鹿书院改为学堂。宣统二年（1910年），白鹿书院被改为江西省高等林业学堂。

白鹿书院建筑面积7000多平方米，由五组别具特色的古建筑群组成，由西向东，依次为先贤书院、礼圣殿院落、白鹿洞书院、紫阳书院、延宾馆，整个书院共计32座建筑。遗存大多为清代建筑。主体建筑依次为棂星门、半池、状元桥（泮桥）、礼圣门、礼圣殿。白鹿书院有青石质碑刻共计157通。沿贯道溪有自宋、明、清以来的摩崖石刻46处。

棂星门，始建于明成化三年（1467年），为南康知府何濬所建，弘治十一年（1498年），南康知府苏葵重建。初为木构建筑，后南康知府周祖尧改作石柱，即遗存的石柱牌坊。它是白鹿洞书院最古老的建筑之一。门为花岗岩石构建筑，牌坊式，六柱五间，二层石

白鹿书院

白鹿书院内景

白鹿书院庭落

梁连接。中梁刻有缠枝牡丹，石抱鼓护柱，饰海波纹，刀法粗犷简练。中门与左右二门及石梁之间以灰砖开方孔窗，石灰勾缝。

礼圣殿，是书院最大的单体木构建筑。为清康熙五十二年（1713年）提学冀霖重建，平面呈长方形，砖木结构，以木柱支撑。有大木柱20根、石柱础、浮雕缠枝纹饰，为明代遗物。殿中四柱三间，殿壁大木柱12根，以砖砌壁，外饰石灰面，周环以廊。重檐九脊，斗拱交错，灰瓦白墙，脊饰鳌鱼，巍峨宏伟，气势庄严。

御书阁，系清康熙五十四年（1715年）由南康知府叶谦、毛德琦重建。为木构建筑，歇山顶，二层，平面近方形，南北每边可见四柱，东西每边可见五柱，阁中四柱，阁内东边有木板楼梯上登。周环走廊。二层正中有"御书阁"竖额。阁南北各有六门，楼上南向有门，四面皆为通风窗，窗为棂格。

白鹿书院是中国民间教育和学术活动的实物遗存，也是中国传统书院建筑的代表作品。

中华人民共和国成立后，1949～1979年5月白鹿书院归林业农垦部门管理。1959年11月30日，白鹿书院被江西省人民委员会公布为江西省文物保护单位。1979年，白鹿书院划归庐山文化部门管理，成立庐山白鹿洞书院文物管理所，专门负责白鹿书院的日常保护和管理。1980年3月至1995年4月，国家和地方先后投资对白鹿洞书院进行五期维修，在维修古建的同时进行配套设施的修建。1988年1月13日，白鹿书院被国务院公布为第三批全国重点文物保护单位，编号3-0074-3-022。同年，设置"庐山白鹿洞书院"学术研究机构。1990年，成立庐山白鹿洞书院管理委员会，全面负责书院的日常保护、管理工作。1992年，江西省人民政府印发《江西省人民政府关于公布全国重点文物保护单位保护范围和建设控制地带的通知》，划定白鹿书院的保护范围和建设控制地带。2000年后，书院陆续对古建筑进行维修。2005年9月30日，建立白鹿书院全国重点文物保护单位记录档案，存于白鹿书院文物管理所及庐山博物馆。2012年，白鹿书院的总体规划已通过国家立项，并下拨资金，总体保护规划由江西省文保中心编制。2013～2014年，争取国家文物局安防、消防、防雷"三防"专项资金。

岳麓书院　是中国四大书院之一，也是中国保存最完好的一座古代书院，位于湖南省长沙市岳麓区，前襟湘江，左右天马、凤凰二山，后依岳麓山青枫峡谷。

岳麓书院始建于北宋开宝九年（976年），遗存建筑在清同治七年（1868年）大修后的基础上修复形成，包括风雩亭、吹香亭、潢门池、饮马池、大门、二门、讲堂、半学斋、教学斋、御书楼、百泉轩、文泉、拟兰亭、汲泉亭、四箴亭、崇道祠、濂溪祠、六君子堂、山斋旧址、船山祠、湘水校经堂、时务轩、碑廊、文庙、文昌阁、石牌坊、大成门大成殿、东西两庑、明伦堂、崇圣祠及自卑亭等，完整保存历史上教学、藏书、祭祀三大功能的基本结构。

根据《玉海》记载，岳麓书院的前身可追溯到唐末五代的僧人办学。北宋开宝九年（976年）潭州太守朱洞正式创院于岳麓山抱黄洞

岳麓书院大门

下。咸平二年（999年），太守李允则扩建，增建藏书楼，塑先师十哲之像，画七十二贤，形成书院讲学、藏书、祭祀的基本规制。大中祥符五年（1012年）再次扩建。大中祥符八年（1015年），宋真宗召见山长周式，亲书"岳麓书院"额，书院闻名天下，成为"天下四大书院"之一。南宋绍兴元年（1131年）毁于兵火。根据张栻《岳麓书院记》记载，南宋乾道元年（1165年）安抚使刘珙重建岳麓书院，"为屋五十楹，大抵悉还旧规"，延请张栻为主教。乾道三年（1167年）朱熹自闽到湘，与张栻会讲论学，并手书"忠、孝、廉、节"，清代道光年间嵌于讲堂。南宋末书院再度被兵火所毁，元代多有修复。据《长沙府志》记载，明成化五年（1469年），知府钱澍再次重修，在旧址上重建礼殿、北海碑亭。明弘治七年（1494年），通判陈钢再建，知府王珌、同知杨茂元续建，始复其旧。明正德二年（1507年），守道吴世忠"以风水未美"为由，迁正学基，变更朝向，形成现存书院的基本布局。清代200余年间，修缮甚密，志载大小修建活动数十次。清康熙十三年（1674年）书院被毁；康熙二十四年（1685年）巡抚丁思孔重修；康熙二十六年（1687年），赐御书"学达性天"。乾隆九年（1744年）得乾隆手书"道南正脉"匾额；乾隆四十八年（1783年），山长罗典建书院八景。同治七年（1868年），巡抚刘崑进行大修，留下书院今天的建制。民国27年（1938年）、民国30年（1941年）两遭日机轰炸，多处被毁。战后部分修复。

岳麓书院主体建筑各部分互相连接，互为整体。大门、二门、讲堂、御书楼构成书院主

体建筑的中轴线，半学斋居其左，教学斋居其右，湘水校经堂位于讲堂左侧，百泉轩园林居讲堂右侧。

大门为清代遗构。采用南方将军门式结构，五间硬山，出三山屏墙，外用方形立柱一对，大门左右各置一抱鼓，白墙青瓦，置琉璃沟头滴水及空花屋脊，梁枋绘游龙戏太极，间卷草云纹，整体建筑庄严、肃穆、威武大方，极富南方建筑风貌。讲堂位处书院的中心，是历史上书院教学、集会和进行文化交流的场所，保存碑匾文物也大多集中于此。创建时为五间，遗存建筑是清初遗构，五间单檐歇山，前出轩廊七间，黑柱红枋，青瓦砖墙。讲堂中央设有讲坛，置宋式交椅，以显当年讲学风貌。讲坛之后置有屏壁，上刻张栻撰《岳麓书院记》。讲堂及廊壁上嵌的碑刻，皆为清代遗物。湘水校经堂始建于明嘉靖六年（1527年），原名成德堂，清道光十三年（1833年）仿诂经精舍、学海堂之制，创建于船山祠址，

后移今址，以培养通经史、识时务的通经致用人才。

岳麓书院的供祀功能，是由文庙及濂溪祠、四箴亭、崇道祠、六君子堂、船山祠、慎斋祠等6处专祠建筑来体现。文庙，始建于明正德二年（1507年）。经过多次修缮，抗日战争中大部分被毁。民国34年（1945年）再修，重建两庑。遗存石牌坊、大成门、大成殿、两庑，以及明代的石狮、雕龙等石构。濂溪祠，专祀北宋哲学家周敦颐。周敦颐学说对以后理学发展有很大影响，被尊为理学开山祖师。祠内悬有"超然会太极"匾，是清代山长车万育为颂扬周公太极图说理论而题书的。祠内壁上有《移建濂溪祠碑记》石刻，原《濂溪祠记》碑，仍留于今六君子堂内。四箴亭，祀程颐、程颢，始建于明嘉靖九年（1530年），遗存建筑为清嘉庆遗构。崇道祠，专祀朱熹、张栻，始建于元延祐元年（1314年），遗存建筑建于清乾隆四十一年（1776年），嘉庆年间大修。

岳麓书院御书楼

岳麓书院赫曦台

清代御匾与讲坛

六君子堂，供祀宋知州朱洞、李允则和山长周式、安抚使刘琪、明通判陈钢、同知杨茂元6位建设书院的有功之臣，始建于明嘉靖五年（1526年），遗存建筑为清嘉庆十七年（1812年）遗构。船山祠，专祀明代书院学生王夫之，遗存建筑为清光绪元年（1875年）所建。慎斋祠，专祀岳麓书院山长罗典。清咸丰年间始建于岳麓书院屈子祠北侧，后毁，旋迁建现址。罗典（1719～1808年），字徽五，号慎斋，湖南湘潭人。清乾隆四十七年（1782年）起任岳麓书院山长，共27年。6个专祠建筑风格统一，都为三间单檐硬山结构，单面出廊，两两一列，分为两院布局。

岳麓书院尚存大量的园林建筑和人文景观。主要有百泉轩、爱晚亭、风雩亭、吹香亭、赫曦台、自卑亭等。岳麓书院还藏有大量碑匾文物。明刻宋真宗手书"岳麓书院"牌坊石额，是岳麓书院最重要的文物。讲堂"道南正脉"匾为清乾隆九年（1744年）朝廷为张扬岳麓书院传播理学之功御赐，此为原物。大厅四壁嵌有朱熹"忠孝廉节"碑、欧阳正焕"整齐严肃"碑、"岳麓书院学规"碑、"毕沅诗"碑、"欧阳厚均诗"碑等碑刻，皆为清代

文物。"忠孝廉节"碑刻嵌于讲堂左右两壁分4块，每字一块，每块碑高213厘米，宽1=1厘米，字高169厘米，宽122厘米；欧阳正焕所书"整齐严肃"碑，亦分4块，刊于讲堂正面卷棚两壁上，每块碑高164厘米、宽94厘米，字高107厘米、宽80厘米。这两组大字碑亥旨为中国古代书法碑刻史所罕见，系重要文物。御书楼及复廊内嵌有的大量碑刻，也都是清代刻制。主要有岳麓书院法帖系列碑刻和《朱熹诗碑》《重修岳麓书院记碑》《文昌图祭田碑》《吴荣光江南述别诗碑》等。其中《朱熹诗碑》记录了宋乾道三年（1167年）朱熹访学岳麓书院与张栻共同探讨理学思想的过程，是岳麓书院辉煌历史的见证。《文昌图祭田碑记》反映清代岳麓书院的田产管理，是研究中国古代书院经济的重要史料。园林碑廊，刊有明刻"岳麓感旧诗碑"、清刻"道中庸碑"等。其中，以"道中庸碑"最为珍贵，碑高180厘米、宽46厘米，字体笔画刚健，刻工传神。

1956年，岳麓书院被公布为湖南省文物保护单位。1979年，湖南大学向湖南省委、省政府申请，由湖南大学管理、修复岳麓书院。

1986年10月5日，岳麓书院正式对外开放，并恢复办学，首次招收历史专业学生。1988年1月13日，岳麓书院被国务院公布为第三批全国重点文物保护单位，编号3-0075-3-023。1993年，湖南省人民政府划定岳麓书院的保护范围和建设控制地带。2001年，国务院编制委员会同意以岳麓书院为原状陈列建设中国书院博物馆，建筑面积5000平方米，展示面积约3200平方米。2003年，组织编制岳麓书院的全国重点文物保护单位记录档案。2012年，中国书院博物馆建成并对外开放，岳麓书院成为全国书院文物收藏、展示、研究和交流中心。同年编制《岳麓书院保护总体规划》，于2013年获国家文物局批准。2014年，制定《岳麓书院保护与维修工程方案》，于2015年获国家文物局批准，2016年上半年完成一期维修工程。

定州贡院　俗称定州考棚，为清代科举考场，位于河北省定州市东大街草场胡同22号。

定州贡院始建于清乾隆三年（1738年），清道光十四年（1834年）定州州牧王仲槐重修贡院，新建魁阁和后楼两侧的耳楼。贡院总占地面积2.2万平方米，是中国北方保存较为完整的一座贡院。在科举制度被废除以前，一直是作为考取贡生和秀才的场所。

贡院整个建筑为中轴式，坐北朝南，规模宏大，气势雄伟。建筑面积1547.6平方米。原有文、武两个考场，由于"文化大革命"期间遭到破坏，武考场的跑马道、演武厅、文昌宫、后宫已不复存在，仅存有文场区的单体建筑5座，由南向北依次是影壁、大门、魁阁号舍、大堂、后楼。

影壁长22.25米、高6.1米、厚1.27米，是考后放榜的地方。影壁下座是青砖须弥座，瓦顶，上身抹白灰。大门是考场的入口，同时也是对考生进行搜身的地方。硬山瓦顶，博风砖，面阔三间10.06米，进深一间4.68米。槅扇门取中，前出月台，木梁架为三柱五檩，纵向构件为檩枋两件，前后墀头。魁阁号舍是定州贡院的主体建筑，是考试的正式考场。《重修贡院碑记》中记载，魁阁于清道光十四年（1834年）由定州州牧王仲槐重修贡院时在原有基础上扩建，它作为前庑与号舍连为一体，攒尖顶结构，殿脊叠涩，四层出檐，呈"品"字形罗列，势态雄伟，有楼板、楼梯，在设计上体现了地方建筑的灵活性和随意性。号舍面积近900平方米，面阔七间，进深九间，卷棚悬山顶，两侧各四下水，下碱砌汤白缝，覆盖压面板。魁阁的大木梁架为八柱二十八檩，纵向构件仅为檩一件，檩下不施垫枋垫板。

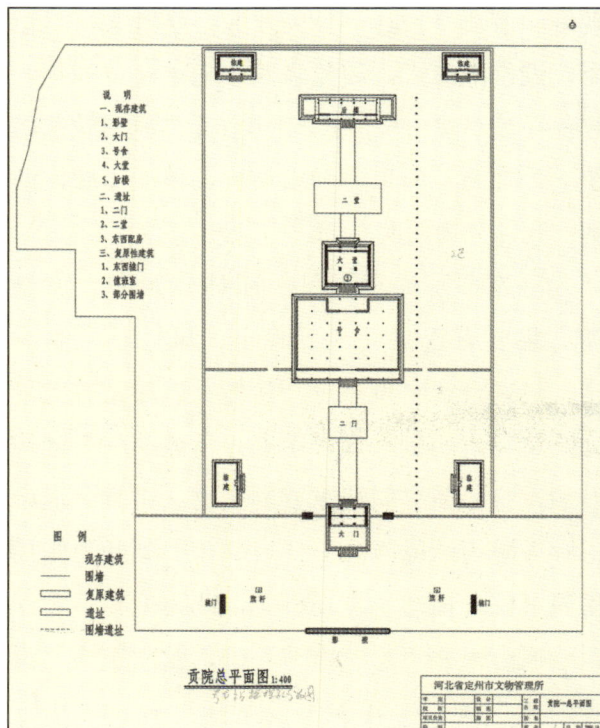

定州贡院平面示意图

定州贡院

从高度上梁架分为四层，明间最高，两侧依次降低，瓦顶也随之分为四层，大面积瓦顶分成七部分，在最高一层和第二层屋檐下沿进深方向开有通长的直棂窗，既便于采光，又节省木料，结构也简单。魁阁明间最高，出两个翼角；两边次间、梢间、尽间依次降低，各出一个翼角，使正面形成与牌楼相似的奇特形状。魁阁各间所出的翼角都不是45°方向，各间进深方向的步架也不一样，因各间面阔不同，为取得较好的正面效果，则举高也需不同，所以魁阁各间梁架自成一体，互相之间没有高度和深度的限制。大堂是考官收取封存试卷的地方。面阔三间，进深两间，前边卷棚顶，抱厦，带天钩，后边五脊硬山，它的梁架上所使用的角背和驼墩上都刻有复杂而精致的花纹，选材考究，做法规范。后楼是考官的宿舍。为三层单檐硬山顶楼式建筑，面阔五间，进深一间，前出廊，左右耳室（为卷棚顶，是在道光十四年由定州州牧王仲槐重修贡院时在原有基础上扩建的），内有暗室。贡院内存有2块道光年间分别由王仲槐和张乐田撰写的《重修贡院碑记》，从民间征集的石狮子1对，乾隆年间植的槐树2棵。

定州贡院整体建筑布局合理，庄严肃穆，基本符合清代对贡院的建制规定，为研究清代建筑风貌提供了实物资料，对研究清代科举制度具有参考价值。

民国15～25年（1926～1936年），定州贡院被平民教育家和乡村建设家晏阳初（1890～1990年）开办的平民教育会所占用，作为放映电影、办广播等平民教育活动的场所。中华人民共和国成立后，定州贡院上属房产部门管理，后被电器设备厂占用为库房、办公处所。1956年，定州贡院被列为县级文物保护单位。1982年7月23日，河北省人民政府重新公布定州贡院为省级文物保护单位，并公布其保护范围和建设控制地带。1992年3月，河北省人民政府公布定州贡院保护范围和建设控制地带。1997年河北省古代建筑保护研究所对定州贡院进行全面测绘，并绘制全套图纸。1998年，河北省古代建筑保护研究所负责对定州贡院进行整体落架维修，整个工程于2005年全部完工，并正式对外开放。1999年和2000年，河北省文物局先后两次拨款，由河北省古代建筑保护研究所对影壁、大门进行整体加固、落架维修，对贡院号楼进行全面维修。2001年6月25日，定州贡院被国务院公布为第五批全国重点文物保护单位，编号5-0213-3-019。2002年，定州市文物保护管理所建立了定州贡院全国重点文物保护单位记录档案。2003年6月，电器设备一搬出贡院，将房屋建筑无偿移交给定州市文物保护管理所使用。2004年3月，对魁阁号舍进行制作安装、挂瓦、装修工程。2005年，贡院正式对外开放。2011年，定州市贡院保护管理处正式成立。

文澜阁 是清乾隆皇帝为珍藏《四库全书》下诏建立的七大书阁之一，也是长江以南唯一留存下来的皇家藏书楼，位于浙江省杭州市西湖区孤山路25号浙江省博物馆西侧。坐北朝南，前临西湖，背依孤山，其西侧为中山公园。

据《清史稿》等记载，清乾隆三十八年（1773年）下诏，开馆编纂《四库全书》。乾隆四十七年（1782年）下诏，在江南地区建扬州大观堂文汇阁、镇江金山寺文宗阁、杭州圣因寺文澜阁三阁收藏《四库全书》。

杭州圣因寺原为康熙南巡行宫，始建于清康熙四十六年（1707年），雍正五年（1727年）改为圣因寺。乾隆四十九年（1784年）文澜阁建成，楼阁内部三层，外观为两层，六开间，仿效宁波天一阁布局。乾隆于当年南巡至杭，曾题"敷文观海"匾额及文澜阁诗。咸丰十年、十一年（1860年、1861年）太平军两度攻占杭州，文澜阁被太平军用作军营，所藏图书部分散失，其余藏书运至上海暂藏。光绪六年（1880年），浙江巡抚谭钟麟在原文澜阁的基址上重建书阁，并添建部分附属建筑。次年九月落

文澜阁及仙人峰赏石

御座房

成。阁之满汉合璧"文澜阁"三字匾额为光绪御笔。民国元年（1912年）将《四库全书》移藏文澜阁以西新建馆舍，从此阁与书分离。

文澜阁为一组清代的建筑群，占地面积1710平方米，建筑总面积852平方米，各单体建筑分列在二列纵轴线上，左右呈不对称布局。主纵轴线上自南向北依次分布有垂花门、假山、御座房、水池及文澜阁。次纵轴线上自南向北为罗汉堂及太乙分青室。主体建筑文澜阁与太乙分青室的前廊间有回廊相连，主纵轴线与次纵轴线的建筑间另有3个小门相通。

主纵轴线上第一进为垂花门厅，两侧厢房、挟屋与之相连。门厅内是狮虎假山，山顶东侧有一月台、西侧有一座四角攒尖小亭-趣亭。山后为第二进平厅，又称御座房（平厅），西侧曲廊缦回，东侧石桥跨涧。厅后有一方池，池岸湖石驳坎，池中一峰独立，名为"仙人峰"。池东为乾隆御碑亭，池西为回廊，连接御座房和文澜阁。池后为第三进主体建筑文澜阁，文澜阁的东山墙侧有光绪御碑亭。藏书楼文澜阁建于高0.56米的台基上，阁前有平台，平台前设汉白玉栏杆。文澜阁为重檐硬山造建筑，每层面阔六开间。外观二层，内有一夹层，实际为三层楼层。通面阔24.76米、通进深13.30米，西尽间为楼梯间，其余5间以东第三间为明间，面阔5.2米，其余各间皆面阔4.45米。阁设前廊，廊的东西端墙面开有拱券门，连接回廊。文澜阁主体构架除东西山面两缝梁架为穿斗抬梁式结构外，其余各缝均使用抬梁式结构，为五架梁带前后单步，用四柱七檩，顶层室内有天花。在每层楼东三间中心略偏前处皆开有一"方井"，周设勾栏望柱，上下直通，便于提吊书籍。书阁门建，按文渊阁式样排架藏书，第一层放《图书集成》，后面和两边放《四库全书》经部，夹层放史部，第三层放子、集两部。清光绪六年（1880年）重建书阁后，一层增储《圣训要言》《全唐文》《钦定剿平粤匪方略》。二、三两层仍按原样收藏图书，直至民国元年（1912年）书阁分离。两御碑亭所立之碑皆为光绪七年（1881年）所立，碑文为浙江巡抚谭钟麟书录，碑文分别为乾隆及光绪皇帝对文澜阁的御谕。

文澜阁的开间、布局、外观、通风防潮等均仿宁波明代私家藏书楼天一阁，在仿其形、会其意、取其优的基础上，创造性地在腰檐处增加夹层及室内三层垂直井口，讲究实用性与科学性相结合的处理方式更好地发挥藏书楼的功能，对于研究中国清代特别是江南地区的藏书历史及相关的规模、格局和制度具有实物借鉴价值。文澜阁外观与《四库全书》另六阁藏书楼相近，又结合江南园林清幽雅致的意境，是一组功能与环境相结合的独特的园林建筑群。

民国18年（1929年），西湖博览会在杭州开幕，文澜阁先被用作展览，后成为西湖博物馆馆舍，在头门外加建门楼。民国22～23年（1933～1934年），浙江省省立西湖博物馆对文澜阁进行测量和整修。1953年，省立西湖博物馆更名为浙江博物馆，文澜阁也并入由浙江省博物馆管理使用至今。1955～1993年，对文澜阁前后进行5次不同规模的修缮，基本形成遗存布局与规模。1981年，文澜阁被浙江省人民政府公布为省级文物保护单位。1995年设立文澜阁文物保护管理所负责保护管理工作。2001年6月25日，文澜阁被国务院公布为第五批全国重点文物保护单位，编号5-0299-3-105。2004年11月20日，文澜阁文物保护管理所建立了全国重点文物保护单位记录档案。2005年起，历时5年，对文澜阁再一次全面整修，对民国以后累次整修内容进行核对改进。文澜阁书阁分离并成为博物馆舍后，除了修缮期间，陈列过各种展览，常年对外开放。2014年8月14日，浙江省人民政府印发《关于调整杭州市区湾里窑址等44处文物保护单位保护范围和建设控制地带的批复》，重新调整和划定文澜阁的保护范围和建设控制地带。

林氏义庄　是台湾志士林平侯在家乡创建的赡赈事业机构，也是闽南地区典型的传统红砖民居类型建筑，位于福建省漳州台商投资区角美镇杨厝村，与厦门隔海相望。

清嘉庆二十四年（1819年），林平侯（1766～1844年）于龙溪故里过井社筹建义庄，即设立基金，赡给有定额，男女不遗漏。义庄施赈以温饱为主，兼赡婚丧。至民国26年（1937年）抗日战争开始以后，由于交通阻隔，乃告终止，前后历经116年。

林氏义庄坐西北朝东南，沿中轴线依次为鱼塘、埕院、东中西三路并排三幢大厝和花园。义庄南北长114米、东西宽90米，占地7528平方米，总建筑面积1142平方米，建筑均为砖木石结构，单檐硬山顶。清嘉庆二十四年（1819年），始建中路大厝永泽堂，第二年建成，命名为永泽堂林氏义庄。道光年间于永泽堂以北建后罩楼，东路建筑以北建粮仓。东路红砖大厝建筑第二进正房在1956年失火烧毁，同年原址重建；后罩楼于"文化大革命"期间拆除。中路建筑永泽堂为二进大厝，左右两侧各有一排厢房（护厝）。主座前后二进均为三开间，中有天井，天井两旁有走廊。屋前埕院铺红砖，埕院围墙用佛山陶绿釉古瓶和石砖砌成，高0.7米。栏杆外有一块鱼塘，屋后有一

林氏义庄大门

林氏义庄

片890平方米的花园，后有围墙拱护全庄。主座西边走廊墙上镶嵌一排乌石碑刻，是清朝书法家吕世余所写，上、下二层共10块，宽3米、高1米。碑刻记载林氏义庄的由来，施赈办法及经理人员配备等内容，此碑刻为研究当时地方慈善机构的运作提供了详尽的第一手资料。庄园环境幽雅，简洁大方，建筑的梁架、斗拱、雀替及神龛等木构及屋面背饰等繁缛精美，具有较高的艺术价值。

林氏义庄体现出中国传统士人"穷则独善其身，达则兼济天下"的儒学思想和闽南地区浓厚的传统家族宗族意识。林氏义庄的建筑规模和建筑结构体现出中国闽南地区红砖建筑的风格和建筑特征。林氏义庄同时也是台湾林氏宗族寻根祭祖的重要祖居地，是海峡两岸血脉相连的历史见证，是研究海峡两岸、闽台两省政治经济交流史极为重要的实物见证。

林氏义庄由龙海市文物管理委员会和市文化局协调建立林氏义庄文物保护管理组，并由义庄居住房屋人员协助管理。1987年，林氏义庄被列入龙海市文物保护单位。2006年5月25日，林氏义庄被国务院公布为第六批全国重点文物保护单位，编号6-0598-3-301。2013年，福建省人民政府公布实施《林氏义庄文物保护规划》。2014年，龙海市文物管理委员会建立林氏义庄的全国重点文物保护单位记录档案。2016年11月，福建省文化厅、省住房和城乡建设厅印发《关于公布省级以上文物保护单位建设控制地带的通知》，划定了林氏义庄的保护范围和建设控制地带。

嘉业堂藏书楼及小莲庄 是清光绪年间南浔四象之首刘镛的私家藏书楼和花园，位于浙江省湖州市南浔镇万古桥西侧。

嘉业堂藏书楼、小莲庄是南浔儒商刘镛、刘锦藻、刘承幹祖孙三代于清光绪十一年（1885年）至民国13年（1924年）接力建造的，历时40年。刘镛经营蚕丝发迹后开始构筑小莲庄，创建之初，即以挂瓢池为中心，环以湖石，点缀亭台，植树种荷，理水叠山。清光绪十四年（1888年）在小莲庄园林西侧营造刘氏家庙，第二年建成。建成当年刘镛去世，次子刘锦藻接手营造小莲庄，并创立刘氏义庄。此后，小莲庄曾有过3次大的扩建工程。民国9年（1920年），再承祖业的刘镛长孙刘承幹在小莲庄家庙西侧购地1.4万平方米，设计建造藏书楼，民国13年（1924年）落成启用，取名嘉业藏书楼。民国13～22年（1924～1933年）是嘉业堂的鼎盛时期，共藏古籍18万册计57万卷，并先后自行刊刻《嘉业堂丛书》《吴兴丛书》等170余种古籍。

嘉业堂藏书楼及小莲庄两者东西布置。西为嘉业堂藏书楼，是中国近代最著名的私家藏书楼之一；东为小莲庄，系江南名园。嘉业堂藏书楼及小莲庄总占地面积32328.4平方米。

嘉业堂占地15162.6平方米，平面略呈长方形，南北长，东西短。因有环河围绕，形成一个四周与外界隔绝的"孤岛"，环河宽5～7米不等，东侧设石拱桥跨河，以通出入。一条青石板铺成的甬道把"孤岛"分成两半，北为藏书楼及其辅房，南为园林及亭榭建筑。书楼为回廊式四合院，两层砖木结构，由二进、两厢围合而成，东西阔30.5米、南北深45.5米，建筑面积1955平方米，楼层面阔、进深、用柱（通长柱）、设廊均同底层。屋面施小青瓦，铁皮天沟落水。各建筑单体向天井各面两层皆设贯通廊道，一层廊道栏杆嵌"嘉业"二字。槅扇长窗设"嘉业堂藏书楼"篆字窗棂；二层廊道栏杆和落地长窗嵌饰"希古"二字。各斋室楼堂装饰画屏楹联，内置书橱书箱书架、桌椅几凳，方便摆放、查阅书籍。天井水泥地坪，四周设明沟排水。辅房共四进，建筑面积908平方米，位于书楼东。藏书楼南侧为园

嘉业堂藏书楼

小莲庄家庙

林，占地7000平方米。园中凿池垒岛，湖石砌岸，岛中筑三亭、立一石，植有香樟、朴树等名树。嘉业藏书楼开建时就将防火放到首位。一条环绕四周的小河，作为保护书楼的第一道防线。书楼前一荷花池，是第二道防线，这两处水源离书楼的南、西、北三面墙体均在10米左右。第三道防线是书楼的庭院内摆放4只大水缸，取水更为便捷。建筑上，书楼主楼四周围合50多厘米的厚墙，窗户和门皆白铁皮包面形成防火阻燃体。

小莲庄占地17165.80平方米，平面近似长方形，东西长，最大距离为208米，南北短，最大距离95米。西半部为建筑群，东半部为园林区。建筑群分列三条南北向轴线，从东到西依次为家庙、义庄、私塾。园林以古挂瓢池为

基础，依地形设山理水，形成内、外二园。外园是小莲庄园林的主体，占地逾8000平方米。园中80%面积是一方莲池，条石砌岸，清池有花；并将池水与外溪沟通。池北与池东沿池筑堤，池岸间隔筑亭、阁及观景平台，又间隔叠砌若干太湖石假山。池西与池南是小莲庄园林建筑较为集中之所在，建筑均面池而建，依次分别有南北向双开间四面厅的净香诗窟、木榭、东升阁、书房养新德斋及退修小榭等；在退修小榭的东西两头分别接曲廊；曲廊自东向隔立有3座亭。内园位于外园的东南角，两园以漏窗花墙隔断，有月洞门相通，虽不足2亩，却有山有水有建筑，内园堆土叠石为山，筑亭立轩，幽径暗道，内外两园既分又合，气韵贯通。刘氏家庙与园林一墙之隔，位于小莲

刘氏家庙御赐石牌坊

庄的中心位置。家庙坐北朝南，由两侧过四柱五楼歇山顶牌坊进入家庙正门。家庙建筑沿轴线布局，从南到北依次为照壁、石牌坊、门厅、过厅、正厅、馨德堂、骑楼等。门厅、过厅、正厅，皆面阔三间，单檐硬山造，明间设五架抬梁，砌上露明造，檐下多施斗拱。馨德堂，为悬挂祖先画像之地，祭毕馂余之所；面阔三间。小青瓦歇山顶周围廊二层楼屋。骑楼，面阔四开间，单檐硬山造，日常家庙管理及暂息之处。家庙西侧有刘氏义庄和私塾。义庄坐北朝南，分前后二进，面阔皆五开间；第一进为平屋，第二进为楼屋。私塾分三进，第一、二进为楼房，皆面阔四开间；第三进为平屋，面阔五开间。

嘉业堂是中国近代史上规格最宏大、功能最齐全的私家藏书楼之一，在全盛时期的藏书数量为中国历代各私家藏书楼之最。书楼的防火、通风、采光、防盗等几乎达到尽善尽美的程度。小莲庄的园林建筑成功采用造园艺术对比手法，内外园既分又合、既广又窄，池苑楼榭有机结合，实为园林中的上乘之作。文字博古图案、碑廊等使嘉业堂及小莲庄充满人文气息和艺术魅力。

民国38年（1949年）6月，中共中央军委副主席周恩来电报指示保护嘉业堂。1951年，刘承干将藏书楼并藏书书版连同各项设备捐赠给浙江图书馆，彼时尚存藏书12367部，112774册。1954～1980年，小莲庄主要作为嘉兴当地医院或医护培训学校使用，1980年后，小莲庄对外开放。从20世纪80年代开始至今，对小莲庄的修缮遵循轮修的方法，在开放中每次选择一两处单体进行整修。1981年，吴兴嘉业堂被浙江省人民政府公布为省级文物保护单位。1988年，浙江省文化厅和浙江省城建厅联合发文批准湖州市文化局和湖州市城建局的公文，确定嘉业堂及小莲庄的保护范围及建设控制地带。1989年，将小莲庄纳入嘉业堂藏书楼（含小莲庄），被公布为浙江省第三批省级文物保护单位。2001年6月25日，嘉业堂藏书楼及小莲庄被国务院公布为第五批全国重点文物保护单位，编号5-0312-3-118。2004年，湖州市南浔区文物保护管理所建立嘉业堂藏书楼及小莲庄全国重点文物保护单位记录档案。

陈家祠堂 是广东省七十二县陈姓合族祠堂，原名陈氏书院，俗称陈家祠。陈家祠堂位于广东省广州市城区西部的荔湾区金花街道陈家祠社区中山七路恩龙里34号。

陈家祠堂于清光绪十四年（1888年）动工，光绪二十年（1894年）落成。光绪三十一年（1905年）废科举后，书院改为陈氏实业学堂。民国期间，这里先后为文范学校、广东体育专科学校和聚贤中学。

陈家祠堂建筑面积6400平方米。总体布局以中轴的厅堂为主体，两侧为偏厅，两边再以偏间廊庑围合，组成封闭式的建筑群体。坐北向南，五楹三进，九堂六院。总体布局以中轴的厅堂为主体，两侧为偏厅，两边以偏间廊庑围合，组成封闭式的建筑群体。每座单体建筑以青云巷隔开，有长廊相连，六院与八廊互相穿插。轴线上重要建筑有头门、聚贤堂和后堂。头道门面阔五间27.56米、进深三间14.91米，大门上悬"陈氏书院"横匾，两边石砌包台，门前两侧立1对石鼓，两扇木门彩绘巨幅门神，四扇挡中双面镂雕精美。聚贤堂是陈姓族人举行春秋祭祀和议事聚会之地，面阔五间27.65米、进深三间16.7米，前后廊，梁架、驼峰、斗拱、雀替雕刻花纹，后补金柱明间、

陈家祠砖雕

次间装12扇镂雕屏风，梢间设花罩。堂前的月台宽16.4米、深5.76米，石栏杆的望柱雕岭南佳果，嵌铸铁花栏板。后堂是祭祀的地方，龛内放置陈氏祖先牌位。透雕的大龛罩刻有制作年款、工场店号与地址的铭记，为清代广州木雕之最。除中轴线主体建筑外，其他厅堂、廊庑、斋室、厢房等建筑采用木雕、石雕、砖雕、陶塑、灰塑、铁铸雕体等不同风格的工艺装饰，梁架、斗拱、驼峰、墙壁、墀头、踏跺

陈家祠正门

陈家祠堂瓦脊

陈家祠堂灰塑

均以梅兰菊竹、花鸟虫鱼、岭南佳果、历史典故、戏曲人物等题材为装饰内容。祠院内尚存木楹联12副。陈家祠堂前的壁间有6幅画卷式的大型砖雕，每幅砖雕长达4米，是用一块一块的青砖雕刻好了以后再连接成一体，立体、多层次的画面里有神话传说、山水园林、花果禽兽、钟鼎彝铭等。陶塑工艺集中在19座厅堂屋顶上的瓦脊；砖雕以东、西倒座外墙的最具规模；灰塑集中在瓦脊及院廊上，是南海灰塑艺人所作；木雕除梁架与大门及聚贤堂的屏风外，后座的11座双层透雕神龛，体形高大，有"光绪十六年""回澜桥刘德昌造""源昌街时泰造"等题款。陈氏书院集中了广东民间建筑装饰艺术之大成，巧妙运用木雕、砖雕、石雕、灰塑、陶塑、铜铁铸和彩绘等装饰艺术。其题材广泛、造型生动、色彩丰富、技艺精湛，是一座民间装饰艺术的璀璨殿堂。

1950年后，陈家祠堂先后被广州市行政干部学校、广东民间工艺博物馆、广州新华印刷厂占用，至1980年广州新华印刷厂迁出。1957年，广州市人民委员会批准广州陈家祠堂为广州市文物保护单位，由广州市文物管理委员会负责全面维修管理。1959年，以陈家祠堂为本体成立广东民间工艺馆，负责陈家祠的保护和管理以及陈列开放工作。1960年，陈家祠被广东省人民委员会公布为广东省文物保护单位。1981年对陈家祠进行全面复原维修，1983年重新对外开放。陈家祠堂以"古祠流芳"之名两度入选"新世纪羊城八景"，被誉为"广州文化名片"，成为岭南地区最具文化艺术特色的博物馆和著名的旅游景点。1988年1月13日，陈家祠堂被国务院公布为第三批全国重点文物保护单位，编号3-0085-3-033。1994年，广东省人民政府发文公布陈家祠堂的保护范围及建设控制地带。广州市文物考古研究院建立及保管陈家祠堂全国重点文物保护单位记录档案。

玉海楼 是中国东南地区著名藏书楼之一，位于浙江省瑞安市县城玉海街道县前社区道院前街5号。

孙诒让（1848～1908年），字仲容，别号籀庼。浙江瑞安清代经学家、文字学家。同治举人，官刑部主事。著有《周礼正义》《墨子间诂》《契文举例》等。其父孙衣言诗文卓绝，有"晚清特立之儒"之称。父子皆是名望卓著的学者。

清光绪十四年（1888年），孙衣言和孙

诒让父子开始建造玉海楼，因敬仰南宋著名学者王应麟，特别是其《玉海二百卷》，便将自家藏书楼命名为玉海楼，最多时藏书达10万卷3万多册。光绪十五年（1889年）开始建造故居，孙氏父子家人日常皆在此起居，孙诒让辞世于此。玉海楼与故居开建之时，两者间地块不属于孙家，后孙家购得此地，便在此建造几组建筑形成一小院，其主厅仿照彭玉麟命名为恰受航，又因清王懿荣题写"百晋陶斋"匾额，世人遂将此组建筑称为百晋陶斋。孙诒让去世后，其五子析产分家，约3600册藏书捐赠瑞安县县立图书馆，珍本秘籍约3000册被带至杭州，后收藏于浙江大学。其余约22000册图书在1951年转由温州图书馆收存。

玉海楼由玉海藏书楼、百晋陶斋、孙诒让故居、后花园（后建）四部分组成。玉海楼在东侧，向西穿过百晋陶斋和西侧的孙氏故居相连。三者皆坐北朝南，各有围墙，自成院落，院内建筑呈纵轴排列。各院落间开有侧门，互相贯通，外再设高墙或以河为界将其围合成一个整体，总占地面积约7913平方米。

玉海藏书楼由南外墙、石桥、道坦、台门、前庭院、两进藏书楼、回廊、中天井、后庭院，四面高墙，南面环河，东北两面放生池等部分组成。围墙内占地面积为744平方米，加上环绕的河道和放生池等达2530平方米，建筑面积628平方米。前后二进建制、石局相同，皆二层重檐硬山式楼屋，面阔五间、进深六间，穿斗式梁架，设柱头科、檐架科，清水脊，龙凤吻，观音兜山墙，两者间左右游廊相通。台门左右青石嵌有1964年5月郭沫若题写的行书对联"玉成桃李，海涌波澜"。前楼悬挂有赵朴初的"疏周礼研契文闲诂墨经续二千年之绝学，搜佚篇罗新籍藏书玉海照今后世以

玉海楼书楼

玉海楼孙氏旧宅

明灯"木刻对联，后楼的"玉海楼"匾额为清潘祖荫书的原物。另院内还有多处清至现代的对联题记。原有放生池、河道等曾被填埋，池、河为后期复建。

百晋陶斋由南向北依次排列的颐园、船厅、丁字雨廊三部分组成，占地面积为345平方米，建筑面积119平方米。恰受航船厅，单檐硬山造平屋，面阔五间，进深两柱五檩。颐园中央筑有荷池，池内白莲至今盛开不衰。丁字雨廊墙上今镶嵌与孙氏父子有关的碑刻，其中悬挂于船厅的"百晋陶斋"厅匾原为清王懿荣题写。

孙诒让故居前后三进，依次由前照壁、月池、门厅、廊屋、花厅、正楼、厢房、轩房、大伙房、5个天井、后照壁、后花园等部分组成，建筑占地面积约1442平方米。门厅单檐硬山造平屋，面阔七间、进深四间，抬梁穿斗式。花厅单檐硬山造平屋，面阔五间、进深六间，抬梁式。正楼二层重檐硬山式楼屋，面阔七间、进深六间，抬梁穿斗式。三者均采用清水脊，小青瓦覆面，龙凤吻，观音兜山墙，两侧有廊屋或厢房相连接。正楼两侧有伙房、佣工房、杂屋厕所等生活附属用房。后部有后花园，原园已毁，为后期复建。

玉海楼为晚清私人藏书楼。其独特之处不但藏书丰富，其收藏人本身也是当时名望卓著的学者。孙衣言、孙诒让父子特别是孙诒让一生的重大政治、教育活动与重要著作，都在此进行或完成。藏书楼和故居，是他们一生生活与治学、撰著及政治活动的实物遗证。玉海楼与宁波天一阁、杭州文澜阁、湖州嘉业堂并称浙江四大藏书楼，其除了收藏大量珍本孤本外，孙氏父子还对许多手抄藏书进行朱墨批校。在建筑构造时，借鉴其余著名藏书楼，注重防潮、防火、防盗等方面。

清光绪三十四年（1908年）孙诒让去世后，孙氏家人在此居住至1950年前后，之后玉海楼成为瑞安市文物管理机构的办公地址，百晋陶斋和孙氏故居变成瑞安县（市）福利院院舍和居民住家，放生池、后花园、河道等多被毁改或填埋变成民居或办公用房。1956年，玉海楼由瑞安县文物管理委员会保护管理，后保护机构更名为瑞安县文物馆，再更名为瑞安市文物馆。1963年，玉海楼被浙江省人民委员会公布为第二批浙江省重点文物保护单位。20世纪80年代百晋陶斋收归国有，1993年孙氏故居亦收归国有，整组建筑皆由当地文物部门保护与使用。玉海楼自20世纪50年代起共经过4次较大修整，保存较好。百晋陶斋、孙氏故居先后于1986年、1994年全面整修。1996年，整组建筑进行电路改造，并陆续重建被拆改的围墙、照壁、外台门、后花园、放生池、河道等，建筑群基本恢复孙诒让在世时的面貌。1986年，孙诒让故居被瑞安县人民政府公布为第二批县级文物保护单位。1989年，浙江省人

民政府以"玉海楼（含孙诒让故居）"之名将故居纳入成为第三批浙江省文物保护单位。1992年始，整个玉海楼由瑞安市文物馆保护管理。1996年11月20日，玉海楼被国务院公布为第四批全国重点文物保护单位，编号4-0171-3-093。2005年8月10日，瑞安市文物馆建立玉海楼全国重点文物保护单位记录档案。2015年9月28日，浙江省人民政府印发《浙江省人民政府关于划定泗州造纸作坊遗址等345处文物保护单位保护范围和建设控制地带的批复》，划定了玉海楼的保护范围和建设控制地带。

南通博物苑 是中国最早的一所公共博物馆，被视为近代中国博物馆事业的发祥地。南通博物苑位于江苏省南通市崇川区濠南路13号，北与城南别业、东与南通师范旧址北隔河相望，南临南通大学医学院。张謇墓是张謇的安息之地，位于江苏省南通市崇川区南郊啬园150

南通博物苑南馆

号啬园内。

南通博物苑由晚清实业家张謇创办。张謇（1853～1926年），字季直，号啬庵，江苏南通人，清末状元，是中国近代著名的实业家、教育家。清光绪三十一年（1905年），张謇将建设中的通州师范学校公共植物园规建为博物苑，创建中国第一所公共博物馆，隶属通州师范学校管理，张謇自为总理，孙钺为主任。民国元年（1912年），博物苑脱离通州师范学校而独立，称南通县博物苑。民国16年（1927年），博物苑附属于南通学院，民国24年（1935年）7月博物苑回归通州师范学校代管。民国27年（1938年）3月17日，侵华日军占领南通，南通博物苑遭到破坏和掠夺，文物大部分散失。

南通博物苑的建筑布局和主要建筑结构以及环境风貌一直保存完好。南馆、中馆和北馆在南北中轴线上；中馆、东馆之间为荷花池；中馆的西北为国秀亭和国秀坛；中馆与北馆之间尚有水塔，水塔旁原有风车。濠南别业大楼保持原状。南馆、中馆均建于清光绪三十二年（1906年）。南馆平面"凸"字形，为一座西式二层楼房，初名动矿物陈列室楼，

后称博物馆，是博物苑主要的陈列室，当年陈列天产、历史、美术、教育四部。楼上陈列历史文物，楼下陈列动、植、矿物标本。在二楼月台上，悬挂着张謇手书的一副对联："设为庠序学校以教，多识鸟兽草木之名。"中馆为三开间中式平房，上部加盖一间二层尖顶小楼，始称测候所，用以测报天气，是中国最早的气象观测机构所在地之一。民国3年（1914年），测候所迁至农校，中馆改建后作为金石碑帖陈列室。张謇亲笔题写中馆匾额。北馆建于清宣统三年（1911年）。北馆当初本是作为金石书画陈列，张謇为北馆作铭曰："将究四类，其广海会。金概所藏，州厅县界。力所弗堪，举例犹派。事固无小，道奚病隘。"北馆建设中，为了陈列当时从吕四海滨出土的长达10多米的鲸骨架，张謇将其改建，楼下陈列除鲸骨架外，还陈列苑中所藏许多其他动物的骨骼标本和化石，楼上用特制的橱屏，陈列通、如、泰、海名家书画，东、西两间可以展阅一幅清代南通画家钱恕所作长达10米以上的山水长卷。东馆建于民国3年（1914年），即苑事室，是当年博物苑的办公室和接待室。

南通博物苑有藏品5万余件，分历史文

南通博物苑中馆

南通博物苑北馆

濠南别业

物、民俗品物和自然标本，其中以反映地方历史的文物最具特色。苑史文物是博物苑的特色收藏之一，张謇建苑时的部分藏品、文献史料，亦是中国博物馆史的珍贵史料。1956年5月，文化部副部长郑振铎在全国博物馆工作会议中提出："中国博物馆事业的历史并不太久，最早的公共博物馆，除了帝国主义者们在沿海地区所办的几个之外，要算是张謇他们办的南通博物苑了。"

民国11年（1922年），张謇在城南选地3000平方米，次年底开始建园。民国15年（1926年）张謇病逝葬于此园。因张謇号啬庵，故又称啬公墓。民国16年（1927年）在墓园的东南百余米处建张氏飨堂。张謇安葬两年后，其门人故旧为表达追慕之情，特铸全身铜像一座，供人瞻仰。民国24年（1935年），其子亡故归葬于墓东侧。

张謇墓居墓园中心轴北部，为坐北朝南的方形陵台，由混凝土筑成，高出地表0.5米。周边设石雕栏杆，外围环以高大龙柏一对。墓亭在陵台中央，长1.45米、宽2.1米，高出台面0.79米。墓椁后树方形墓碑，高1.95米、宽0.64米；碑上立张謇全身铜像，铜像端庄、凝重，手持书卷，神态逼真。碑正面镌有郑孝胥"张公啬庵像赞"。墓正前方有石牌坊，墓碑石额正反面都刻有铭文。张謇墓陵台左侧10米处为其独子张孝若的墓茔。墓东百米处建有张氏飨堂，为祭祀之所，四合院式房舍，后庭连一八角亭。飨堂的西侧为憩厅。憩厅后有一小溪，不远处建有水榭，称为松鹤轩，出轩北登假山，上有碧云亭，溪东建有望鹤亭。张謇墓园栽有大龙柏、日本柳杉、雪松、台湾杉、婆珞柏、香樟、池杉、缩叶柳杉等名贵树木，大多由张謇生前的国际朋友和亲友所赠。张謇喜张氏飨堂已辟为陈列室，陈列有张謇油画像、张謇与其家人合影、所建别墅等图片资料及张謇遗留的部分家具和生前收藏的一些文物等。作为一座纪念性公园，是后人瞻拜墓像和怀念张謇的场所和爱国主义教育的基地。

1949年2月2日，南通解放，南通市人民政府着手恢复南通博物苑，于1950年成立南通博物苑修建委员会，并开始修建工作。1951年，修建后的博物苑改称为"南通博物馆"，同时将原博物苑园林部分另划为人民公园。1954年4月，江苏省人民政府决定撤销南通博物馆，馆藏文物、家具大部分移交江苏省博物馆筹备处。1956年6月，江苏省人民委员会决定恢复南通博物馆，于次年重建南通博物馆。1956年，张氏后人建憩园，并将墓园献给国家。1958年，由张氏家属提议，改名为南郊公园。1968年9月，南通博物馆与南通市图书馆、文化馆、市劳动人民文化宫、唐闸工人俱乐部合并为南通市劳动人民文化馆，成立革命委员会。"文化大革命"中墓茔、墓阙遭受破坏，铜像被砸碎冶化，园内其他设施破坏严重。1976年始，南通市人民政府先后3次征地扩园，修筑景点，总面积达11.68万平方米。1979年1月，恢复南通博物馆名称。1983～1985年，南通市人民政府原地复建张謇墓园并重塑铜像，并改称啬园。1984年4月，江苏省文化厅同意恢复南通博物苑原名及原貌，7月正式恢复南通博物苑名称。1988年，南通博物苑被国务院公布为第三批全国重点文物保护单位，编号3-0099-3-047。1999年12月，南通市人民政府决定人民公园成建制并入博物苑，恢复到创苑初的包括园林部分的南通博物苑。2001年，国务院公布第五批全国重点文物保护单位时，张謇墓被归入第三批全国重点文物保护单位南通博物苑。2002年，南通市人民政府公布南通博物苑、张謇墓的保护范围和建设控制地带。2005年9月24～26日，南通博物苑百年暨中国博物馆事业发展百年纪念大会庆典在江苏南通召开。大会当天，举行南通博物苑新馆的开馆仪式。

第十五节　商肆作坊及其他

南诏铁柱　是南诏时期唯一留存下来的古铁柱实物，是西南地区各民族融合发展的实物见证，位于云南省弥渡县城西北6千米太花乡庙前村。

南诏铁柱古称崖川铁柱、建宁铁柱，又称天尊柱。铁柱始建于南诏第十一代王蒙世隆建极十三年（872年），相当于唐咸通十三年。柱体圆柱形，通高3.3米，直径32.7厘米，重约2069千克。铁柱用合范浇铸而成，柱体外可见铸缝，用5节合成。柱体上有直书阳文题记"维建极十三年岁次壬辰四月庚子朔十四日癸丑建立"22字，题记外有凸线边框。

铁柱庙历元、明至清初不断得到扩建，形成三进三院、七殿五厢、内外两戏台、二山门、一砚池、一大照壁的古建格局。清康熙初年对铁柱正殿进行维修，至清乾隆年间进行全院的整体维修；道光、同治年间直到民国时期，又先后对庙内的古建进行局部维修。

铁柱庙由前、中、后、北四院组成一组完整的古建筑群，占地面积5800千方米，总建筑面积约2000平方米。前院由照壁、外戏台、旧山门、大门、砚池和石拱桥等组成。中院为铁柱庙主体建筑，由大殿（内供铁柱）、内戏台、南北厢房、三郎殿、张仙殿、爱至殿等组成。后院由三皇殿、圣母殿、土主殿、南、北厢房等组成。有一大照壁立于庙前。外院由戏台、圆形砚池及横跨池上的三拱石桥构成。砚池北岸有一株枝叶繁茂的古缅树。内院由山门及内戏台，两侧耳房，南北两厢，铁柱大殿及北侧张仙殿、南侧三郎殿（又称爱教殿）组成。山门两侧耳房曾立有白马像。后院有三宝殿。以上庙宇建筑均在铁柱之后历代增设。

南诏铁柱是中国唯一一件大型铁质铸作遗存，它对研究古代科技史、冶金史具有重要

南诏铁柱庙

石拱桥

南诏铁柱

利，表彰英雄的活动。南诏铁柱的民俗活动反映了当地各族人民团结互助、和睦共处的历史传统，具有鲜明的民族凝聚力和影响力，有着很高的社会知名度。铁柱不仅是重要的物质文化遗产，而且蕴含着丰富的非物质文化遗产的内涵，具有很高的文化旅游价值。

1965年，南诏铁柱被公布为云南省第一批重点文物保护单位。1966年初，维修铁柱庙大殿佛龛、天棚部分。1978年7月，由云南省博物馆，弥渡县文化部门主持对铁柱正殿进行第一次大规模的维修，主要涉及正殿的花脊、墙壁彩绘、前檐装修、神龛等。1982年，由云南省文化厅拨款，弥渡县文化部门主持对铁柱庙的山门、戏台进行抢救性维修保护。1983年5月，国家文物局拨款再次重修铁柱砚池、三拱石桥和大照壁。1985年，经云南省文化厅批准维修方案，由弥渡县文化局主持铁柱庙的第三次局部维修工程。1988年1月13日，南诏铁柱被国务院公布为第三批全国重点文物保护单位，编号3-0180-6-001。1995年，原使用单位铁柱完小迁出后，南诏铁柱庙交由弥渡县文化局管理使用。1997年，国家文物局拨付经费对南诏铁柱庙进行全面维修，重现南诏铁柱庙历史原貌；同年，成立南诏铁柱庙恢复文物古迹管理组。2000年，南诏铁柱的保护范围和建设控制地带确定。2008～2010年，南诏铁柱庙前后实施安防、消防、防雷一期工程，文物本体修缮二期工程，环境整治工程，铁柱庙整体面貌获得改善，重现出昔日的传统原貌和辉煌。

价值。南诏铁柱庙是一座"巫道相容"的宗教建筑，融铁柱崇拜、土主崇拜、道教信仰为一体，对研究云南古代民族宗教史有重要意义。铁柱具有明确的纪年，与距其不远的金殿窝白崖城古遗址一起，验证许多地方史籍的记载，起到证史、补史作用。铁柱庙的大殿、中院山门、戏台和照壁等建筑具有较高的建筑艺术价值，在当地具有代表性。关于南诏铁柱的文化内涵，学术界存有六种说法：佛教纪念柱说；天尊柱说；源于生育图腾崇拜说；源于祖先崇拜，认为南诏铁柱的祭祀是南诏时大理地区山地民族原始的祖先崇拜——树崇拜——柱崇拜的继承；祈年说，与祈丰收的祭天活动有关；唐九征率军与吐蕃战时曾立铁柱是为了祈求胜

溪州铜柱　为镌刻有五代时期长沙楚王与溪州刺史盟誓条款的铜柱，湖南省永顺县芙蓉镇河畔街15号湘西民俗风光馆内。

史载，五代后晋天福年间（936～944年），

溪州刺史彭士愁日益强盛，拥有包括永顺、保靖、龙山、古丈等大片溪州属地，与楚王因疆界时有冲突。后晋天福四年（939年）九月，长沙楚王马希范与溪州刺史彭士愁因疆界之争，发动溪州之战。后晋天福五年（940年）春双方停战议和，同年十二月，把双方订立盟誓条款镌刻于铜柱上，内容涉及当时的政治、经济、文化、军事、民族关系等诸多方面，是研究湘西少数民族历史以及中国古代民族关系的宝贵资料。

铜柱为青铜质，柱形八棱中空，每棱宽15厘米。整根铜柱直径39厘米，高398厘米，重2500千克，阴刻铭文《复溪州铜柱记》，计41行，2613字，楷书。铜柱上镌刻楚王对叛乱的政策原则："古者叛而伐之，服而柔之，不夺

其财，不贪其土。前王典故，后代著€，吾戈叛怀柔，敢无师古；夺财贪地，吾所不为。"对彭士愁的归顺，楚王表示："卿能恭顺，我无科徭，本州赋租，自为供赡，本土兵士，亦不抽差。永无金戈之虞，克保耕桑之业。"双方盟誓为约，立柱为信。柱内以马氏统治时期所铸的铁钱填实。溪州铜柱越千年，历事官方与湘西少数民族之间的冲突，虽仍不断发生，战乱时有，但铜柱誓约，谁也未曾然推毁，依然起着约束、平息作用。如《宋史》载，太平兴国七年（982年）有"诏辰州不得移易内马氏所铸铜柱"。清辰州知府，以"铜柱之立千有余年，其文可考，请将墨拓铭文访示各土司官酋，俾各如约遵行，永安边圉"。铜柱为官方、土苗双方所重，是和平昌盛象征，是

溪州铜柱

溪州铜柱铭文

能保存至今。

湘西民俗风光馆原为福音堂，为民国26年（1937年）芬兰牧师所建。福音堂坐北朝南，面宽8米，进深13米，两层四间，抬梁式，砖木结构，地铺青砖。

1961年3月4日，溪州铜柱被国务院公布为第一批全国重点文物保护单位，编号1-0132-6-001。溪州铜柱原立于湖南省古丈县会溪坪的酉水河滩上，下埋六尺，微向北方倾斜。1968年3月，因修凤滩水电站，铜柱处在淹没区内。1970年4月，湖南省文物部门呈报国务院批准，将铜柱迁移至永顺县王村（芙蓉镇）丛山堡，并建亭保护，建立铜柱保护标志。1990年3月20日，铜柱迁往王村湘西民俗风光馆，由湘西民俗风光馆负责铜柱的保护管理工作。1988年12月，永顺县人民政府将湘西民俗风光馆公布为县级文物保护单位。2005年，建立溪州铜柱四有档案，存永顺县文物管理局。2007年6月6日，湘西土家族苗族自治州人民代表大会委员会制定《湘西土家族苗族自治州猛洞河风景名胜区保护条例》，景区内的溪州铜柱被列为保护对象，划定了保护范围和建设控制地带。

沧州铁狮子　是中国最大的五代铸铁艺术珍品，位于河北省沧县旧州镇东关村西200米。

沧州铁狮子又名"镇海吼"，铸于五代后周广顺三年（953年）。清嘉庆八年（1803年）铁狮子曾被大风吹倒，口、吻、腹、尾俱残。光绪十九年（1893年）由知州派人将铁狮子扶起。据民国《沧县志》载：铁狮在旧州城内开元寺前，高一丈七尺，长一丈六尺，背负巨盆，头顶及项下各有"狮子王"三字，颈右

沧州铁狮子

侧有"大周广顺三年铸"七字，左肋下有"山东李云造"五字，腹内有隶书金刚经文，头内有"窦田、郭宝玉"字样。

铁狮子通高5.5米，身长6.3米，体宽3米，重约4万千克。铁狮子坐北面南，身披障泥，背负莲座，前胸及臀部饰束带，鬃作波浪状，披垂项上，巨口大张，昂首怒目，四肢叉开作行走状。身体内外呈棕褐色，头上波浪式毛发、颈部束带及身上障泥都清晰可见，颈下"狮子王"三字尚可辨认。通体内外有纵横向铸造披缝，从爪至头顶共有横向披缝21条，缝间距离25厘米左右；各横向缝间又有许多纵向披缝，缝间距45厘米。颈、背部的内面有左右两条凸筋，从头部经颈、背到尾。头颈及背部有许多形状不同的铁块。狮身内外有一些水平的冷隔线迹，多在两条披缝间，也有与披缝重合的。

铁狮子铸造工艺属泥范明浇法，即先用泥塑雏形，再在雏形上附泥印出外范，然后把雏形刮去一层，留下泥芯，再将外范拼接垒起，然后群炉浇注，最后清除泥范。铁狮子的外范是由25厘米×45厘米左右的长方形范块拼合而成，铸造外范共由500多块长方形范块组成。

铸造材料为生铁，冶铁以木炭为燃料，它比法国人1722年炼出白心可锻铸铁，美国人1826年炼出黑心可锻铸铁要早七八百年。其铸造工艺复杂，技术精湛，世界罕见。

铁狮子的形体巨大，昂首挺胸，巨口大张，似仰天长啸；它躯体矫健，气势磅礴，似疾走乍停，造型逼真，是古代铸造工艺的一大珍品，充分显示古代劳动人民的聪明才智和创造力。沧州铁狮子铸于五代，是中国遗存规模最大的早期铸铁件，也是世界上体积最大、铸造年代最早的铁铸狮子，展现了中国古代铸铁工艺的高度成就。沧州铁狮子既是珍贵的艺术品，也是研究古代铸铁工艺和铸造技术的重要实物资料，对研究中国冶炼史、雕塑史、佛教史均有重要价值。

1957年，建八角廊亭对铁狮子进行保护；1972年，因铁狮子锈蚀严重，将廊亭拆除。1961年3月4日，沧州铁狮子被国务院公布为第一批全国重点文物保护单位，编号1-C-34-6-003。1982年11月，河北省文物研究所与沧州地区文物组联合对铁狮子周围进行勘探、发掘，发掘面积300平方米，出土各类遗物20余件。1984年11～12月，经国家文物局批准，正式实施并完成沧州铁狮子移位工程，把铁狮子安全移位至2米高的混凝土台基上。1985年，沧州市文化局修建保护围墙，公布了沧州铁狮子的保护范围和建设控制地带。1987年2月，对铁狮子实施防腐工程。1988年4～10月，沧州市文物保护管理所对铁狮子进行文物普查，建立铁狮子普查资料档案。1992年3月，河北省人民政府

沧州铁狮子

印发《河北省国家级、省级文物保护单位保护范围及建设控制地带》的通知，确定沧州铁狮子的保护范围和建设控制地带。1994年11月，成立铁狮子管理处，负责沧州铁狮子的管理保护。1994年8月至1995年2月，河北省古代建筑保护研究所对铁狮子进行修缮加固。1995年8月，沧州市文物保护管理处建立了沧州铁狮子全国重点文物保护单位记录档案。1997年4月，河北省古代建筑保护研究所实施铁狮子抢险加固工程。2001年10月，经河北省古代建筑保护研究所实施，将铁狮子腿部已膨胀的后期填充物取出，使腿部裂纹明显收缩。

四连碓造纸作坊 是中国四大发明之一——造纸术的"活化石"，是中国古代造纸术实物遗存的代表，位于浙江省温州市瓯海区泽雅镇石桥村、唐宅村、横垟村三村。

泽雅地区造纸历史悠久。明朝初期，瓯海泽雅开设造纸局。明宣德五年（1430年），温州太守何文渊体恤民情，奏请水质浑浊，不宜再造蠲纸。明廷鉴此，撤造纸局。据明洪武年间黄淮撰文的泽雅南山《林处士墓志铭》记载，泽雅先民在明初即从事屏纸生产。在清初迁界以后，泽雅居民逐渐增多。因山区偏远，交通闭阻等特殊情况使屏纸生产得以发展，至20世纪30年代，纸农（亦称槽户）已10万余人，约占当地人口的80%。屏纸集散地在瞿溪，当时有胡昌记、黄正昌、陈茂来，林昌记、陶升记、张仁六、杨昌记等著名纸行。1995年以后，由于屏纸逐渐被现代纸型所代替，加之当地居民大量外移，屏纸生产渐渐走向萧条。1998～2000年，泽雅水库建后，为了提高水质，屏纸生产渐至消亡。

四连碓造纸作坊分布在石桥、横垟、唐宅3个村。石桥村位于泽雅镇以西5千米，主要遗存为四连碓碓坊，坐落于石桥村西面，东南面紧靠南斗山，西北面为泽雅龙溪。横垟村位于泽雅镇西南4千米，主要遗存为造纸作坊，作坊密集区坐落于横垟村西面，东北面为民居，

横垟造纸作坊群落

四连碓

唐宅腌塘

西南面为西岸大溪。唐宅村位于泽雅镇西南3.5千米，主要遗存为造纸作坊，作坊密集区坐落于唐宅村南面，东临西岸大厦，西靠泽西公路。

四连碓建于明代，坐落在温州市泽雅镇石桥村，南靠南斗山，北临龙溪，面积约0.28平方千米，南斗处在龙溪的中游，地势开张，崖险潭深，落差大，水力资源丰富。四连碓顺着龙溪，利用落差布置水渠，分布水轮、碓坊、纸坊。四连碓掩映于茂林修竹之间，错落有致，古朴自然。四连碓是古老纸坊与天然山水浑然一体的典型所在。水坝顺流而建，自东向西逐渐升高，以引进上游溪流。水坝长224米，最高处2.8米，顶部最厚处0.85米，一面紧依山体，另一面以龙溪中卵石叠筑。碓坊分成二组：第一组共3座碓坊紧连在一起；第二组为一座碓坊和纸坊连在一起，便于连续劳作。

泽雅四连碓的屏纸制作工艺流程与明代宋应星撰《天工开物》卷中"杀青第十三"记载"造竹纸"工艺流程吻合，有的工艺甚至比《天工开物》的记载还要原始古老。

1990年，四连碓被公布为瓯海区（县）级第一批文物保护单位。2000年，西岸屏纸作坊公布为瓯海区（县）级第二批文物保护单位。2001年6月25日，四连碓造纸作坊被国务院公布为第五批全国重点文物保护单位，编号5-0517-6-004。2004年，瓯海区文博馆建立四连碓造纸作坊的全国重点文物保护单位记录档案。2005年起，温州四连碓造纸作坊已经完成三期的维修，先后维修四连碓、唐宅、横垟保护范围内的建筑物和构筑物。2005～2008年间，浙江省古建筑设计研究院编制的《温州四连碓造纸作坊保护规划》获批，并公布其保护范围和建设控制地带。唐宅陈列馆附设了利用原址、原物整理开放的产业示范区，当地纸农在纸槽间捞纸作业，展示古纸工艺。2012年，建在水碓坑村的泽雅纸山民俗文化专题展示馆建成并开馆。

南风古灶、高灶陶窑 属明代龙窑，是石湾古代窑炉中具有典型性和代表性的窑口。位于广东省佛山市禅城区石湾街道。两座窑坐落在石湾窑区中，南风古灶在东，高灶在西，两窑相距20米。

据考，石湾陶瓷生产初肇于唐宋时期。今

石湾陶业则始于元，发展于明，清代达到全盛期，最多时共有107座窑，民国以来一直在生产，以人物及日用陶瓷著称。石湾陶业有"石湾之陶遍两广，旁及海外之国"之称，赢得"石湾瓦，甲天下"之美誉，是中国南方陶瓷生产技术承前启后的里程碑。

南风古灶陶窑属龙窑，建于明正德年间（1506～1521年）。南风古灶陶窑因窑体依山势向南伸展、窑口向南而得名。窑腔用小型红砂岩砖结砌券顶。窑内平面呈船底形，头尾略窄，中部稍宽。总长32.6米、宽2～2.4米，通高1.8～2米，全窑平均倾斜度为12°。从窑头至窑尾共34排火眼（投柴孔），每排相距0.85～1米，除靠窑口处的一排为3个火眼外，其余各排均为5个火眼，间距0.35～0.4米。高灶陶窑位于南风古灶的西侧，为同时期的柴烧龙窑。总长38.25米，原为42排火眼，中华人民共和国成立后改为33排，其他结构与南风古灶相同。两窑传为龙凤窑，原为古代"大盆行"

南风古灶窑门

陶业的专业窑，以烧制日用大盆产品为主。

历代窑工对南风古灶与高灶进行改造并一直沿用，仍保留传统技艺生产，被称为陶瓷活化石，五百年窑火不绝、生产未断，是世界上使用时间最长的柴烧龙窑，也是世界上保存历史最为久远、保存形态最好的古代龙窑。南风古灶与高灶陶窑对研究石湾制陶业的专业化生产与发展，龙窑结构及烧制陶器技术之演变有重要的科学价值。

南风古灶与高灶陶窑

高灶窑身

1962年，佛山市人民政府公布南风古灶为市级文物保护单位。1989年，广东省人民政府公布南风古灶为第三批省级文物保护单位。1994年 广东省人民政府公布南风古灶、高灶陶窑的保护范围和建设控制地带。自2000年起，以南风古灶为中心，开发成旅游景区开放，每月用传统柴烧技艺在南风古灶、高灶烧窑一至两次，既延续其生产功能，也满足旅游观光，被上海"基尼斯大世界"命名为"活的文物"。2001年6月25日，南风古灶、高灶陶窑被国务院公布为第五批全国重点文物保护单位，编号5-0516-6-001。2004年以前，由南风古灶旅游有限公司对南风古灶、高灶陶窑进行保护和管理；2004年后改由广东石湾陶瓷博物馆对南风古灶、高灶陶窑进行保护和管理。2004年8月，佛山市文化局建立南风古灶、高灶陶窑全国重点文物保护单位记录档案，存于佛山市禅城区文体旅游局。2010年，委托华南理工大学建筑设计研究院编制《南风古灶、高灶陶窑保护规划》。

聚馆古贡枣园 是明清时期为皇家提供贡枣的冬枣园，是中国栽培历史最长、面积最大、品质最好的古贡冬枣园，位于河北省黄骅市齐家务乡聚馆村。

冬枣作为晚熟鲜食品种，其原产地是黄骅，在齐家务乡聚馆村存有中国最古老的冬枣原始资源林，其年代之久，数量之多，品质之好，属全国之最。虽饱经风霜，仍枝繁叶茂，果实累累。汉武帝刘彻在太初三年（前102年）到章武（黄骅市）巡游时尝到合骑侯公孙敖向其进献的冬枣，当即敕封为"仙枣"。据《元史食货志》记载："世祖即位之初，首诏天下，国以民为本，民以食为本，衣食以农桑为本，于是颁《农桑辑要》之书于民，俾民崇本抑末。"《农桑辑要》一书对枣树的育苗、栽植、开甲、收获等技术要点均有详细记载，为当时枣树的发展提供技术支持。再加上朝廷官府的督课，使得冬枣在黄骅一带得以发展。

据聚馆村刘氏族谱记载，明永乐二年（1404年）刘姓迁沧始祖洪公三四子二任从山东即墨移民北上，行至沧州东北隅，发现一些不成林的枣树，从树干看有二三百年的树龄，部分树条干枯，活枝条上尚有半黄的叶子和稀疏的枣子，摘而尝之，脆而甜，时值初冬，称之冬枣。身怀果树管理技艺的洪公，遂定居枣

冬枣林

聚馆古贡枣园枣树

村南侧，取村名聚馆，专心管理按时修剪选优嫁接，产出冬枣佳品。明弘治三年（1490年），孝宗下旨，修治河道。张皇后两个弟弟张鹤龄、张延龄督办疏通扩挖兴济减河（娘娘河，因张皇后而得名），发现聚馆村南畔河堤的冬枣皮薄肉厚，质脆味甜，遂令人采摘进献皇帝皇后，得孝宗和张皇后的青睐，称其为"枣中极品""百果之王"，钦定为贡品。直到清末。黄骅冬枣也被称为贡枣。

1949年以前聚馆有古冬枣树4600多株。20世纪六七十年代，在"以粮为纲"和"农业学大寨"运动中，聚馆大量砍伐冬枣树，以增加粮食耕作面积，娘娘河堤上的冬枣树无一幸免。遗存冬枣树面积1000亩，100年以上的古冬枣树1067株，分布在8片林区，其中198株最古老的冬枣古树，有600余年历史。园内最古老的一棵"嫡祖树"已有740多年历史，被誉为中国冬枣的"活化石"。

园内遗存有明清时期遗存下来的护园房屋2处，仍保留原来的风貌。看护房具有明显地方特色，房基为青砖砌筑，砖墙基设芦苇隔碱层，上部墙体为土坯砌筑，外表抹麦秸垛泥，屋顶为芦苇苫顶，门窗采用木制。园内有古庙

遗址1处，地表残留青砖、瓦块等建筑物体，周围尚存古松柏5株。

聚馆古贡枣园内古冬枣树日常养护从未间断，至今树体健壮，生长结果正常，果实皮薄、肉嫩、酥脆、味甘，每年能为当地村民带来非常可观的经济收入。形成一个集生产与观光旅游相结合的特色农业精品园区。聚馆古贡枣园冬枣是国内第一个获得"原产地域保护"的果品。2004年，黄骅市人民政府印发《黄骅市人民政府关于公布聚馆古贡枣园保护范围和建设控制地带的通知》，公布了聚馆古贡枣园保护范围和建设控制地带。2006年5月25日，聚馆古贡枣园被国务院公布为第六批全国重点文物保护单位，编号6-1080-6-001。2013年10月，《聚馆古贡枣园文物保护规划》编制完成，获得国家文物局的批复；2014年5月获得河北省文物局的核准。2015年7月22日，河北省人民政府批准印发《聚馆古贡枣园文物保护规划（2011～2030年）》。

泸州老窖窖池群及酿酒作坊　是宝贵的酿酒"活态"文化遗产，位于四川省泸州市江阳区、龙马潭区境内。遗产面积为0.65平方千米。资产属泸州老窖股份有限公司所有。

泸州是中国浓香型白酒的发源地，泸州酒业，始于秦汉，兴于唐宋，盛于明清，与之一脉相承的泸州老窖股份有限公司是在明清36家古老酿酒作坊群的基础上发展起来的国有酿酒企业。泸州老窖窖池群及酿酒作坊延续各个时期的历史布局，主要集中在四个区域：泸州市江阳区国窖广场，包括温永盛、鼎丰恒、春和荣、永兴诚、洪兴和等五大作坊，龙泉井，藏酒山洞——龙泉洞等文化遗产；泸州市江阳区

皂角巷，泸州老窖定记作坊所在地；泸州市龙马潭区的小市街区，包括协泰祥（裕厚祥、永生祥）、鸿盛祥（富生荣）、生发荣、醇丰远等四大作坊，以及醉翁洞、纯阳洞等两大藏酒山洞；泸州市龙马潭区罗汉镇，包括大兴和、胜发祥、桂花、顺昌祥、协成、泉记等六大作坊。各类遗产包括各历史时期修建的作坊建筑16处，保存完好且仍在使用的窖池共计1619口，藏酒洞3个，龙泉井1处，明嘉靖十七年（1538年）碑1通等。

温永盛窖池群及酿酒作坊位于江阳区营沟头。始建于明万历年间（1573～1620年），原作坊主温筱泉，在民国初年，曾出任国会议员，所酿"泸州老窖特曲"获得1915年国际巴拿马金奖。作坊内老窖池分为上、下两层，窖池占地面积956.4平方米，原有窖池150口，其中82口合并为41对"鸳鸯窖"，45口合并为15户"合家欢窖"。作坊窖坎和晾堂由青砖和青石铺砌。作坊占地面积3200平方米，建筑面积2892.35平方米。

鼎丰恒窖池群及酿酒作坊位于江阳区营沟头。始建于明末清初，原作坊主胡焕章。作坊内老窖池呈纵向排列，共4行，窖池占地面积570.46平方米，原有窖池96口，合并为48对

"鸳鸯窖"。作坊窖池地面和窖坎均由青石铺筑。占地面积1400平方米，建筑面积314.47平方米。

春和荣窖池群及酿酒作坊位于江阳区营沟头。始建于清康熙年间，原作坊主李华伯，其妹李青林民国时为地下党万州市委书记，后被捕就义于重庆渣滓洞国民党监狱。中华人民共和国成立后，李华伯的春和荣作坊率先响应党的号召实行公私合营，李华伯就任中华人民共和国泸州市第一任副市长。作坊内老窖池21口，呈不规则分布，窖池占地面积294.07平方米，作坊建筑为土木穿斗结构，面积377.02平方米，占地面积1800平方米，作坊地面和窖坎均由青石铺筑。

永兴诚窖池群及酿酒作坊位于江阳区营沟头。始建于清康熙年间（1662～1722年），原作坊主张安浦。作坊原有窖池168口，合并为84对"鸳鸯窖"，窖池呈纵向排列，共6行，每行14对"鸳鸯窖"，窖池占地面积930.03平方米。作坊地面和窖坎由青石铺筑。作坊建筑面积2660.66平方米，占地面积3065平方米。

洪兴和窖池群及酿酒作坊位于江阳区营沟头。始建于清康熙年间，原作坊方廷炬。由老窖池92口合并为46对"鸳鸯窖"，窖池呈纵向

泸州老窖罗汉酿酒生态园全景图

泸州老窖天然储酒洞库

排列，共4行，每行11～12口"鸳鸯窖"。作坊地面和窖坎由青石铺筑。建筑面积1677.02平方米，占地面积1800平方米。

定记作坊位于江阳区皂角巷57号。始建于清光绪年间（1875～1908年），原作坊主为胡铸良。作坊现有老窖池37口，窖池占地面积660.47平方米，呈纵向排列，共4行，每行8～9口窖池不等。作坊地面和窖坎由青石铺筑。作坊建筑面积1872平方米，占地面积2000平方米。

协泰祥、裕厚祥、永生祥窖池群及酿酒作坊位于龙马潭区小市新街子53号。始建于清雍正年间（1723～1735年），原作坊主彭世楷、彭德修、王载之。作坊存有老窖池60口（57口），窖池占地面积809.72平方米。作坊地面和窖坎由青石铺筑。作坊建筑面积2346平方米，占地面积2500平方米。

鸿盛祥、富生荣窖池群及酿酒作坊位于龙马潭区小市过江楼1号。始建于清道光年间（1821～1850年），鸿盛祥原作坊主为梅洪钧，富生荣原作坊主为张绍奎。作坊现有老窖池41口，窖池占地面积525.96平方米。作坊为土木穿斗结构，内设木质二层阁楼，地面和窖坎由青石铺筑，建筑面积1676.64平方米，占地面积2500平方米。

生发荣窖池群及酿酒作坊位于龙马潭区小市什字头24号。坐东南向西北，始建于清咸丰年间（1851～1861年），原作坊主陈光钰。作坊依山势而建，分为上下两层，由18级垂带石阶踏道相接，共有32口（31口）老窖池。作坊为土木结构，地面和窖坎由青石铺筑，建筑面积1188平方米，占地面积1400平方米。

醇丰远窖池群及酿酒作坊位于龙马潭区小市下大街46号。始建于清同治年间（1862～1874年），原作坊主邓志鼎。作坊建筑依山势而建，为前店后厂格局。前店与作坊间由19级石阶如意踏道相接，前店为二层穿斗结构建筑，后坊高出前店4米。作坊有老窖池32口，窖池占地面积448.87平方米。作坊地面和窖坎由青石铺筑，建筑面积1231.2平方米，占地面积1500平方米。

大兴和窖池群及酿酒作坊位于龙马潭区罗汉镇下院子。始建于清嘉庆年间（1796～1820年），原作坊主胡在田。存有老窖池124口，窖池占地面积1026.32平方米，窖池呈纵向排列，共八行，每行15至16口窖池。作坊为土木结构，地面和窖坑由青石铺筑，建筑面积2924.25平方米，占地面积3700平方米。

胜发祥窖池群及酿酒作坊位于龙马潭区罗汉镇。始建于清乾隆年间（1736～1795年），原作坊主焦显忠。原有老窖池94（102）口，合并为47对（51对）"鸳鸯窖"，窖池占地面积585.63平方米，窖池呈不规则排列。作坊为土木结构，地面和窖坑由青石铺筑，建筑面积1332.07平方米，占地面积2110平方米。

桂花窖池群及酿酒作坊位于龙马潭区罗汉镇。始建于清乾隆年间，原作坊主方廷辉。原有老窖池58口，已合并为29对"鸳鸯窖"，窖池占地面积275.18平方米，窖池呈不规则排列。作坊为土木结构，地面和窖坑由青石铺筑，建筑面积842.19平方米，占地面积1400平方米。

顺昌祥窖池群及酿酒作坊位于龙马潭区罗汉镇。始建于清末民初，原作坊主曾义生。存有老窖池100口。作坊地面和窖坑皆由青石板铺筑，建筑面积3673平方米，占地面积1420平方米。

协成窖池群及酿酒作坊位于龙马潭区罗汉镇。始建于清末民初，原作坊主商协成。存有老窖池176口，窖池占地面积2842平方米，共分为六行排列。作坊地面和窖坑由青石铺筑，建筑占地面积7347平方米。

泉记窖池群及酿酒作坊位于龙马潭区罗汉镇。始建于清末民初，原作坊主曾小泉。作坊存有老窖池334口，窖池占地面积5664.64平方米，共分为三行，平行排列。作坊地面和窖坑由青石铺筑，建筑占地面积13674平方米。

龙泉洞位于泸州市营沟头，毗邻泸州大曲老窖池，曲折蜿蜒于凤凰山体内，是泸州老窖三大储酒洞库之一。明万历年间，原舒聚源作坊于营沟掘泉为井（龙泉井），将泉水作为酿酒水源，并将附近山洞命名为"龙泉洞"。作为酿酒储存之所。1939年9月11日，温家世代居住的珠子街温公馆遭日军轰炸被毁，温家搬回营沟居住，同时加固龙泉洞以作防空之用。后龙泉洞历经数次整治，始有今貌。醉翁洞位于泸州市龙马潭区长江北岸长、沱两江交汇处，三华山南麓，距长沱江面仅有100余米，属三华山天然山洞之一，洞内常年冬暖夏凉、四季恒温恒湿，常年温度21～22℃，相对湿度95°。抗战之时，为躲避日机轰炸，泸州军民曾屡次加固。中华人民共和国成立后，作为泸

清代重修龙泉井碑

州老窖高档原酒储存之地，持续使用。醉翁洞洞中支道纵横交错，存有储酒道29条，全长8千米。纯阳洞位于龙马潭区长江、沱江交汇处的三华山下，毗邻泸州市省级文物保护单位"梦仙亭摩崖造像"。纯阳洞与醉翁洞支洞相连，属三华山天然山洞之一，距离长江江面50米。现有储酒道18条，部分通道已对外开放参观，通道全长4千米。

泸州老窖窖池群为中国迄今保存最为完整、仍在使用的原生态窖池群。泸州老窖窖池群及酿酒作坊主要以浓香型白酒酿造为业态，以明清时期老窖池，酿酒作坊，藏酒洞，龙泉井等为主要物质载体，仍保持着各个时期的历史布局，并以精湛的传统酿造技艺和深厚的中华酒文化为世人称道。

1986年，龙泉井和明代老窖池被泸州市人民政府公布为泸州市文物保护单位。1993年和1996年，营沟头温永盛作坊的明代老窖池被四川省人民政府公布为第三批省级文物保护单位。1996年11月20日，泸州大曲老窖池被国务院公布为第四批全国重点文物保护单位，编号4-0249-6-001。2007年，泸州老窖窖池群及酿酒作坊被四川省人民政府公布为第七批省级文物保护单位。2013年，国务院公布为第七批全国重点文物保护单位时，泸州老窖窖池群及酿酒作坊与第四批全国重点文物保护单位泸州大曲老窖池合并并更名。

水井街酒坊遗址　是中国经过科学发掘的揭露酿酒设备遗迹种类最为齐备、保存最为完好的古代白酒酿造作坊，位于四川省成都市锦江区水井街17～23号，在成都市内锦江与府河的交汇点以东。

水井街酒坊遗址范围：东北起于水井街至双槐树街一线；西北至府河东岸一线；西南至滨江东路至河口街一线；东南至青龙横街一线至金泉街与河口街交点段。遗址已发现面积约1700平方米，所揭露的遗迹现象包括晾堂3座、酒窖8口、灶坑4座、灰坑4个、灰沟1条、蒸馏设备冷凝器基座、路基、石条墙基、木柱及柱础等。出土文物以陶瓷酒具、食具为主，总计达数百件。遗址的年代上限不晚于明代，下限直至近现代。

水井街酒坊遗址内明清至近代延续至今仍在使用的各类酒窖49口，占地面积约800平方米。土、石材质，保存完整。水井街酒坊遗址发掘出土的遗物以瓷片、陶片为主，经过拼对可复原的器物逾百件。瓷器可分为青花瓷、白釉瓷、青釉瓷、酱釉瓷、褐釉瓷、黑釉瓷、粉彩瓷、蓝釉瓷等品种，以青花瓷器最多，分别属于成都平原本土的青羊宫窑、

水井街酒坊遗址外景

邛窑和江西的景德镇窑、浙江的龙泉窑等窑口的产品。也有一些窑口不明的瓷器产品，品质比较粗劣，胎、釉颜色灰暗，应为本地的民间窑场产品。瓷器的可辨器形有碗、盘、钵、盆、杯、碟、勺、灯盏、罐、缸、壶等，其中以饮食器具中的酒具最为丰富。出土的陶片壁较厚，多为红胎，部分陶器表面施釉。并有支钉及砖、瓦、瓦当等。出土遗物还有石臼、石碾、石盛酒器、铁铲、兽骨、竹签、酒糟等。青花瓷器的装饰图案题材种类繁多，以折枝和缠枝花卉纹、卷叶纹、"岁寒三友"（松、竹、梅）等植物类图案最为丰富，其他题材种类还有垂钓、婴戏图等人物类，山水风景类，鱼、龙、鸟、怪兽等动物类，梵文等。装饰图案一般位于器物腹表及内壁，部分瓷器口部有边饰。少数青花瓷器内底或外底还有题款，包括"永乐年制""永乐年造""成化年制""大明年造""同治年制"等年号内容（其中"永乐""成化"等年号款的青花瓷器多系后代民窑制品）；"锦（江）春""兴""刘""英""益""天号陈""玉堂片造"等名号内容；"永保长寿""福""佳器""吉""古""富员佳器""玉堂佳器""（状）元（及）第"等吉语内容。

水井街酒坊遗址地面建筑建于民国末期，平面呈"丁"形，由3个建筑组合而成，分别为中间及南面的生产车间和北面的陈列室，3个建筑均采用大跨度桁架结构，属立主一梁架和平台木构架结合典型运用。四周为青砖墙体和柱子。中间车间的大跨度梁架下加立木柱支撑，上面为小青瓦屋面，车间屋面分为三段：从进门三排梁架和末端六排梁架无天窗，中间梁架均有相互交错的天窗，供酿酒生产通风采光之用，南面车间建筑和陈列室屋面无天窗。

古酒窖群自明代始酿酒活动历经600余年

水井街酒坊遗址发掘的晾堂、酒窖及蒸馏器基座等遗迹

考古发现的设备基座遗迹

一直使用的酒窖等"活文物",在全国各类遗产中十分珍贵罕见,其"历史功能延续性"特征作为人类非物质文化遗产具有非常高的历史研究价值与观赏价值。水井街酒坊遗址是中国经过科学发掘的揭露酿酒设备遗迹种类最为齐备、保存最为完好的古代白酒酿造作坊遗址,是酿造工艺研究领域十分难得的珍贵实物资料。根据遗址内揭露的种类丰富的酿酒遗迹现象、出土的众多饮食器具遗物,可以复原出传统白酒酿造工艺的全部流程,堪称中国白酒的一部无字史书,可誉为中国白酒第一坊。

1999年初,根据水井街酒坊改造中发现的古代酒坊遗存线索,经报国家有关部门批准,在不中断传统酿造生产过程的情况下,由四川省考古研究院,成都市考古队组织进行联合考古并获得"填补专题性考古空白"的重大成果。同年,成都市人民政府发文批准并公布水井街酒坊遗址为成都市文物保护单位。2000年,四川省人民政府公布水井街酒坊遗址为四川省文物保护单位。2001年6月25日,水井街酒坊遗址被国务院公布为第五批全国重点文物保护单位,编号5-0514-1-145。2006~2007年,

由成都博物院立项,拟定《水井街酒坊遗址保护规划》并经国家文物局批准。2008年,启动《水井街酒坊文物保护及传统酿酒技艺复原展示现场建设工程》及《水井街酒坊遗址博物馆建设》项目。2012年,水井坊博物馆开始试运行,7月18日正式对外开放。水井街酒坊遗址由水井坊博物馆进行保护和管理,并制作全国重点文物保护单位记录档案。

玉山古茶场 是中国遗存历史最悠久的茶交易市场,位于浙江省磐安县城安文镇东北40千米,玉山镇马塘村茶场山下,面对茶场山。

玉山古茶场是一处见证茶文化发展变化的文化遗产,始建于宋,遗存建筑为清乾隆四十一年(1776年)重修。晋时,有许逊者,制成"婺州东白"。唐时,"婺州东白"列为贡品,并收入"茶圣"陆羽所著《茶经》之中。宋时,玉山茶农为纪念许逊尊为"真君大帝",作为"茶神",建庙祭祀。在茶场庙附近设置茶场。据赵基《濮山先生传》载:"茶山者,故宋所榷茶地也,设官监之,以进御命,曰'茶纲'。"至明代,玉山茶叶生产交易十分兴盛。官府在玉山古茶场设立"巡检司",对茶场实施管理。茶叶等级分为"贡茶、文人茶、马路茶"等,还评出茶叶质量最好的茶农为茶博士,并形成了以茶叶交易为中心的重要聚会——"春社"和"秋社"。除了祭拜茶神外,在茶场内举行观社戏、挂灯笼、迎龙灯、竖大旗等民俗文化活动。清初,据康熙年间《东阳县志》记载:"茶皆官收官卖。"清乾隆四十六年(1781年)重修。

玉山古茶场由面对茶场山临街并列的三组建筑及院落组成,分为茶场庙与茶交易市场

两部分。古茶场坐东北朝西南，包括茶场庙、茶场管理用房（原巡检司所在地，现观音禅寺）、茶场院两进、后院及院内五色土山。

茶场庙，占地169.2平方米，由牌坊式门楼、天井、庙宇三部分组成。庙宇三开间，通面阔12.15米，进深8.68米。穿斗式和抬梁式结合，柱头置卢斗，整个梁架有彩绘。茶场管理用房由门楼、天井、办公用房及二间边屋组成，占地223.6平方米，属市场管理、征税、办公场所。门楼三开间，穿斗式结构。办公用房三开间，通面阔10.6米、进深7.15米，穿斗式和抬梁式相结合。其内置放清咸丰年间（1851～1861年）立"奉谕禁茶叶洋价称头碑（已佚）、奉谕禁白术洋价称头碑、奉谕禁粮价洋价称头碑"等碑文。茶场由门楼、第一和第二进建筑、前后小六天井及天井两边厢房组成，占地782.60平方米。门楼中间开门，门上方刻"茶场"。大天井四周均为两层楼房，其形式为走马楼，楼房临天井为四面相通的廊，便于楼上客商往来。厢房底层属于市场交易固定摊位，第一进与第二进的底层为自由交易摊位。第一进建筑楼层高出厢房楼层1米，其上设座，为客商品茶及现场茶叶评级之用。其余

楼屋用于商人囤积货物、住宿。靠第二进处原设有戏台，"文化大革命"期间被毁，仅存柱顶石。

玉山古茶场建筑按交易市场布局。厢房住人、储物，正楼品茶和交易之用，是一处古代"市场"的实物遗存。玉山制茶历史悠久，对研究宋代的社会经济发展具有重要意义。玉山古茶场除季节性的茶叶交易外，平时还有白术、粮食等商品的自由交易，反映了综合性市场的特性，同时见证了山区经济发展的历迹。玉山茶农为纪念许逊，建庙供奉，香火延续至今。这种茶场与茶场庙一体保存下来的实例甚少，是研究古代制茶、售茶管理制度和茶文化内涵的重要实物史料。

中华人民共和国成立后，古茶场管理用房2间、茶场厢房1间分给私人居住。1956年，马塘供销社占用茶场庙及管理用房。1960年，茶场被马塘酒厂占用作厂房，1992年和2001年由茶场庙宗教管理委员会分批筹资收回并维修。2001年，玉山古茶场被磐安县人民政府公布为磐安县级文物保护单位。2002年3月，组建茶场庙文物保护管理委员会，由管委会履行保护职责。2005年，玉山古茶场被浙江省人民政府

玉山古茶场巡检司

玉山古茶场内景

公布为第五批省级文物保护单位。2006年5月25日，玉山古茶场被国务院公布为第五批全国重点文物保护单位，编号6-0560-3-263。2007年，浙江省人民政府印发《关于划定湖州市钱山漾遗址等46处文物保护单位保护范围及建设控制地带的批复》，划定公布玉山古茶场保护范围和建设控制地带。2013年底，磐安玉山古茶场陈列馆（浙中茶文化博物馆）对外开放。磐安县文物管理办公室建立玉山古茶场全国重点文物保护单位记录档案，存于浙江省文物考古研究所。

燊海井　是运用"冲击式顿钻凿井法"人工钻凿而成的世界第一口超千米深井，在中国科技史和盐业史上具有里程碑作用，是历史文化名城盐都自贡的标志性建筑，位于四川省自贡市大安区大安街289号。

燊海井始凿于清道光十三年（1833年），历时三年完工。见功之初，日喷黑卤千余担，日产天然气8500立方米，可烧盐锅80余口，日产盐10万千克左右。到清光绪元年（1875年）后，烧盐锅20余口，产盐约1500千克，占地面积相应缩小。民国33年（1944年）该井天然气产气3200立方米，烧盐锅30口，产盐约2250千克。1955年因井内发生事故，天然气降至1200立方米。随着时间推移和社会变迁以及生产技术的发展，燊海井的卤、气资源逐渐枯竭，生产规模日渐缩小，曾分布有的楻桶、晒卤台、提水马车、笕杆、卤水池等工艺设施逐渐被取代消失，周边一些场地逐步被民居占用。2000年底，燊海井占地仅有1600平方米，烧盐锅8口。2014～2016年，实施燊海井文物保护维修及环境整治后，燊海井占地面积扩展到5000平方米。

燊海井灶几度更名，先为元昌灶、荣华灶、乾元灶、四义灶，后又用过益记德新灶、新记同森灶、君记同森灶、益记同森灶、金和

燊海井

天车

大车房外部

灶房外部

德星灶、福记同益灶、建记同森灶等灶名。燊海井整体建筑贯穿在一条西南至东北方向的走向上，主要保留有朝门、盐井、天车房、碓房、灶房、大车房等设施和构筑物，结合局部围墙形成院落格局。其内部的天车、大车、碓架以木质构件为主体，局部配有石料，如碓架底座、大车平衡石和天车拉索炮台，天车汲卤筒、天辊、地辊，还有机车和6根天车拉索为铁构件。

遗存建筑根据盐井现场布置，由低到高，就井设灶，一井三机。进入朝门，左侧为1001.42米深的盐井，井上设18.4米的天车和提卤治井用的碓房，碓房长14米，宽6.2米，高5.7米。四周为杉木串架结构，屋面为燕儿巴折

打底，上用玻纤丝布共七层用桐油石灰和麻巾石灰混合铺平而成，其内部设置人工剉碓架一部，以及木质上下楼梯一程；右侧为大车房，其进深17.3米，面阔三间18.2米，其中牛食料堆放间4米×3.9米，牛推车房17.3米×14.3米，机车房13.3米×3.9米，三面为竹编屏布石灰墙体，串架木质结构，屋面为小青瓦；沿石梯而上，为灶房，灶房整体包含柜房、盐仓、杂物房等，面阔七间35.4米，进深18.8米，呈长方形，竹编墙体，小青瓦屋面。亮篷高9米，均为小青瓦屋面，木质结构。

燊海井遗存有：由碓房、大车房、灶房组成清代井盐生产建筑；清代完整的采气、输卤、制盐、运盐工艺设备及工艺流程；

碓房

介绍自贡盐业生产发展及燊海井发展历史；展示陈列修治井工器具，介绍传统钻井及修治井技艺。燊海井收集有与本体紧密联系的附属文物15件，其中2件为清代家具，4件民国家具，9件为民国时期修治井工器具。

燊海井保留着19世纪初的布局和风貌，是一处典型的清代井盐生产现场，其科学历史价值较高。燊海井遗存本体见证自贡180多年的盐业发展历史，促进富荣盐场向地层深处挖掘，推动自贡地区井盐业的繁荣昌盛。燊海井，是以人工的"冲击式顿钻凿井法"开凿成功的深井代表作，燊海井的开凿成功是世界钻井史上极为重要的里程碑，首次以超过千米的进尺遥遥领先于世界水平。1835年燊海井钻凿成功。燊海井卤气同井，以其天然气为能源煎其卤水制盐的整个工艺具有较高的科学价值，也是迄今能源矿藏综合循环利用的典范。燊海井的天车展示劳动人民高超的捆绑建造技术和对外露木质构件的防腐技术。使用的各种钻探、打捞、提卤、输卤、晒卤、采气工具，具有一定的科学研究价值。燊海井也是井盐史中一个实物见证。燊海井是盐井钻凿、提卤、采气、煎盐的传统技术和工艺流程的活教程，已

经被定为自贡井盐深钻汲制作技艺（汲制部分）传习基地。燊海井的股票股份式的运营模式是封建社会下的资本主义制度萌芽。

中华人民共和国成立后，燊海井由国有公司久大集团和大安盐厂进行管理，主要作为制盐生产车间。1983～1985年，由自贡市文化局牵头，大安盐场负责，对燊海井进行过一次修复。1988年1月13日，燊海井被国务院公布为第三批全国重点文物保护单位，编号3-0057-3-005。此后燊海井由自贡市文化局委托大安盐厂进行管理，主要进行文物保护和现场生产。1993～1995年，由国家文物局拨出专款进行一次抢救性维修，主要修复灶房、大车房、碓房、朝门，新刻凿井图说。1995年，四川省人民政府印发《关于四川省42处全国重点文物保护单位和省级文物保护单位保护范围的通知》，划定燊海井的保护范围和建设控制地带。2001年，自贡市燊海旅游开发有限责任公司成立，燊海井划归其管理，文物得到较好保护。2005年，自贡市燊海旅游开发有限责任公司建立燊海井的全国重点文物保护单位记录档案。2011年，自贡市大安区燊海井文物管理所成立，燊海井由自贡市大安区燊海井文物管理所和自贡市燊海旅游开发有限责任公司共同管理。同年，四川省园冶古建园林研究有限公司设计编制《燊海井文物保护维修方案》。并获批准实施，至2016年9月工程全部竣工。

日升昌旧址 是中国第一家票号产业，位于山西省平遥县城内西大街路南。

票号是清代专营银两汇兑、存放款业务的私人经营的金融机构，日升昌票号作为中国票号业的始祖，其前身为西裕成颜料行。清道光

三年（1823年），经理雷履泰、东家李大全将西裕成颜料行改为专营银两汇兑和存放款业务的票号，取名日升昌，总号设在西裕成颜料庄的斜对面（日升昌票号旧址），并在全国各地设分号，其业务涉及各行各业，享有"京都日升昌汇通天下"之誉。到光绪年间达到高峰，生意走向海外。票号业在20世纪初由兴盛走向衰败，民国21年（1932年），日升昌票号改营钱庄，钱庄只占日升昌中院之南半部，其余租给了新立的中阜银号。日升昌钱庄经营20年，到民国37年（1948年）平遥解放后，钱庄末任经理霍天一在宣告钱庄歇业的同时，把日升昌票号旧址捐献给政府。

日升昌票号旧址，坐南向北，前临西大街，后达东郭家巷，左右各与兴义隆钱庄、蔚泰厚票号旧址毗邻。整座旧址占地1963.6平方米，拥有单体建筑25座，计屋舍100余间。日升昌票号旧址包括中、东、西三院，三者均为日升昌票号财东所营。中院占地1400平方米。中院铺面五间，三进院，临街铺面与中厅以及西院后厅、东西厢房，都是上下两层的木结构房舍。铺面之后，由中轴线上的宅门、中厅和

南厅隔为三进式的穿堂楼院，铺面用板门装修，门厅居中，内置屏门，次、梢间即是对外营业的栏柜，栏柜里通柜房，即前院的东西厢房，厢房内筑有窖式金库，但外形隐秘。中院的东西厢房各三间，是为当年的信房和账房。中厅面阔三间，单坡硬山顶，上建木板楼，前出廊，是当年会客议事、商谈业务之所。中厅前，左右各有肋门，与西院、东跨院互通。与中厅相背而坐的是后院的正房，为经理的起居之所，面阔三间，后檐墙与中厅长立，明间为过道，两次间相向辟门，前檐墙筑成窖洞式窗户，屋顶加木板楼，前插廊。东西厢房各三间，是伙友的居室和客房。南端有南厅五间，出厅前东侧的内宅门外，是贯通西大街至东郭家巷的夹道，前夹道设灶房、食房、书房（直到临街的铺面），形成东跨院。后夹道则有马厩、厕所，南有拱券大门，面临东郭家巷。东院是美和居炉食铺。西院是日新中票号，铺面与中院铺面雷同，宅舍的格局、气势与中院相媲美。

票号旧址内存藏的日升昌票号遗物，种类繁多，诸如公章、票章、砝码专章、具有防伪标

日昇昌旧址中院三进院院景

日昇昌旧址中院中厅

日昇昌旧址铺面

记的会票用纸、往来信札、各种账簿、汇票、存折、票据印版、官方文书、伙友合影相片、门厅匾额、木器家具、炊具、器皿等，早自清道光初年，晚至民国时期，时限跨越百余年。

日升昌票号在中国商业史和金融发展史上占有重要地位，旧址为研究中国票号史、金融发展史提供了珍贵的实物资料。日升昌票号旧址是晋商文化的真实写照。日升昌票号是中国的第一家票号，该票号旧址的完整存在，集中反映晋商的辉煌历史，成为晋商文化的标志性纪念建筑物。日升昌票号旧址的建筑规划，体现晋中民居的传统特色和晋中商业店铺的独有风格，注重建筑功能的需要，坚实、古朴、典雅，充分体现日升昌重效求实的精神，反映了中国资本主义经济形成早期，对传统建筑构思

所产生的影响，是中国北方传统建筑中颇具特色的艺术精品。日升昌票号档案文献对中国金融史及晋商文化的研究均有极大的查考价值。作为中国历史上首家私人金融机构，其保存下来的原始档案文献不失为研究中国金融史及晋商文化的珍贵历史资料。2003年10月10日，由中国票号博物馆和平遥县档案局联合申报的日升昌票号的原始文献，成功入选第二批《中国档案文献遗产名录》。

民国37年（1948年）平遥解放，日升昌票号由平遥县供销合作社长期占用，保护了原状并坚持日常的保养维修。1986年，日升昌票号旧址被列为县级重点文物保护单位。1996年，日升昌票号旧址被山西省人民政府列为省级文物保护单位。1995年3月，平遥县供销合作社

腾迁，平遥县文物局着手整理、维修旧址，广泛收集日升昌票号以及其他所有票号的文物资料，利用票号旧址，筹建中国票号博物馆。1997年，中国票号博物馆（隶属于平遥县文物局）正式开馆。票号博物馆筹建以来，修复工程陆续进行，票号旧址得到很好的保护。2001年4月2日，山西省文物局、山西省建设厅公布日升昌票号旧址的保护范围和建设控制地带。2004年4月，平遥县文物局在编制文物保护"十一五"规划时，日升昌票号旧址被列为重点项目进行详细规划。2006年5月25日，日升昌票号被国务院公布为第六批全国重点文物保护单位，编号6-0484-3-187。

胡庆余堂　是胡雪岩创立的国药老店，位于浙江省杭州市城隍山北麓。整体建筑群落坐北朝南，东临大井巷，南依城隍山（吴山），自大井巷可登道上山，向南可通中山南路、鼓楼一带，达南星桥和浙江第一码头；向北紧接河坊街，沿街西行就是涌金门，东行可达中山中路。

胡庆余堂"雪记"国药号创始人——胡雪岩，名光墉，仁和县人。生于清道光三年（1823年）。咸丰年（1860年）自开钱庄，后与清廷官员勾结，镇压太平军及边疆回民起义。在左宗棠为浙江巡抚时，受到重用，使胡雪岩的势力得到加强，财力渐渐丰富。同治十一年（1872年）钱庄遍布南北，名震中外，田地万亩，成为一个亦官亦商亦地主的大富豪。

清同治十三年（1874年），胡雪岩在杭州直吉祥巷九间头（平阳里）设立胡庆余堂雪记国药号筹备处，邀集众多名医和国药业商人研讨经营方针，并设置制丹丸大料部、制丹丸细

料部、切药片子部、炼拣药部、胶厂等部门，为药号的发展奠定基础。光绪二年（1876年）在涌金门外（杭州南山路中国美术学院家属宿舍所在地）建造胶厂，并设晒鹿皮工场、刮鹿皮工场、丸散工场和养鹿园。光绪四年（1878年）在大井巷购地建筑店屋，并正式营业，形成融原料（自采办）、制药、销售为一体的经营体系。胡雪岩在从事药业经营的同时，运购买军火、鸦片和蚕丝，牟取暴利，成为显赫一时的"红顶商人"。光绪九年（1883年）十一月间，由于帝国主义各国联合拒购华丝，使胡雪岩在丝业上亏损惨重，终于宣告破产。于光绪十一年（1885年）十一月郁郁死去，归葬于中村鸬鹚岭白栎湾。光绪二十五年（1899年），胡家为偿债务，将胡庆余堂抵予皇族文

胡庆余堂主入口

胡庆余堂营业大厅二层西侧雕饰

胡庆余堂西南侧院落内景

煜，将元宝街住宅抵给文家，胡、文两家签订契约，议定从庆余堂红股180股内提出8股分润胡氏昔年创业之劳，又加胡氏原有红股计18股，遂成为"雪记"招牌股。1911年辛亥革命后，胡庆余堂被浙江军政府没收并登报标卖，由鸦片商、丝商、银钱业老板施凤翔、应棠春等合资收购，原独资经营的胡庆余堂变为合股经营。中华人民共和国成立前胡庆余堂已濒危局。1955年，经杭州人民政府批准，胡庆余堂正式实行公私合营。1958年7月，胡庆余堂与叶种德堂合并成立"公私合营胡庆余堂制剂厂"。1966年和1972年，先后更名为"杭州中药厂""第一中药厂"。1979年4月，厂名恢复为"杭州胡庆余堂制药厂"。1980年9月，胡庆余堂门市部恢复营业。

胡庆余堂与北京同仁堂并称南、北国药老店，是保护、继承、发展、传播中国中药文化精粹的典型实物载体，是构成杭州历史不可缺少的重要组成部分。

药号原有营业大厅、长生弄、精加工药房、粗加工药房、原料提炼和养鹿房等功能空间，仅存营业部、长生弄和精加工药房部分。

遗存胡庆余堂古建筑群坐北向南，整体平面略呈矩形，北面沿河坊街总长约60米，占地约2700平方米，四周围以高大的封火墙，形成相对封闭的空间。由北面东、中、西三路建筑和东南角一个带亭廊的主入口长廊庭院组成。主入口位于胡庆余堂东侧的大井巷内，东、中两路为营业部，长生弄位于中西两路建筑之间，西路为精加工药房。店屋建筑精美华丽，是中国江南晚清商业建筑的典范之一。遗存店屋建筑群保持基本完整，布局合理，建筑用材讲究，雕饰精美，并注重空间关系与环境气氛的处理，在建筑艺术上有独到之处。胡庆余堂在营业大厅的天井等处，大胆地采用当时在国内的传统建筑中还很少使用的玻璃天棚。这一新工艺的采用为杭州地区带来建筑技术上的变革，对杭州近代建筑的发展起到一定的推动作用，是中国传统木构架与西方玻璃材料完美结合的早期实例之一。

1981年、1986年，两次修复胡庆余堂。1986年，胡庆余堂被杭州市人民政府公布为市级文物保护单位。1988年1月13日，胡庆余堂被国务院公布为第三批全国重点文物保护单位，编号3-0079-3-027。1989年，在原杭州胡庆余堂制药厂的生产车间、办公旧房及门市营业用房的基础上，利用恢复和重修原有的古建筑开办胡庆余堂中药博物馆，于1991年正式开馆。胡庆余堂中药博物馆是中国唯一的国家级中药专业博物馆。1999年，将杭州胡庆余堂博物馆所占有的土地、房屋及现有展品由青春宝集团管理。胡庆余堂由杭州胡庆余堂中药博物馆直接保护。2002年，杭州市文物保护管理所建立并保存胡庆余堂的全国重点文物保护单位记录档案。2014年，浙江省人民政府印发《关于调整茅湾里窑址等44处文物保护单位保护范围和建设控制地带的批复》文件，调整公布胡庆余堂的保护范围和建设控制地带。

四堡书坊建筑 是明清时期闽西从事雕版印刷的家庭作坊式建筑，是闽西地区客家人民智慧的结晶，是四堡明清雕版印刷产业的物化表征。四堡书坊建筑位于福建省连城县四堡乡，分布在雾阁村、枧茶村、中南村、四桥村4个村落，雾阁村、田茶村毗连，旧称雾阁，中南村、四桥村毗连，旧称马屋，故习惯将四堡书坊建筑分为雾阁、马屋两组建筑群。

四堡地处闽西长汀、连城、清流、宁化

四堡马坊雕版作坊门楼

4县交界处。清代四堡里属长汀县，有44个村庄，其中龙足乡（雾阁）、马屋村分别为邹、马二姓族人的聚居地。据族谱记载，邹氏于南宋咸淳年间（1265～1274年）从赣宁迁居于此，而马氏则于唐昭宗（889～904年）时从宁化迁居四堡赖家墟，南宋初始迁至马屋，从此繁衍蕃息。至于四堡何时开始从事刻书业，据不同学者考证有起源于宋、明成化年间、明万历年间三种说法，目前普遍认同的观点是四堡刻书业始于明代中晚期，至清康熙初年开始兴盛，到了乾嘉年间进入全盛时期，取代万宋元明三代而不衰的建阳的地位，成为中国南方重要的坊刻中心之一。从清咸丰年间至民国，四堡刻书业逐渐走向衰落直至终结，四堡书坊建筑、古雕版、印刷工具等雕版印刷遗存保存比较完整，成为人们研究中国古代雕版印刷术的一块活化石。

在明清四堡刻书业欣欣向荣的历史背景下，也涌现了许多著名的大书坊，如马屋片区的万竹楼、林兰堂、五美轩，雾阁片区的翼经堂、文海楼、素仙山堂等，中小书坊更多。尚存有书坊建筑34处，优秀民居8处，宗祠家庙6处，古廊桥1处，过街亭1处。大部分为明、清时期的建筑。

四堡书坊建筑兼具民居和雕版印刷牌坊的双重使用功能，因此，其建筑空间不仅要满足生活居住的基本需求，而且要适宜进行大规模的雕版印刷产业之生产需求。一家书坊，往往需容纳数十乃至上百雕印工人和部分书商的工作场所、生活起居场所，而且还要为存放数以万计的雕版、书籍提供大面积的库房，这就决定了建筑必须以宏大为特征，建筑面积少则上

四堡书坊雕版作坊子仁屋门楼

千平方米，多则上万平方米，气势恢宏，结构复杂。

四堡书坊建筑多呈"回"字形的平面格局，中轴对称。全屋一般以厅堂居中，以正厅（中厅）为中心，通向前后左右。厅堂又有前、中、后、私之分，谓之"重堂递进"。横屋通常布列于厅堂主轴的左右两侧，规模小可单侧布横屋，规模大的可布置多路横屋，厅堂与横屋、横屋与横屋之间均以巷道联系沟通，横屋对外开辟边门或不辟门。前厅（或正厅）对面一般设有木构屏风，两侧木柱为骨，中央安装固定板扇与活动大门，平时关严，遇喜庆与元旦佳节始开中门，以迎宾客，显得庄严、富丽、堂皇、高贵。屏风前有大门，是一屋的主门，又称为内大门；门前大院俗称院坪，以

围屋包绕，作晒书、版之用；外大门是全屋的总门，通常设一门楼，连接起院墙。关于门楼，四堡古屋素有"千金门楼四两家"之说，即门楼的向位是一座房的主要风水所在，又是一座房的门面，门楼建筑显得格外重要。各种雕塑、书画也多集中于门楼之上，而且有的院落在外大门之外，还有一或两道大门，俗称重门大院，各门的方向不一，曲折而出，充分体现出四堡对门楼建构的高度重视。门楼外，则通常有一个池塘（呈弯月形、半圆形或近半圆的多边形）或一条水圳，方便洗涮物具和取水调墨之用，也是风水设计之需，满足了人们追求富贵平安生活的心理需求。古书坊建筑房屋数量多，布局紧凑，采光就靠屋与屋之间的大小天井。一座房往往有十几个天井，

"九厅十八井"之谓，即是说一座房屋有9个厅堂、18个天井，虽布局复杂，但秩序井然。且庭院、天井中多植梅、兰、菊、竹、石榴、茶花等花草树木。厅大室小、明橱暗房、天井相隔、巷道相连的平面设计，既便于居住、迎宾、洗衣、晒物、防风火，又便于家庭成员随时进坊印刷作业；既满足生产与生活的实际功能需求，又遵从了主从有序的传统观念与内外有别礼教思想。

四堡书坊建筑群是闽西地区客家人民智慧的结晶，是四堡明清雕版印刷产业的物态化表征。大至院落规模、平面格局、建筑结构、色彩风格，小至地面铺装、墙面肌理、门窗样式、材质色调、雕刻书法，无不体现着闽西客家民居所特有的时代特征与地域特色，无不传承与记述着四堡雕版印刷家庭作坊别具一格

四堡古街巷

的建筑风格。四堡书坊建筑群选址于东西两面环山、河流贯穿其间的狭长地带之中，内部大小街巷依势而建、曲直随意，地面铺材因地制宜、色彩斑斓，街巷空间尺度宜人，建筑风格古朴淳厚。四堡书坊建筑单体特色与价值突出，主要表现在以下五点：临水而建的独特选址、科学合理的砖土木建筑结构、别具一格的多元化建筑功能、宏大紧凑的合院式布局、丰富典雅的外观和建筑细部艺术。

1999年，成立四堡乡历史文化名乡建设与管理委员会，负责管理和保护，加强古建筑的维修，并做好避雷、防火和保安工作。连城县文化与体育局负责指导四堡古建筑群保护和管理工作。2000年11月，将雾阁村定敦公祠辟作中国四堡雕版印刷展览馆并对外开放。2001年6月25日，四堡书坊建筑被国务院公布为第五批全国重点文保单位，编号5-0515-3-249。2004年，连城县文化体育局制定四堡书坊建筑全国重点文物保护单位记录档案。2015年，四堡书坊建筑被列入国家文物局国保单位集中连片传统村落总体保护利用工程，书坊建筑保护修缮工程正在推进。2016年4月20日，福建省人民政府印发《福建省人民政府关于公布全国重点文物保护单位（第四至七批）保护范围的通知》，公布了四堡书坊建筑的保护范围。同年11月8日，福建省人民政府印发《福建省文化厅福建省住房和城乡建设厅关于公布省级以上文物保护单位建设控制地带的通知》，公布四堡书坊建筑的建设控制地带。

杏花村汾酒作坊　是中国珍贵的酿酒业实物遗址，位于山西省汾阳市东北16千米杏花村镇东堡村西部的卢家街（杏花村汾酒厂东侧）。

杏花村汾酒作坊街门

山西汾阳杏花村具有得天独厚的酿酒自然条件，拥有清洁甘美的地下水源及数千年生成的独特微生物体系，多种自然元素保证了杏花村美酒的高品质和独特风格，酿造出驰名中外的系列传统历史名酒——汾酒、竹叶青等。杏花村酿酒历史从《北齐书》记载的北齐清河年间为始，历经唐、宋、元、明、清，从未中断，山西汾阳杏花村出土的大量酒器和史书资料，证明杏花村酿酒历史更可能上溯至4000年前的龙山文化时期。南北朝时期（420～589年），汾酒已成为宫廷御酒。杏花村汾酒作坊至迟为唐代遗存，由宋迄明，沉浮辗转历时600余年。清代中叶，酒坊增至220余所，其佼佼者以卢家街"甘露堂"为最。清光绪元年（1875年），汾阳县南垣寨绅士王协舒

在甘露堂旧址独资开办宝泉益酒坊，并修建城堡式院落，声名颇著。汾酒史研究学者一般把宝泉益的创立，作为近代汾酒工业的开始。民国4年（1915年），宝泉益酒坊转由其三弟王协卿接管，改名为义泉泳。王协卿大力整顿酒坊，投资改善生产条件，聘请宝泉益原总管掌柜杨德龄为经理，对杏花村其他酒作坊如德厚成和崇盛永采取友好协商的办法，以义泉涌为主进行合并，形成一道街、一爿铺、一东家的"三一"格局。杏花村酿酒业得到统一，实力壮大，技术力量加强，汾酒的质量明显提高。同年，义泉泳生产的"老白汾酒"在美国旧金山市举办的巴拿马万国博览会上荣获甲等金质大奖章。为使这一殊荣永垂青史，王协卿、杨德龄请汾阳籍文人申季庄撰写《申明亭酒泉记》，详述始末，勒石传世。民国8年（1919年），晋裕汾酒有限公司成立，杨德龄兼任经理，义泉泳所产汾酒由晋裕汾酒有限公司包销。8年后因内部不和，合作停止，义泉泳日渐萧条。民国21年（1932年），晋裕汾酒有限公司兼并义泉泳，标志着汾酒事业告别当时中国酒业普遍的旧的管理模式，彻底进入公司化的经营时代。晋裕汾酒有限公司兼并义泉泳之后，新建扩建太原罐头厂、新华泰料器厂、平

杏花村汾酒作坊申明亭酒泉记

遥面粉厂、杏花村晋裕酿造厂和义泉泳造酒厂，成为当时中国规模最大的白酒企业。民国26年（1937年），抗日战争爆发，连年战乱加上军阀、政界的腐败，晋裕汾酒有限公司经营日见衰竭。中华人民共和国成立后，山西省人民政府收购晋裕公司在杏花村的酿造厂，成立山西省杏花村汾酒厂，同年此遗址废弃。

杏花村汾酒作坊总占地面积11200平方米。南院原为杏花名迹园，东西100米，南北40米，占地4000平方米。院内建筑全无，现仅存北围墙和杏花名迹园大门。北院为杏花村汾酒作坊原址，东西120米，南北60米，占地面积7200平方米。由5个院落组成，由东向西依次为杏花村院、晋裕公司造酒厂院、勤俭院、作坊院和宝泉院。第一院门额为"杏花村"，

第二院门额为"晋裕造酒厂"，第三院门额为"勤俭"，第四院无门额为原"晋裕造酒厂"店铺正门，后封闭改建为临街之廊。廊内壁上嵌有石碣2块，一块为"申明亭酒泉记"，一块为庆祝汾酒荣获"巴拿马国际博览会"甲等金顶大奖章的"同贺石碣"。两碣均刻于民国6年（1917年），记载了汾酒的历史沿革、近代发展和汾酒荣获巴拿马国际博览赛会甲等金奖以及商家、店铺同贺的情况。第三院门额为"宝泉"，西接"申明亭"，亭前现有清末石狮3尊，亭内壁上嵌有"古迹申明亭"碑1道。

除作坊院和宝泉院保留外，其余各院院内的建筑全毁，仅存院墙及大门。作坊院坐北面南，布局完整，为堡墙式四合院，墙高5～10米。院内东西南北均建有作坊，多为单檐硬山

杏花村汾酒作坊内景

单坡顶建筑，结构简洁，用材经济。保存有清晚期建筑6栋，其建筑结构稳定，保存完好。其中，南作坊，面阔五间，南向设廊，原为售酒铺面（室内有当年埋在地下的发酵地缸），后从安全考虑将门窗封闭，可经宝泉院进入。宝泉院东向开门可进入作坊院，并于通道处有古井1眼。此井宋代有之，至民国年间一直是汾酒酿造专用水源，其上建有井亭1座，称之"古井亭"。井亭墙壁镶有石碣1块，上书"得造花香"，为傅山手迹，保存完整。

杏花村汾酒作坊作为一种沿用到现在的传统手工业文化景观，是中国源远流长酒文化在生产领域的体现。杏花村汾酒作坊所遗存的作坊布局和所遗发酵地缸、酿酒甑筒及酒器等，

杏花村汾酒作坊古井亭

是杏花村酿酒技术传承的实物佐证，是中国传统酿酒技术之缩影，反映了酿酒故乡堡墙式院落的地方行业作坊建筑特点、风格和酿酒技术之流程，具有很高科学价值。杏花村几乎成为"汾酒"的代名词，而古井亭又是汾酒系列的标志性历史遗物，保护和利用遗址具有深远的历史意义和现实意义。

中华人民共和国成立后，杏花村汾酒作坊遗址一直由杏花村汾酒集团管理，并派有专职人员负责日常的安全保卫工作，汾阳市文物旅游局定期督察指导，以保证文物本体及附属文物的安全，未对外开放。1993年，汾阳县人民政府公布杏花村汾酒作坊为县级重点文物保护单位。2003年，汾阳市文物旅游开发管理中心成立，杏花村汾酒作坊的业务指导由管理中心负责。同年，山西省文物技术中心对杏花村汾酒作坊进行勘测，并编制维修设计方案。2004年，山西省人民政府公布杏花村汾酒作坊为省级文物保护单位。2006年5月25日，杏花村汾酒作坊被国务院公布为第六批全国重点文物保护单位，编号6-0476-3-179。山西省文物局和山西省建设厅对杏花村汾酒作坊的保护范围及建设控制地带进行专门的划定，并报山西省人民政府审核。2007年11月2日，山西省人民政府印发《关于公布太原市王家峰墓群等157处全国重点文物保护单位保护范围及建设控制地带的通知》，公布杏花村汾酒作坊的保护范围和建设控制地带。2008年，杏花村汾酒集团对该遗址进行全面修缮。2009年，国家文物局批准杏花村汾酒作坊保护规划项目立项。2013年，国家文物局划拨经费用于杏花村汾酒作坊安防、消防、防雷等保护性设施建设。

第四章

石窟寺与石刻

石窟寺又称石窟，指开凿在山崖上的宗教建筑，是宗教信徒在山崖间开凿礼拜、供养、起居和修行的场所。石窟起源于古埃及的岩窟墓。新王国时代（前1553～前1085年），仿照岩窟墓开凿了大型神庙（窟）。公元前3世纪后传入古代印度，发展为佛教、耆那教的石窟。公元3世纪，通过丝绸之路，由西向东逐渐传播到中国内地，并与中国传统的建筑、雕塑艺术相融合，形成具有中国特色的石窟。

中国开凿石窟约始于3世纪，盛于5～13世纪，最晚可到16世纪。中国的石窟形制可分七类：窟内立中心塔柱的塔庙窟、无中心塔柱的佛殿窟、主要为僧人生活起居和禅行的僧房（坊）窟、塔庙窟和佛殿窟中雕塑大型佛像的大像窟、佛殿窟内设坛置像的佛坛窟、僧房窟中专为禅行的小型禅洞窟（罗汉窟）以及小型禅窟成组的禅窟群。根据洞窟形制和主要造像的差异，可分新疆地区、中原北方地区、南方地区和西藏地区四大区域石窟。

新疆地区石窟开凿约从3世纪开始，一直延续到13世纪。主要分布在自喀什向东的塔里木盆地北边沿路线上，集中分布在古龟兹区、古焉耆区和古高昌区。古龟兹区石窟主要有拜城境内的克孜尔石窟、库车境内的克孜尔尕哈石窟、库木吐喇石窟和森木塞姆石窟。其中克

孜尔石窟规模最大，开凿最早，大约开凿于3世纪，4～5世纪是其盛期，最晚的洞窟大约属于8世纪；其他三处，开凿的时间都比克孜尔晚，衰落的时间可能迟至11世纪。古焉耆区石窟主要分布在焉耆回族自治县七格星一带，开凿时间约在7世纪以后。古高昌区石窟主要有吐鲁番地区的吐峪沟石窟和柏孜克里克石窟。其中吐峪沟早期石窟约开凿在5世纪。柏孜克里克石窟主要是9世纪以后回鹘高昌时期的遗迹，最晚的洞窟有可能迟至13世纪。新疆石窟多塔庙窟、大像窟、僧房窟、禅窟以及不同形制洞窟组成的洞窟组合，也有少量的禅窟群；洞窟中一般是泥塑和壁画相结合，6世纪以前的主题多以小乘佛教为主，表现释迦、交脚弥勒及表现释迦的本生、佛传、因缘故事；6世纪以后的主题则大多为大乘佛教题材，如千佛、阿弥陀佛净土等。新疆是石窟艺术东传路线上的重要地区，在中外文化交流过程中，新疆石窟艺术融会了印度、中亚等地的佛教艺术和当地的传统文化，与中原佛教艺术相比，在塑像、壁画风格和绘画技法上都具有浓郁的异域情调。

中原北方地区指新疆以东、淮河流域以北至长城一带的广大地区。这个地区石窟数量多，内容丰富，是中国石窟遗迹中的主要部

分，可分为河西区、甘宁黄河以东、陕西区和晋豫以东区。河西区石窟主要分布在甘肃黄河以西各县沿南山、祁连山的地段。其中，敦煌莫高窟最早洞窟开凿于4世纪，陆续兴建到14世纪，延续时间长、洞窟数量多。其他重要石窟有瓜州榆林窟和东千佛洞、玉门昌马石窟、酒泉文殊山石窟、张掖马蹄寺石窟、肃南金塔寺石窟和武威天梯山石窟等。这几处石窟除榆林窟、东千佛洞外，都还保存5～6世纪的遗迹；武威天梯山石窟即历史上有名的凉州石窟遗迹。甘宁黄河以东区主要石窟有永靖炳灵寺石窟、天水麦积山石窟、固原须弥山石窟、合水张家沟门石窟、庆阳北石窟寺、泾川王母宫石窟和南石窟寺等。固原、庆阳石窟始凿于五六世纪；永靖炳灵寺、天水麦积山石窟始凿于5世纪，其中炳灵寺石窟第169窟无量寿佛龛有西秦建弘元年（420年）题记，是中国所发现的窟龛最早有明确纪年的。陕西区石窟是中原北方地区晚期石窟较集中的一处，大多数窟龛都开凿于6世纪及以后，如6世纪开凿的安塞大佛寺，7世纪开凿的彬县大佛寺石窟、耀州药王山石刻，8世纪开凿的富县石泓寺石窟，11～12世纪开凿的黄陵万佛寺石窟、延安万佛洞石窟和志丹城台石窟等。晋豫以东区，以5～6世纪北魏皇室显要开凿的大同云冈石窟和洛阳龙门石窟、巩县石窟为主流，延续此主流的重要石窟有6世纪中期开凿的邯郸响堂山石窟，5～6世纪开凿的义县万佛堂石窟、渑池鸿庆寺石窟、济南黄花岩石窟，6～8世纪开凿的太原天龙山石窟，7世纪初开凿的安阳宝山石窟。晋豫及其以东地区石窟的承袭关系比较清楚，充分表现了佛教石窟逐步东方化的具体过程，因此，这个地区石窟在中国石窟中占有重要地位。

中原北方石窟中，河西和甘宁黄河以东两区多塑像壁画，陕晋豫及其以东两区多雕刻。四区除个别石窟外，多杂有摩崖龛像。中原北方窟龛的发展演变，大体可区分为四大期：第一期（5～6世纪），是这个地区开凿石窟的兴盛期，多大像窟、佛殿窟、塔庙窟，也有少数禅窟和禅窟群。主要造像有三世佛、释迦、交脚弥勒、释迦多宝对坐像、千佛和思惟像，其次有本生、佛传和维摩文殊对坐像。七佛、无量寿（阿弥陀）、倚坐弥勒和观世音、骑象的普贤等出现较晚。第二期（7～8世纪），主要盛行佛殿窟、大像窟，较晚出现佛坛窟。除释迦造像外，阿弥陀、弥勒、药师等净土图像和观世音像逐渐复杂起来，出现了地藏像，密教形象也开始盛行。第三期（9～10世纪），石窟开凿渐趋衰落，石窟形制模拟地上佛殿的情况日益显著，佛坛后面凿出了背屏，窟前接建木构堂阁的做法比较盛行。窟内壁画盛行排列多种经变的新形式。佛龛两侧流行文殊、普贤相对的布局。文殊似乎受到更多的重视，敦煌莫高窟和富县石泓寺石窟都出现了文殊窟。对观世音的崇奉更为普遍，许多地点出现了观世音的各种变相，天王形象也在这个阶段逐渐盛行。第四期（11世纪以后），开凿石窟的地点愈来愈少，造像题材除前期习见者外，罗汉群像逐渐盛行，出现了罗汉群像与佛传结合的场面。出现了布袋和尚与儒释道合流的形象。庆阳合水莲花寺石窟有宋代绍圣二年（1095年）雕造的"三教诸佛"，是已知中原北方地区这类题材的最早实例。13世纪太原龙山开凿了全真道教石窟。13～14世纪莫高窟、榆林窟开凿了藏传佛教的"秘密堂"。16世纪初开凿的平顺宝岩寺金灯石窟出现了水陆道场的连续浮雕。这里有的洞窟内外全部雕出了仿木结构，石窟模拟佛殿的做法，年代愈晚愈突出。

南方地区指淮河以南地区，以江浙、四川和云南较为集中。凿于5～6世纪之际的南京栖霞山龛像和新昌剡溪大佛，原都前接木构殿阁。广元一带6世纪的石窟，形制多属佛殿窟，有少量的塔庙窟。这时期的主要造像除释迦外，多无量寿（阿弥陀）和弥勒倚坐像，还有释迦多宝对坐像。自8世纪以后，四川岷江、嘉陵江流域诸窟龛盛行倚坐弥勒、净土变相和各种观世音造像。10～11世纪多雕地藏和罗汉群像。11世纪大足石篆山石窟出现了最早的儒释道三教石窟。12世纪大足大佛湾造像内容更为庞杂，除佛传、经变、观世音等形象外，还有祖师像和藏传佛教形象。杭州西湖沿岸的窟龛开凿于10～14世纪，13世纪末以前多雕阿弥陀、观世音和罗汉像，13世纪以后多雕藏传密教形象。于凿于9～13世纪的大理剑川石钟山石窟都是佛殿窟，9世纪造像主要有弥勒和阿弥陀，10世纪以后主要造像有观世音、毗沙门天王和密教的八大明王，最具地方特色的是以南诏王及其眷属为主像的窟龛。

西藏地区石窟多为禅窟和僧房窟。摩崖龛像分布较广，题材多释迦、弥勒、千佛、十一面观音和各种护法形象，并多附刻六字真言。雕造时间大都在10世纪以后，即藏传佛教的后弘期（978年以后）。拉萨药王山是西藏窟龛较集中的一处：山南侧密布摩崖龛像；东麓的札立鲁浦石窟，是已知西藏唯一

的一座吐蕃时期开凿的塔庙窟。塔柱四面各开一坐佛龛，窟壁雕像多后世补镌；该窟右上方凿出附有石床的僧房窟。山南扎囊、乃东等地的天然溶洞，有不少相专是吐蕃时期高僧的禅窟。扎囊查央宗山溶河内，后世建有经堂和附有左转礼拜道的佛殿。殿内有莲花生塑像，传说该洞原是莲花生的禅窟。后弘期这类禅窟窟前有的还接建木结构，如萨迦北寺夏尔拉康。窟形规整，且壁满绘佛像的佛殿窟，似多见于西部的阿里地区。

上述四个地区的石窟寺，虽各具特点，但又互相影响。5世纪60年代云冈最初三窟的昙曜五窟应和新疆古龟兹石窟有一定的关系；河西早期洞窟的塑绘，也受到了新疆的影响。6世纪中期以后，中原西部的石窟龛像又影响到四川北部。7～8世纪的隋唐盛世，中原窟龛典型所在——各种净土变和密教形象已普遍四川，西及新疆。11世纪以后，罗汉群像既盛于中原北方，也流行于江南。13～14世纪西藏传佛教形象不仅出现在中原北方，还出现在南方。透过以上各地区相互影响的复杂现象中可看出大致的发展轨迹：5世纪晚期以前中原北方受到新疆的影响，这显然是和佛教艺术自西向东传播的情况有关；5世纪晚期以来，佛教窟龛在新疆以东逐渐形成自己的特点后，中国各地石窟龛像的发展演变，尽管都还具与地方特征，但都程度不同地受到历史上主要的政治中心或文化中心所盛行的内容的影响。

分布于中国各地的石窟寺遗迹，大都见录于明清地方志和游记中。20世纪初一些外国人即根据上述著录调查了一部分重要石窟，如清光绪二十八年（1902年）日本人伊东忠太调

查山西大同云冈石窟，清光绪三十三年（1907年）法国人E·沙畹调查河南洛阳龙门石窟。不少外国人的调查，往往伴随着掠夺和破坏，德国人A·Von·勒科克清光绪三十年（1904年）、民国2年（1913年）在新疆拜城、库车、吐鲁番诸石窟盗掘遗物、剥离壁画；英国人A·斯坦因清光绪三十三年（1907年）、民国3年（1914年），法国人伯希和清光绪三十四年（1908年）和日本大谷考察队宣统三年至民国3年（1911～1914年）等，先后对甘肃敦煌莫高窟发现的重要经卷、文书和工艺品的骗取劫夺；民国22年（1933年）日本人对山西太原天龙山石窟和民国23年（1934年）美国人对龙门石窟的肢解石雕、凿毁造像等。民国30～35年（1941～1946年），日本京都帝国大学组织的云冈调查班，对云冈石窟强行调查、摄影、测绘。中国有组织的调查工作始于20世纪30年代，民国19～22年（1930～1933年）西北科学考察团调查新疆石窟，民国24～25年（1935～1936年）北平研究院和中国营造学社都对响堂山石窟作了记录。40年代不少学者和学术机构注意到甘肃、四川、云南和新疆境内的石窟，特别是对敦煌石窟的调查、实测和临摹，取得了可喜的成绩。中华人民共和国建立后，石窟遗迹得到应有的重视，各地对现存石窟都开展了调查和记录工作，并发现了以前多湮没已久的重要窟龛。50年代以来，石窟寺的考古研究工作逐渐展开：对一些石窟用考古类型学的方法进行排年分期；发掘了重要石窟的窟前遗址，为恢复某些石窟的历史面貌增加了新数据；对石窟组合关系的探索也开始提到日程上来。

各地区窟龛由于长年自然损毁，特别是洪水冲刷、地震崩塌，都遭受了较严重的破坏，甚至是大面积的倾圮。自20世纪初40年代，各帝国主义国家的"探险""考察"者，对许多重要窟龛进行有计划的偷剥盗凿，更加深了它的灾难。中华人民共和国建立后，一方面强有力地制止了人为的破坏，另方面则对重要石窟进行"先清理遗迹、后抢救加固"的大型维护工程。这类维护工程首先试行于敦煌莫高窟。50年代开始对莫高窟南段石窟裂罅组织科学监测；60年代初，即在清出20多处10～14世纪窟前遗址的下面砌基，兴建了长达500米的重力挡墙，有效地制止了岩面脱塌危情的发展。70年代以后对麦积山、龙门、云冈等石窟崖面的维护，采用了较莫高窟更为先进的"喷锚支护"新工艺及环氧树脂灌浆方法。云冈在清理工作中还发现了11～13窟窟檐遗迹以及5窟上方东侧的大片辽代遗址。80年代重点维护了须弥山、克孜尔、南响堂石窟。须弥山石窟除补顶接像的工作外，还对原来的保护性窟檐进行了试验性的复原，取得了较好的效果；克孜尔主要是架栈道、加固岩体，同时还清出了一批沙埋多年的新石窟；南响堂石窟清理出开凿时的原貌，发现了仿木结构、佛塔形制和重要的纪年摩崖碑刻。

石刻是以石头为材质的包括各种文字和图像的实物遗存。新石器时代出现，汉唐达到鼎盛，持续至明清到近现代。品类众多，题材丰富，包括岩画、刻石、石经、摩崖、碑碣、墓志、买地券及镇墓券、造像及造像题记、题名、画像石、舍利函、经幢及建筑物附属石刻（包括石窟寺石刻造像及附属刻铭、古建筑附属石刻碑铭等）等等。石刻作为宝贵的文物资源，已公布的七批全国重点文物保护单位中，石刻有166处，不包括摩崖造像及石窟寺等。

司马迁《史记》记录了秦始皇巡游各地时刻写的颂扬秦德的刻石文字内容："二十八年，始皇东行郡县，上邹峄山，立石，与鲁诸儒生议，刻石颂秦德，议封禅望祭山川之事。乃遂上泰山，立石，封，祠祀。下，风雨暴至，休于树下，因封其树为五大夫。禅梁父。刻所立石……""于是乃并渤海以东，过黄、腄，穷成山，登芝罘，立石颂秦德焉而去。""刻于金石，以为表经。"这应该是著录研究石刻的最早文献。之后郦道元《水经注》也记载了一些其所见的石刻。此后，至宋代逐渐形成了中国近代考古学的前身——金石学。清代，搜集、著录、研究金石成一时风尚。孙星衍、邢澍《寰宇访碑录》收录秦汉至元代石刻8000余件，赵之谦、罗振玉、刘声木陆续作补录，收录石刻达数万种。王昶《金石萃编》、叶昌炽《语石》是著录石刻包括刻石、碑刻及佛教雕塑、造像碑研究方面的重要著作。王昶记录的石刻种类包括雕像、龛像、造像、摩崖、塔铭、经幢和其他类别。《语石》对所有的石刻和雕像进行分类，并研究其起源、名称的含义、历史发展、地理分布、功能和赞助、形式、铭文内容、书法风格和书法家等。20世纪以来，严耕望《石刻史料丛书》（969卷，420册，1966年）、《石刻史料新编》（30册，1977～1982年）是当代重要碑刻文献资料。《北京图书馆藏中国历代石刻拓本汇编》（100册，1989～1991年）及台北《"中央研究院"历史语言研究所藏北魏纪年

佛教石刻拓本目录》（2002年）等也是珍贵的碑刻拓本文献及目录。北京图书馆、北京大学图书馆、上海博物馆、南京博物院等收藏石刻拓片数量极为丰富，房山云居寺清理经石达14000多件。据统计，已知中国遗存各类石刻资料达到5万件以上。这些石刻资料包含了从新石器到清代、民国数千年的各种文字、图像材料。

就文字石刻来说，书体有古籀、战国文字、隶书、楷书、行书、草书等，是中国文字发展史和书法史的珍贵资料，从文本上看，包括歌功颂德的赞、颂，哀悼死者的碑、志、铭，各种诏敕文牒、盟书，各种经典文集、诗歌、地图、楹联、题名等等，内容庞杂，具有十分重要的史料价值，是历史学研究的珍贵佐证，是中国古代文学的重要组成部分，同时也是书法史研究的宝贵资料。

刻石是石刻中的一种形式，是指形无定制、内容自由的石刻文字。据传，夏商时期已有刻石，如夏禹时岣嵝碑、商代红崖刻石等。中国遗存最早的文字刻石实物是秦刻石。重要者如中山国守丘刻石、战国秦石鼓文、秦诏刻石、诅楚文等。秦始皇统一六国后，先后五次大规模巡视，刻有峄山、泰山、琅琊、芝罘、东观、碣石和会稽七石。东汉末期，为中国古代石刻发展的第一个高潮，尤其以桓、灵年间最盛，主要有摩崖、碑、画像石、阙等几大类型。如著名的石门颂、西狭颂、郙阁颂。出现了摩崖石刻，如江苏连云港摩崖石刻是中国遗存最早的摩崖石刻造像。汉代出现了石阙建筑，刻有中国传统神兽及反映社会生活等图像，内容丰富，主要分布在河南、山东、北

京、重庆、四川等地，著名的如山东嘉祥武氏阙、河南登封太室阙和少室阙、四川沈府君阙等。魏晋南北朝时期重要碑刻，江苏宜兴国山碑、河南临颖受禅碑是三国时期见证东吴和曹魏封禅、受禅的重大历史事件，云南曲靖爨宝子碑和爨龙颜碑为记载云南爨氏接受中原南朝统治的宝贵石刻资料，吉林集安的好太王碑碑文涉及高句丽建国传说、好太王功绩及当时中国东北、朝鲜半岛与日本列岛之间的关系；南京及丹阳陵墓石刻是南朝陵墓石刻代表。唐代国力强盛，是中国石刻艺术发展史上最辉煌的一个阶段，石刻遗存数量较大，分布广泛，形制完善，内容丰富，手法成熟，著名有拉萨的唐蕃会盟碑、炳灵寺石窟的崔琳和蕃使团的摩崖碑刻等。唐宋之际，经幢兴起，集雕刻艺术与经典文字为一体，有佛教经幢和道教经幢两类，著名的有河北易县唐龙兴观道德经幢、上海松江唐经幢、河北井陉唐天护陀罗尼经幢、浙江杭州五代吴越梵天寺陀罗尼经幢、河北赵县宋代赵州陀罗尼经幢等。辽、金、西夏时期，碑刻有不少兴修寺院佛塔甚至是政事的纪事碑，如甘肃武威西夏碑、云南大理段氏与三十七部会盟碑，为记载民族团结友好的重要碑刻。

收藏各种石刻的文物保护单位有西安碑林、铁门千唐志斋、房山云居寺石经等。西安碑林藏有文物11000余件，其中自汉迄民国各代碑石、墓志、石刻造像共3000余种4000余件，收藏有《大秦景教流行中国碑》《梵汉合文陀罗尼经幢》等珍贵史料、欧阳询《皇甫诞碑》、褚遂良《同州圣教序碑》、怀仁《集王圣教序碑》、颜真卿《多宝塔碑》《颜氏家庙碑》《争座位稿》、柳公权《玄秘塔碑》等书法名作和昭陵六骏、老君坐像、朱辅伯造像碑等雕像，均荟萃其中。河南省新安县千唐志斋因收藏2000余方唐人墓志而闻名，是中国收藏唐人墓志最集中之处，自武德、贞观至天复，无不尽备，资料翔实而珍贵。北京房山云居寺保存的经石始刻于隋大业年间（605 年），历经隋、唐、辽、金、元、明六个朝代，绵延千年，刻经1122部3572卷14278块，其中以辽、金两代所刻佛经最为珍贵。

岩画是指刻在石头或石壁上的图像。岩画制作的年代从旧石器晚期开始出现，已知世界上最早的岩画出现于4万年前，一直可持续到近现代。岩画作为一种雕刻绘画艺术，是早期人类记录生活方式、宗教信仰及思想情感的图像，具有重要考古学、民族学、社会学、艺术学、历史文献学等多方面价值。中国岩画的分布在北方自东向西形成一条岩画带，南方的四川、云南、贵州、广西与北方的青藏高原相接形成了中国岩画的"C"形环状岩画分布带。学术界将中国岩画分为北方、青藏、西南和东部四个大的系统。北方岩画系统分布于中国北部少数民族聚居地区，范围广泛，数量巨大，代表有内蒙古阴山岩画群、宁夏贺兰山岩画群、甘肃祁连山和北山（包括黑山、马鬃山等）岩画群、新疆阿尔泰山及天山岩画群等。制作手法以敲凿、磨刻为主，年代从史前一直持续到明清，内容以北方萨满教为主，表现自然崇拜、动物崇拜和生殖崇拜等，部分如嘉峪关黑山岩画表现了佛教题材，岩画以动物及牧猎内容为主，羊、鹿、马、牛、虎等动物及动物咬斗，是北方游牧民族生产、生活及生态的体现。青藏系统的岩画主要指西藏及青藏高原边缘地带的青海高原、川西高原及甘南高原的岩画。青海岩画地点有野牛沟岩画、卢山岩画、哈龙沟岩画、勒巴沟摩崖等，内容有狩猎岩画、畜牧岩画、动物岩画、神灵崇拜岩画和生殖岩画等；西藏岩画发现于藏北、藏西，计60余处5000余幅，主题以狩猎野牦牛为主，还有战争和格斗场面，具有青藏苯教特色，如苯教符号系统的日、月、树、塔状物、神鸟等。西南岩画主要分布于云贵高原及广西、川南、鄂西等地区。著名的有广西花山岩画、云南沧

源岩画等。花山岩画以红色涂绘为主，题材有农耕、放牧、竞渡、舞蹈、交媾等生活场面，宗教色彩浓厚，有大型壮观的集体祭祀场景。东部岩画系统包括内蒙古赤峰，以及辽东半岛、山东半岛、江苏等沿海地区的岩画，以凿刻或磨刻为主，题材多人面、人形及"凹穴"或圆形、涡卷等曲线图案，表现宗教信仰的有太阳神、神灵面具、星象、生殖崇拜等。著名的有江苏连云港将军崖的人面岩画、内蒙古赤峰岩画、河南茨山岩画等，其中将军崖岩画的年代不会晚于7000年前，属于新石器时代。

第一节 石窟寺

克孜尔千佛洞 作为全国重点文物保护单位的克孜尔千佛洞，包括第一批的克孜尔千佛洞和第六批归并项目台台尔石窟和温巴什石窟。克孜尔千佛洞是古代丝绸之路上一处重要的佛教文化遗址，是中国较早的一处石窟群，也是新疆地区石窟中规模最大的石窟群。位于新疆维吾尔自治区拜城县克孜尔乡东南7千米明屋塔格山的崖壁上，南与确尔塔格山隔河相望，西距库车县城约70千米。台台尔石窟和温巴什石窟是龟兹石窟重要的组成部分，台台尔石窟位于拜城县克孜尔乡东北约6千米处的戈壁断崖上，温巴什石窟位于拜城县温巴什乡阿瓦提村南约3千米处的吉格代力克艾肯沟两岸。

克孜尔千佛洞约建于3～9世纪。可分为初创期（3世纪末至4世纪中期）、发展期（4世纪中期至5世纪末）、繁盛期（6～7世纪）、衰落期（8世纪～9世纪中期）等四个时期。

石窟群总体为东西走向，绵延约3千米。已发现洞窟总数达339个，其窟形比较完整、壁画保存较好的洞窟约80个。保存壁画总面积3957.2平方米。洞窟按山势走向分为谷西区、谷内区、谷东区和后山区四个区域。

第118窟开凿于3世纪初，为克孜尔石窟初创期的洞窟。方形窟，由前室和主室组成。前室平面方形，不规则覆斗顶，高3.88米、宽4.01～4.24米、残长1.74米。主室平面横长方形，高4.04米、宽4.88米、进深3.75米，横券顶。前室前部塌毁，正壁上方近顶部有一排8个圆凿孔，正壁两侧开窗口。主室正壁中部绘宫中娱乐，纹饰从外向里依次为箭头纹、色带、卷草纹、色带和箭头纹，有一部分纹饰被揭取。正壁左侧下部和上部各绘2身龟兹供养

克孜尔千佛洞远景

克孜尔千佛洞大像窟

人，中部绘几列纹饰带，供养人连同中部的部分纹饰被揭取：右侧下部残存1身供养人，中部壁画脱落，上部绘1身比丘，壁画被揭取；右侧壁下部、左侧壁下部前壁下部绘赭石色带，有一部分脱落或被揭取，中部有几列从正壁延伸过来的纹饰带。正壁上方叠涩面纹饰有一部分被揭取。券顶中脊绘天相图。两侧券腹绘菱格图案，内绘山水、动物和禅定比丘。券腹下部各绘1列水中动物纹饰带。里外侧券腹壁画大部分被揭取。右侧壁上方半圆端面绘须弥山与天宫，壁画被揭取。左侧壁上方半圆端面绘兜率天上的菩萨，壁画被揭取。该窟左右侧壁及前壁上有刻写、墨书的古文字及汉文题记及题刻。

第38窟开凿于5世纪左右，是克孜尔石窟

发展期的洞窟。中心柱窟，由前室、主室及甬道组成。前室正壁中部开门道通向主室，门道高2.1米，平顶。前室与第39、40窟前室毗连，形成一个共用的廊道或前室，现已坍塌。从前室遗迹判断，三个窟是一个组合。主室平面方形，高4.02米、宽3.52米、进深3.6米，纵券顶，一阶叠涩。主室正壁中部开凿一拱券顶龛，龛内原有一尊泥塑彩绘坐佛像，已毁无存，龛内正壁残存彩绘佛头光、背光和背影。龛外两侧上方布满按菱格排布的小孔，原斜插木棍，用以固定浮塑彩绘的菱形须弥山，惜山峦部分全部剥落。左、右侧壁各绘三铺说法图，佛居中央，周围是闻法弟子及天人。闻法天人手持乐器，这是其他洞窟说法图中少见的。第38窟最有特色的就是说法图上方两幅画面较为完整、内容丰富的天宫伎乐图。左、右侧壁上方叠涩面上绘水中动物和宝珠。前壁中部门道顶部绘水中动物和宝珠，同叠涩面，部分残失。前壁左、右侧壁下部壁画大部分剥落，左侧壁残存一身龟兹供养人。中部开一拱券顶龛，龛内塑像无存，正壁绘花饰，部分残损，两侧壁涂赭石色。龛内口沿涂黑色带，龛外口沿涂白色带。左侧壁龛外上方榜题栏内有1横列墨书的婆罗谜文字。龛外上方各绘1身思惟菩萨。前壁上方叠涩面上绘箭头纹、卷草纹和穿璧纹。门道上方半圆端面绘弥勒菩萨兜率天宫说法图，有部分壁画被揭取。券顶中脊绘天相图。两侧券腹绘菱格故事，本生与因缘交替出现，各有3行，每行7～9幅不等。正壁下方两侧开左、右甬道，甬道纵券顶。左、右甬道里端与后甬道相通，后甬道横券顶。左、右甬道内侧壁各绘一行塔中坐佛，每行4幅。外侧壁与后甬道两端壁画幅为一整体，各绘一行塔中坐佛，每行7幅。右甬道外侧壁下方一幅佛塔塔基上有一行赭石色吐火罗文题记。后甬道正壁绘佛涅槃图，佛头下方绘须跋陀罗，身后绘梵天、帝释和四大力士，佛脚旁绘3身比丘。前壁绘舍利塔，左右各开1拱券顶龛，龛内正壁绘佛头光和背光，塑像无存。龛外两侧及券顶绘菱格山峦。

台台尔石窟洞窟分布在东、西两座山丘的半腰上，西丘顶部有一座城堡遗址。石窟开凿于唐宋时期，有编号洞窟18个，其中窟形较完整的有第1、5、10、11、14～17号8个洞窟，其中4个洞窟保存有精美壁画。洞窟形制有中

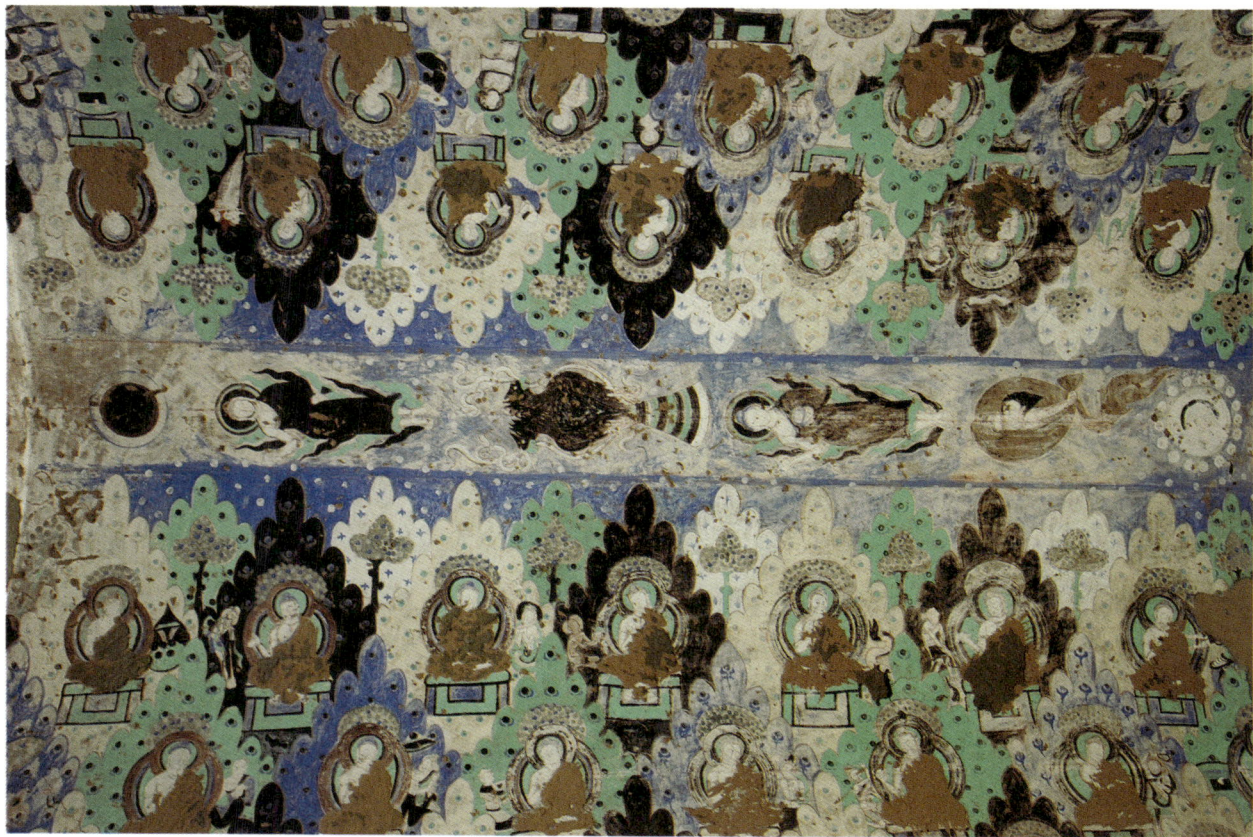

克孜尔千佛洞第8窟天相图

克孜尔千佛洞第 1 窟后室窟顶壁画

心柱窟、方形窟、僧房窟、龛窟和异形窟。洞窟壁画题材除常见的菱格画中的本生故事外，第17窟中塔中坐佛和虚空夜叉，第16窟中的大立佛等图像在龟兹壁画中确为罕见。

温巴什石窟群主要分布在一条长约1千米蜿蜒曲折的大沟内。石窟开凿于唐宋时期，编号洞窟26个，其中洞窟形制较为完整的有19个。形制类型包括有中心柱窟、僧房窟、方形窟、禅窟和瘗窟。其中以僧房窟和禅窟为主；方形窟和中心柱窟较少。洞窟组合多与禅观相关，具有自己的特点。第9、11、14窟为中心柱窟，主室正壁开凿的拱券顶龛，龛内塑像早无存，仅存龛中的佛陀背光、身光和菱格山水背景。遗存壁画主要保存于第1、9、11、14窟。壁画内容包括因缘、佛传、天相图、坐佛、立佛、菱格山水和树木及动物、纹饰等。窟群区下方有一古代铸钱遗址，曾发现陶片、古铜钱、钱范等文物。

克孜尔千佛洞洞窟形制齐备，禅修用的僧房窟遍布各区，数量占洞窟总数的三分之二。中心柱窟和大像窟是洞窟的主体，用于礼佛观像，也是雕塑和壁画的主要展示空间。方形窟用于讲经说法，数量不多，但居重要地位，是传播经律的重要活动场所。克孜尔千佛洞壁画题材丰富，内容广泛。主要是围绕释迦牟尼的诸事迹，包括本生故事、因缘故事和佛传故事及弥勒兜率天宫说法图等。本生故事和因缘故事均有100余种，佛传故事60余种。天相图、天宫伎乐、飞天和供养人富有特色。晚期洞窟出现"千佛"等大乘佛教内容。克孜尔千佛洞壁画浓缩了龟兹佛教的基本教义，整体反映出龟兹遵循的小乘佛教的"惟礼释迦"的思想。

对克孜尔千佛洞的考察研究，始于19世纪末20世纪初西方掀起的西域探险热潮。先后有俄国、日本、德国、英国和法国等探险队考察过克孜尔千佛洞。主要有德国的格伦威德尔、勒柯克和瓦尔德施米特等，研究成果主要在克孜尔千佛洞年代与分期、洞窟形制、壁画题材等方面。20世纪上半叶，克孜尔千佛洞引起中国学者的关注，较为重要的有考古学家黄文弼民国17～18年（1928～1929年）的考古调查和朝鲜族画家韩乐然民国35年（1946年）和民国36年（1947年）两次科学调查工作。1951年，西北科学考察团历史考古组组长向达率队在克孜尔千佛洞进行考察。1953年6月，西北军政委员会文化部派出以武伯伦、常书鸿为首的新疆文物调查组，对克孜尔千佛洞进行专题调查，对石窟逐个进行编号，编定第1～235窟的编号，一直沿用。以克孜尔千佛洞为中心的龟兹石窟研究在考古、美术、文化、技术保护等专业方面已取得一系列研究成果。

1956年，拜城县克孜尔千佛洞文物保护管理所成立。1957年1月4日，克孜尔千佛洞由新疆维吾尔自治区人民委员会公布为第一批自治区级文物保护单位。1961年3月4日，克孜尔千佛洞被国务院公布为第一批全国重点文物保护单位，编号1-0041-4-008。1985年，新疆龟兹石窟研究所成立，负责龟兹石窟的日常保护、管理和研究工作。1999年5月24日，新疆维吾尔自治区第九届人民政府第6次常务会议通过《新疆维吾尔自治区克孜尔千佛洞历史文化遗址保护管理办法》，1999年6月9日公布实施。1986～2003年，国家先后拨付经费对克孜尔千佛洞谷西区、谷东区、谷内区和后山区部分洞窟进行抢救性岩体加固。2005年，国家启动丝绸之路（新疆段）重点文物保护工程，克孜尔千佛洞列为重点文物保护项目。2006年5月25日，国务院公布第六批全国重点文物保护单位时，将温巴什石窟、台台尔石窟作为扩展项目归入第一批全国重点文物保护单位克孜尔千佛洞。2009年，新疆龟兹石窟研究所更名为新疆龟兹研究院，下设克孜尔石窟文物保护所，专职负责石窟的日常保护和管理。2009年7月22日，新疆维吾尔自治区人民政府公布克孜尔千佛洞保护范围和建设控制地带。2010年，国家文物局审核批准《克孜尔石窟壁画抢救性保护修复方案》，于2012～2014年实施。2013年4月1日，克孜尔千佛洞文物保护规划获得国家文物局审核批复；2014年3月，由新疆维吾尔自治区人民政府批准公布。2014年6月22日，克孜尔千佛洞作为重要遗产点，被第38届世界遗产大会列为"丝绸之路：长安—天山廊道的路网"世界文化遗产。

莫高窟 莫高窟俗称"千佛洞"，是中国最重要的石窟艺术宝库之一，位于甘肃省敦煌市东南25千米鸣沙山东麓、宕泉河西岸断崖上。洞窟密布在南北长约2千米的崖面上，坐西朝东，面向祁连山支脉三危山。

莫高窟西晋时曾有仙岩寺之称，十六国前秦时名莫高窟，隋末唐初曾改名为崇教寺，元代称皇庆寺，清末称雷音寺。据唐《李君莫高窟修佛龛碑》及莫高窟第156窟北壁晚唐墨书《莫高窟记》中记载，莫高窟始建于前秦建元二年（366年），僧人乐僔路经此山，忽见金光闪耀，如现万佛，便在岩壁上开凿第一个洞窟。此后禅师法良继续建洞修禅。北朝时期任州刺史的东阳王元荣和建平公于义陆续开凿大窟。隋朝统治集团佞佛，加上丝路贸易的兴盛，莫高窟兴建94个洞窟，洞窟总数超过100个。唐朝莫高窟开窟造像数量最多，至武则天时洞窟增至千余个；五代、北宋时期，莫高窟开凿41个洞窟（五代26个，北宋15个），出现一批规模巨大的洞窟。沙州回鹘和西夏时期，各开凿洞窟1个，重修洞窟分别为15和60个。元代莫高窟营建进入尾声，新开洞窟8个，重修洞窟19个。明代敦煌石窟渐趋荒废，至清代莫高窟长期处于无人管理状态，屡遭破坏。清光绪二十六年（1900年），藏经洞（莫高窟第

17窟）被发现，所藏5万多件经卷文书以及绘画品公之于世。因管理不善，大量文物被盗卖，分藏于英、法、俄、日等国的众多公私收藏机构，仅有少部分保存于中国。

遗存石窟分十六国（北凉、北魏、西魏、北周）、隋、唐、五代、宋、回鹘、西夏、元共11个时期，分布于高15～30多米高的断崖上，上下分布1～4层不等。窟龛总数为735个，保存壁画4.5万多平方米、彩塑2000多身、唐宋木构窟檐建筑5座。窟群分为南、北二区，南区洞窟492个，洞窟较密集，均有彩塑或壁画。北区洞窟243个，主要是僧侣生活、修行的僧房窟及埋葬遗骨的瘗窟等。僧房窟一般为单室，平面方形，窟中有灶、炕等生活设施。瘗窟一般为单室，平面方形，唐代出现前后室或双室，有单人葬，也有双人或多人合葬。附属于莫高窟的其他遗存有佛寺3处（上、中、下三寺）、佛塔26座、牌坊3座、城堡遗址1处。

遗存十六国北朝时期石窟包括十六国北凉、北魏、西魏、北周四个时期。北凉洞窟形制包括多室禅窟、方形佛殿窟、纵长方形佛殿窟，兼有禅修、观像、礼拜功能；彩塑均为单身造像；壁画人物造型采用西域式晕染法，辅以线描。北魏洞窟多为前部人字披顶、后部平顶式塔庙。中心柱正面开一大龛，塑交脚佛或倚坐佛像，其余三面分上下两层开龛，南北壁上层开阙形龛，内塑交脚坐菩萨；下层龛内塑结跏趺坐佛像，佛像两侧或龛外两侧塑胁侍菩萨像。北魏洞窟顶部画人字披图案和平棊图案，四壁分段式布局，上部为天宫伎乐，中部绘千佛或千佛围绕式说法图和本生、因缘、佛教故事画，下部绘供养人和药叉。西魏洞窟形主要有中心塔柱窟、禅窟和覆斗顶殿堂窟，出现中心塔柱四面各开一龛的形式；彩塑造像主要有倚坐佛、禅定佛、苦修佛像、交脚菩

莫高窟九层楼

莫高窟盛唐第 45 窟西龛彩塑

萨、胁侍菩萨像等，主尊多为倚坐佛，佛像两侧皆有胁侍菩萨像；壁画题材分尊像画、佛教故事画、传统神话题材画、供养人画像、装饰图案画等，壁画人物除继续北魏西域风格，新出现以人物身材修长、相貌清瘦、衣饰宽博，体现出"秀骨清像"的中原风格。北周洞窟主要有中心柱窟和覆斗顶殿堂窟。塑像出现一佛二弟子二菩萨组合，造像头部方圆，五官清秀而较集中，上身较大，下身较短小；壁画题材与西魏一致，故事画出现新内容；出现涅槃图，是隋唐以后涅槃变的早期形式；人物画法有西域式晕染法和中原式晕染法；这是佛传故事情节最多的一批洞窟。

隋代洞窟形制以覆斗顶形窟为主，其次为前部人字披顶、后部为平顶式，或前部为平棊、后部为人字披顶式，少数洞窟沿袭早期人字披中心柱窟形制，个别洞窟中心柱改为须弥山形式；洞窟大部分只是在西壁开一龛，出现

三壁三龛窟，还出现内外双重龛形式；塑像流行一佛二弟子二菩萨组合，三佛组合成为隋代塑像的一大特点，佛像具有头大、腹鼓、腿短的特点；壁画内容出现画面和布局较为简单的净土经变、维摩经变、法华经变、弥勒经变等经变画，出现大量反映丝路贸易和中外交通的画面；在装饰纹样和图案上，传统的花鸟、忍冬纹与新传入的波斯风格纹样如狮凤纹、联珠、狩猎纹、兽禽纹等并用。

唐武德时期，石窟形制与绘塑制作仍沿袭隋末，以覆斗形窟顶双层龛为主；佛、菩萨额颅方圆、表情庄重、衣褶简练流畅，装饰纹样除沿用忍冬纹外，出现大量莲花葡萄纹。反映净土思想的阿弥陀净土变、维摩诘经变增多，弥勒上生与下生经相结合，出现弥勒上生下生经变。贞观以后，莫高窟艺术进入新时期，以唐贞观十六年（642年）建造的第220窟为代表，南、北、东壁分别绘阿弥陀净土变、

药师经变、维摩诘经变。武周时期，出现艺术性很高的佛、弟子和彩塑菩萨像。证圣元年（695年）造33米高弥勒大佛（第96窟，北大像），是莫高窟的第一大佛，窟前建筑原为四层，晚唐年间（874～879年）建成五层，宋初（966年）重修，民国24年（1935年）建成九层楼，已成为莫高窟的标志之一。经变多为通壁大幅的西方净土变、维摩诘经变、涅槃经变和弥勒上生下生经变。第321窟有敦煌石窟中唯一的一幅"宝雨经变"，是武则天利用《大云经疏》和宝雨经变中的伪造经文，自诩为弥勒和"日月光天子"，以顺乎天意为名，取代李唐称帝登基。盛唐时期（705～781年）的窟形大多承袭初唐的覆斗形窟顶西壁开龛的殿堂式，龛内塑像，出现少量异形窟。如开元九年（721年）开凿的南大像，从地面到窟顶雕塑一弥勒坐像。出现长方帐形龛，开凿涅槃大窟。盛唐石窟的装饰图案精美，佛光、藻井、边饰、服饰图案等，皆色彩绚丽，纹样细致，变化多样；彩塑与壁画形成绘塑结合形式，早期多绘经典画，后期出现大量密宗题材。莫高窟第148窟的密宗壁画，是中国佛教艺术的珍贵实物。中唐时期以殿堂窟、涅槃窟为主。彩塑承袭唐代前期内容，在正面大龛里有释迦像、三世佛、七世佛，有以佛为中心并与两侧弟子、菩萨、天王、力士等组成的群像；壁画内容与唐代前期略同，主要有佛像画、经变画、瑞像画、供养人画像、装饰图案等五类，以经变画为主。晚唐时期以中心佛坛式、方形深龛式、中心龛柱式为主，窟内主体位置雕塑佛像，四壁及顶部壁画，彩塑大体继承吐蕃时期的题材和风格，仍然保持一铺七身或九身塑

像布局形式。龛内多为小型塑像，中心佛坛塑像规模超过中唐时期。

五代、北宋时期（907～1036年）洞窟形制大多沿袭晚唐中心佛坛覆斗顶殿堂式，后期出现穹隆顶窟形。维修旧窟时，给一些洞窟装修了木构窟檐和栈道。其中第55窟为中心佛坛窟，佛坛造像为弥勒三会说法，是莫高窟宋代造像新出现的题材。壁画内容仍以经变画为主，基本承袭晚唐规范，描绘内容有所增加，

莫高窟唐代第57窟佛说法图右胁侍菩萨

莫高窟北魏第 257 窟九色鹿王本生图（局部）

莫高窟晚唐第 17 窟（藏经洞）北壁洪辩像

多以变文为依据。故事画出现鸿篇巨制，如五代第98窟屏风画，描绘《贤愚经》的故事画多达30余种。第61窟佛传故事画增加了新内容，连屏33扇，共131个画面。供养人画像的规模宏大，甬道和东壁两侧绘制高大的窟主和宗族显贵画像，如曹氏父子和张氏家族成员以及于阗国王像等，还有曹议金与回鹘公主出行图。出现如第72窟刘萨诃变相、第61窟五台山图以及第220窟新样文殊等一些新题材，反映佛教进一步中国化并与儒、道思想相结合。沙州回鹘时期窟形因袭宋制。在艺术表现上，早期沿袭宋窟遗风；后期受吐鲁番地区柏孜克里克高昌回鹘艺术的影响，形成简略粗放、构图疏朗、色调明快、装饰趣味浓郁、人物造型圆润丰满的民族风格，用色多以铁朱为底，配以少量石绿、石青和纯白色，色调温和，典雅富丽，重视装饰效果，新出现十六罗汉图、行脚僧图、编织纹、波状云头纹卷草边饰和回鹘族男女供养人画像等题材。西夏时期窟形因袭宋制；彩塑出现供养天女新题材，面相、服饰均如宋塑；壁画题材主要是千佛、简略形式的净土变、高大的供养菩萨行列等，壁画底色除

沿袭宋代石绿敷底外，新创铁朱染壁为底的做法；经变画比宋代更趋简单化、程式化，装饰性加强，菩萨与人等身，整齐排列，但千相一面。元代窟形有中心柱窟和覆斗顶形窟，这一时期的艺术，吸收许多外来技艺。塑像除泥制彩塑外，还采用夹纻工艺；壁画按内容可分为显密和藏密两大系统。

闻名中外的莫高窟藏经洞（17窟），位于第16窟甬道北壁，建于晚唐，原为晚唐河西释门都僧统洪辩的影窟。藏经洞为长宽均2.6米、高3米的方形窟室，内有4～11世纪（相当于十六国到北宋时期）的历代文书和纸画、绢画、刺绣等文物5万多件。莫高窟藏经洞是中国考古史上的重大发现，其出土文书多为写本，少量为刻本，汉文书写的占80%以上，其他文字还有古代藏文、梵文、佉卢文、粟特文、于阗文、回鹘文、龟兹文、希伯来文等。不少是孤本和绝本。

莫高窟是一处融绘画、雕塑和建筑艺术于一体的大型石窟寺，是古代留存下来的宝贵建筑实物资料，展示了一部中国建筑史，填补了南北朝至盛唐建筑资料缺乏的空白。莫高窟壁

画为中国美术史、音乐史、舞蹈史的研究提供重要实物。敦煌石窟考古、敦煌文书、敦煌石窟艺术、敦煌历史地理、中外文化交流、敦煌石窟保护、敦煌学史等诸多领域形成各有体系并互相交叉的研究格局，取得丰硕研究成果。

民国33年（1944年），国立敦煌艺术研究所成立，开展对敦煌石窟的保护和有计划临摹与研究工作。1951年，改名为敦煌文物研究所。1961年3月4日，莫高窟被国务院公布为第一批全国重点文物保护单位，编号1-0035-4-002。1984年，成立敦煌研究院，负责敦煌莫高窟的保护管理与研究。1987年，莫高窟被联合国教科文组织列入世界文化遗产名录。1988～1995年，对莫高窟北区已暴露和被沙掩埋的全部洞窟进行清理和发掘，基本弄清每处洞窟的结构、使用状况、功能和年代。1999年2月24日，甘肃省人民政府印发《甘肃省人民政府关于公布我省全国重点文物保护单位保护范围的通知》，划定莫高窟的保护范围。2002年，甘肃省人大常委会审议并通过《甘肃省敦煌莫高窟保护条例》，2003年3月1日正式实施，再次发文重新划定并公布保护范围。2008年12月，莫高窟保护利用工程获国家发改委的批复立项开工，2011年完工。2011年3月，甘肃省人民政府公布实施《敦煌莫高窟保护总体规划（2006～2025）》，成为莫高窟系统保护、保存、利用、管理和研究的指导和依据，并在保护范围基础上划定莫高窟的建设控制地带。

麦积山石窟 麦积山石窟是中国佛教艺术5～6世纪嬗变的杰出代表，位于甘肃省天水市麦积区东南约45千米，地处秦岭山脉西延部分北侧小陇山林区之中。

麦积山因其山体形如农家麦垛而得名，山体由红色砂砾岩构成，山体相对高度142米。群山环绕之中，麦积一峰凸起。麦积区气候温润，"麦积烟雨"久负盛名，自古有"秦地林泉之冠"之美誉。石窟开凿于距地面20～80米的垂直峭壁之上，各洞窟间以错落的栈道相连，密如蜂房的洞窟与层层相连的栈道成为古代石窟开凿史上的奇观。

据文献及碑刻资料记载，麦积山石窟始

麦积山石窟远景

建于十六国后秦时期（384～417年）。时著名高僧玄高聚集百余人在此禅修。后经北魏、西魏、北周、隋、唐、五代、宋、元、明、清诸代1500余年的开凿与重修，遗存编号窟龛共221个，以北朝开凿的洞窟为主。其中王子洞窟区20个洞窟及中区崖壁塌落堆积层中清理出空窟3个、东崖56个、西崖142个。保存各类雕塑总计12182身，壁画1065.2平方米。另有瑞应寺及舍利塔等建筑遗存，收藏各类文物800余件、经卷文书1500多册。麦积山石窟遗存佛像最高者15.33米，最小的影塑不足30厘米，以第74、78、133、127、4窟等窟最具有代表性。

第74窟和第78窟，位于西崖中部，两窟规模、形制、造像内容完全相同，同时开凿于北魏文成帝至献文帝时期（452～471年），是麦积山遗存最早的洞窟。平面略呈方形，穹隆顶，敞口大龛，三壁下部有高坛基，每壁各高

东崖隋代大佛

浮雕一坐佛，组成三佛，正壁主尊两侧各塑一胁侍菩萨，正壁佛头两侧对称各凿一小龛，内塑交脚菩萨和思惟菩萨。佛像高肉髻，深目高鼻，穿覆搭右肩袈裟，袈裟边缘刻折带纹，阴刻衣纹组成勾连状，躯体雄伟，表现早期佛像受外来艺术风格影响的特点，与云冈县曜五窟第20窟佛像具有类似特征。

第133窟又称万佛洞、极乐堂、碑洞，位于西崖东上部，开凿于北魏时期。窟顶高5.8米、面阔12.2米、进深10.83米。窟内共有大小佛龛16个。龛内造像均为泥塑，多为一佛二菩萨三尊像，其中第8龛为交脚弥勒菩萨。窟内除顶部绘制壁画外，其余壁面全部贴满影塑小千佛，多已剥落。五代王仁裕称此窟"广古今之大殿，其雕梁画拱，绣栋云楣，并就石而成，万躯菩萨，列于一堂"（《太平广记》卷三九七引《玉堂闲话》）。万佛洞各类雕塑总计5000余身，其中第9龛弟子阿难，俗称小沙弥，为北魏造像精品。第11龛龛楣悬塑释迦灵鹫山说法图，人物多为影塑；窟室中部宋代补塑罗睺罗授记两身像，为麦积山宋代泥塑经典作品。窟内保存北魏至西魏时期的造像碑18通，均细砂岩雕刻，其中以第1号千佛碑、第10号佛传碑、第11号和第16号造像碑雕刻最为精美。第10号造像碑雕刻以大乘法华思想为主的三世佛，周围分布佛传故事情节，是北魏造像碑的精品。万佛洞内壁画已大面积剥落，仅存20余平方米，顶部残存骑龙、凤、鱼及持节仙人图像，反映了中国传统神仙思想与佛教思想的融合。

第127窟位于西崖西侧上部，西魏初开凿，平面横长方形盝顶窟。面阔8.6米、进深5

米、窟高4.5米，正、左、右三壁各开一圆拱浅龛，正壁龛为石雕一佛二菩萨三尊像，左右壁龛内各泥塑一佛二菩萨像，组成三佛。四壁及顶部保存壁画100多平方米，是麦积山石窟遗存北朝壁画最多的洞窟，有较完整的经变和本生画，构图、技法展现出高超的艺术水平，是北朝绘画艺术的精品，在中国绘画艺术史和佛教艺术史上有很高地位。正壁上部绘涅槃变，画面左侧绘说法及涅槃图，右侧绘八王争舍利图。左壁上部绘维摩诘经变图。右壁上部绘西方净土变图。前壁上部绘七佛图。窟门两侧绘地狱变及十善十恶图。窟顶绘天人引导乘龙车升仙图。窟顶前披绘睒子本生故事画，为长卷式佛本生故事画。窟顶左、右、正三披绘萨埵太子舍身饲虎本生故事画。窟内的大型经变画受当时长安地区佛寺壁画艺术的影响，又吸收南朝绘画艺术风格，对后世大型经变画产生影响，是佛教艺术中国化后反哺回传的具体表现。

第4窟俗称上七佛阁或散花楼，位于东崖上部，是北周大都督李允信为其亡父建造的七佛龛。北朝著名文学家庾信为之撰写铭文。洞窟为一大型庑殿顶崖阁，平面呈横长方形。通面阔30米、通进深8米、通高16米。上部当成单檐庑殿式大顶，前开七间八柱窟廊，后列7个四角攒尖顶佛帐式大龛。上七佛阁存造像77身，石胎泥塑浮雕8身，经唐、宋、明重修或重妆；每龛内上部贴影塑千佛，存757身，均为北周原作。七龛内存造像均为宋代重塑。正壁主尊构成七佛组合，每佛胁侍二弟子六菩萨或八菩萨。诸龛外部龛面泥塑帐幔，两柱分别为龙、凤、象头，口衔流苏。各龛外帐幔之间有浮雕石胎泥塑护法像，已经宋代加泥重修。长廊两端左右耳龛内分别塑维摩诘居士与文殊

麦积山石窟第 133 窟

麦积山石窟第 4 窟力士

第 44 窟西魏佛像

师利菩萨，表现《维摩诘经》中文殊问疾品的场景。长廊两端各有宋代塑一金刚力士。上七佛阁廊顶各间原凿竖三横二排列平棊六块，平棊上绘壁画，共计42块，为北周原作，仅存6块，主要内容为佛传故事等。诸龛上方有大型伎乐飞天组画，每幅四身伎乐天，相对奏乐或散花飞行，其中有5幅为薄肉塑技法，是麦积山最有创意和代表性的壁画。

第13号摩崖造像，位于东崖中部，为石胎泥塑一佛二菩萨，隋代原作，宋代重修。通高17米、宽17.9米。主佛身高15.33米，两侧胁侍菩萨身均高13米，是麦积山石窟体量最大的三身造像。主尊佛像脸颊部曾发现唐代手抄本《金光明经卷四》，是麦积山石窟遗存最早的古代文书，佛像白毫内发现南宋绍兴二十七年（1157年）白瓷碗1件，碗壁墨书内容反映宋代重修该造像的情况。

麦积山石窟遗存洞窟多为北朝至隋代开凿，唐代受地震及吐蕃入侵陇右的影响，逐渐衰败，宋代至明清时期进行多次大规模重修，保存大量北魏、西魏、北周和隋代泥塑作品，是5～7世纪初中国石窟寺泥塑造像集大成者。宋代重塑大量泥塑造像，反映了10～13世纪佛教泥塑造像艺术成就。麦积山石窟造像题材类型丰富，三世佛造像和维摩诘造像大量出现，是鸠摩罗什在长安地区翻译的大乘经典在陇右地区盛行的表现。

民国4年（1915年），日本大村西崖著

《支那美术史雕塑篇》，引庾信《秦川天水郡麦积崖佛龛铭》，国外始知大都督李允信建七佛龛事。民国30年（1941年），天水籍学者冯国瑞首次调查麦积山石窟，撰《麦积山石窟志》。1952~1953年，文化部组织两次大规模的麦积山勘察工作，编录《麦积山石窟内容总录》，共录编194个窟龛。民国34年（1945年）、1960年，考古学家阎文儒两次调查麦积山石窟，对麦积山所有洞窟进行全面考察。

1953年，成立麦积山石窟文物管理所。1961年3月4日，麦积山石窟被国务院公布为第一批全国重点文物保护单位，编号1-0038-4-005。1977~1984年，对麦积山山体实施"喷锚粘托"工程；期间，麦积山文物保管所对之前未通栈道洞窟展开调查。1986年，麦积山石窟文物管理所更名为麦积山石窟艺术研究所，负责麦积山石窟的保护与管理工作。2001年以来，麦积山石窟艺术研究所持续对石窟渗水进行治理工程，在崖面开孔，加速渗水排出。1999年3月24日，甘肃省人民政府划定公布麦积山石窟的保护范围。2007年，编制《麦积山石窟保护规划（2009~2020）》。2008年12月7日，甘肃省人民政府办公厅颁布《麦积山石窟保护管理办法》。2014年6月22日，麦积山石窟作为遗址点之一，以"丝绸之路：长安—天山廊道的路网"名被联合国教科文组织列入世界文化遗产名录。

炳灵寺石窟 炳灵寺是中国著名的石窟寺，以石雕佛像著称，位于甘肃省永靖县西南35千米小积石山中。

炳灵寺石窟周边风貌

炳灵寺石窟所在地临夏，古称河州，处于丝绸之路陇右段南道及唐蕃古道的重要位置。炳灵寺唐代称灵岩寺，宋代以后称炳灵寺。炳灵寺石窟的文献记载最早见于郦道元《水经注》。据文献和第169窟内墨书题记，炳灵寺石窟最早创建于十六国时期的西秦，北魏、西魏、北周、隋、唐、宋、西夏、元、明、清各代都有营造和重修。北魏时期的窟龛近40个，其中洞窟8个、摩崖浮雕浅龛30个，主要开凿于北魏延昌年间（512～515年）。唐代成为炳灵寺石窟开窟造像最盛的时期，开窟数量占总数的2/3以上，炳灵寺保存有一些反映唐蕃关系的碑刻及造像。安史之乱后，吐蕃占有陇右一带，炳灵寺成为吐蕃长期留居地区。明清时期对前代窟龛多进行重修，炳灵寺逐渐发展成为藏传佛教寺院，留存有大量此期重绘的藏传佛教密宗壁画。

炳灵寺遗存窟龛216个，保存有十六国西秦至元、明两代的造像近800尊，壁画面积约1000平方米，大型摩崖石刻4方、石碑1方、墨书及石刻造像题记6方。洞窟主要集中在下寺，共有编号窟龛184个，分布在南北长350、高30余米的崖面上。代表性洞窟为第169窟，内有西秦建弘元年（420年）墨书题记，是中国石窟发现最早的纪年题记。佛爷台、野鸡沟、洞沟（8个窟）、上寺（13个窟）、大崖根、禅堂等处有零星窟龛、壁画和造像。

炳灵寺的西秦窟龛主要集中于第169窟。《秦州记》载："河峡崖旁有二窟，一曰唐述窟，高四十丈，西二里，有时亮窟，高百丈，广二十丈，深三十丈，藏古书五笥。亮，南安人也。"其中"唐述窟"可能就是第169窟。

炳灵寺石窟 171 窟

炳灵寺石窟第 169 窟北室

唐道世《法苑珠林》卷39《感应缘》"枹罕临河唐述谷仙寺"、道宣《集神州三宝感通录》及清代、民国时期的志书均有记载。窟内周壁共有佛龛24个，除个别龛像为北魏外，大多数为西秦时期。龛像多为背屏式摩崖浅龛。第6龛内无量寿佛像及观世音、大势至菩萨三尊像是遗存最早的西方三圣造像，龛外侧墨书造像题记，尾题"建弘元年（420年）岁在玄枵三月廿四日造"。造像题材有西方三圣、单体立佛及坐佛、三佛、一佛二菩萨立像、三佛、半跏思惟菩萨、苦修像等，多体现受印度、中亚造像影响的特征。壁画题材有说法图、无量寿佛、阿弥陀佛、二佛并坐、七佛、维摩文殊对坐、千佛等。说法图是西秦壁画最常见的题材，构图多为一坐佛二胁侍菩萨，其中无量寿佛说法图达四铺，释迦、多宝说法图有三铺。

第10、11龛内有依据《佛说维摩诘所说经·文殊问疾品》绘制的维摩文殊对坐图、依据《佛说妙法莲华经·见宝塔品》绘制的释迦多宝对坐说法图，为早期佛教经变画雏形。壁画风格多为传统线描平涂法，部分壁画人物可见西域凹凸法晕染技法。窟内有10余处西秦供养人像，具有重要的史料价值。在原立于姊妹峰下第1窟剥出的与上述西秦风格极为相似的二佛1尊及附近野鸡沟尚存的零星壁画，被认为是绘于西秦时期。

北魏时期，窟形多为平面呈方形或长方形的穹隆顶或覆斗顶窟，龛形多为小圆拱形浅龛，其中穹隆顶形窟内西、南、北三壁多有低坛基。除第184窟内有半中心塔柱外，余无中心塔柱。北魏窟龛内造像以释迦、多宝为主尊，南北两壁配以一佛二菩萨，或一佛与一弥

炳灵寺第30龛唐代菩萨像

勒菩萨或二胁侍菩萨的组合，组成三世佛，出现与七佛、涅槃浮雕相组合者，如第132窟。

隋唐时期造像以石雕为主。造像丰满圆润、衣饰简练，菩萨像上身袒露，下着贴体长裙，与敦煌、长安地区繁缛华丽的装饰形式有别。雕刻刀法简练流畅，线条极少。崖壁上保存有张楚金、王玄策题记及灵岩寺记等，反映炳灵寺在唐蕃古道交通上的重要地位。第171龛摩崖弥勒大像高27米，是炳灵寺石窟最大的造像，约雕造于盛唐时期。

元代以后重绘前代石窟壁画、修建藏汉式经堂等，建立活佛转世系统，炳灵寺转变为藏传佛教寺院。遗存藏传佛教壁画以上寺、洞沟区窟龛及下寺区第3、4、70、126、128、132、168、172等窟龛为代表，占炳灵寺壁画总面积的70%，内容以尊像为主，呈现出汉藏交接地带外来佛教艺术与汉地文化结合发展的特征。

1951年，冯国瑞首次到炳灵寺勘察，著成《炳灵寺石窟勘察记》一文。1952年9月，中央文化部和西北行政委员会文化部组成"炳灵寺石窟勘察团"，对炳灵寺石窟进行勘察。编印出版《炳灵寺石窟》，明确遗存124个窟龛的年代及窟龛数量等。1963年4月5日，甘肃省文物工作队和炳灵寺文物保护管理所联合开展第二次考察，全面开展洞窟记录、摄影、测绘和窟龛编号等工作，在第169窟内发现"建弘元年（420年）"墨书题记，为炳灵寺石窟的考古研究提供了可靠的纪年资料，也为中国早期石窟的断代提供了标尺。

1955年5月，甘肃省文化局批准成立永靖炳灵寺文物保护管理所（2000年更名为甘肃炳灵寺文物保护研究所）。1961年3月4日，炳灵寺石窟被国务院公布为第一批全国重点文物保护单位，编号1-0039-4-006。20世纪60年代，清理搬迁位于底层崖壁处的4个洞窟造像和壁画，在石窟前修筑防护堤坝，避免刘家峡大坝蓄水对石窟的威胁。20世纪70～90年代，修建通往崖壁各窟龛的木栈道和防护门窗；修复造像50余尊，加固和加宽窟前防护堤坝。1999年2月24日，甘肃省人民政府印发《甘肃省人民政府关于公布我省全国重点文物保护范围的通知》，划定炳灵寺的保护范围。2008年，甘肃省人民政府印发实施《炳灵寺石窟文物保护管理办法》。2009年，甘肃省人民政府批准《甘肃炳灵寺石窟文物保护规划》。2014年6月22日，炳灵寺石窟作为"丝绸之路：长安—天山廊道的路网"遗址点之一，被联合国教科文组织列入世界文化遗产名录。

马蹄寺石窟群 为始建于北凉的石窟，是丝绸之路上重要的历史文化遗存，位于甘肃省肃南裕固族自治县马蹄区祁连山境内。

据《晋书·郭瑀传》和民国宣统《东乐县志》相关记载，马蹄寺石窟群为东晋著名名士郭瑀隐居讲学时开创，初名薤谷石窟。后因第8窟（马蹄殿）内马蹄印迹而得名。明永乐十四年（1416年），成祖朱棣敕赐亥石窟群中的马蹄寺为普光寺，明嘉靖三年（1524年）重修。清光绪二十四年（1898年），曾人重修部分洞窟。

金塔寺西窟中心柱西向面山层塑像

遗存石窟包括金塔寺东、西二窟，上、中、下观音洞，千佛洞和马蹄寺南、北二寺等7个部分。石窟以马蹄寺为中心，分布在其周围崇山峻岭之中。各石窟存窟龛多者二三十个，少者仅两三个，7个石窟窟龛总数70余个。各窟造像主要为泥塑。最早开凿于十六国北凉时期，以后北魏、西魏、隋、唐、西夏、元、明、清等各代都有修建。

金塔寺，位于马蹄寺东南约15千米大都麻河西岸红砂岩崖壁上。崖壁高约百米，洞窟距地面约60米。两个洞窟相距约10米，依其位置，分别称为东窟和西窟。东窟位于崖面东侧，坐北向南，开创年代有北凉说和北魏说两种，西夏、元代、清代重修。东窟平面长方形，覆斗形顶，中心塔柱窟，高6.05米、宽9.7米、残深7.65米，四壁不开龛，绘制壁画，壁画最少有3层，各层均绘千佛，底层中部似有说法图；北壁、东壁下部外层有大量清代、民国时期的题记，西壁中部外层有清嘉庆十三年（1808年）重修墨书榜题1方。中心柱下有基座，柱身分三层，下层每面各开一圆拱龛，龛内各塑一坐佛，除东向面龛外，其余三面龛外各塑一胁侍菩萨。中层每面各开3龛，龛内塑坐佛或交脚佛、交脚菩萨。上层每面影塑坐佛。各层龛外高浮雕的飞天等极有特色。西窟整体形制、造像内容等与东窟相似。

上、中、下观音洞，位于金塔寺与马蹄寺之间，南距金塔寺约4千米，西北距马蹄寺约10千米。石窟分布在3个不同山谷的红砂石崖壁上，上观音洞距中观音洞约3千米，中观

马蹄北寺石窟

马蹄北寺三十三天外景

音洞距下观音洞约0.5千米。上观音洞，也称观音洞上寺，位于金塔寺北约4千米一个孤峰顶巅。洞窟开凿在山崖侧壁上，遗存窟龛10余个。中观音洞遗存窟龛10余个。洞窟形制多为平面近方形或长方形，平顶。窟龛都已残毁，窟内遗迹均不存。附近崖壁上有元、明时期的舍利塔龛。下观音洞遗存窟龛5个，其中下观音洞平面纵长方形，前部人字披顶，后部四面披顶中心塔柱窟。窟高5米、宽8.4米、深10米，中心塔柱四面均分两层，上下各开一龛，龛内塑像已全部被毁。窟形与莫高窟北魏晚期中心柱窟接近。

千佛洞位于马蹄寺北寺西北约3千米马蹄河西岸陡峭崖壁上。遗存窟龛依山崖形势自然分为南、中、北三段，南段包括第1、2、3、4窟；中段有第5、6、7、8窟；北段为浮雕舍利塔群，共87座。始建年代有北凉说和北魏说。北朝、唐、元、明、清代历代继凿和重修。窟形分为中心柱窟（第2、4、8窟）、大像窟（第1窟）、三壁三龛窟（第3窟）等。其中第6窟为唐代开凿，窟内造像为石雕一佛二弟子像，是河西石窟保存为数不多的石雕造像。窟内正壁主尊为刘萨诃瑞像，是刘萨诃信仰在河西地区流行的重要遗存。

马蹄寺分南、北二寺。南寺又名胜果寺，遗存窟龛无几，多为浮雕及喇嘛式塔；北寺又名普光寺，有大小窟龛30余个，洞窟大多始凿于元代，明、清重修。其中以第3、7、8窟为代表。第3窟又名三十三天，为北寺规模最大、结构特殊的洞窟，分五层布局，第一、二、三层音洞中心柱窟是河西石窟最典型的洞窟形制，体现与西域石窟及敦煌石窟等的密切关系，千佛洞第1窟大像窟是河西石窟唯一一个与西域大像窟接近的洞窟，千佛洞第3窟为三壁三龛窟，是受中原地区窟形影响的实例。石窟群中的藏传佛教洞窟及造像是元代以来藏传佛教对河西地区影响的重要遗存，是西藏地区佛教向河西传播的结果。

20世纪50年代以来，对马蹄寺石窟群的调查研究全面展开。甘肃省文物工作队对河西诸石窟作全面调查，发表《马蹄寺、文殊山、昌马诸石窟调查简报》，并出版《河西石窟》，认为包括马蹄寺石窟群的金塔寺、千佛洞石窟在内的一批河西早期石窟属于北凉石窟。宿白提出中国石窟艺术的"凉州模式"，将马蹄寺石窟群金塔寺石窟纳入凉州石窟模式范围之内。暨远志、李玉珉和日本学者八木春生等从考古、艺术及与云冈等石窟的对比研究深入探讨，认为马蹄寺石窟群早期洞窟开凿于北魏孝文帝太和时期。

1992年，成立张掖地区马蹄寺石窟文物管理研究所（2002年变更为张掖市文物保护研究所），负责马蹄寺石窟文物管理和研究工作。1996年，马蹄寺石窟群被国务院公布为第四批全国重点文物保护单位，编号4-0190-4-002。1999年，甘肃省人民政府划定公布马蹄寺石窟群保护范围和建设控制地带。自1964年开始，各级政府对马蹄寺石窟群开展了一系列洞窟壁画加固工程、崖体加固工程、石窟防渗水工程等。

云冈石窟　是北魏政权专门组织开凿的大型皇家石窟寺院，位于山西省大同市城西16千米的武州山南麓，武州川水的北岸。

千佛洞2号窟中心柱塑像

每层平面并列5个佛窟，第四层列3窟，最上层为1窟。窟内平面多方形，人字披顶或平顶，每窟内正壁开一大龛，每龛内塑一佛，龛外四壁上方影塑千佛，下方绘壁画。各层窟排列形如一座宝塔，总高达数十米。第7窟又称站佛殿，开凿于元代，为平面呈纵长方形的平顶大窟，规模仅次于第3窟，高约15米、宽26.3米、深33.5米。窟前凿3个窟门，门内为前堂，前堂后部为中心柱式倒"凹"字形拜殿，正面设坛基，其后开3个圆拱龛，右壁残存大型元代壁画菩萨立像。拜殿两侧及后部为甬道，甬道两侧元代开46龛，龛内各塑一结跏趺坐佛像，另有元、明代壁画金刚力士像。

马蹄寺石窟群是丝绸之路上重要的历史文化遗存。窟形、塑像、壁画均具有独特的民族特点及西域特征，其中金塔寺、千佛洞和下观云冈石窟，据《魏书》载，始名"武州山石窟寺"；唐《续高僧传》和《释迦方志》又曾著录为"恒安石窟"；据寺内所存明嘉靖四十三年（1564年）《重修云冈堡记》碑记，置"云冈堡"，遂名云冈石窟，为后世沿用。

云冈石窟遗存主要洞窟编号45个，全部坐北向南；附属洞窟编号209个窟（龛），共有编号洞窟和附属窟龛254个。东西绵延约1千米，依洞窟所在地势分布可划分为东部窟群、中部窟群与西部窟群。主要有大型洞窟17个，其余均为中、小型的窟龛，遗存造像约5.9万尊，是北中国地区规模最大的石窟寺之一。

云冈石窟创建于北魏和平年间（460～465年），延续至正光年间（520～525年）结束，持续开凿时间约70多年，大致可分为三期。第一期石窟建于北魏和平年间（460～435年），由著名和尚昙曜奉文成帝命主持，于壁凿石窟5所（第16～20窟），也称昙曜五窟。第二期石窟于北魏孝文帝迁都洛阳之前，由皇家、官吏和上层僧尼开凿，主要洞窟分为5组，其中有4组为双窟，1组三窟，另有1个未完成的大窟。第三期是北魏太和二十一年（497年）孝文帝迁都洛阳以后民间开凿的窟龛，多为不成组的中小型窟。唐、辽、金时期少量造像雕刻。先后营造"通乐、灵岩、鲸崇、兴国、护国、天宫、崇教、童子、华严、兜率"等十处庇顶木构寺院，称云冈十寺。明代末期趋于荒废，清初重修第5、第6窟窟檐。遗存有窟252个，其中主要洞窟45个，造像5.1万尊。

第16～20窟，均为椭圆形平面、穹窿顶

云冈石窟第 20 窟

的大型窟，模拟草庐形式的窟室形制结构；主像均为三世佛，其形体高大，占据窟内面积的绝大部分；前壁和壁面所余面积不大的左右壁，大多没有统一的设计，唯第19窟满雕千佛，并在前壁左右两隅的千佛中，各现一较大立佛。一般佛像均为广额方颐，身体魁伟，头戴高宝冠，胸佩项圈、短璎珞，戴臂钏，身着通肩袈裟或袒右式袈裟。衣纹既有厚重凸起、线条简洁的犍陀罗造像样式，又有衣褶轻透、薄纱贴体秣菟罗造像的遗风。昙曜五窟可分为两组：第18、19、20窟为一组；第16、17窟为一组。第18、19、20窟这组洞窟以第19窟为中心窟。第19窟主像三世佛，主窟内仅凿坐佛一尊，高16.8米，为云冈第二大造像；另两佛主像分处在东、西两侧胁洞内。第18窟在19窟东侧，主像为三世佛。本尊为北壁立佛像，高约15.6米，内穿僧祇支，外着袒右肩式袈裟，衣

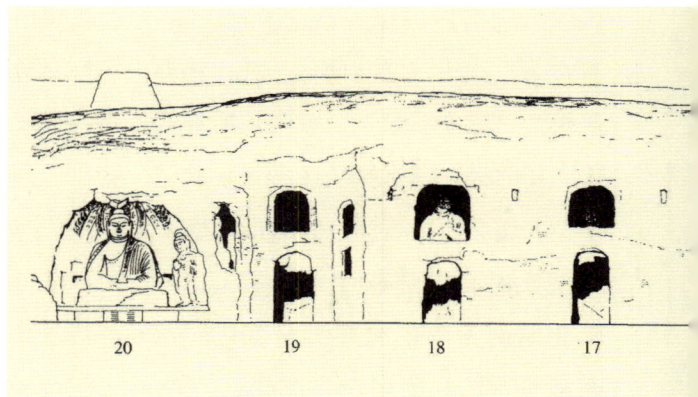

云冈石窟中部洞窟立面图

褶之间浮雕坐佛或化生，背刻五重巨型头光，一直延伸至窟顶。左右侍立着二胁侍菩萨，均有宝珠形素面头光，手持莲蕾状之物，脚踏束帛座；菩萨上方又各雕出五躯比丘，为十大弟子。东、西壁的立佛等大像，半圆形华盖之下有圆形头光，均着通肩式袈裟。第18窟是昙曜五窟中结构最为完美、雕刻最为富丽的洞窟。第17窟向下经石阶进入窟内，与其他洞窟不在

云冈石窟东部洞窟立面图

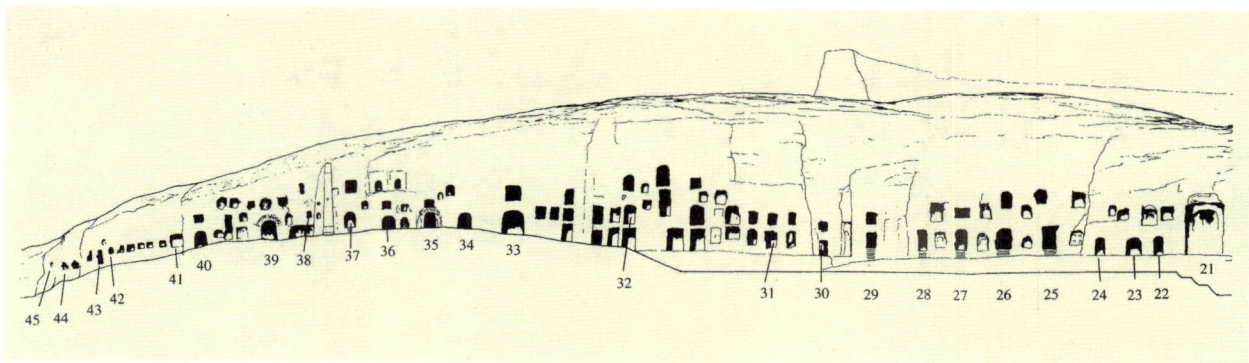

云冈石窟西部洞窟立面图

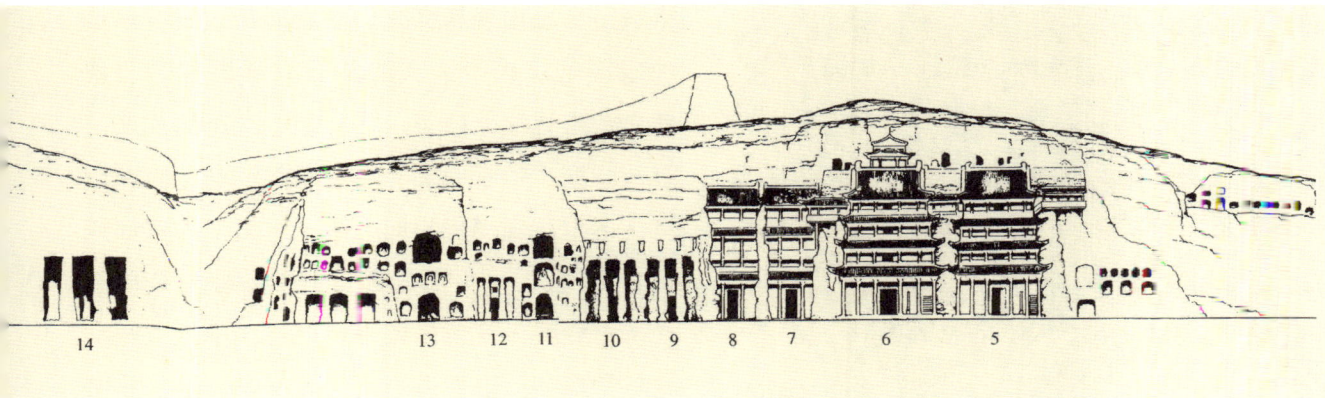

同一平面上，平面似弟形，主像为三世佛。本尊为北壁的交脚菩萨三像，上身著斜披络腋，下穿长裙，坐于须弥座之上，举身背光直通窟顶。东、西壁盝形大龛内各一巨佛，东壁佛像结跏趺坐于须弥座，着通肩式袈裟、作禅定印；西壁立佛像站立在莲台上，着通肩式袈裟，右手五指伸展、上举至胸前，左手下垂，衣纹表现复杂而富有变化。明窗东壁有北魏太和十三年造像题记，是研究云冈窟龛纪年的重要考古资料。

第二期洞窟主要集中在中部（第5～13窟）和东部（第1～3窟）。除大像窟外，主要有塔庙窟和佛殿窟。洞窟形制多样化，平面呈方形和横（纵）长方形窟形出现。成组的双窟和模拟汉式传统建筑的样式是这一阶段洞窟最显著的特点。洞窟雕刻日趋富丽，雕像琳琅满目，

云冈石窟第11窟西壁立佛

云冈石窟第9窟前室西壁

络腋，后段出现新样式的褒衣博带式袈裟。这种服饰是汉族士大夫的常服，其出现是北魏孝文帝推行汉化政策，进行服制改革的反映。

第7、8窟，位于中部窟群的东部，均分前、后室，形制、规模皆相同，是一组典型的双佛殿窟。第7窟后室平面为横长方形，壁面分成三栏：上栏雕天宫伎乐或千佛列像；中栏雕圆拱龛与盝形龛；下栏雕力士（夜叉立）像。北壁上层盝形帷幕龛雕一交脚菩萨二倚坐佛二思惟菩萨五尊式组合像，下层雕二佛并坐；东、西两壁龛内雕佛传故事，有交脚坐佛说法像、维摩文殊像和供养天人。第8窟前窟略呈方形，北壁上层龛内雕一倚坐佛二交脚菩萨二思惟菩萨五尊式组合像，下层为坐佛变化，其中五头六臂乘孔雀的鸠摩罗天、三头八臂骑牛摩醯首罗天，是云冈石窟杂密图像出现的最早实例。

第9、10窟，位于中部窟群的中央，共用一个前庭，分前、后室，形制、壁面布局基本相同，这是云冈石窟一组典型的殿堂式双窟。第9窟前室东、北、西壁壁面均分成三栏，自上而下分别雕有天宫伎乐、飞天及莲花，中国传统建筑屋顶，睒子本生故事浮雕和供养人像。第1、2窟位于东部窟群的最东端，两窟比邻，结构、形制基本相同，共用前庭，前庭两侧各雕一层方塔；主室平面略呈方形，平顶，一门一窗，四壁开龛造像，这是云冈石窟中唯一一组塔庙式双窟。第5、6窟为一组双窟，位于中部窟群东端。其中第5窟为大像窟，北壁为一佛二菩萨像，坐像高17米，这是云冈石窟内遗存最大的雕像。第6窟是云冈石窟保存内容最为完整、雕刻内容最为丰富、龛室营造规模最大的塔庙窟。主室平面呈方形，平顶，四壁面分成上下

艺术手法精湛，技艺娴熟洗练。窟内壁面流行分层分段附榜题的汉式做法，一般上部雕天宫伎乐，下部为一列世俗供养人行列，中部雕圆拱龛、盝形龛、屋形龛等各种形式说法像，还有浮雕连环画式本生和佛传故事等。有的在窟顶雕刻仿木式结构的平棋藻井，中心雕饰莲花，周围环绕着飞天。有的甚至在主尊像的背后凿有隧道式礼拜道，可供信徒绕佛礼拜。题材流行三世佛及成组合的释迦和交脚弥勒菩萨，有依《法华经》雕出的释迦、多宝佛和依据《维摩诘经》雕出的维摩诘、文殊对坐像以及修持法华三昧观所要求的本生、佛传浮雕和七佛等。佛和菩萨均面相浑圆，身体健壮；前段佛像身着袒右式袈裟和通肩袈裟、菩萨斜披

三栏，分饰飞天、天宫伎乐、华绳帷幔、千佛列像、佛龛与佛传故事连环画、供养人列像；中央方形塔柱分两层，束腰基座；下层塔身四角雕内圆拱形外盝形的重层龛内分别雕有坐佛像、倚坐佛像、交脚弥勒菩萨像、释迦多宝对坐像，上层塔身四角雕大象身托九层圆雕方塔支撑，四面正中各雕一立佛；顶部平棊之内雕三十三诸天仆乘。难得的是，壁面浮雕表现佛祖释迦牟尼从树下诞生到佛说法图的39个画面，衔接自然、内容贯通，是中国石窟艺术群中不可多得的最早宗教石刻"连环画"珍品。第11、12、13窟为一组洞窟，依次为塔庙窟、佛殿窟和大像窟。第11窟佛龛下层有北魏太和七年（483年）造像题记，这是云冈石窟遗存最早的北魏造像题记。第12窟东、南、西三壁面与纵、横梁末端交接处均圆雕六身伎乐天人，

与北壁上层天宫伎乐和明窗周围与圆拱门月伎乐天人共同营造出佛国天乐的气氛，故北窟被称为音乐窟。第3窟位于东部窟群的西侧，为云冈石窟规模最大的洞窟，具前庭、前室与后室；前庭略呈长方形，东西宽约50米，南北深约10.4米，北壁断崖高约25米；东、西两个前室均为"凸"字形，最宽约23.6米，最深约5.5米；后室"凹"字形，东西宽约42.7米，南北深约15.5米。

第三期洞窟集中在西部，多为不成组的中小窟，形制有中心塔柱窟、椭圆形穹隆顶窟、方形或横长方形窟，新出现三壁三龛窟。窟口流行忍冬纹券面，窟顶一般雕刻平棊。造像题材流行三世佛、释迦、弥勒、释迦多宝和维摩文殊，本生、因缘和佛传故事也较常见。佛、菩萨、弟子、飞天等均面相清瘦，身体修长，

云冈石窟五华洞

为秀骨清像样式。佛多身着褒衣博带式袈裟，宽博的裙摆长覆于座前。菩萨披巾多交叉于腹部，或于腹部交叉穿环。飞天上身着对襟衫，下身着长裙。从遗存铭记中可知，窟主身份最高不过将军、太守，更多的是无官职的信徒。这表明迁都洛阳前后崇佛风气在平城中下层民众中蔓延。此外，在延昌、正光年间的铭记中，出现乞求托生西方净土世界的信仰企求。代表性洞窟为第4窟。

清光绪二十八年（1902年）6月日本学者伊东忠太到大同调查，云冈古迹为世人所知。其后，沙畹、喜龙仁、关野贞、常盘大定、小野玄妙、大村西崖、水野清一、长广敏雄等国外学者均来此考察，其中以民国27～33年（1938～1944年）由水野清一、长广敏雄率领京都大学调查队工作最为全面（测量、照相、记录等），1951～1956年陆续出版了16卷《云冈石窟——公元五世纪中国北部佛教石窟寺院的考古调查报告》。20世纪20年代，中国学者陈垣首开研究之风，随后梁思成、林徽因、刘敦桢、叶恭绰、郑振铎、周一良、汤用彤、阎文儒等学者分别从史学、佛学、建筑学等角度进行研究。民国36年（1947年），宿白发现并开始研究《大金西京武州山重修大石窟寺碑》，1956年起先后发表《〈金碑〉校注》《云冈石窟分期试论》《〈金碑〉的发现与研究》《平城实力的聚集与"云冈模式"的形成与发展》，开创中国石窟寺考古和佛教考古的研究之路。1989年，中日合作出版二卷本《中国石窟·云冈石窟》；2017年，张焯主编《云冈石窟全集》，云冈石窟的研究达到一个新的高潮。

1952年4月成立大同市文物管理委员会，下设大同市古迹保养所，代管云冈石窟。1955年4月，成立专门管理机构山西云冈古迹保养所。1961年，云冈石窟被国务院公布为第一批全国重点文物保护单位，编号1-0034-4-001。1964年8月，中央文化部批准划定云冈石窟保护范围为重点保护区、安全保护区、地下安全线。1989年9月成立山西云冈石窟文物研究所。2001年12月14日，云冈石窟被联合国教科文组织列入世界遗产名录。2002年8月，山西省人民政府《关于公布太原晋阳古城遗址等102处全国重点文物保护单位保护范围的通知》确定云冈石窟重点保护区和安全保护区以及地下安全线。

千佛崖石窟及明征君碑　千佛崖石窟是中国南方时间最早、规模最大的石窟寺遗址，位于江苏省南京市东北郊栖霞寺纱帽峰。峰前为大佛阁，其西数米即为舍利塔。明征君碑是中国著名唐碑之一，也是中国最早的行书碑之一，位于栖霞山下栖霞寺门前北侧碑亭内。

千佛崖石窟始凿于南北朝时期，南齐永明七年（489年），隐士明僧绍次子、临沂县令仲璋继承父志，与法度禅师在栖霞山西峰石壁造三圣像，以后齐、梁太子及王臣，各依崖开窟造像，至天监十年（511年）陆续凿成无量殿（又称三圣殿、大佛殿）等。宋明及以后历代又有增刻和修葺。明万历二十八至三十四年（1600～1606年），王寿等许多石工一起在千佛崖镌刻佛像，设计新的佛龛，并修补萧梁以来古老的佛龛。后人为王寿凿石像以资纪念，即崖下西侧的石公殿。民国年间，栖霞寺住持若舜用水泥修补，造像失去原貌，文物价值大减。

千佛崖石窟共分千佛岩区、纱帽峰区和千佛岭区等3个区，共有大小石窟252个，造像515尊。其中，千佛岩区域的岩面石壁相对比较完整，石窟分布交有规律。第19窟为大像窟，位于千佛岩南岩中部，称三圣殿，又称无量殿。平面略做横椭圆形，敞口，前上部塌毁，存有明代补砌传顶及砖石门壁。窟内雕一佛二菩萨三身造像 主尊无量寿佛高约6米，头部残泐较重，结跏趺坐于台上，手施禅定印，内着袒右僧祇支，外披垂领式袈裟，袈裟下摆敷搭至台前；左右胁侍菩萨立于重瓣莲台上，一手置胸前，一手置腹前，头戴冠，头侧宝缯下垂，腰系裙，外披帛。第18窟，二佛并坐窟，与第19窟紧邻。平面横椭圆形，内雕二佛二菩萨像。二佛为释迦多宝佛，均结跏趺

坐，手施禅定印，内着袒右僧祇支，外披垂领式袈裟，右肩处偏衫清晰可见。其他各窟之及造像，以南朝雕凿为多。

明征君碑立于唐高宗上元三年（676年），全名为"摄山栖霞寺明征君之碑"，是由明僧绍第五代孙明崇俨为他的先祖所手取到的一决御碑。碑通高4.23米、宽1.26米、厚）3尺。碑螭首，篆额"明征君碑"四字。龟跌座，碑身两侧雕狮首绶带西番莲纹饰。碑文行书，通篇2376字，四、六韵文，后用10首铭词结束，内容叙述刘宋时期明僧绍信佛教，隐居栖霞，皇帝征召他为国子监祭酒等官时，他都坚言辞绝，以及齐、梁两代在栖霞山打造佛像等情节，显示了唐高宗李治对明崇俨的赏识。同时也讲到齐、梁两代在摄山营造佛像等史事。明

千佛崖石窟

明征君碑碑阳

征君碑不仅具有一定的史学意义，而且由于书写出自高正臣、王知敬及唐高宗本人之手，具有极高的书法价值。碑以行书写就，通篇气韵充沛，古雅凝重，字体圆润透逸，弥足珍贵。

19世纪20年代，历史学家向达先后对栖霞山千佛崖石窟进行三次实地调查，发表《摄山佛教石刻小纪》和《摄山佛教石刻补纪》两文。1989年，北京大学考古学系教授宿白根据两次实地考察的资料，以无量寿大龛和二佛并坐次大龛（第19、18两窟）为典型，对栖霞山石窟的历史以及南方佛教信仰和龛像来源与影响等问题进行详细的考证和研究，发表《南朝龛像遗迹初探》。1996年，南京市文物考古工作者启动栖霞山千佛岩石窟造像的考古调查。

千佛崖石窟及明征君碑由栖霞寺管理。

1982年，江苏省人民政府印发《关于重新公布江苏省文物保护单位的通知》，公布千佛崖石窟及明征君碑为省级文物保护单位，并划定保护范围和建设控制地带。2001年6月25日，千佛崖石窟及明征君碑被国务院公布为第五批全国重点文物保护单位，编号5-0447-4-005。

龙门石窟　是世界上著名的皇家石窟，中国石刻艺术宝库之一，位于河南省洛阳市南郊13千米处龙门峡谷东西两崖的峭壁间。

石窟所在地因香山、龙门两山东西对峙，伊水从中穿流，犹如天然门阙，故称伊阙，又因正对隋唐东都宫城之端门和郭城定鼎门，唐代以后多称其为龙门。龙门石窟开凿于北魏太和十七年（493年）孝文帝迁都洛阳前后，历经北魏、东魏、西魏、北齐、隋、唐断续400余年的开凿，以北魏和唐代洞窟最多。五代梁建都于洛阳后，龙门仅有个别小龛出现。宋代造像仅有数个小龛。

两山造像依岩势错落择隙而凿，南北绵

延达1千米。西山主要洞窟有潜溪寺、宾阳三洞、敬善寺、摩崖三佛龛、新罗像龛、万佛洞、老龙洞、莲花洞、普泰洞、赵客师洞、破窑、魏字洞、唐字洞、奉先寺、药方洞、古阳洞、火烧洞、皇甫公窟、八作司洞、路洞、净土堂、龙华寺、极南洞等等；东山主要洞窟有擂鼓台三洞、高平郡王洞、西方净土变龛、千手千眼观音龛、看经寺、吐火罗像龛、二莲花洞、四雁洞等等。编号窟龛2345个，其中北魏窟龛约占30%，唐代窟龛约占60%。

北魏洞窟主要位于西山，形制主要为马蹄形平面，穹隆顶。重要洞窟有古阳洞、宾阳洞、莲花洞、火烧洞、魏字洞、普泰洞、皇甫公窟、路洞、弥勒洞、弥勒龛等。古阳洞位于西山南部，是龙门石窟开凿最早、雕刻最华丽、造像题记最多的洞窟。为纵长方形、穹隆顶窟，高11.2米、宽6.9米、进深13.1米。正壁雕一佛二菩萨。洞窟雕满大小龛像，其中南、北两壁中层的八大龛经过统一的规划和布局。

大部分有造像发愿文，集中于孝文帝太和至宣武帝景明、正始时期（477～507年），著名的龙门二十品中有十九品即在古阳洞。宾阳洞立于西山北部，由中、南、北三洞组成。原名灵岩寺，明清时期始有宾阳洞之称。宾阳中洞完成于北魏宣武帝时期，平面马蹄形，穹隆顶，高9.3米、宽11.4米、进深9.85米。正壁雕一佛二弟子二菩萨，两侧壁各一佛二菩萨，构成三佛组合；前壁窟门两侧雕刻《帝后礼佛图》早年被盗凿，流入美国；窟顶雕刻莲花，周围飞天绕莲花飞行。莲花洞位于西山中部偏南，开凿于北魏孝昌年间（525～527年），以其窟顶藻井为一朵高浮雕精美大莲花而得名，是龙门窟顶装饰的最佳作品。平面略呈长方形，穹隆顶略呈椭圆形，高5.9米、宽6.22米、进深9.78米。主要造像为一佛二弟子二菩萨像。窟内刻佛经三部，《佛顶尊胜陀罗尼经》为武周如意元年（692年）佛弟子史延福敬刻，两部《般若波罗蜜多心经》分别为北魏刊刻和武周久视元

龙门石窟远景

龙门石窟莲花洞内景

年（700年）皇甫元亨所书。药方洞因窟门两旁刻有古代药方而得名，开凿于北魏孝明帝时，唐高宗、武则天时期仍续有雕作。窟门两侧所刻的140个药方为唐初补凿，反映佛教济世救人的教义和中国古代医学的成就。

北朝晚期，洛阳成为东魏和西魏、北齐和北周相继争夺的战场，这一时期龙门窟龛造像少且多造小龛。龙门石窟中的隋代造像罕见，仅在宾阳南洞有若干不加龛饰的纪年小龛，伊阙佛龛之碑北侧有隋开皇年间小龛，宾阳南洞北壁有大业十二年（616年）像龛。

唐代多凿双室窟，前室敞口较浅，主室一般为方形或椭圆形，除穹隆顶外尚有平顶或券顶。奉先寺是龙门石窟最大的摩崖像龛。高35米、宽33.5米、进深38.7米。主像卢舍那大佛雕凿于唐高宗时期，佛像通高17.14米，头饰波状发髻，着通肩式袈裟，结跏趺坐在束腰八角座上；两侧为二弟子、二菩萨、二天王、二力士。卢舍那佛座的左侧束腰部位有唐玄宗开元十年（722年）补刻的《河洛上都龙门山之阳大卢舍那像龛记》。潜溪寺高9.9米、宽9.8米、进深7.1米，正壁雕一佛二弟子二菩萨和二天王，是初唐时期的代表洞窟之一。万佛

龙门石窟奉先寺

洞因洞内壁面上雕刻有1.6万尊佛像故名，凿成于唐永隆元年（680年），是为高宗和武则天及其诸子祈福而造，属典型的皇家洞窟。摩崖三佛龛为依山凿石开放式的露天造像龛，凿造于武周时期，因武周政权结束搁置未完成，是研究雕刻工序的重要实物资料。看经寺是东山诸窟中最大的洞窟，造像气势宏大，开凿年

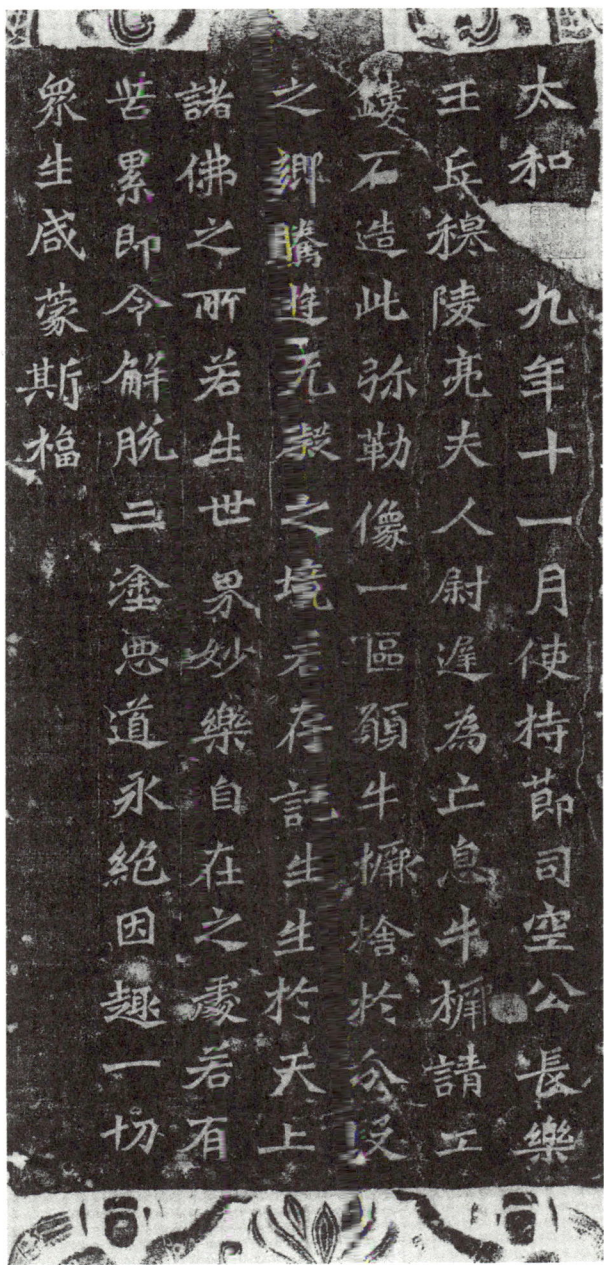

龙门二十品之北魏丘穆亮妻尉迟氏造像题记拓片

代约在武则天时期。擂鼓台中洞本名"二万伍佛像龛"，有左右两个同期开凿的洞窟，亦称擂鼓台三洞，大约完工于武周时期。洞窟显著的特点是窟内三个壁面上刻满密密麻麻的千佛像，总数当在1.5万尊以上，与西山万佛洞有异曲同工之妙。西壁门内西侧刊有后秦鸠摩罗什译《阿弥陀经》及北魏菩提流支译《金刚般若波罗蜜经》各1部。

龙门石窟中的题记和碑刻，如龙门二十品和唐代褚遂良书《伊阙佛龛之碑》等，是中国书法艺术的珍品。书法多为魏碑体，字形正大方，质朴厚重，刚健有力，峻荡奇伟，有汉隶之余韵，启唐楷之先声。《伊阙佛龛之碑》在中国文学、艺术史上占有重要的地位。龙门石窟的佛教造像折射出洛阳的兴衰，反映出历代王朝的重大政治动向以及当时社会、经济、文化等各个层面，是研究中国历史不可多得的实物资料。

龙门石窟的学术研究始于两宋金石学者对造像碑刻题记的关注，如欧阳修《集古录》、赵明诚《金石录》、陈思《宝刻丛编》乃至清代王昶《金石萃编》、张星衍《寰宇访碑录》、陆增祥《八琼室金石补正》，均收录有龙门造像记。19世纪末20世纪初，欧洲、日本一批从事佛教艺术研究的学者曾对龙门石窟进行较为系统的调查，把龙门石窟逐渐推向国际学界。民国24年（1935年），河南博物馆关百益出版《伊阙石刻图表》，以龙门窟龛造像和碑刻题记为对象，保留大量龙门石窟损坏前的图像和拓片资料。中华人民共和国成立后的调查研究工作，主要是基础资料的收集整理，包括测绘、窟龛分区编号、碑刻题记锤拓及周边

田野遗迹勘察等；考古学研究重在对石窟造像的年代、类型、分期的研究；佛教史方面研究佛经流布、宗派沿革、寺院经济、邑社结构、政教贯通、佛道融合诸教史等问题；在艺术史、中外关系史、中古民族史等方面也开展大量的探讨。

清末民初龙门石窟造像被盗严重。20世纪30～40年代龙门石窟造像遭到疯狂盗凿，许多头像、碑刻、浮雕被盗凿而流落海外。1951年，成立龙门森林古迹保护委员会，负责文物、山林保护。1953年，成立龙门文物保管所，负责保管石窟文物；1990年，改为龙门石窟研究所。1961年3月4日，龙门石窟被国务院公布为第一批全国重点文物保护单位，编号1-0037-4-004。20世纪50～60年代进行龙门石窟保存状况和地质调查工作；70年代开始以奉先寺为开端，重点进行龙门石窟濒危坍塌窟龛岩体的抢救性保护；1987～1992年，实施五年综合保护工程，有计划开展东西两山的治理；90年代以后开展大规模环境治理工程。2002年以来，分别进行联合国教科文组织龙门石窟保护修复工程、中意合作文物保护修复培训班双窑洞修复工程等大型工程。1999年5月30日，河南省第九届人民代表大会常务委员会通过《洛阳市龙门石窟保护管理条例》。2000年11月，龙门石窟被联合国教科文组织列入世界文化遗产名录。2002年3月，洛阳市委、市政府决定成立龙门石窟文物保护区龙门风景名胜区管理局，统一管理包括龙门石窟、白园、香山寺、东西两山风景林、南北大桥间的伊河水面。2004年，河南省人民政府调整龙门石窟保护范围和建设控制地带范围。2007年9月，洛阳市委、市政府再次决定成立龙门文化旅游园区管理委员会，下辖的龙门石窟研究院专司龙门石窟文物保护研究职能。2012年开始开展东西山渗漏水治理工程，完成奉先寺北至万佛洞段、擂鼓台三洞区域和潜溪寺的渗漏水治理工程施工。2012年9月28日，河南省第十一届人民代表大会常务委员会批准修订后的《洛阳市龙门石窟保护管理条例》。

须弥山石窟 是中国北方地区北魏晚期至唐代最具规模和代表性的石窟群之一，位于宁夏回族自治区固原市原州区西北55千米，地处六盘山（陇山）余脉的须弥山东麓古石门关（寺口子河）的北侧。

据考古研究可知，须弥山石窟始凿于北魏晚期，历经西魏、北周、隋、唐诸朝。唐广德元年（763年），吐蕃占领须弥山所在的固原地区，须弥山石窟再无大规模的开窟造像活动。宋、金、元、明、清曾对须弥山石窟有规模不等的改凿、装修及寺院建设。

须弥山石窟遗存已正式编号的洞窟132个，附属窟龛30个，共计162个。洞窟分散开凿在呈扇面形状展开的8座山峰的东南崖面上，由南至北随山势迂回曲折、自然形成的大佛楼区、子孙宫区、圆光寺区、相国寺区、桃花洞区、松树洼区、三个窑区、黑石沟区8个区域。窟群共236个窟龛，保存较好者约70个；各类大小造像1000余尊，保存较为完好者570余尊。

须弥山石窟初创于北魏晚期，开凿洞窟14个，洞窟形制以中心柱窟、佛殿窟和禅窟为主，主要分布于子孙宫区域的南部、中部崖面。禅窟一般分布在中心柱窟和佛殿窟的周围。中心柱窟有第14、22、24、28窟，平面为方形，窟门上方开有明窗，覆斗顶，壁面多不开龛，个别三壁三龛。中心柱基座较低，柱身分三层，每层出檐，檐上雕三角垂帐纹。柱身四面皆开龛雕像。龛以圆拱形、尖拱形为主。每龛内的造像组合以一佛二菩萨为主。佛像为高肉髻，面相清瘦，身体修长，长颈削肩，衣纹作密集平行式阴线刻。

西魏共开凿洞窟7个，开凿于子孙宫区的东、西崖面上。洞窟形制仍以中心柱窟、佛殿窟和禅窟为主。西魏时期洞窟的形制继承北魏时期平面方形、穹隆顶或覆斗顶、窟内雕造中心柱的做法，但无明窗。中心柱窟有第17、32、33窟。佛殿窟平面方形，穹隆顶，窟内壁面不开龛或每面各开一龛或三龛。造像单铺组合为一佛二菩萨。窟门内或窟门外一般雕有力士像。第32窟为覆斗顶，中心柱上小下大，略有收分，柱身分七层。每层四面各开一圆拱

龛，内雕一佛二菩萨像，造像清瘦。窟内三壁各开3个尖拱形龛，中龛稍大，两侧龛较小，龛内雕一坐佛二菩萨。门壁两侧各雕一尖拱龛，内有雕像1身。第33窟为双层礼拜窟中心柱窟。窟外上方残存木构窟檐遗迹。窟为覆斗顶，中心柱已不存，窟顶及地面凸起部分可见残迹。窟内三壁各开3龛，内各雕一佛。在中心柱与窟壁之间凿出一重屏墙，屏墙与窟壁间隔约1米，形成回廊式。每面屏墙上段凿一个圆拱形小龛，内雕一坐佛；下段凿出三个通道为通中心柱与四壁空间；屏墙下段实体部分各开一尖楣圆拱形龛。这种特殊形制属孤例，与印度和西域等地区石窟有一定渊源。

北周时期共开凿洞窟25个，洞窟形制以中心柱窟为主，其次为佛殿窟、僧禅窟和影窟。僧禅窟布局于中心柱窟的周围，形成与中心柱窟整体组合的形式。洞窟主要分布于圆光寺区，其次分布在子孙宫区的东崖和松树洼区。

须弥山石窟远景

须弥山石窟第 51 窟北周造像

三个窟区。北周时期中心柱窟的基本形制均为平面方形，覆斗顶，窟内雕仿木结构，构成完整的仿木式佛帐结构。窟内三壁各开三龛，中心柱四面各开一龛。龛形以复杂繁缛的帐形为主。在尖楣圆拱龛的龛楣上浮雕有七佛，造像组合为一佛二菩萨，个别的为一佛二弟子二菩萨形式。第45、46窟是须弥山石窟中雕饰最为精致、华丽的洞窟。第45窟的中心柱分柱座和柱身两部分。柱座四面浮雕八伎乐供宝。四角转角处饰浮雕象头。中心柱柱身四面开龛，龛内均雕一佛二菩萨像。窟内东、西、北三壁各开三龛。东、西壁中间龛内雕一立佛二菩萨，两侧龛内分别为一坐佛二菩萨及一倚坐佛二菩萨。北壁中间龛内雕一立佛二菩萨，两侧龛内均雕一坐佛二菩萨。南壁窟门两侧各雕一龛，龛内一坐佛二菩萨。窟门上方雕有3个小龛，中龛为一坐佛二菩萨，两侧龛内均为坐佛。窟

须弥山石窟第 45 窟造像

内诸龛为浮雕帐形龛。四壁诸龛下方均浮雕供养人。窟顶四披浮雕飞天、香炉、化生、花草等。第46窟的形制基本上与45窟相同，为四披顶中心柱窟，面积略小于第45窟。第51窟是须弥山石窟中规模最大的洞窟，造像精美。由前、后（主室）室和两个耳室组成。主室高10.6米、进深13.2米、宽13.5米，系仿木结构四披顶中心柱窟。中心柱四面各开一圆拱形龛，除东面龛内无雕像外，其余三面龛内均雕一佛二菩萨。主室东壁中间开一门通前室，北壁中间开一门通北耳室，南壁中间开一门通南耳室。在南壁的后部存一大龛，龛内雕一佛二菩萨。西壁通面开一圆拱形大龛，内有三身坐佛像，均高达6米余。在南耳室雕有3尊力士像。除以上龛像外，其余壁面造像多为隋代补凿。在北、南两窟门外壁上方各凿有一尖楣圆拱形小龛，属西魏时期的作品。

隋代开凿的洞窟主要集中在相国寺区，窟的形制有中心柱窟和僧禅窟两类，僧禅窟附凿在中心柱窟侧旁。中心柱窟主室方形，窟内雕仿木结构，覆斗顶，北壁凿一龛，东、西壁各开三龛，中心柱四角的仿木结构简化，栌斗部位以莲花柱头代替。中心柱基座较高，柱身不分层，四面开龛。龛以帐形、尖拱、圆拱形为主，帐形龛雕饰简单。造像组合仍以一佛二菩萨为主，主龛内出现一佛二弟子二菩萨组合。

唐代是须弥山石窟的繁荣时期。开凿洞窟主要分布在大佛楼、相国寺和桃花洞等区域。窟龛的形制有平面横长方形平顶敞口龛、平面马蹄形穹隆顶敞口龛、平面方形平顶窟、平面方形覆斗顶窟等。以长方形或方形平顶或覆斗顶的中型洞窟为主，多数洞窟内不另开龛，造

须弥山石窟第5窟唐代大佛

像雕于马蹄形坛基上，造像组合多为一铺5尊、7尊或9尊，多者至13尊。造像题材除一佛二弟子二菩萨外，天王、力士、夜叉等题材也出现在造像组合中。第105窟（俗称桃花洞），前后（主）室中心柱窟。前室横长方形，南、北壁各开两个上、下分布的小龛。北壁上龛为雕二立像，下龛内雕一佛二菩萨。南壁上下龛内分别雕有一结跏趺坐佛和二立式菩萨。主室亦为横长方形，平顶。三壁开龛，单铺组合为一铺三身或一身立佛像。主室中心柱四面开龛，龛内分别雕弥勒佛、阿弥陀佛、地藏菩萨和观音菩萨像。第5窟唐时称景云寺，在一个大龛内凿一身倚坐弥勒佛，像高达20.6米。

须弥山石窟除造像外，在14个洞窟中保存有唐代以后的题刻题记60则，在10个洞窟中残存有壁画。遗存明代碑刻3通、残碑13块，根据记录复制的清代碑刻1块。

须弥山石窟最早的文献记录散见于明清地方志书中，仅对须弥山的位置等有简单的记

述。须弥山石窟的考古和学术研究始于20世纪50年代。1963年2月，须弥山石窟被宁夏回族自治区人民委员会公布为第一批自治区文物保护单位。1982年2月23日，须弥山石窟被国务院公布为第二批全国重点文物保护单位，编号2-0012-4-002；同年5月，宁夏回族自治区文物管理委员会与中央美术学院美术史系组成联合调查组，首次对须弥山石窟进行考古调查，对132座洞窟进行编号、著录、测绘等工作，并绘制须弥山石窟地形和洞窟位置分布图，于1988年联合出版《须弥山石窟》一书；9月，成立须弥山文物管理所，负责保护石窟文物。1984年4月至1988年7月，实施抢险加固修缮工程。1987年，宁夏回族自治区文物管理委员会与北京大学考古学系合作，复查已编号的132座洞窟，新编附窟30座，对162座洞窟重新做了调查和较为详细的文字记录，测绘全部洞窟

的平面和剖面图，并对圆光寺一区的洞窟进行考古测绘、记录、照相等，1997年整理出版《须弥山石窟内容总录》。2007年6月22日，固原市人民政府制定《固原古城墙、西南郊墓地、开城遗址、须弥山石窟管理暂行规定》，自2008年8月1日起实施。2009年7月，国家文物局批准《宁夏固原市须弥山石窟文物保护规划》，划定须弥山石窟文物保护范围和建设控制地带。2010年6月，固原市原州区人民政府批准《关于报请重新划定须弥山石窟景区区域范围的报告》，重新划定公布须弥山石窟景区区域范围。

万佛堂石窟　是北魏时期开凿、分布在中国最北边的佛教石窟，也是东北地区最早的石窟，位于辽宁省义县县城西北9千米的福山南麓。大凌河谷紧邻石窟下方，由东向西流过。

万佛堂石窟全部开凿于北魏晚期。石窟沿

万佛堂石窟外景

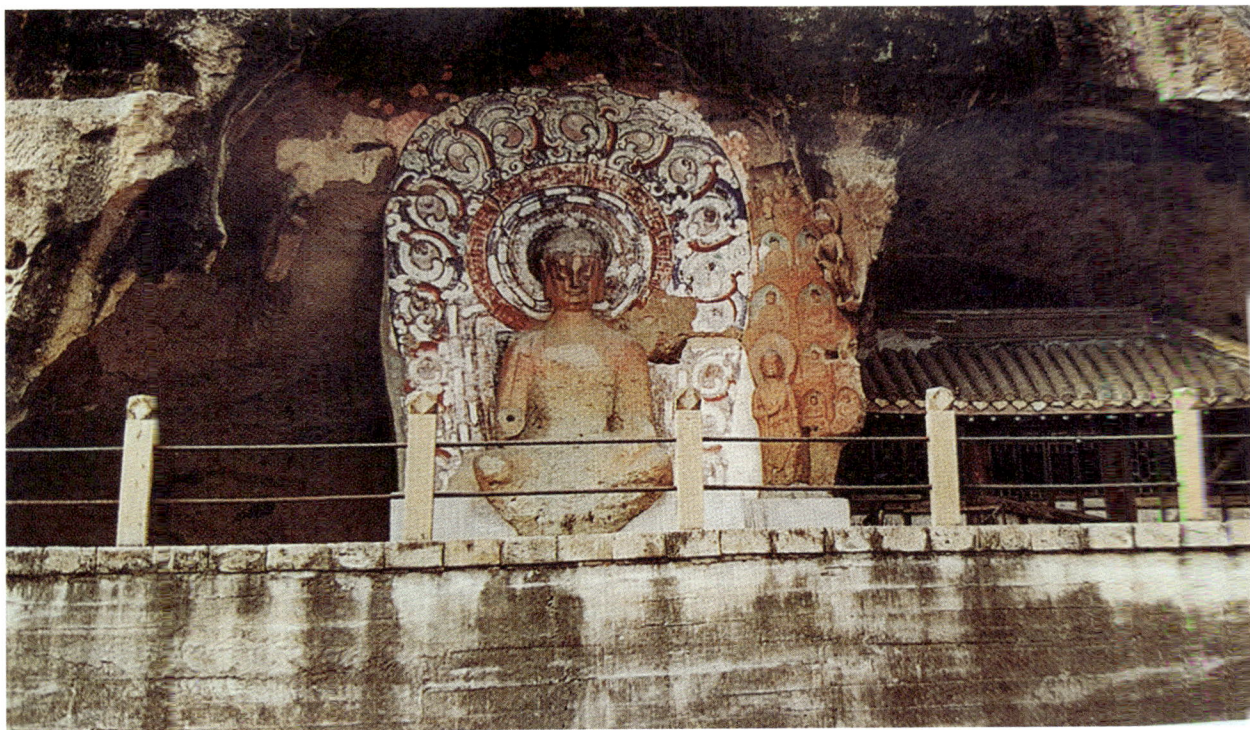

万佛堂石窟西区第6窟

福山南麓东西排列，坐北朝南，全长约85米。存有大小洞窟17个、窟外小龛12个、造像500余尊、北魏造窟题记2方、清代重修古洞及修洞施银碑5通。石窟依福山岩体的自然走向而开凿，自然形成3个区。东区遗存洞窟8个、窟外小龛2个；中区无窟龛，仅有近代兴建的3间僧房；西区遗存洞窟9个、窟外小龛10个。窟前原有寺院建筑，因大凌河改道而被冲毁。

根据石窟形制和造像特点，万佛堂石窟可分为早、晚两期。早期洞窟有西区第1～6窟。洞窟形制有三壁三龛方形单室窟和中心柱窟，造像题材有佛装交脚弥勒、释迦、释迦多宝、过去七佛、三佛、千佛、交脚菩萨、思惟菩萨、弟子、维摩、侍者、供养天、飞天、力士等。造像面相丰圆，身体健壮的。西区第5窟为复原洞窟，方形平面、穹隆顶单室窟。东西4.1～5.2米、南北3.8～4.68米、高5.12米。

正、左、右三壁各开一大龛，正壁存有龛楣，像毁。右壁残存龛楣及左侧小龛像。左、右壁北端（正壁两侧）各雕凿一高大的须弥山，双龙缠绕山腰。窟外门两侧原雕有力士像。前壁西端为太和二十三年（499年）营州刺史元景造窟发愿文碑，碑首为半圆形，螭蟠首　高0.5、宽0.98米；碑身残高0.9米。下部残缺，正文22行，行残存10～19字，碑首上浮雕有维摩诘、侍者、供养人，余壁雕千佛等，均残蚀严重。窟顶中央高浮雕一朵大莲花，四面各浅浮雕两朵小莲花，小莲花之间雕上、下两身飞天。此窟是元景为孝文皇帝及自身并眷属，禳灾祈福而建造的。西区第六窟亦为复原洞窟，为中心塔柱窟窟室平面为圆角方形，四壁皆有弧度，穹隆顶，东西约5.3米、南北约5.1米。前壁无存。左、右壁中部以下无存，上部与后壁衔接近顶处，各残存一身高浮雕菩萨立像，

万佛堂石窟西区第 4 窟前壁

通高1.30米。后壁已被破坏。中心柱正面高浮雕交脚佛装弥勒大像，两侧各雕一身弟子像（右侧弟子像已佚）。残高3.05米。

晚期洞窟形制有三壁三龛方形单室窟和附设双耳室的"品"字形三室窟。造像保存甚少，残存题材有释迦、千佛、三佛、菩萨、维摩、侍者、飞天、力士等。造像特点多为面相清秀、体型修长的风格。这一期的洞窟主要有东区1～8窟和西区7～9窟，窟外龛均属此期。东区第6窟前壁窟门上方阴刻题记云："景明三年（502年）五月九日，慰喻契丹使员外散骑昌黎韩贞、前建德郡承沃黎戍军主吕安辰等七十四人建造私窟。"韩贞，出自昌黎望族韩氏，史无传记。可知东区石窟的开凿时间当在502年前后。

整个万佛堂石窟中以西区第1窟规模最大、造像最多，题材丰富，雕刻精美。第1窟位于整个石窟群的中心地带，由前庭、后室构成。前庭（残），略呈梯形平面，左壁中部上方有七佛龛。后室平面为抹角方形，东西8.4～8.6米、南北7.5～8米。前壁开三窟门，横列一排，门外两侧各雕一身力士像。正、左、右三壁各开3个大龛，龛内雕一坐佛，龛外雕弟子像。前壁门上方及两侧原为千佛像。室内四隅雕天王像，中央为方形中心塔柱，中心柱四面开龛，每面上、下二层龛。上层各一浅龛，内雕一佛二胁侍与供养天人；下层各一深龛，龛内各雕一坐佛，龛外雕二胁侍（残缺）。四隅由须弥山、佛殿、覆钵、山花蕉叶组成的单层塔。窟顶围绕中心柱四面浮雕飞天，每面4身。

万佛堂石窟在中国石窟寺考古与佛教史研究中占有相当重要的地位。从窟龛形制和造像风格看，万佛堂石窟与云冈石窟比较接近，主体风格应该直接来源于云冈二期（465～494年）石窟的影响，晚期有洛阳龙门、巩县石窟的因素。同时石窟具有浓郁的地方特色。万佛堂平面呈"品"字形的三室窟，是借鉴云冈早期石窟在主室两侧开凿左右胁洞的做法而创造出来的一种新的洞窟形制。造像的面部表情刻画细腻、生动，而衣纹却概括简略，与北魏晚期中原地区着重表现繁缛衣纹的做法形成强烈的反差。

万佛堂石窟的调查研究始于20世纪初，先后有日本学者松井、关野贞、滨田耕作、村田治郎等人涉足万佛堂作过调查，并将调查结果以纪略或游记公之于世。其中村田治郎的《义县の万佛堂石窟》较全面地介绍了石窟情况。1950年，北京大学阎文儒调查万佛堂石窟，并发表《辽西义县万佛堂石窟调查及其研究》。1980年，曹汛对万佛堂石窟中的两方北魏题记做专题研究，首次提出元景乃明元帝拓跋嗣之曾孙的说法。1996年4～6月，北京大学考古系研究生刘建华赴万佛堂石窟做考古调查与测绘，对大、小窟龛及保存较好的造像测绘，对破坏严重或后代改动较大的洞窟做复原测绘，还原万佛堂北魏时期开凿的洞窟原貌，出版《义县万佛堂石窟》。

万佛堂石窟的保护管理工作自1980年起由义县文物保护管理所负责。1982年，万佛堂石窟被辽宁省人民政府公布为省级文物保护单位。1988年1月13日，万佛堂石窟被国务院公布为第三批全国重点文物保护单位，编号3-0045-4-004。1993年，辽宁省人民政府印发《关于公布一百五十九处省级以上文物保护单位保护范围和建设控制地带的通知》，规定万佛堂石窟的保护范围和建设控制地带。1993年6月，万佛堂石窟文物管理所正式成立；2008年更名为义县万佛堂石窟管理处。2011年，辽宁省文物考古研究所建立万佛堂石窟的全国重点文物保护单位记录档案。2013年，国家文物局批准立项，2015年5月至2016年10月实施石窟外围危岩体加固保护工程、防渗水工程、防风化保护试验一期工程。

克孜尔尕哈石窟　是距古龟兹国都城最近的一处石窟寺，属于王室寺院，是龟兹石窟的重要组成部分，也是古代丝绸之路上一处重要的佛教文化遗址。位于新疆维吾尔自治区库车县伊西哈拉镇道来提巴格社区（村）西约3千米处，西南1000米为克孜尔尕哈烽燧。地处盐水沟旁的确尔塔格山脉的丘陵地带。

石窟开凿在东西宽170米、南北长300千米范围内的崖壁上。编号洞窟64个，分布在山谷的东、西、北三面崖壁上。第1～17窟于谷东面山崖上，第3～7窟、第10～17窟基本上依山而建，第8～9窟开凿在山崖东北面；第18～26窟开凿在北面的山崖上；第27～52窟开凿在山崖西岸。几个区域的洞窟除僧房窟和禅窟外，组合为五组寺院。

洞窟形制多样，主要有中心柱窟、大像窟、方形窟、僧房窟和摩崖龛等。石窟开凿的年代比较集中，前期为6～7世纪，洞窟以中心柱窟为主，有第11、13、14、30窟等；壁画受龟兹石窟艺术影响，完全龟兹化。后期为8世纪及以后。壁画题材内容主要有本生故事和因缘故事等。本生故事以大幅画面绘在中心柱窟甬道侧壁，如第11、13窟等，为龟兹其他石窟所罕见。第30窟后室顶部的伎乐飞天造型优美,是龟兹石窟中保存完好的艺术品。大部分中心柱窟和大像窟中都出现天相图。第13窟、第14窟甬道侧壁的供养人画像中出现地神"坚牢"托举龟兹国王和王后双脚的形象,为龟兹石窟所独有。

其中,第16窟颇具代表性。此窟为大像窟,由前廊、主室、左右甬道和后室组成。主室平面方形,高7.1~7.6米、面宽5米、进深4.7米,纵券顶。正壁下部两侧开左、右甬道,甬道纵券顶。左、右甬道后端与后室相通,后室平面横长方形,高3.4米、横宽5.32~5.55米、纵深2.48米,盝顶。前廊大部分坍塌,仅残存正壁上部凹槽的一部分,壁面图层脱落。主室正壁壁前地坪上有预留岩体的像台,像台表面图层脱落,台上塑像已毁无存;正壁残存浮塑佛的身光,壁画大部分脱落,上部残存两身天人的头部;前壁中部开门

道,两侧和上部壁面大部分坍塌,残存壁面的壁画大部分脱落;左右侧壁地坪上均有预留岩体的像台,台上塑像已毁无存,壁面上有2道横向凹槽和1列方形凿孔以及浮塑的佛身光;顶部中脊有3条凹槽,壁面绘2列飞天,壁画大部分脱落,壁面有一部分坍塌;两侧券腹自下至上依次绘1列半菱格(内绘山水和动物)、3列庐中坐禅比丘(边缘间绘婆罗门)、1列半菱格(内绘山水和动物),壁画大部分脱落。左、右甬道内外侧壁各绘二铺本生故事,顶两侧自下至上依次绘1列半菱格(内绘鸟)、2列菱格本生故事、1列小菱格(内绘山水和动物);壁画有一部分脱落,有一部分被刮毁。后室正壁前地坪上有预留的涅槃台,涅槃台前壁下部绘1列立柱纹,中上部绘三角垂幛纹,两端各绘1身交脚坐姿的人物,壁画大部分被刮毁,涅槃台上泥塑涅槃佛像已毁无存;右端

克孜尔尕哈石窟

克孜尔尕哈石窟第 30 窟飞天

有预留岩体的石枕，石枕有一部分残失；正壁为绘塑结合，浮塑部分已剥落，残存若干凿孔。壁画大部分脱落。

对克孜尔尕哈石窟的考察始于20世纪初外国探险队。清光绪三十二年（1906年）和民国2年（1913年）德国普鲁士皇家吐鲁番探险队两次到龟兹地区考察，曾到克孜尔尕哈石窟并揭取部分壁画。清光绪三十三年（1907年），法国探险家保罗·伯希和（1878～1945年）到克孜尔尕哈石窟，在第25窟发现几处龟兹文题记，采集了少许脱落在地的壁画残块。克孜尔尕哈第25窟主室侧壁和甬道侧壁上保存有许多龟兹文题记。法国吐火罗语专家乔治·皮诺根据当年伯希和拍摄的照片，解读了主室右壁的一条题记。题记表明，早在唐贞观十六年（642年）以前，克孜尔尕哈石窟已经成为龟兹地区重要的佛教圣地。1953年，西北行政委员会文化部派出以武伯伦和常书鸿为首的新疆文物调查组对克孜尔尕哈石窟进行考察和编号，确定洞窟开凿和最后使用的时代。

1957年1月4日，克孜尔尕哈石窟被新疆维吾尔自治区人民委员会公布为第一批自治区级文物保护单位。1975年8月，库车县文管保护管理所成立，负责克孜尔尕哈石窟的保护管理。1985年，新疆龟兹石窟研究所成立，负责拜城、库车、新和等地龟兹石窟遗址的日常保护、管理和研究工作。1987年10月，克孜尔尕哈石窟被移交给新疆龟兹石窟研究所管理。2001年6月25日，克孜尔尕哈石窟被国务院公布为第五批全国重点文物保护单位，编号5-0472-4-030。2005年，国家启动丝绸之路（新疆段）重点文物保护工程，克孜尔尕哈石窟被列为重点文物保护项目。2007年10月，国家文物局审核批准《克孜尔尕哈石窟保护规划》。2009年8月，新疆维吾尔自治区人民政府批准公布《克孜尔尕哈石窟保护总体规划》；7月，新疆维吾尔自治区人民政府公布克孜尔尕哈石窟保护范围和建设控制地带。2011～2012年，实施克孜尔尕哈石窟抢险加固工程，修建374米的防洪堤。2014～2015年，实施克孜尔尕哈石窟安全技术防范系统工程。

北石窟寺 是丝绸之路陇右段北道上的重要石窟，是陇东北朝至唐代石雕艺术的代表作，位于甘肃省庆阳市西峰区西南25千米覆钟山下，地处蒲河、茹河交汇处东岸。石窟开凿于覆钟山西麓下高20米、南北长120米的崖体上。

北石窟寺北魏至唐时，称北石窟寺，北宋称原州彭阳县石窟寺，元代称东大石窟寺，清代称石窟寺。北石窟寺由五个部分组成，南北延续3.4千米。寺沟门石窟群为主窟群；石道坡、花鸨崖、石崖东台3处石窟群自北向南依次分布于主窟群以南1.5千米处蒲河东岸；楼底村1号石窟（俗称北1号窟）位于主窟群以北1.9千米处蒲河西岸。主窟群共有294个窟龛，其他四处石窟共有14个窟龛，有石雕造像2429身、石碑8通、阴刻和墨书题记152方、壁画90多平方米、古建筑遗迹3处。

据北魏永平三年（510年）《南石窟寺碑》等考证，北石窟寺约开凿于北魏太和末期至宣武帝初期（500年前后），楼底村1号窟为该石窟群遗存最早的洞窟。第165窟为北魏宣武帝永平二年（509年）泾州刺史奚康生主持开凿。西魏、北周、隋代续凿。唐代是北石窟寺最盛时期，共开凿195个窟龛，其中泾州临泾县令杨元裕于大周如意元年（692年）开凿第32窟、丰义县令安守笃于大周证圣元年（695年）开凿第257窟，有明确的开窟纪年，第222、263窟也是其代表性洞窟。宋代仅开凿第35窟，并在第165窟明窗两壁浮雕十六身罗汉。宋淳化三年（992年）六月，重修窟区南端主窟。清康熙四十三年（1704年），修建寺院山门；乾隆六十年（1795年），修建大窟前献殿及钟鼓二楼；同治七年（1868年）遭兵燹，窟院建筑被烧毁；光绪二十三年（1897年），修建戏楼一座；宣统元年（1909年），在窟院北端二台处修建彩塑娘娘庙后称圣母宫。

楼底村1窟位于寺沟窟群北1.5千米处，开凿在蒲河西岸距地面8米的岩壁上。平面长方形，平顶，窟内正中凿一中心塔柱，柱有两层，下层为方形，上层为八棱形。窟内高4.93米、宽4.77米、残深6.6米，西壁（正壁）雕一佛二菩萨，均站立，佛高4.82米，菩萨高

北石窟寺远景

第 165 窟正壁北魏佛、菩萨

4.68米，风化严重。南北壁各分两层开龛造像，各层残留四龛，每龛内雕一佛二菩萨或释迦多宝佛。中心柱下层四面各开一龛，龛内均雕一佛二菩萨。上层八面每面开长方形龛，内雕一佛二菩萨。龛楣上下浮雕千佛、飞天、弥勒、思惟菩萨和供养菩萨、弟子，还有对称的大象和马匹，表现佛传乘象入胎和逾城出家两个情节。窟外门两侧原各雕一力士，仅北侧力士留残迹。根据窟形及造像特征，开凿于5世纪晚期至6世纪初，是北石窟寺开凿最早的洞窟。

第165窟位于寺沟窟群中部，坐东朝西，是北石窟寺规模最大和内容最丰富的洞窟之一。"北石窟"之名最初当指此窟，明清时称佛洞。窟高14米、宽21.7米、进深15.7米，平面呈横长方形，盝形顶。窟内四壁下有宋元时期重砌坛基，坛高1.2米、进0.98米。窟门顶部凿盝形顶明窗。窟门外两侧雕二身天王，身高5.8米。窟内造像以七佛为主，配以胁侍菩萨和弥勒菩萨、帝释天和阿修罗天、二佛等。正壁（东壁）雕三身立佛，四身胁侍菩萨。南北两壁各雕二立佛三身胁侍菩萨。每佛身后莲瓣形背光，顶部四披雕伎乐天、供养人等。佛身高8米，均作磨光高肉髻，面相方圆，气魄雄健。佛内着僧祇支，外着双领下垂褒衣博带式袈裟。七佛背光结合处雕4米高的胁侍菩萨10身，多作高发髻，面目清秀，形体修长。窟门内两侧靠南、北壁处各圆雕通高5.3米弥勒菩萨1尊。南侧菩萨倚坐，北侧菩萨交脚坐。前壁窟门南侧靠近门旁雕乘象菩萨装帝释天，通高3.05米，身前雕一驭象奴。菩萨身后雕一弟子，双手捧如意宝珠，半跪于象背。

窟门北侧雕一尊三头四臂阿修罗像，通高3.1米，中间面部慈祥温和，左右面部愁苦和愤怒。头部后壁面刻有山岳浮雕，四只手臂之后两臂一手举日、一手举月，前两臂的手各持金刚降魔杵，下半身似乎置于海水中。窟内四壁遍布浮雕佛传及佛本生故事。

第135窟位于第165窟南侧，是西魏代表性洞窟。窟平面为半圆形，穹隆顶，窟顶前沿雕帷幔，顶部两角雕莲花。窟高2.3米、宽2米、深0.9米。窟内正壁雕一佛，两侧各雕一菩萨和一力士。佛作磨光高肉髻，双肩较窄，颈部较长，内着僧祇支，腰部束带于腹前打结，外披宽博袈裟，半结跏趺坐于长方形台上，衣裾于佛座前自然下垂。佛身后浮雕莲瓣形通身背光，背光上彩绘火焰纹。两壁菩萨面部已毁，上身袒露，颈戴项圈，下身着裙紧贴腿，斜披络腋，双手举于胸前作合十状，立于莲台上，浮雕圆形莲瓣项光，北壁背光外绘供养弟子。佛与菩萨背光后顶部两侧浮雕伎乐天和比丘各四身。

第240窟位于窟群北段，平面长方形覆斗顶窟，为北周代表洞窟。窟高4.3米、宽5.2米、深5.3米，低坛基，横长方形覆斗顶，盝形顶窟门，门外上部雕饰天幕，门外两侧各雕力士像。窟内东（正壁）、南、北各雕一佛二菩萨，佛高2.5米，结跏趺坐于方形台座上，低平肉髻，面相方圆；菩萨高2.3米，束高发髻，宝缯垂于两侧，戴项圈璎珞，下着裙。隋代在窟门上方西披彩绘维摩诘经变；唐代在窟门两侧增开4个长方形小龛，内雕一佛二弟子二菩萨。清代晚期重涂彩绘。

第222窟位于第165窟北边，为盛唐大型

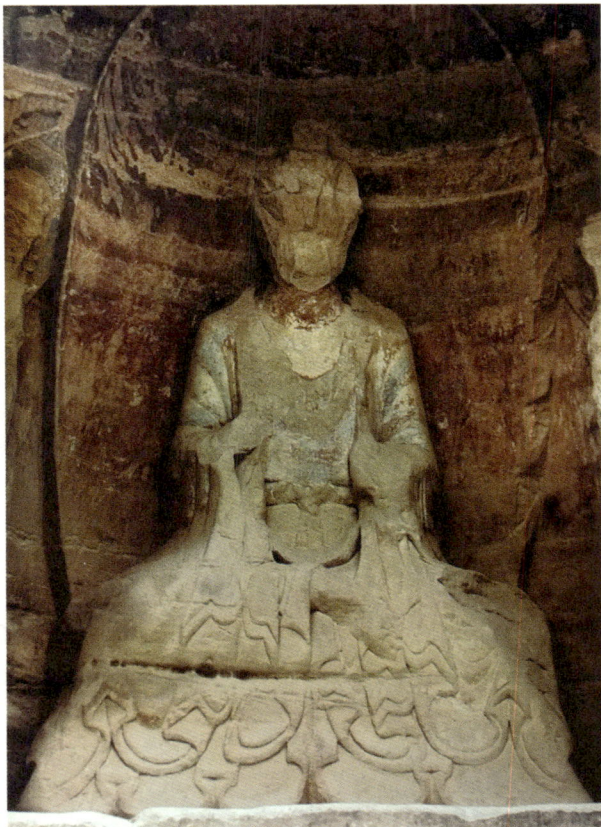

北石窟寺第135窟

佛殿式窟，为唐代代表洞窟。窟高5.96米、宽6.3米、深5.3米，覆斗式顶，正壁有坛基。主尊雕一佛二弟子二菩萨，佛高4.35米，弟子高2.85米，菩萨高3.04米。这是北石窟寺唐代造像保存最完整的一组作品。窟内南、北、西壁布满小龛，分为四层，共计62龛217身造像。佛龛多作方形，圆拱形或长方形，每龛内有雕一佛二菩萨者，有雕一佛二弟子二菩萨或一佛二弟子者，或一舒相坐菩萨者。

1959～1960年，甘肃省博物馆文物工作队对北石窟寺进行初步勘察，发表《甘肃庆阳、镇原县发现三处石窟》，首次向外界报道了北石窟寺。1961年，甘肃省文物工作队和敦煌石窟研究所对石窟进行全面调查。

1963年2月13日，甘肃省人民政府公布北

石窟寺为省级文物保护单位。同年，成立庆阳北石窟寺文物保护管理所，1999年12月更名为甘肃北石窟寺文物保护研究所。1988年1月13日，北石窟寺被国务院公布为第三批全国重点文物保护单位，编号3-0043-4-002。1999年3月9日，甘肃省人民政府公布北石窟寺的保护范围。

南石窟寺　是泾河流域规模最大的石窟，因与庆阳北石窟寺分处南北而得名，位于甘肃省泾川县城东7.5千米泾河北岸崖壁上。

北魏永平三年（510年），立"南石窟寺之碑"存于王母宫石窟。碑高2.25米、宽1.05米，碑文650余字，详细记载南石窟的开凿时间和功德主；碑阴题58人的职官名录，可正《魏书》之误，史料价值极高。据碑尾书"大魏永平三年岁在庚寅四月壬寅朔十四日乙卯使

持节都督泾州诸军事平西将□（军）□泾□（二）州刺史安武县开国男奚康生造"，提示南石窟寺由泾州刺史奚康生创建。据《魏书》《北史》记载，奚康生因"以功迁征虏将军，封安武县开国男"，后又"转泾州刺史"。奚康生信佛，于北魏永平二年（509年）正月任泾州刺史，之后两三年内创建两个大型石窟。

石窟坐北朝南，编号8个窟龛，其中第1窟为北魏永平三年（510年）开凿，第5窟为某代洞窟，其他窟龛时代待考。

第1窟位于窟区东侧。平面为横长方形，覆斗形顶。窟门顶部凿方形明窗。窟宽13米、深13.2米、高11米。窟门外两侧有后代补塑二力士立像。窟内正壁（北壁）和东西壁设坛上，雕造7身立佛和10身胁侍菩萨。其中三壁3身立佛、4身菩萨，东西壁各2身立佛、4身菩萨。

南石窟寺外景

南石窟寺第1窟

立佛高6米，菩萨高3.5米。南壁门两侧各雕造弥勒菩萨1身，高5米。洞窟造像主题为七佛加弥勒菩萨，表现七佛和弥勒组成的三世佛信仰。窟顶正披（北披）及东西披浮雕佛传故事，窟顶前披浮雕舍身饲虎本生故事。第1窟形制、造像题材与北石窟寺第165窟基本一致，规模略小于后者。

民国14年（1925年），美国福格艺术博物馆东方部主任华尔纳组织有北京大学陈万里参加的考察队曾到南石窟寺考察，发现罗汉洞、南石窟寺等。时考察队欲凿盗洞窟造像，被当地村民发现并制止。南石窟寺被发现后引起学术界的关注和研究。

1988年1月13日，南石窟寺被国务院公布为第三批全国重点文物保护单位，编号

3-0044-4-003。1990年5月，成立泾川南石窟寺文物管理所，负责南石窟寺保护管理。1999年，甘肃省人民政府印发《甘肃省人民政府关于公布我省全国重点文物保护单位保护范围的通知》划定南石窟寺保护范围。2015年4月，实施南石窟寺1号窟保护性抢险加固工程。

巩县石窟 是中原地区北魏至宋代的佛教石窟寺，位于河南省巩义市邙山余脉大力山下，黄河南岸洛河与黄河交汇处。

据寺内碑刻记载，寺院由北魏孝文帝所建，石窟创凿于北魏宣武帝景明年间（500～503年），是北魏皇家开凿的大型石窟之一。此后历经东魏、西魏、北齐、隋、唐、宋代相继在此凿龛造像，遗存洞窟5个、摩崖大佛3尊，1个唐代千佛龛和328个北魏末至唐

巩县石窟第1窟主佛

代的小龛。碑刻题记186篇，佛像7743尊。

石窟寺开凿在东西长约75米的崖面上，编号自西向东为1～5号窟，平面皆为方形。其中1～4号窟都是平面方形、平顶、中央设中心柱，中心柱四面凿龛，窟顶刻平棊或藻井。

1、3、4号窟门内两侧刻帝后礼佛图，壁脚刻神王、异兽和伎乐天人等。第1窟窟高6米，窟门上方开方形明窗，窟门外两侧各雕一力士及一佛二菩萨像龛；窟顶平棊，方格内雕飞天、莲花、卷草和化生；中心柱边长2.8米，四面各雕一佛龛，龛内雕一佛二弟子二菩萨，正面佛座两侧各雕一狮子；正壁、左壁、右壁三层自上而下分别雕刻千佛像、4个大龛、寻龛和伎乐天，前壁窟门两侧雕上下三列礼佛图，场面宏大，雕刻精美，是巩县石窟雕刻艺术的精华。第2窟开凿于北魏时期（386～531年），未完工，窟前壁已全部崩塌，仅存余东壁一龛为东魏作品，其余10龛为唐代开凿。中心柱南面上下排列3龛，最下一龛雕刻于唐龙朔年间（661～663年），造一佛二弟子二菩萨和二力士，龛楣雕七佛和飞天，龛两侧雕二菩萨。第3窟窟高4.25米、长宽均5米。中心柱四面各雕大佛龛一个，内刻一佛二弟子二菩萨。南壁拱门两侧千佛龛下各雕礼佛图三层，其他三壁主龛内多雕一佛二弟子二菩萨，多残。第4窟窟门圆拱形，门楣雕卷草纹，窟内中心柱四面各刻两层佛龛，龛内刻一佛二弟子二菩萨或

巩县石窟第1窟礼佛图（局部）

第3窟中心柱南向龛东侧上飞天

第4窟南壁东侧礼佛图

一佛二菩萨，柱基座刻四神王像。四壁顶端刻垂幔一周，垂幔下南壁门两侧上部刻四层千佛龛，门东侧千佛龛下刻帝后礼佛图，其余三壁上下各刻千佛龛十六层，多残损。壁脚刻伎乐天，地面存有莲花雕刻。第5窟平面近方形，窟顶莲花藻井，周围环绕六身飞天，四角各刻一莲花化生，东、西、北三壁各刻一龛，均一佛二弟子二菩萨。南壁门楣刻五尊坐佛，两侧卷草纹，前壁窟门两侧各一尊立佛，立于莲花座上。千佛龛位于石窟最东边，系唐乾封年间（666～668年）开凿。高1.5米、宽2.12米，后壁中间刻一较大优填王像和题记，余处皆满雕排列整齐的小佛龛计1千尊，故称千佛龛。

巩县石窟寺的石刻造像承前启后，保留着典型的北魏石刻艺术特点，孕育着北齐、隋、唐雕刻艺术萌芽。帝后礼佛图作为北魏皇室礼佛场景的艺术再现，反映北魏皇室崇佛礼佛的盛况和仪轨，是中国古代造像艺术的经典之作。

1963年6月20日，巩县石窟寺被河南省人民委员会公布为河南省第一批省级文物保护单位。1982年2月23日，巩县石窟寺被国务院公布为第二批全国重点文物保护单位，编号2-0011-4-001。1985年，成立巩县石窟寺保护所，隶属巩县文物保管所。1993年3～12月，实施巩县石窟寺第一期维修加固保护工程。1997年4月至1999年5月，实施巩县石窟寺第二期维修治漏工程。2004年8月6日，河南省人民政府印发《河南省人民政府关于调整我省全国重点文物保护单位省级文物保护单位保护范围和建设控制地带的批复》，公布巩县石窟寺的保护范围和建设控制地带。2006年，成立巩义石窟寺保护所，隶属于巩义市文物管理局。2012年4月，《巩县石窟寺保护总体规划》通过国家文物局审批，调整了巩县石窟寺的保护范围和建设控制地带。

安岳石窟 是安岳县辖区石窟的总称，为中国南方最大的石窟寺群和摩崖造像群之一，也是汉传密教造像最为集中的遗存，已发现历代石窟造像218处，造像10万余尊，尤以唐代造像的宏伟和两宋造像的精美著称于世。2000年，安岳县被文化部授予"中国石刻之乡"称号。安岳石窟，由卧佛院、圆觉洞、千佛寨、玄妙观、孔雀洞、华严洞、茗山寺、毗卢洞、木门寺等组成。

卧佛院摩崖造像位于四川省安岳县县城北25千米八庙乡卧佛村八组卧佛沟内。造像分布在安岳、遂宁、乐至三地交界处"几"字形的卧佛沟南岩、北岩和跑马滩河对岸的月亮坪。遗存窟（龛）139个，其中有佛经窟15个，刻经30余万字。造像始刻于唐开元年间，历经五代、两宋续凿。北岩造像主要有第1、2号刻经窟和大卧佛；南岩主要有第25～95龛（窟），其中第29、31、46、59、66、81、83等窟内刻经最多，还有造像龛、摩崖刻塔、线刻像等；月亮坪代表性窟为第109、110窟。

第1窟，方形，平顶，高2.8米、宽2.25米、深2.1米。正壁刻《妙法莲华经如来品十二》，左壁刻《妙法莲华经》，右壁刻《妙法莲华经五百弟子受记品第七》和《妙法莲华经观世音普门行愿品》。竖刻，楷书，字径1.5厘米。第2窟，方形，平顶，高2.8米、宽2.1、深2.2米。正壁刻《妙法莲华经随喜功德品》第十八，左壁刻《妙法莲华经》，右壁刻《妙法莲华经妙音菩萨品》第二十四，《妙法莲华经观世音普门品》，竖刻，楷书，字径1.5厘米。第3龛，释迦涅槃图摩崖造像，俗称卧佛，卧佛院因而得名。龛为不规则形平顶龛，高10米、宽23米、深2米。卧佛头东脚西，左胁侧身而卧，螺状发髻，双目微闭，眉

心有白毫，双耳垂上各戴一绽花耳环，头枕扁形荷花枕；身披双领袈裟。腰部侧身立一弟子，作切脉状。足旁站立1尊大士像。上方刻释迦牟尼说法、举哀众弟子和天龙八部像；下方南宋时摩崖刻善财童子五十三参故事。卧佛头侧崖壁上有多则题刻。

第29窟，方形，平顶，高2.2米、宽2.1米、深2.5米。正壁刻《佛名经》，左壁刻《佛名经》卷二《一切经》，右壁刻《佛名经》卷四，窟口右外沿刻《般若波罗蜜心经》。风化较严重。第37龛，佛塔，高1.5米、宽0.8米、深0.25米。塔身正面题刻有"癸卯淳熙十年"纪年。第45窟，方形，平顶，高3.2米、宽2.95米、深3.75米。正壁刻《大般涅槃经》第十五，左壁刻《一切经论目序》《大般涅槃经高贵德王菩萨品第二十三》《摩诃般若波罗蜜经》。右壁刻《金刚般若波罗蜜经》《修多罗般若波罗蜜经》《佛顶尊胜陀罗尼经》《阿弥陀经》。竖刻，楷书。右有"开元二十一年"题记和"玄应"落款。窟

安岳石窟第3窟释迦涅槃图

安岳石窟圆觉洞地藏十王龛

圆觉洞善财像

口有宋代题记。窟外崖壁上有小千佛16排103尊，并有造像题记。第51窟，方形，平顶，高3.4米、宽2.6米、深3.15米。右后壁刻《大般涅槃经》卷四、《大般涅槃经圣行品》之四。右壁刻高浮雕宝箧印陀罗尼经幢1座，旁有造幢题记。窟外崖壁上有藏经龛并三佛像，三佛位于平顶方形龛中，旁刻题记有"广政二十二年"纪年。第59窟，高2.6米、宽2.2米、深2.85米。正壁刻《大般涅槃经金刚身品》第二、《大般涅槃经如来性品》第四、《大般涅槃经》卷三、四。左壁刻《大般涅槃经》卷一、《大般涅槃经寿命品》第一、二。右壁刻《大乘大集地藏十轮经》第三、《佛说禅法略出》《佛说禅秘要经》《佛说报父母恩重经》。三壁顶部刻神态各异的飞天、花篮和缠枝莲花，为香花供养像。第66窟，方形，平顶，高3.2米、宽2.4米、深3.7米。正壁刻《大般涅槃经》卷七、八、九，《大般涅槃经如来性品》第五、六。左壁刻《大般涅槃经》卷五、六。右壁刻《大般涅槃经》卷十、《大般涅槃经所问品》第五、《大般涅槃经现痛品》第六。左壁下部有两龛造像，右壁题刻"普州安岳县沙门僧义造涅槃经□□□□为供养"。第70龛，双层龛，外层方形，平顶，内层为桃形龛，龛内刻释迦牟尼说法图，外龛左壁题记所刻。第71窟，方形，平顶，高2.2米、宽2.45米、深2.2米。正壁刻药师佛。左壁刻《般若波罗蜜多心经》第六、七、八、九、十、十一和《金刚般若波罗蜜经》。造像左右外壁各有两小龛造像。第73窟，平顶，方形，高2.3米、宽2.15米、深2.4米。正壁刻《金光明经赞叹品》第六，左壁刻《檀三藏经》《金光明经》。右壁上下分21层刻千佛像，每层刻像24尊，左壁前方上部横刻"《檀三藏经》开元十五年二月镌了"题记，《金光明经》有"开元二十一年五月二十九日记镌"题记。第85窟，方形，平顶，高2.1米、宽1.92米、深3.1米。左壁刻《维摩诘所说经不可思议解脱佛国品》第一，右壁刻《维摩诘经度化众生佛道品》第八。第109窟，高2米、宽2.8米、深2米。左壁刻《大方便佛报恩经寿养品》第二，右壁刻《大方便佛报恩经恶友品》第四、《大方便佛报恩经》卷三。第110号窟，高2.1米、宽2.6米、深2米。左壁刻《大方便佛报恩经慈品》第七、八，右壁经目不明。

卧佛院石窟具有较高的历史、艺术和科学价值。摩崖石刻造像以第3号龛"释迦牟尼涅槃图"为代表，造像规模宏大，古朴端庄，雕

圆觉洞飞天像

刻刀法简洁洗练，为盛唐时期摩崖石刻的代表作。卧佛院摩崖造像的特征与川北石刻极为接近和相似，这对研究四川石刻流传线路和安岳石刻之传播来源具有极其重要的价值。卧佛院石刻佛经，是研究我国佛教经典和书法史，以及校正佛经版本的重要历史资料。卧佛院地处三县交界，以其造像及刻经的规模，对唐宋时期川中地区的政治、经济、文化、历史文化发展的研究具有重要意义。

20世纪50年代，安岳县人民委员会确定由安岳县文化馆保护、管理全县文物。"文化大革命"期间卧佛院大部分造像遭到损毁。1982年5月，设立安岳县文物保护管理所；2001年11月升级为安岳县文物管理局。1988年1月13日，卧佛院摩崖造像被国务院公布为第三批全国重点文物保护单位，编号3-0050-4-009。2006年5月25日，国务院公布第六批全国重点文物保护单位时，将安岳石窟与第三批全国重点文物保护单位卧佛院摩崖造像合并，并更名为安岳石窟。2015年，四川省人民政府重新公布卧佛院摩崖造像的保护范围。

皇泽寺摩崖造像 是汇集南北朝、隋唐、宋不同时期佛教造像与石碑的石窟群，位于四川省广元市城西1千米处的乌龙山脚下，嘉陵江依山而过。

皇泽寺是中国历史上唯一的女皇帝武则天的祀庙，寺内存有后蜀广政二十二年（959年）《大蜀利州都督府皇泽寺唐则天皇后武氏新庙记》碑，碑文云："寺内之庙，不知所创之因，古老莫传，图经罕记。"据《元丰九域志》载，唐贞观年间，武则天的父亲武士彟任利州都督时，武后出生于此，故名皇泽。

皇泽寺坐西向东，南北长820米、东西宽200米。地势北高南低，分为北、中、南三区。石窟寺和摩崖造像龛集中于中区，遗存57个窟（龛）。其中较大者6个，造像总数1200余尊，主要分布在写心经洞、大佛楼、五佛亭、小南海等处。始凿于北魏晚期，历经北朝、隋、唐，至中唐时期趋于衰落，持续开凿时间300余年。重要窟龛有第45、38、15、28窟（龛）等。

第45窟，俗称中心柱窟，位于大佛楼右侧下方，是皇泽寺遗存最早、四川地区唯一遗存的三壁三龛中心柱窟。窟高2.36米、宽2.96米、进深3.05米，敞口，平面呈方形，窟顶略呈覆斗形，窟中间立方形塔柱。三壁各开一个大龛，龛楣雕刻双龙交缠，龙首反顾，三壁其余部分饰千佛，边缘饰八飞天，三壁大龛两侧各开一个圆拱形小龛。方柱分为上、下两层，上层刻字，下层四面开龛，龛中各造一佛二菩萨像。窟始雕于北魏，经历多次改刻，遗存中心柱、窟内千佛、龛楣上交缠的双龙和飞天，为北魏晚期雕刻；三壁大龛中的佛像约在初唐高宗前期完成；位于三壁大龛两侧的6个小龛约雕刻于武周时期。中心柱上有宋代题记。柱顶南侧题记记述了重修皇泽寺经过。

第38窟，位于迎晖楼内，三壁三龛式窟，三个龛内各造一佛二菩萨三尊像。主尊有莲瓣形大背光，上饰七尊禅定小坐佛，边缘饰八飞天。此窟亦经多次雕刻，大龛龛楣上的飞天、背光上的七佛、龛楣上的双龙等约完成于北魏晚期。三个大龛内的造像约完成于初唐。

第15窟，位于小南海上方崖壁上，距地面15米左右，窟室平面呈方形，高1.75米、宽1.67米、进深1.4米。正壁开一个圆拱形大龛，龛内造一佛二弟子二菩萨5尊像，两侧有二蹲狮。整窟完成于北周时期。

第28龛，位于大佛楼，敞口摩崖大龛，俗称"大佛窟"。平面呈马蹄形，外立面呈圆拱

皇泽寺全景

皇泽寺第 45 窟

形，顶部近穹隆形，窟深3.6米、宽5.55米、高6.86米。环绕马蹄形平面雕刻一佛二弟子二菩萨二力士组像，组像间浮雕人形化天龙八部护法像，右侧弟子与菩萨脚部空隙处雕刻胡跪男供养人一尊。主佛阿弥陀佛，高4.9米，有内圆外桃形头光，螺发，眉间白毫呈圆孔状，双眼微向下俯视，花形圆耳珰垂肩，着双领下垂式袈裟和袒右肩僧祇支，胸前"十"字形结带，跣足直立于束腰仰覆莲圆座上。二弟子及

左侧大势至菩萨高4.35米，右侧观音菩萨高4.3米。整窟完成于7世纪初。

第12龛、第13龛，两龛左右相邻，是武则天的父母武士彟和夫人杨氏于贞观二年（628年）所开。外方内圆拱形双层深龛，外层敞口，方形，平顶，内层圆拱形，龛内造像已破坏殆尽。仅存第12龛内二组礼佛图、龛基伎乐以及龛口的一方唐碑。碑文残存不多，碑文表明，初唐贞观年间，武则天的父母武士彟及杨

夫人已经在寺内雕凿佛像，迨至敬宗宝历年间，所凿佛像为风雨所侵，当时的太守北平公出资对原有的武氏夫妇造像进行妆修，并建佛阁进行保护。

皇泽寺摩崖造像为南北朝及隋、唐、宋等不同时期的石刻，龛窟形制和造像风格各异。大佛窟规模宏大，布局合理，造像精美，是皇泽寺规模最大、内容最丰富、雕刻技艺最精湛的洞窟，也是初唐时期佛教造像艺术的代表作品。窟后天龙八部，形象特殊，为唐代雕刻之代表作。

对皇泽寺的记录和研究始于清代，多以收集碑刻铭文为主。近代的调查有民国3年（1914年）法国探险家色伽兰、法占等人，调查成果集中反映在色伽兰所著的《中国考古调查团图录》中。20世纪20年代，日本美术史家大村西崖、古建筑学家常盘大定来此考察。20世纪50年代，中国美术、艺术、考古等领域专家温庭宽、王家祐、张明善、黄展岳、王子云

皇泽寺第 38 窟佛像

等学者开始对石窟的开凿年代、造像风格等问题进行探讨。1950～1976年，皇泽寺摩崖造像由广元县文化馆代管。1954年宝成铁路从中段

皇泽寺第 38 窟

穿过；1996年后改为绕寺后穿隧道而过，减小对皇泽寺的破坏。1961年3月4日，皇泽寺摩崖造像被国务院公布为第一批全国重点文物保护单位，编号1-0043-4-010。1962年，考古学家阎文儒调查并发表《中国石窟艺术总论》，首次对皇泽寺主要窟龛进行分期。1976年，成立广元县文物保护管理所，1985年改为广元市文物保护管理所。2000年，广元市文物管理所与北京大学考古文博学院、成都市文物考古研究院再次进行广元石窟调查和窟龛编号建档工作，并于2002年、2008年先后出版《广元石窟》《广元石窟内容总录·皇泽寺卷》。2000年12月，成立皇泽寺博物馆。2002年6～9月，完成大佛楼改造工程。2003年，国家文物局批准《广元皇泽寺石窟文物保护规划》。2004年10月，四川省人民政府印发《关于公布邓小平故居等190处全国重点、省级文物保护单位保护范围的通知》，确定皇泽寺保护范围。

天龙山石窟 是创凿于东魏时期的大型石窟造像群，位于山西省太原市西南约40千米晋源区晋祠镇的天龙山之上。

依据考古类型学从遗存造像和《于阜石室铭》碑记考察，石窟创凿于东魏时期。文献记载，北齐天保二年（551年）文宣帝高洋营建仙岩寺，皇建元年（560年）孝昭帝高演创建天龙寺（圣寿寺），天龙山之名由此而来。天龙山石窟始凿于北朝晚期，历经东魏、北齐、隋，唐代开凿石窟数量达15个，是为营窟造像高潮期。至唐玄宗开元初期渐趋衰落，前后经营将近200年时间。以后历代又对天龙山石窟及天龙寺等古迹进行过多次的修缮和补建。20世纪20年代，天龙山石窟造像被大量盗凿，致使众多精品造像流散于日、美等国。

天龙山石窟集中分布于东、西两峰的南坡峻峭山腰之间，绵延约0.5千米。除第19窟、第20窟两座洞窟坐东向西外，其他洞窟均为坐北向南。东峰洞窟分为上、下两层，上层有窟龛4座，单独编号1～4窟；下层有窟龛8个，编号1～8窟。西峰有窟龛13座，编号9～21窟，共存25个窟（龛），造像总数500余尊。重要龛窟有第1、2、3、4、6、8、9、10、15、16、18窟等。

天龙山石窟远景

第2窟和第3窟为一组双窟，位于东峰窟群的东侧，两窟左右比邻，两窟之间原有凿窟功德碑。洞窟完成于东魏时期，也是天龙山石窟遗存最早的石窟。洞窟皆为圆拱形窟门，平面呈方形，覆斗顶，三壁三龛式窟。窟顶的藻井中心雕大莲花，四披原各雕一飞天与小莲花。第2窟高2.68米，宽与深均为2.54米。周壁前设有低坛基。北壁正中开帐形龛，龛内外雕一坐佛像二菩萨立像。左、右壁各开圆拱形龛，龛内外均雕一倚坐佛二胁侍立像，右壁的龛外浅浮雕维摩、文殊坐像。前壁窟门两侧东雕阿难、西雕迦叶。壁面上层为千佛列像。第3窟高2.6米、宽2.47米、深2.36米。三壁正中均开一圆拱龛，内雕一佛二菩萨像，壁前设低坛基。龛外正壁东为阿难、西为迦叶；龛外左右壁北侧均为束髻供养人，南侧为维摩、文殊坐像。

第1窟，位于东峰窟群最东端一凸起的崖面之上，开凿于北齐时期。洞窟前廊后室。前廊平面呈横长方形，平顶，窟高2.4米、宽3.56米、深1.22米。外立壁为面宽三间仿木构窟檐建筑。前廊东壁雕出造像功德碑1通，螭首、方座，碑身文字已经漫漶。后壁正中开重

层窟门，外门为圆拱龛形，拱形门梁正中雕束莲及尖拱门楣；内门为长方形，门楣上雕3朵莲花门簪。后室平面呈方形，覆斗顶，高3.33米、宽3.25米、深3.2米，三壁三龛式窟，周壁前均设低坛基。三壁正中均开圆拱形龛，龛内均雕一佛二菩萨，龛形与前廊后壁窟门相同。正壁倚坐佛，坐束腰叠涩须弥座；左右壁皆为结跏趺坐佛，左佛座与正壁同，右佛坐仰覆莲座。正壁坛基前雕一夜叉二狮子二神王，两侧壁坛基前均雕三神王。

第10窟，位于西峰窟群的东端，与第9窟摩崖大佛龛相比邻，北齐开凿。洞窟前廊后室。前廊平面呈横长方形，平顶，窟高2.37米、宽3.75米、深1.2米。外立壁为仿木构窟檐建筑。前廊后壁正中开重层窟门，结构与第1窟相似。窟门外两侧各雕一力士像。后室平面略呈方形，覆斗顶，高2.95米、宽3.1米、深3.4米，三壁三龛式窟，周壁前均设低坛基。三壁正中均开圆拱形大龛。正壁龛内雕二佛并坐像，左壁龛内雕一交脚菩萨二弟子二菩萨，右壁龛内雕一坐佛二弟子二菩萨。正壁坛基前雕一供具二狮子四伎乐，两侧壁坛基前均

天龙山石窟第1窟正壁

天龙山石窟第2窟

雕五伎乐。前壁窟门两侧各雕一天王像。窟顶正中雕大莲花。

第16窟，位于西峰窟群中部第17窟东侧悬崖峭壁上，北齐开凿。窟具有前廊后室。前廊平面呈横长方形，平顶，窟高2.1米、宽3.64米、深1.3米。外立壁为面阔三间仿木构窟檐建筑。前廊后壁正中开重层窟门，为天龙山常见样式。窟门外两侧原各雕天王像，足下踩双小鬼及山形台。西壁雕有开窟功德碑1通。螭首，碑文系魏碑体，可识读者20余字。后室平面略呈方形，平顶，高2.83米、宽3.13米、深2.75米。三壁三龛式窟，三壁正中龛内均雕一佛二弟子二菩萨像。四周壁前均设低坛基，正壁坛基前雕博山炉二狮子二伎乐，左、右壁坛基前雕三伎乐。窟顶正中雕大莲花，周围三身飞天被盗凿。

第8窟，位于东峰窟群的最西端，隋代开凿。具前廊后室，是天龙山石窟中规模最大的洞窟，后室中间立方形塔柱，是天龙山唯一的中心柱窟。前廊平面呈横长方形，平顶，窟高3.05米、宽4.26米、深1.7米。外立壁为四柱三间仿木构窟檐建筑。东壁雕隋开皇四年（584年）开窟功德碑1通，其北侧和西壁各有后代题记1则，有颇似武周"日""月"字。北壁正中开外圆拱形、内呈方形的重层窟门，外门的两侧各雕力士像1尊。窟顶彩绘飞天、莲花及火焰宝珠。后室平面略呈方形，三壁三龛，覆斗顶，高3.8米、前壁宽4.35米、后壁宽4.8米、深4.32米，四壁前设低坛基。三壁正中均开圆拱尖楣大龛，龛柱为八角形，拱形龛梁正中雕束莲，龛梁尾饰回首反顾凤鸟。龛内雕一佛二弟子二菩萨像。中心柱呈方形，边

天龙山石窟第8窟中心塔柱

长约2米，下设低坛基，四面通壁开盖珍帷幕龛，龛高约1.9米、宽约1.5米。龛内均雕一佛二弟子像。中心柱顶部呈倒山形，具有须弥山形的象征意义。窟内有宋大中祥符八年（1015年）造塔供养题记，金大定十八年（1178年）、明嘉靖十四年（1535年）游人题记。

第9窟，位于西峰窟群的最东端，为天龙山石窟中规模最大的摩崖造像。唐代螭首。分上下二层：上层佛龛平面呈"凸"字形，敞口，龛高7.75米，龛内后部正中雕弥勒佛倚坐像。佛像通高7.55米，占据窟内较大的空间，面相长圆丰满，左手抚于左膝，施降魔印，右臂至小臂残；身着双领下垂式大衣，左肩外有偏衫衣角，内着僧祇支，双足各踩一方仰莲台，倚坐于双束腰叠涩须弥座上。下层正中圆雕十一面观世音立像，高5.5米，戴项圈、饰臂钏，身姿略呈"S"形扭曲，上身直裎，下

天龙山石窟第9窟三大士

身着露脐长裙，双肩敷搭璎珞和披巾，足下踩双束腰圆形莲台。左侧普贤菩萨右腿盘屈，舒坐于仰莲座上，下由六牙白象所托；右侧文殊菩萨双腿盘坐束腰仰覆莲座上，下由狮子所承。后壁在三尊菩萨像之间有二幅浅浮雕莲花化生图。

第15窟，位于西峰窟群的中部，三壁三龛式小窟。窟外立面为仿木构建筑窟檐，圆拱形尖楣窟门，两侧各雕一力士。东侧开圆拱形龛，内雕圆首龟趺碑，额上刻坐佛，碑身无存。主室平面方形，覆斗顶，高1.95米、宽1.65米、深1.72米。正左右壁均开尖拱形龛，前设低坛基，龛内造像残缺，可辨一铺五身像或一铺三身像，主尊系三世佛配置，应为唐代开凿，与近年在天龙山圣寿寺东沟里发现的《大唐勿部将军功德记》碑文记载相符。前壁西侧上方有宋嘉祐五年（1060年）题记。

天龙山石窟的记录始于明代，多以地方志书为主。从20世纪开始，日本学者关野贞、山中定次郎、田中俊逸、小野玄妙、水野清一、林良一和铃木洁、田中节子等对其进行调查和研究。西方学者喜龙仁、哈理斯德本和玛丽林赖等对各时期造像特点提出有益的见解。中国学者王作宾、温廷宽、阎文儒、李裕群、颜娟英等从美术、考古角度进行调查与研究。其中李裕群和李钢编著的《天龙山石窟》报告是最为系统的资料。

民国20年（1931年），太原县政府成立保存古迹古物委员会，制定《太原天龙山古迹古物保存规则》，对天龙山寺产进行管理。1965年5月24日，山西省人民政府公布天龙山石窟为省级文物保护单位。1967年，天龙山石窟由太原市文化局、晋祠文物园林管理处管理。1985年7月1日，天龙山文物保护管理所成立，负责对天龙山石窟及圣寿寺等文物进行保护和管理。1986年4月至次年11月，实施漫山阁重建工程。2001年6月25日，天龙山石窟由国务院公布为第五批全国重点文物保护单位，编号5-0445-4-003。2002年8月27日，山西省人民政府印发《关于公布太原晋阳古城遗址等102处全国重点文物保护单位保护范围的通知》，公布石窟的保护范围和建设控制地带。2011年，国家文物局批准《天龙山石窟保护规划》。2012年，山西省人民政府发布《关于公布山西省大同云冈石窟等二十处全国重点文物保护单位保护规划的通知》，对山西省20处全国重点文物保护单位实施规划保护工程，天龙山石窟名列其中。2013年5～10月，实施天龙山石窟安防工程。

广元千佛崖摩崖造像 广元千佛崖摩崖造像是四川境内规模最宏伟的石窟群，位于四川省广元市城北4千米的嘉陵江东岸，崖前金牛古道是连接关陇与蜀地的交通要道。窟龛分布在南北长388米的范围内，重重叠叠，密如蜂巢，最多处达13层，最高处距地面45米。

广元千佛崖摩崖造像始凿于北魏晚期，兴盛于唐代，集中开凿于武周、中宗、睿宗和玄宗时期。唐代这里有柏堂寺，元代始称千佛崖。造像以大云古洞（第512窟）为中心，分南北两段，遗存950个龛（窟）。南段重点窟（龛）有大佛洞（第726窟）、莲花洞（第535窟）、牟尼阁（第744窟）、千佛洞（第689窟）、睡佛龛（第746窟）、多宝窟（第806窟）、神龙窟（第493龛）、供养人窟（第805窟）等；北段有菩提瑞像窟（第366窟）、弥勒窟（第365窟）、卢舍那龛（第214龛）、阿弥陀佛龛（第86龛）、藏佛洞（第223龛）、北大佛（第138窟）等。遗存唐至清各代题记118则，题咏诗歌30余首。

北魏造像存有大佛窟（第726窟）和三圣堂（第226窟）两窟。大佛窟平面呈马蹄形，圆弧形顶，长方形窟门（1935年修川陕公路时毁坏），窟内造一佛二菩萨三尊像。三圣堂窟为典型的三壁三龛式窟，三壁各开一龛，龛楣浮雕双龙，三龛内各造一佛二菩萨像，主佛和背光上的过去七佛长颈削肩，飞天束高髻，裙摆似羽尾状飘起，身材修长，是典型的"秀骨清像"风格。

唐代武则天时期是造像高峰期。莲花洞（第535窟）开凿于大周天授元年至神功元年（690～697年），因窟顶浮雕双层莲花而得名，敞口，三壁底部设坛，坛上方各造一大龛，每龛中造一佛二菩萨三尊像，组成过去阿弥陀佛、现在释迦牟尼佛和未来弥勒佛的三世佛组合，代表武则天化身的弥勒佛居中而坐。牟尼阁（第744窟）采取富有立体感的镂空背屏雕刻，窟内设长方形坛，坛上造一佛二弟子二菩萨二力士七尊像。像后镂空透雕双树形成背屏直达窟顶，背屏上浮雕人形化天龙八部护法像和二供养天人，南北壁雕刻佛的十大弟子。睡佛窟（第746窟）中部设坛，坛上造释

千佛崖摩崖造像远景

迦涅槃像，周围弟子围绕，双龙缠绕的娑罗树直达窟顶，龛壁连续雕刻出善贤证果、为母说法、诸天供养、众人举棺、金棺自焚等与涅槃有关的故事场景。

弥勒窟（第365窟）和菩提瑞像窟（第366窟）由利州刺史毕重华开凿于唐代睿宗景云、延和年间（710～712年）。两窟并列，皆为中心坛背屏式窟，采用镂空、透雕、圆雕等技法，造像立体感强。菩提瑞像窟为敞口方形平顶窟，中央设长方形佛坛，坛上造一佛二弟子二菩萨五尊像，佛坛左右侧各雕一力士，坛前雕二供养菩萨，窟内三壁高浮雕弟子像十二身，北壁窟口刻碑一方，南壁窟口雕伎乐一组五身。主尊菩提瑞像，结跏趺坐于二地神托持的束腰方座上，头戴高宝冠，颈饰七宝璎珞，披袒右肩袈裟，左手置腹前，右手抚膝下垂，

施降魔印。身后有大背屏，上雕六挐具，窟顶雕菩提双树，双树间有雷神、电神和风神以及二飞天围绕。弥勒窟观模略小，坛上造一佛二弟子二菩萨，坛前二力士二蹲狮，是千佛崖唯一全部为圆雕造像的洞窟。

唐玄宗时期的窟龛最多。大云古洞（第512窟）是千佛崖摩崖造像的中心，主佛高2.38米，立于窟中央，窟室左右壁各凿四排观音像，共计136尊，是剑南道按察使、银青光禄大夫、行益州大都督府长史韦抗于唐开元三年（715年）开凿，历时8年方成。韦抗从长安带来新的佛像样式和组合。同时开凿的还有第513窟（俗称韦抗窟），由外室、门道和内室三部分组成，造像为一佛二弟子二菩萨二天王二力士二神王二供养菩萨13尊像以及二狮子一香炉组合。释迦多宝窟（第806窟）位于南段

千佛崖北段佛龛维修后

千佛崖 366 号菩提瑞像窟

崖壁上，因窟内雕有精美的持莲观音像 1 尊，又被称为持莲观音窟，敞口，方形，平顶，窟内长方形高坛上雕释迦、多宝二佛并坐，胁侍二弟子二菩萨（二力士已毁）。二坐佛身后为通顶大背屏，背屏上浮雕天龙八部。南侧的持莲观音菩萨高 1.35 米，立于仰莲圆座上，戴束发小冠，长发披肩，戴项圈，身上饰璎珞，下着贴体长裙，双手持莲花于胸前，腰略右扭，面带微笑，被誉为"东方美神"。苏颋窟（第 211 龛），由开元初年宰相苏颋于开元十一年（723 年）捐资开造，龛内造弥勒和二菩萨三尊像。卢舍那龛（第 214 龛）位于崖壁中段下层，因龛额刻有"卢舍那龛"而得名，敞口，外方内圆拱形双层龛，圆拱龛内凿一佛二弟子二菩萨五尊立像。主尊座两侧雕二供养菩萨，龛口设二力士，外龛左壁浅浮雕供养人二身，其外浮雕五级方塔一座。

清代仍有少量开凿，代表窟为喜佛洞，窟内雕刻藏传佛教的祖师像一尊，开凿于道光二十二年（1842 年）。功德主为四世章嘉活佛所供养章嘉活佛中最有影响力的一位——莲花生大师。千佛崖龛内遗存的彩绘多为清代装修，道光十九年（1839 年）四川总督宝兴途经千佛崖时，悲悯法相剥落，捐薪资修葺、妆饰佛龛。

对广元石窟的记录始于宋代王象之《舆地纪胜》。明代杨慎《全蜀艺文志》中有简单记录。清代记录增多，清乾隆二十二年（1757 年）的《广元县志》、刘喜海《金石苑》、陆增祥《八琼室金石补正》等许多金石著作都有

2125

千佛崖千佛窟第 689 窟

记录，有的还有简单考证。清光绪二十八年（1902年），日本人伊东忠太考察千佛崖，考察成果收入常盘大定、关野贞著《支那文化史迹》。所见最早的照片是德国人恩斯特·柏石曼于清光绪三十四年（1908年）拍摄的千佛崖中段和莲花洞。民国时期，法国探险家色伽兰、法占、拉狄格，书画家张大千，以及中国营造学社梁思成、刘敦桢等人先后考察千佛崖。民国24年（1935年）修筑川陕公路（108国道）时千佛崖南段崖壁被炸毁。1950～1976年期间，千佛崖摩崖造像由广元县文化馆代管。1961年3月4日，广元千佛崖摩崖造像被国务院公布为第一批全国重点文物保护单位，编号1-0044-4-011。1976年，成立广元县文物保护管理所，管理千佛崖摩崖造像；1985年改为

广元市文物保护管理所。2000年，广元市文物管理所和北京大学考古文博学院、成都市考古研究所三家单位合作，完成全部窟龛的编号、记录、照相工作，于2002年、2014年先后出版《广元石窟》《广元石窟内容总录——千佛崖卷（上下卷）》。2010年3月16日，四川省人民政府《关于公布广元皇泽寺等56处全国重点文物保护单位文物保护规划的通知》公布了保护区范围。2011年9月起，实施广元千佛崖摩崖造像灾害治理及重点龛窟保护修复工程。2012年，成立千佛崖博物馆，管理千佛崖摩崖造像。

水帘洞—大像山石窟　水帘洞石窟为渭河上游古丝绸之路南道的大型佛教石窟群，位于甘肃省武山县县城东北25千米鲁班山峡谷中。大像山石窟是融石窟和古建为一体的重要文化遗存之一，位于甘肃省甘谷县城西2.5千米铺村南文旗山上。山体东西走向，东高西低。石窟和古建筑分布在长1.5千米的山脊上。

水帘洞石窟由拉梢寺、水帘洞、千佛洞、显圣池四部分组成。始建于北周，隋、宋、元、明、清等时期续建重修。

拉梢寺开凿于大佛崖宽约60米的弧形崖面上，包括对面天书洞崖壁上的窟龛以及石胎泥塑喇嘛塔，窟区绵延300多米。拉梢寺最早开凿于北周明帝武成元年（559年），隋、五代、宋、元、明、清历代均有修缮，遗存大小窟龛24个，造像33身，覆钵式喇嘛塔7座，壁画近1700平方米，摩崖题记1方。北周窟龛主要为大型摩崖浮塑或圆拱形浅龛。宋元之际，在崖面上开凿有部分摩崖浅龛。元代也开凿部分浅龛，龛内多高浮雕覆钵式佛塔。遗存造像

以摩崖石胎浮塑为主，兼有部分泥塑。壁画在拉梢寺石窟中占有重要位置，有些壁画以摩崖浮雕大佛为中心，周围崖面绘有诸神及众生听法场景，兼绘单幅佛说法图；有些崖面通体绘千佛、单幅或成组佛说法图。拉梢寺摩崖三像位于拉梢寺石窟群中部，坐北向南，利用凹进的崖面浮雕石胎泥塑造像，绘制壁画。雕塑主体为一佛二菩萨像，均石胎泥塑浮雕。佛结跏趺坐，禅定印，高42.3米，低平肉髻，面形丰圆，脖颈粗短，多重项光，着圆领通肩袈裟，衣纹为阶梯状加凸起泥条，左脚掌心向外，掌心浮塑法轮。佛座为方形高座，宽17.55米、高约17米，由七层浮雕组成，自上及下分别为双重仰莲、卧狮（原有九头，仅存五头）、双重仰莲、卧鹿、双重仰莲、立象和双瓣覆莲。

胁侍菩萨面向佛，侧身对称立于佛两侧，高30余米，戴三瓣莲式宝冠，浮雕多重圆形项光，颈粗短，披巾从背后绕肘至两侧打折下垂。一手在腹前手心向上托莲枝，一手于肩头握莲枝，下着绿色长裙，裙边于腰际外翻打折，衣纹呈横向阶梯状。赤足立于覆莲上。造像右下方刻有北周明帝武成元年（559年）题记。

元代对崖面壁画全部进行重新彩绘，重修崖面上方的木构防雨檐。1984年7月，在修缮拉梢寺摩崖浮雕大佛顶部的防雨檐时，发现一面刻有元大德六年（1302年）题记的祈福铜镜。元代还在拉梢寺及对面崖壁上开凿许多大小不一的藏传佛教覆钵式塔龛。

千佛洞又名千佛崖、七佛沟，位于拉梢寺西北500米处一天然洞穴内。造像及壁画分布

水帘洞石窟拉梢寺外景

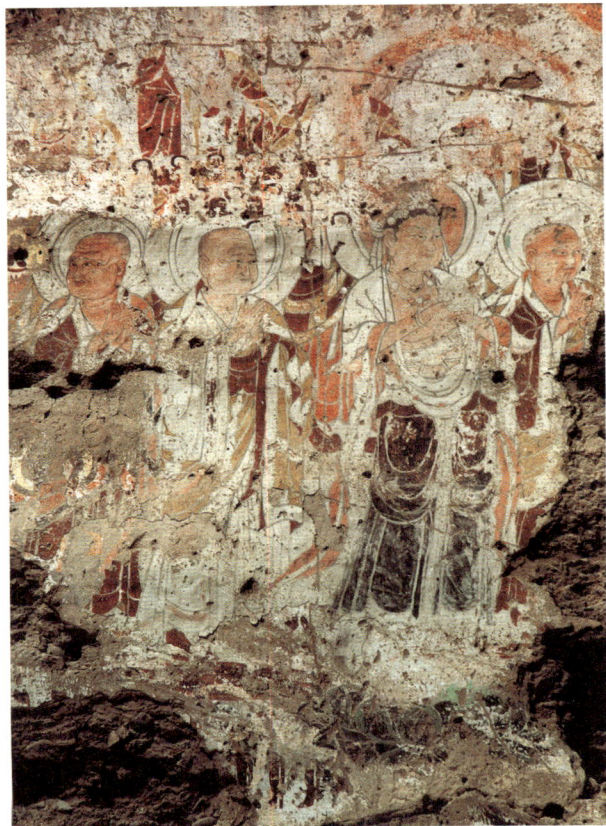

水帘洞千佛洞五代壁画

于洞穴左右两壁。左壁造像及壁画已无存，仅存造像残迹。造像及壁画主要分布于右壁，有各类大小窟龛51个，造像23身，尖楣圆拱形浅龛33个，摩崖悬塑龛9个，壁画300多平方米。所有窟龛、塑像及壁画均位于一条巨龙背上，龙首朝东，龙尾处雄踞一狮。造像主要为摩崖悬塑和木骨泥塑，龛形以尖楣圆拱形浅龛为主，另有部分圆拱形浅龛。遗存北周壁画为位于崖面右上部的千佛图，1.2万余身。第12龛内绘有飞天、弟子等。从遗存元代壁画来看，当时对整个壁面进行重新赋泥彩绘，但绝大部分已损毁，内容有弟子像、听法图等。

水帘洞位于响河沟右侧莲花峰下，与拉梢寺遥遥相对，山体如一朵莲花，石窟隐藏于莲瓣之间，坐西朝东，为一巨大的天然石洞。

洞前绿树成荫，谷中溪水潺潺，洞顶、洞壁皆有泉水从石隙中流出，盛夏时节，雨水沿石缝淌下，形成一道水帘，故得此名。洞内壁画面积约136平方米，左壁壁画16幅计88平方米，大多为北周原作，部分经宋代重绘，其中第1幅面积最大，主尊为站立说法佛像，两侧胁侍弟子、菩萨及力士像。壁面保存较多的供养人像。画面中的塔、菩萨宝缯、龛柱等局部位置用浮塑技法。

显圣池北距拉梢寺约1.5千米，为一天然洞窟。洞深8米、高20余米、宽30多米，原窟内左右两壁均有造像和壁画。从遗存残迹来看，左壁原有一佛二菩萨摩崖造像，佛仅存痕迹，菩萨的木桩及泥胎尚部分保存，仰莲台座尚清晰可辨。洞内壁画位于右壁上方及转角处，共有13幅计90平方米。为北周和隋代遗存，内容有千佛及佛、菩萨说法图等。

大像山石窟最早开凿于北朝时期。盛唐时期，开凿了高23.3米的弥勒大佛窟。宋嘉祐三年（1058年）对所有洞窟重新彩绘，重建窟前建筑，在大佛窟前重修七层楼阁，大佛全身敷泥薄塑。明万历年间（1573～1620年），创建太昊宫等十多处木构建筑，明末建成文昌阁等

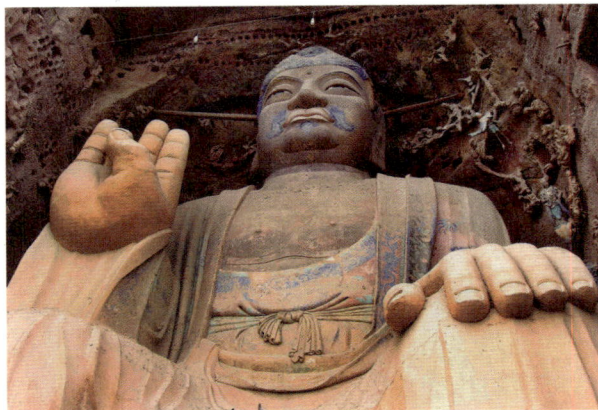

大像山大像

建筑。清同治二年（1863年），大像山所有建筑遭火焚。同治九年（1870年）重建大佛窟前楼阁。大像山石窟东区为石窟寺区，西区为古建筑区，从低到高依次排列，共有15处明清建筑，以文昌阁、鲁班殿、财神殿为代表。

东区石窟寺共有22个洞窟，多为方形平顶窟，除大佛殿（第3窟）外，原造像皆无存。

第6窟为大佛窟，佛龛高34米、宽14米、深4.5米，窟内佛高23.3米，倚坐，两眼平视，高肉髻，水波纹发式，额中有毫光，瞳仁用0.7米高的黑釉大缸劈半镶嵌而成，嘴唇宽厚，两耳垂肩，面部贴金，蝌蚪胡须，颈有三道弧线纹，身着垂领袈裟，内着僧祇支，束腰打结。右手施无畏印，左手平抚膝盖，两脚踩莲台。龛内三壁有悬塑和楼阁、椽洞痕迹。左右两壁各有方形平顶龛。悬塑造像均为清代以后重修。

1960年，甘谷县人民政府公布大像山石窟为县级文物保护单位。1981年，甘肃省人民政府公布大像山石窟为省级文物保护单位。1981年，成立大像山文物管理所，负责大像山石窟的文物保护与管理工作。1984年10月，成立武山县水帘洞石窟群文物保护管理所，2002年7月更名为武山水帘洞石窟文物保护研究所。20世纪90年代以来，甘肃省文物考古研究所、麦积山石窟艺术研究所合作对水帘洞石窟群展开系统的调查，完成《武山水帘洞石窟群》一书。2001年6月25日，水帘洞—大像山石窟被国务院公布为第五批全国重点文物保护单位，编号5-0469-4-027。2007年，甘肃省人民政府公布实施《武山县水帘洞石窟群文物保护规划》，对石窟群的四个单元分别划定重点保护区、一般保护区和建设控制地带。2009～2011年，国家文物局拨款，敦煌研究院对水帘洞石窟崖面、壁画、塑像进行抢救性保护维修工程。

响堂山石窟 是东魏北齐都城邺城附近最大的石窟群，是中国北齐王朝最大的佛教石窟艺术的宝库。位于河北省邯郸市峰峰矿区鼓山，分南、北两处石窟，相距约15千米。南响堂石窟地处临水镇纸坊村西北，鼓山南麓，滏阳河北岸；北响堂石窟位于峰峰矿区和村镇东的鼓山天宫峰西麓。

据北响堂常乐寺中金正隆四年（1153年）《常乐寺重修三世佛殿记碑》载，石窟始凿于东魏、北齐。将佛教奉为国教的北齐皇室贵族选择鼓山凿窟建寺，营造宫苑，作为来往于国都邺城（河北省邯郸市临漳县境内）和别都晋阳（山西省太原市）两都之间的避暑、游玩和礼佛之地。据《资治通鉴》载，响堂山开窟的另一作用是作为高氏王室的陵寝。

据《滏山石窟之碑》记载，南响堂石窟草创于北齐天统元年（565年），由灵化寺比丘慧义建造。石窟初建时，北齐后主高纬和大丞相淮阴王高阿那肱曾憩驾于此，因观草创，遂发大心，广舍珍爱之财，开此滏山之窟，奠

南响堂山华严洞、般若洞外景

南响堂山华严洞正壁龛

定南响堂石窟的规模。此后隋、唐、宋、明各代均有所增凿。北响堂石窟始凿于东魏、北齐，为北齐时期著名皇家寺院。

响堂山石窟存有主要石窟17座，其中北齐窟12座，隋、唐、宋代窟各1座以及明代窟2座，共有摩崖造像450余龛，大小造像5000余尊，造像题记148条，刻经6万余字。

南响堂石窟原名滏山石窟，遗存北齐大小石窟7座，宋代西方洞1座，北齐、隋、唐摩崖造像各1处。北齐石窟分上、下两层，上层5座、下层2座，自下而上为华严洞、般若洞、空洞、阿弥陀洞、释迦洞、力士洞和千佛洞。南响堂石窟近旁有殿宇、靠山楼阁、古塔等附属建筑。华严洞规模最大，高4.9米，宽、深各

6.35米，内刻《大方广佛华严经》，故称华严洞。为方形中心柱塔庙窟，窟室平面为方形，平顶，分前后室。前室为四柱三开间式，四柱头出小柱，小柱承托斗拱，拱托仿木结构的窟檐。明间开甬道门通向后室。后室中央设方形中心柱，中心柱后壁与山体相连，下设低矮甬道，供礼佛时通行。方柱正壁开帐形大龛，龛内雕一佛二弟子四菩萨七身像，基坛上刻供养比丘和狮子，左右壁龛稍小，雕一铺五身像，龛上刻千佛。窟左右壁上部各开5个尖拱龛，后壁于方柱两侧上下各开两龛，右壁及前壁刻《大方广佛华严经》，左壁下部为隋唐时期补刻的小龛，前壁门的上部为阿弥陀净土变浮雕，两侧为明窗。南面中心柱上部有释迦说法

图和佛本生故事浮雕。般若洞位于石窟区下层西北侧，窟深6.5米、阔6.36米、高4.52米。为方形中心柱塔庙窟，分前后室。窟形与第一窟华严洞基本相同，只是后室中心方柱仅正壁开大龛，左右壁不开龛。龛已残，原雕一铺五身像。窟左右壁及后壁开7个圆楣尖拱龛，龛内置佛像，龛柱上刻十六佛名号。前壁右侧及后甬道内刻有《般若经》和《修行道地经》。窟门外左右侧有隋代所刻"滏山石窟之碑"，记载"齐国天统元年乙酉之岁"开窟的过程。千佛洞位于上层，外观为四柱三开间形式，窟顶雕凿出仿木构建筑的瓦垄滴水、斗拱、叠涩基等。叠涩基上有山花蕉叶和覆钵丘。窟顶上方雕覆钵塔，塔端雕卷云状山花蕉叶，中雕展翅欲飞的金翅鸟，钵顶雕宝珠，两侧各雕八角形宝珠顶柱，为响堂山石窟最典型的塔形窟。前廊次间雕力士像。千佛洞深3.48米、宽3.7米、高3.8米。窟平面近方形，穹隆顶。窟内三面宝坛上各龛均雕一佛两弟子两菩萨，为三壁开龛佛殿窟。正面龛主尊为释迦佛；左面龛主尊为阿弥陀佛，为倚坐像；右面龛主尊残失。基坛上雕有神王形象。洞壁广造千佛，有大小造像1028尊，故名千佛洞。窟顶微隆，中央雕莲花，周雕八身飞天，两两相对。

北响堂石窟共有洞窟9座，凿于半山腰处，坐东面西，呈南北一线排列，共有北齐窟5座，隋、唐石窟各1座，明代石窟2座。从南到北依次为双佛洞、大业洞、刻经洞、释迦洞、关帝洞、宋洞、大佛洞、明洞和隋佛龙洞。东魏北齐大佛洞规模最大，装饰最华丽。大佛洞位于窟群北侧，俗称北堂。室内进深13.3米、宽13米、高11.4米，窟门上方开明窗3个。窟内中央设方形中心柱，正、左、右三面各凿帷幕顶大龛1个，龛为造像一佛二菩萨。正面龛为释迦牟尼坐像，连座高5米，为响堂山石窟中最大的造像。造像背光浮雕火焰、忍冬纹，七条火龙穿插其间，为北齐高超艺术的代表。下方佛坛雕熏炉、蹲狮及十神王像。柱身顶部凿16个列龛，内雕菩萨立像。柱身南面顶部凿一深3.87米、宽1.35米、高1.77米的瘗穴，相传为高欢墓。窟内四壁凿塔形列龛16个，龛内各置圆雕佛坐像1尊，佛坐像为民国时期雕刻。窟门两侧各雕帝后礼佛图。南壁东侧塔形列龛顶部有明代补刻的千佛坐像百余尊。四壁的塔形龛边饰束莲柱，柱身满刻勾连云纹，顶饰火焰宝珠。柱基刻跪式

北响堂山石窟远景

北响堂山北洞如来半跏像

北响堂山北洞胁侍菩萨像

怪兽，塔形龛覆钵上方雕仰莲、相轮、忍冬和火焰珠组成的三枝塔刹。塔柱南面大龛左侧菩萨右脚微踏，身体自然弯曲，衣裙贴体，质感极强。塔柱顶部列龛，边饰八角束莲宝珠顶柱，顶饰火焰纹龛楣。两龛龛楣之间填刻呈扇形排列的变形宝珠图案，状如孔雀开屏。唐代高僧释道宣在《续高僧传》中称"大佛像背陵葬中，诸雕刻骇动人鬼"。北齐释迦洞位于北响堂石窟区中部，俗称中堂。释迦洞的平面结构属于前廊后室式，后室为中心柱窟。窟内中央为塔形柱，正面通顶凿一帷幕顶大龛，内造一佛二弟子二菩萨。主尊为释迦牟尼，手施无畏、与愿手印，背光为举舟形，头顶光饰同心圆形花纹。中心柱后壁开凿一个低矮的甬道。释迦洞的外观为四柱三开间，窟外有仿木结构的窟檐。窟檐的上方为塔形窟特有的结构，有大型的覆钵丘、山花蕉叶、金翅鸟、宝幢等。

窟门两侧雕刻有变形的龙体盘旋上升，至门顶端二龙相望，龙首昂扬。窟门甬道的壁面上雕刻缠枝纹、联珠纹饰。入口间上设明窗，其外雕饰火焰纹带。窟门左右两侧还雕刻有近2米多高的胁侍菩萨立像，在两开间内各有一个大佛龛，佛龛内雕刻手持金刚杵的天王像。天王像内侧雕流云纹八角柱，柱基凿蹲踞石狮子。北齐刻经洞位于北响堂石窟区最南端，俗称南堂，为三壁三龛式佛殿窟，其外观为单体覆钵塔式。窟门前置四柱三间前廊。窟檐雕仿木构瓦顶。瓦顶上方大型覆钵，覆钵顶部雕三枝火焰珠塔刹。刻经洞上部覆钵中部凿小型洞窟1座，正壁雕释迦多宝两佛并坐，左右两壁各雕坐佛1尊。窟门两侧各雕力士1尊。窟内三壁雕通壁帷幕形大龛，内各雕一铺一佛二弟子四菩萨七身像。佛坛浮雕香炉、神王等，窟顶浮雕莲花。后室前壁拱门的两侧壁刻有《无量义经·德行品第一》，字径寸五分，正书。前室窟廊内刻《维摩诘所说经》全本，自拱门右侧东壁开始，均为八分书。窟外拱门左右两侧通壁刻满经文，北侧亦为大面积的摩崖刻经。根据该窟留存的《唐邕写经碑》记载，残损刻经当为《胜鬘经》《孛经抄》《弥勒成佛经》。《唐邕刻经碑》记载响堂山石窟刻经的缘起及经过等内容，为北朝时期仅见的具有明确纪年及书写人的刻经，是研究北朝刻经的重要资料，具有较高的历史价值。刻经洞前廊左侧角廊柱上刻有《佛说佛名经》中的佛名号，洞外左侧壁刻有《无量寿经优波提舍愿生偈》。刻经洞上部刻有十二部经的经名，经名的上部刻有出自《现在贤劫千佛名经》的弥勒佛、狮子佛、明炎佛三佛的名号及大圣十号。三佛名号的左上角刻有"大空王佛"四字。刻经洞的刻经具有很高的书法价值，堪称北朝刻经造像碑的珍品，是研究中国书法艺术发展与演变的重要实物资料。

响堂山石窟的综合考察与研究开始于20世纪初。民国时期，中国学者顾燮光、徐旭生带领的中国国立北平史学研究会考古组，以及日本学者常盘大定、关野贞、水野清一、长广敏雄等对响堂山石窟进行系统考古调查，发表调查报告。1957年9月，北京大学历史系考古专业师生，对南、北响堂山及小响堂（水浴寺）石窟进行考古调查。1988年3～6月，北京大学考古系学生对南响堂石窟（包括新发现的遗迹）和老爷山摩崖造像的一部分进行考古调查与测绘，并详细调查记录了北响堂石窟。2000～2003年，北京大学文博学院承担国家"985"重点课题"6世纪中原中心石窟群

（上）——南响堂石窟"的考古调查与测绘工作，完成南响堂石窟、水浴寺石窟全部窟龛造像的测绘与文字记录工作。20世纪七八十年代以来，中外学者相继对响堂山石窟进行考察与研究。

1956年，成立南北响堂寺文物保护管理所；1957年更名为峰峰矿区文物保护管理所。1961年3月4日，响堂山石窟被国务院公布为第一批全国重点文物保护单位，编号1-0040-4-007。1986年3月至1987年6月，国家拨款对南响堂石窟窟前的堆积物进行清理，整体搬迁、异地重建清代建筑——靠山阁，发现叠压在南响堂石窟下面的部分窟檐遗迹、龛像及部分残坏造像，出土滏山石窟之碑和保存完整的第七窟覆钵塔形窟顶及一批石刻残像。1989年，国家文物局拨款对南响堂石窟进行加固。1992年，河北省人民政府公布南响堂石窟保护范围和建设控制地带。1994年，国家文物局拨款对南响堂石窟实施防渗排水工程。2002年6月至2005年6月，河北省古代建筑保护研究所实施北响堂石窟加固保护工程。2005年1月，成立响堂山风景管理处。2010年，成立峰峰矿区响堂山石窟文物管理处。2013年，国家文物局拨款对北响堂宋塔进行加固维修。

榆林窟 为敦煌石窟群之一，位于甘肃省瓜州县城南约70千米峡谷中。开凿在榆林河峡谷两岸砾岩层断崖上，榆林河水从峡谷中穿流而过，两岸榆树成林，石窟因此而得名。

根据遗迹，学界考证认为，榆林窟始建于初唐（7世纪初）。曹氏归义军政权时期，曹氏家族在榆林窟新建和重修洞窟共3个。沙州回鹘时期，重绘前代洞窟4个。西夏新建第2

榆林窟远景

窟、第3窟、第10窟、第29窟四个窟，重绘前代5个窟。元代新建第4窟、第27窟2个窟，重绘前代9个窟，藏传佛教艺术在榆林窟得到继承和发展。元世祖至正十三年（1276年），守镇官员下令重修榆林窟，第15窟保存有重修墨书题记，第4、10窟约修于此时。明嘉靖三年（1524年）瓜、沙州被弃，榆林窟陷入荒凉、败落之境。清道光年间开始整修榆林窟，对部分洞窟进行重绘。遗存洞窟43个，分布在榆林河两岸相距约100米、长约500米、高10余米的崖壁上，计有东崖32窟、西崖11窟，其中唐代4个、五代8个、宋代13个、回鹘1个、西夏4个、元代3个、清代10个；壁画5200多平方米；彩塑259身。石窟寺前留存有佛塔、化纸楼等文物建筑18座。其中第28窟、第17窟被认为是遗存最早的洞窟。第25窟、第15窟壁画是榆林窟唐代壁画艺术的代表作。

第6窟位于东崖中部，为穹隆顶大像窟。唐代开凿，五代、宋、西夏、元、清、民国重修。进深24米、高25.6米。遗存4身塑像（主尊唐代塑，清代补修，其余为清代、民国重塑），壁画634平方米。东壁通顶塑倚坐弥勒大佛，高24.7米，清嘉庆年间彩绘涂金，大佛背、项光经宋、西夏补绘，大部毁。唐代壁画有南壁西侧文殊变一铺、北壁西侧普贤变一铺、明窗上七佛等。其余各壁有五代至民国时期重绘壁画，内容有千佛、净土变、普贤变、不空羂索观音、四臂观音、说法图等及各种装饰图案画，并有曹元忠、曹延禄供养像、回鹘装及汉装女供养人等。

第25窟位于东崖上层北侧。约建于唐大历十一年（776年）吐蕃占领瓜州以后。分为前、后室，前室平面横长方形，一面斜披顶。主室为平面方形覆斗顶窟，中央设方形佛坛，坛上仅存清代重修主尊彩塑佛像一身，结跏趺坐。壁画内容主要有：前室门上残存毗沙门天王赴哪吒会，门南和门北分别绘南方天王和北方天王；主室窟顶壁画多脱落，残留有千佛，正壁绘密宗八大菩萨曼荼罗经变，南北两侧壁分别绘表现净土思想的弥勒经变和观无量寿经变，前壁门两侧分别绘文殊变、普贤变。壁画题材内容表现显、密兼有的大乘思想，反映中国传统佛教艺术和印度波罗王朝密教艺术风格，是敦煌石窟出现最早的一铺。

曹氏归义军政权时期，曹氏家族在榆林窟建窟和重修共28个洞窟。经变画内容有显宗观无量寿经变、弥勒经变、梵网经变等近20种；密宗如意轮观音、不空羂索观音、千手千眼观音、十一面观音、水月观音、八大菩萨曼荼罗等经变。其中梵网经变、地狱变和水月观音经变是五代出现的新题材。佛教史迹画主要表现佛教圣迹和佛教史上的传说故事。其中表现丝绸之路南道西域王国于阗的相关故事具有重要历史价值。第19、32、33窟都是曹氏归义军政权统治者所建，洞窟中绘制大量与于阗有关的佛教圣迹，反映曹氏政权与于阗的密切关系。供养人画像大体分为三类：曹氏政权几任归义军节度使及与他们联姻的少数民族政权甘州回鹘、于阗公主供养像；与曹氏联姻的少数民族政权统治者以及他们的夫人供养像；曹氏画院

榆林窟第 3 窟西壁南侧西夏普贤变

匠师的供养像等。

沙州回鹘时期以第39窟为典型，壁画内容有说法图、药师经变、药师佛、三世佛、千佛、儒童本生、千手千眼观音、水月观音、赴会菩萨、罗汉、天王、飞天、供养人像等。甬道南、北壁绘有50身男、女供养人群像，甬道南壁23身男供养人像全是着回鹘装的回鹘人。甬道北壁女供养人像包括儿童共27身。

西夏洞窟形制多为平面方形，设中心佛坛，覆斗形顶。第29窟为前、后室格局，前室平面呈不规则形，与禅窟相连，窟顶呈一面斜披形；主室（后室）平面方形，中央设方形佛坛，上有五层圆坛，逐层内收，覆斗顶。第3

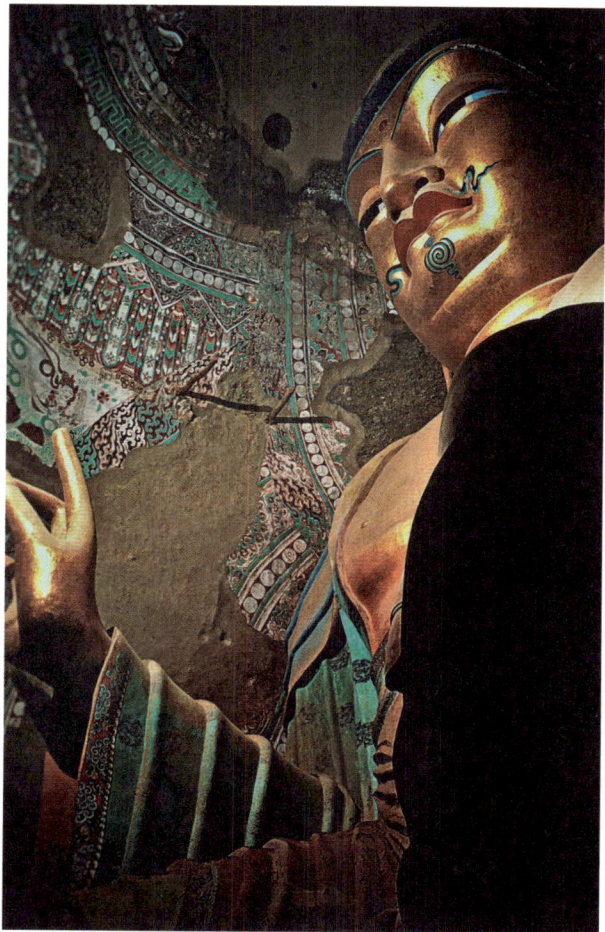

榆林窟第 6 窟大佛

窟单室，平面方形，中心设八角形佛坛，穹隆顶窟。窟内四壁和窟顶绘藏传密教曼荼罗，中心设佛坛。第29窟为多层佛坛，遗存彩塑均为清代重塑。壁画题材内容有经变画、供养人画像、装饰图案画三类。经变画内容显教和密教并举。水月观音、普贤变中出现唐僧取经图。供养人画像多绘于主室前壁门两侧下部，唯第29窟主室前壁整壁和两侧壁下部绘供养人像，多达50～60身。第3窟绘于后甬道两侧壁。供养人画像分西夏党项族和元代蒙古族两类。装饰图案以窟顶藻井为重点。藻井中心方井仅第2窟画有传统汉传佛教之团龙纹，余窟均绘藏密之曼荼罗。边饰分为几何纹、瑞兽花草纹、圆环套联纹，圆环套联纹在新疆高昌回鹘壁画和西藏古格佛寺壁画中均有出现。最下部垂幔纹以布幔、五彩垂带、串珠纹组成。西夏、元时期石窟装饰图案具有不同民族和不同文化特色。

清朝初年，在榆林窟发现一件便携式龛像，用象牙牙梢雕琢而成，状如手掌，高15.9厘米，中宽15.7厘米，厚3.5厘米。为两片扣合式，外形是骑象普贤菩萨，内侧两面雕刻有50个不同情节的佛传图，共刻279人、12辆车马。形制具有印度笈多王朝时期秣菟罗艺术风格，刻制年代可能在唐代或唐代以前，是当时中印文化交流的罕见物证。

1961年3月4日，榆林窟被国务院公布为全国重点文物保护单位，编号1-0036-4-003。1962年，甘肃省人民政府印发通知划定榆林窟的重点保护区和一般保护区范围。1986年，甘肃省人民政府批准设立榆林窟文物保护管理所，隶属于敦煌研究院。20世纪80年代以来，开展对榆林窟部分窟壁画起甲、塑像残损、部

榆林窟第25窟南壁中唐观无量寿经变

分窟顶空鼓病害进行治理和修复。1990～2002年，对榆林窟崖体、崖体裂隙、窟前建筑、舍利塔、防洪堤等进行加固、保护、修缮。1999年2月24日，甘肃省人民政府印发《甘肃省人民政府关于公布我省全国重点文物保护单位保护范围的通知》重新确认榆林窟的保护范围。2008年10月7日，甘肃省人民政府制定实施《榆林窟保护管理办法》。2014年，国家文物局批复《榆林窟文物保护规划》。

白佛山石窟造像 是山东省著名的隋代石窟寺，是中国较早反映三教合一的遗存，位于山东省东平县须城乡焦山村北的白佛山上。

白佛山宋代造佛像山岩呈白色而得名。白佛山石窟造像共有石窟4个，造像138尊。造像始雕于隋开皇七年（587年），唐、五代至宋初均有增刻。其中第1、2窟为隋代开凿，第3窟唐代开凿。

第1窟在天然岩洞基础上修凿而成，平面略呈椭圆形，弧壁平顶，高约7.5米，宽4.5米，进深5米。窟内主要空间雕一倚坐佛像，高6.7米。头顶小螺髻，面相拙朴，手施无畏、与愿印，身披钩纽式袈裟。主尊左右侧壁，雕方形、长方形佛龛，上下9排，总计106身佛像。其中西壁第五排3龛，最内打一龛像龛侧铭"十六王子像主万义绍张基"，是据《法华经·化城喻品》雕刻的十六王子造像。龛像旁布满像主名记，其中有柏义王和项昌县令、县丞、县尉、僧人等。东壁下层为涅槃

白佛山石窟 1 号窟窟门元至元六年筑石墙

龛，较为特别，根据窟外西侧残留的"大隋开皇七年"及"大隋开皇十年"题记，结合大佛的造像样式，可知此窟为隋代开凿。

第 2 窟位于第 1 窟西侧上方 15 米处，亦为天然洞窟经人工加工形成。该窟平面不规则，造像共 3 尊。主像高 2.4 米，面部雕刻细致，双膝下垂，面南端座，衣纹雕刻粗疏。主像两侧为胁侍菩萨，结跏趺坐，左手置膝，右手抚胸，头戴宝冠，身披袈裟、璎珞。

第 3 窟位于第 2 窟下方，主窟西侧 10 米。窟高 1.2 米、宽 1 米、进深 0.95 米，内有造像 3 尊。主尊倚坐台上，左手抚膝，右手置胸前；二胁侍保存较差，通高 0.36 米。窟内西壁上有唐代元和十年"大唐故节度随军宣德郎试大理司直权知齐州司马清河"张颖行弥勒赞文并序。

第 4 窟位于第 1 窟东上方 30 米处。窟高 2.4

白佛山石窟 1 号窟隋代大佛

米、宽3米、进深3.5米，内有造像12尊。东壁四身，高0.93米，或合十，或双手交于胸前，均披垂领式袈裟。南壁一身，高1米，结跏趺坐于莲台上，左手抚膝，右手掌心向上置胸前，身披垂领式袈裟。北壁七身。其中中间一组一佛二弟子像保存较好。主尊结跏趺坐于台上，左手抚膝，右手掌心向前置胸前，身披垂领式袈裟。二胁侍弟子身披交领僧衣，左弟子似持物于胸前，右弟子双手合十。

清代学者陆增祥曾到此考察，把白佛山隋窟中的部分造像题记及窟外部分题记收录于《八琼室金石补正》一书中。

东平县政府成立隶属东平县博物馆的白佛山文物管理处，专门对白佛山石刻文物进行管理。1977年，白佛山石窟由山东省革命委员会公布为省级文物保护单位。2001年6月25日，

白佛山石窟由国务院公布为第五批全国重点文物保护单位，编号5-0455-4-013。2020年7月，东平县人民政府制定石窟造像发展长期规划，把白佛山作为重点文物保护开发区，目前辟为白佛山大公园。

库木吐喇千佛洞 为古龟兹境内规模仅次于克孜尔千佛洞的一处重要石窟遗址，是龟兹石窟的重要组成部分，也是古代丝绸之路上一处重要的佛教文化遗址。千佛洞位于新疆维吾尔自治区库车县玉奇吾斯塘乡达吾孜牙村北东方红水电站东及北面，地处渭干河东岸却勒塔格山山口的东崖间，与渭干河上游的克孜尔石窟直线距离约15千米，东北距库车县约30千米。作为全国重点文物保护单位的库木吐喇千佛洞，还包括归并项目托乎拉克艾肯石窟。托乎拉克艾肯石窟位于新疆维吾尔自治区新和县

库木吐喇千佛洞全景图

库木吐喇千佛洞窟群区第79窟供养人

大尤都斯乡肖尤鲁克村以西约20千米处，维吾尔语"托乎拉克艾肯"意为胡杨沟之意。沟呈南北走向，石窟分布于却勒塔格山南麓东西长约600米，南北约500米的山地上。

库木吐喇千佛洞约开凿于5世纪，废弃于11世纪。造窟年代晚于克孜尔石窟，延续凿窟的时间较长、保存唐代安西大都护府和回鹘时期的石窟较多。建造大致分为三个时期。龟兹王国时期（5～6世纪），洞窟形制以中心柱和方形窟为主，同时还出现了大像窟；壁画题材同克孜尔石窟发展期的壁画相近，受外来艺术尤其是犍陀罗艺术的影响较大。安西大都护府时期（7～8世纪），洞窟形制仍为中心柱和方形窟，壁画出现新的题材内容，除龟兹本地特色的洞窟和壁画外，出现中原汉风壁画，绘出中原大乘佛教的净土变和药师变等主题的经变画。回鹘时期（9～11世纪），是研究回鹘文化的重要遗存，11世纪后，随着伊斯兰教势力深入，建窟活动逐渐停止。

库木吐喇千佛洞编号洞窟112个，窟形完整者约100个。分南、北两区，即谷口区和窟群区，两者相距约3千米。北区洞窟较为集中，编号洞窟80个，窟形和壁画保存完好的不到半数，主要分布在渭干河东岸以北约2千米处一条宽约20米的大沟内外崖壁上。南区谷口

库木吐喇千佛洞第14窟壁画西方净土变

区洞窟分散在河东岸和几条山谷内，编号洞窟32个，保存较好的不足10个。

库木吐喇新1窟。1977年，在库木吐喇石窟群施工过程中发现一被断裂山崖封闭的新洞窟，原称为新1窟，后经重新编号为谷口区第20窟。方形，穹隆顶。门道残高2.15米、宽1.20米、进深2.9米。门道左侧壁外端开有1个方形小室。主室平面呈方形，高3.83米、宽3.74米、进深3.88米，穹隆顶。窟室中央残存一横长方形坛基，坛上原有泥塑坐佛像已碎为泥块。正壁壁画全部剥蚀，左右侧壁下部各绘六栏方格图像佛传，每栏十铺，画幅上方榜题栏中有墨书的龟兹文旁题。左壁上方保存有天宫建筑，佛和菩萨相间坐在拱形和梯形龛内。入口门道两侧壁各开一个拱券顶龛。右侧壁龛内保存有一身较完整的泥塑彩绘坐佛像（2006年被盗），座前两侧有1对狮子。龛内两侧壁绘壁画。穹隆顶中心绘一朵大莲花。以莲花为中心，将穹隆顶划分成11个梯形条幅。相邻的两个条幅分别以灰绿和赭石色为背景，绘出相对而立的立佛和菩萨，立佛6身，菩萨5身，均具有头光和身光，顶有华盖。除一身佛外，其余均呈一佛一菩萨组合，相对而立于盛开的莲花上。

托乎拉克艾肯石窟寺有编号洞窟20个。窟群中部的山顶上有一座寺院遗址，洞窟错落有致地围绕在寺院周围。其中中心柱窟7座、方形窟7座、僧房窟5座、条形窟1座。洞窟坍塌严重，多数洞窟被泥沙掩埋。第18窟上方还有一佛塔，可看出下部的两列壁龛。托乎拉克艾肯石窟群保存有几条通往洞窟的预留的栈道，开凿时间大约在7～8世纪，延续使用至9世纪及其

库木吐喇千佛洞第20窟穹隆顶壁画

以后。洞窟形制以中心柱窟为主，少量为方形穹隆顶窟。壁画题材内容有本生故事、因缘故事和佛传故事等。其中第15窟"涅槃图"保存较好。壁画多用鲜艳的橘红色，色调醒目。

清代谢济世曾在18世纪30年代巡视库车一带，所著《幕戎随笔》记载了库木吐喇千佛洞的情况；清代徐松在其所著的《西域水道记》卷二中记述了库木吐喇千佛洞当时的情景。

对库木吐喇千佛洞的考察研究，始于19世纪末、20世纪初西方掀起的西域探险热潮，先后有德国、日本、法国和俄国等探险队考察过库木吐喇千佛洞。民国17年（1928年），黄文弼作为中国和瑞典联合组织的西北科学考察团的成员，到库木吐喇千佛洞进行考察。1953年9月，西北行政委员会文化局组织新疆文物调查组到库木吐喇千佛洞进行调查，对大沟三区的洞窟进行编号，统计两区洞窟共有90余个。1956年，库车县文物管理委员会成立，辖管全县文物，组织实施维修、防洪工程。1957年

月4日，库木吐喇千佛洞由新疆维吾尔自治区人民委员会公布为第一批自治区级文物保护单位。1961年，中国佛教协会与敦煌文物研究所联合组成新疆石窟调查组，调查新疆天山以南的石窟，其中包括库木吐喇千佛洞。1961年3月4日，库木吐喇千佛洞被国务院公布为第一批全国重点文物保护单位，编号1-0042-4-009。20世纪60年代，在库木吐喇千佛洞前修建水电站，导致河水水位上升，淹没部分洞窟，造成洞窟坍塌壁画损坏，1974、1976年先后修建防洪坝。1975年，库车县文物保护管理所成立，专职负责库车境内的文物的保护和研究工作。20世纪70年代末期以后，对龟兹石窟考察较为频繁。相关研究论文收录在文物出版社出版的大型图录《中国石窟·库木吐喇石窟》中。1987年10月，库车县将库木吐喇千佛洞移交新疆龟兹石窟研究所管理（2009年后，由新疆龟兹研究院下设的库木吐喇石窟文物保护所，专职负责日常保护和管理）。1986～1990年，新疆文博界学者陆续发表关于库木吐喇千佛洞的文章。1995年，库木吐喇千佛洞工作站成立。库木吐喇千佛洞保存有婆罗谜文、汉文、突厥文、回鹘文、察合台文等多种文字题记，20世纪90年代中期，法国学者皮诺特解读了第34窟中的有关燃灯佛授记的龟兹文题记，发表《库木吐喇新发现的吐火罗语题记：佛教发愿故事》。2002～2008年，实施联合国教科文组织文化遗产保护资助项目库木吐喇千佛洞保护维修。2005年12月23日，国家文物局批复《新疆库木吐喇千佛洞文物保护规划》通过；2009年6月，新疆维吾尔自治区人民政府批准公布。2009年7月22日，新疆维吾尔自治区人民政府公布库木吐喇千佛洞保护范围和建设控制地带。2009～2010年，实施库木吐喇千佛洞五连洞72窟北侧临河段抢险加固工程。2010～2011年，由新疆龟兹研究院与敦煌研究院、中国文化遗产研究院合作对库木吐喇新2窟、窟群区临河的第56、58、63以及46、50等窟的壁画病害进行抢救性加固和修复。2012～2013年，实施丝绸之路（新疆段）重点文物保护项目库木吐喇千佛洞抢险加固工程及安全技术防范系统工程。2006年5月25日，国务院公布第六批全国重点文物保护单位时，托乎拉克艾肯石窟作为合并项目归入库木吐喇千佛洞。2015年，完成托乎拉克艾肯石窟周界防护建设项目。

柏孜克里克千佛洞　柏孜克里克千佛洞为古代高昌地区著名的石窟寺，位于新疆维吾尔自治区吐鲁番市胜金乡木日吐克村，南距胜金口石窟4.8千米，东南距高昌故城约10千米。分布在吐鲁番市东北40余千米的火焰山主峰山腰、木头沟沟谷西岸的陡崖上，全长（南北）166米。还包括归并项目的胜金口石窟，胜金口石窟是唐西州时期胜金口河谷一带佛寺建筑群的重要组成部分，也是吐鲁番地区回鹘高昌时期重要的石窟寺遗存。胜金口石窟位于新疆维吾尔自治区吐鲁番市胜金乡木日吐克村，木头沟南口东岸，开凿在河东岸山体斜坡下方高15～20米的崖壁上。

　　柏孜克里克千佛洞始凿于麴氏高昌国（499～640年）时期，遗址曾出土高昌建昌五年（559年）的《妙法莲华经·观世音菩萨普门品》残卷实物。唐西州时期（640年至9世纪中叶），发展成为伊、西、庭地区著名的窟

柏孜克里克千佛洞远景

寺，时称宁戎寺。窟寺所在的沟谷称宁戎谷，地属西州属下的前庭县（载敦煌文书方志类残籍《西州图经》）。据寺中出土的《杨公重修寺院碑》记述，唐贞元二至六年（786～790年），时任书北庭大都护兼伊庭节度使杨袭古为宁戎寺大规模重修寺院。回鹘高昌王国时期（9～12世纪），宁戎寺成为王家寺院，历代回鹘高昌王大都在此修建洞窟，重绘原窟寺壁画。回鹘人旦期信仰其在漠北时所尊奉的摩尼教，窟寺内保存有当时绘制的部分壁画。9世纪末10世纪初，回鹘高昌王室皈依佛教，在全面继承高昌原有佛教艺术的基础上发展、创造了窟群壁画艺术中的精华杰作。13世纪末，回鹘高昌王室东迁甘肃永昌，柏孜克里克千佛洞衰落为民间寺院。14世纪晚期后，石窟寺在宗教的冲突中废弃、损毁，沦为废墟。

柏孜克里克千佛洞洞窟分三层，编号洞窟83个，主要有礼拜窟（支提窟）、僧房窟和影窟3种。其中壁画洞窟40余个，保存壁画总面

柏孜克里克千佛洞壁画佛本行经变匡

柏孜克里克千佛洞第 17 窟壁画（局部）

积约1200平方米。所见洞窟主要是9世纪以后回鹘高昌时期的遗存，晚期洞窟至13世纪。

柏孜克里克千佛洞洞窟的构筑形式有两种：在断崖立面上开凿石窟或在窟前砌土坯前室；在与断崖相接的台面上用土坯砌建窟。洞窟平面大致有长方形和方形两类，以长方形居多。北区以中心柱窟为主，中区和南区多方形窟和长方形窟，有的窟中设耳室及坛。窟顶以纵券顶为多，还有穹隆顶和套斗顶。主室前多凿前室，有的数窟共一前室，成为一组洞窟。柏孜克里克千佛洞洞窟内壁画大都残毁，有重修重绘，早期遗存极少。壁画遗存内容大致分魏氏高昌时期、唐西州时期、回鹘高昌时期三个时期。第18窟为魏氏高昌时期代表，甬道顶的平棊为北朝时期绘画，用四方叠套构成，中心为一朵大莲花，中间填充几何图形、三角

形、四叶等图案，采用石青、石绿、白等冷色绘画，富有民族特色。第16、17、25、27、31、42、69窟为唐西州时期代表窟室，题材主要是受中原地区影响的大型经变画。第14、20、31、33、39、41、82窟是回鹘高昌时期代表，壁画题材多为大乘经典，画在左右侧壁；其次为经变画，侧壁或窟顶都有；另一类是千佛、供养人像，绘于窟门两侧，以回鹘人最多，晚期窟内有蒙古服饰的供养人。第33窟后壁残存涅槃经变中的举哀弟子和举哀比丘图是一幅难得的佳品。第17窟，长方形纵券顶窟。主室高4.1米、面宽3.8米、纵深7.1米。正壁主尊塑像（不存）；左、右侧壁各三身塑像（不存），残存壁画为观音眷属；券顶绘观无量寿经变、法华经变、大乘庄严宝王经变；前壁左侧回鹘女供养人，不可辨识；右侧残存回

鹘男供养人。

柏孜克里克千佛洞是回鹘佛教艺术的重要的宝库，也是古代丝绸之路上一处重要的佛教文化遗址。第16窟的伎乐天人图是中国古代绘画艺术的珍品，为研究古代新疆音乐、舞蹈提供了形象资料。壁画中保存的回鹘、汉、婆罗迷等多种文字题记，是研究新疆各民族，特别是维吾尔语言文字和历史文化的宝贵资料。第38窟虽然壁画残破不全，但显示了摩尼教教徒的重要创造；1980年出土的粟特文摩尼教经卷抄本是已知少数的粟特文摩尼教经卷之一。

胜金口石窟寺包括南寺、北寺、烽燧及8处寺院遗址。石窟和佛寺约建于唐西州时期（640～791年），沿用至高昌回鹘后期（13世纪末）。石窟寺主要为南、北两组，俗称南寺、北寺。南寺依崖构筑，窟室分上、下两层，下层窟室以土坯砌筑，上层洞窟的前室土坯砌筑，后壁依崖凿窟。北寺外观是一座城堡式建筑物，共有6座窟室，其中5座依崖凿造、1座土坯砌筑，3座洞窟中保留数量较多的壁画。壁画内容以佛教为主，也有摩尼教题材。佛寺遗址群位于石窟寺南侧的河谷东岸台地上，存有8处遗址，南北总长约2200米。其中第7号、第9号佛寺保存相对较好，其余仅存少量遗迹。胜金口K6号窟位于第3层中部，面积

约80平方米，为北寺院主窟。平面形制为前后室结构。前室为长方形横券顶结构，地面铺一层青砖；后室为中心柱结构。在前回廊正壁下有基坛1座，上塑基座5座。主尊基座为六边形莲花座，莲瓣上绘有不同风格的花卉图案。其余4座分布于两侧，形制为圆形莲花座。从其中一座基座上残存泥塑来看，每座基座上均有立像1尊，立像为木骨结构，中心立木，上有芦苇绳索；基坛上部坍塌土中出土大量壁画、泥塑残片和汉文、回鹘文、吐蕃文纸质文书残片等遗物。窟壁上残留少量动物图案。

20世纪初期，西方探险家及考古学家在柏孜克里克千佛洞劫掠了大量的高昌回鹘时期的佛教文献和艺术品，轰动世界，引起学术界的高度注意。其中有17种不同书写的手抄本，5种文字的木版印刷品，证明高昌曾是中亚地区佛经文献的一个印刷中心。

1957年1月4日，柏孜克里克千佛洞、胜金口石窟分别由新疆维吾尔自治区人民委员会公布为第一批自治区级文物保护单位。1982年2月23日，柏孜克里克千佛洞被国务院公布为第二批全国重点文物保护单位，编号2-004-4-004。1995年，划定柏孜克里克千佛洞文物保护范围。1999年1月，柏孜克里克千佛洞文物管理所成立，专职负责柏孜克里克千佛洞的保

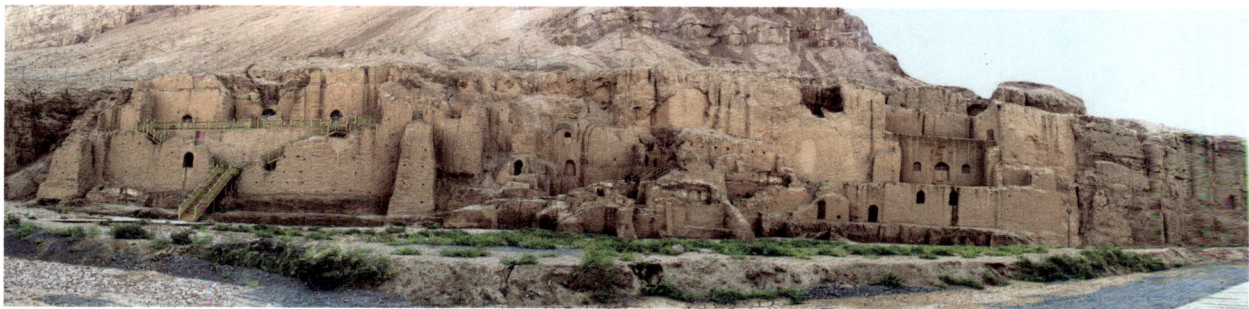

胜金口石窟远景

护管理。2000年，开展柏孜克里克千佛洞抢救维修及拓展工程。2003年8月，包括《柏孜克里克石窟寺文物保护详细规划》《胜金口石窟寺文物保护详细规划》在内的《吐鲁番地区文物保护与旅游发展总体规划》通过国家文物局的审核批准；同年9月，由新疆维吾尔自治区人民政府批准公布实施。2005年，国家启动丝绸之路（新疆段）重点文物保护工程，柏孜克里克千佛洞列入重点文物保护工程项目。2006年5月25日，国务院公布第六批全国重点文物保护单位时，胜金口石窟作为合并项目归入柏孜克里克千佛洞。胜金口石窟的保护管理，2007年后由柏孜克里克千佛洞文物管理所代为管理。2009年7月22日，新疆维吾尔自治区人民政府公布柏孜克里克千佛洞、胜金口石窟保护范围和建设控制地带。

大佛寺石窟　是陕西境内遗存规模最大的石窟群，位于陕西省彬县城西10千米的城关镇大佛寺村。坐南面北，南依清凉山，北面是312国道和向东流去的泾河。

大佛寺石窟始凿于北朝晚期，大规模开凿于唐初。据大佛窟内纪年题刻"大唐贞观二年十一月十三日造"可知，石窟是唐太宗李世民为纪念他指挥的豳州浅水原大战和五龙坂大战中阵亡将士而建，唐贞观二年（628年）已基本建成。初名应福寺，北宋仁宗为其养母刘太后庆寿时改名庆寿寺，明以来俗称大佛寺。罗汉洞西室西壁上方所刻唐开成元年（836年）乡贡进士张居简撰写的《应福寺西阁功德记》，记载有大佛寺石窟年代最早的一次修缮活动。在千佛洞中保存有大佛寺石窟重装造像功德铭记20余则，记载有宋以后对大

大佛寺石窟全景

佛寺的历次修缮。大佛窟护楼两侧立有重修记事碑7通。据碑文可知，明正统十三年（1448年）、嘉靖二十年（1541年），清康熙四十二年（1703年）、道光二十四年（1844年）、同治十三年（1874年）、宣统元年（1909年），均曾改旧更制，筑台建殿，最终形成大佛窟前两层台座、三层木楼的护楼形式。

大佛寺因山起刹，依崖凿窟，共有石窟130余个，错落分布在约400米长的崖面上。遗存各窟共有佛龛446处、造像1980余尊。全寺分为大佛窟、千佛洞、罗汉洞、丈八佛窟及僧房窟五部分。

大佛窟是全寺的中心，也是寺中最大的洞窟，系利用天然石洞改造而成，平面略呈半圆形，顶高约28米、面阔34.5米、进深18米，窟底周长74米。窟内有一佛二菩萨石胎泥塑像。

主尊佛倚崖居中，高20米、肩宽13米、手长4.5米、指长2米，低平螺髻，面相方圆，其耳垂肩，颈有三道纹，结跏趺坐于莲台之上，左手抚膝，右手施无畏印；内着袒右僧祇支，外披垂领式袈裟，右肩有偏衫。大佛头光圆形内层为宝装覆莲瓣，外层为忍冬纹；头光上部正中为火焰宝珠。大佛身光呈舟形，内圈比纹为火焰纹，其上浮雕7尊化佛；外匿地纹为联珠纹，其上浮雕22身伎乐天。大佛背光左下方伎乐天侧旁，题刻"大唐贞观二年十一月一三日造"。两侧菩萨均身高17.5米，左菩萨双手置胸前，右菩萨左手抚胸，右手垂体侧提提帛。两菩萨均头梳高发髻、戴宝冠，身体略向内侧扭动。颈有项饰，上裸，下着裙，斜披结膝，裙腰外翻，披帛从肩部垂于体侧。窟内佛龛尚有造型各异小造像400余尊。

大佛寺石窟内大佛

大佛寺石窟观音菩萨像

千佛洞位于大佛窟东侧，是平面近于正方形的大型中心柱窟，由三个相连的小洞组成。窟中共有造像696尊。据佛龛间所刻题记，大部分应该是唐高宗和武则天执政时期的作品。造像题材有单尊佛像、双尊佛像、一佛二菩萨、一佛二弟子二菩萨像、单尊的菩萨像和佛装的地藏菩萨像等。有的在佛、弟子、菩萨一组造像中加入天王和力士。造像有共同的时代风格，都具有鼓胸、细腰、宽胯、头身比例适度、身躯丰满健康的体形特征，是唐代典型的造像艺术风格。

罗汉洞位于大佛窟西侧，系一字排列的4个小型石窟，有大小不等、高低各异的造像100余尊。内部可分为主室和东室：东室呈南北纵向的竖长方形，进深9米、宽1.65米；主室呈马蹄形状，进深6.5米、最宽处为6.3米。

主室的东部与东室相连接，这种形制特殊少见，推测可能是一个未完成的窟。主尊释迦牟尼佛结跏趺坐，高1.7米，石胎泥塑。主佛两边分别是弟子、菩萨、力士。窟内有多尊呈站立姿态的佛或菩萨造像，高1～2米。

丈八佛窟又称应福寺，在大佛窟以西200米处，沿山开凿的9孔小石窟散布在崖面上，共有各种造像108尊，风格古朴。主窟为丈八佛窟，窟内有依山雕刻的一佛二菩萨站立像。主佛高8.2米，面部丰润，右手施无畏印，左臂弯曲，身披通肩式袈裟。两边的胁侍菩萨身高6米，头戴花冠，上身袒露，下身着裙，饰有项圈璎珞。僧房窟位于千佛洞的东边的崖壁上，共有大小洞窟98所，层层叠叠，十分密集。大多数洞窟呈方形，个别为圆形或椭圆形。窟内无造像、无题刻。有的洞窟里是一窟两室，有的是

千佛洞内造像龛

一窟四室。最小的窟2米见方，最大的长、宽均为10米左右。窟与窟之间，上下左右，或以竖井相通，或以石廊相连，或以崖面上凿出的石台阶相连。从一些窟外保存有榫眼和残留木桩看，有的洞窟之间还曾以栈道相连。庞大的僧房窟群在中国佛教石窟中极为少见。

大佛窟前有三层砖木结构护楼一座，立于二层砖砌台基之上。始建于唐，遗存建筑为明嘉靖年间重建，后代屡有修葺。台基平面为方形，一层门楣上刻"觉路"两字，二层开三个拱形门洞，正中门洞刻"明镜台"三字，三门洞与大佛窟相通。护楼高32米，第一、二层用条砖一顺一丁平砌。楼阁飞檐挑角，层层内收。第一层面阔五间，进深三间，带前廊；第二层面阔三间，进深一间，带前廊；顶层为六角亭，置宝瓶刹。一、二层檐下施三踩单昂斗拱，明间平身科为如意斗拱一攒。每层辟有门窗，造有栏杆。大佛寺石窟各窟遗存经幢2件，碑刻3件，各代题记178则，其中唐代24则、北宋68则、金代2则、元代18则、明代65则、清代1则。

大佛寺石窟是陕西境内规模最大的石窟群，反映了初唐时期和盛唐时期长安地区佛教艺术的最高成就。石窟地处泾河河谷，是丝绸之路北道的重要地标，对研究中国佛教史、雕塑史、建筑艺术史，以及中外文化交流史，具有重要价值。

除纪事碑文外，明正德本《邠州志》（万历刻本），清乾隆本《直隶邠州志》，民国《邠县县志稿》（民国十八年刻本）等也有对大佛寺石窟的记载。在清代毕沅的《关中胜迹图志》和叶昌炽辑释《邠州石室录》（三卷）中，有对大佛寺石窟的考证及对窟内题刻的著录。

中华人民共和国成立后，大佛寺石窟由邠县文化馆兼管。1956年，邠县人民委员会拨款对大佛寺石窟进行维修。同年8月，大佛寺石窟被陕西省人民委员会公布为陕西省第一批名胜古迹重点保护单位。1981年，成立彬县大佛寺文管所，专门负责管理大佛寺。1983～1985年，对大佛寺进行全面整修。1983年2月13日，大佛寺石窟被国务院公布为第三批全国重点文物保护单位，编号3-0049-4-008。1992年4月，陕西省人民政府公布大佛寺石窟保护范围。1992～1995年，陕西省文物局、西安文物保护修复中心联合德国巴伐利亚州文物保护局实施勘察研究、考古、清淤、塑像保护以及工程加固等维修工程。2014年6月，在联合国教科文组织第38届世界遗产委员会会议上，大佛寺石窟作为"丝绸之路：长安—天山廊道的路网"中的一处遗址点，被联合国教科文组织列入世界遗产名录。

石钟山石窟 是云南地区规模最大、保存完好的石窟群，位于云南省剑川县沙溪镇石钟山，距县城25千米。

石钟山古称中山，因有形如巨钟的紫红丹霞岩而得名。石窟和摩崖造像分布在石钟寺、

石钟山石窟远景

石钟山石窟第1窟观音像

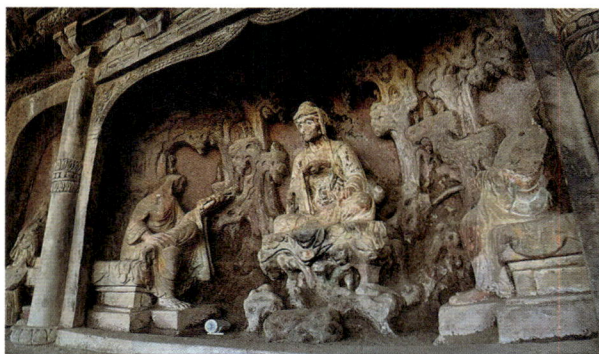

石钟山石窟第5窟维摩诘经变

狮子关和沙登箐3个区域，共17窟（龛）139尊造像，其中石钟寺8窟（龛）、狮子关3龛、沙登箐6窟（龛）。另有同时期柱脚石1对、石兽1只、造像题记5则、碑碣5通、游人题记40余则、岩画1处。石窟始凿于南诏中期，延续雕刻至大理国时期。石钟寺第8窟和狮子关第9窟均有"盛德四年"（南宋淳熙六年，1179年）的题记，"盛德"是大理国第18代国王段兴智的年号。沙登箐第12窟下方有题记云："沙退附尚邑三赕甸张傍龙，妻盛梦和，男龙庆、龙君、龙兴、龙安、龙千等，有善因缘，敬造弥勒佛、阿弥陀佛，阁王天启十一年七月二十五日题记。"天启是南诏第十代主劝丰佑的年号，天启十一年即唐宣宗大中四年（850年）。

石钟寺第1龛，横长方形龛，龛中雕"异牟寻议政图"，龛外右侧的石壁上还有西域僧人像，为阴线刻，身背行舆，足履芒鞋。第2龛，横长方形龛，龛中雕阁逻凤出巡图，两龛中均是王者居中，文武官员分列两旁，仪仗齐全。第6窟，横长方形大龛，龛中台座正中端坐着释迦牟尼佛，阿难、迦叶分立左右；两侧各有4尊明王，明王手执法器，面目狰狞；8尊明王的两端是多闻天王和大黑天神。第8窟，圆拱形龛，正面须弥座上雕一女阴，即"阿央

白"——"阿央白"是白族妇女求子的礼拜对象——两旁墨书"广集生死路，大开方便门"；龛左、右有两身线刻佛像，左为多宝佛，右为大日如来佛。

狮子关第3龛，圆拱形浅龛，龛内雕一卷发人造像，身披毡，腰系裙，双手交叉挂一拐杖状物，右侧壁上刻"波斯国人"四字。

沙登箐第2窟内雕有阿嵯耶观音像，旁刻"大理国沙退□□□禅妇人□□□□□敬造观音像"题记。

1999年，北京大学考古学系和云南大学历史系开展考古调查，2000年，发表《剑川石窟——1999年考古调查简报》。2001～2002年，大理州、县文博骨干组成"石钟山石窟科学调查组"对石窟进行记录。

1951年，成立石钟山石窟管护小组。1952年，文化部文物局拨款修建石钟寺第2～8窟保护房，1953年11月竣工。1961年3月4日，石钟山石窟被国务院公布为第一批全国重点文物保护单位，编号1-0047-4-014。1962年，剑川县人民委员会下发《关于划定第一批全国重点文物保护单位石钟山石窟保护范围的通知》，确定石钟山石窟保护范围。1981年，成立剑川县石钟山石窟文物保护管理所，负责管理石钟山

石窟。1997年，云南省人民政府印发《云南省人民政府转发省文化厅关于云南省国家级和省级文物保护单位保护范围和建设控制地带划定方案的通知》，规定石钟山石窟的保护范围。20世纪90年代以来，石钟山石窟对外开放，为国家4A级景区。2016年，启动石窟保护规划方案编制工作。

乐山大佛 为世界最大的石刻弥勒坐像，位于四川省乐山市城东凌云山栖鸾峰临江峭壁上，其前为岷江、大渡河、青衣江三江汇流处。

大佛坐东向西，由居中的弥勒大佛龛和两侧的天王龛组成一佛二天王组合。三龛均前接木阁。弥勒龛为露顶龛，龛内依山镌刻大佛，其前木阁即著名的大像阁。大佛始凿于唐开元初年（713年），海通和尚选址凌云山修建大佛，并远赴江淮募化。其间唐玄宗曾诏赐麻盐税修建大佛。海通禅师去世时完成大佛胸部以上工程。后治蜀的官员章仇兼琼捐俸20万钱并主持续建大佛，凿造完成大佛膝部以上工程。唐贞元三年（787年），治蜀的官员韦皋捐助50万钱并主持续修大佛，于唐贞元十九年（803年）凿造竣工，并建大像阁，撰写《嘉州凌云寺大弥勒石像记》，记述大佛建造始末。北宋嘉祐四年（1059年）为大佛重装金身、彩绘服饰。南宋淳熙四年（1177年）前，大像阁更名为天宁阁。

大佛龛宽29.7米，深19.5米。大佛通高71米，坐身高59.96米，头径10米，肩宽28米，眉长3.7米，眼长3.3米，鼻长5.6米，嘴长3.3米，耳长7米，脚宽5.6米。螺发，披双领下

乐山大佛

乐山大佛三佛龛

垂式袈裟，内着僧祇支，双手抚膝，善跏趺坐，足踏莲花。胸前凿藏脏洞，洞高3.3米、宽约0.9～1米、深约2米。1962年维修，打开此洞，发现一些破旧废铁、铅皮，封门石为一块石碑。碑正面为《重修东坡先生读书楼记》，刻于清道光二十九年（1849年）；背面为《凌云山考》和《大像阁考》，刻于民国4年（1915年）。佛头、肩、胸后开凿3条排水廊道，经1989年、1990年两次调查，头后的第一道排水廊道断面为矩形，长约10米、高约2.7米、宽约1米；胸后的第三道排水廊道未贯通，左右各自凿出的长度已在8米以上，断面为矩形，高约1.3米、宽约1米。大佛龛内南壁有邵伯温于北宋靖康二年书"弥勒大像"碑刻，北壁凿有九曲栈道。

大像阁13层，南宋维修时改名天宁阁。宋元之际，因战乱失修而坍塌，大佛暴露于外。

两侧二天王龛高约16米、宽约6米，二天王头戴通天冠，身着战袍，手持法器。大佛左右两侧及临江崖壁上刻有大小佛龛158个、高达6米的《嘉州凌云寺大弥勒石像记》碑1通。小龛中西方净土变、三佛造像保存尚可，犹能窥见唐代风貌。

大佛周边区域有离堆、汉代崖墓、灵宝塔、凌云寺、宋代抗元三龟九顶城等古迹。灵宝塔又名凌云塔，创建于唐代，因其耸立于凌云山灵宝峰巅，故以山峰命名。密檐式四方锥体砖塔，坐东向西，高29.29米，共13级。塔顶为四角攒尖式，塔体中空，内有5室，有95级红砂石梯盘旋至顶，可供登临眺望。1973年在塔内发现明嘉靖三十三年（1554年）培修灵宝塔碑记，塔室内有唐光化年间（898～901年）渭南贺禹臣墨书和宋宁宗嘉定十二年（1219年）题记。

大佛的最早著录为唐代韦皋《嘉州凌云寺大弥勒石像记》。北宋时有《墨庄漫录》《佛祖统记》《剑南集》等。南宋时，除范成大的《吴船录》，大佛的记载还见于《太平寰宇记》《乐山县志》《方舆胜览》《四川通志》等。清代著录由礼汀禅师的《凌云诗钞》《蜀志补罅》《古迹志》等文献。清代以后主要有《嘉定府志》、民国《石蟆题记》。

民国3年（1914年），凌云寺僧对大佛进行较全面的修缮。民国18~25年（1929~1936年）前后对头、肩等部位进行两次修缮。1951~1975年，大佛由乐山县文化馆管理，1956年8月，乐山大佛、灵宝塔被四川省人民委员会公布为四川省级文物保护单位；1965年，四川省人民委员会重新公布乐山大佛为省级文物保护单位。1975~1979年，大佛由乐山县文物保护管理所管理；1979~1984年，由乐山大佛乌尤管理处管理（后更名为乌尤管理局（1984~1986年）、乌尤文物保护管理局（1986~1998年）。1980年7月7日，四川省人民政府印发《四川省人民政府关于重新公布全省文物保护单位名单的通知》再次将乐山大佛、灵宝塔公布为四川省文物保护单位。1982年2月23日，乐山大佛被国务院公布为第二批全国重点文物保护单位，编号2-0013-4-003。同年，乐山大佛经国务院批准公布为国家风景名胜区。20世纪90年代，对大佛头、脸、手、膝、脚部清刷修补（1991年），加固大像碑、九曲栈道、大佛佛窟左壁、凌云栈道等处危岩（1989~1994年），大佛周边地面防渗水处理（1991~1994年），加固大佛窟左壁，对大佛头、脸、手、膝、脚破损修补，螺髻上色，脸

部刷色浆（1994年），大佛两胯间及右臂后侧三处原青砖嵌补水泥抹灰层替换为红色岩块（1996年）。1996年，乐山大佛被列入《世界自然与文化遗产名录》。1998~2008年，乐山大佛风景名胜区管理委员会管理，2001年，修缮头、脸、肩、胸、手、脚部，并对整体进行维护，建立乐山大佛景区环境管理体系。2006年5月25日，灵宝塔在国务院公布第六批全国重点文物保护单位时，作为合并项目归入全国重点文物保护单位乐山大佛。2014年，专由乐山大佛风景名胜区管理委员会管理。2014年10月31日，四川省人民政府印发《四川省人民政府关于公布四川省全国重点文物保护单位和省级文物保护单位保护范围的通知》，确定乐山大佛的保护范围。

北山摩崖造像 是一处包括北山、石篆山、南山摩崖造像等在内的大型石窟群。北山佛湾摩崖造像是以佛湾为中心，包括周围的佛耳峰、观音坡、营盘山、多宝塔、石篆山、南山等多处造像。其中佛湾、观音坡、佛耳岩、营盘山摩崖造像和多宝塔位于重庆市大足区城北约2千米的北山上。南山摩崖造像位于重庆市大足区龙岗街道办事处翠屏社区的南山顶，与北山遥遥相望。石篆山摩崖造像位于重庆市大足区三驱镇佛会村石篆山顶，北距千佛岩摩崖造像2千米。其他文物点有三佛岩坐窟、北塔寺遗址、经幢龛、五佛殿、一碗水观音菩萨龛、"海棠香国"题刻、古臺寺等。

北山佛湾摩崖造像，开凿于长45米、高7.4米的崖壁上，分为南、北两段，共编290号，南区石窟编号98个，在连接南北两区的石板道路中部崖壁底部有两小造像龛，分别编

为第99、100号。观音坡摩崖造像刻于长30.6米、高6米的崖壁上，龛窟呈东西排列，共42个，有方形龛和圆拱形龛两种，规模较小。共有题记50余则，造像4397尊，题材涉及佛教密宗、净土宗、禅宗等诸多内容。始凿于晚唐，历经五代，鼎盛于两宋，明清有增补。9世纪末的晚唐造像有12种题材，以观音、观音与地藏、阿弥陀佛胁侍观音与地藏居多组合。第5号龛毗沙门天王像、第9号龛千手观音像、第10号龛释迦牟尼佛、第51号龛三世佛龛、第52号龛阿弥陀佛、第245号龛观无量寿佛经变相等，是其代表作品。尤其是第245号观无量寿佛经变相，层次分明，雕刻出西方三圣、三品九生、未生怨、十六观及伎乐天、楼台亭阁等内容，有人物像539尊，各种器物460余件。10世纪中叶的五代造像有18种，出现药师经变、陀罗尼经幢等新内容，第53号、273号、279号等龛为其代表。其中，第279龛为药师经变龛，外龛内刻左右二龛，左龛正壁坐药师佛，左右坐日光、月光二菩萨像；左右壁对称立八菩萨像；龛前立12神将像；正壁上方有十佛坐像；龛左外壁刻4身地藏坐像。右龛内刻经幢。外龛右沿内侧及龛外左侧竖直壁面上刻供养人像。10世纪后期至12世纪中叶的宋代造像题材多达21种，最具代表性的是第136号转轮经藏窟，窟中为八边形转轮经藏，正壁刻一佛二弟子二菩萨，南、北壁对称各刻菩萨、力士等4组造像。第125号龛内雕数珠手观音像，头戴花冠，目光下视，嘴角上翘，身饰飘带，双手交于腹前，体态轻盈，俗称为媚态观音。其

大足北山造像（局部）

他如第113号和第133号水月观音、第155号孔雀明王窟、第177号泗州大圣龛、第180号十三观音变相窟等都是这一时期的珍品。

多宝塔，位于北山佛湾摩崖造像对面山巅，建于南宋绍兴十七至二十五年（1147～1155年），为八角形楼阁式砖塔。通高30.5米，塔身呈腰鼓形，平面八边形，边宽4.15米，外作十二级、内作八级。塔内设甬道八级，砌蹬道相通，沿蹬道绕塔心可逐级登临。塔外第二、四、六、八、十、十一、十二级辟窗，除第十二级窗开设于正南、东南、西北、东北、东南五面外，其余各级窗均设于东、南、西、北四面，总计29扇。第一层塔身南面辟门，东、西、北三面开龛，其余各面砌小龛，小龛左右饰壶门或直棂窗。第一层塔身转角处设石倚柱，柱顶雕力士，其余塔身未砌转角倚柱。塔身上出檐十二层，皆以砖叠涩挑出，其中，单层檐下有斗拱、簪替托檐，双层檐系叠涩挑出。下部塔檐与上部塔身之间，砌筑平座，平面亦为八边形，共十二层；最上平座承接塔刹。原塔刹已毁，1997年4～10月落架维修后，现塔刹为八面攒尖顶，由下至上大致分作四部分，底部为八面锥形台基，中部与上部均为八面金刚宝座，最上为八面锥形台，台面中部设桃形珠，安插竖直的避雷针。塔上造像以善财五十三参图像最具特色。多宝塔135个龛中，有55龛保存宋代造像铭刻，留下诸多供养人信息。另有纪年铭文龛10处，塔门西侧方龛砖面刻有"赵瓦造大宋丁卯"字样。

观音坡摩崖造像，位于北山佛湾摩崖造像西面500米的山顶。雕刻于五代和宋代，造像题材主要有地藏菩萨与引路王菩萨、如意轮观

大足北山136号龛六臂观音

音、千手观音等，遗存宋代铭文4则，以及雕刻工匠名字。

佛耳峰摩崖造像，位于龙岗街道北禅社区，东北距北山佛湾摩崖造像约1千米。造像分布于长31米、高5.8米的崖壁上，共编26号。雕刻于五代至宋代，主要有观音地藏合龛、千手观音、药师变、单观音、双观音、天王、佛像等造像题材。

营盘坡摩崖造像，位于棠香街道区，西距北山佛湾摩崖造像1千米。开凿于晚唐、五代、宋代。造像分布于长28.6米、高米的崖壁上，以方形龛为主，编为17龛号，共像180余身。题材为千手观音、水月观音、华严三圣、阿弥陀佛与观音地藏、瑞相佛等。

南山摩崖造像，位于南山山顶东、东南、西三面石壁上，共有造像6窟353尊、碑碣13通、空龛4个。主要开凿于南宋绍兴年间（1131～1162

大足北山 155 号龛孔雀明王像

年），明代、清代、民国时期有增刻。为道教摩崖造像群，主要造像有三清古洞、三圣母洞、龙洞等。第5号窟三清古洞内共刻像421尊，以道教最高神"三清"为主，配刻以"四御"及圣母、王母等群神，反映12世纪道教由早期的老君、"三官"崇拜演变为神系、神阶明确的"三清""四御"的历史事实。

石篆山摩崖造像，分布在佛湾东、西两段崖壁和罗汉湾崖壁上，总长130米、高3～8米，计龛10龛104尊造像，摩崖碑1通。开凿于北宋元丰五年至绍圣三年（1082～1096年）。造像题材有孔子及十哲、三身佛、老君、地藏十王、文殊普贤、诃利谛母、志公、长寿王、药王等，是典型的释、道、儒三教合一造像区。第6龛为孔子及十哲龛，正壁孔子坐像，两侧壁刻孔子最著名的十大弟子。第7龛为三身佛龛。第8龛为老君龛，正中刻老子坐像，

左右各立7尊真人、法师像。据造像记知，以上三龛造像均为大庄园主严逊出资开凿，由当时著名雕刻匠师文惟简等雕造。

最早记录大足石刻者为南宋王象之《舆地碑目》，之后明代学者曹学佺、清代大足知县张澍等各有记述。民国34年（1945年），杨家骆、马衡、顾颉刚、傅振伦等学者组成大足石刻考察团，开启近现代的研究，成果载于民国重修《大足县志》。

1952年，成立大足县文物保护管理所，保护管理大足石刻（2011年更名为大足石刻研究院）。1961年3月4日，北山摩崖造像（包括佛湾、观音坡、佛耳峰、营盘山）被国务院公布为第一批全国重点文物保护单位，编号1-0045-4-012。1996年，国务院公布第四批全国重点文物保护单位时，将多宝塔，南山、石篆山摩崖造像纳入北山摩崖造像。1999年12月1日，北山摩崖造像作为大足石刻的组成部分，被联合国教科文组织列入世界文化遗产名录。重庆市人民政府《关于印发大足县宝顶山、北山摩崖造像两处全国重点文物保护单位保护范围和保护管理办法的通知》确定了每个点的保护范围。1952～1980年，开展基本调查与建立"四有"档案，实施22项抢救性维修保护工程。

飞来峰造像　作为全国重点文物保护单位的飞来峰造像，由飞来峰造像和西湖南山造像组成，是浙江省最大的造像群。飞来峰造像位于浙江省杭州市灵隐寺后北高峰东南。西湖南山造像包含慈云岭造像、烟霞洞造像、天龙寺造像三处五代时期的石刻造像：慈云岭造像位于玉皇山慈云岭南麓；烟霞洞造像位于杭州南

高峰西侧翁家山南山腰的烟霞洞；天龙寺造像位于玉皇山南麓，八卦田和白云庵上方。

　　飞来峰造像，遗存334尊。根据题记，造像始自五代后周广顺元年（951年），终于元至元二十九年（1292年）。造像风格有传统的汉式造像，也有藏密题材的佛、菩萨、佛母、天王等造像，五代题记或五代风格的造像11尊，1尊菩萨坐像分布在山顶神尼塔基周围，其余10尊在青林洞内外及西侧悬崖上。西方三圣位于青林洞南首，由滕绍宗出资开凿于后周广顺元年（951年），是飞来峰遗存造像中时代最早的一龛。造像坐西朝东，龛形横长，残高50厘米、宽90厘米，弧拱顶。龛内圆雕阿弥陀佛、观音和大势至菩萨3尊造像，面部已残缺，全跏趺坐于仰莲须弥座上，身后有火焰纹项光和身光，保留晚唐的风格。龛的左侧石壁上有正书八行题记一方，文为："常山清信弟子滕绍宗□□，右绍宗敬舍净财，于石宝内□造弥□□尊观音势至……时广顺元年岁□辛亥四月三日镌记。"宋代题记或宋代风格的造像共222尊（含第22龛龛楣3尊），绝大多数是北宋作品，在青林洞内有开凿于北宋咸平三至六年（1000～1003年）的小罗汉等造像8尊和十八罗汉造像两铺；玉乳洞内有于凿于北宋天圣四年（1026年）的六祖造像和十八罗汉造像各1铺；下生弥勒、观音和卢舍那佛会造像位于青林洞内外，唐僧取经和白马驮经等造像位于龙泓洞口，均为北宋作品。南宋风格造像仅大布袋弥勒一龛共19尊，位于冷泉溪南岸的岩石上。元代题记或元代风格的造像36尊（含第37龛座下的9尊），分布在青林、玉乳、龙泓和呼猿诸洞的洞口以及冷泉溪的南岸悬崖上。

　　西湖南山造像因位于杭州西湖南岸诸山之中而得名，包含慈云岭造像、烟霞洞造

第68龛布袋弥勒和十八罗汉像

飞来峰射旭洞处造像

飞来峰青林洞滕绍宗造西方三圣造像

像、天龙寺造像等五代时期的石刻造像3处。慈云岭造像始于后晋天福七年（942年），五代吴越国在此建资延寺时凿山造像。主龛龛楣呈拱弧形，内圆雕造像7尊，中间3尊西方三圣坐像，即本尊阿弥陀佛、观音菩萨、大势至菩萨，全跏趺坐于仰莲须弥座上。两侧有菩萨立像和天王立像各2尊。七尊造像的上部浮雕飞天和迦陵频伽各2尊，作散花状。北面地藏

第89龛无量寿佛坐像

龛，内雕地藏菩萨像和左右胁侍。附近还刻有"新建镇国资延遐龄石像之记"篆书题额和"佛牙赞"碑形摩崖石刻以及"佛法僧"等摩崖石刻。烟霞洞造像始凿于五代后晋开运元年（944年），僧人弥洪镌刻罗汉6尊。吴越国时期由吴越国王钱弘俶发起，吴延爽等人资财募集雕造千官塔、罗汉群像等。烟霞洞为一个天然石灰岩溶洞，坐北朝南，深30米。洞口两侧分别有凿于北宋时的观音、大势至立像，体态柔美，容相娴静，雕刻手法简洁流畅，是杭州北宋石刻中难得的精品。洞内遗存五代吴越国时的石雕十六罗汉，形象生动，各具性格。有北宋至清代的摩崖题记和碑碣多处，惜大多漫漶。天龙寺造像于北宋乾德三年（965年）吴越国王钱弘俶建天龙寺的同时雕凿。造像共3龛。主龛一铺七尊，中为弥勒佛，背后有火焰纹头光和身光，两侧有无著和世亲，再两侧是法华林菩萨和大妙相菩萨，又再两侧是力士像。龛楣上浮雕2尊飞天。西龛为无量佛（即阿弥陀佛），作全跏趺坐式，闭目禅定，背后亦有火焰纹头光和身光；东龛为水月观音（观自在菩萨）。

飞来峰造像和西湖南山造像开凿于北方石

烟霞洞造像

窟造像趋于停顿时期，承袭唐以前的北方石窟艺术并与之相衔接，使中国的造像在历史风格和雕造技艺上都得以延续，在中国石窟造像艺术史中有着独特的地位。飞来峰造像与灵隐寺相邻，形成一个特殊的藏汉文化交融的独特氛围，并为藏传佛教及其艺术在江南的传播奠定基础。它是中国遗存规模最大的藏传佛教艺术遗迹之一，也是中国石窟分布较少的南方地区石窟造像的重要实例。

飞来峰造像和西湖南山造像宋代以来在地方志和金石志上多有记载，如南宋潜说友《咸淳临安志》、周密《武林旧事》、明代田汝成《西湖游览志》、清代翟灏《湖山便览》、李卫《西湖志》、阮元《两浙金石志》等。20世纪20年代，日本学者常盘大定对飞来峰石窟造像做初步的考古调查。

飞来峰造像和西湖南山造像的日常管理和维护工作主要由杭州市园林文物局的相关部门承担。飞来峰造像由灵隐管理处负责，天龙寺造像与慈云岭造像由凤凰山管理处（杭州南宋皇城遗址文物保护管理所）负责，烟霞洞造像由钱江管理处负责。1961年4月15日，浙江省人民委员会公布飞来峰造像、烟霞洞造

像、慈云岭造像为第一批省级文物保护单位。1966年底，烟霞洞造像受到极其惨重的破坏。1978～1980年，杭州市园文局南线管理处利用当地石料，陆续在被凿平的空龛内重塑七尊并修补部分造像。1982年2月23日，飞来峰造像被国务院公布为第二批全国重点文物保护单位，编号2-0015-4-005。1986年4月23日，杭州市人民政府公布天龙寺造像为第一批市级文物保护单位。1990年，杭州市园林文物局在天龙寺造像修建保护亭及保护围墙。1998年9月，杭州市园林文物局钱江管理处在烟霞洞外新设一扇铁栅门以保护洞内造像。2000年起，杭州市相关文物主管部门启动对飞来峰造像群的保护治理工作。2006年5月25日，天龙寺造像与慈云岭造像、烟霞洞造像以西湖南山造像名义在国务院公布为第六批全国重点文物保护单位时，归入飞来峰造像。2011年，作为杭州西湖文化景观的一部分，飞来峰造像在联合国教科文组织列入世界文化遗产名录。2014年，浙江省人民政府印发《关于调整茅湾里窑址等44处文物保护单位保护范围和建设控制地带的批复》，公布飞来峰造像的保护范围和建设控制地带。

通天岩石窟 是赣江流域规模最大的石刻群，也是江西地区开凿最早的佛教石窟之一。位于江西省赣州市章贡区水西镇通天岩村，离赣州城区12千米。遗存有唐朝至民国期间各类造像、题刻。

据明代《赣州府志》记载，通天岩石窟核心区域"岩下腔峒如屋，僧即为居，石峰列如屏，巅有一窍通天"，故名。清同治《赣县志》有"通天岩有张无尽所琢佛像"寥寥数字。

摩崖造像和题刻主要集中在忘归岩、观心岩、龙虎岩、通天岩、翠微岩等五处洞窟与峭壁上。唐末至宋初，于通天岩与翠微岩相交接处开凿8尊摩崖造像；北宋中期，在通天岩山崖上部开凿五百罗汉与毗卢遮那佛组群造像；北宋后期，沿忘归岩、龙虎岩、通天岩、翠微岩一线，以明鉴和尚为主施造单龛十八罗汉像；南宋初年，赣州城内居民朱氏在翠微岩施造弥勒佛等造像。

遗存造像窟龛共计315处，造像359尊，摩崖题刻128则。造像均为浅龛，多为圆拱形，题材有罗汉、菩萨、毗卢遮那佛、燃灯佛等，以唐末至两宋最多。造像中有10躯为佛或菩萨造像，余均为罗汉像，约占总量的97%。摩崖题刻宋代53则、明代39则、清代16则、民国7则、无纪年13则。

忘归岩，俗称东岩，又名太和山，因巨石横空，形若踞狮，又称狮岩。崖壁中有一天然石洞，令人乐不思归，故名忘归岩。岩洞前后两壁上有历代题刻50则，悬崖高处有南宋李大正题"建安李大正将命冶铸淳熙乙未春二月二十三日奉亲携挈来游通天岩表弟括苍吴昂同行"和明代哲学家王阳明题诗。正面崖壁上有

一个浅方龛，龛内雕倚坐老年罗汉像1尊，着袈裟，右手执杵，靠于右肩头，左手抚膝，龛左题刻"西头供奉兵马监押任方舍"。岩背有6尊罗汉像，均坐于圆拱形龛中，高1.4～2.1米不等，着袈裟，大多在龛之左右有题记。

观心岩，岩壁上存明代题刻3则，是王阳明讲学处。龙虎岩，又称金龙双虎岩，因壁间有北宋时所刻的金龙双虎而得名，王阳明的弟子刘昭文在题额时将之改为同心岩。是一处长弧形的洞穴，南高北低，可容百人。洞北端有南宋嘉定十六年（1223年）胡榘、明代光州知州唐邦佐等人的题刻共39则，以南宋、明代题刻为多，其中有一篇游记长达406字。陈世雄题刻作于南宋绍兴年间，前半部分记述朝廷派兵镇压大余县境内的一次农民起义。洞南端有三尊罗汉像，均坐于圆拱形龛中，一尊像左前方刻走龙，后身掩于岩石中，龛左题刻"通议大夫前尚书右丞张翯舍"，龛右题"石匠冯绍"；一尊像左手抚膝，右手执麈尾，龛左刻"耽没罗州居第六圣号跋陀罗尊者，劝缘僧明鉴"，龛右刻"承议郎签书郎魏□舍"；一尊像交足而坐，着袈裟，龛左刻"钵剌拏州位居第八圣号伐阇罗弗多罗尊者，劝缘僧明鉴"，

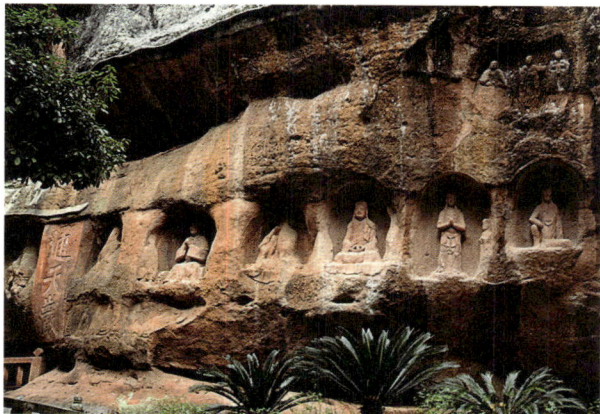

通天岩石窟（一）

通天岩石窟（二）

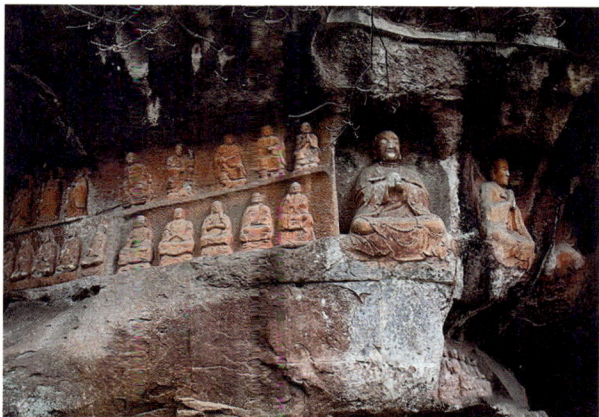

通天岩石窟（三）

龛右刻"提刑司检法官路□□舍"。

通天岩是整个石窟寺的核心区域，区域内有广福禅林、阳公祠、双桂堂、玉水池、一滴泉等古迹。广福禅林，原名广福寺，依岩而建，岩壁上存造像267驱，题刻15则。广福寺天然洞穴岩壁旁有罗汉造像1尊，跌坐于圆拱形龛中，双手合十，龛左题"迦湿弥罗国位居第二圣号迦诺迦伐蹉尊者，劝缘僧明鉴"。阳公祠顶端山岩上有毗卢遮那佛及胁侍像1组，四周依山势雕出数百龛约300尊罗汉。龛为三联塔形龛，中龛有尖拱形龛楣，高2.5米，像高2.1米，毗卢遮那佛结跏趺坐，螺髻，髻中有宝珠，眉间有白毫，面相方圆，双耳垂肩，颈上有3道纹，披双领下垂式袈裟，胸前束带，双手于腿间交置托法螺，衣下摆垂座前；右龛为普贤菩萨，高1.6米，左舒相坐于象背上，戴五佛冠，披双领下垂衣，束带；左龛为文殊菩萨，高1.46米，戴花蔓冠，微露笑容，右舒相坐于狮背上。三大龛四周依山势凿刻多组横列龛像，龛内多为禅定坐姿像，其中有数组为十八罗汉组合，有些像手中持乐器。广福禅林右侧是阳公祠、玉水池。阳公祠为祭祀宋代乡贤阳孝本而建，阳孝本，学博才高，隐居

通天岩20年。宋绍圣元年（1094年），苏轼谪官路过赣州，曾慕名走访，并诗赠阳孝本。祠内原有阳孝本、李存、苏轼塑像。广福禅林左侧为双桂堂、一滴泉，本是方丈室，因门前有金桂树2棵，故名"双桂堂"，原建筑于民国34年（1945年）毁于兵火。

翠微岩，岩壁间及窟内布满石龛造像和摩崖题刻。遗存宋代题刻19则，包括纪年最早的北宋熙宁六年（1073年）陈进之等题名"莆阳陈进之率温陵林安节杨子常肖如晦昔宝臣熙宁癸丑孟春二十六日同来"，以及北宋元祐三年（1088年）彭迪明、住岩僧智瑞开，北宋崇宁元年（1102年）魏贯道，南宋绍兴二一年（1150年）刘韫等的题名、题诗。摩崖造像计有9处：罗汉跌坐像4处，皆为圆拱龛，龛高1.8米左右，龛之左右有题刻；觉华如来像，佛戴冠，面丰圆，著交领衣，跌坐于展翅凤背上，龛右刻造像记"虔州赣县右通利坊矣氏同男吴豫施觉华如来，座飞凤，追召亡夫吴十四解元受生净域"；弥勒佛像，袒胸露腹，半跏跌坐靠于山岩之侧，丰面大耳，双耳垂肩，敞怀大笑，龛右造像记"虔州赣县右通利坊朱氏同男吴豫施弥勒尊像，追召亡女吴氏八娘受生净域"；沙门形地藏像，面相方圆，头戴风帽，着袈裟，左肩搭膊，结跏跌坐，双手持禅定印，圆拱龛，龛高1.71米；观音立像，戴高宝冠，面形圆，披发垂肩，宝缯下垂，佩项圈、臂钏、璎珞，双手合十于胸前，裙带穿环从腰际垂下，足踏莲台，龛左倚善财童子，双手合十；水月观音像，半跏跌坐，压左腿于右腿，戴高宝冠，佩项圈、短璎珞，着双领下垂大衣，表面已风化，圆拱龛，龛高2.12米。

像高1.61米。翠微岩后，尚有民国初年建的普同塔1座。

民国32年（1943年），国民党拟以通天岩为军火仓库，炸毁龙虎岩与通天岩之间长约20米的崖窟，元代题刻和造像损毁。1957年，成立通天岩管理所，负责文物的管理。1957年7月1日，通天岩石窟被江西省人民委员会公布为第一批省级文物保护单位。1960年，用水泥和红、黄油漆修抹佛像和题刻。1962年，石窟遭到破坏。1982年，重新成立通天岩文物管理所。1983年、1987年进行过两次保护维修。1987年12月28日，通天岩石窟被江西省人民政府重新公布为省级文物保护单位。1988年1月13日，通天岩石窟被国务院公布为第三批全国重点文物保护单位，编号3-0052-2-011。1992年，江西省人民政府印发《关于公布全国重点文物保护单位保护范围和建设控制地带的通知》，划定通天岩石窟的保护范围。20世纪末开始在通天岩核心景区周边大规模修建景观。

1994年、1997年，分别对岩体进行第一、二期防风化和加固处理。2015年，国家文物局批复《关于通天岩石窟保护前期工作立项的报告和关于通天岩保护规划编制立项的报告》。

毗卢洞石刻造像　是四川地区宋代佛教雕塑艺术的代表作，位于四川省安岳县县城东南25千米的石羊镇油坪村塔子山。

毗卢洞是四川密宗第五代祖师柳本尊的行化道场。石刻造像分布在长188米的范围内，主要为宋代密宗造像，明代、清代续有雕刻。遗存窟（龛）20个，造像465尊，碑14通，题刻18条，清代建筑1座。重要洞窟（龛）有毗卢洞（第8窟）、幽居洞（第10窟）、千佛洞（第17窟）、观音堂（第19窟）等。

毗卢洞（第8窟），宋代雕刻。方口平顶，高6.6米、宽14米、深4.5米。窟额中部开5个小圆龛，从西至东小龛内依次为阿弥陀佛、宝生佛、毗卢佛、阿閦佛、不空成就佛等五方佛。五佛左、右侧均有题刻。窟左右两侧

柳本尊十炼行化组像

各站立一文吏（内）和戴盔穿甲、执斧持剑的护法武士像（外），窟右部文殊菩萨与护法天王之间有碑1通及题记4则。窟内正中刻毗卢遮那佛坐像，须弥座下刻2尊着铠甲半身地鬼像，上方浮雕八角攒尖顶亭1座，亭中柳本尊结跏趺坐，穿居士服，卷发；亭顶两道毫光分左右向上延伸曲绕。佛左右侧分三层雕造柳本尊十炼行化组像。左侧是第一、三、五、七、九炼，右侧是第二、四、六、八、十炼。每炼为一组图，各有文字说明。"十炼"铭文碑共6块，每块高0.65米、宽0.85米。第一炼指，柳树下柳本尊断指处显现火焰一朵，右侧立接引佛，右下方刻炼指铭文。第二炼立雪，刻柳本尊和普贤菩萨像，两者之间有一白象，右下方刻铭文。第三炼踝，柳本尊居中而坐，左足踝上有火焰一朵，四天王文武各二，分立于柳本尊四周，下方刻炼踝铭文。第四炼剜眼，柳本尊结跏趺坐，右手执戒刀，刀尖至右眼作剜眼状；金刚藏菩萨位于其左，差人跪于左侧，作仰望状；汉州刺史赵君位于主像右侧，下方刻剜眼铭文。第五炼割耳，柳本尊结跏趺坐，右手握刀向左，刀尖抵于左耳，左手扶耳作割耳状；右上侧雕刻浮丘大圣像，下方刻炼耳铭文。第六炼心，柳本尊袒胸，胸部现火焰一朵，左上侧刻大轮明王，右上部刻释迦牟尼佛，下部刻救世医三像，下方刻炼心铭文。第七炼顶，柳本尊结跏趺坐，头顶有火焰一朵，右侧刻文殊菩萨立像，身后刻青狮；大光明王像位于文殊菩萨之下，仅雕出大半身，左手按住盘着的头发，右手执戒刀至后颈作舍头状，右上方刻炼顶铭文。第八炼舍臂，柳本尊结跏趺坐，右手执戒刀作砍左臂状，后壁左右刻羯

毗卢洞紫竹观音

鼓、拍板等乐器；阿弥陀佛位于主像右侧，厢吏谢洪刻于主像下部，蜀王使者刻于主像左侧，谢洪像左侧雕刻小吏大半身像，左手向后显露执物，右手向右上方高举褒奖的圣旨；谢洪像右侧雕刻一比丘尼（丘绍之女）立像，卷发，双手捧一托盘，盘内放置半截手臂，右上方刻舍臂铭文。第九炼阴，柳本尊右腿居中，腿间显现火焰一朵；左右侧刻丘绍夫妻像，下方刻丘绍二女各捧一盘，盘中放置柳本尊左耳和右眼；七宝盖雕刻在主像左上侧；右上方刻炼阴题铭。第十炼膝，柳本尊结跏趺坐，双膝上各有火焰一朵。右侧下方有四重檐楼阁式塔一座，塔身每层正中有结跏趺坐佛像。左上方刻炼膝铭文。

幽居洞（第10窟），宋代雕刻。方形平顶，高4.9米、宽4.3米、深3.3米。窟额刻篆书"宝崖"两字，左右侧刻对联："唯有吾师

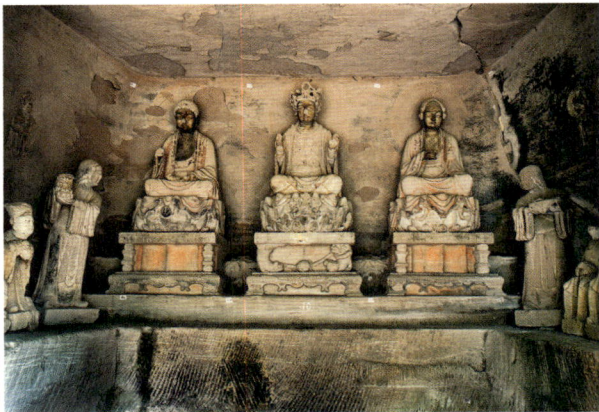

幽居洞第 10 窟造像

金骨在，曾经百炼色长新。"窟内三壁起坛，坛上造像。正壁刻柳本尊三身像，均结跏趺坐于仰莲座上；左尊为居士装，卷发，右眼无珠，左袖内空无臂。中尊作菩萨装，双手上举；右尊作佛装，两侧各有圆雕侍女立像一尊，短发齐眉，均双手托盘，左侍女盘中盛断手，右侍女盘中置宝塔。两侧壁各刻一男一女供养人，足踏祥云，面向正壁双手作揖。

千佛洞（第17窟），宋代雕刻。方形无顶，高9米、宽6米、深12.3米。正壁雕刻一佛二菩萨像，结跏趺坐于仰莲座上，圆雕的阿难、迦叶二弟子分左右站立。正壁和左右两壁台基下雕刻圆形小龛，小龛内各刻小坐佛像，共317尊，小佛像侧均刻有供养人姓氏。左右两壁台基上放置清代圆雕十八罗汉像。

观音堂（第19龛），宋代雕刻，明代、清代补刻。宋代开平顶敞口摩崖龛，高5米、宽5米、深3.5米，龛内刻水月观音像，高2.8米，游戏座。右侧刻紫竹一丛，净瓶一个。明代在观音周围刻5组观音经变图：左上壁刻"雷电劫"，左下壁刻"毒酒劫"，右上壁刻"悬崖劫"，右壁"烈火劫"，右下方"诉讼劫"。下方有清代补刻的观音立像和药王坐像。右下

壁有题记6则。

20世纪50年代，毗卢洞石刻造像由安岳县文化馆保护、管理。1982年5月设立安岳县文物保护管理所。1989年12月，设立安岳县石刻景区管理委员会，负责毗卢洞石刻造像保护管理。1993年5月7日，四川省人民政府印发《关于公布三星堆遗址等六十三处全国重点、省级文物保护单位保护范围的通知》，划定了毗卢洞石刻造像保护范围。2001年6月25日，毗卢洞石刻造像被国务院公布为第五批全国重点文物保护单位，编号5-0463-4-021。2010年，实施毗卢洞抢险加固工程。2015年，四川省人民政府再次公布保护范围。

宝顶山摩崖造像　宝顶山摩崖造像包括宝顶山及石门山摩崖造像，是一处以大、小佛湾为中心，包括广大山、龙潭、松林坡等10余处造像在内的大型石窟群。大、小佛湾位于重庆市大足区龙岗街道东北约15千米处，龙潭摩崖造像位于大佛湾北约500米，石门山摩崖造像位于大足城区的石马镇石门村石门山。

宝顶山摩崖造像开凿于南宋淳熙至淳祐年间（1174～1252年），历经70余年建成，有造像近万尊。明清时期有少量增刻。附属文物有圣寿寺、广大寺、万岁楼、灵官殿、惜字塔、勾愿菩萨造像、高观音造像、宝顶山游客中心古墓群、宝顶山倒塔坡明清僧人墓群、周边结界像、转法轮塔和释迦真如舍利宝塔等。

大佛湾为一马蹄形山湾，长约500米，高约8～25米。造像雕刻于东、南、北三面崖壁上，通编为31号。依次刻护法神像、六道轮回图、广大宝楼阁、华严三圣像、千手观音、佛传故事、释迦涅槃圣迹图、九龙浴太子、孔雀

大足宝顶山释迦涅槃像

大足宝顶山地狱变相

大足石门山摩崖造像

次于大佛湾，被认为是赵智凤专为密教信徒修行、受戒、观想而设立的内道场。造像通编为9号，遗存造像1129尊，经目、经文、偈颂等文字5705个。另有宋明时期的碑刻7通、圆雕造像10件。主要内容有祖师法身经目塔、七佛龛壁、报恩经变窟。殿堂月轮佛龛及十恶罪报图、毗卢庵窟、华严三圣、僧禅窟、金刚神窟以及灌顶井龛等。龙潭摩崖造像开凿于长约5米、宽3.5米的石壁上，共有3龛9尊造像。广大山摩崖造像开凿于长约6米、高约5米的崖壁上，共有1龛3身像。

张澍等各有记述。1945年，杨家骆、马衡、顾颉刚、傅振伦等学者组成大足石刻考察团，开启了近现代的研究，成果载于民国重修《大足县志》，其后研究者络绎不绝。

1952年，成立大足县文物保护管理所；1990年，成立重庆大足石刻艺术博物馆（2011年更名为大足石刻研究院），负责保护管理大足石刻。1961年3月4日，宝顶山摩崖造像被国务院公布为第一批全国重点文物保护单位，编号1-0046-4-013。1996年11月20日，国务院公布第四批全国重点文物保护单位时，将石门山摩崖造像作为扩展项目归入宝顶山摩崖造像。1999年12月1日，大足石刻被第23届世界文化遗产大会将列入世界遗产名录。重庆市人民政府《关于印发大足县宝顶山、北山摩崖造像两处全国重点文物保护单位保护范围和保护管理办法的通知》划定了保护范围。

阿尔寨石窟 是内蒙古自治区规模最大的石窟寺群，为西夏至元时期的石窟寺。位于内蒙古自治区鄂尔多斯市鄂托克旗苏米图嘎查境

大足宝顶山千手观音

大足宝顶山地狱变相养鸡女

明王经变相、父母恩重经变相、雷音图、大方便佛报恩经变相、观无量寿佛经变相、六耗图、地狱变相、柳本尊行化图、十大明王、牧牛图、圆觉洞、柳本尊正觉像等。另有碑碣、题刻、游记、诗词及培修、妆彩等铭文2万余字。小佛湾为条石砌筑而成的石窟寺，位于宝顶山维摩顶坡北面山腰，距大佛湾约200米。原名圣寿本尊殿、大宝楼阁，清代称天堂，民国以后称小佛湾。南宋赵智凤择宝顶山开宗传教，首建圣寿本尊殿，即小佛湾造像，约至南宋绍定四年（1231年）基本竣工。小佛湾造像坐南朝北，东西宽16.5米、进深7.9米。造像大多镌于条石砌筑的石壁、石室上，其规模仅

阿尔寨石窟28号窟密宗壁画

河床，河水已干涸。石窟四周有牧民居住。阿尔寨石窟以中、小型石窟为主，形制主要有中心柱窟和平面呈方形或长方形的单室窟。石窟均直壁、平顶，拱形或方形门。窟壁凿有壁龛及须弥座，顶部凿有网状方格纹，也有顶部中心凿出莲花或叠涩藻井。部分石窟门前曾建有

窟檐。阿尔寨石窟遗存67座洞窟，窟内塑像均毁于战乱，遗存近千幅壁画，壁画面积约1000平方米，其中西夏、元代壁画600余平方米。

　　阿尔寨石窟壁画的绘制方法是先用掺麦秸的黏土将洞窟壁面抹平，然后用白垩粉涂白地，再施以彩绘，色彩多为绿、黑、白、红等色。壁画题材以反映佛教方面的内容为主，如佛像、佛教诸神像、佛本生故事图、供养图及讲经图；密宗早期的苯教画，以及萨迦派、宁玛派、格鲁派的代表作等；大量反映当时现实生活，描绘世俗人物供养、祭祀、舞蹈、礼佛的壁画，尤以《成吉思汗与夫人及四子受祭图》《各族僧众礼佛图》等最为珍贵。在元代壁画中，以方形网格将壁画分成若干方格，方格之间留一宽栏，上面整齐地书写着回鹘蒙古

阿尔寨石窟元代壁画——各族僧众礼佛图

文榜题，内容有赞礼佛的颂诗，也有回鹘蒙古文"红""绿""蓝"等字，为画师上色彩前标注的颜色记号字。石窟中发现大量的早期回鹘的蒙古文榜题，内容涉及佛经及世俗生活，是保存回鹘蒙古文榜题最多的一处遗址。

山体周围的石窟间有浮雕石塔25座，1座为密檐式塔，其余均为覆钵式塔，高1.5～1.8米，早期塔与宁夏发现的西夏时期的此类塔风格和造型相同，中期和晚期的塔为元代至明代所雕。多数石塔在岩壁上直接浮雕而成，少数石塔雕凿在长方形或椭圆形佛龛内。个别塔腹的龛内存放有骨灰和绢纸残片，应为高僧的骨灰灵塔；或在塔腹凿刻密宗早期派别黑教的驱魔标志。还有一座13层楼阁式塔，高1.6米，造型与北宋、西夏时期的同类石塔相似。在山顶发现6座建筑基址，平面多呈方形和长方形，少数为圆形；墙体用长方形条石垒成，应为庙宇建筑遗址，有火焚迹象。建筑基址残墙高1米，为长方形石条垒砌。庙宇遗址共由3部分构成，依次排列。呈正南北向，总面积约1200平方米。石窟附近有百眼井遗址，分布有数百处古井，在井内发现有西夏褐釉瓷片等遗物。

据石窟的形制、壁画的绘制风格和内容等综合分析，阿尔寨石窟开凿时期为西夏至明代，毁于明末林丹汗西征鄂尔多斯之役。阿尔寨石窟寺对研究成吉思汗晚年对西夏的战争及在鄂尔多斯地区的军事活动，以及成吉思汗逝世后历代对他的祭祀活动等具有非常重要的价值。

2001年春，由于时代久远、风雨剥蚀、山石不稳等原因，石窟出现严重险情，新华社对此进行报道，国务院副总理李岚清做出关于保护阿尔寨石窟的重要批示。2003年3月2日，国务院印发通知，增补阿尔寨石窟为第五批全国重点文物保护单位，编号5-0520-4-032。成立阿尔寨石窟研究院，负责石窟保护管理与日常维修工作。

龙山石窟 是中国遗存规模较大的道教石窟群之一，位于山西省太原市西南20千米晋源区西镇村的龙山山顶。

据元李道谦《终南山祖庭仙真内传》，龙山石窟因丘处机十八弟子之一宋德方于蒙古六宗六年（1234年），游太原西山，得古昊天观故址，发现二石洞，"皆道像俨存"而闻名于世。

龙山主峰极顶东面和南面均为落差较大的悬崖，西面和北面与山体相连，石窟于凿在该山脉顶部南面与东面突兀光洁的崖面之上。西距天龙山石窟约10千米处，遗存石窟9个，其中南崖上有坐北向南洞窟7个，东崖上有坐西向东洞窟2个。七真龛（第7窟）为前后室，其余均为单室窟。平面多方形、平顶，窟内造像不等，遗存造像60余尊。

龙山石窟始凿于唐代，有唐窟2个；元代为龙山石窟鼎盛时期，凿窟7个；元以后衰

龙山石窟全景

落。据明代成化十一年（1475年）李侃修、胡谧纂《山西通志》记载，龙山石窟有虚皇龛、三清龛、卧龙龛、玄真龛、三大法师龛、七真龛、辩道龛等。

三大法师龛（第4窟），也称三天大法师龛，位于南侧崖面中间的下端，是龙山石窟遗存最早的唐代洞窟之一。窟高1.8米、宽2.16米、深2.21米，平面方形，平顶，三壁三龛窟，正壁前设低坛。三壁均为尖拱龛，北、东壁龛内雕一铺三尊像，一天尊二真人；西壁龛内为一铺五尊像，一天尊二童子二真人。龛内天尊像均结跏趺坐于方形台座之上，正壁两侧真人立于圆形重瓣仰莲花座上。

玄真龛（第5窟），也称元真龛，位于南侧崖面东端中部，与第4窟形制相同、开凿年代大致相当。窟高1.65米、宽1.85米、深1.83米，前立壁与两侧立壁相交处为圆角。三壁一龛窟，仅正壁凿尖拱龛，前设低坛。龛内雕一铺三尊像，一天尊二真人。天尊像高0.92米，结跏趺坐于方形台座之上，两侧真人高1.16米，立于圆形重瓣仰莲花座上。

虚皇龛（第1窟），位于南崖面西端上层，与第2窟、第3窟呈上、中、下三层纵向排列，为元代披云真人宋德芳开凿的三座洞窟之一，三窟年代相同。窟高2.33米、宽3.25米、深3.03米，平面接近圆形，平顶，仅正壁开三叶龛。龛内雕天尊像1尊，头失，着袍服，结跏趺坐于束腰方座之上，残高0.73米。两侧环壁各雕有侍者立像10尊，穿袍服，拱手笼袖立于祥云之端。窟顶仅存盘龙、云纹残迹。由西壁经南壁至东壁的上端有元代题记，共49行，每行4字，题记末尾云"自甲午春至乙未冬，三洞功毕，东莱披云命工勒后"，应为三座洞窟营造具体时间，"甲午"与"乙未"干支纪年时间为蒙古太宗窝阔台六、七年（1234、1235年），即这组洞窟完成于元代。

三清龛（第2窟），位于中层。窟高2.66米、宽3.56米、深3.5米，平面圆角方形，平顶，三壁设低坛。正壁坛上有一通长方座，上有结跏趺坐像3尊，袖手着袍服，仅一像头戴残高冠，高1.2米，像后饰头光、身光。东、西壁坛上各有3尊倚坐像和3身侍者（二侍女一童子），背后均饰头光。倚坐像头戴高冠，袖手着袍服，脚踏小坛；侍女着长袍，手捧供物。童子戴幞头，着窄袖袍，袖手立于真人之间。窟顶五龙环绕云间。南壁门两侧刻有元代题记2则。

卧龙龛（第3窟）位于下层。窟高2.15米、宽2.68米、深3.41米，平面圆角矩形，平顶。正壁前通长高台座，高0.79米。一位身着袍服，头东足西的老者左侧卧于台座之上，像长1.89米。东、西壁紧靠台座各站1身着袍服的侍者，拱手笼袖，东侧头失，西侧发残。

披云龛（第6窟），位于东侧崖面南端上部。窟高2.53米、宽2.6米、深2.89米。平面圆角方形，平顶，正（西）壁设低坛。上上天尊像坐于束腰方座之上，头失，袖手盘腿着袍服，双手揣于袖中，垂衣蔽坛，高0.95米。南壁西端雕假门，一妇人迈步门槛之外，作半掩门之势，像高1.1米。南、北两壁各站一身袖手长袍服的侍者（真人），头均失，脚踏四足方座。窟顶雕双凤飞翔于祥云之间。东壁门窟门两侧刻有元代"披云自赞"与"门人敬赞"题记2则。

龙山石窟第2窟三清像

龙山石窟第 2 窟右壁造像

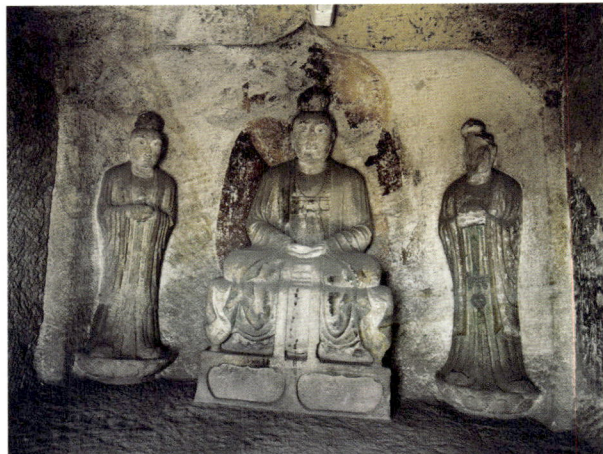

龙山石窟第 5 窟宋代造像

七真龛（第7窟）也名玄门列祖洞，位于东侧崖面北端上部。分前、后室。前室窟高2.4米、宽3.96米、深1.74米。平面横长方形，平顶。西壁门两侧造像被凿毁，门额之上刻"玄门列祖洞"横匾一方。后室窟高3.25米、宽3.74米、深3.82米。平面圆角方形，平顶。正（西）壁设高坛，南、北两壁的侧坛略低且短，正（西）壁坛上3尊真人像；侧壁真人像各2尊。像头均失，着袍服，双手揣于袖中，结跏趺坐。门额两旁有雌雄仙鹤各1，窟顶雕饰龙云图案风化。东壁门两侧刻有《祖堂赞》等铭文2则，洞窟完成于元代。

龙山石窟的记录和研究始于明代，多以地方志书和碑刻铭文为主。20世纪20年代，日本人常盘大定和关野贞等对龙山石窟造像和遗址考察。中国学者王子云、杨伯达、陈少丰、柴泽俊、张明远、胡文和、李淞先生等对龙山石窟的开凿年代、造像风格等问题都进行过探讨与研究。

1951年，太原市政府设立太原市文管会。1955年，太原市文化局将昊天观购回。1957年，山西省人民委员会将龙山道教石窟、昊天观、燃灯塔公布为第一批省级文物保护单位。1985年，龙山景区由天龙山文物保护管理所管理。1996年11月，成立龙山、太山文物保护管理所。1996年11月26日，龙山石窟被国务院公布为第四批全国重点文物保护单位，编号4-0192-4-004。1999年，组织龙山石窟调查。2002年8月27日，山西省人民政府印发《关于公布太原晋阳古城遗址等102处全国重点文物保护单位保护范围的通知》，划定龙山石窟（包括龙山昊天观及燃灯塔）重点保护范围和建设控制地带。2009年，国家文物局批准《龙山石窟保护规划》。2012年，山西省人民政府印发《关于公布山西省大同云冈石窟等二十处全国重点文物保护单位保护规划的通知》，龙山石窟名列其中。2014年10月，实施《太原龙山石窟保护加固维修工程》。

第二节　摩崖石刻

孔望山摩崖造像　是一组东汉摩崖道教艺术造像，是中国发现最早的道教石刻，位于江苏省连云港市海州区朐阳镇孔望山村孔望山南麓西端。

关于孔望山摩崖造像的记载，最早见于孔望山"龙洞"石刻群中的"安钝题名"："大明成化十年春三月朔日，直隶淮安府同知安钝，抚民之暇，偕知州陶，因观古圣贤遗像，来游此洞，三慨以书。海州书吏钱铸，老人刘宣。"造像依山岩形势刻在东西长17米、高8米的崖壁上，共计105身，可分成18组。最大者1.54米，最小的头像10厘米。

孔望山摩崖造像主要为道教造像，如第X66、X68号造像为独立的汉式衣冠正面像，是造像群中最大的造像，位置也最高。X66号造像高踞莲台，X68号造像前有类似灯碗的供物，可能是表现道教的神祇。世俗内容，如第十六、十七、十八组，从形象上来看，当为汉画像石中常见的"进谒""宴饮"等。孔望山造像前面台地上还有1个圆雕的石象和石蟾蜍。石象长5.5米、高2.4米，造型雄浑古朴，对称的象牙，卷曲的长鼻，舒展的耳郭，线条流畅而圆润。孔望山山顶还有同为东汉时期的道教祭祀遗迹"承露盘"刻石。

孔望山摩崖造像还有疑似佛教题材的内容。第一组的X2号造像，头顶高肉髻，左手握衣边，右手施无畏印，为一立佛形象。第二组，利用两块壁立的断崖，镌刻57个图像，并巧妙地利用断崖下一块肉红色的石头营成高浮雕的半身侧卧像，像面长圆，头有高肉髻，右手支颐，仰卧；周围人物有男有女，有老有少，围绕在卧像周围，面容悲戚。此组像可能为佛涅槃图。第三组的X61号、第九组的X76号造像，肉髻、手势均与X2号造象形象相近。第

孔望山摩崖造像远景

孔望山摩崖造像局部

八组的X71号造像，头顶高肉髻，且有头光。以上三像，有研究者认为是佛像。第十组，有学者认为是"舍身饲虎"的场景。

雕刻技法是判断孔望山造像年代的重要依据。孔望山摩崖造像群的雕刻技法有单线阴刻、平面线刻、浅浮雕和高浮雕四种，主要以平面减地浮雕为主，风格古朴。与汉画像石的风格极为一致。孔望山摩崖造像对研究早期道教艺术具有重要意义。

20世纪80年代初北京大学历史系考古教研室、中央美术学院美术史系和中央民族学院艺术系对孔望山进行联合调查，并确认摩崖造像群是一组兼有佛教和道教内容的造像群。阎文儒、金维诺、俞伟超、汤池、吴焯、丁明夷、信立祥、阮荣春等学者纷纷撰文，就孔望山摩崖造像的时代、题材、艺术风格等进行深入细致的研究。2000～2003年，由中国历史博物馆、南京博物院和连云港市博物馆、文管办组成的联合考古队对孔望山遗址进行大规模的调查和发掘，研究成果集成《连云港孔望山》一书。

1957年，孔望山摩崖造像石刻被江苏省人民委员会公布为省级文物保护单位。1988年1月13日，孔望山摩崖造像被国务院公布为第三批全国重点文物保护单位，编号3-0042-4-001。同年，连云港市文化局成立孔望山文物保护研究所，负责日常保护管理。1992年，连云港市人民政府印发《关于公布我市国家和省级文物保护单位范围的通知》，划定摩崖造像的保护范围和建设控制地带。

泰山石刻 泰山石刻为北齐和唐代以来镌刻在泰山山崖石坪上的文字，包括遗存规模最大的佛教经石峪摩崖刻石和唐玄宗李隆基东封泰山时御书的南摩崖。经石峪摩崖刻石位于山东省泰安市泰山中路斗母宫东北400米的山峪中；唐摩崖位于泰山主峰玉皇顶南80米处，面向西南，西依青帝宫，南临碧霞祠，正南为东岳庙上庙遗址。

经石峪石坪总面积2064米，因峪中刻有

泰山经石峪石刻

泰山经石峪石刻"佛"字特写

高山流水亭记

大片经文，故名。经文始刻于北齐武平元年（570年）前后，于经石峪缓坡石坪上自南而北刻《金刚般若波罗蜜经》44行，每行多者125字，少者10字不等，共刻经2799字。刻经历经千余年，已磨灭剥落过半，仅存经文41行，1020字，包括可认读的残字188字，双钩字25字，相对完整字807字。经石峪字大50厘米，以隶为主，兼有楷、行、篆各种笔意。结体宏阔自然，富于变化，书艺之高，字体之大，世所罕见。《书法津梁》称其为"大字鼻祖"，康有为誉之为"榜书第一"。

唐摩崖碑文为唐开元十三年（725年）唐玄宗李隆基东封泰山时亲手撰书，相传由燕许修其辞，韩史润其笔；唐开元十四年（726年）刻石，称唐摩崖。石刻镌刻在高13.2米、宽40余米的巨大崖壁——大观峰的东部。高12.3米、宽5.3米，上部为圭形碑首状。碑首高3.95米，阴刻二云龙。额题"纪泰山铭"两行四字，隶书，字大45厘米×56厘米；碑文24行，满行51字，存1008字，字大25厘米见方。除后四字和末行年、月、日为楷书外，其余均为隶书。雕刻程序是先将崖壁凿平如碑状，再在刻文部分阴刻界格，在界格中落字后，再行

雕刻。碑文记述唐玄宗继位后的太平盛世、封禅始末，铭赞高祖、太宗、高宗等先皇之功勋，表明为民祈福之目的，简法度、云节政，实行慈、俭、廉三德。

北宋大中祥符元年（1003年），宋真宗封禅泰山，在唐摩崖东南刻《登泰山谢天书述二圣功德铭》。宋真宗篆额并真书，俗名宋摩崖。元代之前唐摩崖贴金，元代脱落，唐摩崖下部被捶拓者篝火损毁。明代济南人叶彬补刻108字。明代在唐摩崖西侧题刻"壁立万仞""天地同攸""礼岳记"等；东侧题刻"登泰观海""五岳之宗"。清康熙二十三年（1684年）清圣祖玄烨题刻"云峰"于唐摩崖西，其下为清乾隆十三年（1748年）清高宗弘历所题"夜宿岱顶"诗，四周阴刻龙纹及二龙戏珠，被称为清摩崖。

唐摩崖利用陡直巨大的自然崖壁刻石，形制端庄，巧借自然，规模巨大，铭文用隶书体书写，在书法艺术发展史上有其重要的价值。其雕刻程序规范有序，是帝王摩崖石刻中的杰作，在雕刻艺术上具有重要价值。唐摩崖是唐玄宗封禅泰山时御撰御书的刻石，详述封禅泰山的始末及相关的内容，一改此前封禅祭文秘

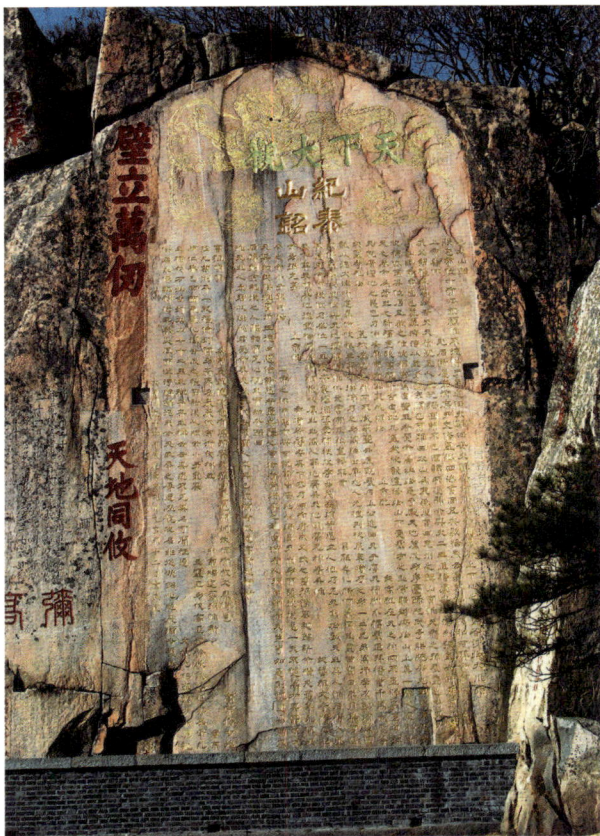

唐摩崖碑

而不宣的旧例，在帝王封禅史上有特别重要的意义。

泰山石刻的学术研究主要集中在对其书法特征研究以及对经石峪摩崖刻经年代书者的考证上，20世纪80年代以来，相关研究日渐深入。最具代表性的是1990年、2004年和2005年在山东邹城、济南和河北邯郸先后举办3次有关北朝摩崖刻经学术研讨会，并出版论文集。2006年9月，山东省石刻艺术博物馆和德国海德堡学术院对泰山经石峪《金刚经》及其周边的题刻作全面系统的调查，并发表《山东泰山经石峪摩崖刻经及周边题刻的考察》的调查报告。

泰山石刻文物业务保护和管理由泰安市泰山风景名胜区管理委员会泰安市文物局下设文物管理处、文物考古研究所、古建维修队分别

管理。1977年，泰山石刻被山东省革命委员会公布为山东省重点文物保护单位。1987年，泰山被联合国教科文组织公布为世界自然与文化双遗产后，按世界文化遗产对泰山石刻进行保护。1999年，泰安市人民政府颁发《泰山风景名胜区文物管理办法》，2000年12月1日起施行《泰山风景名胜区保护管理条例》，对泰山石刻的保护和管理作出明确规定。2001年6月25日，泰山石刻被国务院公布为第五批全国重点文物保护单位，编号5-0454-4-012。2013年12月，山东省文物局印发《关于公布第四批省级文物保护单位保护范围和建设控制地带并调整公布其他省级以上文物保护单位保护范围和建设控制地带的通知》，正式公布泰山刻石的保护范围和建设控制地带。

云峰山、天柱山摩崖石刻　亦称云峰刻石，是遗存字数最多的中国古代家族文字刻石群。包括云峰山、大基山、天柱山三山北朝摩崖石刻，分别位于山东省莱州市、平度市。云峰山又称文峰山，位于莱州市东南5千米处；大基山又称道士谷，位于莱州市文昌路街道；天柱山位于平度市大泽山镇北洼子高家村北1.5千米处，因"孤峰秀峙，高冠霄星"而得名。

云峰山三座山峰东西排开，形同笔架，故又称笔架山。遗存刻石36处，其中北朝刻石17处、宋代刻石8处、明清刻石各2处、时代不明者7处。除一处明代刻石在山阳，其余均分布在山阴与山顶。刻石中最著名的当属《郑文公下碑》《论经书诗》《观海童诗》和《重登云峰山记》。《郑文公下碑》是云峰山刻石中最受书法家推崇的刻石，刻于北魏永平四年（511年）。碑文镌刻在云峰山山腰一独立

巨石东侧面，刻石为不规则的三角状，高3.4米、宽4.65米、厚4.4米，表面赭黄色，粗粒花岗岩。刻面高2.65米、宽3.67米，稍经加工。碑额刻"荥阳郑文公之碑"，字径7～12厘米，魏书方笔。碑文亦魏书，碑文51行，行最多29字，计1243字，字径5厘米，首行题"魏故中书令秘书监使持节督兖州诸军事安东将军兖州刺史南阳文公郑君之碑"，正文记录郑道昭父郑羲的家世、事迹。碑文左侧有宋政和三年（1113年）秦岘、冯维秬题跋。《论经书诗》是北魏永平四年（511年）郑道昭与友人游云峰山时所作，位于虎头岩北偏东13.3米处。石为不规则的三角状，高5.22米、宽6.66米、厚3.2米，刻面高3.38米、宽3.5米，未经加工。诗刻为魏碑书体，以方笔为主，间以圆笔，刻20行，行7～21字不等，计334字，从文字上看，字径15厘米。诗句为迎合同行的道士所作。《观海童诗》是郑道昭游云峰山时所作，位于耿伏奴题字南偏东4.85米。石呈不规则的三角状，高2.2米、宽3.5米、厚1.8

米，刻面高1.17米、宽1.74米，刻面经加工。诗刻为魏书体，以方笔为主，间以圆笔，字径12厘米。刻13行，行8字，计104字。"汪波泛仙鹄，灵童飞玉车"等诗句透露的仍是与道教有关的思想。《重登云峰山记》是郑道昭的三子郑述祖任光州刺史时，于北齐河清三年（564年）重登云峰山所刻。在山东峰正壁左上部，与《左阙题字》毗邻。刻面系凿平岩壁0.6～4.5厘米加工而成，高1.42米、宽1.06米，隶书体，字径3.3～3.5厘米，刻20行，行28字，计533字。

大基山诸峰中间有南北长约1.3千米，东西约1千米的瓢形邃谷，名道士谷。谷南北两端各有一个豁口，是穿行大基山的天然通道。谷中部偏北有一条东西走向的高岭将山谷分为南北两段。存刻石24处，其中北魏刻石14处（1958年修水库时被压的《郑静和题字》于2014年被重新发现）、金代刻石2处，元代刻石1处，明代刻石1处，清代刻石3处，时代不明者3处。代表性刻石为《仙云诗》《丘处机

天柱山全景

论经书诗刻石

题诗》。《仙坛诗》是郑道昭与诸门徒登大基山时所作，刻于大基山西峰腰间一块独立的长方体巨石东侧，巨石俗称琵琶石，高3米、宽4.85米、厚1.5米，刻面高2.4米、宽1.75米，未经加工。刻字为魏书体，字径11厘米，共13行，行19字不等，计206字。诗文内容与道教有关。《丘处机题诗》是金末元初道士丘处机于金泰和七年（1207年）游大基山时所作。刻石位于大基山西峰山腰间，刻面未经加工，高1.52米、宽0.8米，刻字为楷书，字径11厘米，刻6行，行最多20字，计100字。诗文咏山景的同时表达了道教思想。

天柱山东临大泽群峰，西隔马山与福禄山相连。刻石多分布在东主峰之阳。遗存刻石10处，其中东汉刻石1处、北朝刻石7处、金代和元代刻石各1处、时代不明者1处。另外还有北朝造像石室1处。代表

性刻石是《中平三年题字》《郑文公上碑》。《中平三年题字》是20世纪80年代山东省普查发现的汉代摩崖石刻，位于天柱山阳《郑文公上碑》西南110米处。石高4.1米、宽5.1米，表面呈灰色，细粒片麻状花岗岩，刻字为隶书体，字径6～13厘米，刻2行6字"中平三年弟子"。中平三年为186年。《郑文公上碑》刻于北魏永平四年（511年），为郑道昭纪念其父所刻碑文。碑在山之阳，石呈天然碑形，侧面呈"L"状，通高4.77米、宽1.2～1.45米、厚0.72米，其中碑座高1.47米、宽1.45米、厚1.66～2米。刻面高3.3米、宽1.2米，魏书体。字径4厘米，共20行，行50字，计882字。首行题"魏故中书令秘书监郑文公之碑"。

云峰刻石的著录与研究始于北宋赵明诚，《金石录》著录有《郑羲上碑》《郑羲下碑》

郑文公上碑

郑文公上碑拓片

观海童诗刻石

等7种刻石，并对其中有关史迹做简要考证。此后，南宋郑樵《通志·金石略》、陈思《宝刻丛编》，清代钱大昕《潜研堂金石文字跋尾》、毕沅和阮元《山左金石志》、冯云鹏和冯云鹓《金石索》、孙星衍《寰宇访碑录》、陆增祥《八琼室金石补正》、武亿《授堂金石文字续跋》、汪鋆《十二砚斋金石过眼录》、段松龄《益都金石记》、洪颐煊《平津读碑记》、包世臣《艺舟双楫》、杨守敬《学书迩言》、康有为《广艺舟双楫》等都有对云峰刻石的著录与考证。清光绪六年（1880年），地理学家、金石学家杨守敬出使日本，把云峰刻石及其他石刻拓本万余种带到日本，各种形式的拓本集在日本续有出版。20世纪70年代以来，日本学者摆脱原来仅看拓本的传统，开始注重原石调查，1982年，坂田玄翔《郑书三山》一书出版，详细介绍各刻石位置、形状、尺寸。1983年9月至1984年11月，山东省石刻艺术博物馆、中国书法家协会山东分会、山东省博物馆组成联合调查组，对云峰刻石进行全面系统的田野调查，并出版调查研究成果《云峰刻石调查与研究》。举办两届"云峰刻石国际学术讨论会"，推动云峰刻石的研究。

云峰山、天柱山摩崖石刻分属不同的行政地区，由所在地文物部门管理。云峰山和大基山由莱州市博物馆管理，天柱山由平度市天柱山文物管理所管理。1988年1月13日，云峰山、天柱山摩崖石刻被国务院公布为第三批全国重点文物保护单位，编号3-0170-4-007。2013年，山东省文物局印发《关于公布第四批省级文物保护单位保护范围和建设控制地带并调整公布其他省级以上文物保护单位保护范围和建设控制地带的通知》，公布云峰山、天柱山摩崖石刻的保护范围。

铁山、岗山摩崖石刻（含葛山和峄山摩崖） 为北齐和北周时期镌刻在铁山、岗山、葛山和峄山山崖石坪上的佛教经典和题记、颂文等，与云峰山石刻、龙门造像题记并称为北朝书法艺术的杰出代表，被康有为誉为"榜书之宗"。铁山摩崖石刻位于山东省邹城市北郊1千米铁山公园内；岗山则与铁山隔山涧相望。

铁山摩崖石刻位于铁山之阳的一块斜坡为45°的巨大花岗岩石坪上。凿刻于北周大象元年（579年）。刻石南北长66.2米、东西宽16.2米，面积1085平方米，内容包括经文、石颂、颂文和题名四部分。经文系摩崖刻经的主要部分，17行，能够辨认的近800字，经文排列整齐，行距匀称，界格清晰，内容为《大集经·穿菩提品》，字体以隶为主，篆楷意味浓厚，间有行草。石颂位于经文上端之西，刻"石颂"二字，篆书，直径90厘米，系颂文的标目。颂文刻于经文右侧，12行，字径22厘米左右，隶书为主，记述刻经的位置及周围环境、经主家世、刻经年代，赞美刻经书法艺术的精妙，颂文记述的刻经时间为"皇周大象元年岁大渊献八月庚申朔十七日"。题名位于支

岗山摩崖石刻（一）

岗山摩崖石刻（二）

经的下部，记叙经主宁朔将军大都督任城郡守孙洽等的名字和摩崖刻经的书写者僧安道壹。

岗山摩崖石刻以岗山中部俗称鸡嘴石的岩石为中心，分散镌刻在山谷两侧的悬崖石壁或岩石之上，共26处。依其内容可分为题记、小字《佛说观无量寿经》、小字《入楞伽经》、散刻大字《入楞伽经》和佛号佛名五部分。题记在鸡嘴石的北侧，8行，共49字，东侧刻一小石佛像，坐于半圆形佛龛内，佛像右侧刻"石经"二字，佛像下侧刻"释迦文佛""弥勒尊佛""阿弥陀佛"，并有刻经日期"大象二年七月三日"。小字《佛说观无量寿经》刻于鸡嘴石的东、南两面。东面刻经文10行，共145字，刻字排列整齐，南面经文紧接东面刻经，5行，共32字，保存完好。小字《入楞伽经》在

岗山摩崖石刻之他方佛石刻

鸡嘴石南约40米的摩崖石壁上，北向，分前后两段，共刻经文108字。散刻大字《入楞伽经》分布于多处山崖石壁上，字数最多达32字，最少者仅1字。刻在崖壁上的经文排列整齐，有明显界格，字径一般40厘米左右，描绘佛国净土的概况。佛号、佛名共题4处，俱为真书。字径或大或小，参差不一，最大者约25厘米。其中"大空王佛""阿弥陀佛""大一切佛"在东区鸡嘴石上，另一处刻"释迦文佛"。

葛山摩崖石刻在邹城市区东北15千米处的北葛山西麓一花岗岩石坪上。刻面东西纵20.6米，南北横8.4米，共173平方米。经文内容为《维摩诘所说经》，10行，满行42字，共应420字，可辨认者仅200余字，年代为北周大象二年（580年）。题名部分位于经文右下部，由于风化过甚，已漫漶难识。刻经字体隶楷相间，立意奔放，富有神韵，与铁山笔意相通。

峄山摩崖石刻位于邹城市区东南10千米处的峄山之上，有五华峰石刻和妖精洞石刻两处，均为北齐时期所刻。五华峰石刻向阳面刻《文殊般若经》，刻面纵2.13米、横3.65米，竖刻经文11行，每行10字，首行刻"文殊般若"四字，由于风化剥蚀严重，存79字。妖精洞石刻面竖高约4米、宽约2.65米，面积约为

葛山摩崖石刻

10.6平方米，内容是《文殊般若经》。

铁山、岗山摩崖石刻的用笔以圆为主，极个别的地方可见方笔，无论结体还是用笔方法，大多数是从隶书借鉴而来，反映书体演进、隶楷错变的时代风貌，在雕刻艺术史上具有重要地位。

铁山、岗山摩崖石刻首见记载于明代志书，明嘉靖四年（1525年）《邹县地理志》、万历三十九年（1611年）《邹志》中出现对于北朝石刻的记载。随后渐为金石学家和书法家所知，并日益得到重视。毕沅、阮元著录于《山左金石志》，其后汪鋆《十二观斋金石过眼录》、王昶《金石萃编》、冯云鹏和冯云鹓《金石索》、孙星衍《寰宇访碑录》、康有为《广艺舟双楫》等都有著录。近年对铁山、岗山摩崖石刻的研究工作主要集中在经文内容、书法艺术、佛教史、佛教艺术及文物保护等方面。

中华人民共和国成立后，设立文物保护管理机构管理铁山、岗山摩崖石刻。2012年后，铁山、岗山、葛山摩崖石刻由铁山文物管理所管理，峄山摩崖石刻由邹城市峄山风景区管委会管理，隶属于邹城市政府。1988年1月13日，铁山、岗山摩崖石刻由国务院公布为第三批全国重点文物保护单位，编号3-0171-4-008。2006年5月，葛山和峄山摩崖石刻在国务院公布第六批全国重点文物保护单位时，作为扩展项目归入铁山、岗山摩崖石刻，合并后称铁山、岗山摩崖石刻（含葛山和峄山摩崖）。2009年8月，邹城市人民政府公布包括铁山、岗山摩崖石刻的保护范围和建设控制地带。2013年12月，山东省文物局印发《关于公布第四批省级文物保护单位保护范围和建设控制地带并调整公布其他省级以上文物保护单位保护范围和建设控制地带的通知》，其中包括铁山、岗山摩崖石刻。

药王山石刻　包括北朝至明代的佛教造像、佛道造像碑、碑刻以及古代庙宇建筑，位于陕西省铜川市耀州区药王山上。

药王山由5座山峦组成，又名磐玉山、五台山，因唐代名医孙思邈曾隐居于此，故以药王山名闻天下。隋唐时期曾在此山建宝云寺，开凿佛教摩崖造像。唐代之后，又在此建孙思邈祠。其后各代不断扩建修葺，刻石立碑，遂有后世庙宇鳞次栉比、石刻萃然成林之规模。

药王山遗存有大量石刻文物。在北洞东侧有石佛洞摩崖造像，全长21米，高5米，分为东、中、西三区，共开凿大小23龛，造像45尊，刻唐、宋、金、明各代题记12则。从题记年款和造像风格判断，开凿年代为隋末唐初至明代，历时千年有余。其中，中区第9号龛上部所刻2尊高浮雕观音立像，龛右侧下方刻唐开元十一年（723年）京兆府兵曹参军卢涣为其妻敬造石像的年款题记，有确切纪年。两观音像身高均为1.6米，手持净瓶，束高髻，颈戴项圈，着长裙，披帛绕肩下垂，躯干匀称，呈"S"形，面相圆润，和蔼可亲，是盛唐佛教造像的精品。石佛洞外右侧有清乾隆五十八年（1793年）《重修石佛碑记》。

药王山有北宋至清历代碑石150余通。史料价值较高的有北宋崇宁三年（1104年）《妙应真人告词碑》和《五台山静应庙碑》，刊载尚书省为孙思邈神祠赐加额号的牒文，记述华原令张鲂等集资修建静应庙之事。北宋宣和元年（1119年）《宋徽宗题褚慧龙章云篆诗文碑》，上栏刻褚慧的龙章云篆诗，下栏刻宋徽宗题文，后者为宋徽宗赵佶"瘦金体"御书，是不可多得的书法珍品。尤为珍贵的是，药王山存有数通医方碑，如明嘉靖二十一年（1542年）《孙真人三方碑》，刻"孙真人进上唐太宗风药论"一文和"九转灵丹""神仙鸡鸣丸""矾皂丸"三方；明隆庆六年（1572年）《千金宝要碑》，刻孙思邈《千金宝要》，载

药王山北洞建筑

妇、儿、内、外科及各种中毒、急性传染病的症状和医治药方；同年所刻《海上方碑》，有孙思邈《〈海上方〉序》《枕上记》《养生铭》等，用七言方歌记载妇产科、牙科、内科、外科、儿科等中药偏方120余种。这些医方碑刻是中国古代重要的医学文献，数百年来传播甚广，影响深远。1971年，文物部门将原收藏于耀县文化馆的耀县境内100余通北朝至唐佛道造像碑等碑刻迁置药王山，最初置于吕祖庙，1989年又在后山建新馆陈列。这批北朝造像碑是药王山石刻中的精华，其中尤以北魏始光元年（424年）《魏文朗造像碑》、北魏太和二十年（496年）《姚伯多造像碑》、北

魏神龟三年（520年）《锜石珍造像碑》、北魏正光五年（524年）《仇臣生造像碑》、西魏大统元年（535年）《毛遐造像碑》、北周建德三年（574年）《张僧妙法师碑》等最为著名，药王山诚为北朝碑刻的荟萃之地。

药王山的建筑遗存分为北洞、南庵两大部分。北洞又名太玄洞，传为孙思邈隐居之处，位于药王山北台（显化台）。存明清建筑70余间，庙院主体坐北向南，环以配殿、厢房，依山峁走势向两侧扩展出东殿院、西玄门、洗药池，折向北又有北道院、吕祖庙等。其中明代建筑有一天门、药王神殿、玉皇楼、钟楼、碑亭、东汤房楼、过峰楼、三官殿、十大名医祠

药王山摩崖造像

殿、三皇殿、玉皇阁、献亭等；清代建筑有通元桥、戏楼、元坊殿、山门护神殿、文昌阁、火神祠、北道院座殿和献殿、吕祖庙前殿等。南庵在北洞南面，位于药王山升仙台，即隋唐宝云寺旧址。北宋时在此建孙真人祠和静应庙，金元后屡有重建、翻修，清代称静明宫。现存建筑坐东北面西南，沿中轴线依次为文昌阁、戏楼、七间殿及金殿、元殿。有千年古柏十余株。前三座建筑为清至民国所建，后两座建筑的大木结构仍保留金元时期特征。其中金殿始建于宋嘉祐四年（1059年），金大定九年（1169年）扩建，为药王山遗存最早的古建筑。殿内陈列1984年出土的唐代石棺1具。元殿内两侧山墙上，绘有道教宫观壁画"朝元图"。在七间殿西侧，有20世纪90时代所建碑廊，内陈列宋至民国各代碑石经幢31通。七间殿东侧有近年新建药王塑像及药王祭祀广场。

1961年3月4日，药王山石刻被国务院公布为第一批全国重点文物保护单位，编号1-0128-4-007。同年，在药王山成立耀县博物馆。1962年，成立孙思邈纪念馆。1977年，成立药王山文物管理所。1986年，成立药王山博物馆。1992年4月，陕西省人民政府公布药王山石刻保护范围和建设控制地带。2006年5月25日，国务院公布第六批全国重点文物保护单位时，将药王山庙归入第一批全国重点文物保护单位药王山石刻中。2008年，对元殿及殿内壁画进行抢救维修。

七星岩摩崖石刻　是岭南地区最大摩崖石刻群，位于广东省肇庆市端州区七星岩风景区。

七星岩摩崖石刻始自唐代文学家兼书法家李邕在七星岩石室洞口留下著名的《端州石室记》。此后，历代名人雅士如唐代的李绅、宋代的包拯、明代的俞大猷、清代的黎简等留下众多的摩崖石刻。石刻以汉字为主，有藏文和其他文字，汉文的字体有篆、楷、隶、行、草，构成南方独特的书法艺术宝库。七星岩摩崖石刻数量众多，年代久远，自唐起至民国止，共有436方，其中唐4则、宋79则、元12则、明147则、清126则、民国11则、年代不详57则。散布于七星岩的石灰岩山体的石室岩、玉屏岩、阆风岩、天柱岩、阿坡岩、蟾蜍岩、仙掌岩、石峒等8处，其中以石室岩为最多。

石刻（含现代石刻共533则）分布在石室岩达335则、玉屏岩85则、阆风岩22则、天柱岩8则、阿坡岩62则、仙掌岩5则、蟾蜍岩1则、石峒15则。最大一则26.3平方米，最小0.03平方米。字体大小不一，大者丈余，小者

七星岩摩崖石刻

莲花洞北壁石刻

莲花洞东南壁石刻

仅半寸。其他文物还有民国29年（1940年）的李北海石刻"护碑亭"，民国23年（1934年）的"揽胜"石碑坊。摩崖石刻内容反映了当地历史、文化、政治、经济、军事、水文等状况。石刻的文体多样，计有诗、词、歌、赋、对联、题记，其中最大量的是诗，有"千年诗廊"之美誉。

七星岩摩崖石刻的抄录整理工作始于1972年。相关研究成果有1986年刘伟铿校注的《肇庆星湖石刻全录》和1989年黄柏权注析的《肇庆七星岩诗文选》。

明嘉靖年间，先后在阆风岩、玉屏岩等修道筑台、厂辟洞阁，开始对摩崖石刻严加保护。明万历己亥年（1599年），由总督两广军门戴凤岐题、李开芳书的"泽梁无禁，岩石勿伐"镌刻在石室岩洞口东侧显眼处。民国20年（1931年），七星岩公园筹委会成立，统管七星岩的保护和建设，次年改组，并制定保护章程。民国27年（1938年），广东省等三区督察专员兼高要县县长李磊夫捐资建造李邕《端州石室记》护碑亭。民国35年（1946年），高要县成立七星岩鼎湖山名胜建设委员会，并宣布高要县议会"永远禁止采伐七星岩山石"的决定。1962年7月，七星岩摩崖石刻被广东省人民委员会公布为第一批省级文物保护单位。1987年1月，肇庆星湖风景名胜区管理局成立星湖文物管理所，专职负责日常管理、保护和展示工作。1987年9月15日，广东省人民政府划定七星岩摩崖石刻的保护范围及建设控制地带。2001年6月25日，七星岩摩崖石刻被国务院公布为第五批全国重点文物保护单位，编号为5-0461-4-019。七星岩摩崖石刻"因有"档案资料由星湖文物管理所编制并保管，肇庆市文化广电新闻出版局备份保管。

仙都摩崖题记 仙都摩崖题记是分布较为集中、颇具书法艺术价值的摩崖题刻群之一，位于浙江省缙云县仙都风景名胜区内。好溪自东北向西南贯穿整个风景区，仙都摩崖题记主要分布在好溪两岸的山石之上。

仙都摩崖题记遗存题记125处，分布在初阳山、鼎湖峰、仙水洞、铁城、小赤壁、忘归洞等六个景点，其中唐代2处、宋代55处、明代28处、清代8处、民国16处、当代10处、待考6处。

仙都最早的题刻为唐乾元年间（758～760年）书法名家、缙云县令李阳冰的"倪翁洞"三字篆书，其次是北宋建中元年（1101年）高元承的一处游记。宋代，道教受朝廷重视，北宋治平三年（1066年），仙都道教中心黄帝祠宇大治宫室，皇帝赐名玉虚宫，朝廷曾多次下诏在仙都祈雨，并在仙水洞留有杨景等奉诏祈雨题记。北宋名人孙沔、马寻、赵抃，书法家苏舜元、杨次公、王廷老等来游时亦留有题记。南宋哲学家、教育家、理学家朱熹于淳熙年间任提举浙东常年茶盐公事，"初阳谷"题记传为其题。明代，缙云名人辈出，明嘉靖二十六年（1547年）进士、曾任南台御史的樊献科，四川参政、光禄寺少卿的李键，隆庆戊辰（1568年）进士、刑部江西司主事的郑汝壁，万历二年（1574年）甲戌进士、刑部尚书李鋕等先后归隐仙都，吸引不少全国各地文人墨客访贤而至，留下"旭山""昆岩洞天""铁城"等近30处题记。清代、民国到仙都山访胜者的朱彝尊、袁枚、楼村等，留下20余处的题记，大多数为游记、题名之作。中华人民共和国成立后，到仙都游览的官员、学者等留下题记10处。

从题记内容上看，仙都摩崖题记以题名为主，还有题字、题记、题诗、题款等多种类型，形式多样，内容丰富，具有重要的人文史料和科学研究价值。从书法艺术上看，仙都摩

仙都摩崖"铁城"题记

崖题记品类繁多、书体齐全、风格各异，有的方峨奇伟，有的浑厚质朴，有的清朗明丽，有的苍劲古拙。125处摩崖题记中篆书2处、隶书9处、行（草）书25处、楷书89处，唐人尚法、宋人尚韵、明清尚趣的风格可见一斑，被誉为"活字帖"。其中，尺幅60平方米以上占45.6%，最大为350×1300厘米，达到45.5平方米；最大为"铁城"两字，字径达320厘米。

仙都摩崖题记作为江南名胜，在历代金石志、地方志中多有记载。对仙都摩崖题记的系

初阳山题记局部

仙都明代摩崖题记"枕流漱石"

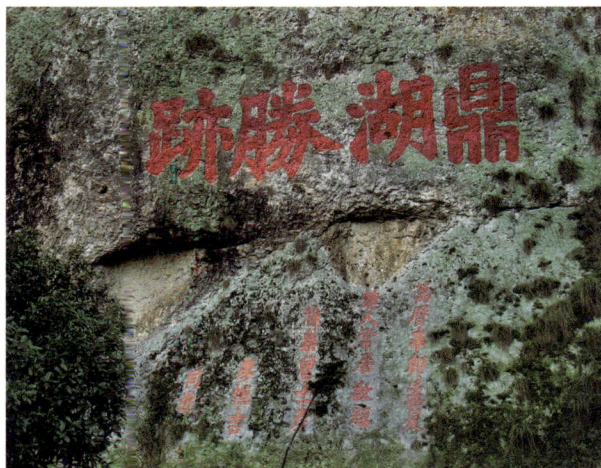

"鼎湖胜迹"题记

统调查研究始于20世纪80年代。1990年5月，尹继善、陈福亮编印的《缙云文物录》收录了仙都摩崖题记调查的详细资料，共计108处。21世纪后，缙云县县文物办对仙都各景点的摩崖题记进行细致的调查摸底，确定题记总数为125处。

2004年6月10日，缙云县仙都风景旅游管理局和缙云县文化体育广播电视局联合成立仙都摩崖题记保护管理领导小组。仙都景区管理处、仙都景区监察大队、仙都旅游文化开发处和缙云县博物馆对仙都摩崖题记进行常年巡查和保护。1959～1960年，缙云县人民政府对仙都部分风景名胜点、文物古迹进行整修，恢复倪翁洞、问渔亭等多处景观。1980年5月8日，仙都摩崖题记被缙云县革命委员会列为县级文保单位。1989年12月12日，浙江省人民政府正式公布仙都摩崖题记为省级文物保护单位。1996年10月4日，浙江省人民政府印发《关于划定宁波天一阁等46处文物保护单位的保护范围及建设控制地带的批复》，划定仙都摩崖题记保护范围、建设控制地带。2001年6月25日，仙都摩崖题记被国务院公布为第五批全国

重点文物保护单位，编号5-0448-4-006。2004年6月28日，缙云县旅游局开始进行部分仙都摩崖题记的填色工作，重点在初阳山、仙女洞的摩崖题记。2014年12月，仙都摩崖题记抢险加固工程获国家文物局批准立项。

白鹤梁题刻　白鹤梁素有长江古代水文站之称，由于题刻众多，又被称作水下碑林。位于重庆市涪陵区城北的长江中，距乌江与长江交汇处上游约1千米，与长江北岸北岩题刻隔江相望。

石梁古称巴子梁，因有白鹤群集梁上，又称白鹤脊。清光绪七年（1881年），四川泸州人孙海在石梁上题刻"白鹤梁"三个大字，并因之得名。石梁全长约1600米、宽约15米，表面为均厚1～1.5米的坚硬砂岩，其下为厚2米以上的软质页岩，倾斜的浅色砂岩表面平整，以14.5°角朝北倾向长江主航道。梁脊标高140米，比常年最低水位高2～3米，比最高水位低约30米，几乎长年淹没于江中，只在冬春之交枯水期时才部分露出江面。不同枯水年份的最低水位有所不同，古人注意到枯水水位线在石梁上的变化，在朝向长江的倾斜面上雕刻鱼和文字标识将其记录下来。唐广德元年（763年）以前，白鹤梁上已刻有石鱼水标。唐代已有水位降至石鱼下四尺，来年就会丰收的预测经验。唐代晚期，石鱼水标附近开始有题刻。并有记录说唐大顺元年（890年）首在当时水位处刻"秤斗"，只有唐代水标石鱼一尾和"石鱼"2个隶书大字尚可辨识。北宋时期，涪陵城外大江中石梁上有石鱼，云鱼出即为丰收年征兆一事被地方官员上报至朝廷，白鹤梁遂成为涪陵名胜。石梁南侧的平缓水面

白鹤梁题刻

称作石鱼浦，因常有白鹤聚集，又称白鹤滩。

　　大量考察验证、观看石鱼、记录石鱼与水位关系的题刻以及诗文被镌刻在石梁上，其中有许多文豪和名人的作品。遗存题记165则，其中唐代1则、宋代98则、元代5则、明代16则、清代24则、近代14则、年代不详者7则；石鱼18尾，观音像2尊，白鹤1只。主要分布在石梁中段长220米的范围内。北宋时期题刻最多，其中宋开宝四年（971年）《谢昌瑜等状申事记》是白鹤梁题刻中有明确纪年最早的。元代，包括蒙古人在内的地方官员沿袭登江心石梁观看石鱼、记录水位和镌刻题记的习惯。元代题刻中1则为八思巴文，是白鹤梁唯一的少数民族文字题刻，作者不可考。明清时期，当地官吏、文人、平民百姓冬春之际会登临石梁察看石鱼是否露出，过往的官员、客商、船工等也常常会在这个时节把船停靠在石梁旁，登梁探访、题名留念。石鱼已经成为涪陵最重要的风景名胜，"涪州八景"中的"石鱼出水""鉴湖渔笛"和"白鹤时鸣"，都是围绕白鹤梁形成。近现代共有题刻14则，题刻内容有石鱼水标、题记、图像等，包括民国26年

（1937年），民生公司考察团在白鹤梁上记录当年重庆、宜昌的枯水程度和刘冕阶所作《白鹤时鸣》线刻图。

　　见于近现代书刊著录的白鹤梁题刻有183则，石鱼14组18尾，白鹤、观音、侍女像各1幅。经过历年破坏和佚失，加上白鹤梁水下保护工程开始后将可移动题刻收入博物馆保存，石梁上存有题刻152则，其中保护体内138则，保护体外14则。

　　所有题刻均刻于面向长江主航道的倾斜石面上，以唐代刻石鱼和清代萧星拱重镌石鱼为中心展开，越靠近这两组石鱼，题刻越密集。由于前人题刻占据中心位置，后人往往采取见

白鹤时鸣特写图

送子观音特写图

缝插针的方式，利用先前题刻间的狭小空间镌刻的题记。清代以后，石鱼附近已无空隙，新题刻主要转移到上游方向的中段石梁西区石面上。题刻文字通常都是从石面的上方向下刻写，也有个别题刻从下向上倒着刻写，甚至顺江流横向刻写，以便将题刻尽量安排在靠近水面的位置。大者丈米见方，小者幅不盈尺。题刻者大都为历代涪陵地方官吏、本地文人，途经和寓居涪陵的官宦和文人，有名可稽者超过300人，其中不乏历史名人。主要内容是记述石鱼出水的现象和枯水程度、对石鱼出水与本年或来年农业丰收的关系发表议论和感言、观看石鱼题名等。

1962～1963年，重庆市博物馆调查白鹤梁石刻，资料存于重庆市博物馆。1972年，重庆市博物馆与长江流域规划办公室进行专项调查，建立档案。1980年，四川省人民政府公布为省级文物保护单位。1988年1月13日，白鹤梁石刻被国务院公布为第三批全国重点文物保护单位，编号3-0172-4-009。2005年，修建白鹤梁题刻原址水下保护工程时将保护体外脱离基岩的题刻14则分别移置重庆中国三峡博物馆、涪陵区博物馆和白鹤梁水下博物馆保存。2010年12月，成立重庆中国三峡博物馆白鹤梁保护管理处暨重庆白鹤梁水下博物馆，负责白鹤梁石刻的保护管理。重庆市涪陵区人民政府编制《重庆市涪陵区白鹤梁题刻文物保护规划》，确定白鹤梁石刻保护范围。2012年，白鹤梁建设档案由峡江文物工程有限公司移交白鹤梁水下博物馆归档。白鹤梁水下博物馆、涪陵区博物馆分别建立白鹤梁题刻原址保护工程的资料档案和白鹤梁题刻资料档案。

怡亭铭摩崖石刻　为著名的唐代石刻，位于湖北省鄂州市城区沿江大道中段。

怡亭铭摩崖石刻所处之地，原为三国吴王孙权欢迎犒赏抗曹将士胜利归来举行祝捷散花之处，称散花滩。滩长约500米，原有百余座形状大小各异的矶石林立，矶石上刻有历代名人如晋陶侃、唐李阳冰、元结，宋苏轼等书法家的诗词、题记，故又有石林、苏门、陶石之称。20世纪50年代初，石林遭到严重破坏。

怡亭铭摩崖石刻是唐代名人李阳冰、李莒、裴虬等于唐永泰元年（765年）在此石古游玩时留下的珍贵铭刻。李阳冰，唐赵郡（属河北）人，李白族叔，乾元时任缙云（属浙江）令、当涂（属安徽）令，终将作监。李阳冰在唐代以篆学名世，精工小篆，得法于《峄山石刻》，其书变化开合，圆浑瘦劲，篆去淳劲，气势犀利，自成风格，为秦篆一大变革，被誉为李斯后小篆第一人，对后世颇有影响。当时颜真卿所书之碑，必请李阳冰用篆书题额，可见其名气之盛。史书称，有唐三百年间，以篆书称于世者仅有李阳冰。

石刻所在为一块东西长3.8米、南北宽3.3米的天然岩石，旧名观音崖，因其石外形似

怡亭铭摩崖石刻远景

李阳冰篆书刻石

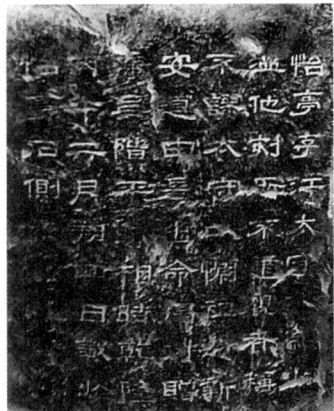

江恂题记

猴，又称猴子石。曾建有怡亭，早年已废，摩崖石刻尚存，亭下崖北侧中部刻铭，由李阳冰篆书铭序，谏议大夫裴虬撰文、书法家李莒隶书铭辞。石刻平面呈横长方形，长1.2米、宽0.5米，由篆、隶两种书体组成，共78字。书刻在巨石的北面（面向长江），除有李阳冰与同期的李莒隶书共同组成的《怡亭铭并序》外，还有清代安徽金石家巴慰祖及太守江恂等人的隶书题记。《怡亭铭并序》由两部分组成，起首为李阳冰篆序，共6行，每行4字，字径约12厘米见方。左边为李莒的隶书铭词及落款，共5行，每行8字，字径约5厘米见方，共计56字。《怡亭铭并序》下面是清乾隆五十一年（1786年）巴慰祖隶书题记，共13行，计62字。《怡亭铭并序》右上角，刻有江恂隶书题记共9行，计82字。《怡亭铭并序》内容包括怡亭的建造、铭词的作者、篆序、隶铭的书写者、有关怡亭的题记等。从中可知，怡亭系唐朝永泰元年（765年）裴鶠所建。据考，裴鶠时任容州（后属广西）刺史，建亭原因无考。铭词的作者裴虬，为裴鶠之弟，唐大历四年（769年）为著作郎兼侍御史，道州（后属湖南）刺史；隶书者李莒为开元进士，天宝间

监察御史李华之弟，事迹不见记载。怡亭铭摩崖石刻是遗存仅有的一处李阳冰的手书原刻，具有很高的文物价值及书法艺术价值。

怡亭铭摩崖石刻在宋欧阳修《集古录》、明代《大明一统志》、清钱大昕《潜研堂金石文跋尾》、吴荣光《筠清馆金石记》、瞿中溶《古泉山馆金石文编》中皆有记述。由于后期常被江水淹没，宋以后传拓较少。

1981年12月30日，怡亭铭摩崖石刻被湖北省人民政府公布为第二批湖北省文物保护单位。1988年1月13日，怡亭铭摩崖石刻被国务院公布为第三批全国重点文物保护单位，编号3-0175-4-012。因地势变化，怡亭铭摩崖石刻低于地表约9米，长期被江水浸泡腐蚀，其表面出现严重蚀化。1992年12月8日，鄂州市正式启动怡亭铭摩崖石刻抢救保护一期工程。2000年7月29日，湖北省人民政府办公厅印发《关于公布文物保护单位保护范围和建设控制地带的通知》，公布怡亭铭摩崖石刻保护范围。2003年4月，鄂州市正式启动怡亭铭摩崖石刻抢救保护工程，将原址提升到地面上，对该岩石进行加固、做基座。1996年，怡亭铭保护外围建筑竣工验收后，鄂州市博物馆负责保

护工作。2010年后，日常维护、保护工作由鄂州市园林局负责。

阳华岩摩崖 是著名的敞开式岩洞摩崖石刻，位于湖南省江华瑶族自治县沱江镇竹园寨村回山脚下。

阳华岩洞内岩壁平整。摩崖石刻共40余块，排列整齐，皆为阴刻；大小不一，最大者2.3平方米，最小者0.75平方米；书法有楷、行、草、隶、篆、籀；时历唐、宋、明、清，有吟铭、题刻，集历代书法于一地，纳诗、词、图、名于一岩。其中以唐代文学家元结撰文、书法家瞿令问书丹的《阳华岩铭》和宋代安圭的《道州江华阳华岩图》为最。

元结（719～772年），字次山，出生于河南鲁山县，唐代文学家，天宝年间进士。唐永泰二年（765年），元结为道州刺史时，巡属县至江华，县令瞿令问陪同游回山遇此岩，而题《阳华岩铭》，铭序中有"道州江华县东

南六七里有回山，南面峻秀下有大岩，岩当阳端，故以阳华名之。吾游处山林几十年，所见泉石如阳华殊异而可家者未也，故作铭称之"之句。瞿令问为唐代书法家，艺精篆籀，乃俾依石径，以隶、篆、籀三种书体书刻于岩下。石刻宽290厘米、高73厘米，是阳华岩最大的碑刻。上为大篆，中为小篆，下为隶书。前序隶书9行，每行12字；后铭与年月35行，每行9字。另刻有元结《招陶别驾家阳华岩》诗一首，入选《全唐诗》，由此阳华岩声名益显。此后，历代游人题刻甚多。较为重要的历代石刻还有唐宪宗元和癸巳年（813年），道州刺史陈谏、江华县令江籍刻立《华岩寺记》；北宋宣和庚子年（1120年），零陵唐友良等3人游阳华岩题记；南宋绍兴乙丑年（1145年）秋，京兆尹游何冒雨游阳华岩题诗并跋，绍兴丙寅十月十五日刻石，伴游有金华居士何随、县令许凯、广川刘思永、盱江刘觉、淮海张

阳华岩远景

明代"阳华岩"题刻

唐元结题"阳华岩铭"

扩；南宋绍兴戊辰年（1148年）邑令刘慎修率同僚游阳华题记；南宋绍兴乙亥岁（1155年）十月二十七日，郡丞蓬泽程逊以职事至江华因游阳华岩磐礴赋诗归，县令安圭伴游；南宋绍兴丙子年（1156年）三月，江华县令安圭将阳华岩20余景点描绘刻成《道州江华县阳华岩图》，并作序以说明，由书法家豫章罗晔书丹；南宋乾道戊子年（1168年），邑令陈世荣陪衡阳邓子由奉橄游阳华岩题记；南宋乾道壬辰年（1172年），节判吕敦仁游阳华岩赋诗刻石；南宋淳熙戊申年（1188年）六月十三日，郡丞赵师侠同县令戴翊世游阳华，留二绝句于岩中；南宋绍熙癸丑年（1193年）二月，贺州军事李长庚与蒋助教游阳华赋诗5首，后又于绍熙甲寅年（1194年）五月、乙丑年（1195年）仲冬、丁卯年（1197年）清明多次到阳华岩，题阳华岩诗有10余首；南宋嘉泰癸亥年

（1203年），武陵李云庄、历阳徐宜伯在县令唐仲谋陪同下，饮游阳华岩并题记；南宋开禧元年乙丑年（1205年）六月九日，道州郡丞、卢陵杨长孺游阳华岩题记；南宋嘉定壬申年（1212年），文安等九位地方官员及文人墨客游阳华岩，分别由文安、毛方平、希元作序、诗及书刻；明朝嘉靖三十一年（1552年）六月，段锦书"阳华岩"三个篆体大字。

40余方石刻中，最早刻于唐代，刻于宋代的居多。字迹清晰可辨的38方，唐宋碑刻35方，是研究唐代以来文学史和书法艺术史不可多得的珍贵资料。唐代元结的题刻《阳华岩铭》是永州遗存最早的石刻，开创湘、桂两地自唐后石刻盛行的风气。在江华境内已发现的唐宋石刻有130余方。安圭的石刻图文为湖南省仅存摩崖图刻。道州刺史陈谏、江华令江籍刻立的《华岩寺记》，是中国罕见的土地、寺庙购买、测量权属及管理记载石刻。

1983年10月10日，湖南省人民政府公布阳华岩石刻为省级文物保护单位。1993年4月8日，湖南省人民政府印发《关于公布我省全国重点文物保护单位、省级文物保护单位保护范围和建设控制地带的通知》，公布阳华岩石刻的保护范围和建设控制地带。1994年，江华瑶族自治县人民政府重新划定阳华岩石刻的保护范围和建设控制地带。2000年11月，成立阳华岩石刻保护领导小组和阳华岩文物管理所。2006年5月25日，阳华岩摩崖被国务院公布为第六批全国重点文物保护单位，编号6-0848-4-038。2015年5月，国家文物局批复同意阳华岩摩崖保护规划和阳华岩摩崖抢险加固工程立项。

浯溪摩崖石刻 浯溪摩崖石刻以其文、字、石而素有"南国摩崖第一"的美誉，位于湖南省祁阳县城南1.5公里湘江支流浯溪入湘江处的湘江南岸。此地有三峰崛起，北峰峿岩，中峰峿台，南峰唐崿，其中峿台为主峰。

浯溪摩崖石刻始刻于唐广德元年（763年），其时诗人元结出任道州刺史几次舟过祁阳，"爱其胜异，遂家溪畔"。自创新意，以"吾"从"氵"从"山"从"广"，命溪曰"浯溪"，山曰"峿台"，建亭曰"唐崿（有四壁的亭）"，合称"三吾"，并撰《浯溪》《峿台》《唐崿》三篇铭文，请篆书家季康、瞿令问、袁滋用玉箸、悬针、钟鼎三种篆体，分别篆刻于石。唐大历六年（771年），元结还将所撰《大唐中兴颂》，请书法家颜真卿大字正书摩刻于峿台崖壁。因文绝、字绝、石绝，世称"摩崖三绝"。自此，历代名人纷至沓来，览胜留题刻石，遂成罕见的露天诗海碑林、书法石刻宝库。

浯溪摩崖石刻总面积631.7平方米，分布共9个区域，即峿台区、右堂区、曲泾区、东崖区、摩崖区、峿台北区、峿泾区、石屏区、唐亭区。遗存石刻505方，其中碑文完整的306方，模糊残缺的80方，字迹漫灭的110方，空碑痕迹的9方。数百方石刻中，以《大唐中兴颂》最为著名。碑高3米、宽3.2米，共332字，直书左行，正文每行20字，字径15厘米，笔力遒劲，气势雄伟，为颜书之代表作，一旦被称为"鲁公遗墨此第一"，而且是"冠冕百代书家师"。其中，《大唐中兴颂》碑中采用的俗书简字，共有12字之多。

浯溪碑刻的作者不少系历代名家。唐代有"开中唐面目"的"五言长城"刘长卿，古文运动家皇甫湜以及诗人郑谷、李凉、王喦、王邕等；宋代有黄庭坚、潘大临、陈与义、杨万里、汪藻、徐照、戴复古、张孝祥、秦观、李清照、范成大、张栻、吴儆、陈徒古、寇辛伯、吴潜、夏倪、米芾、邢恕、易祓、莊

浯溪摩崖石刻远景

"三绝碑"大唐中兴颂

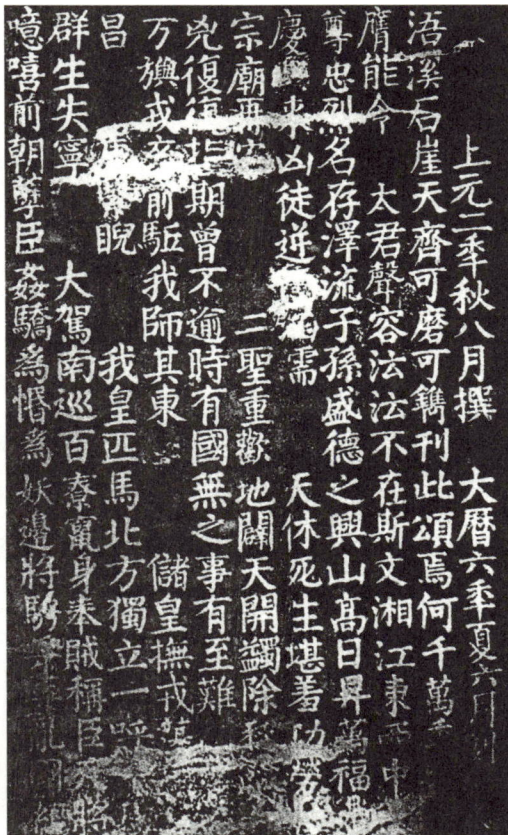

颜真卿书《大唐中兴颂》拓片

耒、王安中、王炎、王叔瞻、赵汝铠、毛杭、杨异等；元代有杨维祯、郝经、宋渤等；明代有唐瑶、茅瑞徵、袁衷、顾炎武、王夫之、张同敞、沈周、董其昌、周用、杨廉、顾璘、王锡爵等；清代有王士禛、乔莱、许虬、阮元、程恩泽、祁寯藻、何绍基、尤珍、宗稷辰、杨翰、汤右曾、曹贞吉、蒋景祁、胡天游、袁枚、潘耒、张九钺等。浯溪碑刻的书体，从唐代开始至清代几乎都有其代表人物。唐碑30方（仅存17碑）。颜体有颜真卿的《大唐中兴颂》，还有虚钧书法是学颜体的。"二王"书体有李谅的诗碑和题名。褚体有皇浦湜诗碑。唐代篆书亦颇盛行，碑林中有各种篆体。玉箸篆有季康《浯溪铭》、元结《𪩘园》榜书，悬针篆有瞿令问《峿台铭》，钟鼎篆有袁滋《唐

庼铭》等。宋代有159碑，其中颜体6碑，尤以《大宋中兴颂》碑甚是遒婉，惜不知书者是谁。二王体有秦观、陈与义、汪藻3碑。欧体4碑，其中有状元易被的《才子书》。魏体有邬浩、曾焕等碑。八分体有沈绅书碑，篆体有徐

浯溪摩崖石刻东崖区

大节榜书。宋代"四大书家"墨刻，浯溪竟有其二：黄体有黄庭坚和陈从古、李诺虚、邢恕的碑刻；米体有米芾及状元张孝祥、宰相吴潜和范成大的碑刻。这两派都是名诗人兼大书法家，为浯溪碑林增色不少。还有"瘦金体"一碑，末有"淳祐"二字尚可识别，书法秀劲。

中华人民共和国成立初期，浯溪摩崖石刻由祁阳县文化科委托邻近的崇汉中学代管。先后复修和扩建了唐亭、宏尊亭、蹬道、浯洞、三绝堂、渡香桥、宝篆亭、虚怀亭、三一亭等名胜。1956年7月24日，湖南省人民委员会公布浯溪摩崖石刻为第一批省级文物保护单位。1963年，建立浯溪风景名胜管理所。1981年1月29日，建立祁阳县浯溪文物管理所。1983年10月10日，湖南省人民政府重新调整公布省级文物保护单位，浯溪摩崖石刻名列其中。1988年1月13日，浯溪摩崖石刻被国务院公布为第三批全国重点文物保护单位，编号3-0173-4-010。1993年4月8日，湖南省人民政府下发《关于公布我省全国重点文物保护单位、省级文物保护单位保护范围和建设控制地带的通知》，划定保护范围。2013年，祁阳县浯溪碑林风景名胜区（陶铸故居）管理处成立，负责浯溪摩崖石刻的保护管理。

袁滋题记摩崖石刻 袁滋题记摩崖石刻为川滇"五尺道"的唐代摩崖石刻，镌刻于云南省昭通市盐津县城西南21千米的豆沙关，距豆沙镇西北侧约200米的悬崖上。崖壁西北—东南走向，危崖对峙，像两扇巨大的石门扼锁通道。隋、唐时期称石门关。西南侧为关河，对岸有豆沙悬棺，崖间为汉代五尺道、内昆铁路、豆沙镇至柿子镇的二级公路，崖壁内有渝昆高速公路隧道。

袁滋（749~818年），字德深，陈郡汝南（河南汝南）人。弱岁强学，以外氏道州刺史元结有重名，往来依焉。以处士荐授试校书郎。唐代贞元年间（785~805年）拜中书侍郎平章事，嗣为剑南西川节度使，赠太子少保。工篆、籀书，雅有古法。唐德宗贞元九年（793年），德宗派遣御史中丞袁滋为册南诏使，往南诏册封异牟寻。云南跬多险阻，袁滋一行沿秦汉五尺道而行，途经石门关（盐津县城西南21千米处）石门关，见关势险要，在古朱提江（关河）南岸悬崖上刻石以记其行。

题刻长0.44米、宽0.36米，8行122字。正文为楷书"大唐贞元十年九月廿日云南宣慰使内给事俱文珍判官刘幽岩小使吐突承璀持节册南诏使御史中丞袁滋副使成都少尹庞颀判官监察御史崔佐时同奉恩命赴云南册蒙异牟寻为南诏其时节度使尚书右仆射成都尹兼御史大夫韦皋差巡官监察御史马益统行营兵马开路置驿故

袁滋题记摩崖石刻

袁滋题记摩崖石刻碑亭

刊石纪之袁滋题"，末行"袁滋题"三字为篆书。

袁滋题记摩崖石刻的内容与新旧《唐书》和《蛮书》《资治通鉴》等典籍记载相同，并校正了《云南志·程途篇》中的讹误。碑刻记载唐王朝与南诏关系的史实，是统一多民族国家的实证，是研究唐与南诏的重要实物资料。

1956年，题刻被切割移到大关县城，1958年寻回并镶嵌于原处。1965年，袁滋题记摩崖石刻被云南省人民委员会公布为省级文物保护单位。1972年，修建碑亭保护题刻。1988年1月13日，袁滋题记摩崖石刻被国务院公布为第三批全国重点文物保护单位，编号3-0174-4-0011。1990年，盐津县人民政府划定保护范围。1992年，对碑亭进行大修。1997年，袁滋题记摩崖石刻"四有"档案建立，保存于云南省文物考古研究所、盐津县文化馆。2014年，设立盐津县文化广播旅游局，负责袁滋题记摩崖石刻的保护和管理。

桂林石刻　桂林石刻是桂林市内各处摩崖造像和石刻题记的总称。造像集中分布于广西壮族自治区桂林市的西山、伏波山、叠彩山、骝马山等4处；石刻主要集中在桂林市内的西山、伏波山、叠彩山、骝马山、虞山、象鼻山、独秀峰等30余处，其中月牙山龙隐岩、龙隐洞桂海碑林最集中。

摩崖造像有道教、佛教及其他三类，佛教居多；题刻有题名、题榜、诗文、纪事、绘画、医方等内容，以修营纪事和游历吟咏为主；唐代至民国历代皆有雕刻，多为唐宋时期作品。

桂海碑林石刻位于七星区七星公园月牙山西南麓，分布于龙隐岩、龙隐洞岩壁。上起唐代，下至民国，以宋代为主，共有题刻213则，其中唐代1则、宋代111则、元代1则、明代42则、清代26则，其余为民国或年代无考。龙隐岩、龙隐洞自古即为游览胜地，崖壁上到处是诗词、题记、摹刻名人书画等，真、草、篆、隶、行字体齐备，使两洞内外形成"摩崖殆遍，壁无完石"的碑林奇观。唐《张浚刘崇

桂林龙隐洞石刻

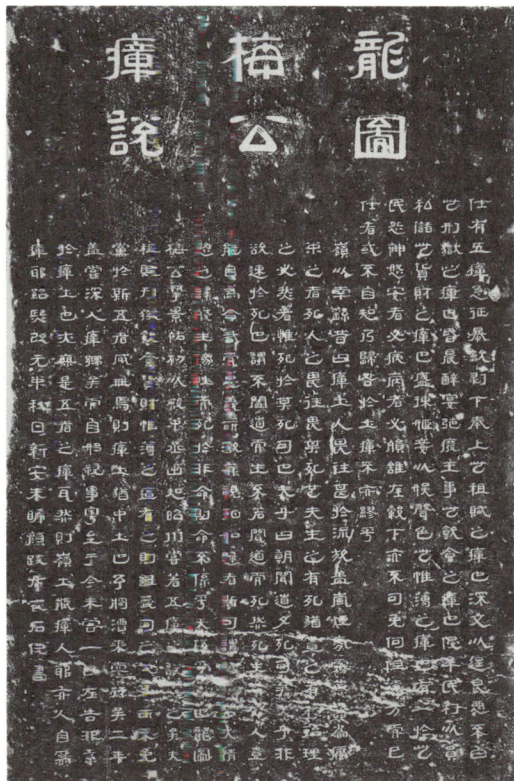

宋梅挚《龙图梅公瘴说》

龟杜鹃花唱和诗》位于龙隐洞西壁，唐乾宁元年（894年）刻，高50厘米、宽74厘米，字径3厘米，真书，是桂海碑林内年代最早的摩崖石刻。宋《狄青平蛮三将题名》位于龙隐洞南口东壁，高355厘米、宽235厘米，字径7厘米，真书，是狄青平定依智高之后班师途经桂林时所刻，记载参与此次平乱将领的姓名。宋《石曼卿钱叶道卿题名》位于龙隐岩东壁，高111厘米、宽148厘米，字径4厘米，真书。石曼卿是北宋前期著名书法家，此碑为所见石曼卿唯一书迹。宋《元祐党籍》位于龙隐岩东壁，高193厘米、宽143厘米，字径2.5厘米，真书，蔡京书，南宋庆元年间刻，是唯一保存完整反映宋代元祐党争的实物资料。宋梅挚《龙图梅公瘴说》位于龙隐洞洞穴东壁，高186厘米、宽115厘米，字径3.3厘米，真书，朱晞颜跋。

《龙图梅公瘴说》及朱晞颜跋是著名的丑腐碑。还有宋代刻《米芾程节赠答诗》、洪迈《高州石屏记》《米芾、程节酬答诗》，清初阳文线刻观音像等。

西山石刻位于秀峰区丽君路西段西山公园内。主要分布于千山观、龙头峰、立鱼峰、观音峰、西峰的崖壁间。遗存摩崖造像36龛、215尊像，佛塔2座，瘗龛35个，题刻16则。造像均为唐代，题刻主要为宋代、清代刻。其中有观音峰调露元年（679年）李实造像、龙头峰上元三年（676年）造像和景龙三年（709年）造瘗龛。李实造像系利用天然山岩高浮雕一佛二胁侍菩萨像。题记云：“大唐调露元年十二月八日隋太师太保申明公孙昭州司马李实造像一铺。”龙头峰摩崖造像多为一佛二菩萨像或单尊佛像。其中第5龛内造一佛二弟子二菩萨一供养人一飞天，主佛结跏趺坐，有桃形背光；弟子着圆领袈裟，双手合十，立于莲花座上；菩萨戴冠，着长裙，立于束腰圆座上；主佛背光右上方有一供养人，面向主佛而跪；背光之左上方有一飞天，双手前举，双腿后张，作腾跃状。题刻中重要的有宋代方信孺题《碧桂山林》、李曾伯刻张孝祥书《千山观》

桂林西山石刻

以及元郭思诚的《新开西湖之记》，《新开西湖之记》记述了桂林西湖疏浚修复的经过。

伏波山石刻位于叠彩区伏波公园内，东濒漓江，是一座孤峰峭立的石灰岩山峰。主要分布在伏波山还珠洞、千佛洞内，内容可分为造像、题名、题榜、诗文、纪事、绘画等。遗存题刻103则、造像45龛239尊，年代为唐至民国时期，以唐宋时期为多。造像分道教、佛教及其他人物，佛像最多。佛像多为唐大中年间（847～859年）雕刻。遗存最早有明确纪年的石刻，是唐大中六年（852年）桂管监军使赐鱼袋宋伯康造像记。宋崇宁五年（1106年）张庄撰《崇宁新建平允从州城寨记》，是伏波山最大的石刻，记载宋崇宁四年（1105年）广西经略安抚使王祖道在广西三江等地拓边开置州寨的史事；宋嘉定八年（1215年）方信孺据米氏子孙家藏本刻《米芾自画像》和撰《画像记》。其他重要的石刻还有北宋章岷与崔静《还珠洞唱和诗》、北宋李师中《蒙亭记》、南宋范成大《桂林鹿鸣燕诗》、清代李秉授《兰竹图》、"正夏堂"榜书等。造像最具代表性的为千佛洞第20龛，该龛位于临江洞口右壁上方，圆拱形，龛内造一佛二菩萨二弟子二供养人。

叠彩山石刻位于叠彩区叠彩公园内，东濒漓江。唐代于此曾建圣寿寺。石刻主要分布于北麓的瞻鹤洞、碧霞洞周围、冰壶、混沌岩、临江上岩、蹬龙下岩、木龙洞、会景处、风洞、太极洞、太极洞两侧登山道、仙鹤洞、四望山及叠彩山西南麓等处。遗存题刻205则，为唐代至民国时期雕刻，以明清时期居多。有题榜、题记、题诗、绘画、造像等，以诗文为主。最早的题刻为唐会昌四年（844年）晚唐诗人元晦撰《叠彩山记》和《四望山记》。著名的石刻有南宋朱晞颜《访叠彩岩诗并记》、清袁枚《游风洞登高望仙鹤明月诸峰》诗、清张宝七言绝句、清女诗人严永华《留题叠彩山诗》等。

骝马山石刻位于秀峰区骝马山北麓，北面有老人山。北麓崖壁上存摩崖造像6龛23尊，2个瘞龛，唐代开凿。其中第3龛规模最大，为一佛二弟子二菩萨二力士二供养人组合。

桂林还珠洞石窟

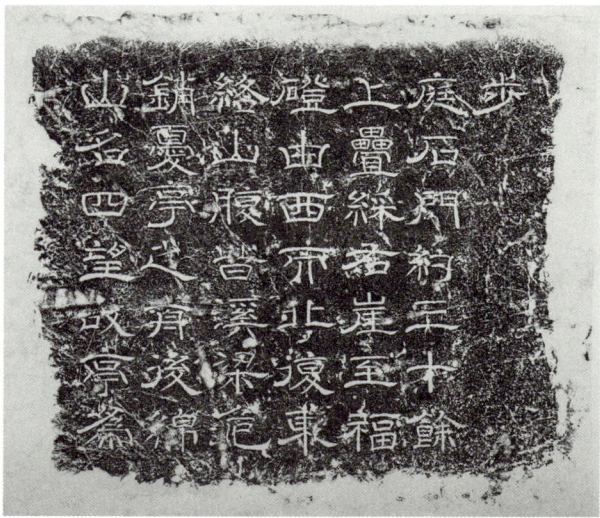
唐元晦《四望山记》

虞山石刻位于叠彩区虞山路虞山公园内，东濒漓江。主要分布在虞山南麓崖壁及韶音洞北端，遗存摩崖题刻65则，其中唐代2则、宋代6则、元代2则、明代29则、清代21则及年代无考者5则，分题记、题诗、题榜和绘画。多为歌颂虞舜功德、记载修缮虞帝祠庙以及赞美虞山风光的内容。遗存最早石刻为唐建中元年（780年）韩云卿《舜庙碑》，韩云卿撰，韩秀石书，李阳冰篆额，称为桂林的"三绝碑"。另有南宋淳熙三年（1176年）朱熹撰《宋静江府新作虞帝庙碑》，记载了南宋理学家张栻任静江府知府时重修虞帝庙的经过，朱熹撰文，吕胜己隶书，方士繇篆额，称"四夫子碑"；元至正二十三年（1363年）刘杰《帝舜庙碑记》以及清光绪十五年（1889年）沈秉成《重修虞帝庙碑》记载了虞帝庙的兴衰及桂林文化教育的发展。

铁封山石刻位于叠彩区中山北路东侧，西面并立鹦鹉山。石刻分布于铁封山西端崖壁，存有3则，其中唐代1则、宋代2则，均为"平蛮"纪事。遗存最早者为唐大历十二年（777年）的《平蛮碑》，韩云卿撰文，韩秀石隶书，李阳冰篆额，记载大历年间桂州刺史李昌夔平乱的史事；北宋庆历五年（1045年）节度推官孔延之《瘗宜贼首级记》，记载杜杞与欧希范反叛经过；北宋皇祐五年（1053年）广西经略使余靖《大宋平蛮碑》，记载狄青平侬智高反叛的历史。

宝积山石刻位于叠彩区翊武路中段，北为木龙湖及铁封山，西北为桂湖，东为叠彩山及

桂林迢马山石窟

漓江。石刻主要分布在北麓的华景洞内，部分在南麓的登山道旁、山顶及东麓铁佛寺故址的石壁上。遗存摩崖题刻23则，为宋至清雕刻，其中宋代10则、明代5则、清代4则、无款名者4则。内容有诗文、题名、题榜、纪事和诏敕。唐会昌年间，桂州刺史元晦开凿华景洞，洞前建岩光亭，成为桂林一方名胜。遗存最早石刻为北宋嘉祐三年（1058年）宋萧固、宋咸等游华景洞题名及吴组等五人的《华景洞题名》。岩洞内石刻多以元晦开发名胜为题材。重要的纪事石刻有《抗元纪事碑》、北崖壁的《宋理宗敕朱广用谢表》，其中南宋开庆元年（1259年）静江知府李曾伯《抗元纪事碑》记述静江府城扩建竣工后曾胜利抗击元军的事迹。

鹦鹉山石刻位于叠彩区中山北路与翊武路交会处，南为木龙湖，西南为桂湖。石刻主要分布于西南山腰。遗存2则，均为宋刻，内容为城图、纪事。其中南宋咸淳七年（1271年）《静江府城池图》是中国遗存宋代两件石刻城图之一。整件石刻分为城图和图记两部分，图高340厘米、宽300厘米，阴刻；图额为记，高31厘米、宽308厘米，楷书，112行，1600余字。城图以刻绘城壕建置、军营官署、山川形

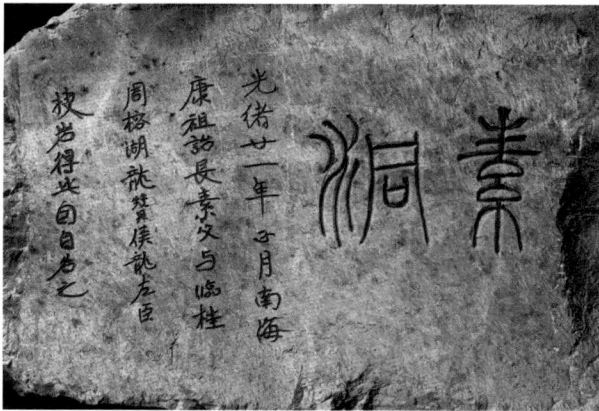

清康有为题《素洞》

胜和桥梁津渡为主，相关军事防卫的设施、部署都详加注明，是一幅军事防御图。城图以混合比例尺的方法对原城池只作简略描绘，重点突出新建部分。图记则记载了四任主持人所修筑城池的起始地段、高宽尺寸、所耗工时、费用等。南宋咸淳六年（1270年）章时发撰《静江府修筑城池记》概述桂林城池修筑的历史和南宋末年筑城的详细经过，是研究桂林城市规划、城池建筑的珍贵文物。

清秀山石刻位于叠彩区清秀路南端，山北为池塘，西邻桃花江。石刻主要分布在北侧洞口和东侧洞口，遗存石刻14则，宋代13则、明代1则。内容有游记、题名、诗文、题榜、记事、符牒等。遗存最早者为北宋嘉祐年间伯泰题"嘉祐"2字；较重要的有北宋元符三年（1100年）杜唐臣、张通夫等七人的《同游题名》，北宋靖康元年（1126年）临桂县令唐铎题《新修清秀岩记》，都是研究清秀岩开发历史的资料。

回龙山石刻位于叠彩区中山北路西面。石刻分布于山脚东南壁。遗存摩崖题刻2则：南宋绍兴十九年（1149年）刘彦登、方滋等14人为刘彦登还朝饯别事的隶书题名；明宣德七年（1432年）萧以成撰文《临桂大尹叶侯善教记》，内容为颂扬曾在桂为官的叶俊在任期间锄强去暴、兴学营缮、为民造福的功绩。

芳莲山石刻位于叠彩区芦笛岩南面。遗存题刻1则，清道光十四年（1834年）陈桂汸楷书《果然灵应》，刻于山头庙北侧。

南溪山石刻位于象山区中山南路南溪公园内。石刻主要镌刻于山北的白龙洞、观音岩、泗州岩、龙脊岩，山南的半山腰及穿云岩、刘

仙岩、玄元洞等处。遗存摩崖造像3尊，题刻145则，其中唐代3则、宋代47则、元代3则、明代35则、清代52则、民国2则、年代无考者3则。内容有诗文、题名、纪事、题榜、医方等。

独秀峰石刻位于秀峰区靖江王城内。遗存题刻174则，其中唐代2则、宋代7则、元代3则、明代34则、清代70则、民国6则、年代无考者14则、字迹模糊者38则。内容以唐宋纪念先哲颜延之诗、明代靖藩闲情逸诗、清代建贡院名人云集等为主，有题记、题诗、题榜、书法、绘画、吉语等。

中隐山石刻位于秀峰区中隐路南端，具体分布于佛子岩、吕公岩、张公洞。遗存题刻16则，其中宋代15则、清代1则。有题名、题榜、纪事和诗文等。最早者为北宋元丰二年（1079年）广西提举常平刘谊等四人《佛子岩题名》。

府学文庙石刻位于秀峰区解放西路北侧桂林中学内，具体分布于魁星楼（原建筑已毁）西侧，为宋至清代的府学及文庙旧址遗留的碑刻。遗存11方，其中元代2方、明代1方、清代8方，另有石门楼2座，柱础等石构件26件。

轿子山石刻位于秀峰区翠竹路唐家村。石刻分布于轿子岩、释迦岩内。遗存摩崖题刻4则，造像1尊，石塔1座。造像镌造于释迦岩内上壁，结跏趺坐，左手按膝，右手施无畏印；左壁有宋政和二年（1112年）杨书思题刻1则。

琴潭岩石刻位于秀峰区甲山乡唐家村琴潭村西北。石刻分布于琴潭岩南麓水洞洞口，遗存摩崖题刻2则，为南宋嘉定七年（1214年）方信孺题名和隶榜《琴潭》二字。

人头山石刻位于秀峰区文采路南侧。遗

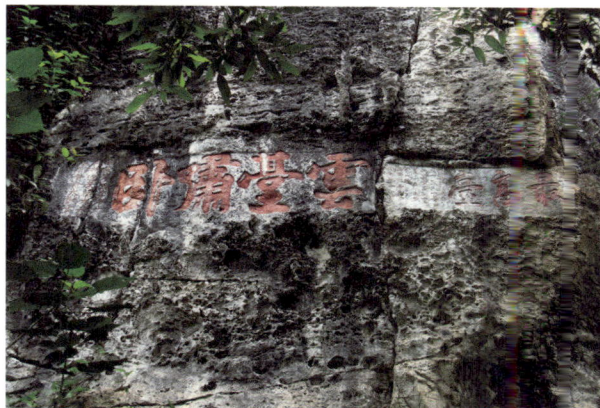

阳朔来仙洞摩崖石刻

存题刻1则，刻于清同治十二年（1873年），真书《临桂县正堂告示碑》，晓谕民众勿起境放牧。侯山石刻位于桂林市秀峰区甲山乡与临桂县接壤处，遗存题刻1则，清乾隆四十一年（1776年）刻于侯山山厄东，记述了阳唐氏出资修筑侯山道路事。

隐山石刻位于秀峰区西山公园内，以唐宋摩崖石刻和清代金刚经碑刻为主，主要分布于北牖洞、百雀洞、嘉莲洞、夕阳洞、南华洞、朝阳洞六洞，金刚经碑则均嵌于法藏禅寺。遗存摩崖题刻72则，其中唐代6则，宋代32则，明代10则，清代24则；另有金刚经碑30方。内容有题名、题榜、诗文、记事、绘画、经文等。遗存最早者，为唐宝历元年（825年）唐太学博士吴武陵书《李渤等隐山题记》。

金山石刻位于秀峰区甲山乡金山东幸麓。有摩崖造像3龛，头部均被砸毁，年代从唐至南汉。南汉造像龛位于寺庙遗址上方石壁上，圆拱形龛，南汉乾和十一年（953年）开凿，龛内造一佛二菩萨一侍者像，右下有造像记和题刻各1则，造像记落款为"维大汉国乾和十一年岁次癸丑十二月丁未十八日"。

普陀山石刻位于七星区七星公园内。主

要分布在曾公岩、元风洞、普陀岩、玄武岩、四仙岩、七星岩、栖霞寺后山体、朝云洞、灵剑溪、弹子岩、留春岩、省春岩等地，五代至清代雕刻。遗存题刻266则，其中唐代1则、五代1则、宋代79则、元代7则、明代46则、清代113则、民国5则、年代无考者15则。内容以诗文、题名、题榜居多，还有纪事、石经、楹联、书目等。遗存最早为五代后晋天福二年（937年）刻《加封李靖庙碑》。

穿山石刻位于七星区穿山公园内，主要分布在穿山的月岩及西南山壁。遗存摩崖题刻6则，其中宋代5则、民国1则。宋刻均刻在月岩两壁，有题榜、题名、题诗等。年代最早者为南宋嘉定十五年（1222年）胡槼题《月岩》榜书、《空明山》篆字榜书和《月岩诗》。此外，还有南宋端平三年（1236年）静江知府赵师恕等游月岩题名及《离别穿山诗》等。

会仙岩石刻位于七星区七星公园会仙山西北麓，分布于会仙岩口东南壁，原有摩崖题刻20余则，遗存8则，为明正德六年（1511年）部分靖江王宗室、辅国将军、镇国中尉及各司官员等26人在会仙岩游宴后所留，有诗文、刻像和题榜等。

月牙山石刻位于七星区七星公园内，集中分布于月牙山登山道及月牙岩壁。遗存摩崖题刻25则，其中元代1则，明代6则，清代13则，民国5则。内容多为游记、题榜、诗文、营缮记事。史载最早者为北宋嘉祐五年（1060年）余靖、赵师恕等8人题名，已不存；遗存最早者是元至顺三年（1332年）《隐真岩建阁舍题名》。

象鼻山石刻位于象山区象山公园内漓江与桃花江交汇处，分布于水月洞内外和云峰寺后壁遗存题刻56则，造像6尊。唐至宋代居多。石刻以诗文和题名为主，还有题榜、营缮纪事、书札等。雉山石刻位于象山区上海路与宁远河交会处，集中分布于山南雉山岩、北麓乐盛岩，东面山腰回龙洞等处亦有零星分布。石刻以游记、题名、题诗、题榜为主，多记述了文人墨客游览雉山的盛况。年代最早者为北宋至和元年（1054年）《苏安世等六人题名》。

屏风山石刻位于七星区灵剑溪圆通湾附近，存宋代题刻3则。辰山石刻位于东郊七星区环城北一路北侧电科所院内，存题刻2则，均为宋刻。尧山石刻位于七星区，存石刻3件，其中明代石碑1方、清代摩崖题刻2则。观音山石刻位于七星区六合路北侧，存1则宋代题刻，楷书，记载侯觉澄复建观音堂的经过。社山石刻位于七星区环城北二路西侧，存题刻2则，明代1则，清代1则，均为楷书。芙蓉山石刻位于叠彩区芦笛路中段南侧，桃花江东岸。

宋代以来，诸多金石学家开始著录桂林石刻，如宋代赵明诚《金石录》、王象之《舆地碑目》、陈思《宝刻丛编》；明代张鸣凤《桂胜》、刘继文《桂林金石录》；清代孙星衍《寰宇访碑录》、钱大昕《潜研堂金石文字跋尾》、陆增祥《八琼室金石补正》、王昶《金石萃编》、陆耀通《金石续编》、缪荃荪《艺风堂金石目录》、叶昌炽《语石》、洪颐煊《平津读碑记》等。现代著录主要有《唐代桂林之摩崖佛像》《桂林石刻》《桂林墓碑志》等。

1963年2月26日，广西壮族自治区人民委员会公布西山摩崖石刻及造像、伏波山摩崖石刻及造像，穿山、府学文庙、龙隐岩、龙隐洞摩崖石刻为自治区文物保护单位。1965年，龙隐岩、龙隐洞摩崖石刻辟为桂海碑林，1980年8月成立桂海碑林陈列馆，1984年改名桂海碑林博物馆。叠彩山摩崖石刻及造像、铁封山石刻、虞山石刻、鹦鹉山石刻、南溪山石刻、普陀山石刻、象鼻山石刻、独秀峰石刻、隐山石刻、宝积山石刻、骝马山石刻先后于1981年8月25日、1994年7月8日、2000年7月19日，由广西壮族自治区人民政府公布为广西壮族自治区文物保护单位。2001年6月25日，桂林石刻被国务院公布为第五批全国重点文物保护单位，编号5-0462-4-020。2003年1月2日，广西壮族自治区人民政府印发《关于印发广西农民运动讲习所旧址等20处文物保护单位保护范围和建设控制地带的通知》，公布桂林石刻24处石刻点的保护范围和建筑控制地带。2004年12月，建立桂林石刻全国重点文物保护单位记录档案，存桂海碑林博物馆。2015年，由桂林市文物保护与考古研究院负责大部分桂林石刻的保护管理。2016年8月31日，桂林市人大常委会第三十九次会议通过《桂林石刻保护条例》，2017年1月1日起实施。

九日山摩崖石刻 是记载有海外通商关系的重要石刻，位于福建省南安市丰州镇旭山村。

晋永嘉年间，中原动荡，部分衣冠士族南渡入闽，沿晋江两岸居住，每逢重九，登高远瞻，寄托乡思，久而成习，故称九日山。九日山历代均有题刻，唐代以来不少文人墨客的墨迹留在九日山岩壁间，题刻中行、隶、篆、楷并举，留名者达250多名，以蔡襄、苏舜元、苏绅、虞仲房、马负书等人的题刻为佳。山上

九日山摩崖石刻

九日山摩崖石刻（局部）

风典礼的上佳之处。故每年船舶扬帆的季节，泉州郡守或市舶司等主要官员率领僚属、商贾在九日山延福寺的通远王祠（后改称昭惠庙）为海舶举行祈风，祭海神通远王以祈顺风，典礼完成后登临览胜，并刻石留记。这就是祈风石刻的由来。

南宋虞仲房等祈风石刻是全山遗存最早的一段祈风石刻，位于西峰石刻群中南面中层，南向，摩崖高1.5米、宽1.1米，隶书，字径17厘米，6行，行10字，为虞仲房任泉州提举市舶时，遵照每年旧制率领众僚到延福寺侧通远王祠举行祈风典礼的纪事石刻。虞仲房，浙江余杭人，善篆隶，是当时有名的书法家。南宋林枅等祈风石刻为南宋孝宗淳熙十五年（1188年）一段记载夏四月和冬十月两次祈风的石刻，是唯一记载一年两次祈风的石刻，位于东峰南麓石刻群东中央悬崖，南向，摩崖高1.85米、宽0.78米，正书，字径13厘米，5行，行15字。南宋赵希悒等祈风石刻是宋代遗存最晚的一段祈风石，位于东坡"九日山"三字巨岩南壁不易看到的高处摩崖，摩崖高3米、宽1.77米，行书，字径17厘米，9行，行15字。这是咸淳丙寅年（1266年）南至（即冬至）后，知宗正兼郡事的赵希□偕同提举市舶□事的王茂悦以及其他

遗存宋至清代摩崖石刻77方，碑刻7方，造像1尊。77方石刻中，按年代分，宋刻60方、元刻6方、明刻9方、清刻1方，无纪年题刻1方；按位置分，西峰48方、东峰29方；按内容分，海交祈风石刻10方、景迹题名16方、修建纪事6方、登游诗刻11方、游览留名34方。

宋代泉州港的兴起和市舶司的设立，进一步促进泉州海外交通贸易的大发展。古代船舶无论设计、制造，都必须完全依赖风力航行，祈风祭典尤为重要。九日山有东、西两峰，高约90米，在山间可远眺泉州湾，是为举行祈

僚属来九日山祈风并登临游览的纪事石刻。祈风石刻，反映了12～13世纪风帆航海和市舶管理的史实，是海上丝绸之路的重要见证。

北宋方正叔等市舶石刻，位于东峰"姜相峰"三字东方岩壁上，北向，崖高1.38米、广1米，楷书，字径20厘米，7行，每行5字。这是九日山遗存一段与市舶海交有关有石刻，也是最早出现"提举市舶"这个官名的石刻，为时任泉州郡守方谷偕同市舶司提举与新任下邳县县令等人同游九日山的留名石刻。

1961年5月，福建省人民委员会以九日山祈风刻石及石佛亭之名，公布为第一批省级文物保护单位。1986年，设立南安市九日山摩崖石刻文物保管所，承担保护与管理的职责，2016年更名为九日山文化保护管理中心。1988年1月13日，九日山摩崖石刻被国务院公布为第三批全国重点文物保护单位，编号3-0176-4-013。2017年，九日山摩崖石刻成为"古泉州（刺桐）史迹"16个申遗遗产点之一。2017

年，九日山祈风石刻展示馆建成，开展相关历史与文物的展示宣传活动。

亚沟石刻 是黑龙江地区极为罕见的岩壁石刻，也是女真族遗留的艺术珍品。位于黑龙江省哈尔滨市阿城区亚沟镇东5千米石人山南麓的岩壁上。

石刻像为两幅，正面向南，为一男一女两个人物形象，分别刻凿于两块相邻的花岗岩上，岩面略有自然弧度。男像高1.85米、宽1.05米，头部高0.33米，脸宽0.22米。女像轮廓尺寸较男像略小，保存状态较差。男像在左（东），为武士装束，头戴盔（帽），上有塔刹状顶，两侧有卷翼。面部丰腴端庄，表情威严刚毅，膀阔腰圆，身材魁梧，穿着领窄袖袍，肩披披风，腿左盘右伸，足蹬高腰靴，左手抚于靴上，右手握剑。女像居右（西），头戴帽，神情庄严从容，身穿直领左衽长袖衣，双手合于胸前，盘膝端坐，身体略向右倾斜。由于久经风雨剥蚀，线条有些残缺模糊，下部

亚沟石刻东部山岭

亚沟石刻人物拓片

被毁，部分线条已模糊难辨。两幅图像采用线刻法刻于天然的花岗岩面上，衣饰具有女真人风格。结合摩崖石刻造型、服饰、盔冠、靴履和面相等特点看，学界认为两幅图像属于金代早期石刻艺术。人物形象具民族和地方特点，弥足珍贵。

20世纪上半叶，对亚沟石刻的研究主要是由外国学者开展，如俄国学者B.B.包诺索夫所著的《北满考古学史》，日本学者鸟居龙藏的《金上京及其文化》等。中华人民共和国成立以后，中国学者陆续发表《黑龙江省阿城县亚沟车站采石地区发现石刻画像》《悬崖上的武士像》《亚沟石刻画像》《金代亚沟摩崖石刻》等研究文章，讨论石刻年代、性质、雕刻技法等。

亚沟石刻由阿城区文物管理所保护管理。为保护石刻，当地政府明令禁止在附近放炮采石，并在所在山崖设置了围栏和保护标志等。1961年，亚沟石刻由黑龙江省人民委员会公布为省级文物保护单位。1988年1月13日，亚沟石刻被国务院公布为第三批全国重点文物保护单位，编号3-0166-4-003。1993年5月8日，阿城市政府颁布《阿城市文物保护单位管理规定》，划定亚沟石刻像保护范围和建设控制地带。2015年，国家文物局批准实施亚沟石刻防风化保护工程。

草庵石刻　是世界上最完整的摩尼教遗址，位于福建省晋江市罗山街道苏内社区华表山南麓。

草庵始建于南宋绍兴年间（1131～1162年），初为草构，故名草庵。元至元五年（1339年），改为石构，称草庵寺。草庵依山而筑，遗存主体建筑为石构，单檐歇山顶，面阔、进深各三间，后部架于山崖上，结构清晰简单。民国期间，于主体建筑正前方及两侧，多次扩建，形成遗存建筑群。草庵保留有元代石质建筑基础、台基等，其他砖石、木构件为民国时期修建。寺内岩壁雕有摩尼教创始人摩尼光佛造像。

摩尼教约于隋唐之际（6～7世纪）传入中国，唐代（8～9世纪）传入福建，东渐至泉州则在唐会昌年间（841～846年）。五代（10世纪）时，摩尼教以明教之名出现于泉州，并与民间的巫术结合，受中国偶像崇拜影响，产生摩尼造像。15世纪以来，草庵先后被道教徒和佛教徒进驻，周围民众将造像作为"佛"来参拜。

摩尼光佛造像浮雕于庵内崖壁上。像高154厘米、身宽80厘米，散发披肩，面相圆润，颔下两络长髯，垂落胸前，身着宽袖袈，结带为扣，双手相叠，掌心向上，结跏趺坐于莲座之上，法相庄严，衣饰简朴，风格迥异。

造像巧妙地利用岩石不同的天然色调进行雕饰：脸呈草绿，手为粉红，身则是灰白色。造像四周雕刻豪光四射的纹饰，体现摩尼教崇尚光明的教义。

壁龛上方镌记事崖刻两方。其一曰："兴化路丽山境姚兴祖奉舍石室一完，祈荐先君正卿姚汝坚三十三宴，妣郭氏五九太孺，继母黄千三娘、先兄姚月涧四学出生界者。"另一方曰："谢店市信士陈真泽、真□等喜舍本师圣像，祈荐考妣早生佛地者。至元五年戊月四日记。"由近代佛教高僧弘一法师撰书《重兴草庵记》碑，嵌于草庵内墙东壁，内容记载草庵始建年代、重修情况等历史沿革，以及草庵暨摩尼光佛造像的历史背景与典故。

草庵石刻的发现，对于研究摩尼教的面貌、发展及其在中国的流传等方面，具有重要的意义。草庵是中国最完整的摩尼教遗址，为摩尼教这一业已消逝的古老宗教文明提供独特的见证。1979年于草庵前出土的一件宋代（10～13世纪）刻有"明教会"三字的黑釉碗及数十件残片，为当时教寺在磁灶窑批量定制。草庵庙宇、摩尼光佛雕像、造像壁龛外两方纪年具名的记事崖刻、"明教会"碗和弘一法师撰并书的《重兴草庵碑》成为摩尼教在草庵历经宋、元、明、清及民国各个时期的实物见证，也构成摩尼教在草庵由传入、传播、兴盛、衰微、消亡的完整的文化链条。摩尼光佛造像为世界上所仅有，成为1978年在瑞典隆德

草庵摩尼光佛石刻

大学举行首届国际摩尼教学术研讨会会标，以及世界摩尼教研究会会徽。

1961年，草庵摩尼教遗迹被福建省人民委员会公布为第一批省级文物保护单位。1996年11月20日，草庵石刻被国务院公布为第四批全国重点文物保护单位，编号4-0198-4-01□。1997年8月15日，成立晋江市草庵文物保管所，隶属晋江市文体局，业务关系属晋江市博物馆。2014年成立晋江市文物保护中心，负责其日常业务管理。2016年，草庵石刻现状整修工程、环境整治以及防雷工程均已完工。2016年，福建省人民政府印发《关于公布全国重点文物保护单位（第四至七批）保护范围的通知》，公布草庵石刻的保护范围。同年11月，福建省文化厅、省住房和城乡建设厅联合印发《关于公布省级以上文物保护单位建设控制地带的通知》，划定草庵石刻的建设控制地带。

第三节　经幢

天护陀罗尼经幢　是中国遗存最早的佛教陀罗尼经幢实物之一，位于河北省石家庄市井陉矿区天户村中部。

天护唐陀罗尼经幢建于唐开元十五年（727年），因外观造型似塔，故也称为"石塔"。经幢由两层基座、四层幢身、两层隔板和幢顶（幢顶已佚）等部分组成，全部用青石雕刻垒砌而成。基座下层为方形须弥座，底层已佚，束腰部分四角各浮雕一力士像，作托举状，四面雕刻八身伎乐天，分别弹奏琵琶、口

修复后经幢全景

幢体南面刻经特写

琴、笙、箜篌、箫、埙、小鼓等乐器。基座上层为八角形须弥座，束腰部分亦雕刻八身伎乐天。幢身第一层八角形，坐落在莲花座上，八面柱体，高1.37米，每面遍刻佛顶尊胜陀罗尼经文。第一面（南面）上部阴刻"为国敬造佛顶尊胜陀罗尼幢"12字，末面经文后刻"大唐国镇州井陉县天护城东禅内有……开元十五年岁次丁卯十一月己亥朔八日建"。幢身之上为八角形槅板，每面浮雕垂幔、飘带、花绳等。其上为第二层幢身，覆莲八角形座，座上雕凸起的圆形饰，之上雕半身狮、象。再上亦为八角形槅板，每面雕狮首、垂幔、飘带等。槅板之上为第三层圆形幢身，雕刻须弥山。再上为第四层幢身，八角形柱体坐落在双层仰莲座上，每面各雕一舟形龛，龛内各雕一佛立像，幢顶无存。残高5.25米。根据对经幢修复时发现的宋天禧通宝铜钱，可推断经幢在天禧元年（1017年）后曾进行过维护修缮。

1982年7月，天护陀罗尼经幢由河北省人民政府公布为省级文物保护单位。1986年，河北省文物局出资，由井陉矿区天户村委会负责施工新建保护廊亭。1996年11月20日，天护陀罗尼经幢被国务院公布为第四批全国重点文物保护单位，编号4-0195-4-007。2011年1月，井陉矿区文化广电新闻出版局组织编制《石家庄市井陉矿区天护陀罗尼经幢抢救性保护修复方

案》，经批复后实施。天护陀罗尼经幢保护职能由井陉矿区文化广电新闻出版局专人负责。

松江唐经幢　是中国保存较为完整的唐代石经幢，属佛教密宗产物，位于上海市松江区中山东路西司弄43号中山小学内。

经幢始建于唐大中十三年（859年），总高9.3米，遗存21级，树立在八角形以侧砖砌成带坡状的地面上。各级分别以托座、束腰、圆柱、华盖、腰檐等形式叠成姿态优美的经幢，每节大部分作八角形。自下而上，第一级为海水纹座，刻波涛卷浪；第二级为圆形盘龙束腰，刻群龙穿凿于洞窟，因严重风化，有部分残缺；第三级为莲瓣卷云台座，分上下斜面和中间侧面，刻卷云、佛山及殿宇、单瓣仰莲；第四级为蹲狮浮雕，八面束腰每面一狮，前足挺立，突胸，面部皆残缺；第五级为唐草纹仰莲座，上斜面阴刻花草缠枝牡丹，下斜面

唐经幢全貌

刻莲瓣；第六级为菩萨浮雕束腰，八面每面镌如意头式壶门，门内有半结跏趺坐或全结跏趺坐的菩萨雕像；第七级为叠涩，无雕刻；第八级为勾栏幢座，每角立望柱，两柱间镌勾片纹的石阑板；第九级为幢身下段，直径76厘米高46厘米，刻捐助钱物人姓氏；第十级为幢身上段，直径76厘米，高177厘米，镌佛顶尊胜陀罗尼经文并序，第八面有题记6行；第十一级为狮首华盖，八角每角上有狮首，口含璎珞；第十二级为联珠，双半球，刻莲花和如意纹；第十三级为卷云纹托座，仰盘式，镌卷云纹；第十四级为四天王浮雕，东南西北四面各刻横眉怒目的天王像；第十五级为八角腰檐，翼角翘起，角端雕如意纹；第十六级为蟠龙圆柱；第十七级为仰莲托座，刻莲瓣盛开状；第十八级为底座，上下叠合；第十九级为“礼佛图”浮雕，刻佛像、菩萨、供养人等16尊；第二十级为八角攒尖盖，分上下两层，均有翘角；第二十一级为菱形平盖，素面，无雕刻。

松江唐经幢明显地受浙江经幢的影响，其结构、层次、雕刻内容多与浙江唐经幢类似，但高度和纹饰的繁缛又超过浙江经幢。松江唐经幢在唐代经幢遗存中属最完整和高大的一座。其主要部位幢身周围，镌刻有《佛顶尊胜陀罗尼经》及序。建幢目的是超度亡者，造福生者。

旧志关于此经幢的记载甚简。中华人民共和国成立以后，建筑学家及文物工作者等开始关注此幢，陆续发表《松江县的古代建筑》《从松江唐经幢看唐代的上海》《上海松江陀罗尼经幢》等文章。

20世纪60年代初，松江唐经幢在通波塘

畔的中山小学的操场中，仅可见到幢身及以上十级屹立于土墩上。1962年，清理土墩及经幢四周100平方米范围3米深的土层，发现在墩内幢身以下连底座尚有10级，底座旁围条石并筑约3米高的围墙，墙外再以石块和泥土堆成土墩。1962年，松江唐经幢被上海市人民委员会公布为上海市文物保护单位。1964年11月，完成对经幢的修复工程。1988年1月13日，松江唐经幢被国务院公布为第三批全国重点文物保护单位，编号3-0179-4-0016。1999年3月29日，上海市人民政府批复《关于同意重新编制的上海市国家级和市级文物保护单位保护范围及建设控制地带》，划定松江唐经幢的保护范围、建设控制地带。松江唐经幢由松江区中山小学实施属地化管理。日常保护管理档案存松江区文广局。

龙兴观道德经幢　俗称八棱碑，是河北保存最为完好的唐代石刻经幢，位于河北省易县城内西南隅唐代龙兴观遗址内。

易县龙兴观始建于唐景龙二年（708年），是唐代北方著名道教活动场所之一，历经宋、元、明各代，屡有兴废。龙兴观遗址平面略呈长方形，长270米、宽175米，为一凸起的台基，遗存内仅存石碑3通，古柏1棵。

道德经幢位于遗址的南侧。道德经幢原本不是龙兴观的旧物。据"天下舆地碑记"载，龙兴观道德经幢于唐开元二十六年（738年）竖立在城西开元观，南宋乾道五年（1169年），由张孝祥移于府治。

道德经幢高约7米，由幢座、幢身、幢顶三部分构成。除幢顶为青石外，其余皆为汉白玉石。幢座为八角形须弥座，高0.6米，最大

龙兴观道德经幢

直径1.57米，底边每边长0.6米。幢身由两层汉白玉雕砌而成，上层高0.7米，下层高3.59米，通高4.29米，直径0.9米。平面为八角形柱体，每面宽0.4~0.42米不等。幢身上层自东面起，由左向右正楷竖书"太上玄元皇帝道德经大唐开元神武皇帝注"18个大字，占三面，每面2行，共6行，每行3字。其他五面刻唐开元二十年（732年）十二月十四日唐玄宗颁发推崇"道德经"的诏书，要求"士庶家藏一本，勒令习读使知指要"，共205字。经幢下层各面依次镌刻老子《道德经》全文。幢尾题"易州刺史兼高阳军使赏紫金鱼袋上柱国田仁琬奉敕立"，"开元二十六年岁次戊寅十月乙丑朔八月奉敕建"。以下为历代职官题铭，主要有清嘉庆甲戌（1814年）六月知易州历城

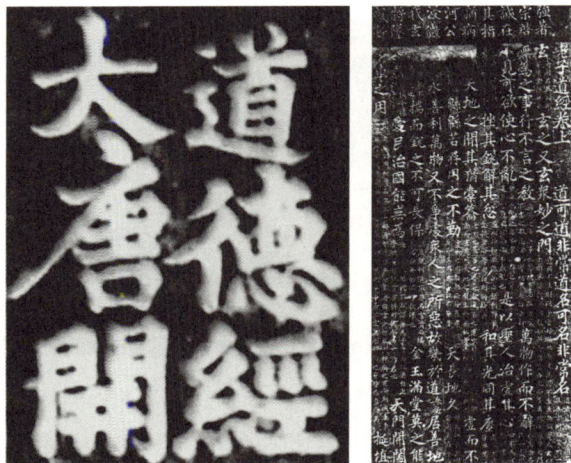

《唐易州御注道德经幢》拓本（局部）

金洙属大兴翁方纲和咸丰癸丑（1853年）易州学正赵煊的题记。同治年间，直隶易州知州赵烈文、江阴邓家绩、山阴米承廉、阳湖赵壁及弟赵栗，宣统元年知易州事阳湖张寿岭分别观瞻并做了题记。

龙兴观道德经幢是仿照佛教经幢的形制而建造的，是保存较完整的道德经幢，对于校勘老子《道德经》和研究唐代道教信仰具有非常重要的史料价值。

龙兴观道德经幢由易县文物保护管理所负责保护管理。1982年7月23日，河北省人民政府公布易县道德经幢为省级文物保护单位，并公布其保护范围和建设控制地带。1996年11月20日，龙兴观道德经幢被国务院公布为第四批全国重点文物保护单位，编号为4-0194-4-006。2001年5月，国家文物局拨款对道德经幢进行加固、维修及重建保护亭。2005年9月，龙兴观道德经幢的全国重点文物保护单位档案由易县文物保护管理所编制完成，并负责保存和管理。

梵天寺经幢　是五代时吴越国经幢代表作之一，是建筑艺术与雕塑艺术的完美结合，

位于浙江省杭州市上城区凤凰山麓梵天寺路87号。该地原为五代吴越国临安府治和南宋皇城所在地，周边文物古迹众多，北有南宋后苑圣果寺遗址，西与栖云古寺相邻，南与闸口白塔、钱塘江大桥等遥遥相望。

五代吴越国佛教盛极一时，有东南佛国之称。唐天祐元年（904年）吴越王建梵天寺，初名顺天院。梁贞明初年，钱镠为供奉释迦佛骨舍利，建八面九级城南塔，顺天院改称南塔寺。五代后周显德五年（958年）南塔被焚，释迦舍利转供龙华寺。北宋乾德三年（965年）六月，吴越王钱弘俶重建南塔寺，并在殿宇前建刻有陀罗尼经石经幢1对。治平年间（1064～1067年），南塔寺改名梵天寺，经幢由此得名。梵天寺仅存双幢，南北对峙，相距

梵天寺经幢

13米，南幢高14.99米，北幢高14.87米，形式、结构基本相同。

经幢由基座、幢身、腰檐、短柱层及幢顶五部分组成。基座为须弥座式，雕有九山八海、覆莲、蟠龙、菩萨造像等。其上八角幢身，南幢身刻"大随求即得大自在陀罗尼神咒经"，北幢身刻"大佛顶陀罗尼经"，南幢北面、北幢南面皆竖刻吴越国王钱俶《建幢记》，行书，文末署"乾德三年乙丑岁六月庚子朔十五日甲寅日立天下兵马大元帅吴越国王钱俶建"。幢身上覆置幡盖、腰檐，檐下施七铺作双杪双下昂偷心造转角铺作，单补间为六铺作双杪单下昂偷心造。腰檐上依次叠置山花蕉叶、宝珠、四隅抹角的方形短柱，柱体四正面雕壶门形龛，内设造像。再上为三层短柱

基座石刻

幢顶结构

层，每层雕有幡盖、山花蕉叶、宝珠、佛教人物造像等。顶部安花苞形幢顶。

历代方志均有对梵天寺经幢的记载，如明代田汝成辑纂的《西湖游览志》、明万历《杭州府志》、清《杭州府志》、清雍正《浙江通志》、清光绪《湖山便览》等。

1961年4月15日，梵天寺经幢被浙江省人民委员会公布为首批浙江省重点文物保护单位，1981年5月6日重新公布。1986年8月前，梵天寺经幢的保护与管理由杭州市园林文物局南线管理处承担；1986年8月，由杭州市园林文物局凤凰山管理处负责；1997年10月，增挂杭州南宋皇城遗址文物保护管理所牌子，负责对梵天寺经幢的日常维护和管理。1998年9月5日，浙江省人民政府公布《关于划定杭州六和塔等123处文物保护单位保护范围及建设控制地带的批复》，划定保护范围和建设控制地带。2001年6月25日，梵天寺经幢被国务院公布为第五批全国重点文物保护单位，编号5-0451-4-009。2009～2010年，实施梵天寺经幢科技保护工程。

赵州陀罗尼经幢 建于北宋，是全国最高大、最完美的一座石经幢，位于河北省赵县城内开元寺旧址，即石塔路与石桥大街交会的十

字路口中央。

据清代陆增祥《八琼室金石补正》记载，赵州陀罗尼经幢是由当时的礼宾副使、知赵州王德成督办，都料匠孙普全，本州人何兴、李玉等人于北宋仁宗景祐五年（1038年）建造。经幢全部用花岗岩石雕刻叠砌而成，外观造型酷似塔，当地俗称石塔。

赵州陀罗尼经幢高16.44米，坐北朝南，由基座、幢体和幢顶宝珠几部分组成，为八棱多层形式，共七级。最下面是一层边长6.1米的方形束腰式台基，束腰处刻有莲花石柱和形象健美的金刚力士及"妇人掩门"雕像，姿态生动自然。基座由八角石台及须弥座上置须弥山构成，上承幢身。须弥座束腰间刻有佛宝法器等，上边每面雕作三间廊屋状，每间置坐佛一尊。须弥山雕刻精细。幢身分为三段，刻

陀罗尼经1部。幢身之间以宝盖、托座等相连接，幢体各部布满雕饰。首层宝盖周缘雕刻璎珞垂幔，间雕佛像数尊，盖底雕飞天，宝盖之上各角设狮象兽头承托仰莲，莲花瓣上各雕小佛1尊。第二层宝盖各角伸出一朵盛开的莲花。第三层宝盖的外缘雕作城墙及四门形，表现的是太子游四门佛传故事，宝盖底面饰花草、人物等图案。各段幢身磨光后镌刻经文。幢身之上端作八角亭状小屋，为明隆庆四年（1570年）重修所配，顶置宝珠刹。

赵县文物保护管理所负责陀罗尼经幢的保护管理工作。1955年，赵县人民委员会为陀罗尼经幢安装铁栅栏加以保护。1961年3月4日，赵州陀罗尼经幢被国务院公布为全国第一批重点文物保护单位，编号1-0078-3-031。1973年，扶正因1966年地震震歪的幢刹。1983年，

赵州陀罗尼经幢

赵州陀罗尼经幢立面示意图

国家文物局批转拨款对遭雷击损坏的经幢进行修复。1990年，国家文物局拨款用于幢基防水池保护工程。1991年，河北省人民政府公布陀罗尼经幢的保护范围和建设控制地带。1995年，赵县文物保护管理所建立陀罗尼经幢纸质档案资料；2004年，建立电子档案资料。上述档案资料保存于赵县文物保护管理所档案室。

常德铁幢 是宋代铁质经幢，原位于湖南省常德市德山乾明寺旧址，1979年迁到常德市武陵区滨湖公园湖心岛上。

常德铁幢铸造于北宋时期，原称金刚塔，俗称铁树。铁幢由铁质幢体和石基座两部分组成，整体形状略呈圆锥宝塔状。通高4.33米，总重量1520.8千克。底部为六方莲花纹砂岩石座，幢体为层层套接的空心圆柱，局部有仿木结构建筑的檐、门扉等。用白口铁分段铸造，

铁经幢局部人物雕刻

铁经幢全景

幢身分为17节，榫卯套接而成，幢顶已失。

石质幢座高1.37米，用九层砂岩石块砌成，最底层和第三层用片状石块铺砌，其余各层用块状石头砌成，最底层为四方形，边长225厘米；往上第二至八层为六方形，边长100厘米；与幢体接触的第九层为八方形，边长50厘米。整体为束腰状，边缘残存有云莲纹，一面残存有壶门痕迹。第一层，为幢体底层，空心柱状，底部直径88厘米、上部直径54.6厘米、高61.8厘米、壁厚度5～5.5厘米。从下往上铸有3组纹饰，下部铸浮雕力士像8尊，力士双手上举与肩平，作用力承托状，力士之间头部间隙处，铸有金刚杵状纹饰；中部铸有联珠纹，联珠纹上面铸有相间隔的龙虎各4只，奔驰状；上部铸有佛坐像10身，佛像头部有头光圈，佛像之上铸有一圈覆莲纹。第二层，空心柱状，底部直径138厘米、上部直径53.5厘米、高9.5厘米、壁厚3～4.5厘米，铸有凸出的仰莲纹和联珠纹。第三层，空心柱状，底部直径43厘米、上部直径49厘米、高35厘米、壁厚2～2.3厘米，铸有凸起的竖立直线将幢体八等分，每一框内阴刻有募捐人姓名及所施舍钱财数目。第四层，空心柱状，底部直

径33.9厘米、上部直径48.7厘米、高11厘米、壁厚2.5～4.9厘米，铸有凸起的联珠纹一圈。第五层，空心柱状，底部直径33.5厘米、上部直径49.5厘米、高29厘米、壁厚1.5～2.5厘米，铸有凸起的竖立直线将幢体八等分，每一框内阴刻有募捐人姓名及所施舍钱财数目，上端铸有璎珞纹。第六层，空心柱状，底部直径37.5厘米、上部直径69厘米、高15.5厘米、壁厚1.5～2厘米，底部有4个等分的渗水小圆孔，铸有凸出的仰莲纹。第七层，空心柱状，底部直径53厘米、上部直径21厘米、高97.4厘米、壁厚2～4厘米，中部3个长方形空孔，将圆柱状幢体分为3部分，其中表面积较大的部分阴刻《般若波罗蜜多心经》，另外部分刻有捐献造幢人姓名及其官职。第八层，空心，铸成八边弧形屋檐状，底部直径76.8厘米、上部直径36厘米、高16厘米、壁厚2.5～4.9厘米，八面挑角，每个角上有一个穿孔，据传为系铃所用。第九层，不规则盆状，底部直径10厘米、上部直径57.5厘米、高23.5厘米、壁厚1.5～3厘米，铸有重叠的仰覆莲纹，上部34瓣莲，下部32瓣莲。第十层，不规则柱状，底部直径43.5厘米、上部直径29厘米、高24.5厘米、壁厚2～3厘米，中部铸有关闭状门，门扇上有凸起的门钉，顶部为圆拱形，右门上端刻有"郎愿□□"、左门上端刻有"皇帝万岁"四字，门的四周刻有阴文，但多数剥蚀不清。第十一层，空心，八边弧形屋檐状，底部直径61.5厘米、上部直径37厘米、高26.6厘米、壁厚2.5～5.5厘米，形制与第八层相近但略小。第十二层，不规则盆状，底部直径11厘米、上部直径52厘米、高24.5厘米、壁厚2.5～5.3厘

米，铸有凸起的莲花纹，形状与第九层相似，体量略小。第十三层，梯形圆柱状，底部直径20厘米、上部直径16厘米、高70厘米、壁厚1.5～2厘米，柱体上有3层台阶，分别套承第十四、十五、十六层。第十四层，空心圆柱状法轮形，底部直径17.5厘米、上部直径42厘米、高12.5厘米、壁厚0.9～1.5厘米，轮上有直列的水波纹。第十五层，空心圆柱状法轮形，底部直径20.8厘米、上部直径36厘米、高14厘米、壁厚0.8～1.5厘米，从下部往上逐渐缩小。第十六层，空心圆柱状法轮形，底部直径16厘米、上部直径35厘米、高13厘米、壁厚0.6～1.5厘米，轮上有直列的水波纹。第十七层，空心圆柱状，中部略鼓，底部直径23.8厘米、上部直径10厘米、高45.5厘米、壁厚3.5～4.5厘米，有4个半圆形花状纹饰。第十七层以上据传为宝瓶式顶盖，已失。

根据题记分析，常德铁幢铸造年代最早不早于宋雍熙元年（984年），最晚不迟于宋大中祥符五年（1012年），其造型、图案和铭文等信息，对研究中国古代冶金史、佛教史、建筑史和宋代的社会生活状况以及湖南地方史都具有重要的意义。其公母榫及桐油石灰黏接加固工艺是十分珍贵的古老工艺，体现了古代铸铁工艺的高度成就，具有很高的科学价值。

中华人民共和国成立后，常德铁幢一直由常德市文物局直接管理并负责日常保护工作。1959年，湖南省人民委员会印发《关于公布我省第二批文物保护单位名单的通知》，公布常德铁幢为湖南省省级文物保护单位。1982年2月23日，常德铁幢由国务院公布为第二批全国重点文物保护单位，编号2-0044-6-001。1993

年，湖南省人民政府印发《关于公布我省全国及省级文物保护单位保护范围和建设控制地带的通知》，公布常德铁幢的保护范围和建设控制地带。

地藏寺经幢　是大理国议事布燮袁豆光为鄯阐侯高明生超度亡灵祈福的石幢。原位于云南省昆明市地藏寺遗址上，1997年昆明市博物馆建馆，在经幢上加建玻璃楼房并置于序厅正中。

地藏寺经幢建于大理国时期，系大理国议事布燮袁豆光为鄯阐侯高明生超度圆功而建。由基座、幢身和宝顶三部分组成。整体呈塔形，向上收分，下粗上细，通高6.7米，七级八面，由5段黄色砂石榫卯连接而成。幢体上雕刻佛、菩萨、护法、诸天、弟子、供养人等造像300尊，庑殿顶佛殿4座。幢顶由双层仰莲

地藏寺经幢及线描图

座和桃形摩尼宝珠组成。造像中大者高约1.2米，小的不足3厘米，皆具五官、衣饰等细部刻画。庑殿顶建筑则采用圆雕、半圆雕与镂空雕等相结合的形式表现出梁、座柱、挑檐、穿斗等建筑构件，极具写实性。反映出与中原汉地以及周边地域文化交流与融合的特征。

基座，为鼓形圆柱上浅浮雕海水龙王，计8尊。基座上方八面界石上顺时针阴刻汉文铭文4篇，依次是《敬造佛顶尊胜宝幢记》《佛说般若波罗蜜多心经》《大日尊发愿》《发四弘誓愿》，共179行，1679字，皆楷书。幢身分七层，每层以四面四隅佛龛为单位，雕刻组像或单体造像等。第一层由八面雕华盖及造像组成，造像58尊：主体造像为四天王，东、南、西、北四面高浮雕四天王，脚踏夜叉，计10尊；八面华盖每面浅浮雕坐佛像6尊，计48尊。天王间四隅形成四棱，四棱两侧顺时针方向自上而下旋转阴刻梵文《佛顶尊胜陀罗尼经》2000余字。第二层由八面雕华盖和造像组成，造像88尊：主体造像为四方佛，四隅各半圆雕密迹金刚1尊，共4尊，呈外凸状，东、南、西、北四面开4个龛，每龛内高浮雕佛、菩萨、弟子等像1辅9尊像；八面华盖每面浅浮雕坐佛像6尊，八面共48尊。第三层由八面宝珠莲花华盖和造像组成，造像42尊：主体造像为四大菩萨，四隅各半圆雕供养菩萨像1尊，共4尊，呈外凸状；东、南、西、北四面开4个龛，每龛内高浮雕菩萨、胁侍、侍众等像1组，除北面龛内为9尊外，其余三龛内皆为7尊像；每龛上方浅浮雕飞天1对，共8尊。第四层由八面宝珠华盖和造像组成，造像40尊：主体造像为三世佛，四隅各半圆雕供养菩萨像

1尊，共4尊，呈外凸状；东、南、西、北各开1龛，每龛中各高浮雕佛、菩萨、弟子、侍众一辅7尊；每龛上方浅浮雕飞天1对，共8尊。第五层由中部石鼓、四隅迦楼罗鸟构成，中部为饰花石鼓，对应四层四隅半圆雕迦楼罗神鸟各1尊，共计4尊。第六层主体为四方庑殿顶佛殿及下方吉祥云团雕饰，造像28尊，佛殿内各高浮雕五智如来及弟子1组，每组7尊像。第七层由八面莲花华盖和造像组成，造像32尊：主体造像为尊胜佛母，四隅各半圆雕尊胜佛母1尊，共4尊，呈外凸状；东、南、西、北四面佛龛中各高浮雕佛母、菩萨、护法、侍众一组，每组7尊。

民国8年（1919年），经幢被发现于地藏寺原址。民国12年（1923年），昆明市政公所进行修缮并围以铁栏保护；次年，经幢所立之处被辟为古幢公园。1955年，总理周恩来视察昆明时，曾指示建亭保护。1965年，地藏寺经幢被云南省人民委员会公布为省级文物保护单位。1982年2月23日，地藏寺经幢被国务院公布为第二批全国重点文物保护单位，编号2-0045-6-002。1979年，昆明市文物管理委

地藏寺经幢局部

员会成立，承担经幢的保护管理工作。1987年，云南省博物馆对经幢整体抬升修缮。1990年，建立地藏寺经幢全国重点文物保护单位"四有"档案。1997年，在经幢保护范围建成昆明市博物馆，经幢纳入展馆内保护、展示。2012～2013年，昆明市博物馆对经幢进行考古测绘，建立档案。

第四节　碑刻

西安碑林　是形成于北宋并不断汇聚的一处古代碑石、墓志及石刻艺术品的集藏地，是中国历史最久、藏品数量最大的一处碑林。碑林位于陕西省西安市碑林区三学街15号，地处明代西安城墙内老城区，西接书院门古文化街和关中书院旧址，东临柏树林街和卧龙寺，北依东木头市街，南抵明代西安城墙。

西安碑林形成于唐末至北宋三次迁置唐《开成石经》的过程中时。据金正隆五年（1160年）《重修碑院七贤堂记》碑，称碑院。又据赵崡《石墨镌华》，自明万历年间起，始有碑林之称。唐天祐元年（904年），昭宗东迁，长安城遭到毁灭性破坏。镇守长安

的佑国军节度使韩建，以原皇城范围为基础缩减长安城，将原在外郭城务本坊的太学及唐石经迁移于新城之内。后梁时，长安守将刘鄩在幕吏尹玉羽建议下，将委弃于城外的六经石即唐石经迁入新城内"尚书省之西隅"。北宋元丰三年（1080年），知永兴军府事吕大防迁建孔庙、府学于"府城之坤维"。北宋元祐二年（1087年），陕西转运副使吕大忠将唐石经及诸多唐宋碑刻也迁往此处，形成碑林雏形。历金、元、明、清、民国各代，均有整修，或在整修府学、孔庙时一并修葺，或专门对碑林进行整修。清代金石学的鼎盛促进碑林的发展，藏石数量大幅度增长。清乾隆三十七年（1772

西安碑林外景

碑林展室内景

年），陕西巡抚毕沅重新规划和改建碑林建筑，对藏石加以整理，分类陈列，并建立相应的管理制度。民国时期，西安碑林一度归陕西省立图书馆代管。民国26～27年（1937～1938年），碑林进行近代以来最大的也是最重要的一次整修，新建和改建陈列室8所、卷棚2所、碑廊6所及其他辅助建筑，基本形成碑林的建筑格局。竣工之际，将于右任捐归陕西公有的北朝及隋唐墓志380余方（鸳鸯七志斋藏石）入藏碑林，辟专室陈列。

西安碑林博物馆由西安孔庙旧址、西安碑林和新建的两座石刻艺术陈列馆组成。存有馆藏文物11000余件，其中自汉迄民国各代碑石、墓志、石刻造像共3000余种、4000余件，展出1100余件。此外还藏有古籍、字画、印章、文房用具、孔庙祭器等文物。馆区共有一座碑刻陈列室、7座碑廊、8座碑亭及石刻艺术陈列室等4座文物陈列室，占地面积约3.4万平方米，陈列面积8100平方米。

碑林广场北侧的《石台孝经》碑亭，是西安碑林的标志性建筑，亭中为四面刻字的方柱形《石台孝经》碑，刻《孝经》全文，由唐玄宗作序作注并亲自用隶书书写。碑亭上悬有匾额，楷书"碑林"两个大字，相传是林则徐流放伊犁途经西安时所写。碑林第一室主要陈列唐《开成石经》，共114石，228面，刻儒家十二部经典，共计160卷、65万余字。此外，还有明刻《石经补字》、清刻《孟子》以及北宋《京兆府府学新移石经记碑》等与唐石经迁置有关的记事碑刻。第二室陈列有

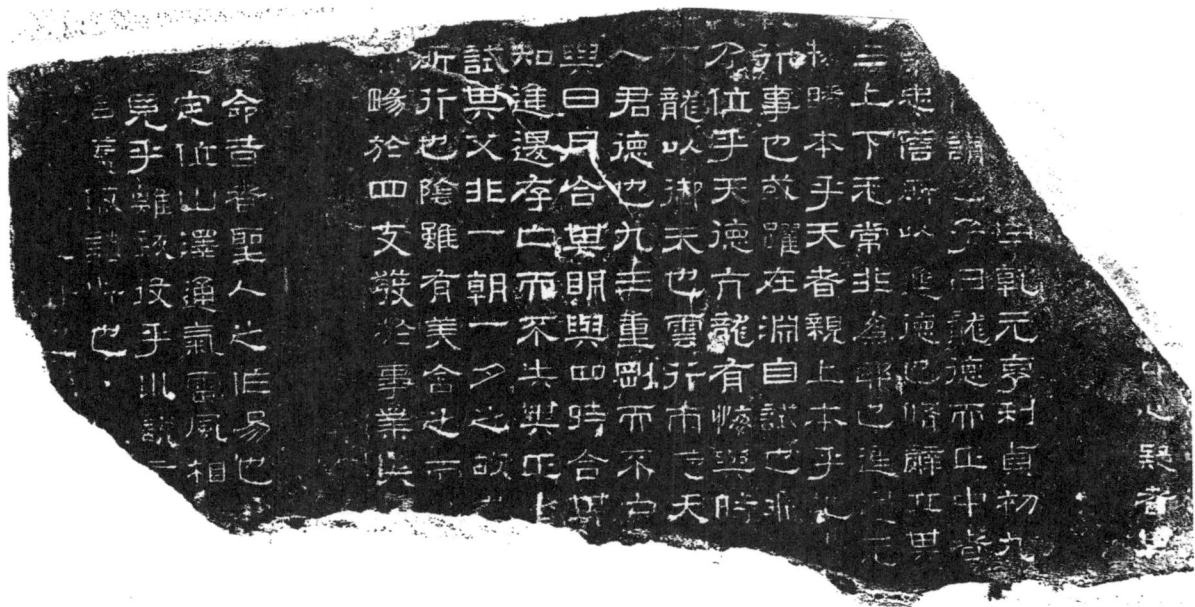

东汉熹平石经《易经》残石拓片

唐代名碑，有《大秦景教流行中国碑》《梵汉合文陀罗尼经幢》等中外文化交流的珍贵碑刻以及欧阳询《皇甫诞碑》、欧阳通《道因法师碑》、褚遂良《同州圣教序碑》、怀仁《集王圣教序碑》、颜真卿《多宝塔碑》《颜氏家庙碑》《争座位稿》、史惟则《大智禅师碑》、李阳冰《三坟记碑》《栖先茔记碑》、柳公权《玄秘塔碑》等唐代书法大家的传世名作。第三室陈列汉至北宋真、草、隶、篆不同书体的碑刻，如东汉《曹全碑》《仙人唐公房碑》与《熹平石经·周易》残石，前秦《广武将军碑》《邓太尉碑》，北魏《司马芳碑》《晖福寺碑》，隋《孟显达碑》，唐颜真卿《颜勤礼碑》《郭氏家庙碑》《臧怀恪碑》、孙藏器《慧坚禅师碑》，宋刻唐虞世南《孔子庙堂碑》，宋赵佶《大观圣作之碑》、梦英《篆书目录偏旁字源碑》以及《智永真草千字文》、张旭《草书千字文》断石、怀素《东陵圣母

帖》等宋人书法刻帖，是一部浓缩了的中国文字发展史和书法史。第四室陈列着宋至清代书法名家苏轼、黄庭坚、米芾、文徵明等人的书迹刻石和具有史料价值的碑刻，如明《黄河图说碑》《感时伤悲记》，清《荒岁歌碑》《平利教案碑》等，另还集中陈列有诸多石刻线画，如宋刻《唐太极宫图》残石和《唐兴庆宫图》残石，及《王维画竹》《达摩像》《松鹤图》等。第五室陈列有宋刻《秦峄山刻石》以及宋至清历代修庙、赡学、筑城、开渠等与地方经济、文化状况相关的纪事碑刻。第六室的碑石以元、明、清各代文人学士的诗词歌赋为主，如赵孟頫《游天冠山诗》、董其昌《秣陵旅舍送章生诗帖》、林则徐《游华山诗》、邓廷桢《文赋》等。第七室为1982年新建，专门用来陈列清刻西安本《淳化阁帖》，共145石、289面。在碑林第二、三室之间，第三、四室之间，第五、六室之间，均有碑廊相接，

主要用于陈列北朝至明各代墓志。于右任所捐鸳鸯七志斋藏石和新出土隋唐墓志中的精品，均陈列于比。

在碑林广场西侧，是1963年建成的陈毅题写馆名的"西安石刻艺术室"，主要陈列汉唐陵墓石刻。碑林所藏陕北东汉画像石中的精品，东汉双兽，唐李寿墓墓门、石椁，献陵石犀、石虎，著名的昭陵六骏以及唐代的老君坐像，均荟萃其中。在广场东侧，是2010年新建成的石刻艺术馆。以"长安佛韵"为题，主要陈列北朝、隋唐佛教造像。其中有北魏的邑子六十人造像碑、朱辅伯造像碑、田良宽造像碑、朱黑奴造像碑、释迦千佛造像碑、皇兴造像、和平二年释迦坐像、刘保生夫妇造像等造

像碑和单体造像；有近年新出土的北周五佛立像；有唐长安安国寺出土的文殊菩萨像、金刚像、马头明王像、降三世明王像、菩萨头像等密宗造像；有唐长安乐善尼寺遗址出土的一大批精美的佛头像、菩萨头像等，堪称是一座古代佛教造像艺术的宝库。

碑林藏石从北宋开始即成为金石学家著录和考释的对象，如欧阳修《集古录》、赵明诚《金石录》、郑樵《金石略》、陈思《宝刻丛编》均涉及碑林中的碑刻。元骆天骧《类编长安志·石刻卷》，注明碑刻所在地，据此可考证碑林早期藏石情况。明清时期著录碑林藏石的金石著作更多，主要有赵崡《石墨镌华》、顾炎武《金石文字记》、朱枫《雍州金

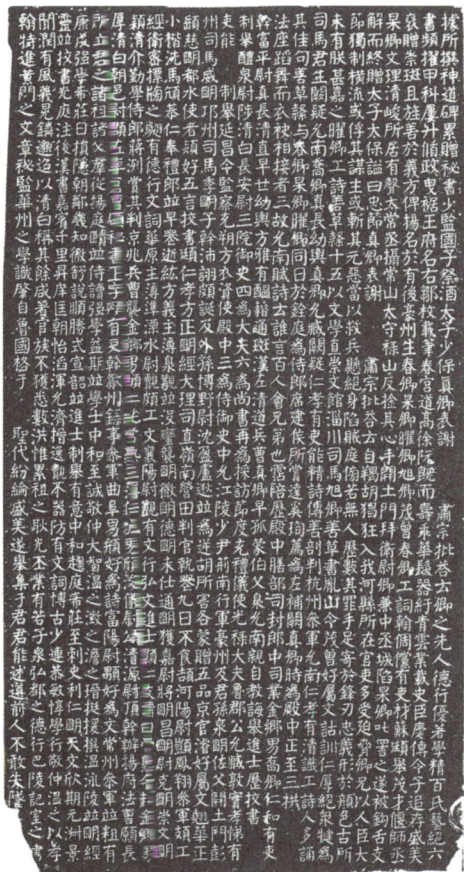

唐颜真卿书《颜氏家庙碑》拓片

唐柳公权书《玄秘塔碑》拓片

石记》、毕沅《关中金石记》、王昶《金石萃编》、毛凤枝《关中金石文字存逸考》等。民国时期，陕西省立图书馆、西安碑林管理委员会、陕西省历史博物馆，均编辑出版过西安碑林藏石目录。中华人民共和国成立后，召开过多届西安碑林国际学术研讨会，出版有《陕西省博物馆藏石刻选集》（1957年）、《西安碑林书法艺术》（附碑林藏石目录，1983年）、《北朝墓志英华》（1988年）、《鸳鸯七志斋藏石》（1995年）、《西安碑林史》（1998年）、《西安碑林全集》（2000年）、《西安碑林博物馆藏碑刻总目提要》（2006）、《隋代墓志铭汇考》（2007年）、《西安碑林博物馆新藏墓志汇编》（2007年）、《长安佛韵——西安碑林佛教造像艺术》（2010年）、《碑林语石——西安碑林藏石研究》（2010年）、《片石千秋——隋代墓志铭与隋代历史文化》（2014年）等。

民国27年（1938年）5月，碑林历史上第一个专门管理机构西安碑林管理委员会成立。民国33年（1944年）6月，以西安碑林为馆址，成立陕西第一所博物馆——陕西省历史博物馆。中华人民共和国成立后，原陕西省历史博物馆先后改名西北历史文物陈列馆、西北历史博物馆，1955年改名陕西省博物馆。1961年3月4日，西安碑林被国务院公布为第一批全国重点文物保护单位，编号1-0125-4-004。1991年改名西安碑林博物馆，成为一座以西安碑林为主体的收藏、陈列和研究历代碑石、墓志及石刻艺术品的专题博物馆。1992年4月，陕西省人民政府公布西安碑林保护范围和建设控制地带。

国山碑 是中国遗存最早的封禅碑之一，位于江苏省宜兴市张渚镇国山山顶的国山碑院内。

国山，原名离墨山，相传仙人锺离墨于此修炼得道，故名。据史料记载，东吴天玺元年（276年），阳羡（宜兴）发生强烈地震，离墨山有大石自立，并出现十余丈长的石室，东吴末帝孙皓以为祥瑞，乃命司徒董朝到阳羡封禅为中岳，改名国山，并刻石以记，是为国山碑。

国山碑立于三国东吴天玺元年（276年）。清乾隆二十九年（1764年），荆溪（宜兴）知县唐仲冕构筑碑亭覆之。民国年间，邑人储南强扩建为六角形护碑亭，周围砌筑石围墙，民国19年（1930年）毁。国山碑由于长期处于山顶露天环境中，至宋代已有许多字迹剥

国山碑

国山碑拓片（局部）

蚀难辨。南宋周必大《泛舟录》载其"南北西三面文字可辨，惟东面皆剥裂模糊"。明代碑文上可以辨认的字尚有800余个。经过风雨侵蚀后，仅碑体西北面下半截字迹可辨，能看清的字剩60余个，其余均已漫灭。

国山碑呈圆柱形，上端微锐，形如囤，俗称囤碑，因系董朝在此封禅而立，故亦称董碑。碑高2.35米，周长3.3米，四周环刻封禅文辞，计43行，每行25字，共1000余字。碑文篆书，为吴国中书东观令史、立信中郎将、书法家苏建所书。碑文内容主要记述立碑的缘由，即当年吴国境内出现的三件奇异现象。其一是"湖泽恒通"，指吴郡临平湖（浙江临平山东南）自汉末草秽壅塞后，突然开通；其二是"石印封启九州吉"，指鄱阳郡历阳山（安徽和县西北）石上纹理呈现为"楚九州者，吴九州郡，扬州士，作天子，四世治，太平始"20个字；其三是"石室山石闿"，即指阳羡离墨山（国山），开裂10余丈的石室，及其他祥瑞之辞，宣扬天人感应的迷信思想。碑文中有"中书东观令史立信中郎将臣苏建所书、刻工殷正何救"的记载。整个碑体文字凝重，笔势遒劲，庄重典雅，刀法刚健有力，可以看

出是篆书向隶书过渡期的书法代表作之一。古人曾称之为"有周秦遗意，纯古秀茂"，为不可多得的书法珍品。

国山碑的文字内容涉及三国时期地震及谶纬方面，对研究中国古代地理气候情况具有重要的帮助。为中国江南地区有关地震资料的最早记录。历代以来，很多学者对其作过专门的研究，宋代文学家欧阳修与明代卢熊都曾有过"国山碑跋"。其中以近代学人王云五主编的《国山碑考》最为详细。书中对国山碑的起源、地理位置图、碑文内容等做了详细的记录与研究。

20世纪80年代，国山碑由宜兴市园林管理处管理，后转由张渚镇人民政府管理。1982年3月25日，国山碑被江苏省人民政府公布为省级文物保护单位，江苏省文化厅拨专款维修碑亭，并建有百米保护围墙。1990年，江苏省文化厅、江苏省建委、宜兴市政府集资修建保护设施，重建碑亭。2001年6月25日，国山碑由国务院公布为第五批全国重点文物保护单位，编号5-0446-4-004。2009年12月28日，江苏省文物局、江苏省住房和城乡建设厅印发《关于划定公布无锡市四至六批省级以上文物保护单位保护范围及建设控制地带划定的通知》，划定了国山碑的保护范围及建设控制地带。

受禅台与受禅碑 受禅台与受禅碑是中国历史上唯一保存下来的标榜儒家理想禅让活动的遗存，见证汉魏之际的重大历史事件"繁城受禅"的珍贵实物遗迹，位于河南省临颍县繁城镇村南。

东汉末年，曹操迎汉献帝都许昌，挟天子以令诸侯，经过长期战争，基本统一北方。建

受禅台遗址

安二十五年（220年）正月曹操病死后，其子曹丕嗣丞相位和魏王爵。当年十月逼迫汉献帝自动逊位，演出了一出"禅让"的政治闹剧。曹丕废汉自立为魏文帝，结束刘汉王朝400余年的统治，开启了中国历史上魏蜀吴三国鼎立的时代。受禅台与受禅碑就是这一历史活动的实物史证。

受禅台略呈正方形，台高13米，面积8400余平方米。筑成于东汉延康元年（220年）。《三国志·魏书·文帝纪》载受禅之事甚简，献帝"乃为坛于繁阳。庚午，（魏）王升坛及阼，百官陪位。事讫，降坛，视燎成礼而反"，裴松之注引《献帝传》曰："辛未，魏王登坛受禅，公卿、列侯、诸将、匈奴单于、四夷朝者数万人陪位。"可见其煊赫隆重。台为夯土结构，分为三级，以大典举行时分秩排位安置各级官员宾客。最高一级台顶靠北部原有殿、亭式建筑，立有石天禄、辟邪。早已损毁不存。

受禅碑包括《公卿将军上尊号奏》碑和《受禅表》碑，位于受禅台以北约1.5千米的繁城镇汉献帝庙旧址上。三国魏黄初元年（220年）刻立。《公卿将军上尊号奏》碑高3.32米、宽1.02米、厚0.32米，圭首，额有穿。额题篆书阳文"公卿将军上尊号奏"，碑文隶书，32行（后十行刻于碑阴），满行49字，有不少文字因自然剥蚀及历代捶拓已残毁。碑文记载汉室的49位文武大臣联名上书曹丕，言汉献帝受天意让位，劝曹丕接受献帝的禅让，并颂扬曹丕功德。因碑文内容主要是劝曹丕接受禅让的，所以又称《劝进表》。碑文七分隶书，字体呈汉隶向魏书过渡阶段，用笔斩钉截铁，备受历代书家推崇。传由东汉末年御史大夫王朗撰文，选部尚书梁鹄书丹，大理平阳乡侯钟繇镌刻，世称三绝。此劝进奏章亦载于《三国志·文帝纪》裴松之注中，少数字与碑文有异，应以碑为是。

《受禅表》碑高3.22米、宽1.02米、厚0.28米。碑首呈圭形，额有穿。额题篆书阳文"受禅表"三字。碑文隶书，22行，满行49字，部分文字已残毁。碑文记载了黄初元年冬十月二十九日，汉献帝让位于魏王，曹丕立为魏国皇帝的史实。文中大量文字赞颂美化曹丕，宣扬天命论与君权神授，并描绘象征祥瑞的自然景象和受禅典礼之盛况。

唐代李绰说此二碑"王朗文，梁鹄书，钟繇镌字，谓之三绝"，书法家颜真卿、徐浩，诗人刘禹锡等都对受禅碑钻研过它的笔法。从北宋开始，历代金石学家、书法家、书法理论家对两通碑多有极高评价。清末康有为称其"书家之盛，莫如季汉……于时卫敬侯（卫觊）出，古文实与邯郸齐名，笔迹精熟。受禅表遗笔独存，鸱视虎顾，雄伟冠时"。碑无论从文章、书法，还是镌刻上，都出自名家之

受禅碑

手，实属上乘精品，具有极高的史料价值和艺术价值。

1963年，临颍县人民委员会将受禅碑公布为县级文物保护单位。同年，河南省人民委员会公布受禅表碑及公卿将军上尊号碑为第一批省级文物保护单位。2001年6月25日，受禅台与受禅碑被国务院公布为第五批全国重点文物保护单位，编号5-0459-4-017。2004年以前，受禅台与受禅碑由临颍县文化馆保护管理，2004年以后由临颍县文物管理所管理。2012～2013年，国家文物局拨专款由临颍县文化局负责对受禅台进行保护维修，对碑刻进行黏接加固，对周边环境进行整治，受禅台免费对外开放。临颍县文化局修建保护房，整修原汉献帝庙旧址院落，派专人进行保护管理。

千唐志斋石刻 千唐志斋石刻是因收藏千余方唐人墓志而闻名的古代石刻集中地，立于河南省新安县铁门镇。

千唐志斋是已故辛亥革命元老、爱国民主人士张钫（字伯英）所建园林"蛰庐"的一部分。千唐志斋与蛰庐共为一体，又称张家花园。张钫（1886～1966年），号友石老人，早年参加同盟会，为辛亥革命时陕西新军起义的主要策动者之一。孙中山发动护法运动期间，张钫任陕西靖国军副总司令，后历任国民党军政要职。1949年年底，在四川成都率部起义。中华人民共和国第二届全国政协委员，1966年病逝于北京寓所。1986年，张钫100周年诞辰时，其子女遵照张钫遗嘱，将其骨灰由北京八宝山迁葬蛰庐，长眠于千唐志斋之侧。蛰庐始建于民国7年（1918年），历时6年甫成，与地6.7万平方米，为张钫丁忧离陕，归隐铁门时

于花园正中所筑一独立石屋。蛰庐由金石家罗振玉高足关葆谦题额"听香读画之室",两侧分别镌刻"谁非过客,花是主人"8个大字,为张钫款待宾客,谈书论画之处。民国12年(1923年)秋,康有为游陕过豫,为张钫所邀,寓蛰庐小憩数日,乘兴为园林题额、赠联,赋诗、书跋。镶嵌于正院上方之"蛰庐"两个径尺大字,即当时所题;书房楹联为"丸泥欲封紫气犹存关令尹,凿坯可乐霸亭谁识故将军"。张钫还将康氏所赠七言八句《宿铁门》诗及考证"产碑"跋文一并刻石,后镶嵌于千唐志斋内。

千唐志斋建于20世纪30年代初,日本侵略军进犯河南时,工程告停,未及镶嵌的志石全部捐送西安碑林。千唐志斋包括1条长廊,3个天井、15孔窑洞,全部建筑的内外墙壁上镶满历代墓志铭和书法绘画石刻。斋名由时任河南大学校长王广庆命名,章太炎以古篆题额,题额尾部有跋语曰:"新安张伯英得唐人墓志千片,因以名斋,属章炳麟书之。"千唐志斋所藏志石大多为洛阳北邙所出。古人厚葬,诱致盗墓之风盛行;加之修建铁路,陵谷变迁、水土改易等原因,凡开掘墓葬,殉葬品被洗劫一空,沉重的志石弃置于民间田舍,多做洗衣捶布、井沿踏脚和修筑石料之用。张钫嗜好金石书画,20世纪30年代初任国民革命军二十路军总指挥兼河南民政厅长时,委托专人在河洛地区广泛搜求墓志石刻,运回故里铁门,在"蛰庐"西隅,辟地建斋,镶嵌保存。张钫在搜集镶嵌墓志铭的同时,兼收碑刻、石雕等,又将其平生所获名人书画,命工刻石,同存斋内,以备欣赏,借垂永久。斋中专贮书法绘画石刻的十五号窑洞里,有宋米芾所书对联,明清之际号称神笔的王铎所书之大幅中轴《柳

千唐志斋大门

千唐志斋石刻

千唐志斋外景

花》《却条》诗，清代王弘撰、刘墉、陈鸿寿、邵瑛、韩东篱等人所书的屏扇、对联，还有近人章太炎、李根源、戴传贤、靳志所书对联、条幅等。十一号窑室内嵌有明代董其昌所书《典论论文》行草长卷，以及蒋中正撰文、贺耀组隶书、由国民党众多高级官员和社会贤达署名，为张钫母亲王太夫人庆祝七十寿辰的长篇寿序石刻。同一室内还嵌有被称为"近代三绝"的张钫之父张子温墓志铭，是章太炎撰文、于右任书丹、吴昌硕篆盖的罕有佳作。

千唐志斋所藏志石，据民国24年（1935年）上海西冷印社发行编目记载，共1578件，后迭经变乱，散失不少，存有各类藏石1419件；近年来 新征集墓志铭658件，馆藏志石多达2000余件，是中国收藏唐人墓志最集中的地方。千唐志斋所藏唐志，自武德、贞观起，经盛中晚唐，历代年号，无不尽备。志主身份既有相国太尉，皇亲国戚，又有藩镇大吏、刺史太守；既有处士名流、真观洞主，又有郡君夫人、宫娥才女。这些人物的人生际遇，显示唐三百年文治武功及社会百态，堪可证史、纠史、补史。千唐志斋实际上是一部石刻唐书，或可视作唐人档案馆，其对于唐史研究之价值，弥足珍贵。墓志意在传世，多仰名家动

笔，在文体及书法方面极具价值。千唐志斋唐志书法篆隶行楷，般般俱备；诸家风格，应有尽有，或端庄典丽、块块晶莹，或遒劲隽秀、字字珠玑，无不显露书艺之美。

1963年，千唐志斋经河南省人民委员会公布为河南省第一批文物保护单位。1977年，千唐志斋由新安县文化馆管理。1984年，新安县成立文物保护管理所，设于千唐志斋。1986年成立千唐志斋文物管理所；1990年更名为千唐志斋博物馆。1996年11月20日，千唐志斋石刻被国务院公布为第四批全国重点文物保护单位，编号4-0197-4-009。2004年8月9日，经河南省人民政府文件批准，河南省建设厅、河南省文物管理局于8月19日印发文件，公布千唐志斋保护范围和建设控制地带。

爨宝子碑 是东晋时期碑刻，见证汉字字体由隶而楷演变。位于云南省曲靖市城东隅曲靖第一中学内爨碑亭中。

爨宝子碑全称《晋故振威将军建宁太守爨府君之墓》碑，刻于东晋义熙元年（405年）。与云南省曲靖市陆良县的爨龙颜碑相比碑体较小，故又称小爨碑或小爨。碑作半圆形碑首，长方形碑身，高1.83米、宽0.68米、厚0.21米，碑额题衔15字，碑文13行，每行

爨宝子碑碑文拓片及拓片局部

7～30字不等，下列职官题名13行，每行4字，全碑计403字，多为对爨宝子的诔颂之辞，事迹记载甚少。墓主爨宝子未见于史籍，从碑文上得知，爨宝子是东晋宁州郡（曲靖市）同乐县（陆良县）人，官至"振威将军""建宁太守"，23岁去世。碑左下方有清咸丰二年（1852年）七月曲靖知府邓尔恒跋文，记述碑之出土及移置经过。据跋文，碑原位于陆良县城南七十里（35千米）杨旗田中，清乾隆四十三年（1778年）已出土。其地犹有一古墓，当地群众称为爨王坟，可能就是爨宝子墓。碑文为从隶书过渡到楷书的典型字体，称

为爨体，被誉为南朝碑体之冠，受到历代书法爱好者的推崇。

清道光《云南通志稿·艺文志》据南宁县志采访著录，极其简略，且多讹误；清咸丰《南宁县志·艺文》上，始录碑文，以后著录及题跋者共有10余家。

爨宝子碑自出土后，罕为人知，清咸丰二年（1852年），重修县志，始搜访得，因移置城中开侯祠，嵌之壁间。民国16年（1927年），曲靖迭遭兵燹，祠庙被毁，此碑亦暴露在风雨之中。民国26年（1937年），始由国民政府教育厅拨款于省立第三师范学校内（曲

靖第一中学）建碑亭，将爨宝子碑及段氏与三十七部会盟碑移藏亭内。1961年3月4日，爨宝子碑被国务院公布为第一批全国重点文物保护单位，编号1-0126-4-0005。1989年，爨宝子碑移入新建会盟碑亭内，确定专职管理人员。1990年，曲靖地区文物管理所和曲靖一中共同成立爨碑保护管理领导小组。1995年以后，由曲靖文物管理所负责管理。

爨龙颜碑 是南朝刘宋宁州刺史爨龙颜的墓碑，位于云南省陆良县马街镇薛官堡（又称贞元堡）办事处，距陆良县城西南16千米。

爨龙颜碑

爨龙颜碑刻于大明二年（458年），全称《宋故龙骧将军护镇蛮校尉宁州刺史邛都县侯爨使君之碑》。碑文记述爨氏家族的渊源、进入云南的经过、与汉民族的关系以及龙颜祖孙三代人的仕历。文体既保留汉代散文和赋的特征，又有六朝骈体文风格。清人阮元称为"文体书法皆汉晋正传，求之北地亦不可多得，乃云南第一古石"。爨氏是自东汉末年以迄唐中期"南中大姓"之一，他们接受中原皇帝的封号和委托，世袭本地官职，以曲靖、陆良为中心，统治南中达400余年。被誉为"南碑瑰宝"的爨龙颜和爨宝子两通墓碑合称二爨，因爨龙颜碑较大，故被称为大爨碑。

碑已被置于薛官堡斗阁寺内碑亭中，由碑额、碑身两部分组成。圆首，碑额高0.88米，上部浮雕青龙、白虎、朱雀、玄武；正中阴刻"宋故龙骧将军护镇蛮校尉宁州刺史邛都县侯爨使君之墓"4行24字；下部正中有穿，直径18厘米；穿左右雕日、月，直径各16厘米，日中又雕金鸟，月中又雕蟾蜍。碑身长方形，高3.38米、上宽1.46米、下宽1.35米。碑阳、碑阴皆阴刻文字。碑阳24行，行45字，共904字，蚀泐20余字，正书；碑阴刻职官题名，3列，313字，残缺9字。碑阳左边刻清代阮元、邱均思、杨珮三跋及知州张浩建亭等字一行。碑亭坐西朝东，占地约900平方米，存有碑房（斗阁寺大殿）、门厅（斗阁寺山门）、凉亭、门房等建筑物，其余为花园。斗阁寺原是村中一古寺，大殿及山门系清代建筑。

爨龙颜碑最早记录见于元代李京《云南志略》，其后，明景泰年间《云南图经》有龙颜传略，周弘祖《古今书刻》卷下著录其目，万历年

爨龙颜碑碑文拓片

间《云南通志》载碑在故河纳县西三十里，凌迪知《万姓统谱》、明天启《滇志》、清乾隆《陆良州志》等均有著录。据此，知爨龙颜碑在元、明时已为人所知，唯未大显于世。清嘉庆、道光间，经张春田、桂馥、陆耀遹、陆元等传拓考释，逐渐闻名。尔后著录考释者共30余家。

清道光时期所建的碑亭，年久已毁。中华人民共和国成立前夕，爨龙颜碑移至贞元堡小学教室内。1956年，云南省人民委员会公布爨

龙颜碑为第一批省级文物保护单位。1961年3月4日，爨龙颜碑由国务院公布为第一批全国重点文物保护单位，编号1-0127-4-0006。1983年，对碑亭所在古寺进行修复，将爨龙颜碑移入殿内，遂改为碑房。1986年，文化部文物事业管理局拨款对斗阁寺进行修缮，并划定保护范围。同年3月22日，爨龙颜碑移到爨碑亭中。1986年，成立陆良县文物管理所，负责保护管理爨龙颜碑。

义慈惠石柱　为北魏杜洛周起义军埋骨之地树立的石质标志，因建于北齐时代，亦称北齐石柱。石柱位于河北省定兴县县城西北13千米的石柱村西北一高台之上。

义慈惠石柱柱身刻有"标异乡义慈惠石柱颂"9个大字和长达3400多字的颂文。北魏孝昌元年（525年）至永安元年（528年）间，杜洛周、葛荣、韩娄等人领导的农民起义，经浴血奋战失败后，当地百姓收义军尸骨埋葬，并立木柱为标志。北齐太宁二年（562年）将木柱改为石柱，在柱身上刻颂文，记述起义、葬骨和立柱的经过。

义慈惠石柱为一单体建筑，建在一块高2.5～3米的台地上，占地4平方米，坐北朝南，通高6.65米。石柱分基础、柱身、石屋3部分。基础为一块巨石，近正方形，东西两边各长2米，南北两面略短，厚0.4米，基础上有高0.55米的覆莲座，莲座包括方台、枭线、覆莲，方台各边长1.3米。柱身为不等边八角形，上部四个正面宽0.4米，四隅角为了镌刻题字而未削边棱，形成平面，刻有"标异乡义慈惠石柱颂"九个大字，下款有"元造义王兴国义主路和仁大齐大（太）宁二年四月十七日

省符下标"。下部柱身为不等边八角形，柱身各面刻颂文，记述了杜葛之乱、义葬义食和兴建石柱的经过。石屋建于柱顶，面阔三间，进深两间，单檐四阿式屋顶模仿当时木构建筑的形式，雕有柱、大斗、方窗、阑额、檐、椽、角梁、瓦垄和屋脊、火焰龛门等建筑部件。石屋正南北两面中间的火焰龛门内各刻有佛像1尊。是研究南北朝时期建筑的重要参考资料。石屋底部镶嵌于下面的盖板方槽内，石盖板既为石屋的基础，又是柱身的盖板，盖板的底面刻有莲瓣圆环、古钱及花果等纹饰。石柱保存基本完好，莲座的方形底盘已缺损3个大角，柱身表面风化严重，部分颂文已模糊不清或风化脱落，柱身有数条裂纹，石柱高台护坡北、东、西用石砌90米，其余由于雨水冲刷形或断崖而参差不齐。

义慈惠石柱是北齐时期集雕刻、书法、建筑形式于一体的石刻古建筑，如实记录当时杜葛农民起义的史实，为研究南北朝历史和古代农民起义提供了重要的实物史料，具有极高的历史价值和艺术价值。

定兴义慈惠石柱

义慈惠石柱颂文

《北齐义慈惠石柱》拓本局部

中华人民共和国成立后，国家曾先后于1957年、1974年、1980年、1981年拨款修复石柱。1961年3月4日，义慈惠石柱被国务院公布为第一批全国重点文物保护单位，编号1-0077-3-030。1982年以前，义慈惠石柱由定兴县文化局图书馆负责管理；1982年后，由定兴县文保所管理。1985年，定兴县人民政府印发《定兴县人民政府关于收回国家重点保护文物"义慈惠石柱"原地基的通知》，公布义慈惠石柱保护范围和建设控制地带。1990年，国家文物局拨款对石柱进行抢救性维修，并拆除影响景观的原保护亭。

焦山碑林　系中国著名碑林之一，内容之丰富精美仅次于西安碑林，位于江苏省镇江市京口区东北部焦山公园的浮玉岩、观音岩、罗汉岩、雷轰岩、栈道岩一带的峭壁上，绵延200余米，气势磅礴，蔚为奇观。

焦山碑林由摩崖石刻和碑刻两部分组成。摩崖石刻分布在焦山西麓沿江一线，崖壁满刻南朝以后历代游人的诗文、题字、留名，已查清的有200处。摩崖石刻内容包括抒发忧国之愤，怀古颂今，寄托抱负；阐述佛经教义，摘录道家微言，张扬个人情怀和个性的文人类作品。其滥觞之作是书刻于六朝时期的《瘗鹤铭》。《瘗鹤铭》相传为东晋大书法家王羲之所书，原刻于焦山之西的雷轰岩，后因山石崩塌，坠落江中。清康熙五十二年（1713年），苏州知府陈鹏年募人从江中捞出残石5方，置于焦山定慧寺大殿左侧，建亭保护。《瘗鹤铭》石高2.35米、宽1.04米，存93字，其中11字不全。其书法奇特、行笔苍古、体势开张，在中国书法史上具有重要地位，为中外历代文人所赞叹，被誉为"大字之祖"。《瘗鹤铭》是中国书法发展史上从隶书向楷书过渡期的重要代表作品，与陕西汉中《石门铭》并列，有着"南北二铭"之美誉。《瘗鹤铭》自北宋被发现以来，历朝历代的文人雅士每到枯水季节，石头露出江面之时便结伴前来寻访朝拜，留下大量的诗文题刻。唐《金刚经偈句》、宋陆游《踏雪观瘗鹤铭》、米芾《辛未孟夏观山樵书》、吴琚《春游焦山诗》、吴说《石屏》、赵孟奎《浮玉》以及贺铸、刘龟年、方豪、赵

御碑亭

瘗鹤铭

文徵明《千字文》刻石

舒翘、陶澍、洪亮吉、王瓘、康有为等历代名人的题名题记等，均属上品，弥足珍贵。

碑刻集中在焦山东麓，北宋庆历八年（1048年），焦山就建有宝墨亭，收藏梁、唐诸书家名刻。明代改建宝墨轩，历经战乱，碑刻散失严重，清道光年间（1821～1850年）重建于海云庵内。遗存碑刻近500通，其中史料和书法艺术方面的碑刻各200余通。史料类以《大唐润州仁静观魏法师碑》最早，立于唐仪凤二年（677年），碑中叙述了魏降法师的一生，有"守润州谯山戍主解建威"题名，"谯山戍"未见记载，为研究唐代润州军事防御设施提供了资料。宋绍兴十二年（1142年）重校立石的《禹迹图》，对探讨创制《禹迹图》的时间和作者等问题具有重要的意义。

焦山碑林内容涵盖书法（包括真、草、隶、篆、行等诸书体）、绘画、史料、石雕、墓志铭等，不但有"大字之祖，书家冠冕"之称的《瘗鹤铭》等旷世之宝，还有王羲之的《破邪论序》、黄庭坚的《蓄狸说》、米芾的《城市山林》以及初唐妙品《魏法师碑》《禹迹图》等一大批国家级碑刻。焦山因此被誉为书法山。

中华人民共和国成立后，当地政府重新搜集散失的碑刻以及镇江市区的碑刻，于1960年在香林庵石壁庵原址建宝墨轩。1982年，江苏省人民政府公布焦山摩崖题记及石刻为省级文物保护单位。1988年1月13日，焦山碑林被国务院公布为第三批全国重点文物保护单位，编号3-0177-4-014。1991年，建立焦山碑刻博物馆，负责焦山碑林的研究、整理、保护工作，专门建造一座100平方米的大厅展示《瘗鹤铭》。根据镇江市人民政府《批转市文物管理委员会等部门关于正式公布我市各级文物保护单位划定保护范围的请示的通知》，划定焦山碑林的保护范围。

大唐清河郡王纪功载政之颂碑 又名风动碑，是唐永泰二年（765年）为唐成德军节度使李宝臣歌功颂德的碑记。碑位于河北省正定县县城内，东邻燕街，南接中山西路，西抵府前街，北依常山西路。

碑立于唐永泰二年（765年）。据碑文记载，成德军第一任节度使李宝臣从唐乾元元年（758年）至永泰二年（765年）当政时期勤于民政，修堤免赋，保护和促进恒州生产力发展，使当地百姓在战乱中得以生息。唐代宗为表彰李宝臣德政、功绩，敕建"大唐清河郡王纪功载政之颂碑"。

元《河朔访古记》、清道光《常山贞石志》及清光绪《正定县志》均有记载与录文。关于颂碑原址，说法各异：元代载碑位于真定路城中开元寺后绣女局内；明代载碑位于御史行台内；清乾隆年间，碑载位于风动书院内，后改建为大公馆。民国时期，碑所在大公馆处

正定大唐清河郡王纪功载政之颂碑

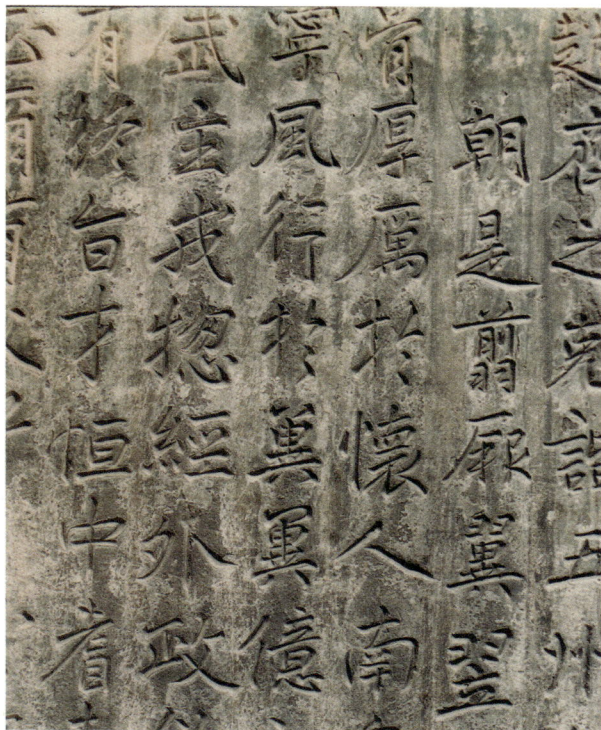

正定大唐清河郡王纪功载政之颂碑文（局部）

辟为大戏院；20世纪80年代后，碑所在大戏院改为常山影剧院。

碑青石质，碑首为半圆形，六龙相交，高231厘米、宽262厘米、厚72厘米。圭形额内阴刻篆书"大唐清河郡王纪功载政之颂"3行12字。碑身高481厘米，抹四角19.3厘米，抹角部位和碑侧线刻缠枝牡丹纹。碑身刻碑文，阴刻大字楷书（间有行书）29行，满行55字，总计1398字，残泐391字，尚存1007字。抄文据《金石萃编》《常山贞石志》《金石补正》等查补340字，尚缺51字。碑阴有文，大部剥落难辨。由王佑撰文，王士则书并篆额。龟趺座半埋土中，长415.3厘米、宽214厘米。

碑文记载唐成德军节度使李宝臣的德政功绩，其所承载的历史信息反映唐代河北地区的政治、经济、军事等方面的内容，为研究唐代河北地区的历史提供了珍贵的文字史料。

大唐清河郡王纪功载政之颂碑由正定县文物保护管理所管理，设专人看护。1953年，增修碑亭加以保护。1956年，大唐清河郡王纪功载政之颂碑由河北省人民委员会公布为重点文物保护单位。1985年，建立大唐清河郡王纪功载政之颂碑文物档案。1992年3月，河北省人民政府公布大唐清河郡王纪功载政之颂碑保护范围和建设控制地带。2001年6月25日，大唐清河郡王纪功载政之颂碑被国务院公布为第五批全国重点文物保护单位，编号5-0444-4-002。2005年，正定县文物保护管理所在原档案基础上建立大唐清河郡王纪功载政之颂碑的全国重点文物保护单位记录档案。2013年3月，国家文物局批复《正定大唐清河郡王纪功载政之颂碑文物保护规划》，同年8月16日，根据河北省人民政府办公厅《关于公布正定大唐清河郡王纪功载政之颂碑文物保护规划的通知》，调整大唐清河郡王纪功载政之颂碑的保护范围。

段氏与三十七部会盟碑 又称石城盟誓碑，立于大理明政三年（宋开宝四年，971年），是见证云南历史上各少数民族团结友好关系的重要碑刻文物。会盟碑位于云南省曲靖市城东隅曲靖第一中学南碑瑰宝保护区碑亭内。

曲靖地区西汉时始置味县。蜀汉爨氏入迁，与当地民族相融合，开创了爨文化。唐代天宝战争后，爨氏衰亡。段氏与三十七部会盟碑记述大理国主段素顺征讨东方几个部落后，合集三十七部，于石城（云南曲靖）会盟立誓，颁赐职赏的史实。碑文中所说的三十七部，主要分布于滇南、滇东及贵州的普定、普安，四川的越、西昌、会理等地。三十七部与大理国关系比较复杂，时和时叛，史多有记。

会盟碑砂石质，碑高1.25米，宽0.58米，厚0.61米，无碑座。碑文分刻为上、下两截，

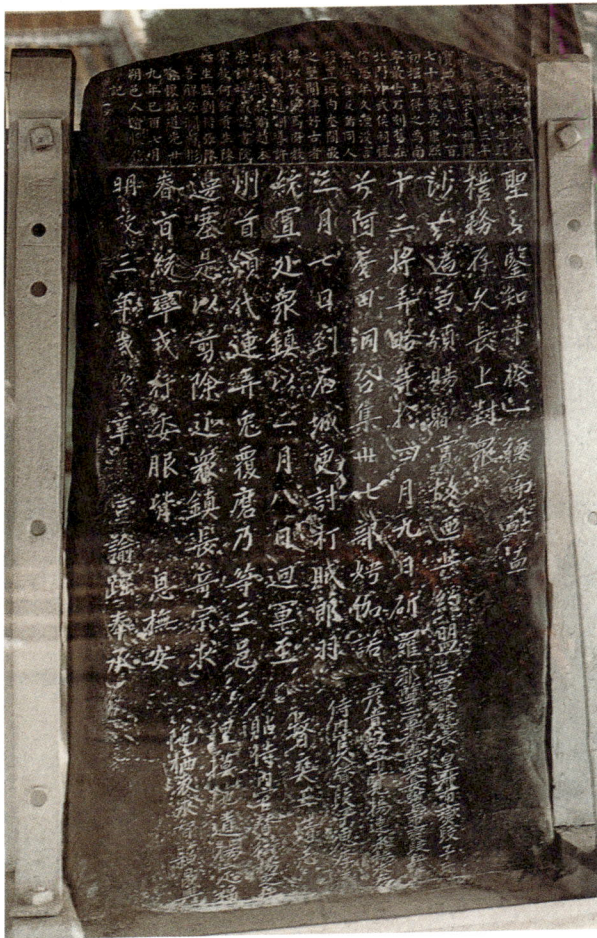

段氏与三十七部会盟碑

行楷。上段11行，每行8～13字不等；下段职官题名，8行，每行5～15字，全碑共计212字，仅损半字，其余稍有剥蚀，均可辨识。碑额有清道光二十九年（1849年）喻怀信题记，叙述此碑出土及移置经过。此碑行款特殊，正文直行。从左至右，才能读通；上下题记、题名，又需从右至左，才合顺序。故历来就有此碑碑文"辞多艰涩""半杂夷语，多不可解"的说法。全碑共403字，书体行楷，书法敦厚遒劲，历代的书法家对之评价甚高。

明代正德、万历、天启诸本《云南通志》及旧本《南诏野史》均有著录。清康熙《云南通志》卷十九云："本朝康熙十八年，营兵于

段氏与三十七部会盟碑碑亭

土中挖出。"大约系明万历以后淹没土中，到康熙时又复出土。碑出土后初置于城北门外武侯祠，清道光二十九年（1849年），邑人喻怀信等移于城内奎阁，嵌之壁间。

唐宋时期，云南为以彝族、白族为主的地方政权所统治。南诏、大理国实为由许多民族部落组成的部落联盟。大理国段氏白族政权与其属地彝族部落首领的结盟，充分反映这一史实，段氏与三十七部会盟碑对研究云南的社会发展史，民族史具重要价值。

民国16年（1927年），祠庙被毁，会盟碑暴露在风雨之中。民国26年（1937年），国民政府教育厅拨款于省立第三师范学校内。建碑亭，将此碑及爨宝子碑移藏亭内。1961年3月4日，段氏与三十七部会盟碑被国务院公布为第一批全国重点文物保护单位，编号1-0129-4-0008。同年，文化部拨款维修，并划定保护范围，确定专人管理。1965年，由云南省文物工作队建立全国重点文物保护单位档案。1989年，新建会盟碑亭，确定专职管理人员。1990年，由曲靖地区文物管理所和曲靖一中共同成立保护管理小组，负责管理。1995年以后，由曲靖文物管理所负责管理。1997年，曲靖地区文物管理所再次建立段氏与三十七部会盟碑全国重点文物保护单位档案。

重修护国寺感应塔碑（西夏碑）　是发现的保存比较完整，收录西夏、文字最多的一块西夏时期夏汉文字合璧的碑刻。西夏天祐民安五年（1094年），为记颂西夏皇太后，皇帝下诏重修因天祐民安三年（1092年）凉州地震而损毁的凉州护国寺感通塔一事所立。西夏碑原位于武威市清应寺内，后寺院毁，仅存碑。清嘉庆

九年（1804年），陇右金石学家、武威籍学者张澍发现并载录。民国23年（1934年）在武威文庙文昌宫成立武威县民众教育馆，由县督学金光射兼办。次年，贾坛任馆长。西夏碑也由地方名流贾坛、唐发科等人由大云寺转移至文庙西廊房内保存。甘肃省武威市西夏博物馆新馆建成后，又移置该馆展陈。

西夏碑为砂石质，通高3.08米、宽0.9米、厚0.3米。碑身两边呈刹角，边上刻忍冬纹。碑首高0.6米，呈半圆形，正面碑额刻西夏文小篆2行8字，译为"敕感通塔之碑文"。背面碑额汉文小篆3行12字，题为"凉州重修护国寺感通塔碑铭"，因上部残缺，仅存下部"重修、寺感、碑铭"3行6字。正背面题名上

重修护国寺感应塔碑（西夏碑）

方刻有云头宝盖，左右两侧各有一线刻伎乐天。碑身高1.9米，正面刻西夏文楷书28行，每行35字。首题译文为"大白高国境内凉州感通宝塔之碑铭"。碑文内容叙述凉州这座古塔的来历、灵验和西夏修塔的原因、过程等。碑阴刻汉文，为碑阳西夏文的释文，楷书26行，满行70字。碑身正反两面碑铭内容基本相同，但在段落次序、文字组织、所述时间、官职名称、人名的详略等方面略有差异。碑文末列修塔功德人员姓名，尾题"天祐民安五年（1094年）岁次甲戌正月甲戌朔十五日戊子建，张政思书并篆额，石工韦移移崖"等。碑铭四周线刻卷草纹。碑座高0.59米、长0.98厘米、宽0.8厘米。正面上沿为两层二方连续图样，下

重修护国寺感应塔碑（西夏碑）拓片局部

沿大体上是根据石材的原始形体略加修饰，其画纹已无法辨认。主图案采用高浮雕技法，正面是双狮舞绣球，背面为枝叶、莲花。左右两侧是飞马和麒麟，图案内容粗犷豪放，具有明显的少数民族地域特征。此碑是保存最完整的西夏文和汉文对照碑，对研究西夏语言文字、社会经济、土地制度、官制、民族关系、阶级关系、帝后尊号、佛教等具有重要价值。

宣统《甘肃新通志》、民国《甘肃通志稿》、张维《陇右金石录》等均载录此碑。民国21年（1932年），罗福成开始对西夏文碑进行释读。陈炳应《西夏文物研究》、史金波《西夏佛教史略》及《凉州感应塔碑西夏文校译补正》等对西夏文予以补释和考证。2004年6～7月，原埋地底下的西夏碑碑座重现，武威市博物馆吴峰天撰文详细描述西夏碑碑座的尺寸、雕刻技法及图案等。

1961年3月4日，重修护国寺感应塔碑（西夏碑）被国务院公布为第一批全国重点文物保护单位，编号1-0130-4-009。已移入武威市西夏博物馆，并由博物馆负责保护管理，建立相关记录档案。

大金得胜陀颂碑 是金世宗完颜雍为纪念先祖功绩，在金太祖完颜阿骨打起兵反辽誓师（1114年）之地修建的一座纪功碑。碑位于吉林省扶余市得胜镇石碑崴子屯东1.5千米处。石碑矗立的位置——得胜陀，为断崖与拉林河之间冲积平原上的一处椭圆形土冈。

《金史·地理志》载："有得胜陀，国言忽土皑葛蛮，太祖誓师之地也。"金大定二十四年（1184年），金世宗完颜雍由中都（北京）巡幸故都上京（黑龙江省阿城区南郊），

1977 年黏接后大金得胜陀颂碑

字，因风雨剥蚀，且断为三节，部分字迹已残损或模糊不清；背面为女真字碑文，碑额3行12字，碑文33行，每行字数不等，共计1500余字。碑文汉字内容分为三部分：第一部分记述完颜阿骨打在得胜陀之地聚众誓师，胜敌吉兆屡现之事；第二部分记述金世宗完颜雍东巡驻跸上都（金上京）及诏令建碑的过程；第三部分为赞颂金太祖功绩的诗文及立石时间，碑阴面女真文与正面汉文大体对译。碑座为龟趺，高72厘米、宽97厘米、长160厘米。

大金得胜陀颂碑具有很高的历史和艺术价值。碑文记录金太祖完颜阿骨打创业肇基的史实，是对《辽史》《金史》等文献相关记载的证实和补充。此碑是遗存女真文字最多且唯一有汉字对译的女真字官方石刻，为研究女真语言文字提供了珍贵的资料。碑体量宏大，雕刻精美。篆额者党怀英，"工篆籀，当时称为第一"，为金代书法家。此碑对研究金代雕刻艺术和书法艺术等亦具有重要的价值。

清道光三年（1823年），吉林主事萨英额编撰《吉林外纪》，首次刊布大金得胜陀颂碑的汉字和女真字碑文，引起金石学界的广泛关

沿途揽物记胜，抚今追昔，深感祖先创业之艰难，为缅怀先祖创业之劳，纪念反辽斗争的胜利，次年下诏，在得胜陀立石，"刻颂建宇，以彰圣迹"。碑由党怀英篆额，赵可撰文，孙俣书丹。

石碑用青石雕刻而成，由碑首、碑身、碑座3部分组成，通高320厘米。碑首高79厘米、宽100厘米、厚38厘米。正、背两面各雕2条对称盘龙。正面两盘龙之间额篆"大金得胜陀颂"，2行。碑身高177厘米、宽85厘米、厚31厘米。两面四边皆饰以相同的蔓草图案。正面刻有汉字碑文的序文及颂诗，共计30行815

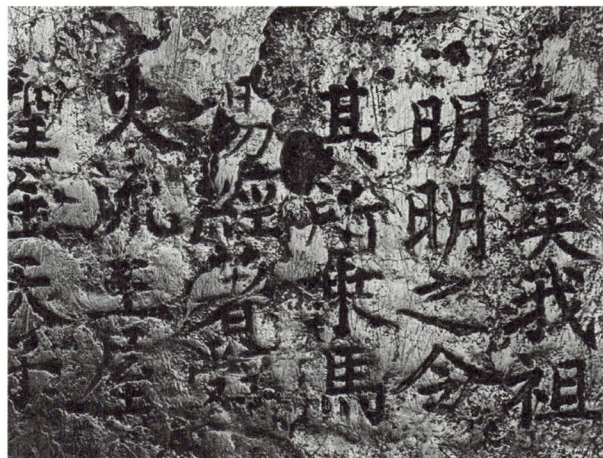

碑文（局部）

注。清代晚期至民国初年，对石碑的研究主要集中在历史地理学和碑文内容的考证。清光绪十三年（1887年），曹廷杰对石碑进行捶拓，其撰写的《东三省舆地图说》中有得胜陀碑说，详细记载石碑的位置，并对碑文记载的史事进行初步考证。清光绪十七年（1891年），李桂林总纂的《吉林通志·金石志》，对大金得胜陀颂碑进行详细的记录。1985年，吉林省扶余县召开"大金得胜陀颂建碑800年学术研讨会"，就金碑的保护、管理和研究等方面进行广泛而深入的讨论。

大金得胜陀颂碑的保护工作肇始于民国初年，民国4年（1915年）修建碑亭，并立石镌文。中华人民共和国成立后，大金得胜陀颂碑的保护管理工作由扶余县文化局负责。1961年，吉林省人民委员会公布大金得胜陀颂碑为第一批省级文物保护单位。同年，扶余县政府拨款重修砖木结构碑亭。1977年，扶余县文化局再次对断碑进行粘贴复原，基本恢复石碑的原貌，对碑身正、阴面涂以封护剂，防止自然力对石碑继续破坏。1984年，扶余县博物馆成立后，直接负责石碑的保护管理工作。1988年1月13日，大金得胜陀颂碑被国务院公布为第三批全国重点文物保护单位，编号3-0178-4-015。2008年，修建三层八角式碑亭，将整座碑完全封护起来，并在其附近修建有大金历史陈列馆。2012年，金碑和历史陈列馆正式对外开放。大金得胜陀颂碑的保护范围和建设控制地带由吉林省文物局批准划定。

禹王碑 又称岣嵝碑、禹碑，为中国著名的奇文碑刻，位于湖南省长沙市岳麓区岳麓山西北侧的禹碑峰东。

禹王碑历史悠久，其母本在南岳衡山，已无处寻觅。最早记载见于东汉赵晔撰写的《吴越春秋》，北魏郦道元的《水经注》亦载。唐代刘禹锡的《寄吕衡州》诗有"传闻祝融峰，上有神禹铭"的诗句；韩愈的《岣嵝山》诗亦有"岣嵝山尖神禹碑，字青石赤形模奇"句。南宋时，何致在南岳发现并将之摹拓、翻刻，传到潭州（长沙），刻于岳麓山。宋以后，岳麓山禹碑没于榛莽。明代，太守潘镒搜寻复出。《吴玉搢金石存》载，禹碑"历载数千，实未出世。逮宋嘉定中而后，贤良何致得见之，始有摹本。逮明嘉靖中而后，长沙太守潘镒得宋刻于榛莽中，摹拓始广。于是靖阳沈镒为作释文，杨用修在滇南亦为之注，且作长歌铺张扬，禹碑乃大著。"禹王碑上承汉魏传

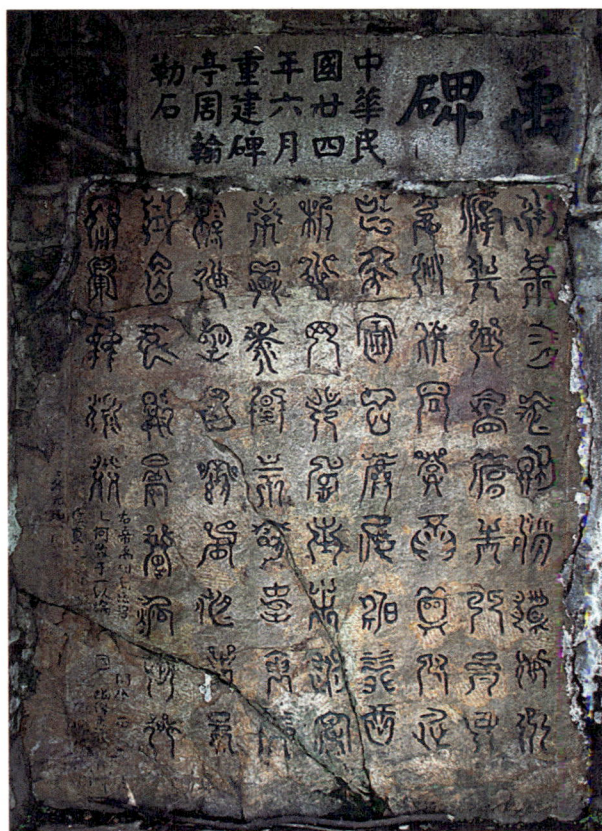

禹王碑石刻

大观、虞夏遗风石刻（局部）

说，下启宋代至明清之传播，为中国各地众多禹碑之原本。

禹王碑系利用岳麓山禹碑峰山体的自然花岗岩，稍做人工平整，然后摹刻。碑文宽140厘米、高184厘米，直书9行，前八行每行9字，第九行5字，共77字，每字直径约16厘米，末有径寸楷书"右帝禹制"。其文字结体整齐，字体苍古难辨。古人曾认为是蝌蚪文，不类殷周鼎彝款识，无偏旁义事可寻，故难识读。自明代以后，历代文人如杨慎、沈镒、郎英、杨时乔、杜壹、王朝辅等对碑文多有释文。碑文大意为歌颂禹承舜帝令，常年奔波华岳泰衡，疏浚大川河流，三过家门而不入，忘我治洪的功绩。众说纷纭，莫衷一是。禹王碑的内容、释文、真伪，成为中国古代文化史的一大公案。禹王碑的保存，对于解决这一问题具有十分重要的意义。同时碑文的奇古，对研究中国古文字发展演变史、书法史、碑刻史具有重要的价值。

禹王碑右石壁有古刻2通，字迹隐约可辨识。其一为："大宋嘉定神禹碑刻成，乐舞增光，宋张之才钎。"其二为《读神禹碑歌》，碑末署"嘉靖十有九年冬至湖广按察司提学金事闽中刘汝楠题，善化生员张馔书"。

明嘉靖三十年（1551年），太守张西铭建碑亭。明崇祯三年（1630年），兵道石维岳重修亭台，围以石墙，南北设门。后渐废。清康熙二十六年（1687年），布政使黄震性捐资，重建禹碑亭。此后屡有修缮。清乾隆二十一年（1756年），岳麓书院山长欧阳正焕在碑左石壁上刻"大观"二字。民国23年（1934年）9月，海城陈新亚又在"大观"一侧再刻"虞夏遗风"。民国24年（1935年），湖南省会警备司令部参谋长周翰建石亭围护，并在禹王碑碑文上加刻碑额，高42厘米、宽126厘米，从左至右阴刻横书"禹碑"二字，落款为3列14字"中华民国廿四年六月重建碑亭周翰勒石"。

1956年，禹王碑被湖南省人民委员会公布为省级文物保护单位，名为禹碑，1983年又重新公布。1990年，禹王碑管理机构为岳麓山风景名胜区管理局。1993年，湖南省人民政府印发《关于公布我省全国重点文物保护单位、省级文物保护单位保护范围和建设控制地带的通知》，公布禹王碑的保护范围和建设控制用地。2013年3月5日，禹王碑被国务院公布为第七批全国重点文物保护单位，编号7-1567-4-070。

重阳宫祖庵碑林 为金元至明清的道观建筑和集中保存元代全真教碑刻文献的一处著名碑刻集藏地。碑林位于陕西省西安市西南约40千米处的户县祖庵镇北部。地处终南山北麓、甘水之滨，其山门正对祖庵镇东西中轴线的重阳路。

重阳宫最初为道教全真教派祖师王重阳宣道及葬骨之地，弟子丘处机、马钰（丹阳）等于墓次建庐，修建道观，遂成全真教祖庭。

金承安四年（1199年），金章宗赐名"灵虚观"。蒙古国初占关中时，重修宫观，始名重阳万寿宫。元至元年间，重阳宫屡经增修营建。整个元代，全真教和重阳万寿宫，不断受到诸帝和朝廷敕封、赏赐。元代重阳宫达于极盛时，范围很大，北至渭河，南达秦岭，下院别业广布于周至县、户县境内，有殿堂建筑5000余间，聚道众近万人。

重阳宫遗存碑石55通，是研究元代道教全真派及重阳宫历史的珍贵文献。其中重要的有十方重阳万寿宫记碑、全真教祖碑、重阳祖师仙迹记碑、马丹阳道行碑、大元敕藏御服碑、披云真人道行碑、孙真人道行碑等。

十方重阳万寿宫记碑，蒙古国海迷失后元年（1248年）刻。螭首龟趺，通高5.16米、宽1.56米。孟攀鳞撰文，张志敬书，孔元措篆额。碑文记述蒙古国初占关中时，京兆府路总管田雄振兴道教，重新安葬祖师，并修建重阳宫之史实，是研究金元之交关中道教史及重阳宫历史的珍贵文献。田雄（1189～1246年），字毅英，事迹见《元史》。

全真教祖碑，为元至元十二年（1275年）刻。螭首方趺，通高5.12米、宽1.48米。王寿撰文，李道谦书并篆额。碑文记述王重阳甘河礼泉遇师、活死人墓修炼、刘蒋村结庵功道及后来宁海收徒立教等事迹甚详。

重阳祖师仙迹记碑，元至元十三年（1276年）刻。螭首方趺，通高5.25米、宽1.36米。刘祖谦撰，姚遂书并题额。碑文记王重阳身世生平、收徒传道之事迹，以及去世于汴梁后，

重阳宫重阳宝殿

重阳宫祖庵碑林

丹阳、长真、长生、长春诸弟子归葬其枢于刘蒋村故庵，并于墓次建庐，后不断营葺，遂成全真教祖庭。马丹阳道行碑，元至元二十年（1283年）刻。螭首龟趺，通高6.06米、宽1.53米，王利用撰，孙德彧书，李颎篆额，李道谦等立石。马丹阳即马钰，号丹阳子，为全真七子之一。碑文记其家世生平颇详，是研究全真教派及马丹阳其人的重要资料。撰文者王利用，《元史》有传。

大元敕藏御服碑，元延祐二年（1315年）刻。螭首龟趺，通高5.23米、宽1.38米，赵世延撰，赵孟頫书，李孟篆额。碑文记大德七年（1303年），元成宗梦中游于终南万寿重阳宫，醒来"出尝所御服一袭"，遣人送置重阳宫。撰者赵世延（1260～1336年），字子

敬，为元代名臣，《元史》有传；书者赵孟頫（1254～1322年），字子昂，元代画家、书法家；篆额者李孟（1255～1321年），字道复，至元中为平章政事，《元史》有传。

披云真人道行碑，元延祐七年（1320年）刻。螭首龟趺，通高4.5米、宽1.28米，王利用撰，韩冲书并篆额。披云真人即金末元初道教人物宋德方（1183～1247年），字广道，号披云，碑文记其生平事迹，传道经历及历朝对他赐赠的名号。

孙真人道行碑，元元统三年（1335年）刻。螭首龟趺，通高4.22米、宽1.19米，邓文原撰，赵孟頫书，赵世延篆额。孙真人即孙德彧，字用章，自元成宗大德年间始，掌重阳宫事十余年，碑文记其拜师修道经历，历朝

皇室的恩宠及所赐的官职名号。撰者邓文原（1258～1328年），字善之，时为集贤直学士兼国子祭酒，《元史》有传。

祖庵碑林中还有7通元代圣旨碑，且5通为蒙汉文合刻，是研究元代宗教政策的重要资料，同时具有珍贵的语言学、文字学价值。大蒙古国累朝崇道恩命之碑，蒙古国蒙哥汗元年（1251年）刻。螭首方趺，座饰龙纹，通高3.96米、宽1.13米，李庭撰序，石志坚书并篆额。碑文刻诏书2种、圣旨4种、令旨2种，是蒙古国初占关中时期道教政策的重要文献。撰序者李庭，字显卿，元至元年间曾为京兆府学教授，有《寓庵集》八卷行世。崇道圣训王言碑，元至元十七年（1280年）刻。螭首方趺，通高3.69米、宽1.17米，以蒙、汉两种文字刻圣旨、令旨4种，均与授李道谦陕西五路西蜀四川道教提点兼领重阳万寿宫事有关。此碑所用蒙文为八思巴文，与汉语白话译文合刻一石。皇帝玺书碑，元延祐元年（1314年）刻。螭首龟趺，通高4米、宽1.1米，碑文是蒙、汉两种文字刻成的"皇帝圣旨"。上截为蒙古八思巴文，内容是保护"奉元路大重阳万寿宫里并下院宫观里"财产不受侵犯，免除赋役税粮

重阳宫七真殿

等。此碑汉文是一篇典型的元代白话译文，反映元代的白话口语状况，是研究元代汉语史不可多得的珍贵资料。宸命王文碑，元延祐五年（1318年）刻。螭首龟趺，通高4.34米、宽1.22米，以蒙、汉两种文字刻圣旨3通，其一为授孙德彧"神仙演道大宗师玄门掌教真人管领诸路道教所知集贤院道教事"；后两通均为免除重阳宫税赋差役、保护其房屋田产不受官民侵扰有关。大元宸命碑，元至正十八年（1358年）刻。螭首龟趺，通高4.05米、宽1.1米，以蒙、汉两种文字刻圣旨3通，前两通是重申保护重阳宫房屋田产不受侵扰，免除地税、商税及差役；后者是授焦德润"典领奉元路大重阳万寿宫事"。

重阳宫祖庵碑林所藏碑石，尤其是其中元代道教碑石，受到明清金石学家重视，相关著录见于明赵崡《石墨镌华》，清毕沅《关中金石记》，孙星衍、邢澍《寰宇访碑录》，王昶《金石萃编》等金石著作，以及地方志书中的金石志。近年来对重阳宫祖庵碑林碑石的研究和著录，见于《户县文物志》《咸阳文物志》《中国文物地图集·陕西分册》等，而著录最全者，当属《重阳宫道教碑石》。

重阳宫全盛时期遗留下来的记事颂德碑、皇帝圣旨碑，长期露天散弃于田野之间。1962年将宫内碑石40余通迁至原玉皇殿旧址集中陈列，称为"祖庵碑林"。1973年，在殿址上修建面阔36米、进深10米的大碑厅，对已有碑石进行保护。2003年，重修碑厅。将收集到10余方碑石迁入碑厅内，祖庵碑林所藏碑石达50余通。

1949年前，祖庵碑林由重阳宫道士负责保护管理。中华人民共和国成立后，交由祖庵

村使用并保护管理。1956年8月，重阳宫祖庵碑林被陕西省人民委员会公布为第一批陕西省文物保护单位。1979年成立户县祖庵碑林文物管理所，专门负责保护管理。1992年4月，陕西省人民政府公布其保护范围和建设控制地带。1995年11月21日，交由西安市道教协会管理，具体管理单位为户县祖庵重阳宫管理委员会。2001年6月25日，重阳宫祖庵碑林被国务院公布为第五批全国重点文物保护单位，编号5-0466-4-024。

平定准噶尔勒铭碑　为清乾隆时期纪念格登山之役的纪功碑，又称格登山纪念碑。勒铭碑位于新疆维吾尔自治区伊犁哈萨克自治州昭苏县夏特柯尔克孜族乡阔斯托别村北26千米苏木拜河东岸的格登山上。

清乾隆二十年（1755年），清乾隆皇帝平定准噶尔部，统一西域。清乾隆二十四年（1759年），乾隆皇帝命令"来春于伊犁格登山石记功"纪念格登山之役的胜利，并亲自撰写碑文。清乾隆二十五年（1760年），碑石由清官兵1000余人从南疆叶城县运进，整个立碑事宜由伊犁参赞大臣阿桂督办。

平定准噶尔勒铭碑亭远景

平定准噶尔勒铭碑正面

碑高2.95米、宽0.83米、厚0.27米，青砂石质，碑首刻汉文"平定准噶尔勒铭格登山之碑"。分碑额、碑身、碑座三部分。碑额镌刻双龙戏珠图案，正面刻汉字"皇清"二字，背面刻汉字"万古"二字。碑身两面，竖书阴刻汉、满、蒙、藏4种文字，正面为满文和汉文，背面为蒙文、藏文，由乾隆帝亲撰，共240字。碑文主要记载清军平定准噶尔部首领达瓦齐叛乱的战绩。碑座为红日沧海浮雕图案。

"格登山"为蒙古语，意为突起的后脑骨。格登山战略地位十分重要，是兵家必争之地。平定准噶尔勒铭碑由于其所包蕴的历史事件与特定的地理位置，成为统一多民族国家的实物见证。是维护祖国统一、反对民族分裂、进行爱国主义教育的最佳历史教材。

1974年，平定准噶尔勒铭碑被新疆维吾尔自治区革命委员会公布为自治区级文物保护单位。1975年，国家拨款修建碑亭1座，并对碑身进行整修。1981年8月，昭苏县文物保护管理所成立。2001年6月25日，平定准噶尔勒铭碑由国务院公布为第五批全国重点文物保护单位，编号5-0473-4-031。2004年12月，平定准噶尔勒铭碑全国重点文物保护单位记录档案建立，存放在伊犁州文物局。昭苏县文物局负责平定准噶尔勒铭碑的日常保护和管理。2009年7月22日，新疆维吾尔自治区人民政府印发《关于公布新疆维吾尔自治区全国重点文物保护单位保护范围、建设控制地带的通知》，公布平定准噶尔勒铭碑保护范围和建设控制地带。

第五节　雕刻

南京南朝陵墓石刻　是南朝皇帝和王侯陵墓前的神道石刻，主要的位于南京市栖霞区、江宁区境内。

南朝宋、齐、梁、陈均建都南京，遗存帝王、贵族陵墓石刻共17处，其中帝陵3处，王侯墓8处，另有失考墓6处。石刻主要有石兽、石柱和石碑。石兽主要分天禄、麒麟和辟邪，三者均有翼。石柱柱首为圆盖或莲花座式，其上立一辟邪状小兽；中为圆柱身，柱身上部嵌一方形小神道碑，上书墓主人某某之神道；柱础分两层，上层刻有翼神兽，下层为一方石。石碑碑首为圆形，左右双龙交缠，碑座为龟趺，碑文为典型南朝楷书。

三处帝陵石刻。宋武帝刘裕初宁陵石刻位于江宁区龙其线麒麟铺段道路两侧。遗存麒麟及天禄各1只。东为天禄，长2.96米、高2.8米、颈长1.35米、体围3.1米，双角已损，有须和双翼，翼面前作鳞羽，后作长翎，足有五爪。西为麒麟，长3.18米、高2.56米、颈长1.15米、体围3.21米，独角，角尖已断，四足残失，头略向后仰，体形、翼形和天禄相似。兽身风化开裂，三足断裂。陈武帝陈霸先万安陵石刻位于江宁区上坊陈陵路。地上仅存一对石兽，均为雄兽。南兽似麒麟，长2.72米、高2.28米、体围2.56米；北兽似天禄，长2.5米、高2.57米、体围2.43米。两石兽造型奇特，均有双翼而无角，颔须拂胸，舌不下垂，体形庞大，气势雄伟。陈文帝陈蒨永宁陵石刻位于栖霞区甘家巷东南狮子冲山谷内。这一对大型南朝石兽，东西对置，均为雄兽。东为天禄，长2.6米、高2.75米；西为麒麟，长3.1米、高2.85米。两兽体态修长，昂首阔步，体

陈文帝永宁陵石刻麒麟

梁安成康王萧秀墓石刻

侧刻双翼，并有卷云纹，是南朝陵墓石兽中气势最雄伟、装饰最富丽、神态最灵动且保存完好的一对。

8处王侯墓石刻。梁安成康王萧秀墓石刻位于栖霞区甘家巷小学内。遗存神道石刻3种8件。自南向北第一对为辟邪，东辟邪高2.94米、长3.58米、宽1.55米；西辟邪高3米、长3.28米、宽1.55米。第二对石碑跌座，东碑座高1.02米、长3.54米、宽1.43米；西碑座高1米、长2.7米、宽1.49米。第三对为石柱，东柱仅存柱座，长1.45米、宽0.66米，四面均有花纹；西柱仍站立，高3.86米，柱盖无存，柱座裂成两半，高0.66米、前长1.5米、周2.12米、侧宽1.43米。第四对为石碑，东碑高4.1米、宽1.46米、厚0.31米，碑座长3.37米、高1.01米，碑侧原有浮雕，已模糊；西碑剥蚀严重，碑高4.1米、宽1.44米、厚0.32米，碑座高1.02米、长3.07米。碑额隶书"梁故散骑常侍司空安成康王之神道"。4通碑文分别由梁代王僧孺、陆锤、刘孝绰、裴子野撰文，贝义渊书，已风化，仅有部分碑文可辨。梁始兴忠武王萧憺墓石刻位于栖霞区甘家巷西。存石刻

梁吴平忠侯萧景墓石刻辟邪

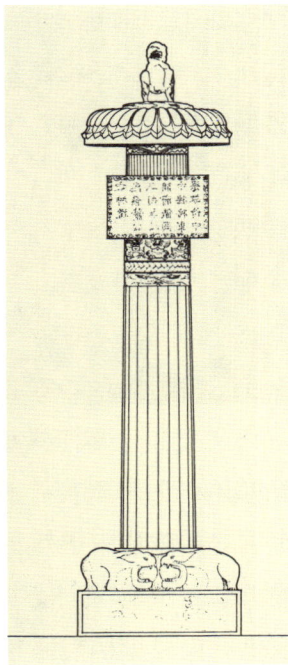

梁吴平忠侯萧景墓表及立面图

3种5件。辟邪1对，东辟邪长3.75米、宽1.6米、高2.95米，头已残裂，仅具大貌。1955年、1984年，文物工作者于辟邪腹下各发现小辟邪1只，张口伸舌作伫立状；西辟邪仅存后跨部。石碑北距辟邪20米，应有1对。西碑仅存龟跌；东碑保存完好，分碑首、碑身、龟跌3部分，碑首浮雕双螭缠绕，额面刻腾飞双龙，碑额刻"梁故侍中司徒骠骑将军始兴忠武王之碑"，碑文大多清晰可辨，共2800余字，楷书，贝义渊（南朝梁代书法家）所书。此碑为南朝陵墓中保存最好、字数最多的一通碑。梁吴平忠侯萧景墓石刻位于栖霞区栖霞大道南十月村路。墓前存辟邪1对、石柱1根。东辟邪为公兽，长3.8米、体围3.98米、高3.5米，雕饰精丽，为同期辟邪中的佳作；西辟邪距东辟邪25米，1956年发现，残骸仍埋土中。东神道石柱是南朝石柱中保存较完好的一件，通高6.5米，直径0.7米，顶盖有莲花座，柱础高

萧宏墓神道石辟邪

0.98米，为双螭座，柱身高4.2米，呈圆形，上镌"梁故侍中中抚将军开府仪同三司吴平忠侯萧公之神道"，反书楷体。梁鄱阳忠烈王萧恢墓石刻位于栖霞区甘家巷西萧憺墓石刻旁。墓前存辟邪1对，东辟邪长3.2米、高2.81米；西辟邪长3.45米、高2.87米。两辟邪均无角，张口垂舌，有须，身雕两翼，胸前刻有凹沟，造型优美生动。梁临川靖惠王萧宏墓石刻位于栖霞区仙林大学城学则路与灵山北路交会处萧宏墓石刻公园内。墓前保存石刻3种6件。自北起第一对为辟邪，西辟邪仅存残骸；东辟邪完好，雄兽，体长3.2米、宽1.48米、高2.84米。第二对为神道石柱，东柱残高6.41米、柱身高4.95米；西柱残高4.96米，柱表刻28道瓦棱纹。柱额北向，题"梁故假黄钺侍中大将军扬州牧临川靖惠王之神道"。第三对为石碑，东碑已佚，仅存龟趺半埋土中；西碑尚好，通高5.41米、碑身高4.33米。碑侧分8格，各刻飞禽怪兽，纹饰妙趣横生。梁新渝宽侯萧暎墓石刻位于栖霞区炼西路北段。墓前仅存西神道石柱，柱顶宝盖及小石兽无存，柱础和柱身部分埋入土中，地面柱高2.1米、柱围1.82米，柱身刻24道瓦棱纹。柱额题"梁故侍中仁威将

军新渝宽侯之神道"。梁建安敏侯萧正立墓石刻位于江宁区江苏海事职业技术学院校园内。墓前石刻遗存2种4件，南北相向。南辟邪为母兽，身长2.2米、体围2.5米、高1.95米；北辟邪为公兽，身长2.15米、体围2.47米、高2米。神道石柱1对，位于辟邪西110米处。北柱高3.44米，柱围1.84米，瓦楞纹20道，柱额方文字漫漶，铭文应为"梁故侍中左卫将军建安敏侯之神道"，盖及小兽已佚；南柱高3.45米、柱围1.74米，瓦楞纹23道，柱额铭文与北柱同。梁桂阳简王萧融墓石刻位于栖霞区南炼三村炼油厂小学旁。墓前存2辟邪，东辟邪长3.18米、胸宽1.45米、高2.46米，保存尚好。西辟邪残缺严重，1983年进行修复，体长2.95米、胸宽1.1米、高2.6米。

6处失考墓石刻。徐家村失考墓石刻位于栖霞区金陵石化化工一厂内，仅存一件神道石柱。石柱高4.3米、围2.9米，有24道瓦棱纹，从体制和风格来看与其他六朝墓石刻相仿。因石柱文字已经漫灭，无法确认墓主，有一说此系梁永阳昭王萧敷墓。北家边失考墓石刻位于栖霞区仙新路与恒飞路交会处，推测墓主可能是萧伟或其他皇族成员。墓前神道有望柱1对，西石柱残存，柱额尚能辨认出"梁故侍中中抚"等字。考古工作者于2000年对此墓墓阙进行清理，西阙长11.82米、宽1.94米；东阙长11.81米、宽2.03米。侯村失考墓石刻位于江宁区侯樵路北段道路西侧。墓主失考，存有辟邪一对和神道石柱1对。东辟邪残长1.4米、高1.33米、体围1.28米；西辟邪较完整，长1.6米、高1.38米、体围1.32米，纹饰雕刻简单。石柱居东，高仅2.73米，石额尚存，文字剥落

殆尽。此组石刻为南京地区遗存南朝陵墓石刻中形体最小的一组。宋墅失考墓石刻位于江宁区侯樵路南段道路东侧。墓主失考，仅存神道石柱1对、柱础1处。西石柱高3.6米、围1.58米，表面布24道瓦楞纹，顶有宝莲盖，盖上小石兽已佚，柱额上文字漫漶。东石柱已毁，仅存柱础。秋岗失考墓石刻位于江宁区望溪路西侧。墓主失考，仅存1道神石柱，柱身刻瓜楞纹11道，已漫漶，柱顶盖及小石兽均无存。方旗失考庙墓石刻位于江宁区锦文路北。墓主失考，存有石辟邪1对，均体长、头小、颈短，有翼无角，张口垂舌。东辟邪残长1.5米、高2.38米、体围2.77米；西辟邪较完整，为母兽，长2.57米、高2.04米、体围2.58米。

自唐以来《元和郡县图志》《太平寰宇记》等文献等对南京南朝陵墓石刻多有记载。20世纪30年代朱希祖和朱偰父子曾多次对石刻进行调查。中华人民共和国成立以后，江苏省文管会多次组织人进行调查、测绘。学者们先后撰写《丹阳南朝陵墓石刻》《南朝陵墓石刻》《南朝陵墓石刻艺术》等研究著作。1982年，宋武帝刘裕初宁陵石刻等处石刻被公布为江苏省文物保护单位。1988年1月13日，南京南朝陵墓石刻被国务院公布为第三批全国重点文物的保护单位，编号3-0167-4-004。

丹阳南朝陵墓石刻（含句容梁南康简王萧绩墓石刻） 是南朝齐梁时期帝王陵墓神道石刻群，主要位于江苏省丹阳市境内萧梁河沿岸，从陵口至水经山南北长约16千米。已发现的主要地点有陵口镇萧梁河两岸、狮子湾、仙塘、前艾庙、金王陈村、烂石垅、三城巷、水经山村等11处，另包括句容市境内萧绩墓一处。

丹阳是南朝齐、梁两代帝王的故里，齐、梁两代帝王死后大多归葬丹阳，陵墓多选择在背依山冈、面临开阔平地的地方。陵前石刻造型生动，气魄雄伟，是中国古代石刻艺术的珍品。

齐宣帝萧承之永安陵石刻位于丹阳市胡桥北狮子湾。陵前存有石兽1对。东为天禄，保存完好，身长2.95米、高2.75米、颈高1.4米、体围2.75米，昂首挺胸，张口垂身，左足前攫一小兽；西兽倾倒于土中，头已不存，其余部分保存完整，身长2.9米、体围2.4米、通高2.42米、颈高1.38米。齐景帝萧道生修安陵石刻位于丹阳市胡桥东1千米仙塘湾。陵前存石刻2件。东为天禄，身长3米、高2.75米、颈高1.54米、体围2.52米，双角残断；西为麒麟，身长2.9米、高2.42米、颈高1.83米、体围2.4米，独角，其上满缀鳞纹。齐武帝萧赜景安陵石刻位于丹阳市田家村南。陵前仅存1对石兽。东为天禄，身长3.15米、高2.8米、颈高1.55米、体围3米，其造型、雕饰以及精

齐宣帝萧承之永安陵石刻

梁文帝萧顺之建陵石刻

丹阳梁武帝萧衍修陵石刻

神形态，均与萧承之永安陵前的天禄相仿，因其体长，高颈斜出，双目平视，显得窈窕秀美；西为麒麟，四足已失，身长2.7米、残高1.4米、体围2.51米，风化剥落严重，通体纹饰漫漶不清，两翼仅余大体形貌。齐明帝萧鸾兴安陵石刻位于丹阳市三城巷东北。陵前存有石刻2件，北为天禄，肢体残断，半身湮没于土中；南为麒麟，四足全失，身长3.02米、残高2.7米，头上昂，独角已残，口角有齿状茸毛，额下有垂胸的长须，颈项短、肥，形状别致的双翼由四个小翼组成，造型别致，与胸前长毛浑然一体。

梁文帝萧顺之建陵石刻位于丹阳市三城巷东北。陵前神道进口依次陈列有石兽、方形石础、神道石柱、石龟趺座各1对。石兽为天禄、麒麟，两兽昂首突胸，两翼微翘，细鳞中饰有五瓣小花，兽脊作通贯首尾连珠状装饰。神道柱作瓦楞纹，柱上的石额上有文字"太祖文皇帝之神道"，隶书。柱础上圆下方，是一对环状的螭龙，口内衔珠，头有双角，四足、修尾。石龟趺座，雕刻简朴有力。梁武帝萧衍修陵石刻位于丹阳市三城巷东北。陵前石刻仅存一天禄，身长3.1米、高2.8米、颈高1.45

米、体围2.35米，昂首挺胸，欲进不前，雄武有神韵，左前足下有一小兽。梁简文帝萧纲庄陵石刻位于丹阳市大庄南，仅存一天禄。

陵口东萧梁河两岸、金王陈村、烂石垅，埤城镇水经山村各有一座陵墓，因为无从考证，均佚其名。4座陵墓前都有石刻，或天禄、麒麟，或麒麟、辟邪，造型均为南朝时的特点，尤以萧梁河两岸的麒麟琢工最为精细，通体饰纹极为华美，两翼造型极为精巧，是南朝石刻中的代表作。金王陈村陵墓，曾于1968年进行过发掘，墓室内出土有羽人戏龙、羽人戏虎、竹林七贤等画像砖，其画像线条精练，人物造型十分传神，是南朝画像砖中的精品。水经山村的陵墓已平，墓前有石刻狮子1对，体长而颈短，两翼短小，通身无纹饰，体态浑圆，雄劲有力，体现南朝石刻造型的另一特色。

梁南康简王萧绩墓石刻位于句容城西北石狮沟村旁。存有石辟邪1对，东西相向而立，相距16.8米，石柱1对，在石兽之北21米外。东辟邪身长3.85米、高3.4米、颈高1.4米、体围4.2米；西辟邪（雄性）身长3.75米、高3.33米、颈高1.45米、体围4.28米，胸突腰耸，作停立状。石柱柱围2.81米。东部基本完

句容梁南康简王萧绩墓石刻

整，西柱被雷击顶部残。

齐梁陵墓雕刻继承汉代圆雕、浮雕和线雕混合运用的手法，表现出由粗简古朴向精湛秀美发展的转变。石兽造型，齐、梁两代在风格上有各自的特点。

自唐以来《元和郡县图志》《太平寰宇记》等文献等对丹阳南朝陵墓石刻多有记载。20世纪30年代朱希祖和朱偰父子曾多次对石刻进行调查。中华人民共和国成立以后，江苏省文管会多次组织人进行调查、测绘。学者们先后撰写《丹阳南朝陵墓石刻》《南朝陵墓石刻》《南朝陵墓石刻艺术》等研究著作。

丹阳境内石刻由丹阳县文化管理委员会管理，管委会与各处石刻所在乡政府签订保护合同，并派出管理员。1982年，丹阳南朝陵墓石刻被江苏省人民政府公布为江苏省文物保护单位。同年，丹阳县人民政府印发《关于我县级文物保护单位保护范围的规定》，确定石刻保护范围。1988年1月13日，丹阳南朝陵墓石刻被国务院公布为第三批全国重点文物保护单位，编号3-0168-4-005。2009年，句容市人民政府设立萧绩墓石刻保护标志碑，并设置围栏进行围护，结合石刻设立公园。

曲回寺石像冢 是一处珍贵的唐代石雕组群遗址。位于山西省灵丘县城西南75千米三楼乡曲回寺村、河浙村及其四周3千米内。

据元至元二十二年（1285年）蓬庵《曲回寺碑记》载：曲回寺石像冢"肇自大唐开元二十一年（733年），有大禅师慧感，俗姓王氏，北京人也，初住此山，奉诏创此寺，持旨赐曲回山寺"。曲回寺是唐玄宗敕建的，可知曲回寺当时的规模和地位。寺中原有明正德年间所铸大钟的铭文记载，曲回寺属五台山下院，始建于唐代开元年间，是一座曾拥有百余名僧众的佛教寺院。曲回寺虽历经宋、辽、元、明、清几朝均有修葺，但基本保持唐代原貌。曲回寺有两进院落，主体建筑有山门、钟鼓楼、中殿、大殿、配殿和跨院僧房，整体寺院呈坐北朝南的长方形布局，南北长100米，东西宽50米。民国28年（1939年），曲回寺被日本侵略军烧毁，仅存殿基、踏道、柱础等遗迹和罕见的石像冢群。

《曲回寺碑记》称："天宝十年奉诏因建石塔三百六座。"石塔即为石像冢，始建于唐天宝十年（751年），历朝均有修缮。其分布范围"东至万先公之所居，南接北岳，西连

曲回寺寺院建筑基址

五台，北至唐流，充为宫寺。后因唐辽之间再定四至，东至上宅镇的石门沟，南至下关乡龙堂会，西至冉庄乡的大王分水岭，北至□□榆分水岭"。石像冢的分布范围20余平方千米，涉及灵丘南山地区西南大部。1980年，文物普查时发现石像冢群遗址。已确认的40余座石像冢分布情况为：北自曲回寺村后九龙岗、旗叶山，南至距村东南3千米的马王沟、围地沟，西自距村2.5千米的河浙村安台，东至距村1.5千米的梨园台、古道门，以曲回寺院周围居多，山岗、山脚、台地、沟岔等地，散布着坟丘状的石像冢，达27座。

石冢群遗存有圆形封土堆47座（编号为Z1～Z47），分布在曲回寺村、河浙村等周围。封土系土与石混合筑成，底径10米左右，占地近100平方米，一般高3～4米，周长约20～30米。封土下是用当地白色花岗岩石块砌筑的长方形石室，南北走向，长约6米、宽和高均为1.5米，石室顶部用花岗岩石条排列封顶，然后置石像，再以沙石土掩埋。外形呈土石墓状，在南部留一小门，从外面能看到内部的石像。石室内雕像按1～2层封藏，数量多少不一，少则10尊，多则50尊，有佛、菩萨、金刚、僧人供养人等雕像，皆面南背北。发掘出的石像最大的高1.5米，面目已经模糊，但衣带清晰可辨，最小者不足0.3米。有圆雕、半圆雕、浮雕，形态各异。这些石像都以当地"贵妃红"或"芝麻白"花岗石雕刻而成，质地坚硬，保存完好。Z1号石像冢位于曲回寺村西北老虎山山脚下，高3～4米，底径

曲回寺石像冢群Z1号石像冢甬道口上方石刻

曲回寺石像冢群 Z1 号石像冢远景

10 米，门洞朝南，石室内中线上是一排 5 尊坐像，像高 1.5 米，前后整齐排列，刻工精细，褒衣博带，面部丰满，是典型的唐代风格。5 尊坐像两侧，立有数量不清的小石像。石室南端以巨石封门，封门石上雕有横向并列的 7 尊像，每尊像上方刻有和尚法号："大禅师道秀和尚""大禅师道信和尚""大禅师法忍和尚"等等。封门石右侧还刻有"天宝十载（751 年）""维大唐天宝十一载七月一日"等题记。Z1 号石像冢东北约 50 米处为 Z3 号石像冢，南面有三阶大石。Z6 号石像冢位于村北山脚下，2001 年由山西省考古所发掘清理，冢内为石块砌筑的 3 圈石墙，略呈同心圆状，石墙之间回填土和砂石。其余 40 余座分布在曲回寺村、河浙村等周围。

石像冢的石像中，有执杖、捧钵、持剑的僧立像、有佛坐像、一佛二菩萨像、菩萨立像、骑象佛陀等。以佛坐像的数量最多，为高浮雕作品，表现形式一种是佛像肉髻高耸，面相方圆、面目可辨但因风化而不清晰，多褒衣博带，衣纹简单。有的结跏趺坐，施禅定印；有的半跏趺坐，双手置于双膝上，制作时间较早。另一种是佛像肉髻扁平，面相宽大长圆，

制作较晚。菩萨立像较多风化，亦为高浮雕作品，头戴宝冠，跣足立于莲花座上。另外还有千佛像和故事龛。最为特殊的是骑象佛陀形象，尚属首见。石像的数量罕见，埋入地下的原因尚不清楚。

曲回寺石像冢充分反映中晚唐时期佛教雕刻艺术的纯熟，为研究唐代石雕工艺和佛教文化发展的历史，提供丰富的实物资料，对研究中国的佛教史、美学史、雕塑史具有重要意义。

"文化大革命"时期曾遭破坏。20 世纪 90 年代中期起，不法分子大肆盗挖石像冢等给曲回寺石像冢造成一定破坏。1988 年，山西省文物局编制《山西省文物地图集》，组织调查小组对曲回寺石像冢进行调研。1998 年 11 月，灵丘县政府常务会议批准成立灵丘县曲回寺文物管理所。2001 年 6 月 25 日，曲回寺石像冢被国务院公布为第五批全国重点文物保护单位，编号 5-0012-1-012。2002 年 8 月 27 日，山西省人民政府印发《关于公布太原晋阳古城遗址等 102 处全国重点文物保护单位保护范围的通知》，公布曲回寺石像冢的保护范围。2009 年 7 月，国务院开展第三次全国文物普查，山西省文物局组织专业调查队伍，对曲回寺石像冢进行全面普查；同年，国家文物局批准曲回寺石像冢保护规划。

东钱湖石刻　主要指南宋史氏望族和明代少傅兼太子太傅余有丁墓葬神道的地面石刻群体，由冀国夫人叶氏太君墓神道、史诏墓神道、史渐墓神道、史弥远墓神道和余有丁墓神道（明代）等 5 处墓前石刻组成。石刻分布于浙江省宁波市鄞州区东钱湖东、南、西岸的郭家峙——天童公路沿线，范围长约 8 千米。

四明史氏始祖史惟则于后晋天福四年（939年），由江苏溧阳迁至鄞县洗马桥一带定居。其孙史简死时年仅23岁，妻子叶氏，慈溪人，怀有遗腹子史诏，即南宋孝宗朝的右丞相加太师、越王史浩的祖父。叶氏夫人卒于北宋政和七年（1117年），后封为冀国夫人，葬于东钱湖的下水，即冀国夫人叶氏太君墓神道，开创史氏家族归葬东钱湖的先河。史诏七岁能诗，以孝义闻名乡里，拒不为官，宋徽宗赐号为"八行高士"，史家即以"八行堂"为氏族的堂号。史诏死后葬于离冀国夫人墓不远的绿野，即史诏墓神道。宁波史家自史浩以后发迹，成为著名的"一门三宰相、四世两封王、七十二进士"的显赫门第。据《史氏宗谱》记载，自史诏以后，据统计史氏家族前后有40余人的坟墓在东钱湖一带，其中有右丞相加太师、越王史浩，左丞相、太师、卫王史弥远，赠太师、齐国公史渐等，生前地位显赫，死后按礼制埋葬，神道两侧陈列石像生以示其身份和威严。除南宋墓道石刻外，还有少数明清时期的石刻及牌坊、石鼓等等石刻艺术品，明代的神道石刻以余有丁墓为代表。

冀国夫人叶氏太君墓神道构筑于北宋政和八年（1118年）前后。墓穴及神道朝南略偏东，遗存从南到北依次由鸟鸣桥、神道及两边石刻、两段石阶、墓穴形成一纵轴线，神道东、西侧各有一水池，再西为无量寿庵。1993年，史氏后裔从附近迁来南宋石刻近10件置于墓前，距鸟鸣桥约100米始依次排列有石笋1对（其中一支为原物）、"昭兹来许"碑1方、石羊2对（其中1对有残缺）、石虎1对。

史诏墓神道营建于宋高宗赵构建都临安初期（1129年）。墓道坐北朝南，略偏西。平面布局由南而北次第升高，前部为神道石刻，后部为墓室，11件墓前石刻左右对称分立。整个墓区南北长53米、东西宽14米，占地面积742平方米。墓室前25米处依次排列石椅1把，文臣、武将、立马、蹲虎、跪羊分列，各1对。

史渐墓神道建于南宋绍熙五年（1194年）前后，全长170余米，地势平缓处分三层平台，陡坡处分两层平台。第一平台长44米，神道南端竖有一牌坊；第二平台长36米，落差1.7米；第三平台长62米，落差1米，上有石笋、跪羊、蹲虎、立马、武将、文臣和残损的石鼓墩；第四层即陡坡上的第一层，长19.5米，上建有牌坊；第五层是坟墓。

冀国夫人叶太君墓道

史诏墓道

史渐墓道

史弥远墓道古树与享殿

史弥远墓及墓道构筑于南宋绍定六年（1233年）前后。从南至北依山势而上，依次为石拱桥、墓道石板路（包括墓道两旁的两棵银杏树）、享殿（享亭残件）、两道石牌坊（残件）、墓穴。史弥远墓穴拢起成馒头状。上有古樟2棵，松树、枫树各1株。

余有丁墓神道构筑于明万历十二年（1584年）前后。神道坐北朝南，背山面湖，依山势辟为7个台地，南北总长200米、东西宽25米。在最高一个台地中部，为方形墓室，墓前神道两侧依次排列为文臣、享亭、站马、蹲虎、跪羊、石笋柱、石望柱、石牌楼各1对。在第六个台地中，为石牌坊；最低一个台地左偏纵轴线20米为碑亭，布局合理，气势雄伟。

东钱湖石刻在艺术上上承汉唐、下启元明，造型准确、比例适度、表情含蓄、雕刻栩栩如生、细致入微，堪称写实主义绝作；多处采用寓意、象征手法，以文臣、武将、马、

虎、羊分别寓意忠、勇、节、义、孝，又以宝相花、莲花、石榴、海兽等诸多纹饰作为美好的意向象征，成为浪漫主义与现实主义的艺术结晶，具有很高的艺术价值。东钱湖墓群选址优越，顺应山势，反映古人的自然环境观，是传统堪舆学的杰出范例。

1986年5月，史渐墓神道石刻（原名下庄墓前石刻造像）被鄞县人民政府公布为县级文物保护单位。1994年11月8日，鄞县人民政府公布史诏墓及墓道石刻、史弥远墓及墓道石刻、冀国夫人叶氏太君墓道、余有丁墓及墓道石刻为第五批县级文物保护单位，同时公布保护范围和建设控制地带。1997年8月29日，被浙江省人民政府公布为省级文物保护单位，并更名为东钱湖石刻群（包括上述五处）。1998年9月5日，浙江省人民政府印发《关于划定杭州六和塔等123处文物保护单位保护范围及建设控制地带的批复》，划定东钱湖墓群（东钱

湖石刻）的保护范围和建设控制地带。2001年6月25日，东钱湖石刻被国务院公布为第五批全国重点文物保护单位，编号5-0450-4-008。东钱湖石刻群的管理机构为鄞州区文物管理委员会办公室，并在东钱湖组建文物保护领导小组和业余文物保护小组，确定专人负责具体的安全防范工作。1999年，经浙江省文物局批准，鄞县文物部门将东钱湖周围的零星墓前石刻及牌坊、石鼓、柱础等石刻艺术品140余件，搬运到史渐墓神道附近的凤凰山山岙集中保护，成立东钱湖南宋石刻博物馆。2002年，宁波市成立东钱湖旅游度假区管理委员会，下设社会事务管理局负责东钱湖地区的文物保护工作。

清源山石造像　是分布在福建省泉州市清源山的石雕造像群，包括老君岩、瑞像岩、赐恩岩、弥陀岩、碧霄岩、西峰岩、千手岩等地点。老君岩造像是中国遗存最大的宋代道教石造像，是清源山石造像群的重要部分。老君岩造像位于福建省泉州市丰泽区清源山西峰下。

清源山位于泉州市北郊，是著名风景名胜。最早开发于秦代，中兴于唐代，宋元时期最为鼎盛。留下大量文物古迹，包括有宋、元时期石雕造像7处9尊，历代摩崖石刻近700方，元、明两代花岗岩仿木结构的石室多处。

老君岩造像，雕刻于10世纪。据《泉州府志》记载："石像天成，好事者为略施雕琢。"造像依一块硕大天然的岩石雕刻而成，

清源山老君岩造像

呈坐姿，高5.63米、宽8.01米、厚6.85米，占地面积55平方米。老君身披道袍，呈席地舒坐状；左手抚膝，右手凭几。面额圆润，两眼深邃，双耳垂肩，长髯飘动。整座雕像厚重而不失轻盈，夸张而不失自然，非常生动地刻画出太上老君独有的仙风道骨和慈祥安乐的神态，极具神韵。

据《泉州府志》乾隆版卷之六（山川集）记载："原建有真君殿，北斗殿等道教建筑群，规模宏大。明崇祯后，道观废。"1990年底，在整治老君岩环境时，于石像南面出土花岗岩石构件9件，经专家考证，南宋时老君岩造像建有石室，14世纪殿宇损毁，造像成为露天之物，与四周奇峰碧野融为一体，另有一番天然的奇趣。

1961年5月，福建省人民委员会公布老君岩造像为省级文物保护单位。1979年11月，成立泉州市清源风景区管理处负责老君山造像的保护和管理工作，1987年7月更名为泉州清源山风景名胜区管理处，2003年3月更名为泉州清源山风景名胜区管理委员会。1981年，修补老君岩造像垂胸飘髯。1988年1月13日，老君岩造像被国务院公布为第三批全国重点文物保护单位，编号3-0169-4-006。1996年，福建省人民政府印发《福建省人民政府关于公布国家重点和省级文物保护单位（第二批）保护范围的通知》，确定老君岩造像的保护范围。2001年6月25日，国务院在公布第五批全国重点文物保护单位时，将清源山石造像群与第三批全国重点文物保护单位老君岩造像合并，并更名为清源山石造像。2016年11月，福建省文化厅、省住房和城乡建设厅印发《关于公布省级

以上文物保护单位建设控制地带的通知》，划定老君岩造像的建设控制地带。

瑞岩弥勒造像　瑞岩弥勒造像依岩石自然形态雕凿规模宏大、雕工精湛，为元代石雕艺术的佳作，位于福建省福清市海口镇牛宅村瑞岩山东侧。

明代欧应昌的《瑞岩山志》载："石佛为弥勒坐身，乃一天然巨石，高三丈许，宛然庄严色相，加以椎琢之功、深朴精工，果洞天福地所希遘者。唐时，水部郎中灿厌禄归隐其间，号为弥勒小隐岩。"可见，遗存的弥勒佛石雕造像的原型乃一巨大肖形石，早在唐代就被称为弥勒小隐岩，后人依岩石形状雕凿而成。

瑞岩弥勒造像雕凿于元至正元年（1341年），据清《海口特志》记载，造像是里人吕伯恭募缘鸠工依整块岩石的形态就地雕凿，历时27年，至明洪武元年（1368年）竣工。造像高9米（头部高2.3米）、宽8.9米、厚8米，弥勒足着草履、身披袈裟、盘腿打坐、袒胸露腹、左手捻珠、右手抚腹、两眼平视、双耳垂肩、笑容可掬。怀中、右手边和腿上各有小和尚1尊。右手边和腿上的两尊小和尚高0.8米、宽0.4米，右手边者只露出头部和手部。瑞岩弥勒造像形态生动，线条流畅，镌工精巧，为元代石雕艺术的佳作，具有较高的艺术价值。

造像旁边立有石碑3块，记载明洪武二十三年（1390年）瑞岩寺僧悟普募缘建石佛阁；明万历十一年（1584年）邑人叶向高募缘建弥勒阁，以及之后几次重修愿望；清同治元年（1862年），弥勒阁因年久失修被风雨损坏殆尽，仅存石柱，其中10根残缺不全的大石柱上刻有捐建人姓名及"愿天下常生好人，愿人

瑞岩弥勒造像

常行好事""愿四海常宁谧"等楹联。

1981年2月25日，福清县人民政府将瑞岩弥勒造像列为第一批县级文物保护单位。1985年10月11日，福建省人民政府将瑞岩弥勒造像和摩崖题刻列为第二批省级文物保护单位。1996年12月13日，瑞岩弥勒造像被公布为第四批全国重点文物保护单位，编号4-0196-4-008。2001年，成立福清市瑞岩山风景管理处，为专职管理机构。2016年，福建省人民政府印发《福建省人民政府关于公布全国重点文物保护单位（第四至七批）保护范围的通知》，公布瑞岩弥勒造像的保护范围。2016年11月，福建省文化厅、省住房和城乡建设厅联合印发《关于公布省级以上文物保护单位建设控制地带的通知》，划定瑞岩弥勒造像的建设控制地带。

第六节 岩画

阴山岩画 是指在阴山山脉西段巨岩崖壁敲凿磨刻的图像，形象地展现了中国北方草原上少数民族狩猎、祭祀、战争等场景。阴山岩画分布地域广泛，散布在内蒙古自治区巴彦淖尔市乌拉特前旗、乌拉特中旗、乌拉特后旗、磴口县、杭锦后旗等地阴山山脉中。

据研究推断，阴山岩画最早出现在旧石器时代晚期，其后新石器时代、青铜时代、战国时期、秦汉时期、南北朝时期、隋唐时期、西夏时期、蒙元时期、明清时期均有雕凿。岩画题材包括天体、神灵、飞禽、动物、人物、器物等，表现内容有狩猎、乘骑、放牧、舞蹈、征战、巫师作法以及日月星辰、圆穴等大量的符号、标记等。阴山岩画的刻法有敲凿、磨刻、线刻等。岩画的制作者有原始氏族部落、匈奴、突厥、回纥、党项、蒙古等民族，是古代猎牧人由野蛮走向文明进程的历史画卷。

按照分布区域和内容特征看，阴山岩画主要包括格尔敖包沟岩画区、小佘太岩画区、鬼谷岩画、乌拉特后旗呼和温都尔岩画。

格尔敖包沟岩画区位于磴口县西北。阴山山脉狼山西段的格尔敖包沟及其周围的山巅上，分布着古代游牧民族凿磨于岩石上的岩画千余幅，分布面积为43.8平方千米。格尔敖包沟岩画属早期岩画，制作于新石器时代至青铜时代，这是岩画的鼎盛时期，数量多，分布广，内容丰富，制作精细，艺术水平高。题材和内容多为人兽面形，人、禽、兽足印，动物岩画，狩猎岩画，神灵天体岩画等。还有春秋时代至两汉的匈奴岩画，中世纪的突厥人岩画和回鹘、党项人岩画，元代以后的蒙古人岩画。晚期岩画主要有狩猎岩画、格斗岩画、民族记事岩画、穹庐毡帐岩画等。

小佘太岩画区位于乌拉特前旗。1998年，

格尔敖包沟岩画太阳神

哈隆格乃沟岩画动物群

阴山小佘太岩画

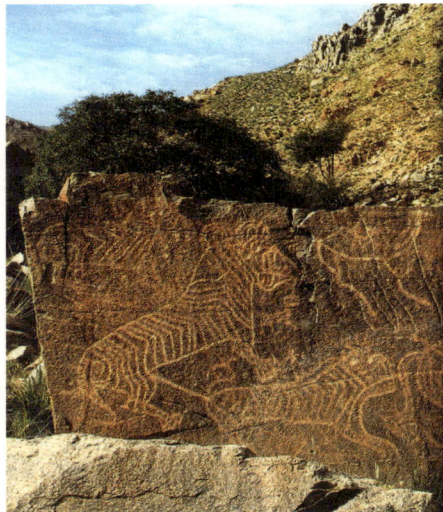

乌拉特后旗巴日沟岩画

内蒙古文物工作者在准备维修位于巴彦淖尔盟乌拉特前旗阴山深处的小佘太秦长城时意外发现4处共计70余幅青铜时代的岩画。据现场考察，刻绘有岩画的山体为石英脉岩石，被当地牧民称为红墙，与秦长城并行由东向西延伸。已发现的岩画中，内容有牧羊人、狩猎人、北山羊、猎犬、马、驴等，其中北山羊占四分之三。刻绘方法是用石器和青铜器在岩石上敲凿，并逐步加以磨制而成。岩画的作者均为生活于此的匈奴人，制作时代上起青铜时代，下至战国、秦汉时期，部分岩画是秦始皇命大将蒙恬在此修筑长城以后逐渐刻绘。小佘太秦长城附近发现的这批岩画，丰富了阴山岩画的内涵，为研究中国古代北方游牧民族——匈奴族的历史提供了宝贵资料，也为内蒙古阴山地区文物保护和旅游开发，提供了珍贵的文物景点。

鬼谷岩画，蒙古语称毛都呼热，位于乌拉特中旗巴音杭盖苏木西北部，是季节性河流冲刷而成的一条较深河谷，宽20～50米，深2～10米，长约2千米，呈东北—西南走向。地属阴山北部、乌拉山以东的山地丘陵区。岩画

大致可分为15个组群，共100多幅，其中较为清楚者70幅左右。刻绘内容为狩猎场景、舞蹈、动物图、神灵图案、符号图形、人面像及其变形图像等，时代为汉至元代。

乌拉特后旗呼和温都尔岩画位于乌拉特后旗旗政府西南100千米的狼山南麓，呼和温都尔镇北侧为红砂岩台地，在岩壁上发现有10余幅岩画。此处岩石松软，画面较大，图案大者达13米，凿刻有羊、马、牛、驼、狗、人像等。群虎图位于乌拉特后旗南部山贵沟东北支沟的一侧石壁，纵126厘米、横345厘米，画面中从左至右卧有大小6只虎，姿态各异；虎群中间有羊、犬等小型动物数只，或站或卧；有骑马和站立的小人杂处其间；画面上方有几只马、骆驼等动物在闲散地游荡。

阴山岩画早在5世纪时北魏郦道元《水经注》中就有记载。阴山岩画的有意识保护和研究起步较晚，1976年，内蒙古文物工作者组织大规模的阴山岩画考察工作。2006年6月25日，阴山岩画被国务院公布为第六批全国重点文物保护单位，编号6-0818-4-008。巴彦淖尔

市成立内蒙古岩画保护与研究学会，对阴山岩画进行全方面勘察和考古测量，全面掌握阴山岩画的规模、分布、生成年代以及自然和人文环境，建立科学翔实的岩画资源信息系统。2008年，编制并实施《阴山岩画抢救性普查与保护实施方案》，组织专门机构，划定管理区域，在岩画集中地区建设数字遥控监控系统，并呼吁全社会参与阴山岩画保护工作。

花山岩画 是亚洲东南部规模最大、图像数量最多、分布最密集的岩画，位于广西壮族自治区宁明县城中镇耀达村东北500米，明江东岸。

花山为石灰岩山体，相对高度约230米，南北长350余米。地处左江转弯角处，山南面、西北面及山前隔江对岸各有一处台地，是当年举行祭祀活动的地方。学术界普遍认为花山岩画的年代在战国至东汉时期，约公元前5世纪至公元2世纪，是居住在左江流域的骆越人进行祭祀活动留下的遗迹，属于左江花山岩

画群。岩画位于花山西侧和西南侧崖壁上，崖壁略内凹，层理清晰，画面朝西南，距江面最高处约110米，最低处约30米，主要画面宽约221米、高约40米，可分为3处，112组。岩画为矿物质颜料赤铁矿涂绘成，全部为赭红色，在灰黄色的崖壁上显得格外鲜艳醒目。岩画以半蹲式人形图像为主，还有动物、铜鼓、刀、剑、钟、船、道路等。清晰可辨的图像总数为1951幅（以单个人或单物件为1幅计算），面积8000余平方米。其中正面人身像347幅、侧面人身像1209幅，铜鼓图209幅，羊角纽钟图7幅，细纽钟图5幅，环首刀图14幅，有格或有首剑图82幅，扁茎短剑图1幅，渡船图13幅，男女交媾图1幅，犬类图63幅，单组画面尺度最大的是第一处第6组，宽约41.45米、高34米，面积约1409平方米。在岩画所在崖壁入口处的贝丘遗址中曾发掘出土过新石器时代的石器、陶片等。

左江花山岩画是80个岩画地点中规模最

花山岩画位置示意图

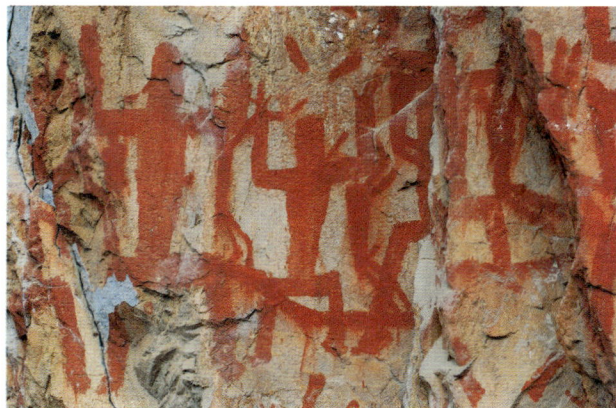

花山岩画（局部）

大的一处，也是发现较早、保护工作最多的一处。岩画独特的景观构建方式和图像表达系统，生动地记录了公元前5世纪至公元2世纪左江骆越人的祭祀活动及精神世界，岩画中的铜鼓图像及其相关画面内容是对中国西南和中南半岛区域历史悠久的铜鼓文化的一种真实的记录，具有重要的历史、科学价值。花山岩画的研究成果主要有《花山岩画资料集》《广西左江岩画》《广西左江流域崖壁画考察与研究》《广西宁明花山崖壁画14C年代测定报告》《左江流域崖壁画颜料鉴定报告》以及《左江花山岩画研究报告集》等。

1963年2月26日，广西壮族自治区人民委员会将花山岩画公布为自治区文物保护单位。1984年11月28日，宁明县人民政府成立宁明县文物管理所，负责花山岩画的保护管理。1986年4月23日，宁明县人民政府建设花山岩画保护管理站。1988年1月13日，花山岩画被国务院公布为第三批全国重点文物保护单位，编号3-0165-4-002。2005年5月11日，广西壮族自治区人民政府印发《关于重新划定花山岩画保护范围和建设控制地带的批复》，扩大花山岩画的保护范围。2006年，宁明县文物管理所对

花山岩画的以往的记录档案进行整理、补充，逐渐完善花山岩画全国重点文物保护单位记录档案。2008年9月至2009年1月，完成岩画山体的边坡加固工程。2009年，编制《广西宁明花山岩画本体开裂岩石第一期抢救性加固工程设计方案》。2011年3月，实施花山岩画第一期修复保护工程。2012年10月至2014年7月，先后完成第二、三期修复保护工程。2012年9月11日，广西壮族自治区人民政府制定实施《广西壮族自治区左江岩画保护办法》。2014年5月，崇左市人民政府颁布实施《崇左市左江岩画管理办法》。2016年7月15日，在土耳其伊斯坦布尔举行的联合国教科文组织世界遗产委员会第40届会议上，以花山岩画为代表的左江花山岩画文化景观被列入世界遗产名录。

将军崖岩画　将军崖岩画是中国发现唯一反映农业部落原始崇拜的岩画，位于江苏省连云港市海州区锦屏镇桃花村锦屏山南麓的后小山西端及山顶。

1979年，将军崖岩画始被发现。岩画共有四组，前三组分布在后小山西端将军崖下一块混合岩构成的覆钵状山坡上，南北长22.1米、东西宽15米。岩画的线条宽而浅，粗率劲直，

将军崖岩画全景

作风原始,有的断面呈"V"字形。第四组岩画发现于2005年,位于后小山顶部,在第一组岩画东南上方100米左右。

岩画第一组(A组)位于覆钵状山坡西侧,全长4米、宽2.8米,以人面和农作物图案为主,编号为A1~A34。图案为阴线刻,刻痕一般深度为1厘米。人面多有头饰,以网纹为多,也有复线角纹和弦纹头饰;人面脸部多刻有杂乱斜横线条,眼睛用同心圆表示。人面像除A6为着裙人物外,大都无四肢,躯干仅用一根上至头顶沿鼻梁而下的线条表示,且下方均与农作物图案相连,农作物图案为由下向上的辐射状线条表示。人面和农作物之间有鸟头、鸟面、圆点、刻划符号等。

岩画第二组(B组)位于覆钵状山坡南侧,长8米、宽6米,为鸟兽、类星象图及各式符号,编号为B1~B97。兽面、动物头骨图案在B组岩画的东部比较集中。有两个鸟头像,形象清晰。大多数兽面头向北偏东60°,刻痕宽平,最宽者4厘米,较A组浅,刻痕上布满麻点状浅坑,为凿痕。B组岩画西半部是一幅类星象图,大量的双圈圆点、单圈圆点以及圆点和线等符号规律地分布成带状,长达6米,中间有短线将它分成4节,有的圆点后有短线相连。B组岩画的中央有3个呈三角形排列的太阳图案。在这组图案的东部有一根长约5米的人工刻线,宽约4厘米,经鉴定,为一根子午线,其方位角为176°24′52″。

岩画第三组(C组)位于覆钵状山坡顶

将军崖岩画第一组

将军崖岩画第二组星象图全景

部偏东，由人面和各种符号组成，编号是C1～C22。共有4个人面像，2个有头饰，C21羽饰、C11倒三角饰；2个无头饰（C10、C3）。其表现手法与A组不同，用圆点和短线表示人的眼、鼻、口。

岩画第四组位于后小山顶部一块南北长9.7米、高1.7～0.55米的面西岩石立面上，内容有人面、蹄形、火焰形等图案以及符号。

在岩画所在的山坡顶部上，还有一大三小四块大石（其中一块为1979年发现岩画后从山下移来），其中一块石上有许多人工凿磨而成的圆窝，直径为3～7厘米。在几块大石之间还有方格图案、米格图案、六博盘图案及两个汉字，以及现代刻画的手枪、民间游戏棋盘等。

将军崖岩画发现后引起极大关注，被认为是唯一反映原始农业部落社会生活内容的岩画、中国东部地区发现的最早反映东夷古族原始宗教崇拜内容的岩画。

1980年，连云港市人民政府指示停止对岩画下地层中矿藏的开采。1981年文物、地质、采矿等方面的专家到现场讨论保护问题。1982年，将军崖岩画被江苏省人民政府公布为省级文物保护单位。1983年，成立文物保管所。1988年1月13日，将军崖岩画被国务院公布为第三批全国重点文物保护，编号3-0164-4-001。1992年，根据连云港市规划管理局、连云港市土地管理局、连云港市文物管理委员会《关于划定我市国家级、省级文物保护单位范围的报告》，划定将军崖岩画的保护范围和建设控制地带。1994年6月，连云港市文物保护管理委员会建立了将军崖岩画的全国重点文物保护单位的记录档案。

贺兰山岩画 是10000～3000年前古代游牧先民遗留下来的彩绘岩石画遗存，主要分布于贺兰山东麓十多个山口的崖壁、沟谷崖石及山前洪积扇单体岩石上，公布遗产地位于宁夏回族自治区贺兰县贺兰口，距银川市58千米。

贺兰口是贺兰山岩画分布最为集中、内容

贺兰山岩画遗址区全景

人面纹群组

最为丰富和最具代表性的区域，共发现6000余幅刻画有人面像、动物、植物、天体、文字、工具、水纹、符号等内容的岩画，其主要依附于贺兰山山谷两侧较为光滑的岩壁、山坡巨石及山前洪积扇单体岩石上。人首像画面简单、奇异，有的人首长着犄角，有的插着羽毛，有的戴尖形或圆顶帽。表现女性的岩画，有的戴着头饰，有的挽着发髻，风姿秀逸，再现了古

人面纹与西夏文题刻

代妇女对美的追求。动物图形构图粗犷，形象生动，栩栩如生。有奔跑的鹿，有双角突出的岩羊，有飞驰的骏马，有摇尾巴的狗，有飞鸟的图形和猛兽的形象。贺兰山岩画内容涉及放牧、狩猎、争战、祭祀、娱舞、交媾等场景，是记录古代先民生产生活、精神信仰等人类生

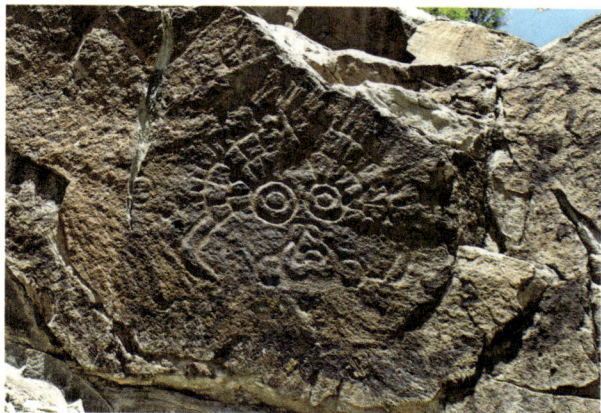

贺兰山岩画太阳神

存发展信息的重要遗存，是研究人类社会发展史、艺术史、宗教史等重要宝库，在世界岩画分布中占有极其重要的地位。

贺兰山岩画最早记录见于北魏郦道元《水经注》关于"画石山"的描述。直到20世纪80年代，贺兰山岩画才被大量发现并公布于世，宁夏文物部门及部分专家对贺兰山岩画进行普查、登记。20世纪60年代，部分岩画因当地村民修渠、建房等遭到人为破坏。1996年11月20日，贺兰山岩画被国务院公布为第四批石窟寺石刻类全国重点文物保护单位，编号4-0193-4-005。2002年6月，银川市成立银川市贺兰山岩画管理处，专门负责贺兰山岩画的保护管理及旅游开发工作。2003年1月，宁夏回族自治区人民政府划定公布银川市贺兰山贺兰口岩画

保护范围。同年，银川市颁布《银川市贺兰山岩画保护条例》。2010年10月1日，宁夏回族自治区人大常委会颁布了《宁夏岩画保护条例》之后，对贺兰山岩画保护范围内所有岩画进行普查和登记，将保护区划分为A、B、C、D、E、F六个区域，并制作精确的贺兰口岩画分布图，建立较为完整的档案信息资料。2014年，经国家文物局批准，实施贺兰山岩画抢救性保护工程，对因温差、生物风化等因素而导致的石皮脱落、岩石松动、岩石裂隙等突出问题通过注浆、加固等多种方式，有效解决贺兰山岩画面临最为突出的自然风化问题。